1일 1페이지, 세상에서 가장 짧은 교양 수업 365

【인물편】

1일 1페이지, 세상에서 가장 짧은 교양 수업

Plato

Joan of Arc

Alexander the Great

William Shakespeare

데이비드 S. 키더 · 노아 D. 오펜하임 지음
고원 옮김

Cleopatra

Johann Sebastian Bach

Genghis Khan

René Descartes

Jane Austen

Oscar Wilde

Otto von Bismarck

Che Guevara

이 책은 현대 문화에서부터 세계의 역사, 건강 분야에 이르기까지 다양한 주제를 더 쉽고 재미있게 배우기를 바라는 마음에서 시작한 '1일 1페이지, 세상에서 가장 짧은 교양 수업 365' 시리즈의 인물편입니다. 인류의 지성사를 총망라한 이 책은 과거와 현재를 아울러 세계적으로 가장 매력적인 시대의 아이콘들을 담고 있습니다.

제국의 흥망성쇠, 종교 공동체의 탄생과 개혁, 천재적인 예술가의 작품, 과학적 발견의 전개, 이 모든 것이 특출한 인물들의 주도 아래 이뤄졌습니다. 그들은 어떻게 인류를 한 발자국 진보하게 만들었을까요? 그 답이 이 책 속에 있습니다. 《1일 1페이지, 세상에서 가장 짧은 교양 수업 365: 인물편》에서 거대한 업적, 혁신적인 사고, 충격적인 배반 등으로 역사에 한 획을 그은 사람들의 놀라운 이야기를 발견하게 될 것입니다.

이 책에 실린 365명의 인물은 크게 다음과 같이 나뉩니다.

월요일 – 리더

위기의 시대에 탁월한 리더십으로 대중을 이끌어낸 지도자를 소개합니다.

화요일 – 철학자

세상을 새롭게 조명하고 다른 이들에게도 새로운 시각을 제공했던 깊이 있는 사상가를 알아봅니다.

수요일 – 혁신가

인류의 위대한 발전 이면에 존재한 독창적인 사상가를 설명합니다.

목요일 – 악당

동시대 사람들에게 또는 역사적 판단에 따라 비난받았거나 비난받는 인물을 되돌아봅니다.

금요일 – 예술가

인류가 가진 상상력의 범위를 넓혀준 창의적인 영혼의 소유자를 만나봅니다.

토요일 – 개혁가

기존 사회질서를 개선하거나 개악했던 인습 타파주의자의 이야기를 들어봅니다.

일요일 – 선지자

신의 개념을 재정의한 설교자나 예언자 등 영적 선구자의 사상을 다룹니다.

지식이 가득 담긴 이 책을 한 페이지씩 넘길 때마다 지적인 호기심으로 일상이 새로워지기를, 인류 역사로의 새로운 탐험을 시작할 수 있기를 바랍니다.

– 데이비드 S. 키더(David S. Kidder), 노아 D. 오펜하임(Noah D. Oppenheim)

위대한 이들은 목표를 세우고, 그 외의 사람들은 소원을 갖는다.

Great minds have purposes, others have wishes.

– 워싱턴 어빙

001 MON 리더 쿠푸

고대 이집트의 파라오였던 쿠푸(Khufu, 기원전 2609년경~2566년경) 왕은 자신의 무덤을 석회석 탑 형태로 만들어 스스로의 위대함을 나타내고자 했다. 사막 한가운데 세운 거대한 피라미드가 자신이 사후에 걸어갈 길을 보호해주고 자신이 23년간 통치했던 세월을 사람들에게 상기시켜주길 바랐다.

그의 바람대로 세상은 그를 잊지 않았다. 엄청난 인력을 동원해 완공한 이집트 기자의 '대(大)피라미드(Great Pyramid of Khufu)'가 지금도 그의 이름과 함께 회자되고 있기 때문이다. 고대 세계 7대 불가사의 가운데 하나인 이 피라미드는 완공 당시는 물론, 그 후로도 4000년 동안 지구상에서 가장 큰 인공 구조물로 기록된다.

그는 스네프루 왕의 아들로 고대 이집트 제4왕조의 제2대 왕이었다. 스네프루 왕이 죽자 아직 20대였던 그가 왕위를 계승해 파라오가 됐다. 쿠푸가 이집트 남쪽에 있는 누비아와 서쪽에 있는 리비아로 군사 원정을 떠난 적이 있다고 추정하는 사람도 있다. 피라미드는 종교적으로 사후세계에 대한 이집트인의 믿음에서 비롯되었다. 이집트인은 파라오가 죽으면 하늘나라로 올라가 살아 있는 신이 되는데, 피라미드가 그 과정을 쉽게 만들어준다고 믿었다.

쿠푸의 대피라미드는 기자에 세워진 가장 오래되고 가장 큰 규모의 피라미드다. 쿠푸는 자신의 아내들과 친척들을 위한 좀 더 작은 무덤도 몇 개 세웠으며 그의 후손 가운데 두 명도 그 근처에 자신의 피라미드를 세웠다. 피라미드를 세우는 데 쓰인 석회석은 대부분 인근에서 채석되었고 뗏목에 실려 나일강 하류로 옮겨졌다. 그리고 이 거대한 3톤짜리 돌덩이들은 그곳에서 건설 현장까지 대규모 경사로를 따라 끌어올려졌다. 다른 자재는 외국에서 수입했는데 멀게는 레바논에서 수입한 것도 있었다.

쿠푸가 약 50세의 나이로 사망하자 그의 시신은 미라로 만들어져 피라미드 안 깊숙한 곳에 안치됐다. 수천 년이 지나는 동안 피라미드의 외부 석조벽은 도굴당했지만 대피라미드의 대부분은 파라오가 의도한 대로 그 모습을 그대로 간직하고 있다.

- 대피라미드는 대략 230만 개의 석회석 돌덩이로 이루어졌으며, 그중에는 15톤이나 나가는 돌덩이도 있다. 피라미드 전체의 무게는 약 600만 톤에 달한다.
- 쿠푸의 유년시절 이름은 크눔 쿠프위로 '크눔 신이 나를 보호한다'라는 의미다. 크눔 신은 고대 이집트의 농업과 상업의 생명줄이었던 나일강 유역의 신이다.
- 대피라미드 인근에 있는, 사람의 머리와 사자의 몸을 한 거대 스핑크스상은 쿠푸의 아들인 카프라 파라오의 명령으로 제작된 것으로 추정된다.

002 TUE 철학자 탈레스

기원전 585년, 그리스의 도시 밀레투스에서 어느 과학자이자 철학자가 그해 5월 28일에 개기일식이 일어나리라는 과감한 예측을 했다. 고대 그리스에서 일식이나 월식 같은 천체 사건을 예측할 수 있다고 믿는 사람은 거의 없었다. 당시에는 그런 사건은 전능한 신에 의해 일어난다고 믿었다. 그러나 밀레투스의 과학자인 탈레스(Thales of Miletus, 기원전 620년~546년)는 인간의 이성만으로도 자연현상을 예측할 수 있다며 자신의 주장을 고수했다. 그리고 실제로 그날이 다가오자 지금의 터키에 해당하는 한 지역이 탈레스의 말처럼 완전한 어둠에 휩싸였다. 개기일식은 밀레투스 시민들을 두려움에 떨게 했으며 탈레스의 말이 옳았음을 입증해줬다.

탈레스 이전에는 대부분 종교와 자연을 분리해서 생각하지 않았기 때문에 지진과 개기일식 같은 현상은 분노한 신이 인류에게 보내는 메시지라고 믿었다. 그래서 그리스 신화는 지상에 직접 관여하는 신들의 이야기로 가득했다. 그러나 탈레스의 예측 실현으로 인해 자연과 지식의 가치에 대한 고대 그리스인의 이해가 완전히 달라졌다. 탈레스는 세상을 이해하는 데 이성을 사용하고자 하는 사람들을 설명하기 위해 '지혜의 사랑'이라는 뜻을 나타내는 그리스어에서 유래한 '철학(philosophy)'이라는 신개념을 정립하기도 했다.

상인이자 올리브유 생산자였던 탈레스는 밀레투스가 무역 전초기지로 삼았던 이집트를 여행한 적이 있으며 근동을 방문한 적도 있다. 고대의 거대 도시였던 바빌론도 여행했을 것으로 추정되는데 아마도 그곳에서 바빌로니아의 천문학 개념을 배웠을 것이다. 밀레투스로 돌아온 탈레스는 아나크시만드로스와 아낙시메네스를 비롯한 그리스의 주요 사상가를 양성할 철학 학교를 설립했다. 그 외에도 탈레스는 서너 명의 왕에게 군사적 고문 역할을 하면서 페르시아가 이웃 나라 리디아에 패한 이후 밀레투스가 독립을 유지하는 데 중요한 역할을 했다.

그는 60세에 운동 경기를 관람하던 도중 갑작스러운 죽음을 맞았다.

- 탈레스는 세상이 물로 만들어졌으며 만물이 물에서 비롯됐다고 믿었다.
- 고대 밀레투스는 지금의 터키 밀레트에 해당한다.

003 WED 혁신가 임호테프

여러 의학 역사서는 그리스 의사인 히포크라테스(기원전 460년경~375년경)를 의학의 아버지로 칭한다. 그러나 히포크라테스가 태어나기 2000년도 더 전에 이집트의 건축가이자 사제였던 임호테프(Imhotep)는 폐결핵에서 치통, 관절염에 이르는 수십 가지 질병에 대한 치료법을 고안했다. 기원전 2650년경 이집트에 살았던 임호테프는 역사 속 최초의 의사로 여겨지고 있으며 수백 가지 질병에 대해 기록했고, 사후 수천 년 동안 신으로 숭배되기도 할 만큼 뛰어난 전문 치료사였다.

파라오의 건축가이기도 했던 임호테프는 조세르 왕의 무덤 역할을 했던, 약 60m의 테라스 구조로 이루어진 최초의 이집트 피라미드를 건설하기도 했다. 최초의 대규모 건축물 중 하나인 이 계단식 피라미드는 지금도 카이로의 남쪽에 세워져 있다.

임호테프는 태생은 평민이었으나 고대 이집트의 종교적 수도인 헬리오폴리스(Heliopolis) 성전의 대사제로 신분상승을 이루었다. 후에는 왕의 가장 막강한 고문인 파라오의 고관 혹은 장관으로 임명됐다.

파피루스 두루마리에 기록된 것으로 추정되는 임호테프의 의학논문은 치료법과 주술을 분리하고자 했던 최초의 시도 가운데 하나였을 것으로 보이며, 임호테프가 사망한 후 수 세대에 걸쳐 전해지며 여러 번 필사된 듯하다. 임호테프의 치료법을 통해 고대 이집트인은 예컨대 꿀이 상처를 치료하고 셀러리가 류머티즘을 완화하는 데 도움을 주며 알로에가 피부질환을 가라앉힌다고 믿었다. 감기증상에는 아카시아를 사용하라는 권고를 비롯해 그의 치료법 중 일부는 현대 연구원도 그 효과를 인정한 바 있다. 이로 인해 임호테프는 사망 후 수 세기 동안 숭배의 대상이 됐으며, 기원전 525년에는 이집트 신전에서 공식적으로 신으로 인정받았다.

- 임호테프는 1932년 보리스 칼로프가 오랜 연인을 찾기 위해 죽음에서 부활한 '임-호-테프(Im-ho-tep)' 역을 맡았던 〈미이라〉라는 공포영화에 대략적인 영감을 줌으로써 새로운 명성을 얻었다. 이 영화는 1999년도에 아놀드 보슬루가 대사제 역으로 출연한 리메이크작으로 만들어졌다.
- 임호테프의 이름은 고대 이집트어로 '평화롭게 온 자'라는 뜻이다.
- 임호테프가 설계했던 계단식 피라미드는 쿠푸의 대피라미드의 모델이 됐다. 대피라미드는 계단식 피라미드보다 약 100년 후에 건축됐으며 중세유럽 대성당이 그 기록을 깨기 전까지 거의 4000년 동안 세상에서 가장 높은 인공 건축물 자리를 지켰다.

004 THU 악당 아멘파누퍼

이집트 파라오들의 무덤을 뒤진 대담한 도굴꾼 아멘파누퍼(Amenpanufer)는 기원전 1111년경에 체포됐다. 고대 이집트 사회에서는 특히 도굴이 중죄로 여겨졌는데 아멘파누퍼의 체포와 고문, 자백은 기록으로 남겨진 최초의 형사재판이었다. 재판 기록에 따르면 아멘파누퍼는 테베 인근 탄광에서 일하던 석공이었다. 그는 일곱 명가량의 공범과 함께 대부분의 이집트 파라오들이 묻힌 왕가의 계곡(Valley of the Kings)에서 무덤 몇 군데를 도굴해 금과 보석을 훔쳤다.

도굴은 사형감이었지만 당시 도굴꾼이 아멘파누퍼와 공범들만은 아니었다. 특히 람세스 4세 재임 이후, 왕가의 계곡에 고용된 장인과 기능공이 급여를 받지 못하면서 그중 다수가 도굴에 발을 담갔다. 아멘파누퍼는 체포되기 수년 전에 도굴하는 '습관에 빠져버렸다'라고 말했다. 게다가 재판에서 아멘파누퍼는 전에도 한 번 무덤을 도굴하다 잡힌 적이 있는데, 지역 관리에게 뇌물을 줘서 풀려날 수 있었다고 폭로했다. 그는 파라오가 도굴 사건을 파헤치기 위한 조사위원회를 설립했을 때 다시 붙잡혔다.

아멘파누퍼가 도굴했다고 자백한 무덤은 그보다 500여 년 전에 이집트를 통치했던 소베켐사프 2세가 묻힌 곳이었다. 그는 고문에 못 이겨 자백하면서 어떻게 무덤 안으로 들어갈 수 있었는지 상세하게 털어놨다. 파피루스 두루마리에 적힌 이 기록은 19세기에 발견되었는데 아멘파누퍼가 어떤 운명을 맞았는지는 알 수 없다. 그러나 고대 이집트인은 도굴을 신에 대한 죄로 여겼고, 처벌은 보통 가혹했다. 그로부터 30년 후에 도굴 혐의로 체포된 한 남자가 이렇게 말할 정도였다. "나는 도굴꾼에게 어떤 형벌이 가해지는지 보았다. … 그렇다면 내가 그런 죽음을 원할 것 같은가?"

- 아멘파누퍼를 사형에 처한 람세스 9세의 무덤도 고대에 도굴됐다. 그러나 그의 미라는 1881년에 온전한 상태로 발견됐고 지금은 카이로 박물관에 안치돼 있다.
- 도굴이 너무나 빈번하게 발생하는 바람에 이집트 관계자들은 테베 주변에 흩어져 있는 수백 개의 매장지를 지키는 노력을 포기했다. 대신 그들은 미라들을 모아 중심지 은신처에 숨겨놓고 그곳을 지켰다. 도굴되지 않고 그대로 보존된 최초이자 유일한 무덤은 투탕카멘의 무덤으로 1922년 왕가의 계곡에서 발견됐다.
- 시신을 미라로 만든 이유는 사후에도 시신을 그대로 보존하기 위해서였다. 고대 이집트에서는 왕과 주요 사제, 심지어 고양이도 미라로 만들었다. 이 관습은 시간과 비용 문제로 인해 기원전 1000년 이후에 사라졌다.

005 FRI 예술가 호메로스

호메로스(Homer)는 기원전 약 800년경에 살던 인물로 서양문학에 가장 큰 영향을 준 두 편의 시《일리아드》와《오디세이》를 썼다. 이 두 장편 서사시는 그리스 역사의 주요 전환점인 트로이 전쟁에서 스파르타와 그 동맹이 거둔 승리와 그 후의 이야기를 들려준다.

그러나 호메로스라는 이름의 시인이 실존인물이라는 데 의심을 갖는 현대 학자도 많다.《일리아드》와《오디세이》는 수백 년 동안 구전된 이야기일지도 모른다거나 호메로스가 구전된 서사시를 당시의 형식에 맞게 다듬었을 것이라는 주장도 있다. 어느 쪽이든 이 전설적인 눈먼 시인의 실존 여부를 명확하게 증명하지도, 그렇다고 부인하지도 못할 것이다. 그러나 이 두 편의 시가 가진 영향력만큼은 부정할 수 없다. 최초의 서양문학 작품으로 여겨지는《일리아드》와《오디세이》는 베르길리우스에서부터 제임스 조이스, 랠프 엘리슨에 이르기까지 3000년 동안 수많은 작가와 시인, 예술가에게 영감을 불어넣었다.

그리스 신화에 따르면 트로이 전쟁은 트로이 왕자인 파리스가 스파르타의 왕 메넬라우스의 아내인 헬레네를 납치하면서 시작됐다. 분노한 메넬라우스는 거대한 군대를 이끌고 트로이를 공격해서 아내를 구출해냈다. 참전했던 군사 중에는 전사 아킬레우스와 이타케의 왕인 오디세우스도 있었다. 메넬라우스는 10년 동안 트로이를 포위한 끝에 비로소 도시를 점령할 수 있었다.《일리아드》는 트로이를 포위하던 마지막 시기와 아킬레우스에 관한 이야기이다.《일리아드》의 끝부분에서 이야기가 시작되는《오디세이》는 오디세우스가 다시 이타케로 돌아가 정절을 지킨 아내 페넬로페를 만나기까지의 길고 험난한 여정을 그린다.

- '오디세이'라는 단어는 열심히 임하는 매우 긴 여정을 설명하는 표현으로 자주 쓰이며 '호메로스식'이라는 단어는 용감무쌍하거나 중대한 행동을 가리킬 때 쓰인다.
- 《오디세이》와《일리아드》의 최초 영역본은 조지 채프먼이 완성했는데, 수백 년간 가장 영향력 있는 번역본으로 인정받았다.

006 SAT 개혁가 모세

구약성서의 중심인물 중 하나인 모세(Moses)는 이집트 파라오로부터 이스라엘 사람들을 구해낸 지도자였다. 이후 히브리인들에게 하느님의 열 가지 계명, 즉 십계를 가져다준 모세는 유대교, 기독교, 이슬람교 등 여러 종파에서 율법의 수여자로 인정받고 있다.

모세가 120년을 살았다는 추정은 사실 가능성이 희박해 보인다. 모세가 실제로 존재했다면, 기원전 1200년에서 1500년 사이에 지금의 이집트와 요르단에 해당하는 지역에 살았을 것으로 보이는데, 이집트의 파라오인 람세스 2세(기원전 1303년경~1213년경)가 통치하던 시대와 일치했을 가능성이 있다.

《출애굽기》에서 모세의 기원에 대한 밑그림을 확인할 수 있다. 모세가 태어날 무렵 파라오가 히브리인들 사이에서 태어난 사내아이를 모조리 죽이라고 명령한다. 그러나 모세의 어머니인 요게벳은 파라오의 명령을 따르지 않고 갓 낳은 아들을 갈대 바구니 속에 넣어 나일강에 떠내려 보냈고 파라오의 딸 가운데 하나가 아이를 발견했다. 공주는 아이를 자신의 아들로 입적해 키우는데, 그는 파라오의 노예 감독관을 죽이고 도망친다. 다시 히브리인들에게로 돌아간 모세에게 하느님은 그들을 이집트에서 탈출시키라는 명령을 내린다. 그는 형 아론과 함께 이집트 왕에게 "내 백성을 내보내시오"라는 유명한 요청을 한다. 파라오가 그 요청을 거절하자 하느님이 이집트 땅에 메뚜기 떼, 우박, 첫아들의 죽음 등 열 가지 고난을 안겼고 파라오는 결국 그 요청을 수락한다. 모세는 마침내 히브리인들을 이끌고 홍해를 가로질러 조상들의 고향으로 향한다. 그 여정 중 호렙산에 멈췄을 때 하느님이 모세에게 십계를 내린다. 그러나 하느님은 모세의 성급함에 화가 나 모세가 약속된 땅에 들어가지 못하게 함으로써 그에게 벌을 내린다. 히브리인들이 이스라엘에 들어서기 직전, 모세는 피스가산 꼭대기 부근에서 숨을 거뒀다.

- 워싱턴의 미국 대법원 건물에는 모세를 비롯해 바빌론 황제인 함무라비, 영국의 법학자 윌리엄 블랙스톤 등 여러 법률 전문가들의 동상이 세워져 있다.
- 세실 데밀 감독이 1956년에 제작한 장편 성서 영화 〈십계〉에서 찰턴 헤스턴이 모세 역을 맡았다.
- 유대인들은 유월절(Passover, 또는 과월절) 기간에 이집트에 내려진 열 가지 고난을 기념한다. 유월절이라고 부르는 이유는 재앙이 히브리인들을 지나쳐(pass over) 그들을 괴롭힌 이집트인들에게만 피해를 입혔기 때문이다.

007 SUN ⌖ 선지자 아케나톤

고대에서 주목할 만한 종교개혁가인 이집트의 파라오 아케나톤(Akhenaton)은 유일한 태양신 아톤(Aton)을 중심으로 하는 새로운 종교를 위해서, 오래된 신앙을 근절하고 고대 이집트의 종교적 재편을 꾀하는 급진적 노력을 기울였다.

기원전 1350년경 파라오가 된 아케나톤은 37년간 이집트를 통치했던 파라오 아멘호테프 3세의 아들이다. 이 젊은 왕의 본래 이름은 아멘호테프 4세였지만 재위 4년 차에 새로운 종교를 만들고 나서 자신의 이름을 아케나톤으로 바꿨다.

아케나톤 통치 이전에 이집트인들은 수백 년 동안 풍요의 신 오시리스, 전쟁의 신 호루스를 비롯한 여러 신을 숭배했다. 전통적인 신들에 대한 숭배를 금지한 아케나톤은 오래된 신전들도 파괴했다.

아케나톤이 새로운 종교적 신념에 신실했던 것처럼 보이지만 이 왕국의 새로운 종교에는 정치적으로 중요한 의미도 담겨 있었다. 이집트 제사장들에게서 인간과 신들 사이에서 소통을 담당하는 역할을 박탈함으로써 아케나톤은 자신을 아톤 신과 소통할 수 있는 유일한 사람이라고 선언했다. 그렇게 왕은 제사장의 권력을 약화하면서 자신의 권위를 강화했다. 그는 심지어 사막에 아케타톤이라는 신도시를 건설하고 테베에 있던 수도를 그곳으로 옮기기까지 했다.

그러나 아케나톤이 17년간 통치하던 시절에도 일반 백성은 아톤 신을 섬기는 아토니즘(Atonism)을 완전히 신봉한 적이 없었다. 아케나톤이 죽자 어린 나이에 왕위에 오른 투탕카텐은 제사장들의 압력에 굴복해 다시 오랜 신들을 숭배하고 수도도 다시 테베로 옮겨왔다. 불과 몇 년 만에 이집트인들은 아토니즘을 완전히 저버리고 인습 타파주의자였던 옛 파라오의 흔적을 완전히 없애버렸다.

그럼에도 아케나톤은 혁신가로 여겨지며, 그가 만든 종교 또한 일신교 신앙의 지적인 전신으로 평가된다.

- 아케나톤은 예술작품에서 짧은 몸통과 긴 팔, 목 그리고 머리를 가진 모습으로 묘사되기를 원했다. 이런 평범하지 않은 모습으로 인해 일부 현대 학자는 아케나톤이 마르판증후군(Marfan Syndrome, 선천성 발육 이상의 일종–옮긴이)이라는 희귀 유전병을 앓았을 것으로 추정하기도 한다.
- 새로운 수도의 이름인 아케타톤은 '아톤의 지평선'이라는 의미이다.
- 아토니즘을 저버린 후 어린 왕인 투탕카텐은 '아톤의 살아 있는 이미지'라는 뜻을 지녔던 자신의 이름도 버렸다. 대신 그는 오늘날 더 많이 알려진 투탕카멘이라는 이름을 사용했다.

008 MON 리더 네부카드레자르 2세

성경에서 네부카드레자르 2세(Nebuchadrezzar II, 기원전 630년경~561년경)는 예루살렘을 정복하고 최초의 사원을 파괴했으며, 유대인들을 바빌론에 유배한 폭군으로 묘사된다. 《예레미야서》에서 이 대대적인 파괴에 대한 신랄한 비유를 찾아볼 수 있다.

> 바빌론 임금 네부카드레자르가 나를 잡아먹고 나를 무너뜨렸다. 그는 나를 빈 그릇으로 만들었다. 그가 용처럼 삼켜 나를 진미로 삼아 자기 배를 채우더니 다시 뱉어냈다.

구약성서의 주요 악한 중 한 명인 네부카드레자르 2세는 기원전 598년에 유대 왕인 여호야김을 물리치고, 유대교를 없애기 위해 이스라엘인 수백만 명을 사로잡아 자신의 수도로 유배 보내면서 유대 민족 사이에서 악명을 떨쳤다. 성경에서는 이 시기를 가리켜 '바빌론 유배기'라고 한다. 그러나 일반인 사이에서 네부카드레자르에 대한 평가는 미묘한 차이를 보인다. 그는 이집트에서 현재의 터키에 이르는 지역을 군사 정복했을 뿐 아니라, 고대 7대 불가사의 중 하나이자 공학적 위업인 바빌론의 공중 정원을 건설한 것으로 여겨진다. 네부카드레자르의 아내에게 선사하기 위해 만든 것으로 보이는 이 건축물은 인공수로 시스템으로 연결된 여러 개의 테라스 정원 형태를 띠었다고 한다. 지진으로 인해 지금은 그 흔적을 찾아볼 수 없지만 지금의 바그다드 남쪽에 위치했던 것으로 추정된다.

성경 속 이야기는 네부카드레자르가 말년에 정신이 이상해졌음을 암시한다. "그는 사람들에게서 쫓겨나 소처럼 풀을 뜯어 먹고, 몸은 하늘에서 내리는 이슬에 젖었으며, 머리카락은 독수리처럼, 손발톱은 새처럼 자라기까지 했다."

- 전설에 의하면 네부카드레자르 2세는 본국의 정원과 숲에 대한 향수에 시달리는 아내 메디안 공주를 위해 공중 정원을 건설해줬다고 한다.
- 1999년도 영화 〈매트릭스〉에서 로렌스 피시번이 분했던 모피어스가 조종하는 항공기 이름이 네부카드네자르였다. 이는 네부카드레자르 2세의 또 다른 이름이다.
- 네부카드레자르라는 이름은 나부 쿠두리 우수르(Nabu-kudurri-usur)라는 아카드어에서 유래한 것으로 '느보(Nebo) 산이여, 나의 계승자를 지켜주소서'라는 뜻이다. 아카드어는 한때 중동에서 널리 이용됐으나 1년경에 사라졌다.

009 TUE 철학자 헤라클레이토스

'근본 요소'에 관한 문제는 고대 그리스 철학자들을 둘로 나눴던 주요 쟁점 가운데 하나다. 탈레스 같은 일부 철학자들은 물이 만물의 근본 요소라고 믿었고 아낙시메네스가 이끄는 무리는 공기라고 믿었다. 그리스의 도시 에페수스의 부유한 귀족이면서 다른 시민들에 대한 적대감에 불타는 글을 썼던 헤라클레이토스(Heraclitus, 기원전 540년경~480년경)는 만물의 기원이 불이라고 믿었다. 그는 불이 자연의 기본적인 구성요소이며 불에서부터 다른 모든 물질이 파생됐다고 믿었다.

헤라클레이토스는 우주의 구성요소에 관한 논쟁이 중대한 철학적 의미를 담고 있다고 생각했다. 그는 세상이 불로 만들어졌기 때문에 끊임없이 변한다고 주장했는데 이 생각은 그의 철학에서 가장 중요한 원리 가운데 하나였다. 그는 세상이 "타오르는 불꽃과 꺼지는 불꽃으로 이루어진, 지금도 그리고 앞으로도 영원히 살아 있는 불"이라고 썼다. 그래서 지속적인 변화 속에서 변하지 않고 유지되는 것은 거의 없다고 믿었고, 이 생각으로 인해 그는 불변하는 진리를 정의하고자 했던 다른 그리스 철학자들과 정반대의 입장에 서게 됐다. 그는 변화가 불가피하며 지속적이라고 믿었기 때문에 사람들이 스스로 삶을 꾸려나갈 것을 기대해서는 안 되며, 권위적인 방법을 써서라도 그들을 올바른 방향으로 이끌어야 한다고 주장했다. 그는 "당나귀는 금보다 짚을 더 좋아할 것이다"라면서 사람들이 각자에게 득이 되는 행동을 하게끔 재촉할 필요가 있다고 적었다.

생애의 마지막을 허브와 풀만으로 연명하고 다른 사람들과의 교류를 피하고 살았던 헤라클레이토스는 약 60세에 사망했다. 그러나 그가 남긴 글은 사후에도 헤라클레이토스의 이론이 잘못됐음을 입증하려는 플라톤을 비롯한 여러 철학자에게 도전을 받았다.

당시 그리스인들은 우주가 흙과 공기, 불, 물이라는 네 가지 기본요소로 이뤄졌다고 결론 내렸고, 이 관점은 근대 화학이 발전하기 전까지 수 세기 동안 유행했다.

- 에페수스는 고대 7대 불가사의에 속하는 도시로, 기원전 550년경에 완공된 아르테미스 신전이 있는 곳이었다. 이 도시는 지금의 터키 유적지 에페스에 해당한다.
- 헤라클레이토스는 난해한 문체 때문에 '어두운 헤라클레이토스'라고 불리기도 했다.
- 헤라클레이토스는 고대 그리스 시인 호메로스가 《오디세이》와 《일리아드》를 쓴 것에 대해 두들겨 맞아야 한다고 쓰는 등 호메로스를 비판했다.

010 WED 혁신가 피타고라스

모든 것은 숫자다.

– 피타고라스

피타고라스(Pythagoras, 기원전 580년경~500년경)는 수학과 과학을 연구하면 하느님에게 더욱 가까이 다가갈 수 있으리라고 믿었던 고대 그리스의 신흥 종교 창시자였다. 긴밀한 유대감을 형성하던 그의 제자 집단이 그 유명한 피타고라스 정리를 비롯해 수학과 기하학의 기본적인 수칙 몇 가지를 개발하면서 스승이었던 피타고라스에게 수학의 아버지라는 명성을 가져다줬다.

터키 해변에서 조금 떨어진 사모스섬에서 태어난 피타고라스는 약 40세에 이탈리아의 남부 도시인 크로톤으로 이주했다. 피타고라스 종파를 창시한 후에는 자신을 추종하는 사람들과 함께 그리스어가 통용되던 또 다른 이탈리아 남부 도시 메타폰툼으로 거처를 옮겼다. 피타고라스교의 중심에는 윤회에 대한 믿음이 있었다. 피타고라스는 신체적인 죽음 뒤에 가장 잘 환생하기 위해서는 특정한 규칙을 따라야 한다고 가르쳤다. 그래서 그의 추종자들은 사원 안에서는 신발을 신지 않는다, 하얀 수탉은 만지지 않는다, 오른쪽 신발을 먼저 신는다, 콩의 섭취를 삼간다 등의 규칙을 받아들였다.

또한 피타고라스는 수학 공부가 종교적 의무라고 믿었다. 이에 피타고라스를 신봉하는 수학자들은 유명한 정리인 $a^2 + b^2 = c^2$, 즉 직각 삼각형의 빗변의 제곱이 항상 나머지 두 변의 제곱을 합한 값과 일치한다는 것을 증명할 수 있었다. 그들은 그 외에도 무리수(분수로 표현될 수 없는 숫자)와 제곱근의 개념을 내놓기도 했다.

철학자이자 수학자인 피타고라스가 죽고 난 후에 그가 달 위에 글을 썼다거나 시간을 가로지르는 여행을 했다는 등의 신화가 생겨나기도 했다. 그의 추종자들은 수백 년 동안 번성하다가 서서히 사라졌다.

- 피타고라스 학설의 신봉자가 되려면 5년 동안 침묵하며 자기 통제가 가능하다는 것을 입증해야 했다고 전해진다.
- 콩을 멀리하는 것을 비롯해 피타고라스는 추종자들에게 말미잘과 쟁기질을 하는 소 그리고 모든 동물의 심장을 먹지 말라고 가르친 것으로 알려져 있다.

011 THU 악당 이세벨

구약성서에 등장하는 악인 이세벨(Jezebel)은 고대도시인 페니키아 왕비로 악녀의 대명사였다. 성서의 내용에 따르면 이세벨은 이스라엘 사람들에게 자신이 믿는 바알(Baal) 신을 숭배하라고 반복적으로 압박했으며 그 명령을 따르지 않는 이스라엘 예언자들은 죽여버렸다고 한다. 이세벨의 이야기는 구약성서 중《열왕기》상하권과 관련이 있다. 이세벨이 실존인물이었는지, 악랄하다는 평가를 받을 만했는지에 대해서는 학자들 사이에 의견이 분분하다. 실존인물이었다면 아마도 기원전 9세기경에 살았을 것으로 추정된다.

성경에서 왕의 딸로 묘사되는 이세벨은 이스라엘 북부를 통치하던 아합 왕과 결혼했다. 구약성서에서 이세벨과 마찬가지로 인기가 없는 아합은 하느님의 노여움을 사는 죄를 범한 나쁜 통치자였다. 이세벨의 재촉에 아합은 바알 신 숭배를 허락했고, 바알 신전에 재정적 지원을 베풀었다. 아합이 죽자 이세벨의 아들인 아하시야와 여호람이 왕위를 이었는데, 그 와중에도 이세벨의 바알 신 신봉 활동은 계속됐다.

바알 신은 지중해 연안에서 널리 숭배됐는데 성경 속 이야기는 중동에서 발생했던 고대 종교분쟁을 묘사한 것일 가능성이 크다. 여러 학자가 이세벨이 성경 속 인물과 관련 있을 것이라는 이론을 일축했지만, 1960년대 초에 이세벨의 것으로 추정되는 인장이 발굴됐다. 성경에 따르면 이세벨의 종말은 아합의 군대 장관이었던 예후가 '아합의 집을 벌하고' 이세벨의 '우상숭배'와 '마술'을 끝내버리라는 하느님의 명령을 받으면서 가까워졌다. 여호람을 죽인 후 예후는 궁전에서 이세벨을 몰아세웠다. 죽음을 예감한 이세벨은 화장을 하고(여기서 '화장을 한 이세벨(Painted Jezebel)'이라는 용어가 생겼다) 예후에게 맞섰다. 예후는 이세벨을 창문 밖으로 던져버리라고 명했고, 그곳에서 이세벨의 시신은 개들에게 갈기갈기 찢겼다. 이는 '이세벨의 주검이 들판의 거름이 될 것'이라는 구약성서의 묘사가 실제로 이뤄지게 하기 위함이었다.

- 이세벨은 아시아 나비의 한 종류이기도 하다. 이 나비의 수컷은 옅은 색을 띠지만 암컷은 그 색이 화려하다.
- 한때 부정적인 의미를 담았던 이세벨이라는 용어는 이제 페미니스트 단체와 여성 잡지, 여성 속옷의 제품명으로 쓰이기도 한다.

012 FRI 예술가 레스보스의 사포

레즈비언이라는 단어의 유래가 된 레스보스의 사포(Sappho of Lesbos, 기원전 630년경~570년경)는 고대 그리스의 시인이자 교사였다. 사포가 쓴 연애시 가운데 현대까지 남아 있는 것은 거의 없지만 그녀는 고대에 대단한 인기를 얻었고 후대 그리스와 로마 시인들에게 큰 영향을 미쳤다.

실제로 사포가 죽고 수 세기가 지난 후에 플라톤이 사포를 '열 번째 뮤즈'라고 부를 정도로 그녀의 명성은 대단했다. 열 번째 뮤즈란, 그리스 신화에 등장하는 예술과 문학의 아홉 여신에 그녀를 견준 표현이다. 고대의 또 다른 찬미자는 "보라색 머리를 한 순수하고 달콤한 미소를 짓는 사포"라고 표현했다.

비교적 최근에 사포의 서정시 몇 편의 일부가 재발견되면서 그녀는 동성애를 주제로 한 서양 초기 작가로 알려지게 됐다. 사포의 작품에 대한 신간 번역서가 출간됐고 그녀의 일생에 관한 소설이 쓰였으며, 그녀의 고향은 레즈비언 여행가들을 자석처럼 이끌었다. 사포는 에게해의 섬인 레스보스에서 일생의 대부분을 살았는데 잠시 시칠리아로 유배된 적도 있었던 것으로 추정된다. 사포는 레스보스섬의 지식인이었으며, 최소한 두 명의 남자 형제를 뒀고, 클레이스라는 이름의 딸을 낳았던 것으로 보인다.

사랑과 에로티시즘, 질투 그리고 열망으로 가득 찬 사포의 시는 대부분 여성을 대상으로 쓰였다. 특유의 생생함으로 가득한 시 하나는 남자를 갈망하는 한 여자를 보고 질투에 사로잡힌 자신의 모습을 묘사하고 있다. "…… 식은땀이 나를 사로잡고 떨림이 잔디보다 더 파랗게 질린 나를 온통 흔들어댔다."

그녀의 시는 사후에 아홉 권의 책으로 정리됐으며 오비디우스, 카툴루스를 비롯한 여러 고전 시인들에게 읽혔다. 그 책들은 대부분의 그리스 고전이 사라진 중세에 없어졌으며 시 〈아프로디테를 위한 찬송〉만이 유일하게 완전한 형태로 남아 있다.

- 옥스퍼드 영어 사전에 의하면 레즈비언이라는 단어는 19세기에 여성 동성애자라는 뜻으로 사전에 기재됐다. 남성 동성애자의 뜻으로 게이가 사용되기 시작한 것도 19세기 무렵이었을 것으로 추정된다.
- 사포의 시 가운데 총 1000줄만이 지금까지 남아 있는데 대부분 작은 파피루스 조각에 쓰인 상태다.
- 2008년도에 세 명의 레스보스 주민이 자신들에게 불공평한 편견을 안겨준다는 이유로 게이 단체와 레즈비언 단체가 레즈비언이라는 단어를 사용하지 못하게 해달라고 그리스 법정에 요청했지만, 소송은 기각됐다.

013 SAT 개혁가 솔론

고대 그리스의 전설적인 7현인 중 한 명인 솔론(Solon, 기원전 658년경~560년)은 정치가이자 장군으로 아테네의 정부 시스템을 개혁하여 세계 최초의 민주주의를 이끌어낸 인물이다. 귀족 가문에서 태어난 솔론은 살라미스섬의 통치권을 두고 라이벌 도시 국가인 메가라에 대항해 성공적인 군사작전을 펼친 장군으로 먼저 명성을 얻었다. 고대 역사가인 플루타르코스에 의하면 솔론은 기원전 594년에 입법자로 선출됐다고 한다.

솔론이 취임했을 당시 정부체제는 대부분 이전의 입법자인 드라코의 유산으로 이뤄졌었다. 엄격한 것으로 유명했던 드라코의 법은 심지어 나태함이나 과수원에서 과일을 훔치는 경범죄에도 사형을 선고했다. 솔론은 형벌을 완화하는 방향으로 법률을 개정했고, 귀족보다 시민에게 더 많은 정치적 권력을 부여함으로써 도시의 정부체제를 개혁하기 시작했다. 그의 목표는 모든 아테네인이 마치 정부에 지분을 가진 것처럼 느끼게 만듦으로써 에우노미아(Eunomia, 질서)를 회복하는 것이었다. 그는 시민이면 누구나 소송을 제기할 수 있도록 합법화했고, 모든 시민이 배심원이 될 수 있게 했으며, 민주 의회의 전신 격인 사백의회라는 대의기관을 만들었다.

2년의 임기가 끝난 후 솔론은 아테네를 떠나 10년 동안 지중해를 여행하고 다녔다. (그는 사실 그가 제정한 법률을 폐지해달라는 아테네인의 요청에 시달리지 않기 위해 아테네를 떠난 것이었다.) 말년에 아테네로 돌아온 그는 자신이 이룬 개혁 중 다수가 폐지됐다는 사실을 발견하고 넌더리를 쳤다.

비록 몇 년 동안 지속됐을 뿐이지만 솔론의 개혁은 그리스 입헌제도가 민주화의 첫발을 내딛도록 하는 역할을 했다. 솔론이 사망하고 한참이 지난 후인 기원전 508년에 클레이스테네스라는 이름의 아테네 귀족이 도시를 통치하게 되면서 솔론의 법을 기반으로 한 민주적인 정부체제를 갖췄고 아테네의 문화와 철학, 군사력에 유례없는 번영을 이끌었다.

- 고대 역사가인 디오게네스 라에르티오스에 따르면 솔론은 2세기 정도 후에 살았던 그리스 역사가 플라톤의 먼 친척이라고 한다.
- 시인이기도 했던 솔론은 자신의 입헌제도 개혁을 지지하는 시를 써 출간하기도 했다. 이 시들은 그리스 문학 역사상 가장 초창기 시에 해당한다.
- 솔론과 그의 전임자인 드라코는 모두 영어 단어에 영감을 줬다. '솔론'은 현명한 입법자라는 뜻이고, '드라콘식'이라는 단어는 특별히 엄격한 법이나 처벌을 가리킬 때 사용된다.

READ ☐

014 SUN ⌖ 선지자 예레미야

구약성서에 등장하는 예언자 중 한 명인 예레미야(Jeremiah, 기원전 650년경~570년경)는 히브리어 성경에 등장하는 인물 가운데 역사적 사건에 들어맞는 몇 안 되는 사람 중 한 명이다. 그는 유대인 사제 힐기야의 아들로 예루살렘 인근의 한 마을에서 태어났으며 지금의 북부 이스라엘에 해당하는 곳에서 설교했고 이집트에서 사망한 것으로 추정된다.

예레미야의 생애는 고대 유대교 역사상 가장 큰 재난 중 하나인 기원전 586년 예루살렘이 파괴되고 그 후 이스라엘 민족이 강제로 바빌론에 유배됐던 바빌론 유배기와 일치한다. 유대인이 고향에서 쫓겨나 지금의 이라크에 해당하는 곳으로 유배된 기간은 약 50년으로 유대교 역사상 중심적인 사건이 아닐 수 없다.

이스라엘 민족이 유배되기 수년 전 예레미야는 사회적 불공정을 허용하고 율법을 지키는 데 해이해진 백성을 향해 하느님의 노여움을 사게 될 것이라고 경고했었다. 그가 비난한 많은 유대인 가운데에는 심지어 이슈타르(Ishtar)와 바알 같은 다른 신을 다시 숭배하기 시작하면서 유일신 전통을 깨버린 사람도 있었다. 구약성서의《예레미야서》에 기록된 예레미야의 설교는 불같이 맹렬했다. 그는 유대인이 행동을 고치지 않으면 하느님이 벌을 주실 것이라고 경고했다.

> 내가 유다 성읍들과 예루살렘 거리에서 환호성과 즐거움에 찬 목소리와 신랑 신부의 목소리를 멈추게 하리니, 그 땅이 황무지가 될 것이기 때문이다.

끊임없이 경고를 했기 때문에 예레미야는 이스라엘 사람들에게 인기가 없었다. 바빌론에 점령되는 동안 그는 탈옥을 시도하다가 잡히는 바람에 저수 동굴에 갇히고 만다. 아이러니하게도 그를 풀어준 이들은 바빌론 사람들이었다. 침략자들은 그를 존중하는 마음으로 대했고, 심지어 다른 유대인들과 함께 유배시키지도 않고 예루살렘에 남은 유대인 중 '남은 자(remnant, 하느님께서 죄인을 벌하실 때 심판받지 않고 살아남은 소수의 사람-옮긴이)'와 함께 지내도록 허락하기도 했다.

- 예레미야에서 온 '제러마이드(Jeremiad)'라는 단어는 오늘날 행동에 따른 결과에 대해 경고하는 설교나 한탄의 뜻으로 쓰인다.
- 예언자 예레미야는《예레미야서》외에도《열왕기》상하권과《애가》를 쓴 작가로 추정되기도 한다.

015 MON 리더 키루스 2세

키루스 2세(Cyrus the Great, 기원전 600년경~530년경)는 지금의 터키, 이란, 이라크에 해당하는 지역의 큰 부분을 점령했고, 고대 강대국 중 하나가 된 거대 페르시아제국을 건설했다. 그는 성경 속에서도 바빌론에서 유대인들을 구해내서 예루살렘으로 돌아가게 해준 왕으로 등장한다. 이 사건은 기원전 539년경에 발생한 것으로 추정된다.

기원전 552년에 아버지가 사망하자 페르시스라는 조그만 왕국의 통치자로 즉위한 키루스는 그때부터 여러 차례에 걸친 침략에 착수했다. 그는 메디아 왕국과 리디아 왕국을 비롯해 이웃 몇 나라를 정복했다. 유명한 일화에 따르면 키루스 왕은 어마어마한 부자인 리디아의 크로이소스 왕을 사로잡은 후 산 채로 화형에 처하려고 하다가 불길한 예언 때문에 그를 살려뒀다고 한다.

성경에는 기원전 539년, 바빌론 왕국을 공격한 사건에서부터 키루스가 등장한다. 유대인들은 50년 전부터 바빌론에 유배되어 있었는데 키루스는 바빌론을 정복하고 난 후 유대인들이 고향으로 돌아갈 수 있도록 허락해주었다.

바빌론 왕국의 점령은 키루스가 이룬 마지막 주요 영토 확장이었다. 20년에도 못 미치는 기간에 그는 서쪽의 보스포루스 해협에서부터 동쪽의 히말라야에 이르는 땅으로까지 왕국을 확장했다. 영토 내에서 키루스는 높은 수준의 종교적 관용을 베푼 것으로 유명하다.

그는 기원전 530년경에 사망했으며 지금의 이란에 속하는 파사르가대라는 수도에 묻혔다. 그가 세운 왕국은 그리스의 도시 국가들에 대항해 몇 차례 전쟁을 치르다 결국 기원전 330년에 알렉산더 대왕에게 점령당했다.

- 키루스가 죽은 후 수 세기 후에 쓰인 그의 일생에 관한 역사적 저서인 《키로파에디아》는 미국의 토머스 제퍼슨 대통령이 즐겨 읽던 책 중 하나였다.
- 키루스는 구약성서 중 《에즈라기》, 《이사야서》, 《다니엘서》에 등장한다. 그가 유대인을 풀어준 사건은 예언자 다니엘에 의해 예언된 바 있다.
- 사교(邪敎) 집단 다윗파의 지도자 데이비드 코레시는 자신이 전생에 키루스였다고 믿으면서 이름도 그의 히브리식 이름인 코레시로 개명했다. 코레시와 그의 추종자들은 1993년 정부가 그들의 본거지를 급습할 때 사망했다.

016 TUE 철학자 제논

닭은 왜 길을 건너지 않았을까? 고대 철학자이자 논리학자인 엘레아의 제논(Zeno of Elea, 기원전 495년경~430년경)에 따르면 닭은 그저 반대편으로 가는 것이 불가능하다는 걸 알았기 때문이다. 이유인즉, 길을 건너려면 닭은 먼저 절반 지점까지 뽐내며 걸어야 한다. 거기까지는 쉽다. 그러고 나면 닭은 3/4 지점에 도달하기 위해 날거나, 뛰거나, 걸어야 한다. 그다음에는 다시 남은 거리의 절반을 가야 한다. 닭이 가야 할 길이 얼마나 가깝든, 닭에게는 점점 짧아지기는 하지만 여전히 남은 거리의 절반이라는 지점이 영원히 남겨진다. 따라서 제논은 모든 닭은 그 어디에도 갈 수 없다고 결론지었다. 이는 2000년 동안 철학자들을 당혹스럽게 만든 논리적 수수께끼인 제논의 역설 가운데 가장 유명한 것이다.

위의 이분법적 역설과 마찬가지로 제논의 다른 역설들 또한 '움직임에 대한 논쟁'이었다. 아킬레우스와 거북이에 관한 일화는 먼저 출발했지만 천천히 움직이는 거북이를 빠른 달리기 선수가 따라잡을 수 있을지에 대해 묻는다. 달리기 선수는 먼저 거북이가 출발한 지점에 도달해야 한다. 하지만 그때가 되면 거북이는 이미 두 번째 지점까지 기어갔을 것이기 때문에 달리기 선수는 계속해서 달려야만 한다. 달리기 선수가 두 번째 지점에 도달했을 때면 거북이는 이미 다른 지점까지 움직였을 것이다. 따라서 달리기 선수가 아무리 빨리 달려도 거북이를 따라잡을 수 없다.

제논도 이미 알고 있었다시피 물론 달리기 선수들은 느리게 움직이는 동물을 따라잡고 지나간다. 그리고 때로는 닭도 실제로 길을 건너기도 한다. 제논이 역설을 통해 제기했던 도발적인 질문의 핵심은 바로 '어떻게'였다.

제논의 일생에 대해 알려진 바는 거의 없지만 그의 영향력은 대단했다. 제자들로 하여금 움직임의 기본 역학을 고민하게 함으로써 제논은 사상가들에게 영감을 불어넣었고, 그를 통해 후에 수학과 물리학에서 주요한 발견을 해냈다.

- 제논은 오늘날의 벨리아로 알려진 이탈리아 남부의 엘레아에서 태어났다. 그가 태어났을 당시 엘레아는 그리스 민족의 한 분파인 이오니아인의 통치 아래 있었다.
- 제논의 유명한 수수께끼 가운데 '화살 역설(arrow paradox)'이라는 것도 있는데 이는 화살이 실제로 날아갈 수 있는지에 관한 수수께끼다. 어떤 순간에 화살은 어느 지점에 머물러 있을 테고, 그다음 순간에도 어느 지점에 머물러 있을 것이다. 화살이 항상 머물러 있다면 어떻게 날아갈 수 있을까?

017 WED 혁신가 히포크라테스

해를 끼치지 마라.

– 히포크라테스

오늘날 의학의 아버지이자 최초의 의사로 칭송되는 히포크라테스(Hippocrates, 기원전 460년경~375년경)는 인간 신체에 대한 과학적 연구를 선도했으며 최초로 여러 질병에 대한 기록을 남겼다. 오늘날 그는 '히포크라테스 선서'로 가장 잘 알려져 있는데, 새로 의사면허를 취득한 사람들이 윤리적 토대를 다지기 위해 이 선서를 행한다.

히포크라테스는 오늘날의 터키 연안에 위치한 그리스의 코스섬에서 태어났다. 아버지와 할아버지가 모두 의사였던 그는 코스섬의 아스클레피온이라는 치료사원에서 의학 수련을 받았다.

고대 그리스에서는 질병을 신이 내리는 벌로 해석했기 때문에 신에게 기도와 제물을 바치는 치료법이 자주 이용되었다. 그러나 히포크라테스는 질병은 자연적인 원인으로 발생하며 음식물의 변화나 약으로 치료할 수 있다고 믿었다.

코스섬에 의학학교를 설립한 히포크라테스는 그리스의 여러 섬을 여행하며 치료사로서 명성을 얻었다. 그는 또한 히포크라테스의 선서가 포함된 의학 논문집인《히포크라테스 전집》을 저술한 것으로 여겨진다. 히포크라테스의 선서는 의사들이 환자의 사생활을 존중하고, 적절한 약을 처방하며, 환자와의 성적인 관계를 피하고, 배운 내용을 다른 의사들과 공유할 것을 요구한다. 이 신조와 그에 따른 의학의 전문화는 아마도 히포크라테스가 남긴 가장 위대한 유산일 것이다.

일부 자료에 따르면 그는 약 100세까지 살았으며 라리사라는 그리스 도시에서 사망했다고 한다.

- 몇 가지 질병과 장애가 히포크라테스의 이름을 따서 지어졌는데, 그중에는 환자가 죽기 직전에 나타나는 수척한 얼굴을 뜻하는 '히포크라테스 안모(Hippocratic face)'도 있다.
- 오늘날 대부분의 의사는 히포크라테스 선서의 원본에 포함된 조항 중 현대사회에 적용되지 않는 몇 가지를 제외한 개정판을 사용한다. 예를 들어 원전에서는 의사가 칼을 가지고 수술하는 것을 금지했다.
- 히포크라테스 선서의 개정판은 오늘날에도 사용되지만, 고대 그리스 의사들이 정립한 의학이론의 대부분은 현대 의학에서 받아들여지지 않고 있다. 예를 들어 히포크라테스는 신체가 혈액, 흑담즙, 황담즙 그리고 점액의 네 가지 체액에 의해 좌우된다고 믿었는데 이 이론은 더 이상 유효하지 않다.

018 THU 악당 코리올라누스

로마 역사가인 플루타르코스와 리비우스가 코리올라누스(Gaius Martius Coriolanus)를 다루긴 했지만 그가 역사적 실존인물인지는 확실치 않다. 플루타르코스의 글을 바탕으로 희곡을 쓴 윌리엄 셰익스피어는 심지어 많은 이야기를 제멋대로 바꾸기까지 했다.

플루타르코스에 따르면 코리올라누스는 고대 로마의 귀족 가문 출신이었다. 어렸을 때 아버지가 사망하면서 어머니의 손에서 자랐는데 셰익스피어는 이에 영감을 받아 희곡에 볼럼니아라는 인물을 만들어냈다. 코리올라누스는 로마군에 입대하여 로마에서 추방된 타르퀴니우스 왕들과의 전쟁에 참전했다.

로마의 남서쪽에 살던 볼스키족은 로마와 몇 차례 전쟁을 벌였는데, 코리올라누스라는 이름은 기원전 493년에 볼스키족에게 가장 중요한 도시인 코리올리를 포위하는 동안 그가 보인 용맹함을 인정받아 하사받은 것이다. 전쟁이 끝난 후 로마로 돌아온 그는 로마의 정치적 미래에 대해 논쟁을 벌이면서 평민의 적이자 민주주의를 반대하는 이로 부상했다. 코리올라누스는 전쟁에서 승리를 거뒀으니 마땅히 자신이 존중받아야 한다고 믿었지만 결국에는 반대파에 의해 로마에서 추방됐다. 망명길에 오른 코리올라누스는 이전의 적군이던 볼스키족에 합류했고 그들의 수도를 안티움으로 옮겼다. 그러나 볼스키족 역시 그에게서 등을 돌렸고, 그는 로마 공격을 거부하다가 살해당했다.

코리올라누스는 로마 역사에서 부차적인 존재지만, 셰익스피어의 연극을 통해 서양 문화에서 잊히지 않게 되었다. 그의 이야기는 전쟁이 끝난 후 인정받지 못하고 영향력을 잃었다고 느끼는 장군에 대한 우화에도 등장한다.

- 배우 로런스 올리비에, 리처드 버턴, 모건 프리먼이 코리올라누스 역을 맡은 적이 있다. 2011년에 개봉한 〈코리올라누스〉는 레이프 파인스가 감독과 주연을 맡았다.
- 안티움은 오늘날의 안치오로, 제2차 세계 대전 중 1944년에 연합군이 착륙했던 주요 장소이다.
- 루트비히 판 베토벤은 1807년에 코리올라누스에 관한 관현악곡 〈코리올란 서곡〉을 작곡했다. 코리올라누스 장군은 셰익스피어의 희곡을 바탕으로 제작된 베르톨트 브레히트의 연극 〈코리올란〉(1952년)의 소재가 되기도 했다.

019 FRI 예술가 아이스킬로스

비극의 창시자인 아이스킬로스(Aeschylus, 기원전 525년경~455년경)는 현대까지 작품이 남아 있는 초기 극작가 중 한 명이다. 아테네에 민주주의가 동트던 때에 쓰여진 아이스킬로스의 작품은 서양 드라마의 출발점이자 고대 그리스 문화를 들여다볼 수 있는 창구 역할을 한다.

아테네를 둘러싸고 있는 아티카 지방에서 태어난 아이스킬로스는 아테네 군대에 입대하여 기원전 490년에는 마라톤 전투에, 기원전 480년에는 살라미스 해전에 참전했다. 페르시아 왕국과의 전쟁에서 거둔 두 차례의 승리는 아이스킬로스의 작품 가운데 가장 오래된 〈페르시안〉에 역사적 근거를 제공해주었다. 이 연극은 아이스킬로스가 승리를 이룬 그리스의 입장이 아니라 패배한 페르시아 입장에서 전쟁 이야기를 들려주고자 했다는 점에서 다소 특이하다.

페르시아의 수도인 수사를 배경으로 하는 이 연극은 페르시아의 패배 요인을 크세르크세스 왕의 자만심 또는 자존심으로 그렸다. 아이스킬로스는 크세르크세스가 헬레스폰투스 해협에 다리를 건설함으로써 신들의 노여움을 샀고 그로 인해 패배했다고 묘사했다.

아르고스의 전설적인 왕 아가멤논에 관한 3부작 〈오레스테이아〉는 기원전 458년경에 쓰인 것으로 추정된다. 〈오레스테이아〉에는 예언능력을 타고났으면서도 무시당하거나 불신의 대상으로 전락하는 카산드라를 비롯해 서양 문학에서 유명세를 얻은 인물들이 등장한다. 아이스킬로스의 비극은 그리스 드라마의 여러 공식을 세웠으며 이후 소포클레스, 에우리피데스 같은 그리스 극작가에게 주요한 영향을 끼쳤다.

그는 아테네의 연극 대회에서 여러 차례 수상했으며, 그가 쓴 희곡은 총 90편에 달하는 것으로 추정되지만 지금까지 남아 있는 것은 일곱 편에 불과하다.

- 아이스킬로스가 쓴 것으로 추정되는 〈사슬에 묶인 프로메테우스〉는 영국 낭만파 시인인 퍼시 비시 셸리의 서사시 〈사슬에서 풀린 프로메테우스〉에 영감을 주었다.
- 고대 아테네에서는 무대 위에서 폭력을 행사하는 장면을 연출할 수 없었다. 그래서 아이스킬로스 연극에 포함된 방대한 폭력 장면은 모두 무대 뒤에서 진행됐고, 관객의 상상력에 맡겨졌다.

020 SAT 개혁가 루키우스 유니우스 브루투스

루키우스 유니우스 브루투스(Lucius Junius Brutus, ?~기원전 509년경)는 로마 공화국의 설립자로 로마의 마지막 왕을 타도했다. 그는 군주를 추방한 후 국가 권력을 로마의 대표 권력기관인 원로원(Senate, 세너트)의 손에 넘겼는데, 원로원은 그 후로도 5세기 동안 도시 국가 체제의 로마와 그 후 점점 강해지는 로마제국을 통치했다. 로마 공화국은 미국의 헌법 제정자들에게 영감을 주어 1787년에 열린 필라델피아 제헌회의에서 입법부 상원의 이름을 세너트라고 지었다. 그러나 로마 공화국 설립자들은 이상주의자와는 거리가 멀었다. 사실 로마의 왕에 대한 반역은 왕의 아들 중 하나가 브루투스의 친척을 겁탈하면서 개인적인 복수 차원에서 시작됐다. 섹스투스 타르퀴니우스가 루크레티아를 겁탈한 사건은 로마 역사의 전환점이 되었다.

에트루리아의 귀족 가문이었던 타르퀴니우스는 기원전 753년, 로마가 설립된 직후부터 로마를 통치했다. '오만한 타르퀴니우스'라고 불리던 루키우스 타르퀴니우스 수페르부스는 장인인 세르비우스 툴리우스를 살해하고 권력을 잡는데, 이 사건을 시작으로 재위 기간에 여러 건의 살인을 저질렀다. 타르퀴니우스 가문의 먼 친척이었던 브루투스도 원래 그들의 협력자였다. 그러나 기원전 509년경 그가 전쟁에 참전한 사이에 루크레티아가 겁탈당했다는 소식을 듣고 서둘러 로마로 복귀했다. 가문의 명예가 더럽혀졌다고 생각한 루크레티아는 자결했고, 브루투스는 그녀의 손에 들려 있던 피 묻은 단검을 손에 쥐고는 왕을 타도하겠다고 맹세했다. 왕을 쫓아낸 후에 브루투스는 로마를 다시 탈환하려는 타르퀴니우스 집안을 여러 차례 물리쳤다. 신화에 따르면 브루투스는 왕권을 회복시키려는 음모에 가담한 자신의 아들 티투스와 티베리우스까지도 처형했다고 한다. 그는 로마 시민들에게 절대로 왕을 받아들이지 않겠다는 서약을 하도록 강요했다. 군주제에 대한 반대는 이후 많은 로마인들의 정치적 자아정체성의 중심이 되었다.

- 브루투스의 후손인 마르쿠스 유니우스 브루투스는 스스로 왕위에 오르려는 율리우스 카이사르를 암살했다.
- 본래 로마 귀족들의 모임을 나타내는 세너트라는 명칭은 '노인'을 뜻하는 라틴어 세넥스(senex)에서 파생되었다. 로마의 원로원 세너트는 1000년이 넘는 기간 동안 존재했지만 6세기 들어 로마제국이 몰락하면서 해체되었다.

021 SUN 선지자 조로아스터

2000여 년 동안 조로아스터교는 오늘날의 이란과 인도에 해당하는 넓은 지역에서 지배적인 종교였다. 이 종교와 이름이 같은 창시자는 대략 기원전 7세기에 페르시아에서 살던 시인이자 예언자인 조로아스터(Zoroaster) 혹은 자라투스트라(Zarathustra)이다.

그는 기원전 약 628년에 지금의 이란으로 추정되는 중앙아시아에서 태어난 것으로 보이며 지역 사원에서 사제 훈련을 받은 것으로 추정된다. 신화에서는 조로아스터가 사람들에게 인정받기 위해 애쓰다가 결국에는 승리를 거둔 선지자로 묘사된다. 그는 20세의 나이에 부모의 바람을 저버리고 집을 떠나 10년간의 영적 탐구 끝에 드디어 그가 '선한 종교'라고 부른 계시에 이르렀다. 그 후 10년 동안 개종할 만한 사람들을 찾아 헤맸으나 거의 성공하지 못했는데, 박트리아 왕의 병든 말을 치료하면서 왕이 조로아스터교를 받아들였다. 수년 후 77세의 조로아스터는 알 수 없는 상황 속에서 살해당했다.

그가 죽은 후 조로아스터의 가르침은 아시아의 여러 곳으로 급속도로 번져나갔고 페르시아 왕국의 주요 종교가 되었다. 조로아스터교는 최고 신이자 영혼의 최종 판관인 아후라 마즈다(Ahura Mazda)를 숭배하며, 선한 사람은 악과 분리된다는 내세관을 가지고 있었다. 유일신과 최후의 심판을 강조한 조로아스터교는 여러 유대교와 기독교 신앙의 전조가 되었다. 조로아스터교는 힌두교와 불교를 비롯한 동양 종교와도 유사한 점이 많다. 7세기에 이슬람교가 페르시아를 정복하면서 조로아스터교의 중심이 인도 서부로 옮겨갔다. 20세기 들어 조로아스터교를 믿는 사람의 수는 급격히 줄어들었고 지금은 전 세계적으로 20만 명 미만의 신자가 대부분 인도와 이란에 남아 있는 것으로 추정된다.

- 조로아스터교는 사람들을 개종하게 하거나 개종자를 받아들이지 않는다. 이런 이유로 신자 수가 꾸준히 감소했다.
- 독일의 철학자인 프리드리히 니체는 1885년에 《자라투스트라는 이렇게 말했다》라는 제목의 책을 출간해서 도덕성에 관한 조로아스터의 여러 가르침을 반박했다. 이 책에 영감을 받은 작곡가 리하르트 슈트라우스가 같은 제목의 음시(tone poem)를 썼다. 이 음시는 다시 1968년도 영화 〈2001: 스페이스 오디세이〉의 테마곡으로 사용되었다.

022 MON 리더 페리클레스

아테네 황금기의 가장 영향력 있는 지도자 중 한 명인 페리클레스(Pericles, 기원전 495년경~429년)는 이 도시 국가가 군사 권력을 갖추고 예술과 철학의 중심지로 탈바꿈하도록 도움을 준 장군이자 정치가이다. 아테네의 성공에 그가 기여한 바가 매우 크기 때문에 기원전 460년부터 429년까지 아테네 번성기를 페리클레스 시대라고도 부른다. 고대 그리스 역사가인 투키디데스는 그를 두고 "조언과 행동 모두에서 뛰어난 능력을 보인, 아테네 동시대 사람 중 최초의 인물"이라고 썼다.

페리클레스의 부모는 모두 아테네의 귀족 가문 출신으로 그는 음악, 수사법, 철학 분야에서 폭넓은 교육을 받았다. 페리클레스가 정계에 진출한 때는 기원전 461년으로, 아테네 귀족들이 가지고 있던 권력을 박탈하기 위해 민주의회에서 투표가 진행되도록 돕는 일을 맡았다. 투표 이후 페리클레스는 아테네에서 가장 강력한 인물로 등극했다. 그의 정적이었던 키몬이 추방당하면서 그 후 30년 동안 아테네를 통치할 수 있는 길이 열렸다. 재임 시절 페리클레스는 평민의 대변자이자 민주 정부를 옹호하는 사람으로 알려졌다. 전사한 아테네 군사의 장례식에서 그가 했던 추도사는 민주주의를 옹호하는 글로 매우 유명하다.

> 국가의 행정이 소수가 아닌 다수의 손에 있기 때문에 민주주의라고 불리는 건 사실입니다. 그러나 모든 사람에게 적용되는 공정함이 존재하고 사적인 분쟁에서도 마찬가지지만, 우수함 또한 인정받아야 합니다. 어떤 점에서든 뛰어난 시민이 있다면 혜택으로서가 아니라 훌륭함에 대한 보상으로 공익사업에 이바지하게 해야 합니다.

대내적으로 페리클레스는 아크로폴리스(Acropolis)를 건설하고 극장을 열었으며 아이스킬로스, 에우리피데스 같은 극작가를 후원하기도 했다. 페리클레스는 기원전 429년 스파르타와의 전쟁 중 사망했고 그로써 아테네의 황금기도 막을 내렸다.

• 페리클레스 시대라는 표현은 한 국가나 산업의 황금기를 나타내는 말로 쓰이기도 한다. 예를 들어 2005년에 〈타임〉지에 한 영화 비평가는 영화산업에 관한 기사에서 1930년대와 1940년대를 '영화의 페리클레스 시대'라고 표현했다.

023 TUE 철학자 소크라테스

반성하지 않는 삶은 살 가치가 없다.

– 소크라테스

고대 아테네의 위대한 스승이었던 소크라테스(Socrates, 기원전 470년경~399년)는 정치, 도덕, 윤리에 관해 아테네인들과 끊임없이 마찰을 빚으면서 그들이 가장 소중히 여기는 신념이 옳다는 것을 증명해 보이라며 도전의식을 북돋았다.

크나큰 영향력을 미쳤지만 소크라테스는 그 어떤 것도 글로 남기지 않았다. 그의 명성은 그의 제자였던 플라톤으로 인해 얻은 것이었다. 실제로 소크라테스의 일생에 관한 내용은 구체적이지 않아서 역사가들은 소크라테스를 둘러싼 입증할 수 없는 이야기를 가리켜 소크라테스식 문제(Socratic problem)라고 부른다.

소크라테스는 페리클레스 시대의 황금기와 쇠퇴기를 아우르는 기간 동안 아테네에서 살았다. 그는 아테네를 위해 몇 번 참전도 했지만 정치는 피했으며 아테네의 민주주의 통치 방식에 대해서도 의구심을 품었다.

소크라테스는 옷차림도 눈에 띄었고, 가르치는 방식도 독특했다. 그는 누더기를 걸치고 머리를 길게 길렀으며 벌이가 될 만한 일을 하지 않았다. 아테네의 학생들은 소크라테스의 수업을 찾아다녔지만 그는 수업료를 받지 않았다. 그는 제자들의 추정과 근본적인 가치에 관해 끊임없이 질문하는 방식으로 가르치는 소크라테스식 문답법(Socratic method)을 개발했다. 제자들에게 정보를 주입하는 대신 스스로 종교와 정치에 있어서 미묘한 차이와 모순을 탐구할 수 있도록 면밀한 질문을 던졌던 것이다.

기원전 5세기 말엽, 아테네는 군사적 실패와 민주주의에 반대하는 단발적인 쿠데타에 직면한다. 소크라테스와 끊임없는 그의 질문에 지친 도시의 지도자들은 어쩌면 희생양을 찾고 있었던 것인지도 모르지만, 아테네의 지도부를 모욕하고 도시의 청년들을 타락시킨다는 혐의로 그를 체포해 역사상 가장 유명한 재판에 기소했다. 죽음 대신 추방을 택할 기회가 있었지만, 소크라테스는 71세의 나이에 자발적으로 독미나리 독을 마셨다.

- 소크라테스가 마셨던 독미나리(Hemlock) 독은 상록수 솔송나무(Hemlock tree)와는 관련이 없다.
- 마지막 순간까지 맹렬했던 소크라테스는 유죄 판결을 받은 후, 그의 죄목에 걸맞은 형벌이 무엇이겠느냐는 질문을 받자 아테네 지도자들의 무지를 드러낸 데 대한 감사의 의미로 도시로부터 연금을 받아야 한다고 대답했다.

024 WED 혁신가 아리스타르코스

코페르니쿠스(1473년~1543년)가 지동설을 주장하기 훨씬 전에 그리스 천문학자이자 수학자인 아리스타르코스(Aristarchus, 기원전 310년경~230년경)가 지구가 태양 주위를 회전한다는 이론을 제기했다.

아리스타르코스는 그리스의 사모스섬에서 태어났다. 사모스섬은 수학자이자 종교 지도자인 피타고라스가 태어난 곳으로 아리스타르코스의 몇몇 생각도 피타고라스 학파의 믿음에서 영향을 받은 것으로 여겨진다.

사모스를 떠난 아리스타르코스는 알렉산드리아에 정착한 후 아테네에 있는 아리스토텔레스의 제자 가운데 한 사람인 람프사쿠스의 스트라토의 제자가 되었다.

아리스타르코스의 논문 가운데 현재까지 남겨진 것은 〈태양과 달의 크기와 거리에 관하여〉가 유일하다. 논문에서 그는 두 천체의 크기와 지구로부터의 거리를 계산하려 했다. 비록 그 추정치는 빗나갔지만, 태양이 지구보다 훨씬 크다는 점을 정확하게 인식했다. 이런 발견으로 인해 그는 비교적 작은 지구가 실제로 우주의 중심이 될 수 있을지 의문을 갖게 되었던 듯하다. 안타깝게도 그 이후에 작성된 아리스타르코스의 논문은 모두 사라졌지만 그가 태양을 중심으로 하는 새로운 우주 모델을 제안했다는 사실이 그리스의 기술자인 아르키메데스의 기록에 남아 있다.

그러나 '태양중심모델'은 아르키메데스를 비롯한 대다수 그리스인에게 무시당했다. 그로부터 거의 4세기가 지난 후에도 천문학자인 프톨레마이오스가 지구를 중심으로 하는《알마게스트》를 출간했고, 이 책은 중세시대 전반에 걸쳐 서양 세계에서 지배적인 천문학 문서로 남았다. 1543년에 니콜라우스 코페르니쿠스가《천구의 회전에 관하여》를 출간하고 나서야 과학자들은 비로소 아리스타르코스의 과감한 결론을 확인할 수 있었다.

- 달의 가장 뚜렷한 분화구 중 하나에 이 그리스 천문학자를 기념한 이름이 붙여졌다. 아리스타르코스 분화구는 약 4억 5000만 년 전에 발생한 충격으로 생겨났고, 가끔 지구에서 맨눈으로도 볼 수 있다.
- 플루타르코스에 따르면 클레안테스라는 비판가는 아리스타르코스의 태양중심모델이 지구의 중심 역할을 박탈했다는 이유로 그를 불경죄로 고소할 것을 제안하기도 했다.
- 아리스타르코스는 모든 관찰을 망원경 없이 했기 때문에 오류가 많았다.

025 THU 악당 아리스티데스

정치가 '공정한 아리스티데스(Aristides the Just, 기원전 530년~468년)'는 고대 아테네에서 흠잡을 데 없는 명성을 얻었다. 그는 뇌물이나 공공기금 횡령을 거부하고 친구의 청탁도 거절했다. 기원전 490년에 발발한 마라톤 전투를 승리로 이끈 장군이기도 했지만 단 한 번도 승리를 개인적인 영광으로 돌리지 않았다. 그러나 그에 대한 당대의 평가는 가혹했다.

너무나도 도덕적으로 올바른 아리스티데스는 다른 시민들 사이에서 혐오의 대상이었으며, 기원전 482년에는 그를 도시에서 추방하자는 투표가 실시되었다. 당시 추방에 찬성표를 던진 한 아테네 시민은 "아리스티데스가 누구인지도 모르지만 가는 곳마다 그를 가리켜 '공정한 사람'이라고 부르는 말에 지쳤다"라고 말했다.

그러나 아리스티데스의 추방은 머지않아 후회를 불러왔다. 그가 추방된 지 2년 후에 그리스는 테르모필레 전투에서 그리스를 물리치고 지역 전체를 차지하려는 태세를 취하던 페르시아에 다시 한번 점령당했다. 초라해진 아테네 시민들은 아리스티데스를 복귀시켜 도시의 방어태세를 갖추라고 애원했다.

2년 전 그의 추방 작전을 이끌었던 아테네 정치가 테미스토클레스와 더불어 아리스티데스는 그리스 도시 국가들의 연합군을 지휘하면서 페르시아에 맞서 싸웠다. 그들은 기원전 480년, 살라미스 해전에서 페르시아 해군을 물리쳤으며 이듬해에는 플라타이아 전투에서 페르시아 부대에게 승리하면서 페르시아의 침략에 종지부를 찍었다.

전쟁이 끝난 후 그리스 연합이 해체되기 시작하자 아리스티데스는 스파르타가 아닌 아테네가 그리스의 유력 도시 국가로 발돋움할 수 있도록 외교적인 노력을 기울였다. 청렴하다는 명성으로 인해 다른 도시 국가들의 신임을 살 수 있었던 그는 기원전 478년에 아테네가 주도해 결성한 델로스 동맹의 설계자 중 한 사람이 되었다.

- 플루타르코스에 따르면 아리스티데스와 테미스토클레스 사이의 적대감은 본래 개인적인 차원에서 시작됐다고 한다. 두 사람 모두 스테실라우스라는 소년과 사랑에 빠졌던 것이다.
- 델로스 동맹은 이 연합이 재정을 보관하고 정책을 논의하기 위해 연례회의를 열었던 델로스섬의 이름을 따서 지어졌다. 본래는 대등한 관계의 연합이었지만 결국에는 사실상 아테네 제국으로 변해버렸고, 기원전 454년에는 재정을 장악해서 파르테논을 건설하는 데 사용하기도 했다.

026 FRI 예술가 소포클레스

소포클레스(Sophocles, 기원전 496년경~406년)는 아테네 극작가이자 그리스 무대에서 가장 인기 있었던 비극작품들을 쓴 작가다. 100여 개의 희곡을 쓴 것으로 추정되는데 지금은 몇 작품만 남아 있다. 그의 작품 가운데 가장 영향력 있는 것은 전설적인 테베의 왕 오이디푸스에 관한 〈오이디푸스 왕〉과 그 왕의 딸에 관한 〈안티고네〉일 것이다.

아티카의 작은 마을에서 태어난 소포클레스는 어린 시절에 페르시아와 아테네 사이의 전쟁을 겪었다. 90세로 생을 마감하기까지 소포클레스의 일생은 아테네를 초대강국으로 만들었던 페르시아전의 승리에서부터 80년 후 펠로폰네소스 전쟁으로 아테네가 몰락에 접어들던 시기에 이르기까지 아테네가 위세를 떨치던 시기 전체를 아우른다. 작품 활동 초기의 소포클레스는 아이스킬로스에게서 많은 영향을 받았다. 그러나 그는 아테네에서 매년 열리는 연극제전인 디오니소스제(Dionysia)에서 스승에게 도전장을 내밀었고 기원전 468년에 스승을 이겼다.

〈오이디푸스 왕〉에 등장하는 오이디푸스는 테베의 왕과 왕비 사이에서 태어난 아들이다. 그의 부모는 신탁을 통해 아들이 성장하면 아버지를 죽이고 어머니와 결혼하게 된다는 예언을 들었고, 그로 인해 갓난아이였던 그는 버림을 받는다. 수년 후 자신의 혈통을 알지 못했던 오이디푸스는 논쟁 중에 아버지인 왕을 살해하고 남편을 잃은 왕비가 자신을 낳아준 어머니라는 사실을 모른 채 그녀와 결혼한다. 연극에서 오이디푸스는 자신이 저지른 일을 알게 된 후 수치심에 스스로 눈알을 뽑고 테베를 떠난다.

소포클레스는 아테네 정치에도 관여했고 장군으로 군생활을 하기도 했다. 펠로폰네소스 전쟁이 발발할 당시 노인이었던 그는 스파르타에 대항해 아테네의 방어시설 구축에 도움을 주었으며 아테네의 비극적인 패배로 전쟁이 끝나기 직전에 사망했다.

- 현재 남아 있는 작품으로는 〈아약스〉, 〈안티고네〉, 〈엘렉트라〉, 〈콜로노스의 오이디푸스〉, 〈오이디푸스 왕〉, 〈필록테테스〉, 〈트라키스의 여인들〉이 있다.
- 〈안티고네〉의 "나쁜 소식을 전해오는 사람을 좋아하는 사람은 없다", 〈오이디푸스 왕〉의 "시간이 모든 일을 가볍게 만들어준다", 〈콜로노스의 오이디푸스〉의 "낯선 나라에 있는 낯선 이" 등 여러 유명한 문구와 대사가 소포클레스의 작품에서 탄생했다.
- 소포클레스도 초기에 자신의 작품에 직접 출연하기도 했지만 목소리가 작아서 배우를 그만둘 수밖에 없었다.

027 SAT 개혁가 마타티아스

유대교의 하누카(Hanukkah) 축제는 기원전 2세기부터 시작되었는데, 예루살렘 성전의 지배권을 유대인의 손에 쥐여준 하스몬 가문(Hasmonean)의 마타티아스(Mattathias, ?~기원전 166년경)라는 사제가 일으킨 반란의 성공을 기리기 위한 것이다. 반란 이후 승리한 유대인들은 하루 분량의 기름으로 8일 동안 성전을 밝힐 수 있었는데, 유대교에서는 매년 메노라(Menorah, 여러 갈래로 나뉜 큰 촛대-옮긴이)에 불을 붙임으로써 이 기적을 기념한다.

반란이 시작된 기원전 167년에 예루살렘은 그리스어를 사용하는 셀레우코스 제국의 일부였다. 많은 유대인이 그리스의 관습을 받아들였고 심지어 그리스 신들을 숭배하기도 했는데 이러한 흐름으로 인해 유대인 공동체 내에서 갈등이 야기되었다. 그해에 안티오코스 4세는 할례와 안식일 등 유대교의 종교적 관례 일부를 금지하는 칙령을 발표함으로써 긴장감을 더했다.

성경에 따르면 마타티아스는 고대 유대교의 중심지였던 사원의 사제였는데, 예루살렘에서 행해지는 종교 탄압에 격분했다고 한다. 성경에는 그가 "내가 왜 태어나서 내 백성이 망하고 거룩한 도성이 망하는 것을 보아야 하는가?"라고 물었다고 기록되어 있다. 그는 그리스 신에게 예배를 드리려고 채비하던 유대인을 죽임으로써 반란을 선동했고, 안티오코스의 새 칙령을 집행하려고 파견된 셀레우코스 관료 중 한 사람도 죽였다. 그러고 나서 마타티아스는 "율법에 대한 열정이 뜨겁고 계약을 지지하는 이는 모두 나를 따라나서시오!"라며 선동 구호를 외쳤다. 반란은 약 7년간 지속되었고, 마타티아스는 유대인의 승리를 보지 못한 채 눈을 감았다. 그는 기원전 166년경 사망했고 그의 아들들이 반란을 이어갔다. 그들은 셀레우코스인들을 몰아내고 다시 사원을 봉헌했으며, 기원전 160년에는 마카베오 왕조를 세웠다. 마카베오 왕조는 기원전 63년까지 독립적인 유대인 국가를 통치했다.

- 예루살렘 사원은 70년에 로마인에 의해 파괴되었다. 예루살렘에 있는 유명한 통곡의 벽(Western Wall)만이 사원 자리에 흔적으로 남아 있다.
- 마카베오는 '망치'라는 뜻의 히브리어에서 유래했다. 마타티아스 가족이 적군을 망치처럼 쓰러뜨렸다고 해서 이 같은 이름이 붙었다.
- 마타티아스는 예루살렘과 지금의 텔아비브의 중간에 위치한 모딘이라는 도시에서 태어났다. 죽은 후에도 그는 그곳 무덤에 묻혔지만 고대도시의 흔적은 모두 사라지고 없다.

028 SUN 선지자 노자

도교의 창시자인 노자(老子)가 실존인물인지 여부는 지금까지도 역사가들 사이에서 의견이 분분하다. 전설에 따르면 이 위대한 현자는 기원전 6세기경에 중국에서 살았고, 아시아의 주요 전통 종교 가운데 하나인 도교의 기본을 형성하는 자유의지, 인간의 본질, 윤리 등 광범위한 주제를 다룬《도덕경》을 저술했다고 한다.

그가 실존인물이었다고 해도 사실상 노자의 일생에 관해 알려진 바가 전혀 없기 때문에 온갖 희한한 전설이 그 자리를 대신한다. 그는 태어났을 때 이미 대단히 현명한 사람임을 상징하는, 수염이 난 상태였다고 한다. 또한 그가 996년을 살았다고 전하기도 한다. 지금의 뤄양에 해당하는 곳에서 중국 황제를 위해 기록보관인으로 종사했다고도 하는데, 그곳에서 철학에 관한 글을 처음으로 저술하기 시작한 것으로 추정된다. 하룻밤 만에 쓰였다고도 하는《도덕경》은 우주의 본질('길'을 의미하는 도(道))과 개인의 중요성('덕목'을 의미하는 덕(德))을 설명해놓은 철학과 윤리에 대한 안내서로, 81개 장으로 구성되어 있다. 노자의 도덕률은 반성과 비폭력, 그리고 자연에 대한 수동적인 받아들임의 가치를 강조한다. 몇 구절을 살펴보면 다음과 같다. "가진 것에 만족하라, 있는 그대로를 기뻐하라", "부족한 것이 없다는 사실을 깨달으면 온 세상이 당신에게 속하게 된다."

도교의 개념 가운데 많이 알려진 것 중 하나는 이원성이다. 노자에 의하면 자연은 여성과 남성, 빛과 어둠, 삶과 죽음 등 서로 완전히 대립되는 정반대의 것으로 가득 차 있다. 노자는 그렇게 정반대되는 짝 사이에 숨겨진 연결고리를 이해하면 우주를 더욱 깊이 알 수 있을 것이라 가르쳤다. 사실, 정반대의 것 없이는 다른 하나도 존재하지 못하는 경우가 많다. 이 개념은 그 유명한 음(땅)과 양(하늘)으로 상징된다. 두 개가 정반대인 것처럼 보이지만 실제로 땅이 없으면 하늘도 없고 하늘이 없으면 땅도 없다.

전통에 따라 나이 든 노자는 은둔자로 살면서 홀로 죽음을 맞이했다. 그러나 그의 글은 널리 받아들여졌고, 고대 중국의 무덤들에서《도덕경》이 발견되기도 했다.

- 오늘날 중국에서 도교는 공산당이 허용하는 다섯 가지 '공식적인' 종교 가운데 하나이다. 도교 외에 중국에서 허용되는 종교로는 불교, 가톨릭, 이슬람교 그리고 개신교가 있다.
- 《도덕경》은 성 평등 측면에서 다른 고대 종교서적들과 차이가 있다. 노자는 남성을 중심으로 하는 가부장적 집중에 도전하는 의미에서 인생, 창의성 같은 존재의 가장 중요한 특성을 지칭하면서 여성형 단어를 사용했다.
- 《도덕경》 제47장의 내용이 비틀스의 1968년도 노래 〈내면의 빛〉의 가사로 사용되었다. 이 곡은 기타리스트 조지 해리슨이 편곡했다.

029 MON 리더 알렉산더 대왕

고대 역사가의 표현에 따르면 알렉산더 대왕(Alexander the Great, 기원전 356년~323년)은 "한 번도 이기지 못한 적국이 없고, 한 번도 포위하지 못한 도시가 없으며, 지배하지 않은 나라가 없다". 이집트에서 인도에 이르기까지 그가 점령한 곳은 사실상 그리스인에게는 전 세계에 해당했다. 그가 겨우 33세에 짧은 생을 마감했다는 점을 고려하면 놀라운 업적이 아닐 수 없다. 알렉산더의 군사적 승리로 인해 그리스어는 지중해 일대의 공용어가 되었다. 그의 후계자들은 그 후로도 로마인들에게 다시 점령당하기 전까지 300년 동안 알렉산더 제국의 일부를 통치했다.

마케도니아 북부의 그리스 왕국에서 태어난 알렉산더는 마케도니아의 왕이었던 필립 2세와 그의 아내 중 한 사람인 올림피아스 사이에서 태어났다. 청년 시절 알렉산더는 철학자 아리스토텔레스 수하에서 가르침을 받았는데 아리스토텔레스는 젊은 왕자에게 과학과 문학, 철학에 대한 애정을 심어주었다.

기원전 336년에 필립 2세가 암살되면서 스무 살이었던 알렉산더가 즉위했다. 그로부터 불과 몇 년 만에 그는 마케도니아를 그리스에서 가장 큰 권력을 가진 국가로 만들어 아테네와 테베 같은 도시 국가를 지배했다. 그리고 10년 동안 차례차례 이집트와 인도 그리고 그리스의 숙적이었던 페르시아 왕국을 점령했다. 그의 군사는 수십 개의 도시를 세웠고 결국에는 세 대륙을 아우르는 왕국을 통치하게 되었다.

패배한 국민들에게 자신의 종교를 강요했던 다른 정복자들과 달리 알렉산더는 페르시아 문화에 관심을 가졌고 심지어 여러 가지 페르시아 관습을 수용했으며, 그리스와 페르시아의 화합을 위해 수천 명의 군인에게 페르시아 여인과 결혼하라고 명하기도 했다.

바빌론에서 알렉산더가 맞은 죽음의 원인은 여전히 미궁 속에 남아 있다. 1998년에 한 연구팀은 그가 장티푸스로 사망했을 가능성이 크다고 결론지었다.

- 2004년도 올리버 스톤 감독의 영화 〈알렉산더〉에서는 아일랜드 출신의 배우 콜린 패럴이 주연을 맡았다. 그 밖에도 윌리엄 샤트너와 리처드 버턴도 알렉산더 역할을 맡았다.
- 알렉산더는 베개 밑에 그가 제일 좋아했던 《일리아드》를 넣고 잤다고 한다.
- 전설에 따르면 알렉산더는 사후에 미라로 만들어졌다. 그의 시신은 그의 이름을 딴 이집트의 알렉산드리아로 옮겨져 수 세기 동안 진열되었다고 전해진다.

030 TUE 철학자 플라톤

고대 아테네의 부유하고 막강한 정치적 세력을 가진 가문의 자손으로 본명은 아리스토클레스(Aristocles)다. 역사적으로 유명한 '플라톤(Plato, 기원전 429년경~347년)'이라는 이름은 이 젊은이의 레슬링 코치가 그의 넓은 어깨에 감탄해 붙여준 별명이다. '넓은'이라는 뜻의 그리스어 '플라토스(platos)'에서 파생된 이 별명은 그를 유명하게 만든 철학에도 똑같이 잘 적용된다. 정치 이론에 관한 글이 가장 많이 알려지긴 했지만 그는 시와 성(性), 수학 등 다방면에 걸친 글을 썼다.

젊은 시절 특권을 누리고 자란 플라톤은 철학자 소크라테스 수하에서 교육을 받았고, 그러다 스승의 재판과 처형으로 큰 충격을 받았다. 소크라테스가 죽고 난 후 플라톤은 소크라테스의 다른 제자들과 더불어 잠시 이탈리아와 시칠리아로 피신을 했다.

40대에 접어들 무렵 다시 아테네로 돌아온 플라톤은 그 유명한 아카데미(Academy)를 열었다. 아테네의 젊은이들을 위한 철학적 연구실을 꾀한 이 학교는 서양 최초의 교육기관이었다. 기원전 367년경 플라톤에게 배우기 위해 아테네에 도착한 아리스토텔레스를 포함해서 아카데미는 그리스 전역에서 학생들을 끌어들였다.

플라톤의 글은 수십 점이 아직 남아 있는데, 대부분은 지어낸 대화 형식을 띠고 있다. 이는 플라톤이 철학적 개념에 생명을 불어넣기 위해 사용한 방식으로, 예컨대 가장 유명한《국가》는 소크라테스와 다른 그리스인들 사이에 벌어진 허구적인 긴 대화로 이루어져 있다.《국가》에는 플라톤 이론 중 가장 유명한 '동굴의 우화(Allegory of the Cave)'가 들어 있다. 이는 평생 동굴 안에서 사슬에 묶인 채 햇빛 한번 본 적 없는 집단에 대한 이야기다. 그들이 볼 수 있는 이미지라고는 불빛에 비쳐 동굴 벽에 투영되는 몇 가지 물체의 그림자가 전부다. 플라톤에 따르면 동굴 속의 사람들은 결국 벽에 투영된 이미지를 실물이라고 믿게 되지만, 그들 중 한 사람이 탈출해서 동굴 밖으로 나온다면 더 넓은 세상을 이해하게 될 것이다. 플라톤은 이 이야기를 교육과, 동굴에서 빠져나와 현실의 본질이라는 형이상학까지 이해할 수 있는 철학자의 역할에 대한 우화로 사용했다.

- 아카데미, 또는 아카데믹이라는 단어는 아테네에 있는 플라톤의 아카데미에서 유래했다. 그러나 아카데미라는 이름 자체는 그리스 영웅인 아카데무스를 기리기 위해 조성된 나무숲에서 따온 것이었다.
- 아테네에 있는 플라톤의 철학 학교는 거의 1000년 동안 이어지다가 529년에 학교가 기독교의 기반을 약화한다고 생각한 비잔틴 황제에 의해 폐쇄되었다.

031 WED 혁신가 에우클레이데스

2000여 년 전 서양 세계에서는 고대 그리스의 수학자인 에우클레이데스(Euclid, 기원전 325년경~265년경)가 쓴《원론》이 기본적인 기하학 입문서로 사용됐다. 이 책은 삼각형, 다각형, 소수를 비롯한 수십 여 개의 개념에 적용되는 기본적인 수학법칙을 설명해주었다.

에우클레이데스는 그리스의 통치를 받던 이집트의 도시 알렉산드리아에 살았다. 그는 플라톤이 설립한 아카데미에서 교육을 받았는데, 알렉산더가 이집트를 점령한 이후 그리스인들을 따라 아테네로 옮겨 갔을 것으로 추정된다.

에우클레이데스의 저서《원론》은 에우독소스와 테아이테토스를 비롯한 여러 수학자가 발견한 내용을 하나의 기하학 체계로 정리해놓은 것인데, 당대 사람들에게는 너무 복잡하게 여겨졌다. 에우클레이데스의 일생에 관한 몇 안 되는 기록 가운데 하나에는,《원론》을 받아든 왕이 그 분량과 복잡함에 크게 실망한 나머지 에우클레이데스를 불러 직접 설명하게 했다는 내용이 담겨 있다. 프톨레마이오스 1세는 기하학을 좀 더 쉽게 배울 방법이 없느냐고 물었고 에우클레이데스는 "기하학을 배우는 데 왕도는 없습니다"라고 응수했다고 한다.

에우클레이데스는《원론》의 첫 부분을 공리(公理)라는 비교적 좁은 분야를 설명하는 데 할애했다. 너무나 자명해서 따로 증명할 필요가 없다고 생각한 내용부터 담았던 것이다. 예를 들어 그의 공리 중 하나는 '어떤 두 지점이라도 하나의 직선으로 연결할 수 있다'이다. 그런 이후 공리를 바탕으로 좀 더 복잡한 정리를 설명하는 방향으로 책을 썼다. 에우클레이데스 논문의 사본은 9세기 이후에 아랍 학자들에 의해 보존되었고, 영국 학자인 바스의 애덜라드가 이슬람 학생으로 변장해서 그 책을 읽고 번역한 이후에는 유럽에도 알려졌다. 애덜라드가 라틴어로 번역한 내용은 1120년경에 등장했다. 한 추정에 따르면 그 후로 1000여 개의 번역판이 발간되었다고 한다.

- 2000여년 간 전 세계에서 주요 수학 교과서로 사용된《원론》은 성경 다음으로 가장 많이 팔린 책으로 알려져 있다.
- 에우클레이데스의 팬이었던 에이브러햄 링컨은 변호사 시절《원론》을 끼고 살았다고 한다. 이후 그는 자신의 연설에 수학적 용어를 사용하기도 했는데, 예를 들어 정치적 평등을 "자유로운 사회의 공리" 중 하나라고 표현했다.
- 미국의 여러 거리와 건물 이름뿐만 아니라 오하이오주에 있는 도시와 달 표면의 작은 분화구 이름도 그의 이름을 따서 지어졌다.

032 THU 악당 파우사니아스

자신이 통치하던 도시를 저버린 파우사니아스(Pausanias, ?~기원전 470년)는 성공적인 장군인 동시에 전설적인 반역자였다. 스파르타의 왕족이었던 그는 기원전 480년에서 478년 사이에 벌어진 페르시아와의 몇 번의 전투에 스파르타의 전사들을 이끌고 참전해 승리를 거뒀다. 그러나 그 후 페르시아와 공모해서 그리스를 저버렸다.

스파르타 군대의 전설적인 규율을 고려하면 파우사니아스의 배신은 특히 충격적이었다. 스파르타는 아테네와 더불어 고대 그리스 세계의 초강대 도시 국가였다. 그러나 아테네와 달리 스파르타의 문화는 전체적으로 훌륭한 전사를 배출하는 데 초점이 맞춰져 있어서 전사들은 어린 시절부터 전장에서 훈련을 받았다. 스파르타는 철학자나 예술가, 극작가가 아니라 오로지 전사로만 유명한 도시 국가였다.

두 나라는 비록 평소에는 적대적이긴 했으나, 페르시아에 맞서 그리스를 지키기 위해 연합했다. 기원전 480년에 연합군이 테르모필레 전투에서 패하면서 스파르타의 레오니다스 왕이 사망했다. 파우사니아스는 다음 해인 기원전 479년에 플라타이아 전투와 기원전 478년에 비잔티움 전투에서 그리스군을 이끌어 승리를 거두었다.

전투에서 승리한 후 대부분의 도시 국가가 스파르타 아니면 아테네 편을 들면서 그리스 연합군은 갈라지게 되었다. 파우사니아스의 고압적인 행동으로 많은 그리스 국가가 아테네 편에 섰다. 스파르타에게 들려온 더 나쁜 소식이 있었으니, 바로 파우사니아스가 페르시아와 내통하여 헬롯(Helot)이라고 불리던 스파르타의 노예들을 해방시키는 대신 자기 부하로 삼겠다는 음모를 꾸민다는 것이었다. 잘 훈련되고 맹렬한 전사들로 유명한 스파르타는 기원전 474년경에 그의 음모를 밝혀냈다. 그는 계획이 탄로나자 사원으로 도망쳤고, 결국 건물 안에 갇혀 굶어 죽었다.

- 스파르타는 396년에 고트족에 의해 파멸되었다. 1834년에 스파르타가 있던 마을이 발견됐고 20세기 초에는 스파르타의 고대 유물이 발굴되었다.
- 파우사니아스의 아들인 플레이스토아낙스는 스파르타 왕 중 한 명으로 기원전 458년부터 50년 동안 간헐적으로 스파르타를 통치했다. 그가 통치하던 시기에는 아테네와의 사이에서 발발했던 펠로폰네소스 전쟁 초기도 포함된다.
- 페르시아에 맞서 결성됐던 아테네와 스파르타 동맹은 잭 스나이더 감독의 2007년도 영화 〈300〉에도 등장한다.

033 FRI 예술가 페이디아스

1958년, 고대 그리스의 올림픽 경기가 열리던 고대 유적지 올림피아산에서 작은 컵을 하나 발굴했다. 컵 옆면에는 그리스 문자로 '이것은 페이디아스 것이다'라고 새겨져 있었다. 2400년 된 이 컵은 고대 그리스의 가장 위대한 조각가와 확실하게 연관 있는 유일한 유물일지도 모른다. 당대에 페이디아스(Phidias, 기원전 490년경~430년경)는 잘 알려진 사람이었지만 금으로 덮인 두 개의 대작, 제우스상과 아테나상을 비롯해 그의 모든 조각품은 파괴되었다.

아테네에서 살았던 그는 기원전 5세기 전반에 걸쳐 정치적 지도자 역할을 했던 페리클레스의 협력자였다. 페이디아스가 파르테논에 아테나상을 세울 수 있었던 것도 그를 통해 후원을 받았기 때문이었다. 상아로 제작되고 금박으로 덮인 '아테나 파르테노스'는 높이가 11.6m였고, 약 900년 후 파르테논이 약탈당하기 전까지 건물 내부의 중심점이었다. 페이디아스는 또한 파르테논의 프리즈(frieze, 고전 건축에서 기둥머리가 받치고 있는 세 부분 중 가운데-옮긴이)를 구성하는 조각상의 제작도 감독했다. 프리즈의 대부분은 지금도 남아 있어 페이디아스의 디자인을 바탕으로 조수들이 제작한 예술 작품들을 볼 수 있다. 그는 조각품에 사용된 금을 잘못 계산해서 감옥에 갇히기도 했다.

페이디아스가 완성한 것으로 알려진 마지막 주요 작품인 제우스상은 가장 중요한 신을 기념하기 위해 그리스 파르테논에 세워졌다. 상아 조각에 금박이 덮인 제우스상은 홀(笏)을 들고 앉아 있는 모습으로 제작되었다. 이 제우스상은 수백 년 동안 주요 볼거리가 되었고 동전에도 새겨졌으며 그 모습에 경탄한 그리스와 로마 작가의 여행기에 실리기도 했다. 역사가인 플루타르코스에 따르면 페이디아스는 또다시 체포되어 감옥에서 죽음을 맞이했다고 하는데, 이에 대해 현대 학자들은 의견이 분분하다.

- 파르테논 프리즈는 그리스와 영국 사이에 오랜 논쟁거리가 되어왔다. 영국 귀족인 7대 엘긴 백작, 토마스 브루스가 1801년에 프리즈를 떼어 런던으로 가지고 왔다. 그는 당시 그리스를 통치하던 오토만 제국의 허락을 받았다고 주장했지만 오늘날의 그리스 지도자들은 프리즈 반출은 불법이라고 주장하며 여러 차례 영국에 반환을 요청했다. 그러나 지금까지도 그 요청은 수락되지 않고 있다.
- 올림피아의 제우스상은 제작된 지 약 800년 후인 426년에 비잔틴 제국에 의해 제우스상이 세워져 있던 신전과 함께 완전히 파괴되었다.
- 페이디아스의 작품이 하나도 남지 않은 이유 가운데 하나는 그가 사용한 재료 때문인지도 모른다. 그는 대리석이 아닌 동과 금을 주로 사용했는데, 값비싼 재료 덕분에 약탈되기 쉬웠고, 금속이기 때문에 녹아버리기도 했다.

034 SAT 개혁가 티베리우스 그라쿠스

기원전 133년에 이르러 고대의 초대강국으로 부상한 로마는 터키에서 스페인에 이르는 영역을 통치하는 제국이 되었다. 막강한 로마군이 지중해 곳곳을 정복하면서 그 후 수 세기 동안 엄청난 부를 가져다줄 로마의 패권이 확립된 것이다. 그러나 수년간 전쟁터에서 지내다 집으로 돌아온 로마 병사들의 눈에 들어온 것은 이미 망해버린 농장과 사라진 돈, 붕괴된 가족뿐이었다. 그로 인해 많은 참전용사가 분개했다.

로마의 정치가인 티베리우스 셈프로니우스 그라쿠스(Tiberius Sempronius Gracchus, 기원전 168년경~133년)는 "그들은 세상의 주인이라 불리지만, 실제로 자기 것이라 부를 수 있는 땅은 단 한 조각도 없다"며 격노했다. 그는 부유한 귀족의 권력을 제한하고, 돌아온 참전용사들에게 농장을 마련해줌으로써 공평한 세상을 이루기 위해 노력했던 로마의 사회개혁가, 그라쿠스 형제 중 형이었다. 플루타르코스가 찬양했던 티베리우스와 그의 동생 가이우스는 수많은 추종자에게 영감을 불어넣기도 했지만 마지막에는 끔찍한 죽임을 당했다.

티베리우스는 유명한 장군의 손자로 그리스와 스페인에서 싸웠으며, 로마로 돌아온 후 기원전 133년에는 호민관으로 선출되었다. 참전용사들의 삶을 개선하고자 결심한 그는 일련의 농업 개혁안을 제안하면서 라티푼디움이라고 불리던 거대 농장을 몰수해서 로마의 가난한 사람들에게 재분배해주려 했다. 원로원에서 강한 반대에 부딪혔음에도 그는 개혁안을 밀어붙여 법으로 제정할 수 있었다. 그러나 1년간의 임기가 끝날 무렵 그가 재출마할 것을 우려한 정적들에 의해 살해되어 티베르강에 버려졌다. 그로부터 10년 후 그의 동생인 가이우스가 토지 재분배에 대한 대의를 이었지만 그 또한 개혁에 반대하는 보수파에 의해 살해당했다.

- 정치적 방향성은 형제가 비슷했지만 성격은 매우 달랐다. 플루타르코스에 따르면 "티베리우스는 온순하고 차분했지만 가이우스는 예민하고 열정적이었다. 따라서 사람들 앞에서 열변을 토할 때도 한 명은 한곳에 서서 침착하게 말한 반면, 다른 한 명은 강단 위를 이리저리 걸어다니고 토가(toga, 고대 로마인들이 입던 헐렁한 겉옷 – 옮긴이)를 어깨춤에서 잡아당겨가며 말했다".
- 누군가가 자신의 목숨을 노린다는 사실을 알아챈 티베리우스는 돌로라고 불리는 단검을 토가 속에 감추고 다녔다. 그러나 살해될 당시에는 그를 공격한 사람의 수가 너무 많아서 단검도 소용이 없었다. 플루타르코스에 의하면 그가 살해될 당시, 300여 명의 티베리우스 추종자들도 공격을 받고 죽임을 당했다고 한다.
- 그라쿠스 형제의 할아버지는 스키피오 아프리카누스로 기원전 202년 제2차 포에니 전쟁에서 한니발을 물리친 로마의 장군이었다.

035 SUN ⊕ 선지자 부처

'부처(The Budda, 기원전 563년~483년)'라는 이름으로 널리 알려진 석가모니는 지금의 네팔의 한 작은 마을에서 태어났다. 전설에 의하면 그의 아버지는 막강한 힘을 가진 그 지역의 왕이었고, 따라서 석가모니는 히말라야의 작은 언덕에서 부와 특권을 누리며 성장했다. 그러나 물질적인 부가 충족감을 가져다주지 못한다는 사실을 깨달은 이 젊은 왕자는 궁전 밖에서 고통받는 사람들의 모습을 보면서 크게 괴로워했다. 그는 고통의 원인이 무엇이며 어떻게 하면 그 고통을 극복할 수 있을지 고민했다. 궁금증에 대한 해답을 얻기 위해 20대 후반이었던 석가모니는 아버지의 왕국에서 도망쳐 금욕주의와 극기, 명상을 하면서 종교적인 삶을 살아갔다. 그러나 머지않아 그는 극단적인 박탈과 스스로 초래한 고통 또한 부와 마찬가지로 진실에 다가가게 해주지 않는다는 사실을 깨달았다.

결국 석가모니는 35세의 나이에 인생에 중대한 사건을 경험하고 불교를 창시하게 되는데, 이는 바로 불교 신자들에게 대각(大覺)이라고 알려진 계시를 경험한 것이다. 전해지는 이야기에 따르면 그는 무화과나무 아래에서 49일 동안 명상을 한 후 존재의 비밀이 드러나는 완전한 깨달음의 상태인 열반에 도달했다고 한다. 그때부터 석가모니는 깨달음이라는 뜻의 부처로 알려지게 되었다.

부처는 인간의 고통이 결핍에서 비롯되는 것이며, 욕망에서 벗어나고, 자기(我)의 개념을 버리고, 도덕적 삶의 '팔정도(八正道)'를 따라야만 고통에서 벗어날 수 있다고 설파했는데, 이후 팔정도는 대부분의 동아시아 문화의 기초가 되었다. 대각 이후 부처는 갠지스강 유역의 인도 북부와 네팔에서 설교를 하면서 사람들을 개종시켰다. 그리고 결국 아버지의 왕국으로 돌아와 여러 친척까지 불교로 개종시켰다.

불교는 부처 생전에 급속도로 성장했는데, 그는 여러 번의 암살 시도를 모면하기도 했다. 그는 불교를 그 지역의 주요 종교로 확립한 후 80세에 숨을 거뒀다.

- 젊은 왕자였던 석가모니는 현실과 너무나 동떨어진 세상에서 자란 탓에 나이 든 농부의 모습을 보고 괴로움을 느꼈다. 전설에 의하면 그의 하인 중 하나가 사람은 모두 나이 드는 것이라고 설명해주었다고 한다.
- 부처는 죽은 후 화장되었는데 유해에서 치아 하나가 발견되었다고 한다. 그 치아는 스리랑카의 불교 사원에 모셔져 있다.
- 열여섯 살의 나이에 결혼한 석가모니에게는 라훌라라는 아들이 있었다. 부처는 라훌라가 태어난 바로 그날 궁전에서 도망쳤다고 전해진다.

036 MON 리더 진시황제

진시황제(秦始皇帝, 기원전 259년~210년)는 최초로 중국을 통일하고 만리장성을 쌓기 시작했던 황제로, 고대 중국 역사상 중요한 인물이다. 그는 수 세기 동안 이어진 내전 끝에 중국의 질서와 안정을 도모한다는 명목으로 적군들을 생매장하기도 한 전설적인 폭군이었다.

황제가 태어날 당시 중국은 지방의 지도자들이 통치권을 차지하기 위해 전투를 벌이던 전국시대에서 막 벗어나고 있었다. 일곱 나라 가운데 하나인 진나라의 세자였던 그는 기원전 246년 열세 살의 나이에 진나라의 왕으로 즉위했다.

기원전 221년에 이르러 왕은 마지막으로 하나 남은 독립국을 물리치고 마침내 스스로를 중국 최초의 황제로 선언했다. 그는 낡은 봉건국가의 모든 흔적을 폐지하고, 귀족들로부터 무기를 몰수했으며, 영토 내의 모든 방어시설을 해체함으로써 제국에 대한 통치권을 공격적으로 중앙집권화했다. 또한 중국 전역의 화폐와 법률체계를 표준화하기도 했다. 진시황제는 어떤 반대파도 생겨나지 않도록 하기 위해 고질적인 반발의 근원이었던 유교를 금지하고 유교 학자들을 생매장할 것을 명했다. 또한 고전 서적을 불태우는 대대적인 군사행동을 펼치며 문화적 파괴 행동을 일삼았는데, 이는 그 후로도 오랫동안 그의 통치를 규정하는 사건이 되었다.

만리장성을 쌓을 때는 열악한 작업 환경 때문에 수천 명의 일꾼이 죽었고, 그 밖에도 진시황제의 야심 찬 다른 정책에 동원되는 바람에 죽은 이도 많은 것으로 전해진다. 황제는 패배한 경쟁 국가 가운데 어느 동맹세력이 모의한 세 번의 암살 시도에서 살아남았다.

진시황제가 죽은 후 유교 금지를 비롯해 그가 제정한 여러 법률이 폐지되었다. 진나라 자체는 그리 오래가지 못했지만 진시황제가 세웠던 황제의 통치권은 그의 사후에도 2000여 년 동안 지속되었다.

- 1974년, 중국의 중앙 내륙에 거주하는 농부들이 우연히 수천 개에 달하는 병사, 말, 마차 그리고 음악가의 조각상으로 가득 찬 밭을 발견했다. 고고학자들은 이른바 병마용(兵馬俑)이라고 불리는 이것이 진시황제의 부장품이며 황제의 사후세계에 동행하게 하려는 의도로 만들어졌다고 믿는다. 유네스코는 1987년에 병마용이 있는 곳을 세계문화유산으로 지정했다.
- 만리장성은 후대 황제들에 의해 보수되고 확장되는 바람에 진시황제 시대에 구축된 원 방어시설은 거의 남지 않았다. 중국은 17세기에 들어서까지도 만리장성을 계속 군사적 용도로 사용했다.
- 황제의 암살 시도 가운데 하나에 관한 이야기가 2002년도에 영화 〈영웅〉으로 만들어졌다. 이연걸이 출연한 이 영화는 2004년도에 미국에서 개봉했다.

037 TUE 철학자 아리스토텔레스

1511년 로마에서 이탈리아 화가 라파엘이 〈아테네 학당〉이라는 거대한 프레스코화를 완성했다. 가장 유명한 그리스 철학자 수십 명이 등장하는 이 그림의 중심에는 비범한 두 명의 인물이 서 있다. 바로 플라톤과 그의 가장 뛰어난 제자였던 아리스토텔레스(Aristotle, 기원전 384년~322년)다. 바티칸에 설치된 이 그림으로 서양의 지적 전통에서 스승과 더불어 아리스토텔레스가 맡았던 중심 역할을 짐작할 수 있다.

아리스토텔레스는 그리스 북부의 스타키라라는 마을에서 태어났다. 그의 아버지인 니코마코스는 마케도니아 왕족의 가정의였고, 아리스토텔레스 자신도 원래는 의학 수련을 받았다. 그러나 그는 기원전 367년에 플라톤의 아카데미에서 교육받기 위해 아테네로 이주했고 그 후 20여 년 동안 그곳에 머물렀다. 아테네에 있는 동안 아리스토텔레스는 첫 번째 저서를 완성했다. 비록 그가 플라톤의 영향을 많이 받기는 했지만 두 사람은 몇몇 철학적 질문에 관해서는 의견이 달랐고, 멘토가 죽자 아리스토텔레스는 결국 아테네를 떠났다. 마케도니아로 돌아간 아리스토텔레스는 왕의 열세 살배기 아들인 알렉산더 대왕의 가정교사로 채용되었다. 알렉산더 대왕이 즉위한 후 아테네를 정복하자 다시 아테네로 돌아가 자신의 학교를 세웠다.

아리스토텔레스는 최초로 공식적인 논리체계를 만들어냄으로써 서양 철학의 기초를 쌓은 인물로 평가받는다. 그는 생물학을 개척하기도 했다. 형이상학에 관한 그의 글은 중세시대에 유럽에서 재발견되면서 이후 토마스 아퀴나스와 같은 기독교 신학자들에게 지대한 영향을 끼쳤다.

알렉산더 대왕이 죽은 후 아테네는 마케도니아의 통치에 반란을 일으켰다. 이에 아리스토텔레스는 에비아섬으로 이주했고, 얼마 지나지 않아 그곳에서 생을 마감했다.

- 아리스토텔레스는 이른바 신의 존재에 대한 증명을 제시했다. '부동의 동자(Unmoved Mover)'라고 알려진 이론에서 아리스토텔레스는 우주에서 벌어지는 모든 운동은 다른 운동에 의해 벌어진다고 주장했다. 그러나 이 움직임의 사슬은 어딘가에서 시작점이 있어야 하는데, 아리스토텔레스는 그것을 부동의 동자라고 불렀다. 이후 기독교 작가들은 그것을 신의 존재에 대한 논리적인 증명으로 이용했다.
- 아리스토텔레스는 피티아스라는 이름의 여성과 결혼했는데, 그녀는 플라톤의 친구이자 동급생의 수양딸(또는 조카딸)이었다. 둘 사이에는 아내의 이름을 똑같이 따서 지은 딸이 하나 있었다.

038 WED 혁신가 아르키메데스

아르키메데스(Archimedes, 기원전 287년경~212년경)와 왕관에 관한 이야기는 과학 발견의 역사상 가장 유명한 일화다. 어느 날 시라쿠사의 왕이 이 위대한 수학자에게 왕위를 상징하는 빛나는 왕관이 정말 순금으로 만들어졌는지 확인해달라고 요청했다. 아르키메데스는 며칠 동안 이 문제로 고심했는데, 목욕을 하던 중 갑자기 해결책이 떠올랐다. 그는 그리스어로 '찾았다'라는 뜻의 '유레카(Eureka)!'를 외치며 욕조에서 뛰쳐나왔고 그 소식을 알리기 위해 벌거벗은 채로 시라쿠사 거리를 뛰어다녔다고 한다.

시칠리아에서 태어난 아르키메데스는 기술자이자 이론 수학자, 천문학자, 발명가였다. 그는 액체의 움직임을 이해하고, 지렛대가 작동하는 방법을 설명했으며 파이(pi)의 값을 계산한 사람으로 알려져 있으며 시라쿠사를 위해 무시무시한 신무기를 발명한 것으로도 유명하다. 실제로 아르키메데스의 발명품 중 다수가 시라쿠사의 군사적 필요에 따른 것이었는데, 그리스어를 사용하는 도시 국가인 시라쿠사는 그가 살던 대부분의 기간 동안 로마와 전쟁을 벌였기 때문이다. 시라쿠사의 함대가 떠 있게 하기 위해 그는 배에서 재빨리 물을 퍼낼 수 있는 '아르키메데스의 나선형 펌프(Archimedes' screw)'를 발명했다. 또한 내륙에 고정시키는 금속 갈고리인 '아르키메데스 갈고리(claw of Archimedes)'도 발명했는데, 이는 적군의 함대를 침몰시키는 데 사용되었다. 그가 발명한 가장 환상적인 군사 무기는 열선(heat ray)인데, 태양 빛을 로마 선박 위 한군데로 모아 발화하게 만드는 거울 시스템이었다. (이 열선이 실제로 작동했는지 의문을 제기하는 학자들도 있다.)

아르키메데스가 발명한 천재적인 무기에도 불구하고 작은 도시 국가였던 시라쿠사는 로마의 맹공을 이겨낼 수 없었다. 기원전 212년, 마침내 시라쿠사는 로마 부대에 무너졌고, 이때 아르키메데스도 한 병사에게 죽임을 당했다. 역사가들은 아르키메데스의 죽음을 한 시대의 끝으로 보기도 한다. 로마가 고대 세계를 지배하기 전까지 그가 그리스의 마지막 주요 과학자였기 때문이다.

- 1840년대에 금을 발견하겠다는 희망을 품고 캘리포니아주로 이주한 탐사자들을 기리기 위해 1953년에 캘리포니아주는 '유레카'를 공식 모토로 지정했다.
- 아르키메데스는 우주 전체를 채우는 데 필요한 모래알의 수를 추정하는 야심찬 프로젝트도 수행했는데, 대략 8비진틸리언(vigintillion, 1000의 21곱–옮긴이), 즉 8에 63개의 0이 붙은 수만큼의 모래알이 필요하다고 결론지었다.
- 분실된 아르키메데스의 논문 〈스토마키온〉은 1906년 한 덴마크 학자가 지금의 터키에 있는 한 수도원에서 재발견했다. 이는 1998년 한 익명의 억만장자에게 200만 달러에 팔렸다.

039 THU 악당 카피톨리누스

로마 공화국의 법률상 가장 심각한 범죄는 스스로 왕위에 앉기 위해 음모를 꾸미는 것이었다. 귀족이자 군사 영웅이었던 마커스 만리우스 카피톨리누스(Marcus Manlius Capitolinus, ?~기원전 384년경)는 기원전 385년에 왕위를 차지하려 했다는 혐의로 기소되었고, 이듬해에 절벽에서 던져지는 전통적인 형벌에 처해졌다.

이 로마 정치인의 체포와 재판에 관한 해석은 저마다 다르다. 플루타르코스는 카피톨리누스를 포퓰리즘적인 선동 정치가라고 묘사했지만 리비우스는 그의 재판을 '인기 있는 영웅을 무너뜨리기 위한 음모'라고 설명했다.

만리우스는 귀족 가문에서 태어났으나 낮은 계급의 평민을 동정하고 그들 편에 섰다. 그는 가난한 이들의 빚을 탕감해주고 군사적인 성공으로 이룬 로마의 부를 대대적으로 나눠주고자 하는 뜻을 펼치기 위해 권력의 길을 모색했다. 만리우스는 먼저 기원전 392년에 로마의 두 총통 중 하나로 선출되는 명예를 얻었고, 2년 뒤 갈리아와의 전쟁이 벌어지는 동안 로마의 방어군을 이끌었다. 전해지는 바에 따르면 로마 방어군은 갈리아군에 밀려 카피톨리누스 언덕 위까지 후퇴했다고 한다. 그러던 어느 날 밤 적군이 보초들을 피해 몰래 언덕 위로 올라왔는데 거위 떼 우는 소리에 잠에서 깨어난 만리우스로 인해 결국 퇴각했다. 그는 도시를 구한 공로를 인정받아 카피톨리누스라는 성을 부여받았다.

그러나 승리를 이룬 카피톨리누스는 참전용사들이 부채에 허덕이는 것을 보면서 몹시 분노했다. 리비우스에 따르면 그는 사비를 털어 400여 명에 이르는 로마인의 부채를 갚아주었고 어떤 사람에게는 재판을 통해 시비를 가릴 수 있는 기회를 주기도 했다. 원로원이 그를 체포했으나 대중의 시위에 못 이겨 풀어준 일도 있었다.

기원전 385년 그가 재판에 넘겨졌을 때, 피고가 과거에 로마를 위해 했던 일을 생생하게 일깨워주는 장소인 카피톨리누스 언덕의 그늘에서 법정이 열렸다. 재판관은 그가 위대한 승리를 이룬 장소와 멀리 떨어진 다른 곳에서 재판이 열리기 전까지 판결을 거부했다. 결국 유죄 판결을 받은 그는 카피톨리누스 언덕의 타르페아 절벽에서 던져졌다.

- 카피톨리누스를 처형하고 난 후 원로원은 그의 집을 허물고 그 자리에 주노 모네타 신의 사원을 세웠다. 이후 그 사원은 조폐국으로 이용되었는데 라틴어의 모네타(moneta)와 영어의 머니(money)가 모두 거기서 유래했다.

040 FRI 예술가 투키디데스

투키디데스(Thucydides, 기원전 460년경~404년경)는 그리스의 역사가이자 서양 문학 역사상 현존하는 가장 오래된 학문 자료인《펠로폰네소스 전쟁사》의 저자이다. 이 책은 역사를 신들의 통제에 의한 초자연적인 과정이 아닌, 인류의 상호작용에 의한 것으로 다룬 최초의 자료이기도 하다.

"나는 투키디데스의 첫 페이지가 진정한 역사의 시작이라고 생각한다." 철학자 데이비드 흄은 이 고대 역사가를 칭찬하며 이같이 말했다. "그 전에 쓰인 모든 이야기는 우화가 섞여 있어 철학자라면 그 내용 대부분을 시인과 웅변가의 꾸밈으로 치부하지 않으면 안 된다."

투키디데스는 금광을 소유했던 아테네의 부유한 가문에서 태어났으며 그의 집안은 민주주의로 대체된 고대 아테네 옛 귀족으로 추정되기도 한다. 그는 기원전 430년에 발생한 흑사병에서 살아났으며 최대의 적이었던 스파르타와의 전쟁에 장군으로 참전했다. 그러나 기원전 423년에 아테네가 패배하면서 그에 대한 처벌로 추방되었다. 이후 투키디데스는 그리스 전역을 돌아다니며 제3자로서 전쟁을 바라봤다. 전쟁이 격해지는 와중에 쓰기 시작한 그의 역사서는, 주로 조국에 대한 격려로 이어지던 고대 역사서와 달리 비교적 중립적인 관점을 가지고 있었다. 그는 "나의 글은 가까이에 있는 대중의 입맛을 맞추기 위해서가 아니라 영원히 남겨지기 위해 쓰였다"라고 썼다.

스파르타가 위치했던 펠로폰네소스 반도에서 그 이름을 따온 펠로폰네소스 전쟁은 수십 년동안 이어진 아테네와 스파르타 사이의 갈등이 고조되어 기원전 431년에 발발했다. 이 전쟁 이후 양국은 일시적인 휴전에 동의했지만 그마저도 머지않아 파기되고 말았다. 투키디데스의 이야기는 종전 전인 기원전 411년에 끝난다. 어떤 학자는 그가 사망했거나 아니면 아테네로 돌아갈 수 있게 되었던 것이 아닐까 추정하기도 한다. 그에게 무슨 일이 벌어졌든 몇 년 후 스파르타가 승리를 거두면서 전쟁이 끝났고, 그로써 아테네의 황금기에도 종지부가 찍혔다.

- 또 다른 아테네의 역사가인 헤로도토스는 주로 페르시아와의 전쟁에 관한 이야기를 썼다. 그는 투키디데스와 달리 전쟁을 신들의 중재로 여기거나 도덕적 가르침이라고 해석하기도 했다.
- 〈펠로폰네소스 전쟁〉은 고대 아테네의 가장 유명한 희극 중 하나로, 아리스토파네스 원작의 〈여자의 평화(Lysistrata, 리시스트라타)〉라는 희곡의 배경이 되었다. 이 연극에서 리시스트라타는 그리스 여성들을 모아 남편들이 평화조약에 서명할 때까지 잠자리를 갖지 않기로 하는 활동을 조직한다.
- 스파르타가 전쟁에서 이기긴 했지만 그리스를 통치한 기간은 그리 길지 않았다. 70년 후 알렉산더 대왕이 아테네와 스파르타를 모두 정복하면서 그들이 가지고 있던 독립 국가로서의 존재도 끝이 났다.

041 SAT 개혁가 스파르타쿠스

오늘날 스파르타쿠스(Spartacus, 기원전 111년경~71년)는 아카데미상을 받은 스탠리 큐브릭 감독의 영화 〈스파르타쿠스〉(1960년)로 가장 잘 알려져 있을지도 모른다. 그러나 커크 더글라스가 분했던 로마의 노예는 역사 속 실존인물로, 로마 공화국에서 발생했던 가장 큰 규모의 노예 반란을 이끌었던 사람이다.

스파르타쿠스는 지금의 불가리아에 해당하는 트라케에서 자유로운 신분으로 태어났으나 로마인들에 의해 아내와 함께 노예가 되었다. 그들은 나폴리에서 멀지 않은 이탈리아 남부의 한 도시인 카푸아로 끌려갔고, 그곳에서 그는 감옥과 같은 훈련소에서 검투사로 훈련받았다.

기원전 73년, 스파르타쿠스와 70여 명의 검투사는 주방에서 훔친 고기용 큰 칼을 사용해서 훈련소에서 탈출했다. 훈련을 하고 무기를 모을 목적으로 베수비오산 꼭대기에 숨은 소수 분대는 반역군의 핵심 인력이 되었고, 곧 10만 명이 넘는 규모로 성장했다. 처음에 반란을 심각하게 여기지 않았던 로마 당국은 경험이 적은 장교들을 보내 제압하려 했다. 스파르타쿠스와 그의 부하들은 로마 군인들을 손쉽게 물리쳤고, 그 소식을 들은 더 많은 노예들이 반란에 동참했다. 명목상으로는 스파르타쿠스가 반란군의 지도자로 선출되었지만 실제로 반란군은 체계를 갖추지 못했고 내부적으로 분열되어 있었다.

기원전 71년, 몇 차례의 수치스러운 패배를 당하고 난 후 로마는 마르쿠스 리키니우스 크라수스를 보내 반란군을 진압하게 했다. 크라수스는 스파르타쿠스와 그의 추종자들을 남부 이탈리아까지 쫓았고 실라리우스강 근처에서 그들을 물리쳤다. 영화에 그려진 바와는 다르게 스파르타쿠스는 전쟁터에서 사망했고 그의 추종자 수천 명은 십자가에 매달려 죽임을 당했다. 이처럼 섬뜩한 처벌을 내린 이유는 반란을 꿈꾸는 다른 노예들을 겁주기 위함이었다.

- 로마는 초기에 스파르타쿠스에게 당한 패배가 너무나 수치스러웠던 나머지 지휘관이 병사 열 명당 한 명을 무작위로 뽑아 죽이는 형벌을 가했는데, 이는 전쟁터에서의 비겁함에 내리는 처벌로 자주 행해지지는 않았다.
- 로마의 역사에서 스파르타쿠스의 반란은 제3차 노예 전쟁이라고 칭해지기도 한다. 그에 앞선 두 번의 노예 반란, 즉 제1차 노예 전쟁(기원전 135년~132년)과 제2차 노예 전쟁(기원전 104년~100년)은 모두 시칠리아섬에서 발발했으며 두 전쟁 역시 로마의 승리로 끝났다.

042 SUN 선지자 공자

고대 중국의 철학자였던 공자(孔子, 기원전 551년~479년)는 역사상 가장 영향력 있는 문헌 중 하나인《논어》를 저술했고 자신의 이름을 딴 도덕 윤리 체계를 세웠다. 그러나 아시아권에 지대한 영향을 미쳤음에도 그의 생애에 대해 알려진 바는 거의 없다.

전해지는 바에 따르면 공자는 지금의 중국 동부에 해당하는 한 나라의 가난하지만 존중받는 집안에서 태어났다. 그는 기록관, 목자, 훈장으로 일한 후 그 지역 귀족인 계씨의 관료가 되었다. 능력 있는 관리자였음에도 공자는 그로부터 30년 후 정치적인 이유로 하던 일을 그만두는데, 아마도 통치자의 쾌락주의적인 생활방식에 넌더리가 났기 때문이었을 것이다. 그러나 수십 년 동안 계씨 밑에서 일한 경험을 토대로, 당시 중국에서 관심의 대상이었던 '선치(善治)'에 관해 많은 견해를 갖게 되었다. 춘추시대(기원전 770년경~403년경)라고 알려진 당시 중국은 명목상으로는 황제의 통치를 받고 있었으나 실제로는 몇 개의 준독립적인 봉건 왕국으로 나뉘어 있었다.

공자의 사후에 그의 제자들이 편찬한《논어》는 유교의 핵심 교리를 담고 있으며, 서술이 아니라 공자의 주요 도덕적 개념을 설명해주는 짤막한 이야기와 경구로 구성되어 있다. 예컨대 정치에 관한 한 부분을 살펴보면 다음과 같다.

> 스승이 말했다. "덕으로 정치를 하는 사람은 본인은 제자리를 지키고 주변의 별들이 그 주위를 도는 북극성과도 같다."

덕망 있는 통치자의 중요성을 강조한 비유인데, 공자는 통치자가 국민의 도덕적 본보기가 되어야 한다고 믿었다. 공자는 자신을 신성한 사람이라고 주장하지 않았고, 유교 또한 종교가 아니지만 그의 문헌은 그가 73세의 나이로 사망한 뒤 널리 퍼져 나갔고 중국 사회의 근간이 되었다.

- 공자는 50대 후반에 암살 시도를 모면했는데, 이후 자신을 암살하려던 사람의 형제를 제자로 받아들였다.
- 《논어》 외에도 공자는 시집 한 권과 한나라의 연대기를 기록한《춘추》를 저술했다.
- 1966년부터 1976년까지 중국의 문화혁명 동안 공산당 지도자인 마오쩌둥은 공자에게 '지독한 반동분자'라는 꼬리표를 붙이고 중국의 발전을 저해했다며 유교를 공격했다. 마오쩌둥의 홍위병들은 공자가 태어난 곳에 지어진 사원을 파손하기도 했다. 그러나 마오쩌둥 사망 이후 중국의 지도부는 재빨리 유교를 복원시켰다.

043 MON 리더 한니발

한니발(Hannibal, 기원전 247년~183년경)은 제2차 포에니 전쟁에서 로마 부대에 맞서 싸웠던 고대 카르타고의 장군이다. 패하긴 했지만 군사적 전략의 대가였던 그는 고대에서 가장 두려운 대상이자 유명한 장군이었다. 한니발은 제1차 포에니 전쟁에서 로마에 패한 하밀카르 바르카스 장군의 아들이었다. 그는 아홉 살 때 아버지의 강요로 카르타고의 최대 적과 싸우는 데 평생을 바치겠다고 바알 신에게 맹세했고, 기원전 221년에 카르타고 군대의 지휘관 역할을 물려받았다.

그로부터 2년 후 그는 침공을 감행했다. 카르타고군은 약 2만 5000명의 군사와 수천 마리의 말 그리고 수십 마리의 코끼리로 구성되었다. 그가 정확히 어떤 경로로 행군했는지는 명확하지 않지만, 행군은 이탈리아 북부의 토리노 근처에서 끝나버렸다. 그 행군에서 거의 절반에 육박하는 병력과 코끼리 대부분이 사망했다.

그 후로 17년간 한니발은 로마 영토에서 로마와 전투를 벌였다. 한니발은 단 한 번도 패한 적이 없었지만 로마군이 카르타고를 공격하면서 서둘러 카르타고로 돌아올 수밖에 없었다. 기원전 202년 자마 전투에서 패한 한니발은 그로부터 얼마 후 티레로 달아났고 다시는 카르타고로 돌아가지 못했다.

그러나 로마에 맞선 한니발의 시대가 끝난 건 아니었다. 그는 그리스의 셀레우코스 제국의 군사 자문역을 맡았고, 비티니아의 해군 병력을 지휘하여 로마의 동맹군을 물리치기도 했다. 한니발을 잡기로 결심한 로마가 비티니아 왕에게 그를 넘겨줄 것을 강요했지만 한니발은 로마군에 사로잡히기 전에 자살로 생을 마감했다.

제2차 포에니 전쟁에서 이룬 로마의 승리는 역사상 중대한 사건으로 기록되었다. 가장 무시무시한 경쟁 상대를 물리침으로써 로마는 지중해에서 군사적 패권을 장악하게 되었고 그 후로도 몇 세기 동안 그 입지를 유지할 수 있었다.

- 한니발은 영국의 작가 조너선 스위프트의 고전 풍자 소설 《걸리버 여행기》에 등장한다.
- 마크 트웨인이 어린 시절을 보낸 미주리주의 도시 한니빌은 이 카르타고 장군의 이름을 따서 붙여졌다. 이 도시와 주민들이 마크 트웨인의 가장 유명한 작품인 《허클베리 핀의 모험》에 영감이 되었다.
- 카르타고는 제3차 포에니 전쟁(기원전 149년~146년)에서 결정적으로 패배했다. 복수심에 불탔던 로마 병사들은 다시는 번성하지 못하게 하겠다는 마음에 카르타고 주위에 소금을 뿌렸다.

044 TUE 철학자 맹자

인간의 본질은 기본적으로 선한가? 아니면 사악한가? 맹자(孟子, 기원전 371년경~289년)는 인간이 기본적으로 선하다는 생각을 옹호한 사람으로 가장 잘 알려져 있다. 철학자이자 종교계 인물인 공자에게 큰 영향을 받은 그의 문헌은 중국 철학의 중심적인 자료에 속하며 그가 사망한 지 2000년이 넘도록 끊임없이 반향을 일으키고 있다.

오늘날의 중국 동부에 해당하는 주나라에서 태어난 맹자는 전국시대라는, 정치적으로 분열되고 불안정한 시대에 살았다. 그는 세 살 때 아버지를 여의었는데, 어머니는 그의 교육을 대단히 중시해서 아들에게 맞는 스승을 구하기 위해 몇 군데의 도시로 이사를 다녔다고 전해진다. 어머니가 아들을 위해 고른 스승은 공자의 손자인 자사(子思)였는데 제자들에게 공자의 윤리와 철학을 가르쳤다. 공자와 마찬가지로 맹자도 정부 관료로 종사했으며 중국을 떠돌며 자신의 믿음을 퍼트리고 다녔다.

맹자는 인간이 다른 사람을 동정하는 측은지심(惻隱之心), 다른 사람을 존중하는 사양지심(辭讓之心), 옳고 그름을 판단하는 시비지심(是非之心), 자신의 잘못을 부끄러워할 줄 아는 수오지심(羞惡之心)이라는 네 가지 덕목을 가지고 태어난다고 믿었다. 그는 이 네 가지 특성, 즉 '네 가지 단서'가 다른 덕목을 낳는 '싹'이 된다고 믿었다. 그의 가장 뚜렷한 반대파인 묵자와 양주는 사람에게 본능적으로 착한 마음이란 없으며 윤리는 학습과 경험을 통해 습득해야만 하는 것이라고 주장했다.

맹자는 정치에 대해서도 많은 문헌을 남겼으며 공자의 여러 이론을 조금 더 정교하게 만들기도 했다. 공자와 마찬가지로 맹자는 군주의 개인적인 덕목이 가장 중요하다고 믿었다. 뿐만 아니라 군주가 하늘의 명을 어기고 실정을 하면 그를 폐위시켜도 된다고 덧붙였다.

- 맹자를 기리기 위해 그의 고향인 산둥에 세워진 고대 사원은 중국 문화혁명 때 파손되었다가 재건되어 1980년에 다시 문을 열었다.
- 맹자의 문집인 《맹자경》은 유교 사상에서 가장 중심적인 네 권의 책 가운데 하나로 여겨진다.
- 맹자의 문헌 가운데에는 그리스 철학자인 플라톤의 글과 비슷한 것도 있고 그들이 살았던 시대가 겹치기도 하지만 두 사람이 서로의 존재를 인식했다는 근거는 전혀 찾아볼 수 없다.

045 WED 혁신가 비트루비우스

비트루비우스(Vitruvius, 기원전 80년경~15년경)는 작가이자 공학자, 병사로, 그가 저술한 열 권으로 된 건축 설명서는 로마제국의 유명한 도로와 사원, 송수로 건설을 위한 책이다. 실용 지식과 건축 정보, 기초 물리학의 개요를 담은《건축 10서》는 출간 후 수 세기 동안 안내서 역할을 했다.

《건축 10서》는 저자에 관한 정보를 담고 있는 주요 자료이기도 하다. 비트루비우스는 카이사르와 아우구스투스에게 고용된 공병(工兵)으로, 로마 곳곳을 다니며 방어시설, 공성(攻城) 기구, 투석기 등 고대 무기류에 전문가가 되었다. 카이사르가 죽고 난 후 비트루비우스는 아우구스투스와 아우구스투스의 누나인 옥타비아 미노르의 후원을 받았다. 그는 민간인 건축가로 일하며 이탈리아 파노에 있는 바실리카(basilica, 대성당)를 디자인했으며 건축 설명서를 썼다.

비트루비우스는《건축 10서》에 로마와 그리스 공학 기술의 전 분야를 요약하려고 했다. 그는 이전 작가들의 생각을 대대적으로 차용하면서 자신이 관찰한 바와 조언도 실었다. 이 책은 도시 장벽을 세우는 방법, 우물을 팔 수 있는 장소를 비롯해 심지어 비용 초과를 피하는 법 등 실용적인 가르침을 담고 있다. 또한 이오니아식, 도리아식, 코린트식 등 그리스와 로마 건축의 기초를 형성했던 세 가지 건축 양식을 소개하기도 했다.

로마 공학의 설립자로서 그가 가진 영향력은 대단했다. 로마제국이 널리 번져가면서 그의 설명서를 손에 든 공학자들이 로마군의 뒤를 따랐는데, 아마도 로마제국의 유산 가운데 가장 오래 남은 것이 비트루비우스의 제자들이 건축한 도로와 송수로일 것이다. 중세시대에 로마가 건설한 도로가 유럽의 주요 샛길로 남았고 심지어 오늘날까지도 스페인과 프랑스의 일부 도시에서는 로마제국이 건설한 송수로를 통해 급수를 하고 있다.

- 납이 인체에 유해하다고 추정한 비트루비우스는 수로에 납 파이프를 사용하지 말 것을 권했다. 이는 미국에서 납 파이프의 사용을 금지한 것보다 2000년이나 앞선 결정이었다.
- 《건축 10서》 중 셋째 권에서 비트루비우스는 인간의 신체 치수를 논했다. 레오나르도 다 빈치는 그 치수를 근거로 이상적인 인간의 체형을 표현한 유명한 에칭 작품 〈비트루비안 맨〉을 제작했다.
- 1414년에 학자 포지오 브라치올리니가 이탈리아에서《건축 10서》를 재발견하면서 르네상스 시대에 고대 로마의 건축 기술을 부활시키는 데 박차를 가했다.

046 THU 악당 헤로스트라투스

지중해를 바라보는 거대한 아르테미스 신전은 에페수스의 자랑거리였다. 아르테미스 신전은 완공되기까지 120년이나 걸렸고 고대 7대 불가사의에 속하는 건축물이지만 기원전 356년에 헤로스트라투스(Herostratus, ?~기원전 356년)라는 젊은 그리스인으로 인해 불타 무너졌다.

이 재앙은 에페수스를 충격에 빠뜨렸으며, 사람들은 방화범의 동기에 또 한 번 충격을 받았다. 체포된 방화범 헤로스트라투스가 자신의 이름이 영원히 기억되게 하려고 신전에 불을 냈다고 실토했기 때문이다. 그는 악명을 떨치기 위한 목적으로 범죄를 저질렀고, 이후 이 같은 범죄자는 그의 이름을 따서 '헤로스트라틱 범죄자'라고 불렸다.

헤로스트라투스는 범죄 대상을 신중하게 선택했다. 출산과 사냥의 여신에게 바쳐진 아르테미스 신전은 아테네의 파르테논보다 큰 건축물이었고 어마어마하게 부유했던 크로이소스 왕의 후원으로 건축되었다. 공학자였던 비잔티움의 필로는 "에페수스에 있는 아르테미스 신전만이 신들의 유일한 궁전이다"라고 찬미했다. "신전을 살펴보는 사람은 누구나 신들이 하늘에 있는 불멸의 공간과 지상에 있는 이곳을 맞바꿨다고 믿게 될 것이다."

신전이 무너진 후 헤로스트라투스가 어떤 삶을 살았는지에 대해서는 거의 알려진 바가 없다. 체포된 후에 형벌대에서 고문을 받았다고 하는데, 이는 에페수스 시민이 아닌 사람에게만 가해지던 형벌이었기 때문에 그는 에페수스인이 아니었거나 노예였을지도 모른다.

그의 사형이 집행되고 난 후 에페수스 관료들은 헤로스트라투스에게 추가적인 처벌을 가했다. 그가 추구하던 명성을 박탈하기 위해 그의 이름을 언급하는 것조차 금지했던 것이다. 이 금지법은 그 후 수백 년 동안 지켜지다가 한 고대 작가가 위반하는 바람에 헤로스트라투스의 이름이 남겨지게 되었고, 결국 그가 추구하던 악명도 영원히 떨칠 수 있게 되었다.

- 에페수스는 오늘날의 터키 에페스에 해당한다. 아르테미스 신전의 일부를 비롯해 이 도시에 묻혀 있던 대규모의 그리스 유적이 19세기에 발굴되기 시작했다.
- 이 신전의 방화 사건은 독일 시인인 게오르크 하임의 시 〈헤로스트라투스의 미친 짓거리〉와 장 폴 사르트르의 단편 〈에로스트라트〉의 토대가 되었다.
- 스트라토스(Stratos)는 그리스어로 '군대'라는 뜻으로, 헤로스트라토스(Herostratos)는 '영웅의 군대'라는 뜻이다.

047 FRI 예술가 키케로

힘 있고 호소력 있는 연설로 유명한 키케로(Cicero, 기원전 106년~43년)는 로마의 정치가이자 법률가, 철학자이면서 당시 가장 위대한 웅변가로 칭송받았다. 마르쿠스 툴리우스 키케로(Marcus Tullius Cicero)라는 이름으로 태어난 그는 로마의 남쪽에 있는 아르피노 출신이었다. 그의 아버지는 귀족이었거나, 원로원보다 낮은 에퀴테스 계급이었을 것으로 추정된다. 라틴어와 그리스어 교육을 받고 자란 키케로는 로마에서 법률과 철학을 공부했으며 기원전 79년에 아테네로 떠나 수사학 공부를 했다.

그리스로 돌아온 키케로는 시칠리아 지방에서 치안 판사로 임명되면서 정계에 진출했다. 그는 시칠리아의 로마 총독을 부패 혐의로 기소했는데, 이로써 정직함과 탁월한 수사학으로 명성을 떨쳤다. 그 후 키케로는 기원전 63년에 총통으로 선출될 때까지 다른 여러 직위에 올라 로마 헌법에 대한 전문성을 키웠다.

로마 공화국에서는 매년 두 명의 총통이 선출됐는데 그들은 공동으로 로마 정부의 운영을 책임진다. 재임하는 동안 키케로는 공화제 정부를 무너뜨리려 했던 이른바 카틸리나 음모(Catiline conspiracy)를 저지한 후, 음모에 가담한 사람들을 재판 없이 사형에 처해야 한다고 네 차례나 연설을 통해 촉구했다. 그는 연설에서 스스로를 공화제의 구원자로 묘사하며, 망설이던 원로원이 사형을 지지하도록 그들의 마음을 움직였다.

카이사르와 폼페이우스 사이에 벌어진 로마의 내전에서 키케로는 폼페이우스 편을 들었지만 카이사르가 승리한 이후 사면되었다. 키케로는 카이사르의 독재적인 권력에 곤욕을 치렀지만 기원전 44년에 있었던 카이사르 암살 시도에는 가담하지 않았다. 카이사르가 죽고 난 이후 키케로는 카이사르의 후계자인 마르쿠스 안토니우스의 권력 장악을 막기 위해 원로원을 조직했다. 이에 격노한 안토니우스는 키케로를 정적 명단에 올렸다. 안토니우스의 부하들로 인해 궁지에 몰린 이 웅변가는 결국 기원전 43년 12월 7일에 참수되었다. 그의 나이 63세였다. 안토니우스는 자신을 비판하는 사람에게 경고하기 위해 키케로의 혀를 잘라 원로원에 전시했는데, 그를 참수한 이유가 웅변술이었기 때문이다.

• 키케로라는 이름은 병아리콩을 의미하는 라틴어에서 파생되었다. 플루타르코스에 따르면 키케로의 선조 가운데 한 명의 코가 병아리콩을 닮은 탓에 그런 이름을 갖게 되었다고 한다.

048 SAT 개혁가 베르킹게토릭스

베르킹게토릭스(Vercingétorix, 기원전 82년~46년)라는 이름의 족장이 로마에 저항하기 위한 최후의 시도로 갈리아의 괴팍한 부족들을 하나로 통일했다. 그러나 결국 패배하면서 점점 세력을 넓혀가던 로마제국에 오늘날의 프랑스에 해당하는 지역이 흡수되고 말았다. 그때부터 수십만 명의 갈리아 전사가 참여했다는 베르킹게토릭스의 반란은 다른 나라에 의한 정복에 맞선 영웅적인 저항의 본보기로 프랑스 설화를 통해 전해져왔다.

로마의 갈리아 정복은 전도유망한 카이사르가 그 지방을 침략했던 기원전 58년에 시작되었다. 갈리아와의 전쟁을 묘사한 카이사르의 회고록《갈리아 전쟁》에 기록된 바대로 전쟁은 2년 만에 끝났지만 그 후로도 8년 동안 크고 작은 반란이 간헐적으로 발생했다.

베르킹게토릭스는 아르베니족이었던 켈틸루스의 아들인데, 켈틸루스는 나라 전체를 장악하려 했다는 이유로 동료 갈리아인들에게 죽임을 당했다. 기원전 53년 카이사르가 잠시 이탈리아에 머무는 동안 베르킹게토릭스는 그가 없는 틈을 타 로마에 대항하는 연합군을 조직했다. 한겨울에 서둘러 갈리아로 돌아올 수밖에 없었던 카이사르는 150m 높이의 눈더미를 뚫고 부대를 이끌며 반란군을 쫓았다.

게르고비아 전투에서 승리한 베르킹게토릭스는 기원전 52년에 프랑스 동부에 있는 알레시아 요새에서 수세에 몰렸다. 카이사르가 투석기와 부비트랩으로 마을을 에워싸는 바람에 포위돼 있는 동안 수천 명의 마을 사람이 굶어 죽었다. 베르킹게토릭스는 결국 항복했다.

카이사르 장군 앞에서 과장된 동작으로 손을 들며 항복했음에도 베르킹게토릭스는 로마의 응징에서 벗어나지 못했다. 사슬에 묶여 로마로 호송된 그는 카이사르의 승리를 기념하는 가두행진에 끌려다녔고 그 후 감옥에서 처형된 것으로 추정된다.

- 베르킹게토릭스는 로마에 패한 후 로마에 있는 마메르티노 감옥에 투옥됐다. 나중에 성 베드로(Saint Peter) 역시 같은 곳에 갇혔던 것으로 추정된다. 이 감옥이 있던 자리에는 현재 산 피에트로 인 카르세레(San Pietro in Carcere, 감옥에 갇힌 성 베드로) 가톨릭 성당이 세워져 있다.
- 알레시아 전투가 벌어졌던 장소가 어디인지는 불분명하다. 프랑스 동부의 디종 인근이었던 것으로 추정될 뿐이다.

049 SUN 선지자 힐렐

전설에 의하면 한 남자가 유대교 현자인 힐렐(Hillel the Elder, 기원전 110년~서기 10년)을 찾아가 다음과 같이 제안했다고 한다. 그가 유대교의 교리를 한마디로 설명해주면 자신도 유대교로 개종하겠다고. 힐렐은 이렇게 대답했다. "자신이 싫어하는 일을 다른 사람에게 하지 마라. 이것이 유대교 율법의 전부다. 다른 것은 그저 해설에 불과하다." 서양 종교에서 가장 유명한 말인 이 명확한 황금률이 힐렐 가르침의 정수인 인도주의적 성향을 한마디로 요약한다. 유대교 역사의 중심인물인 힐렐은 당시 가장 존경받는 종교적 권위자로 유대교의 여러 율법과 전통을 성문화했다.

일생의 대부분을 예루살렘에서 보내긴 했지만 그는 유대인이 많이 살았던 바빌론에서 태어났으며, 성경에 등장하는 다윗 왕의 후손으로 추정된다. 예루살렘으로 이주한 힐렐은 유대교 율법에 대한 해박한 지식으로 학자들에게 깊은 인상을 남겼다. 그는 신비한 의학에 관한 성가신 질문 하나를 해결한 후 유대교의 최고 권위자로 추대되었다고 한다. 그때 예루살렘과 주변 지역은 로마제국에 흡수되어 있었는데, 그에 따른 정치적 혼란으로 유대교 공동체가 분열되었다. 힐렐은 특히 사두개파에 반대하는 종파인 바리새파를 지지했다.

정치적으로 사두개파는 귀족을 대변했고, 힐렐의 바리새파는 평민들의 지지를 더 많이 누리고 있었다. 신학적으로 사두개파는 고대 유대교 경전을 문자 그대로 접근하는 방식을 선호해 해석의 여지를 남겨두지 않았다. 그러나 힐렐은 경전이 시작점에 불과하며 유대교 지도자인 랍비에 의해 해석될 수 있다고 믿었다. (오늘날 사람들이 이해하고 있는 랍비의 지위가 고대 유대교에는 존재하지 않았다.) 실제로 힐렐의 글은 공동체와 사회정의 그리고 지식의 중요성을 강조했다.

그가 사망한 후, 특히 70년에 두 번째 성전이 무너지고 난 후, 바리새파 유대교가 유대교 공동체의 주요 세력으로 떠올랐고, 결국 현대의 랍비 유대교로 진화했다. 이는 오늘날 전 세계 유대교의 주요 세력이기도 하다.

- 예루살렘에 도착했을 때 힐렐은 너무나 가난해서 토라(Torah, 율법) 공부에 필요한 비용을 지불할 수 없었다. 그는 비용을 감면받을 수 있었는데, 나중에는 가난으로 인해 뛰어난 학자가 토라를 공부하지 못하는 일이 발생하지 않도록 비용 지불 자체가 폐지되었다.
- 랍비들에 의해 작성된 경전에 대한 해석은 총체적으로 《탈무드》라고 알려지게 되었다.
- 힐렐이 죽은 후 5세기 동안, 그의 후손들은 예루살렘에서 가장 주요한 종교적 인물이 되었다.

050 MON 리더 찬드라굽타 마우리아

찬드라굽타 마우리아(Chandragupta Maurya, 기원전 340년경~296년경)는 마우리아 왕국을 창건하고 그리스로부터 독립을 이룬 영향력 있는 인도 군주였다. 그의 후손들은 200년 동안 마우리아 왕국을 통치했고 오늘날 인도 대부분에 해당하는 지역을 아우르는 큰 제국을 세웠다.

기원전 326년에 알렉산더 대왕이 인도를 침략했다. 그리고 서양으로 돌아오면서 점령지를 지역 총독들에 맡겨 자신을 대신해 통치하게 했다. 그러나 불과 몇 년 만에 배경도 알려지지 않은 찬드라굽타가 총독들을 몰아내고 자신만의 왕국을 세웠다.

당시 20세 정도밖에 되지 않았던 찬드라굽타 왕은 제국을 세웠을 뿐만 아니라 작은 인도 나라들을 정복하고 평이 좋지 않던 난다 왕조를 무너뜨리면서 인도 역사상 최초로 하나의 지도자 아래 모든 권력을 통합했다. 그의 권력이 절정에 달했을 때는 서쪽으로 아프가니스탄에서부터 동쪽으로 방글라데시에 이르기까지 인도 대부분 영역을 통치했다.

기원전 305년, 그리스 장군이었던 셀레우코스 니카토르가 알렉산더 대왕의 제국을 재건하려고 시도했다. 그는 동양의 몇 지방을 다시 정복한 후 마우리아 왕국을 공격하려 했으나 양측의 협상으로 마무리되었다. 찬드라굽타는 땅 대신 500마리의 전쟁용 코끼리를 그리스에 제공했고 협상을 공고히 하기 위해 셀레우코스의 딸 가운데 한 명과 결혼했을 것으로 추정된다.

그로부터 얼마 후, 찬드라굽타는 아들인 빈두사라에게 왕위를 넘겨줬다. 그러고는 자이나교로 개종한 후 방갈로르 근처의 종교 공동체에서 말년을 보냈다. 그는 종교에 전념한 나머지 동굴에서 스스로 굶어 죽었다고 전해진다.

- 찬드라굽타에 대적했던 그리스인들은 그를 산드로코토스 또는 안드로코토스로 지칭했다.
- 세계에서 가장 오래된 종교 중 하나인 자이나교는 3000년 전에 생겼는데 오늘날 신자가 약 1200만 명이라고 주장한다. 자이나교 신자들은 어떤 생물에게도 피해를 끼치지 않으려고 노력하기 때문에 엄격한 채식주의를 고수한다. 일부 자이나교 신자는 벌레를 죽이지 않기 위해 자기 앞을 빗자루로 쓸면서 가기도 한다.
- 찬드라굽타 마우리아의 손자는 불교를 수용해 인도 전역에 보급했던 아소카 대왕이다.

051 TUE 철학자 에피쿠로스

플라톤이 죽고 난 후 몇백 년 동안 그리스의 철학은 두 학파로 나뉘어 있었다. 먼저 스토아학파(The Stoics)는 인생은 암울하고, 고통스러우며, 제멋대로라고 가르쳤다. 그들은 행복에 이르려면 물질적 욕망에서 벗어나 도덕적으로 사는 방법밖에 없다고 여겼다. 그러나 반대파였던 에피쿠로스학파(Epicureans)는 인생이 짧으니 즐겨야 한다고 했다. 고대 아테네의 스승 에피쿠로스(Epicurus, 기원전 341년~270년)는 쾌락을 기리고 고통과 두려움은 피하는 것을 삶의 가장 큰 두 가지 가치로 여겼다.

에피쿠로스는 가난한 아테네 식민지의 한 병사의 아들로 사모스섬에서 태어났다. 그는 열네 살 때 철학을 공부하기 시작했지만 그의 가족이 사모스섬에서 추방되면서 난민 신세로 전락했다. 그러다 기원전 311년에 철학 학파를 창설한 그는 기원전 307년에 아테네로 이주했다. 아테네에서 그는 철학자로서 마땅히 갖춰야 할 모습을 거부함으로써 파장을 일으켰다. 당시 사람들은 철학자라면 응당 검소하고 금욕적인 소크라테스의 삶을 따를 것을 기대했다. 그러나 에피쿠로스는 정원에서 학생들을 가르치면서 즐거움은 나쁜 것이 아니라고 말했다. 그는 자신의 철학을 자세히 설명하는 300권의 책을 쓴 것으로 추정되는데, 지금은 대부분이 소실되었다. 에피쿠로스는 향락주의자는 아니었다. 그는 검소한 삶을 살았고 성관계를 삼갔다. 그러나 우정 및 다른 편안함을 거부하는 것은 소용이 없다고 여겼다.

에피쿠로스는 가능하면 두려움과 고통을 피해야 한다고 가르쳤다. 두려움에 대한 반대로 그는 종교를 비판하게 되었다. 사후에 심판을 받게 될 것이라는 종교적 믿음으로 인해 그리스인들이 죽음을 두려워하게 되었다고 느꼈기 때문이다. 에피쿠로스는 신을 믿었지만 신을 두려워할 이유는 전혀 없다고 믿었다. 과연 그는 죽는 날 친구에게 "이날이 진정으로 행복한 날"이라고 쓴 편지를 보냈다.

- 오늘날 에피큐리언(epicurean)이라는 단어는 맛있는 음식을 즐기는 미식가를 지칭할 때 쓰인다. 아이러니하게도 에피쿠로스 자신은 거의 빵과 물만 먹으며 생활했다.
- 에피쿠로스는 어린 시절의 스승들, 특히 나우시파네스에게 분한 마음을 품고 있었다. 후에 그는 자신의 저서에서 나우시파네스를 연체동물이라고 지칭했다.
- 스토아학파와 다르게 에피쿠로스학파는 정치를 삼갔다. 소란스러운 그리스 정치판에서 권력을 얻어봐야 고통스러운 최후를 맞게 될 가능성만 커진다는 이유에서였다.

052 WED 혁신가 플리니우스

79년 8월 24일, 이탈리아에 있는 베수비오산에서 화산이 폭발하며 암석과 재를 뿜어내기 시작했을 때 인근에 살던 주민들은 안전한 곳으로 대피하기 위해 필사적으로 도망치려 했다. 그런데 한 남자만은 반대 방향으로 향했다. 플리니우스(Pliny the Elder, 23년경~79년)는 도망치는 대신 화산 폭발이라는 대재앙을 좀 더 가까이 보고 싶어 했다.

로마군의 고위 지도자였던 플리니우스는 화산 폭발이 시작되기 2년 전에 37권으로 구성된 백과사전《박물지》를 출간했는데, 이는 그가 남긴 가장 유명한 문헌이기도 하다. 와인 제조에서부터 의학, 지리학에 이르는 폭넓은 주제를 다룬 이 책에는 그가 모을 수 있었던 최대한의 고대 지식이 담겨 있다. 그러나 화산에 대한 내용은 없었기에 대규모 폭발이 그의 호기심을 자극했던 것이다.

본명은 가이우스 플리니우스 세쿤두스(Gaius Plinius Secundus)로, 그는 고대 로마의 귀족층인 에퀴테스 계급 가문에서 태어났으며, 베스파시아누스 황제 때 징세관으로 승진했다. 지칠 줄 모르는 호기심을 가졌던 그는 오늘날의 스페인과 프랑스를 돌아다니며 자신이 방문했던 와이너리며 금광, 산맥에 관해 기록했다. 플리니우스는 70대의 대부분을 백과사전을 편찬하는 데 보냈는데, 77년에 완성된 백과사전은 황제에게 바쳐졌고 그 후 수백 년 동안 표준 참고자료로 활용되었다. 플리니우스에게 고마움을 느낀 베스파시아누스 황제는 그를 로마 해군 책임자로 발탁했고, 운명적인 화산 폭발이 발생하던 날까지도 그 지위를 유지하고 있었다. 화산이 계속해서 우르릉거릴 때 플리니우스는 나폴리만을 가로질러 항해하면서 분화구 위에 생기는 거대한 버섯 모양의 연기 구름을 관찰하고 폼페이에서 살아남은 사람들을 구출할 수 있기를 바랐다. 폼페이는 화산 폭발이 열여덟 시간이나 지속되면서 재와 암석 때문에 거의 파괴된 상태였다. 화산에 상륙한 플리니우스의 함대는 결국 화산이 뿜어내는 부석(浮石)과 재, 유황 가스에 뒤덮였다. 플리니우스는 그다음 날 죽음을 맞이했는데, 가스나 심장마비 때문인 것으로 추정된다.

• 플리니우스의 조카인 가이우스 플리니우스 카이킬리우스 세쿤두스 또한 유명한 작가이자 정치가였다. 숙부와 구분하기 위해 그는 대개 플리니우스 더 영거(Pliny the Younger)라고 불린다.

053 THU 악당 유다

12사도 중 하나였던 유다 이스가리옷(Judas Iscariot)은 예수 그리스도를 로마군에 넘긴 사람으로 악명이 높다. 유다는 은전 30량을 받고 누가 예수인지 힌트를 줬고, 결국 예수 그리스도는 체포되어 십자가형에 처해졌다. 이로써 이 정보원은 기독교 신학에서 가장 악한 이가 되었다.

유다 이스가리옷의 성, 이스가리옷은 '살인자'라는 뜻의 라틴어 '시카리우스(sicárĭus)'에서 유래했을 것으로 추정되는데, 그는 예수를 따르던 제자 가운데 핵심층인 사도들의 회계를 담당했었다.《요한복음》에서 그는 가난한 이에게 주려고 했던 기부금을 훔친 도둑으로 묘사돼 있다. 성경에 따르면 예수와 그의 추종자들이 33년경 유월절에 예루살렘으로 갔고, 사원에 있던 대금업자들을 공격함으로써 당국의 분노를 샀다고 한다. 말썽꾼을 체포하기로 결정한 로마 총독 본디오 빌라도와 대제사장 요셉 가야바는 유다를 매수할 계획을 세웠다. 사도들이 모여 기도했던 겟세마네 동산에서 최후의 만찬을 가진 후 예수 그리스도는 체포됐다. 유다가 입맞춤을 함으로써 병사들에게 누가 예수인지 알렸던 것이다. 그는 '입맞춤으로' 예수를 배신했다.

그 후 2000년 동안 예수의 죽음에서 유다가 맡았던 역할은 논란거리였고, 반유대주의적 폭력이 발발한 원인으로 작용하기도 했다. 예수와 다른 제자들과 마찬가지로 유다도 유대인이었고 십자가형을 명했던 본디오 빌라도는 로마의 이교도였다. 그러나 1965년까지도 가톨릭교 안에서 유다의 배신은 그리스도를 죽인 유대인들 전체에 대한 책임으로 해석되었다. (유대인 대학살 이후 제2차 바티칸 공의회에서는 입장을 바꿔 그리스도의 죽음을 '모든 유대인의 책임으로 돌릴 수 없다'라고 결론지었다.) 성경은 유다의 말로에 대해 각기 다른 내용을 전한다.《마태복음》에는 수치심을 느낀 유다가 은전을 돌려주고 오늘날 유다 나무라고 불리는 나무에 목매달아 죽었다고 되어 있으나,《사도행전》에는 그가 받은 은전으로 땅을 샀으나 그 후 자살했다고 기록되어 있다.

- 유다의 관점에서 바라본 예수 그리스도의 죽음이 기록된《유다복음》이 이집트의 한 동굴에서 발견되었고 2006년에 영어로 출간되었다. 이 복음서는 유다의 배신을, 성서적 예언을 충족시키고 예수가 인류를 구하도록 하기 위해 반드시 필요한 단계로 묘사한다.
- 앤드류 로이드 웨버와 팀 라이스가 1971년에 제작한 록 오페라〈지저스 크라이스트 수퍼스타〉의 오리지널 프로덕션에서는 영국 가수인 머레이 헤드가 유다 역을 맡았다.

054 FRI 예술가 카툴루스

재치 있고, 풍자하기 좋아하며 때때로 외설적이기도 한 가이우스 발레리우스 카툴루스(Gaius Valerius Catullus, 기원전 84년경~54년경)는 고대 로마의 시인으로 르네상스 시대에 그의 작품이 재발견되면서 서양 문학에 영향력 있는 인물로 부상했다.

그는 로마 북쪽에 위치한 베로나에서 엘리트 가문의 자손으로 태어났으며 그의 아버지는 카이사르의 친한 친구였다. 카툴루스는 비티니아에서 로마군으로 복무했으나 1년간의 복무 기간이 끝나자마자 군을 떠났고 그와 더불어 정계 진출에 대한 희망도 버렸다.

카툴루스 생애에 관한 세부적인 사항은 대부분 알려지지 않았기 때문에 오로지 그의 시를 통해서 추론해볼 수 있을 뿐이다. 그는 입대 전 로마에 살았으며 클로디아 메텔리라는 연상의 여인과 사랑에 빠져 잠시 불륜 관계를 가졌는데, 그의 연애 시 다수가 그녀로부터 영감을 받아 탄생했다. 군에 복무하는 동안 그는 트로이 근처에 있는 형의 무덤을 찾았는데, 거기서 영감을 받은 그는 〈형제여 영원히, 찬미와 작별〉이라는, 그의 시 가운데 가장 유명한 애가를 썼다.

카이사르를 조롱하는 시를 쓰는 바람에 카이사르의 노여움을 산 적도 있다. 그러나 카이사르는 친구의 아들을 용서했고, 그날 밤 카툴루스를 만찬에 초대했다고 한다. 제대한 카툴루스는 이탈리아로 돌아와 티볼리 인근에 있는 한 저택에 정착했다. 그곳에서 그는 서른 살에 알 수 없는 이유로 사망했다.

로마 문학에서 카툴루스는 신식 시인 가운데 한 명으로 분류된다. 신식 시인이란 일상적이고 평범한 단어로 익숙한 주제에 관한 시를 씀으로써 라틴 시에 대변혁을 가져온 집단을 가리킨다. 카툴루스의 작품은 키케로를 비롯해 시란 도덕적으로 희망을 주어야 한다는 전통적인 생각을 지지했던 여러 사람에게 비판을 받았다. 카툴루스의 시는 중세 때 사라졌다가 그 후 베로나에서 한 편이 재발견됐다. 오늘날 고전 라틴 작가로 여겨지는 그는 존 밀턴, 윌리엄 워즈워스를 비롯한 현대 시인에게 영향을 주었다.

- 레스보스의 사포가 쓴 연애 시를 좋아했던 카툴루스는 그녀를 기리기 위해 클로디아를 사포의 별명인 레스비아라고 불렀다.
- 카툴루스의 시는 제목이 없어서 예컨대 〈카툴루스 50〉이나 〈카툴루스 101〉처럼 주로 숫자로 불린다.

055 SAT 개혁가 마르쿠스 유니우스 브루투스

로마의 원로원이었던 마르쿠스 유니우스 브루투스(Marcus Junius Brutus, 기원전 85년경~42년)는 카이사르의 암살을 모의한 주동자다. 카이사르 암살의 날로 예언된 3월 15일, 브루투스와 공모자들은 원로원 계단에서 그 독재자를 찔러 죽였는데, 이는 역사상 가장 유명한 살인사건 중 하나이다. 불과 1년 전에 카이사르가 브루투스를 막강한 지위에 올렸기 때문에 브루투스의 그런 행동은 최고의 배반으로 간주된다. 충격을 받은 카이사르는 마지막 말로 그 유명한 한마디를 남겼다. "에 투 브루트(Et tu, Brute)?" 이는 "브루투스 너마저?"라는 뜻의 라틴어다.

브루투스와 그의 아내 포르키아를 비롯한 공모자들은 카이사르를 죽이는 것만이 독재 정권을 무너뜨리고 로마 공화국을 재건할 수 있는 유일한 방법이라고 믿었다. 그러나 카이사르가 사망한 지 채 20년도 안 되어 로마제국이 세워지면서 500년 동안 이어진 공화국 정부도 막을 내리고 말았다.

로마 고위급 가족의 자제로 태어난 브루투스는 정계에 입문하고 처음에는 기원전 49년에 있던 내전에 반대하며 카이사르와 대립각을 세웠다. 그러나 카이사르는 이 젊은 원로원을 용서했고 마침내 그를 갈리아라는 로마 지방의 총독으로까지 임명했다. 독재자의 암살을 그린 희곡 〈율리우스 카이사르〉에서 셰익스피어는 브루투스를 마지못해 암살 음모에 가담하는 사람으로 그렸다. 셰익스피어가 묘사한 바에 따르면, 브루투스는 개인적으로 카이사르를 좋아하면서도 로마인으로서 독재정치를 하겠다는 카이사르의 계획이 실행되기 전에 '미리 죽여야 한다'는 책임감을 느꼈다.

카이사르가 살해되고 난 후 그의 수양아들이었던 옥타비아누스가 독재권력을 이어받았고, 브루투스는 결국 다른 공모자들과 함께 로마에서 도망칠 수밖에 없었다. 그는 옥타비아누스에 저항하는 시위를 계획했으나 필리피 전투에서 젊은 후계자에게 패하고 난 후 기원전 42년에 자살하라는 명을 받았다. 그리고 옥타비아누스는 최초의 로마제국 황제인 아우구스투스가 되었다.

- 브루투스의 매제였던 가이우스 카시우스 롱기누스 역시 카이사르 암살 주동자였다. 희곡 〈율리우스 카이사르〉에서는 카시우스라는 인물로 그려졌다.
- 로마에서는 경쟁자들도 가까운 가족 관계로 얽혀 있었다. 브루투스의 어머니인 세르빌리아 카이피오니스는 카이사르가 죽기 전 20년간 그의 정부였다.

056 SUN ⊕ 선지자 세례자 요한

30년경, 불같은 한 유대인 설교자가 로마인들이 세운 갈릴리의 꼭두각시 왕 헤로데 안티파스를 비난했다. 간통과 근친상간을 비롯해 다른 '사악한 일들'을 저질렀다는 이유에서였다. 분노한 왕은 이 설교자를 붙잡아 사해가 보이는 절벽 위의 감옥으로 보냈다. 이는 세례자 요한(John the Baptist, 기원전 6년경~서기 30년경)으로, 기독교의 기본인 신약성서에서 매우 중요하게 꼽히는 인물 중 한 사람이다. 그는 헤로데에 대한 공격과 세상의 종말이 임박했음을 알리는 설교로 많은 추종자를 모았다. 그는 자신이 체포되던 즈음에 설교를 하고 다니기 시작한 예수 그리스도에게도 큰 영향을 미쳤다.

세례자 요한의 일생에 관한 역사적인 기록은 거의 없으며 성경에서도 부분적인 사항만 찾을 수 있다. 《누가복음》에 따르면 세례자 요한은 예수의 사촌이었으며 예수와 마찬가지로 나사렛 사람이었다. 그는 고대 히브리 예언자들처럼 검소한 복장을 했고 메뚜기와 야생 꿀을 먹으며 살았다. 또한 활동을 시작하기 전에 아무도 살지 않는 유대 사막을 몇 년 동안 돌아다녔다고 한다. 그는 추종자들에게 하느님이 오시는 때에 대비하여 회개하고 탐욕과 착취를 거부하며 요르단강에서 세례를 받으라고 설교했다. 그 설교에 응답한 유대인 가운데 하나가 예수 그리스도로, 예언자인 세례자 요한이 체포되기 전에 그에게서 세례를 받았다. 감옥에 갇히고 난 후 세례자 요한은 예수가 나환자들을 치료하고 죽은 이를 살리는 등 여러 가지 기적을 행한다는 소식을 듣게 되었다. 세례자 요한은 제자를 보내 자세히 알아보게 한 다음, 예수가 '내 후에 오시는 분', 즉 메시아임을 확인했다. 기독교 신학에서 세례자 요한은 예수의 선도자이자 메시아가 오심을 예언한 '황무지에서 부르짖던 목소리'로 알려져 있다.

안타깝게도 세례자 요한은 갑작스럽게 죽음을 맞았다. 세례자 요한이 근친상간을 했다며 모욕했던 아내를 달래기 위해 헤로데 왕이 이 예언자의 머리를 잘라서 의붓딸의 생일 선물로 접시에 담아주라고 명했던 것이다.

- 역사가인 플라비우스 요세푸스는 세례자 요한의 체포에 대해 다른 이야기를 전한다. 그에 따르면 헤로데 왕은 세례자 요한의 추종자가 너무나 많아 반란을 일으킬까 두려워해서 그를 처형했다.
- 공식적으로 성인(聖人)이 된 적은 없지만 전통적으로 가톨릭교회는 세례자 요한을 성인으로 여긴다. 그는 요르단과 푸에르토리코를 비롯한 여러 나라의 수호성인이다.
- 세례자 요한의 쪼그라든 머리의 일부로 알려진 것이 로마의 산 실베스트로 성당에 전시되어 있다.

057 MON 리더 율리우스 카이사르

로마 장군이자 정치가인 율리우스 카이사르(Julius Caesar, 기원전 100년~44년)는 당대 중요 인물 중 하나였을 뿐 아니라 서양 역사에서도 중심적인 인물이다. 그는 갈리아를 정복하고 로마 원로원의 권력을 무너뜨렸으며 고대에서 가장 큰 제국의 초석을 다졌다. 그러나 카이사르는 종신 독재관(獨裁官)으로 선포된 직후 암살당했다. 로마 공화국에서 제국으로의 변신을 완성한 사람은 후에 아우구스투스로 개명한 카이사르의 수양아들 옥타비아누스였다.

카이사르의 일생은 문서로 기록되어 있는데 이는 고대 세계에서 가장 잘 문서화된 자료 중 하나다. 귀족 가문에서 태어난 그는 청소년기에 군대에 입대했다. 그 후로 수십 년 동안 카이사르는 군대와 정계에서 꾸준히 성장하여 기원전 69년에 오늘날의 스페인에 해당하는 로마 지방의 총독으로 임명됐다. 또한 기원전 63년에는 로마의 최고 사제인 폰티펙스 막시무스로 선출됐다. 그로부터 4년 후인 기원전 59년에는 다른 두 명의 장군과 더불어 사실상 로마 정부를 통치하는 제1차 삼두정치를 실시했다. 카이사르의 세력이 커지는 것을 두려워한 원로원은 기원전 50년에 그의 부대를 해체할 것을 명했다. 그가 원로원의 명을 따르기를 거부하고 기원전 49년 1월에 그 유명한 루비콘 강을 건너면서 내전이 촉발됐는데 결국 1년 후 카이사르의 승리로 끝나버렸다. 권력에 타격을 입은 원로원은 그 후 몇 년 동안 연이어 그를 독재자로 선출했고 기원전 44년에는 그를 딕테이토 페르페투오, 즉 종신 독재관으로 선언했다.

카이사르가 군주제를 재건해서 로마 공화국을 종식시킬 것을 두려워하던 카이사르의 비평가들에게 이 마지막 선언은 도를 넘는 것이었다. 결국 기원전 44년 3월 15일, 카이사르의 죽음이 예언된 날에 음모자들이 로마 원로원의 계단에서 그를 찔러 죽였다.

- 카이사르의 가족은 자신들이 사랑과 출산의 여신인 비너스의 후손이라고 주장했다.
- 탁월한 웅변가이자 작가로 알려진 카이사르는 《갈리아 전쟁에 관한 해설》과 《내전에 관한 해설》이라는 두 권의 전쟁 기록을 집필했는데, 이는 그 시대에 관한 가장 유명한 주요 자료가 되었다.
- 카이사르가 사망한 후 그 이름은 황제나 군대 지휘관을 나타내는 동의어가 되었다. 독일과 러시아 군주의 칭호인 카이저(Kaiser)와 차르(Czar)가 모두 이 이름에서 유래했다.

058 TUE 철학자 세네카

철학 역사상 비극적인 인물이었던 세네카(Seneca, 기원전 4년경~서기 65년)는 로마 네로 황제의 어린 시절 가정교사이자 자문관이었다. 세네카는 젊은 황제에게 수사학, 정치학, 스토아학파 철학을 가르쳤지만 그 후 자신의 가장 유명한 제자에게 배신당한 후 자살하라는 명을 받았고, 그로 인해 고대 로마에서 가장 유명한 사상가의 삶도 끝이 났다.

세네카는 오늘날의 스페인 코르도바에 해당하는 곳에서 태어났고 로마의 일류 아카데미에서 교육을 받았다. 젊은 학생 시절 그는 스토아학파라고 불리는 그리스의 철학 학파에 특별한 흥미를 보였다. 당시 아테네에서 약 200년 전쯤에 처음으로 번영했던 스토아학파는 단순하게 살고 선을 옹호하며, 자신의 운명을 받아들이는 것이 행복으로 향하는 열쇠라고 믿었다.

그러나 스토아학파라고 공언한 사람 치고 세네카의 젊은 시절 생활방식은 누가 봐도 자유분방했다. 정계에 입문한 후 그는 간통을 범한 사람이라는 평판을 얻었고 결국 41년에 칼리굴라 황제의 조카딸과 동침했다는 혐의를 받아 코르시카섬으로 유배되었다. 지금까지 남아 있는 세네카의 초기 작품 중 일부는 8년간의 유배 시절에 쓴 것이다.

49년에 로마로 돌아온 세네카는 네로의 가정교사가 되었고 지속적으로 연극, 시, 에세이를 집필했다. 처음에 세네카는 네로의 최측근 자문관으로 활동하며, 심지어 네로 황자가 어머니인 아그리피나를 살해하려는 음모에도 동참했다. 세네카는 여러 번 은퇴 의사를 밝혔지만 점점 더 불안정해지던 네로는 자신의 자문관이 로마에 남아 있을 것을 강요했다. 그러나 65년, 네로는 세네카가 자신을 암살하려고 했던 피소니아 음모에 공모했다는 혐의를 제기했고, 자신의 스승에게 자살하라고 명했다. 세네카는 황제의 명을 받들어 스토아학파식으로 손목을 그었다. 그러나 자살에 실패하자 욕조에 들어가 스스로 질식사했다.

- 로마의 역사가인 수에토니우스에 따르면 세네카가 잠시 채식주의를 고수한 적이 있으나 채식주의자를 불신했던 티베리우스 황제 때문에 억지로 고기를 먹었다고 한다.
- 세네카의 작품에 대한 최초의 영문본은 1614년에 출간되었다.
- 세네카의 아내인 파울리나도 남편과 함께 자살하려 했으나 네로 황제의 병사들에 의해 저지당했다. 자살하라는 명령은 철학자에게만 해당했기 때문이다.

059 WED 혁신가 채륜

발명 연대기에서 채륜(蔡伦, 62년경~121년)의 이름을 찾기는 쉽지 않다. 그러나 이 고대 중국 정부 관리가 완성한 것으로 알려진 발명품, 즉 종이는 확실히 세상을 변화시켰다.

종이가 생기기 전에 고대 부족들은 쉽게 부식되고 찢어지기 쉬운 파피루스나 동물 가죽으로 만든 희귀하고 값비싼 양피지에 의지했다. 값싸고 질긴 종이로는 훨씬 더 많은 기록을 보존할 수 있었고, 책 생산 비용이 현저히 낮아졌다. 종이 제작은 서서히 전 세계로 퍼져나갔고, 그로 인해 실질적인 문맹률이 낮아지면서 유럽의 르네상스에도 기여했다.

후난성 출신인 채륜은 한나라 화제의 환관이었다. (황제의 환관으로는 거세된 남자가 선호되었다. 아이를 가질 수 없기 때문에 정부를 무너뜨리고 새로운 왕조를 건설하려고 시도할 가능성이 적을 것으로 간주되었기 때문이다.) 89년에 무기와 다른 기구를 제조하는 부서의 책임자가 된 채륜은 얼마 지나지 않아 저렴하고 믿을 만한 필기도구를 만들어야 할 필요성을 깨달았다. 수년간의 실험 끝에 그는 105년에 자신이 발명한 것을 황제에게 공개했다. 그 전에 이미 존재했던 종이 제작 기구와 전통적인 방법을 차용했을 것으로 추정되지만, 그가 만든 형태가 인기를 얻어 전 세계에 보급되었다.

채륜이 생전에 영예를 얻긴 했지만 그 영광은 그리 오래가지 못했다. 105년에 황제가 사망하자 그의 조카였던 안제가 즉위해 선왕의 자문관들을 공격하기 시작했다. 결국 채륜은 감옥에 투옥되기 직전, 121년에 자살로 생을 마감했다.

- 220년까지 존재했던 한나라가 중국 문화에 크나큰 영향을 미치면서 한족이 중국인을 가리키는 이름이 되었다.
- 채륜은 발명품으로 인해 명예귀족 신분에 올랐고, 그 후로 중국에서는 수백 년 동안 채륜을 제지의 수호성인으로 공경했다.
- 채륜이 죽은 후 중국 황제들은 수백 년 동안 제지 기술을 기밀로 유지했다. 751년, 아랍과의 전투 중에 몇 명의 중국 제지업자들이 생포되었고 제조법을 누설하라는 강요를 받으면서 기밀이 드러나게 되었다고 한다.

060 THU 악당 아그리피나

아그리피나(Agrippina, 15년~59년)는 남편이었던 로마의 클라우디우스 황제를 독버섯으로 암살함으로써 로마 역사상 가장 큰 재난을 촉발했다. 고대 로마에서 가장 큰 권력을 가졌던 여성 중 한 명인 아그리피나는 아우구스투스 황제의 후손으로 영향력 있는 정치 세력의 일원이었다. 그녀의 오빠 칼리굴라 역시 37년부터 41년까지 로마를 통치했던 황제였다. 그녀는 49년에 세 번째 남편인 클라우디우스와 결혼했다. 아그리피나에게는 첫 번째 남편과의 사이에서 루키우스 도미티우스 아헤노바르부스라는 아들이 있었는데, 후에 네로 황제가 되는 사람이다.

클라우디우스와 결혼할 당시 무자비한 정치적 책략가였던 그녀는 이미 오빠를 암살하려는 음모에 가담한 혐의로 지중해의 섬에 유배된 적도 있었다. 클라우디우스는 사실 그녀의 삼촌으로, 아그리피나에게 그와의 결혼은 순전히 네로가 제위를 이어받게 하기 위한 선택이었다. 그러나 클라우디우스는 53년에 자신의 친자인 브리타니쿠스에게 황위를 물려줄 생각이었고, 이를 막기 위해 아그리피나가 암살을 시도했던 것으로 보인다.

네로의 통치는 폭정과 무능력으로 유명하다. 그는 처음으로 기독교인들을 박해하기 시작했고 수천 명의 반대자들을 처형했는데, 그 가운데에는 그의 배다른 형제인 브리타니쿠스도 있었다. 그는 또한 64년에 로마에 대화재가 발생했을 때도 "로마가 불타는 동안 악기를 연주했다"라고 알려졌다. 그는 결국 68년에 폐위되었고 자살로 생을 마감했다.

아이러니하게도 네로 황제의 명으로 처형된 사람 중에 아그리피나도 있었다. 열여섯 살에 즉위한 네로는 처음에는 어머니에게서 큰 영향을 받았다. 그러나 어머니가 포파이아 사비나와의 관계를 못마땅하게 여기자 그녀와의 결혼에 방해가 되는 것을 모두 제거하려는 네로 황제가 결국 59년에 아그리피나의 처형을 명했다. 그녀의 나이 44세 때였다.

- 1709년에 작곡가 게오르크 헨델이 〈아그리피나〉라는 오페라를 작곡했다.
- 포파이나 사비나의 두 번째 남편인 마르쿠스 살비우스 오토는 이른바 '네 황제의 해'라고 불리던 시기에 3개월 동안 황제가 되었다. 그는 반대자들 가운데 한 명과 벌인 전투에서 패한 후 스스로 목숨을 끊었다.

061 FRI 예술가 베르길리우스

베르길리우스(Virgil, 기원전 70년~19년)는 고대 로마의 시인이자 로마의 창건에 대한 서사시 《아에네이스》를 저술한 작가다. 본명은 푸블리우스 베르길리우스 마로(Publius Vergilius Maro)이며, 카이사르가 암살되고 난 후 무명이었던 그는 후에 아우구스투스 황제가 되는 옥타비아누스의 지지자이자 선전원으로 부상했다.

그의 첫 작품 〈시선〉은 카이사르가 사망한 직후에 쓰였다. 에로틱하면서 정치적이었던 이 시는 황제로 즉위하려는 옥타비아누스의 적법성을 지지하면서 그에게 유용하게 작용했다. 그다음 작품인 〈농경시〉는 옥타비아누스가 자신에 맞서던 안토니우스를 물리친 직후인 기원전 29년에 완성됐다. 베르길리우스는 그해 여름, 아우구스투스 황제 앞에서 이 시를 큰 소리로 읊었다고 한다. 베르길리우스는《아에네이스》를 쓰는 데 마지막 10년을 보냈으며 사망할 당시까지 끝마치지 못했다. 이 시는 트로이 전쟁에서 트로이가 패한 후 로마로 도망친 아에네이스의 신화적 이야기를 들려준다. 이 시는 로마의 제국주의가 신성하게 정해진 국가의 운명이라고 묘사하는 것으로 끝나는데, 이런 이념이 그 후로 400년 동안 로마제국의 확장을 뒷받침해주었다.

> 나는 청동에 숨을 불어넣고 대리석으로 생생한 얼굴을 만드는 일을 더 잘 하는 사람들이 있을 것이라 생각한다. 어떤 사람들은 멋진 웅변으로 법에 호소하고 하늘까지의 경로를 측정하고 별이 뜨는 것을 예측하기도 할 것이다. 로마인이여, 여러 국가를 법적으로 통치하고 (이것이 여러분이 가진 제대로 된 기술이다) 평화에 이르는 길을 세우는 방법을 고민하라. 정복당한 이들을 살려주고 그들의 자리에서 힘센 이들을 끌어내려라.

베르길리우스는 아우구스투스와 함께 그리스로 가는 도중에 사망했다. 《아에네이스》는 그의 사후에 출간되었는데, 출간되자마자 호메로스의 《일리아드》와 《오디세이》에 비견되며 찬사를 받았다. 그리고 로마의 창건에 대한 국가적인 신화를 만듦으로써 로마의 자아상을 정의해주었고 성장하는 로마제국을 정당화시켜주었다.

- 베르길리우스의 작품에서 발췌된 라틴어 명언이 지금도 서양 문학에 인용된다. '사랑이 모든 것을 정복한다'라는 뜻의 '옴니아 빙키트 아모르(Omnia vincit amor)'는 〈시선〉에 처음 등장한다. 미국의 모토인 '여럿으로 구성된 하나'라는 뜻의 '에 플루리부스 우눔(E pluribus unum)'도 베르길리우스의 시 가운데 하나에서 인용된 것이다.
- 미국 의회 도서관에 보관된 원본 가운데에는 토머스 제퍼슨이 기부한 손때 묻은 《아에네이스》도 한 부 있다.
- 베르길리우스는 단테의 《신곡》(1321년경)에도 등장한다.

062 SAT 개혁가 부디카

켈트족의 여왕이자 전사였던 부디카(Boudicca, 30년~61년)는 그 모습만으로도 로마인들에게 두려움을 주기에 충분했다. 로마 역사가들에 따르면 무릎까지 내려오는 거친 빨간 머리에 굵은 금목걸이를 하고 창을 든 그녀의 "모습 자체가 두려웠다"라고 한다.

사실 로마인에게는 부디카를 두려워할 만한 충분한 이유가 있었다. 61년에 그녀가 군대를 이끌고 로마군과 맹렬하고 피비린내 나는 전투를 벌였기 때문이다. 브리튼섬에서 로마의 침략자들을 몰아내려는 부디카와 그녀의 연합군은 로마인들의 정착지 몇 곳을 약탈했고 런던을 평정했으며 수천 명의 로마인을 학살했다.

부디카에게 로마와의 전쟁은 켈트족의 자존심과 개인적인 복수가 걸린 중대한 일이었다. 로마인이 브리튼섬을 침략하면서 여러 켈트족을 지배하는 바람에 널리 원한을 산 지 20년도 채 되지 않았기 때문이다. 그때 로마 병사들은 10대였던 부디카의 두 딸을 겁탈하고 고문했고, 그로 인해 침략자들에 대한 그녀의 분노가 극에 달했다.

부디카의 부족이었던 이세니족은 런던 북동쪽의 동 앵글리아 일부를 차지하고 있었다. 그녀는 남편인 프라수타구스에 이어 왕으로 즉위했는데 여왕을 인정하길 거부했던 로마인들은 이세니 왕국이 로마의 것이라 주장했다.

61년, 브리튼섬의 로마 총독이 웨일스에서 군사작전을 펼치고 있을 때 전쟁이 발발했다. 총독의 부재를 기회로 삼은 이세니족은 다른 켈트족 전사들과 함께 로마가 점령하고 있던 브리튼섬의 수도 콜체스터를 비롯해 몇몇 도시 국가를 침략하고 런던을 약탈했다. 편파적이긴 하겠지만 이때 로마의 역사적 기록을 살펴보면 수십만 명의 로마인이 죽임을 당했다고 적혀 있다. 켈트족이 체계적이지 못한 야만인이라고 생각한 로마인들은 방심하다가 공격을 당했다. 부디카는 반란을 제압하기 위해 서둘러 런던으로 복귀한 총독에게 쫓겨 도망칠 수밖에 없었고 스스로 목숨을 끊었다고 전해진다.

- 부디카가 사망한 곳이 어디인지는 알려지지 않고 있다. 그러나 영국 BBC 방송에 따르면 그녀는 오늘날의 런던 킹스크로스 기차역 9번 플랫폼 아래 묻혀 있다고 한다.
- 부디카가 반란을 일으켰던 당시 카물로두눔이라고 알려진 콜체스터는 로마령 브리튼의 수도였다. 런던(예전의 런디니움)은 100년경에 수도가 되었다.
- 몇 척의 영국 해군 함대가 이 켈트족 여왕의 이름을 따서 붙여졌다. 그중에는 1944년에 독일군에 의해 침몰된 구축함인 에이치엠에스 보아디케아도 있다.

063 SUN 선지자 예수

실제 예수 그리스도는 어떤 사람이었을까? 그의 가르침은 오늘날 세계에서 가장 큰 종교를 낳았지만 1년경부터 33년경까지 살았던 이 유대인 목수의 인생에 관한 자세한 사항은 찾아보기 어렵다.

성서의 전통에 따르면 예수는 베들레헴에서 태어나 사해 근처 갈릴리 지방의 한 마을인 나사렛에서 성장했다. 그는 전형적인 유대인 집안에서 자랐으며 당시 중동에서 가장 흔한 언어였던 아람어를 구사했을 것으로 추정된다.

예수는 근동에 사는 유대인 사이에 대격변과 사회적 갈등이 불거졌던 시기에 살았다. 한때 독립적인 유대인 왕국이었던 유대아와 갈릴리는 로마제국의 지배를 받고 있었고, 일부 유대인은 몇 파벌로 나뉘어 다툼이 일고 있었다.

어느 날 젊은 예수는 세례자 요한을 소개받았는데, 그는 어떤 파벌에도 동조하지 않고 종말론적인 설교로 독자적인 대규모 추종자들을 몰고 다니던 유대인 설교자였다. 성경에 따르면 세례자 요한은 요르단강에서 예수에게 세례를 베풀었고, 그로부터 얼마 후 로마 당국에 말썽꾼으로 낙인찍혀 처형을 당했다. 세례자 요한이 체포된 후 예수는 설교자이자 기적을 행하는 사람으로 사제직을 수행하기 시작했다. 그는 몇 년 동안 유대인의 중심지인 유대아 주변을 돌아다니면서 가르침을 전파하고 나중에 그의 메시지를 퍼트리게 되는 사도들을 모았다. 복음에 의하면 예수는 종교 시설을 경멸했고 바리새인들 같은 막강한 집단을 비판했다. 예수는 33년, 유월절 직전에 유대교의 중심 사원이 있는 예루살렘에 도착했다. 그리고 며칠 후 로마 총독 본디오 빌라도가 그를 십자가형에 처하게 된다.

그의 일생에 관한 전통적인 이야기와 가르침 대부분은 그가 죽은 지 수십 년 후에 쓰인 복음에 엮여 있다. 그러나 그의 가르침에 고무된 추종자 공동체가 로마 세계에서 급속도로 퍼지게 되었다.

- 아람어는 지금도 시리아, 이라크, 터키, 이란에서 사용되지만 아람어를 모국어로 사용하는 사람의 수는 급격하게 줄고 있다.
- 예수는 자신의 가르침이 유대교와 다른 종교의 토대가 되리라고 생각하지 않았다. 기독교는 예수가 죽고 난 후 수십 년 후에 별개의 신앙으로 서서히 분리되었다.
- 로마제국에서 널리 행해지던 십자가형은 대개 평범한 범죄자를 처벌하는 데 이용되었던 방법이다. 십자가형은 4세기에 로마제국이 기독교를 수용하면서 폐지되었다.

064 MON 리더 클레오파트라

이집트의 마지막 파라오인 클레오파트라(Cleopatra, 기원전 69년~30년)는 고대에서 가장 유명하고 막강한 권력을 가진 여성 중 한 명이었다. 그녀는 이집트가 알렉산더 대왕에게 정복된 이후 이집트를 통치했던, 그리스어를 구사하는 왕족의 일원으로 태어났다. 그녀는 열여덟 살 때 남동생인 프톨레마이오스 13세와 공동으로 왕위를 물려받았다. 그 후 이 남매는 서로 결혼했다. (이집트 왕가에서 근친결혼은 드문 일이 아니었다. 사실 클레오파트라의 어머니와 아버지도 조카와 삼촌 사이였다.) 남매는 호시탐탐 서로에게서 권력을 빼앗으려 들었고 기원전 50년에 결국 클레오파트라가 추방되기에 이르렀다.

기원전 48년에 클레오파트라는 카이사르와 연인 관계를 시작했고, 그의 도움으로 왕권을 되찾을 수 있었다. 기원전 47년에 카이사르의 아들을 낳은 그녀는 그의 이름을 따서 아이에게 카이사리온이라는 이름을 붙였다. 그녀는 자신의 아들이 카이사르의 뒤를 잇기를 바랐으나 기원전 44년 카이사르가 죽고 나자 그의 수양아들인 옥타비아누스가 권력을 쥐었고, 안토니우스와 또 다른 장군과 함께 공동으로 로마를 통치하기 시작했다. 그 후 안토니우스와 클레오파트라가 연인 관계가 되면서 옥타비아누스로부터 로마의 정권을 강제로 빼앗으려는 음모를 계획했다. 기원전 31년 옥타비아누스는 안토니우스와 클레오파트라에게 맞서는 전쟁에 참가했고, 악티움 해전에서 그들의 해군을 물리쳤다. 패배한 두 연인은 스스로 목숨을 끊었다. 클레오파트라는 독사에 가슴을 물려 죽은 것으로 추정된다.

클레오파트라는 3000여 년 동안 지속된 이집트 왕조의 마지막 파라오였다. 그 후 그 지역은 로마제국의 속주인 아이깁투스가 되었고 20세기까지 완전한 독립을 이루지 못했다.

- 사실 클레오파트라는 같은 이름을 가진 이집트 여왕 중 일곱 번째 여왕이었다. 클레오파트라 1세는 기원전 180년경부터 176년경까지 통치했다.
- 클레오파트라에게는 카이사르와의 사이에서 낳은 카이사리온과 마르쿠스 안토니우스와의 사이에서 낳은 세 명의 자녀가 있었다. 카이사리온은 옥타비아누스에 의해 처형당했으며, 다른 세 자녀는 체포되어 옥타비아누스가 승전 퍼레이드를 벌일 때 그 뒤를 따라 로마 거리에서 끌려다녔다. 그 후 이 세 명은 양부모에게서 길러졌다.

065 TUE 철학자 마르쿠스 아우렐리우스

막강한 로마 황제이자 주요 철학자였던 마르쿠스 아우렐리우스(Marcus Aurelius, 121년~180년)는 그 시대에 가장 영향력 있는 철학서를 집필한 사람이다. 이 황제가 집필한《명상록》은 가장 유명한 스토아학파 철학서이다. 5현제 중 마지막 황제로 알려진 마르쿠스는 로마제국의 세력이 최고에 달했을 때 로마를 통치했다. 팍스 로마나(Pax Romana), 즉 로마의 평화라고 알려진 그 시기에는 예술과 철학, 상업이 번성했는데, 이 철학자이자 황제는 그 평화를 유지하려고 애썼지만 그가 죽고 난 후 얼마 안 되어 평화도 끝나버렸다.

본명이 마르쿠스 안니우스 베루스(Marcus Annius Verus)인 그는 트라야누스 황제의 먼 친척이었다. 그의 아버지는 마르쿠스가 '겸손과 남자다운 기질'을 가르쳐주었다고 인정한 로마의 관료였다. 그러나 열일곱 살에 아버지가 사망하자 마르쿠스는 138년에 즉위한 안토니누스 피우스 황제의 아들로 입적되었고, 피우스는 이 소년을 위해 로마 최고의 스승인 마르쿠스 코르넬리우스 프론토를 가정교사로 채용했다. 피우스가 죽고 난 후 마르쿠스는 40세의 나이에 황제로 즉위했고 자신의 이름을 마르쿠스 아우렐리우스로 바꿨다. 그의 의붓동생인 루키우스 베루스는 그가 통치했던 첫 8년 동안 공동황제를 맡았다. 마르쿠스의 통치 기간 대부분은 아시아에서 벌어진 파르티아 제국과의 전쟁, 유럽에서 벌어진 게르만 부족들과의 전쟁으로 분주했다. 마르쿠스는 게르만 부족 중 하나인 콰디족과의 전쟁 중에《명상록》을 쓰기 시작한 것으로 전해진다. 열두 권의 짧은 책으로 구성된 이 책은 황제의 자서전이자 스토아학파에 관해 가장 잘 알려진 논문집이다.

스토아학파에 의하면 사후세계란 없으며 모든 남자와 여자는 잊힐 운명을 타고났고, 존재의 고난은 아무런 의미도 없다. 황제는 "모든 것은 자연에 의해 죽을 수밖에 없다"라고 적었다. 그래서 자연의 법칙을 따라 선하게 살아야 한다고 믿었다. 그는 지금의 비엔나에 해당하는 지역을 방문하는 동안 58세의 나이로 사망했고 그의 아들인 콤모두스가 황제 자리를 이어받았다.

• 이론상으로는 로마의 황위가 세습되는 것이 맞지만 마르쿠스를 비롯해 그 전 네 명의 선황은 모두 선황의 친자가 아니었다. 그의 친자인 콤모두스는 거의 100년 만에 처음으로 친아버지의 뒤를 이어 황위를 물려받은 황제였다.

066 WED 혁신가 장형

중국의 천문학자이자 시인, 수학자였던 장형(張衡, 78년~139년)은 수백 킬로미터 떨어진 곳에서 지진의 진원지를 정확하게 찾아낼 수 있는 지진계를 세계 최초로 발명함으로써 살아생전에 명성과 영예를 얻었다. 지진이 잦은 중국에서 그의 청동 지진계는 당국에 피해 지역을 지원할 수 있게 알려주었다.

한 유명한 이야기에 따르면 138년 2월 뤄양에서 지진을 느낀 사람이 아무도 없었음에도 지진계가 지진을 감지했다고 한다. 장형을 의심하던 이들은 잘못 경보를 울렸다고 확신하며 그의 지진계를 조롱했다. 그러나 며칠 후 560km 이상 떨어진 곳에서 엄청난 강도의 지진이 발생했다는 소식이 도착했다. 장형은 지진계 외에 시인으로도 유명한데, 그가 쓴 시는 지금도 중국 시문집에 수록되어 있다. 또한 그가 제작한 3차원의 우주 작동 모델도 유명하다. 뿐만 아니라 그는 동시대의 다른 중국 학자들이 계산했던 것보다 훨씬 더 정확하게 파이를 계산했다.

장형은 고대 중국 중부의 도시 씨에에서 유명한 가문의 자손으로 태어났다. 그는 열일곱 살에 중국을 돌아다니며 가장 유명한 두 편의 시에 사용될 자료를 수집했다. 그는 103년에 낮은 정부 관리직을 맡아 시를 쓰는 일을 했으며, 천문학과 수학 연구를 시작했다. 안제는 111년에 장형을 승진시켜 수도로 불러들인 후 궁궐 천문학자로 임명했고, 몇 년 후에는 황실 정부 최고 고위직 가운데 하나인 궁정 천문학자로 임명했다. 장형은 날씨와 지진을 기록하고 달력을 편집하며 일식, 월식 및 기상 이변을 예측하는 일을 담당했다. 그는 132년에 지진계를 공개했고 그에 대한 공을 인정받아 승진했다. 그러나 그 후 환관들과의 분쟁에 휘말렸고, 결국 136년에 궁궐을 떠나 허젠성의 총독이 되었다. 138년에 퇴임한 그는 그다음 해에 생을 마감했다.

- 장형의 지진계, 즉 바람과 땅의 흔들림을 살펴보는 도구인 호우펑 디동이(候風地動儀)가 2005년에 한 중국 박물관에서 재현되었다. 이 기기는 각기 다른 방향을 가리키고 있는 여덟 개의 용이 배열된 단지 중간에 달린 추를 이용했다. 이 기기가 지진을 감지하면 추가 구리 공을 발사하는데, 여덟 용 가운데 한 마리의 입에서 구리 공이 나와 같은 방향에 자리한 금속 개구리 입으로 들어간다. 이로써 진원지의 방향을 알 수 있었다.
- 1986년에 지구에 떨어진 운석에서 중국 과학자들이 희귀 금속을 발견했는데, 이 고대 학자를 기리기 위해 그 금속에 장형자이트(Zhanghengite)라는 이름을 붙였다.
- 장형이 이전의 중국 수학자들이 제시한 파이의 추정치를 개선하긴 했지만 여전히 근사치에서 벗어난 수치였다. 그는 파이를 3.1724라고 추정했으나, 파이의 실제값은 3.14159로 시작되는 무리수이다.

067 THU 악당 디오클레티아누스

디오클레티아누스 황제(Diocletian, 245년~316년)는 로마 역사상 기독교인에 대한 마지막 이자 가장 폭력적인 박해를 촉발한 사람이다. 그가 303년과 304년에 네 차례에 걸쳐 내린 박해 칙령으로 수십만 명이 죽었다.

군인이자 경호병이었던 가이우스 아우렐리우스 발레리우스 디오클레티아누스(Gaius Aurelius Valerius Diocletianus)는 284년에 군대에 의해 황위에 올랐다. 그는 짧은 내전 중에 라이벌인 카리누스를 물리치고 285년에 제국의 정권을 장악했다. 그가 권력을 잡은 당시는 로마제국이 오랫동안 거의 무정부 상태로 고전하던 때다. 3세기까지 수십 명의 황제가 즉위했는데 그 가운데 일부는 불과 몇 개월 만에 암살되기도 했다. 황제로서 디오클레티아누스는 질서를 세웠고, 고대 로마의 미덕이라고 여겼던 군대의 규율, 사유재산 존중, 전통적인 비기독교 신들에 대한 숭배를 회복시키기 시작했다. 그는 원로원의 권력을 대폭 축소하고, 민정을 개혁하고, 로마 세법을 재정비했다. 군사적으로는 이집트와 아르메니아, 시리아에 있는 적군들을 물리쳤다.

기독교인들은 네로 황제 통치 이후 이따금 박해의 대상이 되긴 했지만, 디오클레티아누스의 통치 기간 중 첫 20년간은 비교적 박해가 덜했었다. 역사가들은 디오클레티아누스가 무슨 이유로 갑자기 태도를 바꿔 303년에 처음으로 박해를 명령했는지 오랫동안 궁금해했다. 아마 기독교가 제국 시민의 통합에 위협적인 요소라고 믿게 되었는지도 모른다. 교회를 방화하는 것으로 시작된 박해는 유례없는 고문과 처형으로 이어졌다. 비기독교 신들에게 제물을 바치길 거부한 기독교들은 산 채로 삶아지거나, 십자가형에 처해지거나, 아니면 악명 높게도 경기장에서 사자 밥이 되었다.

디오클레티아누스는 305년에 로마 역사상 처음으로 스스로 퇴위한 황제가 되었다. 그는 아드리아해의 궁전으로 가서 채소를 키우며 살았고 점점 악화되는 건강으로 고통받았다. 그는 계승자 가운데 한 명인 콘스탄티누스 황제가 기독교에 대한 금지를 번복하고 박해를 끝낸 지 3년 후인 316년에 사망했다.

- 디오클레티아누스와 막시미아누스가 페르시아와의 전쟁에서 승리한 것을 기념하기 위해 303년 11월 20일에 행했던 퍼레이드가 로마 역사상 동종의 퍼레이드로는 마지막으로 진행된 것이었다.
- 박해를 받는 동안 로마에 있던 많은 기독교인이 도시 성벽 밖에 있는 카타콤(catacomb)으로 피신했다. 지금은 이 지하묘지가 대중에 공개되고 있다.

068 FRI 예술가 오비디우스

8년에 로마 시인인 오비디우스(Ovid, 기원전 43년~서기 17년경)가 갑자기 사라지고 도시에서 추방되는, 서양 문학에서의 큰 수수께끼 중 하나가 발생했다. 그러나 흑해의 유배지에 버려진 그는 무슨 일이 벌어졌는지 단 한 번도 설명하지 않았다. 그는 단지 살인보다 더한 중죄를 저질렀다는 사실을 인정하기만 했을 뿐이다.

유배되기 전에 사랑과 유혹, 결혼에 관한 라틴어 시로 유명했던 오비디우스는 고대 로마에서 매우 중요한 시인 중 한 사람이었다. 역사적 근거가 없는 상황에서 많은 비평가가 오비디우스가 기원전 1년에 출간한 외설적인 애정지침서인《사랑의 기교》로 황제의 분노를 샀고, 그로 인해 이해하기 어려운 유배길에 오른 것이 아닌가 추정한다.

본명이 푸블리우스 오비디우스 나소(Publius Ovidius Naso)였던 그는 로마에서 교육을 받았고 젊은 시절에 로마제국을 두루 다니기도 했다. 변호사가 되기를 바랐던 아버지의 기대를 저버리고 그는 기원전 19년에 자신의 첫 번째 애정 시집《사랑도 가지가지》를 출간했다. 30세에 이미 세 번의 결혼과 두 번의 이혼을 경험한 오비디우스가 면밀하게 분석해 발간한 이 책은 아우구스투스 황제의 명으로 로마의 도서관에서 퇴출됐다. 사라지기 직전에 오비디우스는 대작으로 여겨지는《변형담》을 완성했다. 이 시는 그리스와 로마 신화에서 영감을 받은 일련의 이야기로 모두 형태의 변화를 주제로 한다. 이 시는 이후 제프리 초서와 셰익스피어를 비롯한 여러 작가에게 영감을 주었다.

오비디우스는 생의 마지막 10년을 오늘날 루마니아의 콘스탄차에 해당하는 토미스라는 국경지역의 외딴 소도시에서 보냈다. 그의 친구들이 여러 차례에 걸쳐 간청했음에도 아우구스투스 황제나 그의 뒤를 이은 티베리우스 황제는 그가 로마로 돌아오는 것을 허락하지 않았다. 그는 유배지에서 약 60세의 나이로 사망했다.

- 셰익스피어는 자신의 희곡에 오비디우스의 글을 몇 차례 인용했는데 가장 광범위하게 언급한 작품은 아마도《템페스트》(1611년경)일 것이다. 이 작품에서는《변형담》의 한 부분이 각색되었다.
- 아우구스투스 황제는 오비디우스를 추방했던 해에 문란한 자신의 손녀인 율리아도 추방했다. 일부 역사가는 오비디우스가 율리아의 지각 없는 행동을 인지하고도 아우구스투스 황제에게 알리지 않아 벌을 받은 것이라고 추정하기도 한다.

069 SAT 개혁가 시몬 바르 코크바

시몬 바르 코크바(Shimon Bar-Kokhba, ?~135년경)는 132년에 로마제국에 맞서 반란을 일으킨 유대인 지휘관이다. 그는 로마가 정복하기 전에 유대아를 3년 동안 통치하였으며 1800년 후 이스라엘이 생기기 전까지 유대인 독립국을 통치한 마지막 지도자였다. 바르 코크바의 반란을 진압한 후 하드리아누스 황제는 유대교를 근절하기 위한 법안을 통과시켜 복수했다. 그 일환으로 황제는 유대인 조상들의 고향에서 유대인을 대대적으로 추방토록 명령했는데, 이는 유대인 디아스포라(Jewish Diaspora, 유대인 망명-옮긴이) 발생의 중심 사건이 되었다.

반란을 일으키기 전에 바르 코크바가 어떤 삶을 살았는지는 알려진 바가 없다. 그는 자신을 고대 이스라엘의 다윗 왕의 후손이라고 주장했다. 이 걸출한 혈통 때문에 유대인 중에는 바르 코크바를 메시아로 여기는 사람도 있었다.

바르 코크바의 반란은 하드리아누스 황제가 전통적인 유대교 관습을 금하려고 하면서 촉발되었다. 야만적이라는 이유로 황제가 아기의 할례를 금지하고 예루살렘 사원의 유적지에 이교도 사원을 지음으로써 유대인들의 심기를 건드렸던 것이다.

바르 코크바의 반란에 동참한 병사는 약 40만 명에 달했다. 반란군은 수백 곳의 마을을 점령했고 수십 개의 요새에서 로마인들을 몰아냈으며 유대교의 율법을 시행하고 심지어 그들만의 동전을 주조하기도 했다. 하드리아누스 황제가 새로운 군대를 파병하기 전까지 3년 동안 유대아는 기능적인 면에서는 독립국가였다.

진압하기까지 통틀어 열두 부대의 로마군이 동원되었던 바르 코크바의 반란은 팍스 로마나 시기에 가장 치열했던 전투 중 하나로 꼽힌다. 반란군은 예루살렘 인근의 베타르라는 도시에서 최후를 맞았다. 바르 코크바와 그의 추종자들은 135년, 로마군이 그들 최후의 보루를 점령했을 때 죽임을 당했다. 그 후로 많은 유대인이 죽거나 추방되거나 노예로 팔렸다. 그로부터 수백 년이 지난 후에야 유대인은 고대 수도인 예루살렘에 모일 수 있었다.

- 바르 코크바는 반란군에 새로 합류하려는 사람들은 손가락 하나를 자른 후에야 받아들였다고 한다.
- 반란이 진압된 후 로마 당국은 예루살렘 대부분을 파괴하고 엘리아 카피톨리나(Aelia Capitolina)라는 새 이름을 붙였다. 하드리아누스 황제는 또한 그 지방의 이름도 유대아에서 시리아 팔라이스티나(Syria Palaestina)로 바꿨다. 이는 팔레스타인이라는 단어의 어원이 됐다.
- 20세기에 한 시온주의 청년 단체는 바르 코크바의 반란군이 최후의 전투를 치렀던 곳의 이름을 따서 단체명을 베타르(Betar)로 지었다.

070 SUN 선지자 사도 바울

33년, 예수가 사망한 후 타르수스의 바울(Paul of Tarsus)이라는 모험심 강한 한 선교사가 넓은 로마제국의 여러 지방을 돌아다니면서 기독교라는 새로운 신앙을 널리 퍼트리는 데 핵심적인 역할을 했다. 그가 수천 명을 개종시키고 비유대인에게도 전도를 했기 때문에 기독교가 살아남았는지도 모른다.

바울은 오늘날의 터키에 해당하는 곳의 한 유대인 가족의 아들로 태어났으며 본래 이름은 사울(Saul)이었다. 로마 시민이었던 그는 당시 외딴 지방에서 보기 드문 혜택을 누렸으며 천막 제작자로 일했다. 예수가 죽은 지 얼마 되지 않았을 당시 예루살렘에서 공부를 하던 바울은 초기에는 기독교를 반대하며 기독교 박해를 지지했다. 그러나 다마스쿠스로 가는 도중 종교적 발현을 경험하고 개종했다.

바울은 예루살렘으로 돌아와 남은 사도들을 만났으나 처음에는 기독교를 박해하던 사람이라는 이유로 의심을 샀다. 신약성서에 따르면 사도들은 "과거에 우리를 박해하던 사람이 이제는 자신이 파괴하던 신앙을 설파하고 다닌다니"라며 놀라워했다고 한다. 그러나 바울의 높은 신분과 신앙을 전도하겠다는 예기치 못한 결심은 초기 기독교의 소중한 자산이 되었다. 바울은 오늘날의 레바논, 터키, 그리스 그리고 키프러스에 있는 여러 도시를 돌아다니며 그곳에 사는 유대인 공동체를 찾았다. 다른 기독교인과 달리 그는 유대인 외의 타민족 사람들에게도 전도를 했는데, 이는 기독교가 폭발적으로 성장하는 기반이 되었으며, 또한 유대교와 기독교가 두 개의 다른 종교로 나뉘는 데 큰 역할을 하기도 했다.

바울이 예루살렘 사원에 비유대인들을 받아들인 행위로 체포되고 재판을 위해 로마로 보내지면서 그의 모험도 막을 내렸다. 무죄 판결을 받은 이후 바울은 로마에 머물면서 로마제국의 수도에서 기독교를 조직하는 데 도움을 주었다. 그러나 그가 로마에 머문 기간은 길지 않다. 그는 65년 기독교 박해의 물결이 일던 때 참수당했다.

- 다마스쿠스로 향하는 길에서 바울이 개종한 이야기가 유명해지면서 '갑작스러운 의견의 변화'를 가리키는 표현으로 '다마스쿠스로 향하는 길의 전환(Road-to-Damascus reversal)'이라는 용어가 사용되었다.
- 2006년도에 바울의 유해가 담겨 있다고 여겨지는 석관이 로마의 한 바실리카에서 발견되었다.
- 바울은 《로마서》, 《고린도 전서》, 《고린도 후서》, 《갈라디아서》, 《빌립보서》, 《데살로니카 전서》, 《빌레몬서》 등 신약성서 가운데 일곱 권을 쓴 사람으로 여겨진다. 이 외에도 다른 여섯 권을 쓴 인물로도 추정되고 있다.

071 MON 리더 아우구스투스 황제

로마제국의 창건자인 아우구스투스 황제(Augustus, 기원전 63년~서기 14년)는 5세기 동안 이어진 중앙집권화된 정부체제를 수립했고, 서양 세계에 예상치 못한 수준의 안정과 번영을 가져다주었다. 본명이 가이우스 옥타비아누스(Gaius Octavius)였던 그는 카이사르의 수양아들이었다. 카이사르가 암살되자 열여덟 살이었던 옥타비아누스는 그의 아버지를 따랐던 추종자는 물론 그와 대적하던 적들까지 물려받았다. 이후 발발한 내전 가운데 옥타비아누스는 기원전 42년 필리피의 두 전투에서 암살 음모를 주도했던 브루투스와 카시우스를 물리쳤다.

그로부터 10년 동안 옥타비아누스는 제2차 삼두정치를 통해 마르쿠스 안토니우스와 마르쿠스 아이밀리우스 레피두스라는 두 명의 장군과 권력을 나눠 가졌다. 그러나 삼두정치는 기원전 36년에 붕괴되었다. 레피두스는 권력을 박탈당했고, 안토니우스는 기원전 31년 옥타비아누스에 패하면서 자살을 명받았다. 기원전 27년, 로마에 대한 완전한 통치권을 세운 옥타비아누스는 원로원에 의해 아우구스투스 황제이자 '사령관(commander)'으로 선언되었다. 아우구스투스를 문자 그대로 해석하면 '신성하게 임명된 자' 또는 '걸출한 사람'이다. 원로원은 존속했지만 공화국 시절에 가졌던 권력 대부분은 새로운 황제에게 넘어갔다.

아우구스투스는 40여 년간 통치하며 수십 년 동안 간간이 발생했던 내전으로 인해 불안정하던 로마에 질서와 안정을 가져다주었다. 또한 군대를 개혁하고 우편제도를 설립했으며 중앙 유럽과 아프리카의 큰 부분을 로마제국으로 흡수했고, 영토를 가로질러 도로와 송수로를 건설했다.

아우구스투스가 죽고 난 후 그는 원로원에 의해 신격화되었고, 그의 양아들인 티베리우스가 뒤를 이어 황제에 즉위했다.

- 로마 황제 가운데는 아우구스투스를 칭호의 일부로 사용한 사람도 있고 개인 이름으로 사용한 사람도 있다. 476년에 폐위된 마지막 로마 황제의 이름도 로물루스 아우구스툴루스(Romulus Augustulus)였다.
- 옥타비아누스가 죽고 난 후 원로원은 그를 기리기 위해 섹스틸리스(Sextilis)라고 불리던 8월의 이름을 아우구스트(August)로 바꾸도록 표결했다. (7월은 카이사르를 기리기 위해 이미 줄라이(July)로 바뀐 상태였다.)
- 1961년, 미국의 시인인 로버트 프로스트는 존 F. 케네디 대통령의 취임을 기념하는 시에서 아우구스투스를 언급했다. 그는 새 대통령이 힘과 자부심의 '새로운 아우구스투스 시대'를 열어줄 것이라는 희망을 드러냈다.

072 TUE 철학자 히파티아

발명가이자 수학자, 철학자였던 히파티아(Hypatia, 370년경~415년)는 작품 활동이 매우 활발했던 고대 여성 작가이다. 기독교인 무리의 손에 끔찍하게 살해당하기 전까지 그녀는 이집트의 알렉산드리아에서 가장 중요한 시민이기도 했다.

유명한 수학 교사 테온의 딸이었던 히파티아는 거대한 도서관이 있고, 그리스어를 모국어로 사용하는 기독교인, 유대교인 그리고 이교도 학자들의 다양한 공동체가 자리한 알렉산드리아에서 자랐다. 히파티아는 수학 책과 천문학 책을 아버지와 공동으로 집필하면서 학자로서의 경력을 쌓기 시작했다. 그녀는 과학과 철학 강사로 실력을 발휘하며 인기를 끌었고 400년에는 알렉산드리아 철학 학교의 교장으로 임명되었다. 그녀는 명목상 비기독교도였지만, 히파티아의 학생 가운데는 향후 주교가 되는 두 사람을 비롯해 기독교도 학생도 여럿 있었다.

고학력 여성이 별로 없던 당시에 히파티아는 대단히 드문 인물이었다. 그녀는 직접 자기 마차를 몰았고, 남성 교직자의 옷차림을 했으며 그리스 세계 전역의 학자들과 서신을 주고받았다. 전해오는 이야기에 따르면 아스트롤라베(Astrolabe, 과거 천문 관측에 쓰이던 장치 – 옮긴이)를 발전시킨 것을 비롯해 몇 가지 과학기기를 발명했다고도 한다.

그러나 히파티아는 결국 알렉산드리아 종교분쟁의 희생양이 되었다. 고대 역사가에 따르면 알렉산드리아의 기독교인들은 총독과 주교 사이의 정치적 논쟁에서 그녀가 총독 편을 들었다고 의심했다. 주교는 그녀가 마녀라는 소문을 퍼뜨렸고, 어느 날 그녀의 마차가 거리를 지나는데 한 떼의 사람들이 다가와 그녀를 발가벗기고 잔인하게 살해한 후 토막 내기까지 했다. 그녀처럼 죽음을 맞을까 두려웠던 여러 학자가 도시를 떠났다. 버트런드 러셀은 "그 사건이 벌어진 후로 알렉산드리아는 더 이상 철학자들로 인해 괴롭힘을 당하지 않았다"라고 썼다. 히파티아가 죽음을 맞이했던 당시의 나이는 약 45세였다.

- 페미니스트 철학 저널의 제목인 〈히파티아〉는 이 고대 작가의 이름을 따서 붙여졌다.
- 히파티아를 살해한 사람들은 처벌받지 않았다. 알렉산드리아에서 그녀의 기독교 정적이었던 키릴로스 주교는 이후 성인으로 시성되었다.
- 히파티아에 관한 영화 〈아고라〉는 알레한드로 아메나바르 감독, 레이철 바이스 주연으로 2009년에 개봉했다.

073 WED 혁신가 프톨레마이오스

그리스의 천문학자, 수학자 그리고 지리학자였던 프톨레마이오스(Ptolemy, 100년경~170년)는 아마도 그가 저지른 가장 큰 실수로 세상에 알려진 인물일 것이다. 역사적인 천문학 논문《알마게스트》에서 태양과 별과 행성이 모두 지구 주위를 돈다고 주장했던 것이다. 그가 내린 이 결론은 16세기에 마침내 틀렸다고 입증되기 전까지, 1400년간 거의 모든 천문학자에게 받아들여졌다. 니콜라우스 코페르니쿠스가 지구가 태양 주변을 돈다고 증명하기 전까지 프톨레마이오스는 역사상 가장 위대한 천문학자이자 서양에서 우주에 관해 가장 권위 있는 전문가로 인정받았다.

프톨레마이오스는 이집트에서 태어나 생애 대부분을 로마 속주인 이집트의 수도 알렉산드리아에서 살았다. 로마에 점령당하기 이전에 이집트는 그리스의 통치를 받았기 때문에 프톨레마이오스도 고대 그리스어를 말하고 썼다. 그러나 그는 로마 시민이기도 했는데, 이는 속주의 비교적 소수 엘리트에게만 부여된 특권이었다.

120년대 들어 그는 자신의 천문학적 관찰을 기록하기 시작했고, 이 기록을 바탕으로《알마게스트》를 집필했다. 일식, 월식과 태양의 움직임을 연구한 로도스 출신의 천문학자 히파르코스를 비롯해 고대 천문학자들의 업적이 요약된《알마게스트》는 고대의 모든 천문학 지식이 편찬된 모음집이기도 했다. 150년에 이 논문이 완성된 이래로 수 세기 동안 천문학자와 점성술사가 일식, 월식을 예측하고 별점을 만드는 데 이용했다.

프톨레마이오스는 고대의 가장 정확한 지도 중 일부를 제작한 저명한 지도 제작자이기도 했다. 그는 경위도를 널리 이용한 최초의 지도 제작자였고, 최초로 지구의 둥근 모습을 반영한 지도를 제작하기도 했다. 천문학과 마찬가지로 프톨레마이오스의 지리학도 그가 죽은 후 수 세기 동안 과학적 지식의 정수로 꼽혔다.

- 프톨레마이오스가 지리학에서 이룬 성과, 즉 세계 지도와 지도 제작 안내서는 누구라도 자신만의 지도를 그릴 수 있도록 충분히 상세한 방향을 제시해주었다. 철두철미하게 지도를 만들기 위해, 그는 고대의 8000곳의 경위도를 나열했는데, 이는 현존하는 기록 가운데 고대도시와 장소명을 매우 완전하게 기록한 역사 문헌 가운데 하나로 꼽힌다.
- 다른 많은 고대 그리스 사상가와 마찬가지로 프톨레마이오스의 문헌도 중세의 아랍 학자들 덕분에 보존될 수 있었다. 사실 프톨레마이오스의 천문학 안내서의 영어판인《알마게스트》도 아랍어 제목에서 파생된 것이다.
- 프톨레마이오스는 태양을 비롯해 여섯 개의 행성만 존재한다고 믿었는데, 이 믿음은 그 후 1700년 동안 이어졌다. 가장 바깥쪽에 있는 천왕성과 해왕성은 각각 1781년과 1846년에 발견되었다.

074 THU 악당 알라리크

서고트 왕국의 왕인 알라리크(Alaric, 370년경~410년)는 410년에 로마의 약탈을 이끈 인물이다. 서양 역사상 획기적인 이 사건은 로마제국의 임박한 종말을 알리는 신호탄이 되었다. 고트족의 점령이 불과 6일 만에 끝났고 로마의 주요 건물도 보존되는 등 고대치고는 그 약탈의 정도가 심하지 않았지만, 이는 한때 막강했던 제국이 얼마나 약해졌는지를 보여주는 사건이었다. 고트족은 2세기에 로마제국의 주변부를 습격하기 시작한 게르만 민족이다.

그들은 4세기에 접어들어 동고트와 서고트로 나뉘었고, 395년에는 한때 로마의 용병이었던 알라리크가 서고트의 왕으로 선출되었다. 왕위에 오른 후 알라리크는 피레우스, 코린트, 아르고스, 스파르타를 비롯한 그리스의 로마 정착지를 침략하는 2년간의 군사 원정을 이끌었고, 그중 스파르타를 평정했다. 397년에 동로마제국의 황제가 뇌물을 건네 서고트와 평화 협정을 맺으면서, 알라리크는 서로마제국으로 관심을 돌리기 시작했다.

401년 처음으로 이탈리아를 점령한 알라리크는 두 차례에 걸친 전투에서 로마군에 패했다. 그러다 408년 마침내 로마의 성벽에 도달한 그는 로마를 세 번 포위한 끝에 410년 8월 24일 로마를 점령했다. 로마가 외국 군대의 손에 들어간 것은 800년 만에 처음 있는 일이었다. 고트족이 승리했다는 너무나 충격적인 소식이 고대 세계에 퍼져나갔다. 역사가인 에드워드 기번이《로마제국 쇠망사》에 적은 대로 "이 끔찍한 로마의 재앙은 놀란 로마제국을 슬픔과 두려움으로 가득 채웠다". 그것은 앞으로 닥칠 일에 대한 맛보기에 불과했다. 그로부터 불과 50여 년 만에 서로마제국은 패망했다.

로마를 약탈한 이후 알라리크는 군대를 이끌고 북쪽으로 향했다. 그리고 얼마 지나지 않아 이탈리아에서 숨을 거뒀다.

- 알라리크의 군대는 1921년까지 파괴되지 않았던 성벽 문인 포르타 살라리아(Porta Salaria)를 통해 로마로 침투했다.
- 로마제국의 수도가 약탈되었다는 소식은 많은 로마인에게 굉장한 충격을 안겨주었다. 아프리카에 살고 있던 로마 작가인 아우구스티누스 성인은 종교가 제국의 정치적 분쟁을 위로해줄 것이라 말하는 기독교 신학사상 유명한 책《신국》을 저술하는 것으로 화답했다.
- 기번에 따르면, 알라리크 사망 이후 고트족은 부센토강의 흐름을 바꾸고 강바닥에 알라리크를 매장한 후 그의 무덤이 있는 곳을 숨기기 위해 다시 강이 흐르게 했다고 한다.

075 FRI 예술가 무라사키 시키부

무라사키 시키부(紫式部, 978년경~1014년경)는 일본의 시인이자 소설가, 일기 작가로《겐지 이야기》라는 최초의 장편소설을 저술하였다. 1008년에 출간된 것으로 추정되는 이 책은 출간 1000주년이 되는 2008년에 세계 문학과 일본어 역사에 한 획을 그은 작품으로 인정되면서 새롭게 부상했다.

일본의 수도였던 교토에서 귀족 가문의 딸로 태어난 이 작가는 황비의 시녀가 되었다. 무라사키는 고위 관리였던 아버지로부터 당시 일본 여성으로서는 드물게 다방면으로 교육을 받았다. 그녀는 1001년에 남편인 후지와라 노부타카가 사망한 후부터 소설을 쓰기 시작한 것으로 추정된다.

《겐지 이야기》는 황제의 아들인 겐지와 그가 했던 여러 연애에 관한 이야기를 담고 있다. 이 책에는 일본의 각기 다른 지역을 배경으로 수십 년간 수백 명의 인물이 등장한다. 책에서는 예컨대 절정에 달했다가 파국으로 끝나는 것처럼 일반적 소설이 갖는 여러 특징을 찾아볼 수 없고, 무라사키가 사용한 정중한 고대 표현 때문에 현대 일본인이 이해하기에는 어려움이 있다. 게다가 그녀가 소설을 쓰던 당시에는 다른 사람의 이름을 부르는 것이 모욕으로 여겨졌고, 그로 인해 무라사키도 제대로 된 이름을 사용하지 않았기 때문에, 독자들은 더욱 혼란을 느낄 수밖에 없다. (작가의 본명 또한 알 수가 없다. 무라사키 시키부는 별명일 뿐이다.)

무라사키는《겐지 이야기》뿐만 아니라 수십 편의 시와 일기 한 권을 남겼는데, 이는 794년경에서 1185년경에 이르는 일본 헤이안 시대의 일상생활과 관습에 관해 중대한 역사적 기록을 제공한다. 그녀의 일기는 1010년경에 중단되었고 무라사키는 그로부터 4년 후에 사망했다.

- 《겐지 이야기》의 1000주년을 기념하기 위해 교토대학교의 과학자들이 무라사키 소설의 일부분을 암송하는 로봇을 발명했다.
- 1935년에 아서 웨일리가 이 소설을 영어로 번역했다.
- 이 책에는 800편에 달하는 시가 포함되어 있는데, 이 시는 낭독할 목적으로 쓰였다.

076 SAT 개혁가 제노비아

117년경 로마제국은 서쪽으로 모로코에서 동쪽으로 페르시아까지 영토를 넓히면서 역사상 가장 큰 규모를 자랑하고 있었다. 팍스 로마나 아래서 이 광대한 제국의 백성은 오랫동안 비교적 안정적이고 번영하는 시기를 보냈다. 그러나 2세기 이후 여러 차례의 내전과 반란이 발생하면서 평화가 깨지기 시작했다. 그중에서 로마 속주인 팔미라의 여왕이었던 제노비아(Zenobia, 240년경~274년경)가 이끈 반란은 유명하다. 그녀는 269년에 자기 나라의 독립을 선언했고 그 후로 5년간 로마에 맞서 전쟁을 벌였다. 제노비아의 반란은 결국 아우렐리아누스에 의해 진압되었고 생포된 여왕은 금 사슬에 묶여 로마 거리에서 끌려다녀야 했다. 그러나 그 반란은 로마제국의 권위가 불안정한 상태임을 극적으로 드러내주었다. 그로부터 2세기가 지나기 전에 로마제국이 완전히 붕괴되었기 때문이다.

지금의 시리아에 해당하는 팔미라에서 태어난 제노비아는 258년에 팔미라의 왕인 셉티미우스 오대나투스와 결혼했다. 267년경에 오대나투스가 암살당한 후 그녀가 왕위를 물려받았는데, 그의 암살 모의에 제노비아도 가담했을 것으로 추정된다. 그리스 고전에 대한 고등교육을 받은 제노비아는 세 가지 언어를 구사했고 열정적인 사냥꾼이었다. 로마 작가들은 제노비아를 눈에 띄게 '남자다운' 모습으로 묘사했다. 그녀는 말을 타고 전쟁터로 나갔으며 병사들과 함께 사막을 가로질렀다. (기번에 따르면 그녀는 "후손을 위해서가 아니라면 한 번도 남편의 품을 원하지 않았다"라고 한다.) 269년에 그녀는 로마의 속주인 이집트를 점령했고 로마 총독을 참수했다. 시리아와 이집트를 되찾겠다고 결심한 아우렐리아누스 황제는 272년에 제노비아에 맞서는 반격에 착수했고, 결국 에메사라는 도시에서 그녀를 궁지로 몰아넣었다. 그녀는 아라비아 낙타인 단봉낙타를 타고 도망치려고 했으나 결국 생포되고 말았다.

그녀의 지지자 중 다수는 처형됐지만, 제노비아는 일반적인 반역자의 운명을 겪지 않았다. 그녀의 용맹함에 깊은 인상을 받은 아우렐리아누스 황제는 그녀에게 로마 근처 티볼리에 있는 저택을 하사했고, 그녀는 그곳에서 여생을 보냈다.

- 제노비아는 제프리 초서가 쓴 《캔터베리 이야기》 중 하나인 〈수도사의 이야기〉에 등장한다.
- 고대에서 가장 큰 도시에 속한 팔미라는 제노비아의 반란에 대한 보복으로 사실상 파괴되었다. 그나마 얼마 남지 않은 유적도 1089년 지진 이후 대부분 사라졌다. 팔미라의 유적은 1980년에 유네스코 세계문화유산으로 지정되었다.

077 SUN 선지자 아리우스

1553년, 스위스 제네바에서 저명한 스페인 의사 미카엘 세르베투스가 이단으로 화형에 처해졌다. 제네바 당국이 붙인 그의 죄목은 성 삼위일체의 존재를 부인하는 '아리우스주의 범죄'를 저질렀다는 것이었다. 이집트 신학자인 아리우스(Arius, 250년~336년)가 죽은 지 1200년 이상이 지난 후에도 비기독교인들이 아리우스주의를 따른다는 이유로 처형되었다는 사실은 반체제적인 사제의 사상이 그만큼 강력했음을 보여주는 증거인지도 모른다.

이집트의 알렉산드리아 출신인 아리우스는 오늘날의 터키에 해당하는 안티오크라는 도시에서 교육을 받았다. 그는 초기 기독교의 주요 지적 중심지인 자신의 고향으로 돌아갔고 306년에 부제(deacon)가 되었다. 311년에 그는 처음으로 제명되었지만 몇 년 후에 교회의 사면을 받았다. 아리우스주의 논쟁은 318년 아리우스와 지역 주교가 신과 예수 그리스도 사이의 관계에 대한 논쟁에 얽히면서 극대화되었다.

대부분의 기독교인과 마찬가지로 주교는 신이 성부와 성자와 성령의 세 가지 형태로 존재한다고 믿었다. 그에 반해 아리우스는 삼위일체 개념에 의문을 제기했다. 아리우스는 특히 시리아에서 수백 명의 주요 추종자를 끌어모았고, 이 분립으로 인해 325년에 교회가 기독교 역사상 최초의 공의회인 제1차 니케아 공의회를 소집할 정도로 위기가 고조되었다. 패배한 아리우스는 그의 추종자들과 함께 추방되었다. 이후 그는 콘스탄티노플로 돌아왔고 그곳에서 독살되었는데 아마도 그의 반대파들에 의해 살해되었을 것으로 추정된다.

381년에 콘스탄티노플 인근 도시인 니케아에서 다시 회의가 열렸다. 이 회의에서는 수백 명의 주교가 삼위일체 개념을 공식적으로 지지하고 니케아 신경을 작성했다. 이는 공식적인 기독교 교리를 나타내는 기본적인 성명서로, 기독교의 주요 교리를 표준화하기 위한 최초의 노력이었다. (이 모임에서 그 유명한 "한 분이신 하느님을 저는 믿나이다. 전능하신 아버지, 하늘과 땅과 유형무형한 만물의 창조주를 믿나이다"라는 신조가 작성되었다.)

- 니케아에서는 300명의 대표 중 오직 두 명의 이집트 주교만이 아리우스를 지지했다. 투표 후에 아리우스와 두 명의 주교는 발칸반도에 있는 로마 속주인 일리리쿰으로 추방되었다.
- 기독교 예배에서 종교적 성화의 역할이 적절한지에 대해 논쟁이 가열되어, 787년에 제2차 니케아 공의회가 열렸다. 공의회는 교회에서 성화가 제거되기를 원하는 우상 파괴자에 맞서 성화 사용을 지지했다.

READ ☐

078 MON 리더 하드리아누스

푸블리우스 아일리우스 트라야누스 하드리아누스(Publius Aelius Trajanus Hadrianus, 76년~138년)는 고대 로마 역사상 매우 성공한 황제였다. 21년간 이어진 그의 통치 기간에 로마제국이 지리적으로 가장 컸고, 군사 역량이 최고조에 달했으며, 비교적 평화롭고 번성했다. 하드리아누스는 또한 예술을 후원하여 로마의 판테온을 재건했다.

로마 속주인 스페인에서 태어난 하드리아누스는 원로원의 아들이었다. 85년 하드리아누스가 불과 열 살 때 그의 아버지가 사망하는 바람에 그는 후에 트라야누스 황제가 될 사람에게서 길러졌다. 하드리아누스는 다양한 제국의 지위를 가지고 있었으며 독일과 시리아, 다키아(오늘날의 루마니아)에서 전쟁에 참전했다. 그리고 트라야누스 황제의 유서에 따라 계승자로 지목되었다.

속주에서 싸웠던 경험은 하드리아누스에게 제국의 약점이 무엇인지 직접 살펴볼 수 있는 기회로 작용했다. 황제가 된 후 그는 방어할 수 없다고 생각되는 영토는 포기하고 나머지 지역을 보호하기 위한 요새를 구축하는 새로운 계획에 착수했다. 북영국을 가로지르는 석조 요새인 하드리아누스의 방벽은 그가 실시한 유명한 업적 가운데 하나다.

로마에서는 화재로 소실된 사원을 대신하기 위해 판테온의 재건을 후원했다. 그 후로 거대한 돔 모양의 판테온은 계속해서 사용되었고, 워싱턴에 있는 제퍼슨 기념관을 비롯한 여러 건축물에 영감을 제공했다. 하드리아누스는 또한 로마제국에 살고 있던 비로마인들에게도 관용을 베풀었으며 그리스 문화를 옹호하기도 했다.

하드리아누스가 통치하던 기간은 대부분 평화로웠다. 그러나 그는 135년에 유대인 반란을 제압하며 수십만 명의 유대인을 죽인 폭군으로 기억되기도 한다. 하드리아누스는 138년에 사망했으며 그의 양아들인 안토니우스 피우스가 그의 뒤를 이었다.

- 수 세기가 지나면서 경계선이 조금 바뀌긴 했지만 하드리아누스의 방벽 대부분은 오늘날 영국과 스코틀랜드를 나누는 경계선에서 몇 킬로미터 떨어진 곳에 위치한다.
- 하드리아누스는 산악 등반가이기도 해서 로마제국에서 가장 잘 알려진, 시칠리아에 있는 에트나산과 시리아에 있는 자발 아크라산 두 곳을 등반했다.
- 어린 시절 하드리아누스는 그리스 문학을 좋아한다는 이유로 그래큘러스(Graeculus, 꼬마 그리스인)라는 별명으로 불렸다.

079 TUE 철학자 보이티우스

세베리누스 보이티우스(Severinus Boethius, 476년경~524년경)는 불과 마흔 살의 나이에 이미 이탈리아에서 매우 존경받고 힘 있는 인물로 손꼽힐 만큼 대단한 사람이었다. 성공한 학자였던 그는 여러 고대 그리스 철학자의 저서를 라틴어로 번역했고, 정치적으로는 로마 학자들에게 자주 자문을 구하던 테오도리쿠스 대왕(King Theodoric, 454년경~526년)의 후원을 받았다.

그러나 523년에 이 철학자의 운명은 극적으로 변했다. 그는 반역죄로 체포되어 재판에도 회부되지 않고 사형 선고를 받았으며 북부 이탈리아에 있는 감옥에 던져져 죽기를 기다리는 신세로 전락했다. 이처럼 잔인한 운명의 변화는 보이티우스가 죽음을 기다리면서 썼던 역사적인 저서《철학의 위안》의 중심 주제가 되었다. 신과 인간의 덕 그리고 운명에 관한 논문인 이 책은 서기 첫 1000년 동안 가장 유명한 철학서였다.

보이티우스는 로마제국이 몰락한 지 얼마 되지 않은 476년에 로마에서 태어났다. 어린 시절 부모를 여의긴 했어도 그는 그리스 고전에 관해 폭넓은 교육을 받았다. 영향력 있는 로마 가문의 일원이었던 그는 로마제국을 무너뜨리고 이탈리아를 통치하던 게르만 민족인 동고트족을 위해 일했다. 체포되기 전까지 보이티우스의 주된 학문적 활동은 플라톤의 고대 철학서를 번역하는 것이었다. 보이티우스는 로마제국의 몰락과 기독교의 우세로 유럽에서 시들해져가던 고전 철학에 전념하는 모습을 보여 최후의 로마인으로 불렸다. 그는 또한 음악 이론, 신학, 수학에 관한 책도 저술했다.

보이티우스가 황제의 신임을 얻고 난 후, 테오도리쿠스 대왕은 그를 시민 사업 책임자라는 막강한 자리에 앉혔다. 그러나 보이티우스의 반대파들이 그가 황제를 폐위하려는 음모를 꾸미고 있다고 테오도리쿠스 황제를 설득하면서 체포되고 말았다.《철학의 위안》에서 가장 유명한 이미지는 보이티우스의 '운명의 수레바퀴(Wheel of Fortune)'라는 개념이다. 그는 모든 사람이 운명의 변덕스러움에 지배를 받는데, 이를 돌아가는 바퀴에 비유했다. 어떤 이는 부와 행복을 받게 될 것이고 다른 이는 재앙을 받게 된다는 것이었다. 보이티우스가 처형된 후 그의 책은 기독교 세계에서 가장 많이 읽힌 비종교 서적으로서 여러 세대에 걸쳐 많은 유럽인에게 영향을 주었다.

- 보이티우스는 플라톤과 아리스토텔레스의 저서 번역을 끝내기를 바랐으나 투옥되는 바람에 마무리하지 못했다.
- 12세기에 유럽인들이 고대 그리스 작가들을 재발견하기 전까지, 그의 번역서가 서양 세계에서 찾아볼 수 있는 아리스토텔레스 저서에 대한 유일한 라틴어 번역본이었다.

080 WED 혁신가 갈레노스

157년, 오늘날의 터키에 해당하는 로마제국의 전초기지였던 페르가몬의 한 젊은 의사가 검투사들을 치료하는 의사라는 명망 있는 직업을 갖게 되었다. 로마제국에서 검투사들의 전투는 특히 잔혹했기 때문에 의사에게는 인간의 해부학적 구조를 가까이에서 연구할 수 있는 기회였다. 이 젊은 의사 갈레노스(Galen, 129년~216년경)는 경기장에서의 섬뜩한 경험을 근거로 사람의 신체에 관한 수백 권의 의학 논문을 저술했다. 그는 생전에는 물론이고 죽고 난 후 1000년이 넘도록 서양 문화권에서 해부학과 의학 분야의 최고 권위자로 인정받았다.

페르가몬에서 성공한 건축가인 니콘의 아들로 태어난 갈레노스는 그리스의 아스클레피오스 신이 니콘의 꿈에 나타나 아들을 의사로 키우라고 명령한 이후, 약 열다섯 살 때 의학 수련학교에 입학했다. 젊은 의사였던 갈레노스는 그리스어를 사용하는 로마제국의 속주를 두루 다니고 난 후 페르가몬으로 돌아와 검투사를 치료하게 되었다. 그는 그곳에서 4년간 머물다가 로마로 이주했다. 그러나 성공적으로 자리를 잡지 못하는 바람에, 결국 166년에 페르가몬으로 되돌아왔다. 3년 후 전염병이 창궐하자 로마로 다시 불려간 그는 그 후로 그곳에서 남은 생애를 보냈다. 그는 몇몇 황제의 주치의로 일했고, 이탈리아에서 벌어진 군사작전에 황제들과 동행하기도 했다.

인간의 신체를 더욱 잘 이해하기 위해 갈레노스는 돼지와 원숭이를 해부하기도 했다. 그러나 사람의 시체에 대한 부검은 불법이었기 때문에 인간의 해부학에 대해서는 경험을 근거로 추측을 할 수밖에 없었다. 르네상스 과학자들에 의해 그의 이론이 틀렸음이 입증되기 전까지, 갈레노스는 인간의 해부학에 관한 최고의 권위자로 널리 인정되었다.

- 갈레노스는 생전에 300여 권의 책을 저술한 것으로 알려져 있다. 첫 번째 저서인 《크리시포스의 삼단논법 연구에 관한 세 가지 해설》은 열세 살 때 완성했다.
- 191년경에 로마에서 발생한 평화의 사원 화재로 갈레노스의 도서관 대부분이 파괴되었으며 그와 더불어 유일하게 남아 있던 그의 저서도 함께 소실되었다. 그러나 그는 "어떤 상실도 나에게 슬픔을 가져다줄 수 없다"면서 괴로워하지 않았다고 한다.
- 갈레노스는 마르쿠스 아우렐리우스, 미쳐서 암살당하는 그의 아들 콤모두스, 그의 계승자인 셉티미우스 세베루스, 이렇게 세 로마 황제의 주치의였다.

081 THU 악당 훈족 아틸라

훈족의 아틸라(Attila the Hun, 406년경~453년) 왕은 로마제국 전역에서 두려움의 대상이었고, 그로 인해 '하느님의 매(Flagellum Dei)'라는 별명으로까지 불렸다. 중앙아시아와 유럽 대부분을 제압했던 그의 기마병은 프랑스까지 점령하려 했으나 결국 패하고 말았다. 아틸라가 가장 유명하긴 하지만, 4세기와 5세기에 부패한 로마제국을 공격한 부족 지도자는 많았다. 서로마제국은 아틸라가 죽고 불과 몇십 년 후인 476년에 무너졌다. 그러나 영토가 대폭 축소된 동로마제국은 그 후로도 몇천 년 동안 살아남았다.

아틸라와 그의 형제인 블레다는 중앙유럽에서 태어나 434년에 삼촌에게 훈족의 왕위를 물려받았다. 처음에는 형제가 공동 왕으로 훈족을 통치했으나 445년에 아틸라가 블레다를 살해했다. 훈 제국의 수도는 아마도 지금의 루마니아에 해당하는 곳이었을 것으로 추정된다. 아틸라가 통치권을 차지했던 당시 이미 카스피해에서 발트해에 이르는 곳까지 영토를 확장한 상태였다. 그는 동로마제국으로부터 엄청난 공물을 뜯어냈고 로마가 공물을 중단하자 오늘날의 베오그라드와 소피아를 비롯한 여러 도시를 휩쓸어버렸다.

451년에는 서쪽으로 진출하여 서로마제국의 속주였던 갈리아를 침략했다. 그는 카탈라우눔 전투에서 로마군과 마주쳤는데, 이 전투에서 유일하게 패배했다. 그 후 그의 군대는 이탈리아를 점령했고 밀라노와 베로나, 파도바를 비롯한 여러 도시를 약탈했다.

전설에 따르면 아틸라는 453년에 결혼을 했는데, 그날 밤 코피로 인해 사망했다고 한다. 지도자를 잃은 훈 제국은 얼마 지나지 않아 무너져버리고 말았다.

- 아틸라는 평화를 유지하는 조건으로 매년 동로마제국에 2100파운드의 금을 요구했다.
- 무덤을 파서 아틸라를 묻은 일꾼들은 그 장소의 누설을 막기 위해 죽임을 당했을 것으로 추정된다.
- 제1차 세계 대전이 벌어지는 동안 훈이라는 용어가 연합군 측 선전에서 독일군을 나타내는 별칭으로 사용되기도 했다. 그러나 현재의 독일과 훈족 사이에는 어떤 역사적 연관성도 없다.

082 FRI 예술가 오마르 하이얌

《루바이야트》의 저자인 오마르 하이얌(Omar Khayyam, 1048년~1131년)은 페르시아의 시인이자 수학자, 천문학자였다. 그는 대부분 생전에 이룬 과학적 업적 덕에 유명해졌지만 그의 대작 시들이 19세기에 재발견되면서 이제는 중세 이슬람 문학의 대가로도 인정받고 있다.《루바이야트》는 종교와 자연, 사랑에 관한 500여 개의 4행시로 이루어져 있다. 이 시집은 대부분 인생을 최대한 즐기라는 메시지를 전한다. "살아 있는 동안 마셔라! 한번 죽으면, 절대 돌아올 수 없으니."

하이얌은 오늘날 이란의 북동부에 위치한 니샤푸르라는 페르시아의 한 도시에서 태어났다. 그의 이름은 '천막 제작자'라는 뜻인데, 그의 가족이 그 일에 종사했던 것으로 여겨진다. 그는 철학을 공부했으며, 저명한 수학자가 되었고, 1070년에는 영향력 있는 논문인《대수학 문제에 관한 논증》을 저술하기도 했다. 술탄이 그를 궁궐 천문학자로 임명하면서 그는 1년의 길이를 계산하고 페르시아 달력을 개량하는 역할을 맡았다.《루바이야트》는 영국 학자인 에드워드 피츠제럴드가 재발견하면서 서양에서 유명세를 타게 되었다. 하이얌은 다음 두 구절로 최대한 만족스러운 인생을 살아서 죽음이 다가왔을 때를 대비하되, 긴 안목에서 인생의 무의미함도 잊지 말 것을 당부했다.

> 그러니 더 어두운 음료를 든 천사가 / 마침내 강둑에 있는 당신을 찾아와 / 컵을 내밀며 마시라고 하면서 영혼을 초대하면 / 입술을 대고 들이켜라 – 두려워하지 마라…
> 베일 뒤에 있는 당신과 내가 과거가 되면 / 오, 세상은 오래오래 지속되겠지만 / 우리의 오고 감 중에 어떤 것이 귀를 기울일까 / 바다가 조약돌 던져지는 소리에 귀 기울이는 것만큼이나.

그는 독실한 이슬람교도로 성장했지만 후에 하이얌의 종교적 관점은 공격을 받았고, 믿음이 없는 사람이라는 의심을 샀다. (그는 4행시를 통해 자신의 쓰라린 고통을 드러냈다.) 그는 83세에 니샤푸르에서 생을 마감했다.

- 미국의 빌 클린턴 전 대통령은 모니카 르윈스키와의 스캔들에 대한 용서를 구하는 성명을 발표하면서《루바이야트》에서 발췌한 4행시를 읊었다.
- 에스파한에서 천문학자로 일하던 하이얌은 1년의 길이가 365.24219858156일이라고 계산했다. 이는 당시 가장 정확한 추정치였다.

083 SAT 개혁가 윌리엄 월리스

영화 〈브레이브하트〉의 실존 모델인 윌리엄 월리스(William Wallace, 1270년경~1305년)는 잉글랜드에 대항해 반란군을 이끌었던 스코틀랜드의 기사다. 생포되기 전에 월리스는 스털링다리 전투에서 믿기 힘든 승전보를 울렸는데, 이로 인해 지금까지도 스코틀랜드에서 영웅으로 기억되고 있다. 멜 깁슨이 감독한 〈브레이브하트〉는 월리스가 죽고 나서 수백 년이 지난 후에 쓰여 정확하지 않다고 추정되는 한 서사시를 바탕으로 만들어졌다.

잉글랜드와 스코틀랜드 사이의 갈등은 스코틀랜드 왕인 알렉산더 3세가 죽으면서 시작되었다. 알렉산더 왕에게는 후손이 없었던 터라 네 살배기 노르웨이 공주인 마거릿이 왕위를 물려받게 되었지만, 스코틀랜드로 오는 길에 그만 사망하고 말았다. 당시 잉글랜드 왕이었던 에드워드 1세는 스코틀랜드의 권력 공백을 기회로 삼아 잉글랜드보다 작은 이웃을 통치하겠다고 주장했다. 그러나 잉글랜드가 스코틀랜드를 차지하기까지는 50년도 넘는 세월이 걸렸다. 전설에 따르면 월리스가 잡은 물고기를 잉글랜드 병사들이 훔치려 했던 사건이 잉글랜드에 대한 월리스의 적대감에 불을 붙였다고 한다. 어떤 이유로 원한을 품게 되었는지는 알 수 없으나 월리스는 잉글랜드의 통치에 저항하는 최초의 중심인물로 인기를 얻었다. 그는 1297년에 군사를 일으켰고 그해 9월 스털링다리 전투에서 승리함으로써 기사 작위와 스코틀랜드의 수호자(Guardian of Scotland)라는 칭호를 받았다.

스털링다리 전투에서의 승리와 월리스의 잇따른 잉글랜드 북부 지역 습격에 에드워드 1세는 분노했다. 그다음 해에 에드워드 1세는 직접 잉글랜드 군대를 이끌고 월리스와 전투를 벌인 끝에 폴커크 전투에서 승리했다. 패한 월리스는 스코틀랜드 외교사절로 프랑스로 보내졌다가 1303년 스코틀랜드로 돌아왔으나 1305년에 잉글랜드에 생포된 후 처형당했다. 1357년에 이르러서야 잉글랜드는 비로소 스코틀랜드를 완전히 차지할 수 있었다. 그러나 1707년 대영제국으로 한 나라가 되기 전까지 잉글랜드와 스코틀랜드는 공식적으로 합쳐지지 않았다.

- 19세기에 월리스를 기념하기 위한 거대한 사암 기념비가 스털링다리 전투가 벌어졌던 곳 근처에 세워졌다. 이 기념비에는 월리스가 가지고 다녔다고 전해지는 월리스의 검(Wallace Sword)이 세워져 있는데, 진위 여부에 대해서는 의견이 분분하다.

084 SUN 선지자 아우구스티누스

가톨릭 신자였던 어머니와 이교도 아버지 사이에서 태어난 성 아우구스티누스(Augustinus, 354년~430년)는 30대 초반이 되어서야 기독교를 수용했는데, 개종 후 주교의 자리에까지 올랐고 교회 역사상 가장 영향력 있는 신학자가 되었다.

아우구스티누스 성인의 유명한 자서전인《고백》에 따르면, 그는 오늘날 알제리에 해당하는 로마 속주 북아프리카의 타가스테라는 도시에서 태어났다. 그는 청소년기에 카르타주로 이주했고,《고백》에서 밝힌 것처럼, 얼마 지나지 않아 "사악함과 육욕의 타락"인 성(性)과 술, 절도에 굴복했다. 그러나 머지않아 욕정과 방탕이, 그가 인생의 의미에 대한 "숨겨진 갈망"이라고 표현한 것을 채워주지 못한다는 사실을 발견했다. 그리고 먼저 마니교로 개종했으나 환멸을 느꼈다. 기독교에 호기심을 느낀 그는 이탈리아의 밀라노에서 수사학 교사직을 맡게 되었고, 그곳에서 주요 가톨릭 사상가들과 밀접한 관계를 맺기 시작했다. 그럼에도 기독교를 받아들이고 자신의 과거를 포기하기까지는 수년이 걸렸고, 386년에 마침내 기독교로 개종했다.

아프리카로 돌아간 그는 지중해 해안에 있는 히포 레기우스의 주교가 됐다. 히포에서 그는《고백》과, 기독교 신앙에 대한 입문서인《신국》을 비롯해 가장 영향력 있는 저서를 집필했다. 아우구스티누스의 글은 세례와 원죄, 정전을 비롯해 다양한 주제에 관한 가톨릭 교리를 정하는 데 도움을 주었다. 그는 또한 플라톤, 아리스토텔레스와 기독교 복음을 조화롭게 만드는 논문을 집필함으로써 고대 철학과 기독교 사이의 간극을 이어주려 노력했다. 젊은 시절의 경험으로 아우구스티누스는 성과 여성에 대해서도 완전히 등을 돌리게 되었다.

역사적 의미에서 아우구스티누스 성인의 글은 한때 불법이었다가 로마의 국교로 등극한 기독교 사상이 점점 정교해지는 모습을 반영했다고 할 수 있다. 사실 그의 운명은 로마의 몰락과도 밀접하게 얽혔다. 그는 430년 히포가 포위되는 동안 사망했는데, 그로부터 얼마 지나지 않아 로마의 전초기지였던 히포 또한 반달족에 의해 함락되었다.

- 기독교로 개종하기 전의 난잡한 생활방식 때문에 아우구스티누스 성인은 양조업자의 수호성인으로 여겨진다. 그의 축일은 8월 28일이다.
- 히포 레기우스는 오늘날 알제리의 지중해 해안가에 있는 안나바라는 대도시로 알려져 있다.
- 아우구스티누스 성인은 바티칸이 인정한 33인의 교회 박사 중 한 명이다.

085 MON 리더 콘스탄티누스

콘스탄티누스 1세(Constantinus I, 272년경~337년)는 수 세기 동안 이어진 기독교 박해를 끝내고 로마제국에서 기독교를 합법화하여 한때 불법이었던 신앙이 유럽의 주요 종교가 될 수 있는 길을 터주었다.

콘스탄티누스는 당시 니시라고 알려진 로마의 속주, 세르비아에서 태어났다. 디오클레티아누스 황제의 재위 시절, 로마제국은 네 명의 공동 통치자가 통치했는데 그중에는 콘스탄티누스의 아버지인 콘스탄티우스 클로루스도 있었다. 그가 스코틀랜드와의 전투에서 사망하자 콘스탄티누스는 아버지의 지위를 물려받았다. 공동 통치자들 사이의 긴장감은 디오클레티아누스 황제가 물러난 305년과, 콘스탄티누스가 마지막 경쟁자를 물리치고 로마제국 전체에 대한 통치권을 강화했던 325년 사이에 전쟁과 반란을 낳았다. 콘스탄티누스는 330년에 로마제국의 수도를 비잔틴의 도시로 이전했고 수도명을 콘스탄티노플이라고 지었다.

콘스탄티누스는 313년에 밀라노 칙령을 발표해 기독교인에게 종교의 자유와 사유재산 소유를 허락했다. 콘스탄티누스 자신도 밀비아다리 전투 직전에 하늘에서 십자가를 보았다면서 기독교로 개종한 지 1년이 지난 상태였다. 밀비아다리 전투에서 이룬 승리는 내전에 전환점을 가져다주었다. 밀라노 칙령으로 불과 몇 년 전만 해도 대대적으로 기독교를 박해하던 로마 정책에 급작스러운 변화가 생겼다. 그러나 새로운 신앙을 가졌음에도 콘스탄티누스는 무자비한 리더십을 이어갔다. 326년에 발생한 유명한 사건에 의하면, 그는 아들에게 독을 먹여 처형하고 아내는 뜨거운 스팀 목욕탕에 가둬 살해했다고 한다. (황제가 그들을 죽인 정확한 이유에 대해서는 의견이 분분하다.) 콘스탄티누스가 337년에 사망하면서 로마를 기독교 국가로 만든 것이 그의 업적이 되었다.

- 콘스탄티누스가 결정적인 승리를 이루고 십자가를 봤다고 하는 밀비아다리는 지금도 로마 북쪽에 그대로 남겨져 있다. 기원전 1세기에 건설된 이 아치형 석조 다리는 현존하는 같은 부류의 구조물 중 가장 오래된 것이다.
- 일반적으로 콘스탄티노플이라고 불리던 도시명은 1453년에 비잔틴 제국이 붕괴된 이후로 더 이상 사용되지 않았고 1930년에 이르러 이 도시에는 이스탄불이라는 공식적인 이름이 붙여졌다. 그러나 1923년에 터키의 수도가 앙카라로 옮겨지면서 1500년 동안 세계의 수도 역할을 했던 이스탄불의 역사도 막을 내리게 되었다.
- 합법화 이후 기독교는 널리 퍼져나갔고 결국 로마제국의 지배적인 종교가 되었다. 기독교는 380년에 로마의 국교가 되었고, 추종자들이 박해받은 지 채 100년도 되기 전인 392년에는 유일하게 허용되는 종교가 되었다.

086 TUE 철학자 안셀무스

중세 신학자이자 철학자, 교회 지도자인 캔터베리의 안셀무스 성인(Saint Anselm of Canterbury, 1033년~1109년)은 11세기 중요한 사상가이다. 그는 연역법을 사용해 하느님의 존재를 증명하고자 했다.

안셀무스는 알프스산맥에 자리한 이탈리아 북부의 아오스타에서 부유한 가족의 아들로 태어났다. 스물여섯 살 때 아오스타를 떠나 프랑스로 향한 그는 1059년에 노르망디에 도착했다. 1060년에 벡의 베네딕트 수도원에 수련수사로 들어갔고, 지성을 인정받아 1078년에 수도원장이 되기에 이르렀다. 벡의 수도원장 두 명이 연이어 영국 기독교에서 가장 높은 지위에 해당하는 캔터베리 주교로 임명되었는데 그중 한 명인 안셀무스는 1093년에 주교로 임명되었다. 그러나 얼마 지나지 않아 그는 잉글랜드 국왕인 윌리엄 2세와 논쟁에 휘말렸고 1097년에서 1100년까지 잉글랜드에서 추방되었다. 그러나 같은 해 윌리엄 2세가 이해할 수 없는 상황에서 죽음을 맞이했고 그의 뒤를 이은 헨리 1세 국왕은 안셀무스가 잉글랜드로 돌아오는 것을 허락했다. 그러나 새 국왕과도 다퉜던 안셀무스는 다시 몇 년간 잉글랜드에서 추방되었다.

1070년대부터 안셀무스는 철학과 신학 논쟁에 관해 막대한 양의 글을 저술하기 시작했다. 1077년에는 하느님의 존재를 증명하는 내용이 포함된《모노로기움》을 저술했다. 그 유명한 논증에서 안셀무스는 먼저 하느님을 "더 위대한 것이 상상될 수 없는 무엇"이라고 정의했다. 다시 말해서 하느님은 인간이 상상하거나 이해할 수 있는 가장 위대한 존재라는 것이다. 그리고 실제적인 존재가 마음속에 있는 존재보다 우월하기 때문에 하느님이 상상될 수 있는 존재라면 반드시 현실에서도 존재해야 한다고 했다. 하느님은 존재하는 것 중 가장 위대한 존재이기 때문에 마음속에만 존재한다면 상상될 수 있는 것 중에 가장 위대하기 때문이다.

이런 존재론적인 주장은 (존재론은 존재의 본질을 연구하는 철학파이다) 토마스 아퀴나스 같은 철학자를 비롯해 많은 이의 비판을 샀다. 이마누엘 칸트가 지적했듯이, 무언가가 완벽한 형태로 존재한다는 것을 상상할 수 있는 것만으로 존재가 입증된다면 상상할 수 있는 최고의 유니콘도 실재한다는 의미인가?

그러나 신학적인 믿음을 보다 엄격한 철학적 조사의 주제로 삼음으로써 안셀무스는 유럽 철학의 부활을 이끄는 데 도움을 주었다. 그가 76세의 나이로 잉글랜드에서 세상을 떠난 지 100년 후부터 유럽 철학이 본격적으로 부활했다.

087 WED 혁신가 무하마드 알 콰리즈미

대수학의 창시자인 무하마드 이븐 무사 알 콰리즈미(Muhammad ibn Musa al-Khwarizmi, 780년경~850년경)는 바그다드에 본거지를 둔 학자이자 천문학자, 신학자였다. 지금까지 보존된 그의 수학 논문들은 이슬람교와 기독교 세계에 지대한 영향을 주었다. 여러 업적 가운데 특히 알고리즘을 고안하고 오늘날 세계적으로 널리 이용되는 아라비아숫자 체계를 대중화한 것으로 유명하다.

알 콰리즈미는 오늘날의 우즈베키스탄에서 태어난 것으로 여겨지지만 생애 대부분은 당시 이슬람 세계의 수도였던 바그다드에서 보냈다. 그는 이슬람 왕조인 칼리프의 주요 지식 기관이었던 '지혜의 전당'의 일원이었다. 유럽과 아시아의 문화 교차로에 위치한 바그다드에서 학자들은 동양의 힌두 수학과, 프톨레마이오스와 아리스토텔레스 같은 서양 고대 그리스 사상가의 문헌에 모두 접근할 수 있었다.

대수 체계는 알 콰리즈미가 820년경에 저술한《완성과 균형에 의한 계산 편람(Hisab al-jabr w'al-muqabala)》에서 유래했다. 아라비아어로 '완성'을 뜻하는 알 자브르(al-jabr)가 대수를 뜻하는 영어 알지브라(Algebra)의 어원이 되었다.

알 콰리즈미는 힌두교의 숫자 체계를 지지하는《힌두교의 계산술에 관해》라는 책도 저술했는데 이 책은 그의 생전에 유명해졌다. 당시 이슬람교의 지배를 받던 스페인에서 책이 팔려나가기 시작했고, 이어서 기독교가 지배하던 유럽으로 퍼져나갔고, 머지않아 로마 숫자를 대체했다. (이 숫자 체계가 인도에서 유래했다고 알 콰리즈미가 명확하게 밝혔음에도 아라비아 숫자로 불려 혼동을 준다.)

알 콰리즈미는 또한 이슬람의 천문학, 지리학, 종교법도 연구했다. 그의 유명한 저서들은 지혜의 전당을 지원하고 학예의 전성기를 이룩한 바그다드의 주요 인물, 알 마문 칼리프에게 헌정되었다.

- 수학에서 계산법을 의미하는 알고리즘이라는 단어는 알 콰리즈미의 이름에 대한 초기 라틴어 번역에서 유래했다.
- 알 콰리즈미의 저서 원본은 바그다드가 몽골에 약탈당한 1258년에 소실되었다. 전설에 따르면 침략자들이 지혜의 전당을 파괴한 후 그 안에 있던 장서들을 티그리스강에 던졌다고 한다.
- 대수가 알 콰리즈미의 저서에서 유래되긴 했지만, 대수에 관한 그의 논문에는 대수 방정식이 포함되지 않았다. 그는 자신의 생각을 부호나 숫자 없이 글로만 설명했다.

088 THU 악당 아이바

아 푸로레 노르만노룸, 리베라 노스, 도미네(A furore normannorum, libera nos, domine).
"오 주여, 노스맨(Northmen)의 분노에서 저희를 구하소서."

– 영국 기도문

중세에 북유럽을 초토화한 바이킹 족장 가운데 가장 흥미진진한 인물인 인와에르 라그나르손(Inwaer Ragnarsson)은 9세기에 잉글랜드를 침략한 덴마크 지도자로, 아이바 더 본리스(Ivarr the Boneless, 795년경~873년경)라고도 불린다. 전설적인 용맹한 전사들을 앞세운 바이킹족은 한때 잉글랜드의 대부분을 잠시 통치했으나 결국 격퇴당했다.

아이바는 845년에 성공적으로 파리를 공습한 덴마크 왕 라그나의 세 아들 중 하나였다. 고대 노르웨이어 산문에 따르면 잉글랜드군의 앵글로색슨 지도자가 라그나를 생포하여 독사가 있는 구덩이에 던져 넣어 죽였다고 한다. 분노한 아이바와 그의 형제는 아버지의 죽음에 대한 복수로 잉글랜드를 침략할 계획에 착수했다. 그전까지 잉글랜드를 습격하던 바이킹과는 달리 이 형제는 단순히 약탈만 하고 돌아오는 게 아니라 잉글랜드 자체를 자신들이 직접 지배하려고 했다.

겁먹은 앵글로색슨 일파가 '이교도 대군세(Great Heathen Army)'라고 이름 붙인 침입 세력은 865년에 북해를 건너 잉글랜드의 동쪽 해안에 상륙한 후 요크를 약탈했다. 그들은 라그나를 죽였던 지도자를 비롯해 그 지역 왕들을 죽이거나 생포했다. 심지어 아이바는 867년에 아버지를 죽인 자의 등을 직접 가르고 갈비뼈를 하나씩 빼내어 처형했다고 한다. 본리스라는 아이바의 별명이 어디서 유래했는지는 분명하지 않다. 그가 발기부전이라는 것을 교묘하게 알리는 말이거나, 아니면 뼈가 잘 부러지는 유전병을 앓고 있었는지도 모른다. (만약 그렇다면, 오딘 신(Odin, 게르만족 신화에 등장하는 신으로 치유의 신으로도 알려져 있다 – 옮긴이)의 후손이라고 주장했던 아이바의 가족에게는 참으로 모순적인 일이 아닐 수 없다.)

아이바는 870년대에 사망했고, 알프레드 대왕은 바이킹의 침입을 성공적으로 막아냈다. 그러나 잉글랜드 일부 영토에 대한 덴마크의 지배는 그 후로도 200년 동안 이어졌다.

- 늑대인간의 전설은 늑대 가죽만 입고 전투에 참가하기도 했던 바이킹 전사들에게서 유래한 것으로 여겨진다.
- 아이바의 손자 중 한 명인 시그트리그는 917년에 바이킹족을 위해 더블린을 재정복했다.

089 FRI 예술가 몬머스의 제프리

서양 문학사상 가장 오랜 관심을 받아온 허구의 인물을 만든 중세 '역사가' 몬머스의 제프리(Geoffrey of Monmouth, 1100년경~1155년경)는 수많은 노래, 시, 소설, 영화로 만들어진 아서왕(King Arthur)의 이야기를 대중화한 영국 주교이다. 제프리 주교는 그의 가장 유명한 저서 《브리타니아 열왕사》를 통해 영국 왕조의 역사를 고대에서부터 추적하고자 했다. 웨일즈 언어로 쓰인 실제 자료를 바탕으로 했다는 이 책은 신화, 역사 그리고 제프리 주교의 엄청난 상상력이 혼합된 작품으로, 제프리 주교가 한때 영국에 살았다고 주장한 거인족을 정복한 고대 왕들의 이야기로 시작된다.

제프리 주교에 따르면 아서왕은 5세기나 6세기에 침입한 색슨족에 맞서 영국을 방어했던 브리턴인의 왕이었다. 왕의 아버지 우서 펜드래건, 왕의 칼 엑스칼리버(Excalibur), 영민한 마법사 메를린 등 아서왕 전설의 친숙한 여러 요소가 《브리타니아 열왕사》에서 기인했다. 이후 다른 여러 작가가 제프리 주교가 만든 이야기에 원탁과 성배를 찾기 위한 원정 등 새로운 요소를 덧붙였다.

실제로 410년 로마제국이 영국을 저버린 후, 일부 주민이 앵글로색슨족의 침략에 저항하기도 했다. 그 가운데 최고조에 달한 전투는 약 500년경 몬스 바도니쿠스에서 벌어졌는데, 로마노 켈트족이 침략자를 물리치면서 앵글로색슨족의 점령을 일시적으로나마 미룰 수 있었다. 그러나 아서왕이 실제로 존재했다는 사실을 입증하는 역사적인 근거는 어디에도 없다.

제프리 주교는 웨일즈의 남동부에 위치한 몬머스에서 태어났으며 옥스퍼드대학교를 다녔다. 《브리타니아 열왕사》는 1130년대에 쓰였으며, 그 속편인 《메를린의 일생》은 그로부터 몇 년 뒤에 쓰였다. 제프리 주교는 1150년대 초반에 웨일즈의 주교로 임명되었고 그로부터 몇 년 뒤 사망했다.

- 제프리 주교의 책에는 다른 역사서에는 등장하지 않는 텐반티우스 왕에 대한 설명이 담겨 있는데, 이는 오랫동안 허구의 인물로 여겨졌다. 그러나 영국에서 발견된 철기시대 동전에 유사한 이름이 새겨져 있었다.
- 셰익스피어의 두 작품, 《리어왕》과 《심벨린》은 《브리타니아 열왕사》에 등장하는 왕들을 바탕으로 만들어졌다. 제프리 주교가 다루었던 리어는 신화적 인물인 데 반해 쿠노벨리누스는 로마의 침입 직전에 통치했던 실존 왕이다. 제프리 주교의 책에 등장하는 또 다른 인물인 사브리나는 존 밀턴이 1634년에 쓴 희곡 《코머스》에 등장한다.

090 SAT 개혁가 오와인 글린두르

웨일즈의 마지막 독립운동을 이끌었던 오와인 글린두르(Owain Glyndwr, 1354년경~1413년경)는 웨일즈 국민의 반란을 주도해 잉글랜드 점령군을 잠시 몰아냈던 인물이다. 그의 반란은 결국 진압되었지만 잉글랜드인에게 잡히지 않았던 글린두르의 운명은 지금까지도 수수께끼로 남아 신화의 소재로 이용되고 있다.

웨일즈 귀족의 일원이었던 글린두르는 웨일즈의 북동부에서 태어났으며 처음에는 잉글랜드의 리처드 2세 아래서 관직을 맡기도 했다. 13세기에 웨일즈는 잉글랜드의 손에 넘어갔고 점령군은 대부분의 반란을 진압하고 통치하기 시작했다. 그러나 1400년에 리처드 왕이 폐위되고 그의 사촌인 헨리 4세가 즉위한 후 웨일즈의 반발이 심해지기 시작했다. 리처드 왕을 웨일즈의 동맹으로 여긴 많은 귀족이 새 왕에 맞섰던 것이다. 헨리 왕의 지지자들이 웨일즈 땅을 차지하려고 하면서 웨일즈인의 불만은 점점 더 커졌다.

반란을 주도한 글린두르는 1400년에 스스로를 웨일즈의 왕자로 선언했다. (이 칭호를 가진 웨일즈 사람은 그가 마지막일 것이다.) 다음 해가 되자 웨일즈 중부와 북부가 반란에 동참했다. 1402년에는 반란을 방조함으로써 잉글랜드를 약화할 수 있는 기회를 엿본 프랑스가 그에게 힘을 보탰다. 몇 년 동안 웨일즈를 완전히 통치한 글린두르는 1404년에 의회를 소집해 공식적으로 왕으로 즉위했다.

그러나 1405년 프랑스가 군대를 철수하면서 헨리 왕의 반격이 시작되었다. 글린두르의 친척을 비롯해 몇몇 웨일즈 지도자는 잉글랜드에 잡혀 런던 타워에 갇히게 되었다. 1409년에는 잉글랜드가 웨일즈의 대부분을 다시 장악했으며, 글린두르와 그의 지지자는 산속으로 쫓겨나게 되었다. 그들은 그곳에서 몇 년 동안 잉글랜드군을 급습하며 지속적으로 게릴라 활동을 이어나갔다. 글린두르는 끝끝내 잉글랜드에 잡히지 않았고 그 후로 웨일즈 전통문화에서 영웅으로 추대되었다.

- 글린두르는 셰익스피어의 작품 《헨리 4세》 1부에 입심 좋고 반항적인 웨일즈의 지도자 오웬 글렌도워로 등장한다.
- 2004년에 한 작가가 서부 웨일즈의 작은 마을인 렌우르다에서 글린두르의 무덤이 있었던 흔적을 발견했다고 주장했다. 그가 잉글랜드에 묻혔다고 믿는 사람도 있다.
- 반란 600주년 기념식에서 레드 제플린의 싱어인 로버트 플랜트는 웨일즈의 마킨레스에 글린두르의 동상을 세울 수 있도록 돈을 기부했다.

091 SUN 선지자 무함마드

오늘날 이슬람교는 중동, 아프리카, 아시아에서 15억 명에 육박하는 신도를 가진, 세상에서 두 번째로 큰 종교이다. 그러나 1400년 전 이슬람교가 시작됐을 때 무함마드(Muhammad, 570년~632년)라는 이름의 아라비아 상인을 따르는 추종자는 몇 명 없었다. 이슬람교를 창시한 예언자 무함마드는 당시 홍해 인근의 번성하는 상업 도시인 메카에서 삼촌 손에 길러진 고아였다. 청소년기에 삼촌을 따라 마차를 타고 오늘날의 사우디아라비아와 시리아를 돌아다니기 시작한 그는 그곳에서 기독교인과 유대교인을 만났다. 당시 메카는 무함마드와 그의 삼촌 같은 금속, 향신료, 가죽 상인들 덕분에 새로운 번영기를 누리고 있었다. 그러나 무함마드는 과거에 유목민이었던 아랍 부족 사이에서 물질적인 풍요만큼이나 영적인 불안감이 커져가는 것을 우려했다.

메카의 종교 생활은 '검은 주춧돌'로 유명한 카바라는 사원을 중심으로 이루어졌다. 메카의 주민은 성지에서 수백 명의 각기 다른 신을 숭배했는데 그중에는 알라(Allah)라는 막강한 신도 있었다. 이슬람교의 기원은, 메카의 영적인 부패를 우려한 무함마드가 라마단 시기에 동굴에 들어가 머물렀던 610년으로 거슬러 올라간다. 동굴 속에서 명상하던 그에게 가브리엘 천사가 나타나, 후에 무슬림의 성서인《코란》에 담길 구절을 받아쓰게 했다. 무함마드는 그 계시와 그 이후 평생 보게 되는 여러 계시가 너무나 강력한 경험이었다고 설명했다. 그는 "계시를 받을 때마다 나는 항상 내 영혼이 나에게서 떨어져 나가는 것을 느꼈다"라고 말했다. 계시를 받고 고무된 무함마드는 오로지 하나의 신인 알라만이 존재하며 나머지 아랍 신은 카바에서 제거되어야 한다고 주장했다. 초기에는 그의 일신교가 강한 불신에 부딪히는 바람에 무함마드와 그의 추종자들은 622년에 메카를 떠나 메디나로 도망칠 수밖에 없었다.

그러나 사망 당시 무함마드는《코란》자체에 대한 아름다움뿐 아니라 정의와 공동체를 강조한 그의 신념에 매료된 수천 명의 이슬람교도를 거느린 종교적, 정치적 리더가 되어 있었다. 이 예언자는 사망 직전 의기양양하게 메카로 돌아갔고, 마침내 카바에서 다른 신들을 몰아내면서 자신의 고향을 급성장하는 종교의 중심지로 만들었다.

- 이슬람교 법은 무함마드의 초상화를 금지한다. 그 결과 그의 모습에 대한 어떤 묘사도 남아 있지 않다.
- 무함마드에게는 열두 명의 아내가 있었다. 그의 후손들에게는 예언자의 혈통이라는 것을 나타내기 위해 전통적으로 사이드(Sayyid)라는 경칭이 붙는다.
- 메카에 있는 알라의 성지인 카바는 지금도 이슬람교에서 가장 신성한 장소로 여겨진다. 신체적으로 여행을 할 수 있는 무슬림은 누구나 일생에 최소한 한 번은 메카로 성지순례를 떠나야 한다.

092 MON 리더 샤를마뉴

800년 크리스마스, 로마의 한 성당에서 프랑크 왕국의 왕인 샤를마뉴(Charlemagne, 742년~814년)가 평화롭게 기도를 올리고 있었다. 그런데 당시 교황이었던 레오 3세가 들어오더니 몰래 머리 위에 왕관을 얹어주고는 그를 서유럽의 새로운 황제라고 선언했다. 본인이 원했든 원하지 않았든 샤를마뉴의 대관식은 유럽 역사에서 중대한 시점이 되었다. 실제로 일부 역사가에게 그날은 문화적 독립체로서의 유럽이 존재하게 되는 순간이었다. 샤를마뉴는 프랑스, 독일, 이탈리아의 일부를 포함하는 거대 제국을 건설하였다.

샤를마뉴는 게르만 부족인 프랑크 왕국의 첫 번째 왕인 피핀 3세의 아들이었다. 피핀 왕이 죽자 샤를마뉴는 형제인 카를로만 1세와 함께 프랑크 왕국을 공동 통치했지만 카를로만 1세가 죽고 난 후에는 유일한 지도자가 되었다. 샤를마뉴가 물려받은 프랑크 왕국은 피레네산맥 북쪽의 서유럽 대부분을 차지하는 나라였다. 샤를마뉴는 그에 더해 통치 기간 초기에 동쪽으로 독일과 스페인, 이탈리아에 해당하는 지역까지 국경을 넓혔다.

샤를마뉴를 새 황제로 임명함으로써 교황 레오 3세는 강력한 동맹자를 얻게 되었다. 황제라는 지위로 인해 샤를마뉴는 로마와 교황의 지위를 방어해야 했기 때문이다.

서유럽의 상당 부분을 하나의 강한 국가로 만들어낸 샤를마뉴의 통치는 고대 로마제국의 붕괴 이후 무정부 상태에 종지부를 찍었고, 카롤링거 르네상스라고 불리는 문화가 부활하고 문맹률이 감소했다. 그러나 샤를마뉴 사망 이후 프랑크 제국은 세력이 약화되었고 결국 그의 손자들 사이에서 갈라졌다. 그의 지위는 신성로마제국 황제로 발전해 1806년에 직위가 폐지될 때까지 독일과 중앙유럽에 영향력을 행사했다.

- 샤를마뉴라는 이름은 '찰스 대왕(Charles the Great)'이라는 뜻의 라틴어식 이름인 카롤루스 마그누스(Carolus Magnus)를 축약한 것이다.
- 샤를마뉴의 검인 주아외즈(Joyeuse)는 수백 년 동안 프랑스 왕의 대관식에서 사용되었다. 지금은 파리에 있는 루브르 박물관에 소장되어 있다.
- 샤를마뉴는 수백 년 동안 신성로마제국 황제들의 대관식이 진행되던 아헨의 대성당에 묻혔다. 유럽 통합에 기여한 세계 지도자들에게 주어지는 샤를마뉴 대제상은 1949년 이후 매년 이 성당 외부에서 수여되고 있다.

093 TUE 철학자 이븐 루시드

이븐 루시드(Ibn Rushd, 1126년~1198년)는 이베리아반도가 이슬람의 통치를 받는 동안 중세 스페인에서 전성기를 누렸던 독실한 이슬람교 철학자이다. 그런데 아이러니하게도 그의 저서는 13세기에 시작된 철학과 신학의 개혁 촉발에 도움을 주는 동시에 기독교 세계에 훨씬 더 깊은 영향을 끼쳤다.

이슬람이 지배하던 스페인의 수도 코르도바에서 태어난 이븐 루시드는 유명한 판관 집안의 자제였으며 그 자신도 카디(qadi), 즉 판관이었다. 그는 또한 이슬람교 신학, 의학, 철학을 공부했으며 1182년에는 칼리프였던 아부 야쿱 유수프의 주치의가 되었고 1184년에는 그의 아들인 아부 유수프 야쿱의 주치의가 되었다.

알 안달루스라고 불리던 이슬람교 통치하의 스페인은 특히 12세기 황금기 동안 교육의 중심지였다. 칼리프의 후원을 받던 이븐 루시드는 고대 그리스 철학자인 아리스토텔레스의 저서를 아라비아어로 번역하는 일에 착수했다. 그는 또한 이슬람 비평가들로부터 고대 철학자들을 방어하는 중대한 철학 논문을 저술하기도 했는데, 페르시아 신학자인 아부 하미드 알 가잘리를 방어한 것이 가장 유명하다. 그러나 이븐 루시드의 생전에 알 안달루스는 그곳을 차지하려는 기독교 군대로부터 점점 더 많은 압박을 받게 되었다. 칼리프 사망 후 그는 코르도바에서 총애를 잃었고, 고대 이교도 철학자들을 연구하면서 이슬람의 기반을 약화했다는 혐의를 받아 결국 모로코로 추방되었다. 그는 유배지에서 72세의 나이에 사망했다.

그러나 그가 죽고 난 후 얼마 지나지 않아 아리스토텔레스에 관한 이븐 루시드의 저서가 스코틀랜드 수학자인 마이클 스콧에 의해 라틴어로 번역되었고, 이는 유럽에서 고대 그리스 철학이 부활하는 계기가 되었다. 기독교가 지배적인 서양에 아리스토텔레스가 재소개되면서 엄청난 지적 변화의 원동력이 일었고, 알베르투스 마그누스와 토마스 아퀴나스 같은 사상가에게 영향을 주었다. 두 사람 모두 이븐 루시드를 큰 영감의 근원으로 지목했다.

- 플라톤보다 1500년 이후에 살았는데도 라파엘의 유명한 그림 〈아테네 학당〉에는 이븐 루시드가 플라톤의 제자 중 한 사람으로 그려져 있다.
- 이븐 루시드의 고향인 코르도바는 1236년에 기독교인들에 의해 함락되었다. 이는 국토회복전쟁(Reconquista), 즉 기독교인들의 이베리아반도 탈환 중에 벌어진 주요 사건 가운데 하나이다.

094 WED 혁신가 이븐 알 하이삼

1011년 이집트의 왕인 칼리프가 한 젊은 관리에게 나일강을 가로지르는 거대한 댐을 디자인하고 건설하는 일을 맡겼다. 이집트에서는 매년 홍수가 발생해서 농업에 피해를 입었고, 이에 칼리프는 댐을 건설해서 대홍수를 막고자 했던 것이다. 칼리프가 일을 맡긴 사람은 이븐 알 하이삼(Ibn al-Haytham, 965년~1040년경)으로 이슬람 세계에서 매우 전도유망한 수학자였다. 그러나 댐 건설 예정지에 도착하는 순간 알 하이삼은 칼리프의 꿈이 전혀 현실적이지 못하다는 사실을 깨달았다. 댐을 건설한다고 해도 며칠 만에 나일강에 쓸려갈 것이기 때문이었다. 그러나 알 하이삼은 임무를 완수하지 못하면 잔인함과 기이한 행동으로 유명한 칼리프로부터 벌을 받을까 두려워했다. 알 하이삼은 칼리프의 분노를 피하기 위해 그 후로 10년 동안 정신이 나간 척했다. 그는 가택연금에 처해졌지만 목숨만은 구할 수 있었다. 그리고 가택연금 중에 그는 과학 역사에서 중심적인 서적 중 하나인《광학서》를 저술했다.

알 하이삼은 이라크의 바스라에서 태어났으며 바그다그에서 교육을 받았다. 총 일곱 권으로 이루어진《광학서》는 빛의 작용과 사람 눈의 움직임에 관한 대대적인 연구를 다뤘다. 그는 빛이 직선으로 움직인다는 사실을 최초로 발견한 사람이자, 초창기 카메라를 고안한 최초의 인물이며, 최초로 눈의 기능을 추정한 사람이다.《광학서》는 또한 알 하이삼이 실험에 의존하는 과학적 방법을 독려했다는 점에서 주목할 만하다. 이 책은 12세기에 라틴어로 번역된 후 로저 베이컨 같은 유럽 학자들이 가장 좋아하는 책이 되었고, 알 하이삼에게는 '광학의 아버지'라는 별칭을 부여해주었다.

1021년 칼리프가 암살된 후 알 하이삼은 가택연금에서 해제되었다. 그는 실험을 계속하면서 200여 권의 물리학, 천문학, 의학서를 저술하고, 다른 책들을 손으로 베껴 판매하는 것으로 돈벌이를 하며 여생을 보냈다. 그는 70대에 이집트에서 사망했다.

- 나일강 댐은 알 하이삼이 댐 건설을 명 받은 지 거의 9세기가 지난 1902년이 되어서야 성공적으로 건설되었다.
- 알 하이삼의 라틴어식 이름을 딴 유명한 수학 퍼즐인 알하젠의 문제(Alhazen's problem)는 수 세기 동안 수학자들을 괴롭혔다. 이 문제는 물체에서 나온 빛이 공 모양 거울의 정확히 어느 지점에서 반사되어 관찰자의 눈에 비치게 되는지 알아낼 수 있느냐고 묻는다. 이 문제는 1997년에 옥스퍼드의 한 수학자가 풀어냈다.
- 2003년 미국의 이라크 침공 이후, 알 하이삼의 얼굴이 들어간 새로운 1만 디나르(이라크의 화폐 단위—옮긴이) 지폐가 제작되었다.

095 THU 악당 에리크 더 레드

과실치사 혐의로 강제 추방당한 고대 노르웨이족 범죄자 에리크 더 레드(Erik the Red, 950년~1003년경)는 탐험가가 되어 그린란드섬에 최초의 바이킹 식민지를 세웠다. 그의 원정으로 유럽 지도가 확장되었고, 그의 아들 레이프가 아메리카 대륙을 발견할 수 있는 길이 열렸다.

에리크는 노르웨이에서 태어났으나 '여러 건의 살인'을 저지른 아버지 토르발드와 함께 추방되었다. 에리크 가족은 아이슬란드에 정착했고, 에리크는 그곳에서 토드힐데라는 이름의 여성과 결혼해서 네 명의 자녀를 낳았다. 982년 재산 분쟁으로 두 명의 아이슬란드인을 살해한 에리크는 3년 동안 아이슬란드에서 추방되었다. 몇 안 되는 추종자들과 함께 좁고 긴 배를 타고 서쪽으로 항해하던 그는 한 섬에 도착했다. 에리크가 발견한 섬은 농사를 짓기에 적절했고, 그로 인해 그린란드라고 불리게 되었다. (당시에는 오늘날의 그린란드보다 기후가 따뜻했다.) 형기가 끝나자 에리크는 아이슬란드로 돌아와 그린란드로 이주할 사람 약 500명을 모집했다. 그들은 986년에 한 떼의 소, 돼지, 양, 염소를 이끌고 항해에 나섰다. 이들 중 절반이 조금 넘는 사람만 살아남았지만 서부 정착지와, 그보다 작은 동부 정착지로 나뉜 식민지는 3000여 명의 주민이 살게 될 정도로 급속하게 성장했다.

한편 에리크의 아들 레이프는 집안의 내력과는 달리 문제를 일으키지 않았고 기독교로 개종했다. 그는 1000년에 기독교 선교사들과 함께 아버지의 식민지로 이주했고, 그곳에서 그린란드 최초의 교회를 세웠으며 이교도들을 개종시켰다. 레이프는 그린란드를 발판으로 삼아 1000년대에 북아메리카를 탐험했는데, 그는 신대륙을 방문한 최초의 유럽인으로 추정된다.

- 그린란드는 거의 500년간 바이킹 식민지로 남아 있다가 알 수 없는 이유로 15세기에 버려졌다. 그 후 그린란드는 1721년에 덴마크의 식민지가 되었고 지금도 덴마크 자치령으로 남아 있다.
- 레이프 에릭손은 자신이 발견한 영역에 빈랜드(고대 노르웨이어로 '와인 랜드'라는 뜻)라는 이름을 붙였다. 노바스코샤나 뉴펀들랜드로 추정되는 그 정착지는 3년 동안 식민지로 남아 있다가 버려졌다. 빈랜드라는 이름은 바이킹족이 북아메리카 해안에서 발견한 열매를 포도로 오인하면서 붙여진 것이다.
- 에리크의 이름에 더 레드가 붙여진 이유는 분명하지 않다. 그의 머리카락이나 수염의 색깔을 가리켰을 가능성이 크지만, 그의 급한 성격 때문이었을 수도 있다.

096 FRI 예술가 마르코 폴로

마르코 폴로(Marco Polo, 1254년~1324년)는 베네치아의 상인이자 여행가, 외교관으로, 아시아를 탐험하면서 겪은 내용을 기록한 회고록으로 유명하다. 주로 간단하게《동방견문록》이라고 불리는 이 책은 실크로드를 통해 중국에 이르기까지의 고된 여정을 담았는데, 르네상스 시대에 베스트셀러로 여러 유럽인의 상상력을 사로잡으면서 서양인에게 중국이 부유하고 신비한 나라라는 인식을 심어주었다. 마르코 폴로는 중국의 쿠빌라이 칸 궁전에서 17년간 머물렀으며 그 후 일본과 인도네시아로 연이어 해상 여행을 한 이후 유럽에 돌아와 1294년에 이 책을 저술했다.

마르코 폴로는 베네치아 상인이었던 니콜로 폴로의 아들이었는데, 니콜로 폴로는 아들이 태어날 당시 몽골제국을 여행 중이었다. 그들이 베네치아로 돌아왔을 때 마르코 폴로는 열다섯 살이나 되어 있었다. 그로부터 2년 후 아버지와 아들은 또다시 동양을 여행하기 위해 떠났는데 그들이 가고자 했던 최종 목적지는 쿠빌라이 제국의 수도였던 제너두였다. 칭기즈 칸의 손자였던 쿠빌라이 칸은 지금의 몽골, 중국, 중앙아시아의 대부분을 아우르는 영역을 차지하고 있었다. 황제는 이탈리아에서 온 여행가들을 환영했고 젊은 폴로를 개인 사절로까지 임명했다. 이후 중국을 떠난 마르코 폴로와 그의 아버지는 베네치아에 정착했고, 동양의 화려함에 대해 이야기하면서 유명해지기 시작했다. 전해지는 바에 따르면 1298년 베네치아와 제노바 사이에 해상 교전이 일어났을 때 마르코 폴로가 적에게 사로잡혀 감옥에서 몇 개월을 보내게 되었는데, 그곳에 함께 갇힌 루스티켈로 다 피사의 도움을 받아 회고록을 저술했다고 한다.

《동방견문록》은 오랫동안 서양 사회에 지대한 영향을 끼쳤다. 아시아 지리에 대한 마르코 폴로의 자세한 설명 덕분에 유럽의 지도가 발달했고, 중국의 부에 대한 설명으로 항해왕 엔히크 같은 탐험가들이 아시아와 교역할 수 있는 지름길을 찾는 데 박차를 가하게 되었다. 마르코 폴로는 베네치아로 돌아온 후 결혼을 했고, 세 자녀를 두었다. 그는 70세에 베네치아에서 잠들었다.

- 영국의 중국 역사 학자인 프랜시스 우드는 1995년에 마르코 폴로가 실제로 중국을 방문했는지에 의구심을 제기하는 책《마르코 폴로가 중국에 갔을까?》를 출간했다.
- 실크로드는 여행하기가 너무 위험해지면서 15세기 들어 중대한 무역 경로로서의 기능을 상실했다. 1492년에 있었던 크리스토퍼 콜럼버스의 대서양횡단의 원래 목적은 실크로드를 대체하는, 중국과의 교역을 다시 구축할 연결로를 찾는 것이었다.

097 | SAT 개척가 | 크리스틴 드 피잔

시인이자 문학 평론가 크리스틴 드 피잔(Christine de Pizan, 1363년~1434년경)은 그녀의 생각이 널리 받아들여지기 5세기 전에 태어났다. 그녀는 글을 통해 프랑스 문학 속에 담긴 여성에 대한 부정적인 고정관념에 맞서 싸웠지만 20세기 학자들이 재발견하기 전까지는 대부분 무시되었다.

베네치아에서 태어난 크리스틴 드 피잔은 어린 시절 아버지가 카를 5세의 궁전 천문학자로 임명되면서 프랑스로 이주했다. 그녀는 열다섯 살의 나이에 결혼을 했으나 스물다섯 살에 남편을 잃었다. 남편이 죽고 난 후에는 자유로운 작가로 활동하며 낭만시, 종교 서적, 고대 신화, 카를 5세의 전기 등 다양한 분야의 저서를 집필했다. 그러나 그녀를 유명하게 만든 것은《여성들의 도시에 관한 책》이라는 1405년도 작품으로, 이는 중세 문학에 담긴 여성 혐오를 정면 공격했다.

그녀는 인기 있는 여러 편의 프랑스 시가 여성을 독립적인 지성이 부족하고 나약하며 유혹을 일삼는 사악한 사람으로 그린다고 적었다. 특히 장 드 묑의 낭만시 〈장미 이야기〉가 여성을 부정적으로 묘사했다고 비판했다. 크리스틴 드 피잔은, 그런 시를 읽으면 "이렇게 많은 다양한 남자들이, 그중에는 배운 사람도 있을 텐데, 말할 때나 논문이나 글에서 여성과 그들의 행동에 대해 어떻게 이런 사악한 모욕을 줄 수 있는지 의아하지 않을 수 없다"라고 적었다.《여성들의 도시에 관한 책》에 등장하는 세 명의 주인공인 레이디 리즌(Lady Reason, 이성의 부인), 레이디 저스티스(Lady Justice, 공정의 부인), 레이디 렉티튜드(Lady Rectitude, 정직의 부인)는 여성들의 가치와 열망을 상징한다.

크리스틴 드 피잔이 유럽 최초의 여성 작가는 아니지만, 전문적인 작가로서 생계를 유지한 최초의 인물이라고 여겨진다. 그녀의 마지막 작품인, 프랑스의 여걸 잔 다르크를 기리는 시는 1429년에 출간되었다. 그로부터 약 5년 뒤에 생을 마감한 것으로 추정된다.

- 《여성들의 도시에 관한 책》은 두 차례 영어로 번역되었는데, 처음은 1521년이었고 두 번째는 얼 제프리 리처드가 1982년에 번역했다.
- 영국 왕 헨리 4세가 크리스틴 드 피잔에게 자신의 궁전 작가로 일하라며 초대했지만 그녀는 제안을 거절했다.
- 크리스틴의 성(姓) 드 피잔은 그녀의 아버지가 태어난 북부 이탈리아의 피자노에서 유래했다.

098 SUN 선지자 아디 샹카라

위대한 힌두 철학자 중 한 명인 아디 샹카라(Adi Shankara, 700년~750년)는 50년도 채 살지 못했지만 힌두 사상의 중심인물로 간주된다. 비록 길지 않은 기간이었지만 그는 인도에 오랫동안 이어지던 종교적 분열을 끝냈고 힌두교 신학에 거대한 영향을 미칠 수도원 네 곳을 세웠다.

샹카라는 남인도에서 성직자 계층인 브라만 계급 부모에게서 태어났다. 똑똑한 아이였던 샹카라는 한 번만 읽고도 내용을 전부 기억할 수 있었다고 한다. 샹카라의 아버지는 그가 일곱 살 때 세상을 떠났고, 그는 열여섯 살 때 악어의 공격을 받고 죽음에 가까운 경험을 하고 난 후 힌두교의 수도자가 되겠다고 결심했다. 샹카라가 태어날 무렵 인도는 10여 개의 경쟁적인 힌두교 종파로 나뉘어 있었는데, 그들은 저마다《베다》를 각기 다른 방식으로 해석했다(《베다》는 힌두교의 네 가지 신성한 경전으로, 3000년 이전에 생겼다고 추정된다). 그중에는 전통적인《베다》를 아예 거부하는 종파도 있었다. 게다가 불교와 자이나교의 등장은 인도에서 힌두교의 쇠퇴를 드러내는 데 일조했다.

샹카라는 청소년기에 오늘날의 인도, 네팔, 파키스탄을 걸어 다니면서 다른 수도자나 철학자와 논쟁을 벌였고, 그 시기에《베다》에 관한 첫 해설서도 집필했다. 그는 대부분 도시를 피해 시골에서 설교를 했다. 또한 수도원 네 곳을 지어 각기 다른《베다》에 봉헌했다. 샹카라는 결국 히말라야까지 갔는데, 그곳에서 사망한 것으로 추정된다.

샹카라가 세운 종교 전통은 '아드바이타 베단타(Advaita Vedânta)'라고 알려졌는데, 지금도 힌두교 내에서 큰 영향력을 발휘한다. 그는 자신의 추종자들에게 힌두교의 큰 여섯 신을 따로 숭배해서 파벌을 구축하는 대신 여섯 신을 모두 숭배하라고 가르쳤다. 그는 힌두교 내의 분열을 잠재움으로써 힌두교를 다시 활성화했고 인도에서 경쟁 종교가 퍼지는 것을 막는 데 도움을 주었다.

- 전해지는 이야기에 따르면 그의 어머니는 시바 여신이 아들인 샹카라의 모습으로 환생하는 환시를 보았다고 한다.
- 샹카라의 첫 번째 신학적 논쟁 주제는 성과 사랑에 대한 힌두교 안내서《카마수트라》였다. 그러나 독신 수도승이었던 그는 직접적인 경험을 한 적이 없었다. 전설에 따르면 그럼에도 그는 논쟁에서 이길 수 있었는데, 최근에 죽은 왕의 몸속에 들어가 그가 했던 방대한 경험을 습득했기 때문이라고 한다.
- 1983년, 인도 감독인 G.V. 아이어가 이 철학자의 인생에 관한〈아디 샹카라차랴〉라는 영화를 제작해서 호평을 받았다. 이는 8세기에 인도에서 사용되던 산스크리트어만을 사용한 최초의 영화다.

099 MON 리더 알프레드 대왕

알프레드 대왕(Alfred the Great, 849년~899년)은 잉글랜드 최초의 국왕으로 역사적으로 '잉글랜드'라는 단어를 사용한 최초의 인물로 기록되어 있다. 그는 몇 개의 작은 앵글로색슨 왕국을 통일해서 바이킹의 침입을 막았으며, 교육을 부활시키고 문맹률을 떨어뜨렸다. 침입자들을 막은 덕분에, 이름 뒤에 대왕이 붙은 사람은 영국 역사상 알프레드 대왕이 유일하다.

알프레드가 태어났을 때 브리튼섬은 색슨족 군벌이 통치하는 몇 개의 소국으로 나뉘어 있었다. 그는 웨섹스의 애설울프 왕의 다섯 번째 아들이다. 다섯째로 태어났기 때문에 군주가 되리라고 기대하지 않았던 알프레드는 성직자가 되기 위해 수련했다. 그는 어린 시절 로마에 가서 라틴어를 배웠고 교황 레오 4세에 의해 집정관으로 임명되었다. 그러나 865년 바이킹이 브리튼섬을 침범하자 형들과 함께 웨섹스를 방어하기 위한 군대를 조직했다. 바이킹은 노섬브리아와 이스트 앙글리아의 색슨 왕국을 파괴한 후 870년에 웨섹스까지 쳐들어왔다. 그러나 871년 애시다운 전투에서 알프레드와 그의 형 애설레드에 패했다. 이후 같은 해에 애설레드가 전투에서 입은 상처로 사망하자 22세였던 알프레드가 왕으로 즉위했다.

그 후 몇십 년 동안 알프레드 대왕은 바이킹을 서서히 브리튼섬에서 몰아냈고 886년에는 런던까지 차지했다. 그 과정에서 그는 나뉘어 있던 색슨족 왕국을 통일해서 '잉글랜드 사람들의 땅'이라는 뜻의 엔젤키는이라는 새 왕국으로 만들었다. 그가 사망할 무렵에 데인족은 동부 잉글랜드의 한 부분만 차지할 수 있을 뿐이었다. 새롭게 통일된 잉글랜드의 왕이었던 알프레드 대왕은 학교를 열었고, 바이킹과의 전쟁으로 무너진 수도원을 재건하는 데 특히 관심을 기울였다. 또한 자신의 라틴어 실력을 토대로 세 권의 라틴어 종교 서적과 역사 서적을 직접 앵글로색슨어로 번역했다. 그는 약 50세에 사망했으며 그의 아들인 에드워드가 그의 뒤를 이었다.

- 바이킹의 통치 아래 남아 있던 잉글랜드 일부를 가리켜 데인로라고 불렀다. 동부 잉글랜드 지명 중 특히 비(-by)나 쏘르프(thorp)로 끝나는 이름은 데인족의 유산이다.
- 뉴욕주 북부에 있는 사립대학교인 알프레드대학교는 이 잉글랜드 왕의 이름을 따서 지어졌다. 이 대학교의 육상팀 이름은 색슨(The Saxons)이다.
- 알프레드 대왕은 법전을 만들어 잉글랜드 사회에 기여했는데, 토머스 제퍼슨에서부터 윈스턴 처칠에 이르는 많은 정치가가 이 책을 연구했다. 이 법전은 가난한 취약계층에까지 합법적 보호의 범위를 넓히고 결투를 제한했으며 영국 관습법 개혁에 대한 초석을 다졌다.

100 TUE 철학자 마이모니데스

유대교 역사의 중심인물 중 하나인 모세 마이모니데스(Moses Maimonides, 1135년~1204년)는 유대법의 복잡함을 설명하고 고대 전통과 철학을 조화시키려 했다. 그는 생전에 세상에서 가장 유명한 의사로 알려져 왕과 술탄의 주치의를 맡기도 했다.

이슬람교의 통치하에 있던 코르도바의 번화한 유대교 공동체에서 자란 마이모니데스는 유대교, 이슬람교, 그리스 철학에 관해 널리 읽었다. 그런데 1148년에 유대인에게 이슬람교로 개종하거나 스페인을 떠나지 않으면 처형될 것이라는 칙령이 내려지면서 스페인의 종교적 황금기도 막을 내렸다. 도망을 택한 마이모니데스의 가족은 모로코로 피신했다. 마이모니데스는 1166년에 이집트의 카이로까지 가게 되었고, 그곳에서 유대교 공동체의 리더가 되었다. 그는 카이로에서《미시네 토라》를 출간하면서 주요 유대교 사상가로서의 입지를 다지기 시작했다. 열네 권으로 구성된 이 책은 대부분 유대교의 종교적 의문에 초점이 맞춰져 있다. 한편《이해하지 못하는 사람들을 위한 안내서》(1190년)는 동시대의 철학적 논쟁을 다뤘다.

1175년에 보석 상인이었던 형제가 조난 사고로 죽은 후 극심한 우울증에 빠진 그는 의학을 배워야겠다는 결심을 하기에 이르렀다. 그는 곧 이집트의 의학 권위자가 되었고 천식, 치질, 독을 비롯해 여러 질병에 관한 글을 저술했다. 가까운 사이이자 같은 코르도바 사람이었던 이슬람교도 철학자, 이븐 루시드와 마찬가지로 마이모니데스도 특히 아리스토텔레스의 철학과 종교적 믿음을 연결하는 데 전념했다. 비록 아리스토텔레스의 결론 가운데 일부를 거부하긴 했지만 이 철학자의 과학적 세계관을 수용했고 이성과 믿음이 양립할 수 있다고 주장했다.

마이모니데스는 69세의 나이로 이집트에서 사망했다. 그는 종교 역사 안에서 가장 위대한 유대법 해석자로 간주되며, 그의 철학은 기독교에 큰 영향을 주어 토마스 아퀴나스 같은 가톨릭 사상가들까지 그의 영향을 받았다.

- 마이모니데스는 그의 그리스어식 이름이다. 그는 히브리어로 모세 벤 마이문이라고 불리기도 하고, 히브리어 초성에서 파생된 람반이라는 별명으로 불리기도 한다.
- 이집트로 이주한 후 마이모니데스는 푸스타트라고 불리던 카이로의 한 지역에 자리 잡았다. 그로부터 몇 년 뒤인 1168년, 기독교 침입자들의 손에 들어가는 것을 막기 위해 그 지역 전체가 불태워졌다.
- 마이모니데스는 서양에서 살라딘이라고 더 잘 알려져 있는, 이집트의 술탄 유수프 이븐 아이유브의 궁전 의사였다. 한 이야기에 따르면 정중함으로 유명한 술탄이 자신의 적인 영국 십자군 운동가 리처드 1세 왕을 치료하라고 마이모니데스를 보냈다고 한다. 리처드 1세가 살라딘에 맞서 싸우다가 열병으로 쓰러졌기 때문이었다.

101 WED 혁신가 심괄

지질학에서 시에 이르기까지 다방면에 관심이 많았던 박식가 심괄(沈括, 1031년~1095년)은 중세 중국의 주요 사상가 중 한 명이다. 그는 현대식 나침반을 발명하고 시간의 흐름에 따라 지형이 변하는 방식을 정확하게 설명했으며, 중국 항해사들이 사용한 천문학 기기를 개선한 사람으로 인정받고 있다.

심괄은 항저우에서 태어났으며 어머니에게서 기초 교육을 받았다. 아버지가 지방관으로 일했던 터라 그의 가족은 자주 이사를 다녀야 했다. 전통에 따라 심괄 또한 1051년에 아버지가 사망한 후 아버지의 직업을 물려받았다. 그 후로 10년 동안 그는 남중국을 돌아다니며 관개와 농업 정책을 이끌었고, 능력 있는 관리자라는 명성을 얻었다. 그렇게 돌아다니면서 그는 중국의 다양한 지형은 물론 토네이도와 무지개 같은 자연 현상을 관찰할 기회를 가졌다. 해안가에서 수백 킬로미터 떨어진 곳에서 조개껍질을 발견한 그는 산의 지형이 변화하면서 해안선이 바뀌었다는 것을 정확하게 추정했다. 그는 또한 무지개의 원리를 설명한 최초의 중국인이기도 한데, 그로부터 수십 년이 지난 후에야 로저 베이컨이 유럽인 중 최초로 똑같은 결론에 도달했다.

1063년에 사절로 승진한 심괄은 몇몇 이웃 왕국에 사신으로 파견됐다. 첫 번째 아내가 사망한 후에는 고위 관리의 딸과 결혼했다. 그는 황제가 가장 신임하는 신하가 되었고, 1072년에는 천문학국장으로 선임됐다. 그는 중국의 달력을 개선하고 행성의 움직임에 대한 연구 결과를 편찬하는 두 가지 업무에 착수했다. 또한 신정책단이라고 알려진 개혁자 단체와 함께했고 1080년에는 군사원정을 이끄는 지도자로 선정되었다. 그러나 전투에 패하고 6만 명의 병사를 잃은 후에 관직을 박탈당하고 가택연금에 처해졌다. 1086년에 이르러서야 비로소 풀려났고 전장 인근에 있는 사유지 몽계로 갈 수 있었다. 그곳에서 그는 회고록인《몽계필담》을 저술했는데. 지금까지 남겨진 몇 안 되는 그의 작품 중 하나이다. (이 책의 제목은 그가 사용한 필기구에서 유래했다. "그는 나에게는 대화를 나눌 대상이 붓과 먹밖에 없기 때문에 필담이라고 불렀다"라고 설명했다.)

- 심괄의 무덤은 수백 년 동안 위치를 알지 못하다가 항저우에서 발견된 후 2001년에 재건되었다.
- 행성의 움직임을 표로 작성하기 위해 심괄과 그의 조수들은 5년 동안 매일 밤 세 번씩 행성의 움직임을 측정했다. 이후 이렇게 철저한 연구를 시도한 사람은 5세기 후의 튀코 브라헤가 처음이었다.
- 중국에서는 새로운 황제가 즉위할 때마다 새로운 달력 체계가 도입되었다. 심괄이 1075년에 만든 달력은 불과 20년 동안만 사용되다가 대체되었다.

102 THU 악당 존 국왕

존 국왕(King John, 1167년~1216년)은 헨리 2세와 아키텐의 공녀 엘레노어 사이에서 다섯째로 태어난 막내아들이다. 1189년에 그의 형이 리처드 1세로 즉위했으나 다음 해 십자군 전쟁에 참전하면서 그의 빈자리를 대신해 왕국을 통치하게 되었다. 이 시기가 바로 《로빈 후드》라는 소설의 배경이 되었던 때로, 이야기 속에서는 존 국왕이 악한 주인공으로 그려졌다. 리처드 1세가 사망한 후 존 국왕은 왕위를 물려받았으며, 그 즉시 프랑스와 영토 분쟁을 시작했다. 존 국왕은 1200년대 초에 프랑스와의 전쟁을 지원하기 위해 생겨난 브리티시 해군의 창립자로 여겨진다. 군사작전에 들어가는 비용을 감당하기 위해 그는 남작, 사업 수익, 영국에 사는 유대인을 대상으로 세금을 부과했다. 그럼에도 그는 노르망디를 포함하여 거의 모든 땅을 프랑스에 빼앗겼다. 또한 1209년에 캔터베리 대주교의 임명권을 놓고 교황과 논쟁을 벌이다가 파문되기도 했다.

존 국왕의 세금 부과와 더불어 교황으로부터의 파문이 많은 영국 귀족에게 반발을 사면서 왕에 맞서 반역이 일어나는 데 박차를 가했다. 1215년, 존 국왕은 반역을 꾀한 스물다섯 명의 남작과 런던 인근에 있는 습지인 러니미드에서 마주하게 되었고, 평화를 유지하는 대가로 마그나카르타(Magna Carta)에 서명할 것을 강요받았다. 이 칙허장은 귀족들에게 부여하는 상속세를 제한하고, 동의와 보상 없이 왕이 사유재산을 가로채는 것을 금하며, 범죄에 걸맞은 처벌만 할 수 있도록 하는 원칙을 세웠다. 무엇보다 중요한 점은 이 칙허장이 영국 법에 헤비어스 코퍼스(Habeas corpus, 위법한 신체구속에 대하여 인신의 자유를 확보하도록 하는 법 - 옮긴이)를 도입했다는 것이다.

마그나카르타는 영국과 미국의 헌법이 자유를 보장하는 데 초석을 놓았지만 단기적으로 보자면 반역을 끝내는 데는 실패했다. 1215년에 다시 반역의 불길이 치솟아, 불만을 품던 귀족들이 제1차 남작 전쟁을 일으켰기 때문이다. 존 국왕은 그다음 해에 49세의 나이로 사망했고, 그의 아들인 헨리 3세의 통치 아래 비로소 평화가 다시 자리 잡을 수 있었다.

• 지금까지 열일곱 개의 마그나카르타 사본이 남겨져 있다. 그중 하나는 2007년에 한 변호사에게 2130만 달러에 판매되어 워싱턴에 있는 국립보존기록관에서 전시되고 있다.

103 FRI 예술가 제프리 초서

영국의 몇몇 국왕을 보필하던 신하이자 외교사신이었던 제프리 초서(Geoffrey Chaucer, 1343년경~1400년)는 영어의 발전 과정에서 획기적 사건이 되어준 영향력 있는 단편 소설집《캔터베리 이야기》의 저자로 더 잘 알려져 있다. 중세 영국에서 쓰인 그의 단편 소설들은 영국인의 일상적인 토착어를 사용한 최초의 작품이다. 이전의 영국 작가는 대부분 라틴어나 프랑스어를 사용했다.

초서는 비교적 부유한 상인의 아들로 런던에서 태어났다. 그는 백년전쟁 기간 중 에드워드 3세가 통치하던 시절에 영국군으로 복무했으며 1360년에는 프랑스의 포로가 되었다. 그러나 그다음 해에 전투가 뜸하던 틈을 타 몸값을 지불하고 가족에게 돌아갔다. 영국으로 돌아온 그는 왕비의 시녀 중 하나였던 필리파 로이엇과 결혼했는데, 그로 인해 왕의 측근이 될 수 있었다. 1370년대에는 에드워드 3세의 사신으로 이탈리아의 궁전 몇 곳에 파견되었다. 국왕이 초서에게 남은 생애 동안 매일 1갤런(4.5리터)의 와인을 하사하겠다고 결정한 것으로 미루어 보면 성공적인 외교관이었던 것 같다. 초서는 1380년대, 에드워드 3세의 계승자인 리처드 2세를 보필하던 시절에《캔터베리 이야기》를 쓰기 시작했다. 이 이야기는 영국에서 종교적으로 중요한 장소인 캔터베리에 있는 대성당으로 향하는 순례자들의 이야기를 시리즈로 엮은 소품집이다. 순례자들은 영국 사회의 단면을 드러냈는데, 초서는 기사, 학생, 변호사, 여관 주인을 비롯해 여러 평범한 사람들을 묘사했다.

1399년, 리처드 2세를 폐위시킨 사촌은 스스로에게 헨리 4세라는 칭호를 붙이고 즉위했다. 리처드의 지지자였던 초서는 이 쿠데타의 결과로 어려움을 겪었을 것이며 집도 빼앗겼을 것으로 추정된다. 그는 그다음 해에 알 수 없는 이유로 사망했다.

- 초서가 프랑스의 포로가 되었을 때 가족에게 돌아오기 위해 16파운드의 몸값을 지불했는데, 이 몸값은 에드워드 국왕이 내주었다. 이를 토대로 초서가 얼마나 높은 관직에 있었는지 짐작할 수 있다.
- 2001년도에 흥행했던 〈기사 윌리엄〉이라는 영화에서는 폴 베터니가 초서 역을 맡았다.
- 초서가 어떤 상황에서 사망했는지는 오랫동안 수수께끼로 남아 있다. 2005년에 영국의 코미디 그룹인 몬티 파이튼의 코미디언이자 중세 학자였던 테리 존스가《누가 초서를 살해했는가?》라는 책을 출간했는데, 이 책에서 그는 초서의 작품이 교회를 조롱했다는 이유로 헨리 4세의 지지자들이 암살했을 것이라는 가설을 제시했다.

104 SAT 개혁가 잔 다르크

열아홉 살의 나이로 사망할 때까지 잔 다르크(Joan of Arc, 1412년경~1431년)는 왕들의 가까운 동반자이자 상처 입은 참전용사 그리고 대승을 거둔 장군이었다. 그 이후로 문맹인 이 소녀 전사는 프랑스의 수호성인이자 민족의 주체성을 나타내는 주춧돌이 되었다.

잔 다르크는 1412년경에 프랑스 북동부의 한 마을인 동레미에서 태어났다. 가난한 소작농의 딸로 자주 그려지지만, 사실 그녀의 아버지는 어느 정도 성공한 농부였다. 그러나 그녀가 살던 지역은 1337년부터 간간이 폭력사태가 발발하던, 영국과의 교전지였다. 재판에서 증언한 바에 의하면 그녀는 16세부터 누군가의 목소리를 듣기 시작했는데, 그녀는 그것이 성인들의 음성이라고 믿었다. 그 목소리는 그녀에게 영국에 대항하는 군대를 조직해서 프랑스를 승리로 이끌라고 전했다.

당시 진행 중이던 백년전쟁은 원래 어떤 가문이 프랑스를 통치해야 하는가에 관한 왕조 간의 분쟁으로, 이미 영국을 통치하고 있던 발루아 왕가와 플랜태저넷 왕가 사이에서 시작된 것이었다. 따라서 프랑스에 사는 평범한 소작농과 노동자에게 그 싸움은 자신들과 큰 상관이 없었다.

그러나 잔 다르크는 그 전쟁을 발루아 왕가 대 플랜태저넷 왕가가 아니라 영국에 맞서는 프랑스라는, 국가 간의 분쟁으로 여겼다. 그녀는 발루아 왕가의 지도자였던 찰스 7세의 궁전으로 찾아갔고, 감명을 받은 왕은 1429년에 그녀를 프랑스 군대의 수장으로 임명했다. 그해 여름, 그녀는 랭스를 차지하며 큰 승리를 거뒀다. 그러나 1430년에 부르고뉴 부대가 그녀를 사로잡아 영국에 팔아넘기면서 그녀는 그다음 해에 날조된 혐의로 재판을 받았고 루앙에서 화형에 처해졌다. 1456년에 그녀의 혐의가 벗겨졌고, 1920년에는 가톨릭교의 성녀로 시성되었다.

- 백년전쟁은 잔 다르크가 죽고 난 후에도 1453년에 프랑스가 영국을 몰아낼 때까지 22년간 계속되었다. 그러나 영국은 조지 3세 국왕이 '프랑스의 국왕'이라는 말을 칭호에서 삭제하겠다고 한 1801년까지 프랑스에 대한 공식적인 소유권을 철회하지 않았다.
- 영국의 관점에서 들려주는 백년전쟁에 관한 셰익스피어의 연극 《헨리 6세》 1부에서는 장 라 푸셀(Joan la Pucelle, 잔 다르크를 다르게 부르는 이름-옮긴이)이 악당으로 등장한다.
- 잉그리드 버그만, 진 세버그, 밀라 요보비치 등 많은 배우가 영화 속에서 잔 다르크를 연기했다. 잔 다르크는 또한 2003년부터 2005년까지 CBS에서 방영된 〈조안 오브 아카디아〉에 영감을 주기도 했다.

105 | SUN 선지자 | 알 가잘리

1091년에 바그다드는 가장 인구밀도가 높은 도시로 이슬람 세계의 정치적 수도였다. 그해, 바그다드의 통치자가 젊은 페르시아 신학자인 아부 하미드 알 가잘리(Abu Hamid al-Ghazali, 1058년~1111년)를 모스크의 지도자로 선정했는데, 이 결정은 이후 이슬람교에 운명적인 결과를 가져다주었다.

술탄의 제안을 받아들였을 때 고작 서른세 살이었던 알 가잘리는 어린 시절부터 비상한 학자로 칭송받았다. 오늘날의 이란에 해당하는 투스에서 태어난 그는 이슬람 법학을 공부하기 위해 어렸을 때 마드라사(madrassa, 학교)로 보내졌다. 이슬람에서 서양 사상가들이 갖는 의미에 관한 당시의 논쟁에서 그는 전통주의자적 입장을 고수했다. 그는《철학자들의 모순》이라는 제목의 저서를 통해 아리스토텔레스의 추종자들을 공격했다. 그의 보수적인 관점은 곧 널리 받아들여졌고, 그로 인해 서양과 이슬람 세계 사이의 문화적인 연결고리가 사라지게 되었다.

그런데 이 젊은 신학자에게는 한 가지 비밀이 있었다. 알라가 존재하는지 전혀 확신하지 못했던 것이다. 타고난 무신론자였던 그는 이 문제를 연구하기 위해 수년을 보냈고, 알라의 존재에 대한 증거를 찾을 수 없는 자신의 무능력을 한탄했다. "나는 어둡고 구석진 곳을 모두 찔러보았고, 모든 문제를 공격했으며 모든 심연 속에 빠져보았다. 모든 종파의 교리도 면밀히 조사했고 모든 공동체의 가장 은밀한 신조도 까발렸다." 결국, 1094년 강의를 하던 도중 알 가잘리는 절망에 사로잡혀 쓰러지고 말았다. (이후 그는 "나의 혀는 단 한마디도 말할 수가 없었다"라고 적었다.) 그는 1096년에 바그다드를 떠나 메카로 순례를 떠났고 이후 호라산으로 돌아와 사립학교를 세웠다.

자신의 영적인 고통에 관해 쓴《실수로부터의 배달자》는 이슬람교 사상의 획기적인 작품이다. 알 가잘리는 이 책에서 인간의 마음으로는 알라를 이해할 수 없기 때문에 그 존재를 증명하거나 부인할 수 없다고 결론지었다. 그러나 예언자와 신비주의자가 알라를 경험할 수는 있다고 적었다. 그의 저서는 신비주의 이슬람 학파인 수피교가 생기는 데 일조했다.

- 그의 형제인 아마드 역시 유명한 학자이자 설교자였다.
- 바그다드를 떠나기 전에 그는 부패를 통해 얻은 부와 바그다드의 엘리트 계층이 행하던 억압으로 인해 사후에 구원받을 가능성이 줄어들지도 모른다고 생각해서 자신의 돈과 소유물을 모두 나누어주었다.

106 MON 리더 정복자 윌리엄

정복자 윌리엄으로 불린 윌리엄 1세(William I, 1027년~1087년)는 1066년에 잉글랜드 침략을 성공적으로 이끈 노르만족의 귀족이다. 오래된 색슨 왕조를 물리치고 스스로 왕좌에 오른 윌리엄 1세는 잉글랜드의 법률, 언어, 문화에 큰 변화를 일으켰다. 노르만 정복의 결과는 영어에서 가장 많이 찾아볼 수 있다. 프랑스어를 사용하는 침입자들이 들어오면서 영어가 급속도로 변했기 때문이다.

윌리엄 1세는 프랑스 북부의 지주인 노르망디 공작의 사생아였다. 그는 1035년, 여덟 살 때 영지를 물려받았다. 그리고 10대의 어린 나이에도 반역을 꾀하는 귀족들과의 몇 차례에 걸친 전쟁에서 싸워 이겼다. 그는 프랑스 귀족이자 먼 친척이었던 플랑드르의 마틸다와 1053년에 결혼했다.

잉글랜드 침공은 후계자가 없었던 잉글랜드의 에드워드 참회왕(Edward the Confessor)이 1066년 1월에 사망하면서 촉발된 왕권 분쟁에서 비롯되었다. 결국 해럴드 2세가 권력 다툼에서 이겼는데, 그해 9월 윌리엄 1세가 왕위를 주장하며 침략하기 시작했다. 그는 헤이스팅스 전투에서 승리하며 해럴드 2세를 죽이고 1066년 크리스마스에 왕으로 즉위했다. 유명한 바이외 태피스트리(Bayeux Tapestry, 중세에 제작된 자수 작품으로 헤이스팅스 전투를 담았다-옮긴이)에 그려진 것처럼 윌리엄 1세의 승리로 영국은 큰 변화를 맞았다. 그는 런던 타워를 비롯해 성을 여러 채 건설했으며, 잉글랜드의 귀족을 자신의 추종자들로 대체했다. 잉글랜드 침공 후 수 세기 동안 프랑스어가 영국 귀족의 언어가 되었다. 그는 또한 1086년에 《둠즈데이 북》이라는 인구조사 대장을 의뢰하기도 했는데, 이 책은 중세의 일상에 관한 정보를 제공하는 중요한 자료가 되었다.

윌리엄 1세는 59세의 나이로 사망했다. 윌리엄 루퍼스라고도 알려진 그의 아들 윌리엄 2세가 그의 뒤를 이었다.

- 바이외 태피스트리는 1070년대에 만들어진 작품으로 프랑스의 북부 해안의 바이외 대성당에 걸려 있었다. 길이가 약 70.4m에 달하는 이 태피스트리는 잉글랜드 침입에 대한 주요 역사적 자료 중 하나이다.
- 정복자 윌리엄이라는 이름은 사후 몇 년 뒤에 주어졌다. 살아생전에는 사생아라는 이유로 서자 윌리엄(William the Bastard)이라고 불렸다.

107 TUE 철학자 로저 베이컨

12세기, 13세기 서부 유럽에서는 학자들이 아리스토텔레스, 플라톤 같은 고대 철학자들의 저서를 재발견하면서 지적인 재인식의 바람이 불었다. 세계의 유명한 주요 대학들도 이 시기에 세워졌는데, 그중에는 케임브리지(1209년)와 소르본대학교(1257년)도 포함된다. 영국 수도자 로저 베이컨(Roger Bacon, 1214년경~1292년경)은 유럽에서 일었던 교육의 부활에 큰 역할을 했다. 그는 철학자이자 이슬람교 사상가들의 열렬한 지지자로, 특히 이븐 시나와 이븐 루시드 같은 아랍어를 사용하는 작가들을 지지했다.

로저 베이컨은 잉글랜드의 일체스터에서 태어났다. 옥스퍼드와 파리에서 교육을 받았고 1256년이나 1257년에 파리에 있는 프란치스코 수도회에 입회했다. 그는 헌신적인 프란치스코 수도자이긴 했지만 남은 생애 동안 수도회와 마찰을 빚었다. 프란치스코 수도회는 특별한 허락 없이는 수도자들의 책 출간을 금지했는데, 로저 베이컨은 이 규정을 몇 번이나 어겼다. 1266년에 그는 입회 후 수도자로 살았던 첫 10년이 사실상 감옥 생활이었다고 불평했다.

로저 베이컨은 학자들이 일반적인 통념과 당국의 낡은 자료에 지나치게 의존하기만 하고 과학적인 믿음과 철학적인 믿음은 시험해보지 않는다고 주장했다. 실험적 과학의 조기 추종자였던 그는 동시대 사람들에게 아랍 작가들의 저서 같은 비관습적인 자료를 읽을 것을 종용했다. (실제로 유럽 대학에서 사용되던 대부분의 교과서가 그리스어에서 번역된 것이 아니라 아랍어 판에서 번역된 것이었다.)

1272년에 로저 베이컨은《철학개론》이라는 저서를 출간하여, 철학적인 문제를 무시하는 듯한 사제들을 공격했다. 이 책은 비난의 대상이 되었고, 로저 베이컨은 감옥에 갇혔던 것으로 추정된다. 그는 1280년에 영국으로 돌아왔고 그곳에서 생을 마감했다.

- 아랍 작가들의 영향을 받은 로저 베이컨은 천문학 신봉자였다. 이런 입장이 1277년 교회로부터 비난을 받아 결국 체포되기에 이르렀다.
- 비록 책 속에 등장하진 않지만 로저 베이컨은 이탈리아 작가 움베르토 에코의 베스트셀러《장미의 이름》(1980년)의 주요 인물이다.
- 로저 베이컨에 대해 끊임없이 전해지는 어느 이야기에 따르면 그가 화약을 발명했다고 한다. 그러나 이는 사실이 아니다. 로저 베이컨은 이미 수 세기 전에 중국 과학자들이 발명한 화약을 묘사한 초기 유럽인 중 한 명일 뿐이다.

108 WED 혁신가 피보나치

피보나치(Fibonacci)라는 별명으로 더 잘 알려진 레오나르도 피사노(Leonard Pisano, 1170년~1250년경)는 일생의 대부분을 피사에서 보낸 이탈리아 수학자이다. 그는 중세 수학 개발에 중심적인 인물로 서양에 아라비아식 · 힌두식 숫자와 소수점의 개념을 보급했다. 그러나 그는 아마도 피보나치 수열로 가장 유명할 것이다. 피보나치 수열은 너무나 간단해서 아이들도 이해할 수 있지만 수학자들이 계속해서 그 이론적 의미를 연구할 정도로 심오한 수적 개념이다. 피보나치 수열에서는 앞의 두 숫자를 합한 값이 이어진다. 따라서 1, 1, 2, 3, 5, 8, 13, 21, 34··· 이런 식으로 이루어진다. 피보나치 수열은 해바라기 꽃잎이나 아티초크 잎, 솔방울의 동심원 배열처럼, 자연 속에서도 종종 찾아볼 수 있다. 예술에서는 르네상스 시대 화가들이 가장 선호했고 특히 보기에 가장 만족스럽다는 황금비율을 결정하는 데 피보나치 수열이 이용되기도 했다.

피보나치는 피사에서 태어났지만 젊은 시절 대부분은 아버지가 외교관으로 있던 북아프리카에서 보냈다. 아랍령 국가에서 자란 그는 아라비아식 · 힌두식으로 숫자 쓰는 법을 배웠고, 머지않아 그것이 당시 유럽에서 사용되던 로마식 숫자보다 우월하다는 사실을 인식하게 되었다. 사실 피사로 돌아온 후 1202년에 출간한 《산술에 관한 책》의 주요 목적은 아라비아식 숫자의 우월성을 입증하는 것이었다.

피보나치는 기하학과 숫자 이론에 관한 다른 책도 출간했는데, 그중 몇 권은 소실되었다. 그는 신성로마제국 황제인 프리드리히 2세의 관심을 받았다. 프리드리히 2세는 피보나치에게 일련의 문제를 제시할 정도로 수학광이었는데 피보나치는 그 문제를 1225년에 해결할 수 있었다. 이후 피보나치는 보상으로 고향 인근에 주택을 수여받았고 그곳에서 80세의 나이로 사망했다.

- 피보나치라는 별명은 '보나치오(Bonaccio)의 아들'이라는 라틴어에서 유래했다. 보나치오는 그의 아버지인 굴리엘모의 별명이었다.
- 피보나치 시대에 피사는 독립공화국이었다. 그러나 1406년에 또 다른 도시 국가인 피렌체에 의해 정복되었다.
- 피보나치의 수열 연구에 전념하는 저널 〈더 피보나치 쿼털리〉는 1963년부터 지금까지 출간되고 있다.

109 THU 악당 칭기즈 칸

몽골제국의 창건자인 칭기즈 칸(Genghis Khan, 1162년경~1227년)은 전사이자 왕으로 그의 기병은 아시아 전역의 도시를 난폭하게 공격한 것으로 악명 높았다. 그는 생을 마감할 때까지 중국과 중앙아시아는 물론 동유럽 일부까지 방대한 영역을 정복했다. 칭기즈 칸이 죽고 난 후 그의 아들과 손자들은 몽골제국을 인류 역사상 영토 면에서는 가장 넓은 제국으로 확장시켰다. 칭기즈 칸의 침략으로 인한 죽음과 파괴는 가히 전설적이었다. 그는 일반적으로 도시를 포위한 후 투항을 거부하는 주민을 모조리 죽이는 전략을 사용했다. 몽골에서는 국가적 영웅으로 인식되지만 대부분의 다른 국가에서 칭기즈 칸이라는 이름은 전시에 행해지는 비인간적인 전략과 동일시되어왔다.

본래 테무진(Temüjin)이라는 이름을 가진 칭기즈 칸은 몽골 유목민 족장의 아들이었다. 칭기즈 칸이 아홉 살이 되었을 때 그의 아버지가 부족 내의 경쟁 파벌에 의해 독살되면서 그와 그의 어머니는 가난에 시달렸다. 그는 결국 부족의 통치권을 되찾았고 아버지의 적들을 몰살했다. 이어서 그는 몽골 평야에 이웃한 부족들에 맞서 전쟁을 벌였고, 1206년에 나라 전체를 통일하면서 칸이라는 칭호를 얻었다. 그 후로 20년 동안 칭기즈 칸은 그전까지 볼 수 없었던 정복의 물결을 이뤘다. 몽골 조랑말을 탄 그의 군대는 1215년에 중국 북부를 정복하고 북경을 점유했다. 1220년대에는 페르시아와 코카서스 지방까지 침략했다. 도시 국가들과는 한 번도 전쟁을 치러본 적 없는 유목민이었지만 몽골인들은 투석기와 공성에 사용되는 기구의 사용법을 비롯해 중세의 군사적 전략을 금방 익혔다.

1227년 탕구트족을 물리치고 지도자들을 몰살한 직후, 칭기즈 칸은 말에서 떨어져 사망했다. 그의 시신은 비밀 장소에서 화장되었는데, 아직도 발견되지 않고 있다. 몽골제국은 그 후로도 40년가량 성장하며 칭기즈 칸의 아들대인 1250년대에 최고의 전성기를 맞았다.

- 몽골 북부에 위치한 칭기즈 칸의 수도 카라코룸은 1889년에 러시아 고고학자들에 의해 재발견되었다.
- 전해지는 바에 따르면 칭기즈 칸은 표시되지 않은 비밀 무덤에 묻히기를 원했다고 한다. 그의 바람대로 장례를 치르기 위해 장례식 일행은 무덤이 있는 장소까지 가는 동안 마주친 사람을 모조리 죽였다고 한다. 장례 후에는 그가 묻힌 장소가 누설되지 않도록 신하와 병사도 모조리 죽임을 당했다. 따라서 어디에 묻혔는지는 알 수가 없다.
- 몽골이 공산당의 지배를 받을 때에는 칭기즈 칸의 그림을 걸거나 그의 이름을 발설하는 것조차 금지되었다. 몽골의 공산당은 1990년에 실각했다.

110 FRI 예술가 필리포 브루넬레스키

피렌체의 위대한 건축물 중 일부를 디자인한 필리포 브루넬레스키(Filippo Brunelleschi, 1377년~1446년)는 이탈리아 건축사의 중심적인 인물 중 한 명으로 인정받고 있다. 그의 대작인 두오모 대성당은 고대 로마의 고전적 영향과 르네상스의 낙관주의와 휴머니즘을 결합한 새롭고 야심 찬 건축 양식의 도래를 예고했다.

금 세공사이자 조각가로 단련된 브루넬레스키는 1401년 피렌체 세례당의 청동 문 디자인 공모 대회에 참가하면서 맨 처음 두각을 나타내기 시작했다. 비록 수상은 로렌초 기베르티에게 내줘야 했지만, 대회 참가로 인해 스물네 살의 브루넬레스키는 전도유망한 피렌체 예술가로 발돋움할 수 있었다.

피렌체는 1418년에 대성당 완성을 위한 또 다른 디자인 공모 대회를 후원했다. 대성당은 거대한 돔을 위한 공간이 남겨진 채로 지어졌는데 어떻게 하면 전체적인 건물이 무너지지 않게 유지하면서 돔을 완성할 수 있는지 알아내지 못한 상태였다. 대성당은 피렌체가 권력과 부의 절정에 가까워진 시점에 이 도시 국가의 위대함을 나타내기 위한 의도로 지어졌다. 두 번째 시도에서 브루넬레스키는 고대 로마 유적과 공학 논문을 연구한 끝에 만들어낸 디자인으로 기베르티를 이겼다. 브루넬레스키는 팔각형 돔과 꼭대기에 빛을 받아들이는 랜턴을 건설하는 데 여생을 바쳤고, 그가 사망할 당시까지도 일부는 미완성이었다. 완성 당시에 이 3만 5000톤의 벽돌 돔은 세상에서 가장 큰 것이었다.

두오모 외에도 브루넬레스키는 병원과 몇몇 성당 그리고 궁전을 디자인했다. 그는 또한 피렌체와 피사 사이에 전쟁이 벌어지는 동안 군사 요새 디자인을 돕기도 했으며 두오모 성당 건축에 필요한 엄청난 수의 벽돌을 옮기기 위해 새로운 형태의 바지선을 발명하려고 노력했지만 성공하지는 못했다. 1446년에 사망한 브루넬레스키는 자신이 디자인한 성당 아래 묻혔다.

- 피렌체 건축물들이 너무나 아름다워서 도시 방문객 중 일부는 그 화려함에 육체적으로 압도되는 스탕달 신드롬 증상을 보이기도 한다. 이 증상은 1817년에 피렌체를 방문하는 동안 증상을 경험한 프랑스 작가인 스탕달의 이름을 따서 붙여졌다.
- 두오모가 완성되기 전까지 서양에서는 1300년 동안 로마의 판테온이 가장 큰 돔이었다. 두오모 돔의 지름은 43.6m로 43.2m인 판테온보다 약간 길다.
- 브루넬레스키의 무덤은 1972년에 대성당의 남쪽 통로 아래에서 발견되었다.

111 SAT 개혁가 지롤라모 사보나롤라

지롤라모 사보나롤라(Girolamo Savonarola, 1452년~1498년)는 잠시 피렌체 시정을 통치했던 도미니카 수도회의 수도자이다. 고작 4년을 통치했을 뿐이지만 그는 피렌체의 여러 예술적 보물을 파괴하고 엄격한 기독교적 도덕 규범을 실시함으로써 도시에 깊은 흔적을 남겼다. 처음에는 너른 지지를 받았으나 결국 1498년에 타도되어 죽임을 당했다.

이탈리아 북부의 페라라에서 태어난 사보나롤라는 부모의 반대를 무릅쓰고 스물한 살의 나이에 도미니카 수도회에 입회했다. 그리고 기독교의 가르침을 저버렸다고 여겨지는 교황과 로마 교황청을 향해 맹렬한 비난을 이어갔다. 사보나롤라는 1482년부터 1487년까지 피렌체에 있었지만 1490년에 다시 피렌체로 돌아오기 전까지는 별다른 인상을 남기지 못했다. 이탈리아 르네상스의 중심지였던 피렌체는 종교적 열정을 수호하는 곳으로 여겨지지 않았다. 그곳은 도시를 통치하는 메디치 가문에 의해 건축된, 세상에서 가장 호화로운 궁전과 건축물이 자리한 곳이었다. 사보나롤라에게는 도시의 번화한 문화가 그저 타락으로 보였으며, 예술과 문학도 죄를 저지르게 만드는 유혹일 뿐이었다. 그는 나체가 그려진 그림과 동성애를 비교적 관대하게 여기는 도시의 태도에 흠칫 놀랐다. 그는 도시 저변에 깔린 불만을 활용하면서 메디치 가문을 향해 맹렬한 비난을 퍼부었다.

1494년에 프랑스가 이탈리아 북부를 침략했고, 그 혼잡함 속에서 메디치 가문은 피렌체에서 쫓겨났다. 그리고 대중의 지지를 받던 사보나롤라가 도시를 통치하기 시작했다. 그는 동성애에 사형을 적용하고, 그가 퇴폐적이라고 여기는 책과 예술 작품을 소각하는 '허영의 소각'을 실시하는 등 전면적인 도덕적 개혁 계획에 착수했다. 그는 또한 교황 직위에 반대하는 설교를 이어갔는데 그로 인해 1497년에 가톨릭에서 제명되었다. 피렌체 사람들 사이에 불만이 증가하자 그는 자신이 옳다는 것을 입증하기 위해 불에 의한 시험을 거치겠다고 제안했고, 시민들은 그의 허세를 실제로 거행할 것을 요구했다. 1498년 4월에 그는 돌연 마음을 바꾸었지만, 체포된 뒤 1498년 5월 화형에 처해졌다. 이로써 포퓰리즘에 의존하는 신정(神政)국가에 대한 그의 실험도 끝이 났다.

- 사보나롤라의 허영의 소각은 1980년대의 뉴욕의 과욕을 풍자한 톰 울프의 1987년도 소설 제목에 그대로 쓰였다.
- 일부 개신교 신자들은 바티칸의 부패를 비판했다는 이유로 그를 종교개혁의 선구자로 인정하기도 한다. 그의 동상은 개신교의 탄생지인 독일의 보름스에, 마르틴 루터 동상 옆에 세워졌다.

112 SUN 선지자 피에르 아벨라르

1120년경 어느 날 밤, 한 무리의 폭력배들이 프랑스의 주요 학자였던 피에르 아벨라르(Peter Abélard, 1079년~1142년)의 파리 저택에 침입했다. 폭력배들은 그를 강제로 바닥에 눕히고 거세하는 잔인한 보복 행위를 가했다. 피해자는 중세에 매우 영향력 있는 기독교 신학자였지만 오늘날에는 금지된 사랑을 한 사람이자 그 때문에 섬뜩한 폭행을 당한 사람으로 잘 알려져 있다.

브르타뉴 출신인 아벨라르는 20대 초반에 파리로 이주했다. 낮은 계급의 귀족 집안 아들이긴 했으나 아벨라르는 가족의 유산을 포기하고 학습에 매진했다. 머지않아 그는 파리의 주요 철학 교육자가 되었고 막강한 토론자라는 명성을 얻게 되었다. 이는 풀베르라는 파리 교회 관리의 귀에까지 들어가게 되었다. 그는 아벨라르를 열다섯 살의 아름다운 조카 엘로이스의 가정교사로 고용했는데, 아벨라르는 이 소녀에게 점점 빠져들었고, 결국 그녀를 유혹하고 말았다. 처음에 둘 사이를 숨기는 데 성공했지만, 엘로이스가 임신을 하고 아들을 낳자 풀베르는 격노했다. 그러나 그도 세간의 이목을 우려하여 엘로이스와 열아홉 살 연상의 아벨라르의 비밀 결혼에 동의했다. 그러나 시간이 지나 풀베르가 그들의 결혼을 대중에게 알리자 엘로이스는 결혼 사실을 부인했고, 아벨라르도 마찬가지였다. 아벨라르가 결혼을 하면 그의 직업을 유지할 수 없었기 때문이다. 풀베르는 이를 그녀를 버리겠다는 뜻으로 해석했고, 자신의 명예를 더럽힌 데에 대한 복수로 아벨라르를 폭행할 것을 명했다.

아벨라르가 공격을 받은 후 엘로이스는 수녀원으로 떠났고, 아벨라르는 파리에 남아 수도자가 되었다. 둘 사이에 오고 간 편지가 지금도 많이 남아 있는데, 대부분 거세 사건이 일어나기 전의 것들이다. 그 사건 이후에도 계속 편지를 주고받았는데 어떤 학자들은 그들이 순전히 종교적인 문제에 관해서만 논했다고 주장하기도 했다.

아벨라르가 죽은 지 20년 후에 엘로이스가 사망하면서 두 사람은 비로소 다시 만나게 되었다. 그들은 파리의 한 묘지에 나란히 묻혔다.

- 엘로이스는 자신이 낳은 사생아에게 당시 이슬람권에서 유럽으로 수입되기 시작한, 항해에 쓰이는 과학 기기의 명칭을 따서 아스트롤라베(Astrolabe)라는 이름을 지어주었다.
- 아벨라르와 엘로이스는 도어스의 리드 싱어이자 락의 전설이었던 짐 모리슨이 묻힌 파리의 페르라셰즈 묘지에 안장되었다.

113 MON 리더 고드프루아 드 부용

고드프루아 드 부용(Godfrey of Bouillon, 1060년경~1100년)은 기독교인들에게는 전설적인 영웅이자 용맹의 상징이었고, 이슬람교도들에게는 타당한 이유도 없이 중동을 가로질러 유혈사태와 고통, 파괴의 흔적을 남긴 전쟁을 일으킨 사람이었다. 예루살렘을 차지할 목적으로 거룩한 땅을 침략한 제1차 십자군 운동은 교황 우르바노 2세가 1095년에 유럽의 국왕들에게 대의명분을 위한 군사력을 요청하면서 촉발되었다. 이 원정의 표면적인 목적은 거룩한 땅에 있는 기독교인들을 보호하고, 이슬람교 침입자들에게 영토를 빼앗기고 있던 비잔틴 제국을 지지한다는 것이었다.

고드프루아는 오늘날의 벨기에에 해당하는 지역인 브라반트 출신의 기사였다. 그는 우르바노 교황의 요청에 열정적으로 응했고 '십자가를 지고자' 하는 유럽 봉건 지도자들의 첫 물결에 참여했다. 그는 수천 명의 프랑스 기사로 구성된 군대와 함께 유럽 중부를 거쳐 비잔틴 제국의 수도인 콘스탄티노플까지 행군하여 다른 십자군 원정대와 연합했다. 대부분의 전투는 십자군 원정대가 이슬람군을 물리치고 연이은 승리를 거두었던 1097년에서 1099년 사이에 발생했다. 결국 이 십자군 전쟁은 1099년 7월 예루살렘을 점유하는 것을 끝으로 막을 내렸다. 기독교인이 예루살렘을 차지하고 난 후 고드프루아가 지도자로 선출되었다. 그는 왕이라는 칭호 대신 성묘의 수호자라고 불렸다.

그다음 해에 고드프루아가 사망하자 기독교인들은 그를 십자군 원정대 중 가장 이상적인 사람으로 만들었고 그의 독실함과 전투에서 보였던 영웅적인 행위를 칭송했다. 그는 사후에도 수백 년 동안 기독교 기사도의 모범으로 여겨졌다. 그러나 그의 왕국은 오래가지 못했다. 군사를 재정비한 이슬람군이 1187년에 예루살렘에서 십자군 원정대를 몰아냈기 때문이다. 거룩한 땅을 차지하기 위해 총 아홉 차례에 걸친 십자군 전쟁이 벌어졌고, 그로 인해 그곳에는 불신과 종교적인 적대감이 남게 되었다.

- 고드프루아는 중세 문학에서 기사도 정신의 모델로 등장하는 군사 지도자들의 목록인 아홉 호걸 중 한 사람이다. 고드프루아를 비롯한 아홉 호걸에 대한 유럽인의 숭배는 미겔 데 세르반테스의 소설 《돈키호테》에서 패러디되었다. 이 소설은 유럽 문학에 등장하는 기사도에 대한 낭만적 개념을 조롱했다.
- 기독교인이 1187년에 예루살렘에 대한 통치권을 잃기는 했지만 예루살렘의 왕이라는 칭호는 지금도 존재한다. 현재는 스페인의 후안 카를로스 국왕이 이 칭호를 보유하고 있다.
- 예루살렘에 있던 고드프루아의 무덤은 1808년에 파괴되었다.

114 TUE 철학자 오컴의 윌리엄

중세 영국 철학자의 이름인 오컴의 윌리엄(William of Occam, 1285년경~1347년경)은 오컴의 면도날(Occam's razor)이라고 알려진 유명한 논리적 개념으로 기억된다. 이 철학자는 그 외에도 기독교 신학, 물리학, 지식의 본질에 대한 연구인 인식론 등 다양한 범주의 주제에 관해 연구했다.

오컴의 윌리엄이라는 이름은 그가 태어난 영국 남부의 마을인 오컴에서 유래했다. 그는 옥스퍼드에서 교육을 받았으며, 1306년에 가난한 삶을 수용하는 프란치스코 수도회에 입회했다. 1323년에 출간된 그의 첫 번째 주요 저서인《수마 로지카》는 논리에 관한 교과서였다. 한편으로는 그의 저서를 둘러싼 논란, 또 다른 한편으로는 정치적인 논쟁으로 인해 오컴의 윌리엄은 1324년에 이단 혐의를 입고 교황 앞에 소환되었다. 그 후로 그는 평생 기독교 권위자들과 마찰을 빚었고, 결국 1328년에 가톨릭교회로부터 공식적으로 제명되었다. 지명 수배자가 된 그는 다시 영국 땅을 밟지 못했다.

오컴의 윌리엄은 중세 유럽에 등장했던 영향력 있는 사상 학파인 명목주의의 창시자 중 한 명으로 꼽힌다. 그전까지는 플라톤이 주창한 보편성 이론이 지배적이었다. 보편성 이론은 예컨대 개별적인 개뿐만 아니라 개라는 보편적인 '형태'가 존재한다고 주장했다. 명목주의자들은 이런 관점에 반박해 오로지 개만이 존재할 뿐이며 '집합적 형태의 개(doghood)'는 인간의 마음속에서 만들어진 것에 불과하다고 주장했다. 오컴의 윌리엄이 오컴의 면도날이라는 개념을 발명한 것은 아니지만 그가 이 개념을 너무나 자주 사용하는 바람에 그와 연관된 이름을 갖게 되었다. 면도날은 가장 그럴듯한 설명에 도달하기 위해 가능성 없는 가정을 깎아버리는 과정을 가리킨다. 본질적으로 오컴의 윌리엄은 가장 적은 수의 가정이 필요한 가장 단순한 설명이 옳다고 믿었다. 다시 말해서, 십중팔구 개별적인 개만 존재할 뿐, 플라톤이 주장한 보이지 않는 보편적 형태의 개는 존재하지 않을 가능성이 크다.

제명된 후 오컴의 윌리엄은 이탈리아와 독일에 살면서 계속해서 철학서를 쓰고 교황과의 정치적인 논쟁을 이어갔다. 그는 뮌헨에 흑사병이 발병했을 때 사망했다.

- 오컴의 윌리엄은 제명 후에 말을 훔쳐 독일어를 사용하는 바이에른으로 도망쳐서 처벌을 면한 것으로 추정된다.
- 교황 요한 22세와 오컴의 윌리엄 사이의 가장 큰 마찰은 사도의 가난에 관한 의견 대립이었다. 다른 프란치스코 수도사들과 마찬가지로 오컴의 윌리엄 역시 그리스도의 사도라면 가난하게 살아서 향후 성직자들의 귀감이 되어야 한다고 믿었다. 그러나 교황이 그의 의견에 반대하면서 마찰이 불거졌다.

115 WED 혁신가 알베르투스 마그누스

알베르투스 마그누스(Albertus Magnus, 1193년경~1280년)는 저명한 중세 신학자이자 철학자로 후에 가톨릭교에 헌신한 공을 인정받아 성인으로 시성되었다. 그러나 역사상 악명 높은 과학적 장난 중 하나인 '현자의 돌 찾기'와 연관되면서 그의 과학적 명성은 수 세기 동안 시달림을 당했다. 현자의 돌은 기본 요소를 순금으로 변화시킨다는 신비한 물질을 가리킨다. 전해지는 바에 따르면 알베르투스는 생애 끝 무렵에 현자의 돌에 관한 비밀을 발견했고, 임종하는 자리에서 자신의 제자인 토마스 아퀴나스의 귀에 속삭여주었다고 한다. 실제로는 토마스 아퀴나스가 알베르투스보다 먼저 사망했기 때문에 그런 일은 벌어지지 않았지만, 그로 인해 알베르투스는 중세 사이비 과학자의 전형이라는 오명을 쓰게 되었다.

사실 알베르투스는 당대 가장 혁신적인 사상가 중 한 사람이었다. 이성과 종교는 양립할 수 있다는 그의 생각은 현대 과학의 발전에 도움을 주었다. 동시대 인물이던 로저 베이컨과 마찬가지로, 그는 중세 비평가들로부터 과학적 탐구를 옹호하며 식물학, 생리학, 천문학, 지리학, 화학에 관한 연구를 수행했다. 그는 "자연과학의 목표는 다른 사람들의 진술을 그대로 받아들이는 것이 아니라 자연에서 작용하는 원인을 조사하는 데 있다"라고 적었다.

알베르투스는 독일에서 태어나 이탈리아의 파도바대학교에서 교육을 받았다. 1223년에 도미니카 수도회에 입회한 그는 독일의 여러 학교에서 가르쳤다. 이후 그는 파리대학교에서 가르치게 되었는데 그의 제자 중에는 젊은 토마스 아퀴나스도 있었다. 그는 교육을 통해 아리스토텔레스 같은 그리스 사상가들의 작품을 유럽 사상에 재도입하기 위해 많은 노력을 기울였다.

알베르투스는 또한 교회 정치의 주요 인물로, 바이에른주의 한 도시인 레겐스부르크의 주교를 3년간 역임했고, 1270년에 실패한 제8차 십자군 전쟁의 조직을 도왔다. 유럽의 위대한 사상가 중 한 사람으로 칭송받는 그는 1280년에 쾰른에서 사망했다.

- 라틴어로 마그누스는 '대왕'이라는 뜻으로 알베르투스의 신학적 영향력에 대한 공로로 그의 생전에 수여된 존칭이다. 그는 때때로 영어식으로 앨버트 대왕이라고 불리기도 한다.
- 비록 현자의 돌을 만드는 데 실패하긴 했지만 알베르투스는 비소를 발견한 최초의 유럽인이었다. 그는 1250년경에 이 독성 준금속을 분리해냈다.
- 알베르투스는 교황 비오 11세에 의해 1931년에 가톨릭교의 성인으로 시성되었다. 그는 학생과 과학자, 미국 오하이오주 신시내티의 수호성인이다.

116 THU 악당 블라드 체페슈

공작 블라드 3세(Prince Vlad, 1431년~1476년)는 왈라키아에서 오스만족의 침입을 간신히 막은 사람으로 지금도 그가 태어난 루마니아에서는 이슬람교의 영토 확장에 저항한 민족적 영웅으로 꼽힌다. 그러나 그 외의 나라에서는 적들에게 가한 가학적 처벌로 인한 악명과 아일랜드의 소설가 브램 스토커가 만들어낸 영원히 죽지 않는 허구의 뱀파이어 드라큘라(Dracula)의 모델로 가장 잘 알려져 있다. 트란실바니아 출신의 이 왕자는 가시 공작 블라드(Vlad the Impaler) 또는 블라드 체페슈(Vlad Țepeș)로 불린다. 체페슈는 루마니아어로 뾰족한 물건을 가리키는데, 그가 뾰족한 장대로 찔러 죽이는 방법을 선호했기 때문이다. 그렇게 하루에 수천 명의 적을 죽이고 그 가운데에서 축제를 열기도 했다고 전해진다.

블라드는 공작 블라드 2세의 아들이었다. 젊은 시절 블라드의 성(姓)이었던 드라큘라는 '용'을 나타내는 라틴어 드라코(draco)에서 유래한 것으로, 그의 아버지가 오스만 침입에 맞서 신성로마제국을 지키기 위해 조직된 드라곤 기사단의 일원이었다는 것을 나타낸다. 블라드의 아버지와 형은 1447년에 왈라키아 귀족들에게 암살당했다. 블라드 체페슈는 그 후로 9년 동안 공국의 통치권을 차지하기 위해 고군분투했고 마침내 1456년에 정권을 장악했다.

한편 투르크족이 1453년에 콘스탄티노플을 정복하면서 이슬람 군대가 유럽의 문 앞까지 밀어닥쳤다. 그리고 1462년에는 술탄이 왈라키아를 침략했다. 그러나 술탄은 끔찍한 장면을 목격하고 말았다. 침입자들에 대한 경고로 블라드가 2만 명의 오스만 포로를 찔러 죽인 것이다. 그로 인해 침입은 막았지만 블라드는 같은 해에 폐위되었고 그 후로 12년을 감옥에서 보냈다. 그는 1476년에 잠시 정권을 탈환했지만 이후 같은 해에 45세의 나이로 투르크족에게 죽임을 당했다. 4세기 후 브램 스토커가 우연히 블라드의 이름을 알게 되면서 그의 이야기와 뱀파이어에 관한 동유럽의 토속 신앙을 한데 합쳐 드라큘라 백작이라는 가공의 인물을 만들어냈다.

- 블라드의 아들인 미흐니아 더 배드(Mihnea the Bad)가 아버지의 뒤를 이어 왈라키아 공작으로 즉위했다. 이름에서 알 수 있듯이, 미흐니아 역시 온화하지 않았는데 그는 적들의 코를 잘라 처벌했다고 전해진다.
- 트란실바니아의 블라드 생가 인근에 뱀파이어 테마파크를 건설하려던 계획은 2002년에 취소되었다.
- 블라드는 사망 후 스나고브섬의 한적한 수도원에 묻혔다. 그의 무덤은 1931년에 발굴되었는데 소문에 의하면 텅 비어 있었다고 한다.

117 FRI 예술가 레오나르도 다 빈치

전설적인 천재 사상가 레오나르도 다 빈치(Leonardo da Vinci, 1452년~1519년)는 르네상스 유럽에 알려진 거의 모든 지식 분야의 전문가이다. 그는 엔지니어였고 발명가였으며, 수학자이자 건축가, 해부학자, 작가였을 뿐 아니라 각각의 분야에서 특출났다.

토스카나 소작농의 사생아였던 레오나르도는 피렌체의 빈치라는 마을에서 태어났다. 그는 청소년기에 한 피렌체 화가 밑에서 견습생으로 일했으며 밀라노, 로마, 볼로냐, 베네치아, 프랑스 등지에서 생활하기도 했다. 1482년에서 1499년까지 밀라노에 사는 동안 레오나르도는 한 도미니카 수녀원에 〈최후의 만찬〉이라는 벽화를 그렸다. 이 벽화는 예수가 12사도와 함께 테이블에 앉아 그중 하나가 자신을 배신할 것을 예측하는 순간을 보여준다. 1500년에 피렌체로 돌아온 레오나르도는 〈모나리자〉를 그리기 시작했다. 그가 사망하기 직전까지 미완성으로 남아 있던 이 그림은 토스카나 상인의 아내인 리사 델 지오콘도의 모습을 그린 것이다. 이 작품은 프랑스의 국왕 프랑수아 1세가 구입했는데 현재는 파리의 루브르 박물관에 걸려 있다.

레오나르도는 그림뿐 아니라 베네치아와 피렌체를 위한 군사 공학자이기도 했고, 인간의 시신을 해부하고 태아의 그림을 최초로 그린 해부학자이기도 했으며, 이스탄불의 다리 디자인 초안을 그린 건축가이기도 했다. 거꾸로 쓰인 그의 메모장은 방대한 분야에 관한 레오나르도의 지성을 보여주는데, 원시적인 헬리콥터와 행글라이더 디자인도 담겨 있다. 이상적인 인간의 신체를 나타낸 〈비투르비안 맨〉은 르네상스 시대에 그려진 매우 유명한 그림 중 하나이다. 1516년에 이탈리아를 침략한 프랑수아 1세는 레오나르도 다빈치를 파리로 데리고 갔고, 그곳에서 그는 67세의 나이로 사망했다.

- 〈최후의 만찬〉이 완성된 날부터 예술 애호가들은 연약한 그림 상태를 걱정했다. 이 그림의 원본은 많은 부분이 떨어져 나가거나 바랬으며, 나폴레옹 전쟁(1799년~1815년)과 제2차 세계 대전 중에도 손상됐다. 요즘은 이 벽화를 보호하기 위해 관람이 15분으로 제한되어 있다.
- 1994년에 마이크로소프트사의 빌 게이츠가 레오나르도의 메모장 중 하나인 〈코덱스 레이시스터〉를 3080만 달러에 사들였다.
- 1911년에 〈모나리자〉가 루브르 박물관에서 도난당하는 사건이 있었다. 2년의 조사 끝에 프랑스 경찰은 이탈리아 잡역부인 빈첸초 페루지아를 범인으로 체포했다. 한때 파블로 피카소가 용의자로 심문을 받은 적도 있다. 이 그림은 1914년에 루브르 박물관에 반환되었다.

118 SAT 개혁가 바르톨로메 데 라스 카사스

신대륙 인디언들에게 가해지던 가혹행위에 반대한 식민지 시대의 스페인 관리 바르톨로메 데 라스 카사스(Bartolomé de las Casas, 1480년경~1566년)는 도미니카 수도회 수도자이자 주교로, 신대륙 토착 민족에 대한 고문과 집단 학살을 폭로하기 위해 주교직을 내걸었던 인물이다. 1550년과 1551년 스페인 국왕 앞에서 열린 유명한 토론에서 데 라스 카사스는 유창한 말솜씨로 미국 원주민의 권리를 옹호했다. 그러나 토론 상대인 또 다른 도미니카 수도자는 백인이 '보다 적은 수의' 인종을 노예로 삼을 수 있다고 주장했는데, 결국 후자의 주장이 우세하게 되었다. 스페인 식민지 관행에 대한 데 라스 카사스의 전면적인 고발은 최근 들어 최초로 기록된 반제국주의 운동 중 하나로 인정받았다. 그는 2008년에 로마 가톨릭교회의 성인 후보에 오르기도 했다.

데 라스 카사스는 세비야에서 태어났다. 스페인 탐험가인 크리스토퍼 콜럼버스가 신대륙에 첫발을 디딘 후, 데 라스 카사스도 새로운 영토로 향하는 이민자들의 물결에 합류했다. 그는 1502년에 히스파니올라에 도착했고, 1512년에는 신대륙에서 서품을 받은 최초의 가톨릭 사제가 되었다. 스페인 이민자들의 도착은 캐리비언 원주민들에게 파괴적인 결과를 가져다주었다. 데 라스 카사스는 콜럼버스가 도착했던 시점에 300만 명이었던 히스파니올라의 원주민 수가 불과 몇십 년 만에 300명으로 줄었다고 추정했다. 사인은 대부분 유럽인들에 의해 유입된 질병 때문이었다. 그러나 데 라스 카사스는 식민지 개척자들이 인디언을 노예로 삼아 농업과 광부 일을 시키는 것을 허용했던 스페인의 엥코미엔다(encomienda) 제도가 그 불행에 기여했다고 주장했다.

그는 그 후로 30년 동안 여러 차례 스페인으로 돌아가 정부에 인디언에 대한 보다 나은 대우를 탄원했고, 1550년에는 노예제도에 대한 신학적 타당성에 관한 유명한 토론에 참여했다. 2년 후 그는 스페인 식민지 개척자들이 저지른 인권 남용에 대한 적요인 《인디언 문명 파괴사》를 출간했다. 그는 "그들이 그렇게 많은 사람을 죽이고 파괴하는 이유는 기독교인이 금이라는 궁극적인 목적을 가지고 있기 때문"이라고 썼다.

- 데 라스 카사스는 콜럼버스의 친구로, 콜럼버스 일지의 초판을 편집했다.
- 1544년 데 라스 카사스는 오늘날의 과테말라에 속하는 치아파스 지방의 주교로 임명되었다. 그는 사제들에게 노예를 풀어주길 거부하는 스페인인들에게 면죄 선언을 하지 말자고 했지만, 그의 명령은 지켜지지 않았다.
- 엥코미엔다 제도는 1720년까지 공식적으로 폐지되지 않았다. 스페인 식민지의 노예제도는 대부분의 원주민이 독립한 19세기까지 지속되었다.

119 SUN 선지자 아시시의 프란치스코

1206년 어느 화창한 아침, 지오반니 프란체스코 베르나르도네(Giovanni Francesco Bernardone)라는 이름의 젊은이가 아시시의 집 근처를 걷고 있었다. 길은 산 다미아노라고 불리는 언덕 꼭대기의 낡은 성당 앞으로 이어졌는데, 그는 가던 길을 멈추고 그 성당에 들어가 기도했다. 그런데 갑자기 어떤 목소리가 들렸고, 그는 그것이 예수 그리스도의 목소리라고 믿었다. 그 목소리는 젊은이의 인생을 바꿔놓을 다음과 같은 메시지를 전해주었다. "나의 교회를 다시 지어라."

나중에 아시시의 성 프란치스코(Francis of Assisi, 1181년경~1226년)로 알려지게 되는 이 젊은이는 부유한 집안에서 태어났으나 정규교육은 거의 받지 못했다. 대신 그는 아버지의 직물상에서 벌어들인 수입을 파티와 값비싼 옷을 사는 데 허비했다. 1201년에 아시시의 군대에 입대한 그는 페루자에 맞서 싸우다가 1203년에 포로가 되어 거의 1년 동안을 지하 감옥에서 보냈다. 그러나 언덕 꼭대기에서 받은 신의 계시로 인해 스물다섯 살의 젊은이는 물질적인 부를 포기하고 남은 생을 종교에 헌신하게 되었다.

아시시로 돌아온 그는 화려한 옷을 누더기와 맞바꿨다. 그는 가난을 서약하고 나환자와 사회에서 버림받은 다른 사람들을 보살피는 데 일생을 바치기로 맹세한 사람들로 구성된 작은 종교단체인 프란치스코회를 시작했다. 그는 산 다미아노 성당을 수리할 돌을 모아 문자 그대로 성당을 재건하고, 교회 전체에 새로운 활기를 불어넣어 교회의 은유적 재건을 이루고자 했다. 프란치스코회는 초기에 종교 당국의 의심을 사기도 했고, 프란치스코 또한 공식적으로 사제 서품을 받은 적이 없었다. 그러나 그의 단체는 1209년에 교황 이노첸시오 3세의 인정을 받아 공식적인 권한을 가진 수도회가 되었다. 소박한 생활방식 외에도 프란치스코는 동물과 소통하는 능력이 있었던 것으로 알려져 있다.

그를 따르는 사람이 늘어나면서 프란치스코는 제5차 십자군 원정대에 합류했다. 그는 1219년에 이집트 술탄에게 잡혔지만 결국 석방되었다. 이후 아시시로 돌아온 그는 45세의 나이로 생을 마감했다.

- 사망한 지 불과 2년 만인 1228년에 시성된 프란치스코는 동물과 이탈리아, 생태의 수호성인이다.
- 프란치스코 수도회의 자매 수녀회인 빈자 글라라 수녀회는 아시시 귀족의 딸이었던 아시시의 글라라 성녀가 1212년에 설립하였다.

120 MON 리더 아키텐의 공녀 엘레노어

중세 유럽에서 가장 강력한 여성 중 하나인 아키텐의 공녀 엘레노어(Eleanor of Aquitaine, 1122년경~1204년)는 프랑스와 잉글랜드의 여왕이었으며 두 나라의 역사에서 핵심 인물로 꼽힌다. 그녀는 십자군 원정대에 참가해 싸웠고, 두 왕의 어머니였으며, 3세기 동안 잉글랜드를 통치했던 플랜태저넷 왕가의 설립을 도왔다.

엘레노어는 프랑스 남서부 해안 지방에 영지가 있었던 아키텐 공작의 유일한 후손이었다. 열다섯 살이었던 1137년에 영지를 물려받은 그녀는 유럽에서 많은 이가 탐내는 여공작 중 한 사람이 되었다. 그로부터 3개월 후 그녀는 프랑스 황태자였던 루이 7세와 결혼했다. 남편이 즉위하자 곧이어 엘레노어도 프랑스의 왕비가 되었다. 그래도 그녀는 아키텐의 영지를 그대로 유지하면서 별도로 통치했다. 이 부부는 두 명의 딸을 두었다. 1147년, 그들은 실패한 제2차 십자군 전쟁에 참전했는데, 십자군 전쟁에서 돌아왔을 때에는 루이와의 결혼 생활이 이미 악화된 상태였다. 부부는 결국 1152년에 결혼 무효를 인정받았다. 결혼 무효 후 6주 만에 엘레노어는 후에 잉글랜드의 헨리 2세가 될 사람과 재혼했다.

엘레노어의 첫 번째 결혼에 비하면 두 번째 결혼 생활이 더 행복했다. 비록 1174년에 헨리 2세가 자신에 맞서 일으킨 반란에 가담한 혐의로 아내를 감옥에 가두긴 했지만 말이다. 그들에게는 여덟 명의 자녀가 있었는데 그중 두 아들은 후에 잉글랜드의 리처드 1세 국왕과 존 국왕이 되었다. 1189년 리처드가 국왕으로 즉위하면서 어머니를 감옥에서 풀어주었다. 리처드가 죽고 난 후 엘레노어의 막내아들인 존이 국왕이 되었다. 두 명의 자녀를 제외하고 나머지 자녀들보다 오래 산 엘레노어는 그로부터 5년 후에 사망했다.

- 엘레노어의 아들 중 하나인 존 국왕에 대한 셰익스피어의 역사적 희곡에서 그녀는 엘리노어 여왕이라는 인물로 등장한다.
- 엘레노어는 열 명의 자녀들을 통해 오드리 헵번, 애니메이션 제작자 월트 디즈니 그리고 그녀의 24대 후손인 미국의 조지 W. 부시 전 대통령을 비롯해 여러 명의 유명인을 후손으로 두었다.
- 엘레노어와 헨리는 제임스 골드먼의 1966년도 작품인 〈더 라이언 인 윈터〉라는 희곡의 주인공이었다. 이 희곡은 1968년에 영화로 제작되기도 했는데 엘레노어 역을 맡은 캐서린 헵번이 아카데미 여우 주연상을 탔다.

121 TUE ⌛ 철학자 니콜로 마키아벨리

니콜로 마키아벨리(Niccolò Machiavelli, 1469년~1527년)가 사망하자 가톨릭교회는 신속히 그의 저서들을 금지했다. 어떤 철학자들은 이 이탈리아 작가가 도덕 관념이 없다며 비난했고, 심지어 20세기에 들어서까지 "그 누구보다 사악한 사람"이라고 불리기도 했다. 외교관이자 관료였던 마키아벨리는 정치철학 역사상 가장 논란의 대상이 된 논문 중 하나인《군주론》을 저술해서 수백 년 동안 비평가들의 분노를 유발했다. 피렌체 시정에서 겪었던 저자의 경험을 바탕으로 쓰인 이 책은 통치에 대한 냉소적이고 가차 없는 안내를 제시하는데, 지금까지도 인간의 본질과 정치적 권력에 대한 이 책의 통찰이 연구되고 있다.

마키아벨리가 어렸을 때 피렌체는 메디치 가문의 통치를 받고 있었다. 중산층 가정에서 태어난 마키아벨리는 1490대 초에 메디치 가문이 실각한 후 1498년에 2대 총장 자리로 승진했다. 그는 14년 동안 정계에 몸담으면서 1512년에 메디치 가문이 권력을 탈환할 때까지 주변 이탈리아 도시 국가들을 방문하는 사절 역할을 했다. 메디치 가문이 귀환하면서 권력을 상실한 마키아벨리는 가난을 면치 못했고 정부로 되돌아갈 수 없었다. 로렌초 2세 데 메디치에게 헌정한《군주론》은 도시의 새로운 통치자에게 다시 자신을 불러달라고 설득하는 노력의 일환으로 쓰인 것이었다.

이 책은 거의 모든 면에서 논란거리가 되었다. 마키아벨리는 좋은 군주는 필요하다면 속임수와 폭력, 공포를 활용해 통치할 의지가 있어야 한다고 주장했다. 당시 사람들 대부분은 군주와 국왕이 선한 기독교인이어야 한다고 믿었는데 마키아벨리는 선한 기독교인인 척하는 것이 중요하다고 말했다. 국가의 안보와 독립을 유지하려는 목적은 가장 악랄한 수단도 정당화한다고 주장했다. 그러나《군주론》은 마키아벨리가 의도한 바를 달성해주지 못했다. 정부 복귀가 막힌 상태에서 그는 자신의 농장에서 가난 속에 살며 희곡과 시, 에세이, 피렌체의 역사를 쓰면서 여생을 보냈다. 그는 58세의 나이로 사망했다.

- 마키아벨리는 화가 레오나르도 다 빈치의 친구였고 한때는 그와 같은 건물에서 일하기도 했다. 이 두 사람은 인근 도시 국가이자 피렌체의 적이기도 한 피사로 공급되는 물을 차단하기 위해 아르노강의 물줄기를 다른 데로 돌리는 군사 전략을 고안하는 데 도움을 주었다. 실제로 1503년에 피렌체 당국이 이 계획을 실행해보았으나 홍수로 인해 오히려 자기 영토가 피해를 본 후 계획을 철회했다.
- 마키아벨리안이라는 단어는 교활하고 기만적인 정치 활동을 일컫는 데 흔히 사용된다.
- 마키아벨리가 주장한 이상적인 군주로는, 그가 1502년에 외교적인 관계로 만났던 체사레 보르자를 꼽을 수 있다. 그는 전쟁에서 보여준 무자비함으로 유명한 군사 전략가였다.

122 WED 혁신가 이븐 알 나피스

역사상 최초로 폐순환체계를 설명한 시리아의 의사 이븐 알 나피스(Ibn al-Nafis, 1213년~1288년)는 이집트 술탄의 개인 의사였으며 중세 최고의 의학 권위자 중 한 사람이었다. 그는 또한 여덟 권으로 구성된 영향력 있는 의학 백과사전를 집필한 저자이며, 수백 권의 다른 서적을 위한 주석을 편찬하기도 했지만 완성하지는 못했다.

이븐 알 나피스는 다마스쿠스에서 태어나 병원에서 의학을 공부했고 20대에 첫 번째 주요 저서인《해부학에 관한 해설》을 출간했다. 심장에 관한 고대 그리스의 오래된 이론을 뒤집은 이 책은 의학계에 획기적인 사건이 되었다. 이븐 알 나피스는 심장이 혈액을 폐로 펌프질한 후, 다시 심장으로 되돌아간다는 것을 보여주며 최초로 폐순환에 대해 설명했다.

1258년에 몽골이 바그다드를 약탈하면서 수천 명을 죽이고 수백 년 동안 이어진 아랍의 학문을 파괴했다. 정통 수니파 이슬람교도였던 이븐 알 나피스는 몽골의 침입으로 파괴된 방대한 과학적 지식을 보전하려는 노력의 일환으로 의학 백과사전을 편찬했다. 이 백과사전은 수 세기 동안 출간되었으며 지금까지도 의학 연구에 중대한 공헌을 한 문헌으로 인정받고 있다. 해부학, 수술기법, 안과학 등 여러 주제에 관한 많은 연구로 인해 이븐 알 나피스는 아랍 세계에서 '제2의 아비센나'로 칭송받았다. (아비센나는 유명한 이란 의사이자 철학자인 이븐 시나를 이르는 또 다른 이름이다.) 이븐 알 나피스는 카이로에 있는 알 만수리 콸라운 병원의 초대 원장으로 임명되었다. 그는 또한 몽골과 십자군 원정대에 대한 반격을 성공적으로 이끈 술탄 알 자히르 바이바르스의 개인 의사였다.

이븐 알 나피스는 죽으면서 자신의 집과 도서를 알 만수리 병원에 기증했다. 이슬람 세계에 있는 여러 병원 이름이 그의 이름을 따서 지어졌는데 이는 전 세계 의사들에게 미친 그의 영향력이 얼마나 대단한지를 보여준다.

- 이븐 알 나피스는 사막 섬에서 살던 아이가 선원들에 의해 발견되어 문명사회로 가게 되는 모험담을 그린《리살랏 파드 일 이븐 나티크》라는 소설도 썼다. 이 소설은《테올로구스 아우토디닥투스》라는 제목으로 라틴어로 번역되었다.
- 2003년에 있었던 미국의 이라크 침공으로 인해 이븐 알 나피스라는 이름이 헤드라인에 등장했다. 바그다그의 중앙 병원인 이븐 알 나피스 병원에서 여러 희생자가 치료를 받았던 것이다.
- 그의 정식 이름은 알라 알 딘 아부 알 하산 알리 이븐 아비 알 하즘 알 카르시 알 디마쉬키(Alā' al-Dīn Abū al-Hasan 'Alī Ibn Abi al-Hazm al-Qarshī al-Dimashqī')이다.

123 THU 악당 리처드 3세

리처드 3세(Richard III, 1452년~1485년)는 때때로 셰익스피어와 다른 여러 사람에 의해 악당으로 묘사된 허구의 리처드 3세에 가려지기도 한다. 셰익스피어의 리처드 3세는 살인을 일삼는 곱사등이 폭군이었다. 실제 리처드 3세 국왕은 실패한 영국 국왕으로 널리 인식되긴 하지만 그렇게 사악하지는 않았다.

리처드는 요크 공작의 막내아들이며, 요크 가와 랭커스터 가 사이에 벌어진 왕가 다툼인 장미전쟁이 일던 시기에 성장했다. 헨리 6세와 이후 헨리 7세가 되는 헨리 튜더가 랭커스터 가를 이끌었다. 두 가문 모두 에드워드 3세의 혈통이었기 때문에 서로 왕좌를 차지하려 했다. (이 전쟁의 이름은 두 가문의 군사가 착용한 배지 색깔에서 유래했다. 요크 가는 흰색 배지를, 랭커스터 가는 빨간색 배지를 착용했다.) 1461년에 리처드의 형인 에드워드 4세가 랭커스터 가문을 폐위시키고 국왕으로 즉위했다. 그 후 20년 중 대부분은 리처드가 형을 대신해 북부 잉글랜드를 통치했다. 에드워드 4세는 1483년에 사망했고 10대에 불과했던 자신의 아들이자 리처드의 조카인 에드워드 5세에게 왕좌를 넘겨줬다. 그러나 새 국왕은 삼촌이 쿠데타를 일으켜 권력을 장악할 때까지 고작 몇 주 동안만 통치권을 가질 수 있었다. 에드워드는 이복형과 함께 런던 타워에 갇혔는데, 아마 이 두 왕자는 그곳에서 리처드의 명령으로 살해되었을 것으로 추정된다.

그러나 1485년 8월 22일, 헨리 튜더가 이끄는 랭커스터 군이 잉글랜드에 들이닥쳤고 두 시간 동안 지속된 보스워스 전투에서 리처드를 물리쳤다. 리처드는 전쟁 중에 말에서 떨어져 죽임을 당했다. (셰익스피어의 작품《리처드 3세》에서는 그가 죽임을 당하기 전에 "말을 내줄 테니 내 왕국을 주시오!"라는 유명한 제안을 한다.) 전투가 끝난 후 헨리 튜더는 헨리 7세가 되었고 장미전쟁도 사실상 끝을 맺었다.

- 셰익스피어의《리처드 3세》를 다양하게 해석한 영화들이 제작되었다. 주인공 역을 맡았던 여러 배우 중에는 존 베리모어, 로렌스 올리비에, 이안 맥켈린, 알 파치노도 있었다. 리처드 3세를 연기한 가장 유명한 연극 배우 중에는 후에 에이브러험 링컨을 암살한 존 윌크스 부스도 있었다.
- 1924년에는 리처드 3세의 명성을 되돌리기 위한 목적으로 리처드 3세 소사이어티라는 단체가 결성되었다.

124 FRI 예술가 미셸 드 몽테뉴

프랑스 에세이 작가이자 철학자인 미셸 드 몽테뉴(Michel de Montaigne, 1533년~1592년)는 아마도 모국어가 라틴어였던 마지막 유럽 세대에 속했을 것이다. 남서부 프랑스에 소재한 그의 가족의 성에서는 심지어 하인들까지도 라틴어를 유창하게 구사했다. 부유한 몽테뉴의 아버지는 아들이 라틴어에 둘러싸일 수 있도록 그런 사람들을 고용했다. 베르길리우스의 시를 원서로 읽은 아이였던 몽테뉴가 후에 르네상스 유럽에서 박식한 사상가 중 하나로 이름을 날리게 된 것은 그다지 놀라운 일이 아닐 수도 있다. 그는 '에세이'라는 단어를 발명해낸 최초의 에세이 작가였는데, 그의 에세이는 독창성과 종교적 · 정치적 전통에 대한 회의론 그리고 인간의 본성에 관한 예리한 통찰력은 물론, 그의 주장 속에 간간이 섞인 광범위한 고전적 암시로도 유명했다. 학교를 졸업한 후 몽테뉴는 잠시 보르도 정부를 위한 변호사로 일했고, 1565년에 결혼했다. 그러나 37세에 변호사를 그만두고 학구적인 고찰의 삶을 살겠다며 가족의 성으로 돌아왔다.

《에세이》의 첫 두 권은 1580년에 등장했고 셋째 권은 1588년에 등장했다. 이 에세이집에서 몽테뉴는 결혼, 종교, 부정, 두려움 등 방대한 주제를 골라 자세히 설명하며 신선하고 자극적으로 생각하는 방법을 소개했다. 예컨대 식인 행위에 관한 에세이에서는 죽은 사람을 먹는 것보다 살아 있는 사람을 고문하는 것이 더 불쾌하기 때문에 유럽인들에게는 식인 행위를 비판할 자격이 별로 없다는 놀라운 주장을 펼쳤다. 당연시되었던 서양 문명의 우월성에 기꺼이 의문을 제기하는 몽테뉴의 의지는 그를 르네상스 유럽에서 비범하고 심지어 과격하기도 한 목소리의 주인공으로 만들었다. 그는 또한 미국 원주민을 고통스럽게 만들 것이라는 이유로 유럽 국가의 미 대륙 식민지화를 반대했다. 몽테뉴는 1592년에 자신의 성에서 사망했지만, 그의 에세이는 수 세기 동안 사상과 토론을 유발했다. 철학자 프리드리히 니체는 "그런 사람이 글을 씀으로써 지구상의 즐거움이 증가했다"라고 썼다.

- 몽테뉴는 1581년부터 4년 동안 보르도의 시장으로 역임했다. 그는 원래 시장직을 거절하려고 했으나 앙리 3세 국왕으로부터 시장직을 수락하라는 친서를 받았다.
- '에세이'라는 단어는 '시도'를 의미하는 프랑스어 에쎄(essai)에서 유래했다. 몽테뉴에게 각각의 에세이는 당면한 주제를 이해하기 위한 시도였다. 영어에서 에세이는 '시도하다' 또는 '노력하다'라는 뜻을 가진 동사이기도 하지만 별로 사용되지는 않는다.
- 1603년에 영어로 번역된 몽테뉴의 글이 처음으로 등장했다. 일부 문학 학자는 셰익스피어가 몽테뉴의 글을 읽고 영감을 받았을지도 모른다고 추정한다. 특히 《템페스트》를 쓰면서 식인 행위에 대한 몽테뉴의 에세이에 직접 영향을 받은 것으로 추정된다.

125 SAT 개혁가 갈릴레오 갈릴레이

그분께서 기초 위에 땅을 든든히 세우시어 영영세세 흔들리지 않는다.

-《시편》104편 5절

그럼에도 불구하고 지구는 움직인다.

- 갈릴레오 갈릴레이

니콜라우스 코페르니쿠스(1473년~1543년)는 지구가 태양 주위를 돈다는 사실을 발견했지만 생애 마지막까지 이 연구 결과를 발표하기 두려워했다. 이탈리아의 천문학자이자 물리학자인 갈릴레오 갈릴레이(Galileo Galilei, 1564년~1642년)는 동일한 시각을 대중에 공표했고, 그로 인해 고통을 받았다. 이단자이자 가톨릭교회의 적이라는 꼬리표가 붙은 갈릴레오는 처형의 위협을 받고 어쩔 수 없이 태양중심설에 대한 지지를 철회했다. 당시 갈릴레오의 생각은 우주에 대한 이해뿐만 아니라 서양 문명의 신학적 기반을 위협하는 것이기도 했다. 그는 창조에 관한 성경 내용의 신빙성을 떨어뜨림으로써 기독교 자체의 권위까지 실추시켰다. 지구가 우주의 중심이 아니라면 지구를 창조한 하느님은 정말 전능한 존재일까? 머지않아 갈릴레오의 생각은 과학 혁명과 자연 세계 이해의 혁신이 되었다. 그는 문화에 깊숙이 뿌리박혀 있던 믿음을 철저히 조사하고자 했던 의지를 인정받아 물리학의 아버지이자 현대 과학의 아버지라고 불린다.

피사에서 태어난 갈릴레오는 피사대학교에서 천문학을 공부했다. 1592년에는 파도바대학교에서 수학 교수로 임명되었다. 그는 당시 가장 발달한 망원경을 사용해 목성의 위성 가운데 네 개를 발견했으며 최초로 태양의 흑점을 발견했다. 또한 코페르니쿠스가 옳았음을 납득하면서 태양중심설을 공개적으로 칭송했다. 1616년 갈릴레오는 교회로부터 코페르니쿠스설을 가르치는 것을 중단하라는 경고를 받았다. 1633년에는 로마로 소환되어 재판에 회부되었다. 그다음 해에는 입장을 공개적으로 철회하라는 강요를 받았다. 그는 죽을 때까지 그의 시골집에서 가택연금에 처해졌다.

- 발명가이기도 한 갈릴레오는 1594년에 마력을 이용한 양수기에 대한 특허를 따냈다. 그는 또한 온도계의 원시적 전신인 온도 측정기도 발명했다.
- 갈릴레오가 최초로 발견한 목성의 네 위성 이오, 유로파, 칼리스토, 가니메데는 발견한 사람을 기념하기 위해 집합적으로 갈릴레이 위성이라고 불린다.
- 1989년 나사는 목성의 위성을 탐색하기 위해 이 천문학자의 이름을 딴 무인 탐사선 갈릴레오를 발사했다. 이 무인 탐사선은 6년 만에 목성에 도착했고 2003년 목성과 충돌할 때까지 측정치와 사진을 지구로 보냈다.

126 | SUN 선지자 | 토마스 아퀴나스

중세시대 가장 영향력 있는 기독교 신학자로 널리 인정받았던 성 토마스 아퀴나스(Thomas Aquinas, 1225년경~1274년)는 이탈리아 귀족 가문 출신으로, 로마 인근의 로카세카에 있는 성에서 태어났다. 그는 어린 시절 아버지 손에 이끌려 인근 수도원에 수도자로 입회하면서 종교학을 공부하기 시작했다. 그러나 열아홉 살 때 파리대학교에 입학하기 위해 프랑스로 도망을 치면서 아버지의 분노를 샀다. 그의 아버지는 사람을 보내 프랑스로 향하던 아들을 납치했고, 아들이 이탈리아에 남도록 설득하려 했다. 토마스 아퀴나스는 1년 동안 갇혀 지내다가 결국 파리대학교 입학을 허락받았다.

당시 센강 강둑에 세워진 지 50년밖에 되지 않았던 파리대학교에서 젊은 아퀴나스는 자신이 살던 이탈리아의 전통적 봉건사회와 전혀 다른, 라틴 지구에 조성된 활발한 학자 공동체를 만났다. 파리의 학자들은 이제 막 재발견된 고대 철학자 아리스토텔레스 저서의 번역본에 사로잡혀 있었다. 합리주의와 과학을 강조하는 아리스토텔레스의 철학은 여러 기독교 믿음에 심각한 이의를 제기했으며, 후에 쓰이는 대부분의 아퀴나스 글에 시금석이 되어주었다. 1256년에 신학 석사학위를 취득한 아퀴나스는《이교도 반박 철학 대전》(1264년)과《신학 대전》집필에 돌입했다.《신학 대전》은 그의 사망 당시 미완성으로 남겨졌다.

이 두 권의 저서에서 아퀴나스는 신앙과 이성의 관계를 살펴보고 아리스토텔레스가 제기한 의문에 답하려 했다. 몇몇 전통적인 신학자는 아리스토텔레스를 위협으로 여겼지만 아퀴나스는 아리스토텔레스의 비판적 추론법을 이용하면 종교를 더 깊이 이해할 수 있고, 신학도 과학처럼 접근할 수 있다고 믿었다. 그의《신학 대전》에는 후에 널리 받아들여지는, 하느님의 존재를 옹호하는 다섯 가지 품격 있는 주장, 즉 '다섯 가지 길(Quinque viae)'이 담겨 있다

아퀴나스는 1272년에 고향으로 돌아와 나폴리대학교에 정착했다. 그는 교황 그레고리오 10세에 의해 프랑스에 있는 회의에 초빙되었지만, 가는 도중에 병으로 사망했다. 그는 1323년에 시성되었고, 1567년에는 가톨릭 신학자에게 부여되는 최고의 영예인 교회 박사의 칭호를 받았다.

- 아퀴나스는 가톨릭 학교의 수호성인이다. 전 세계 수십 개의 학교 이름이 그의 이름을 따서 붙여졌다.
- 아퀴나스의 신학이 가톨릭 학자들에게 일반적으로 받아들여지기까지는 수년이 걸렸다. 실제로 그는 사망한 지 3년 후 파리 주교에 의해 제명되기도 했다.
- 파리에서 아퀴나스를 가르쳤던 스승 중에는 독일 학자이자 교회 박사인 알베르투스 마그누스도 있었다.

127 MON 리더 에드워드 3세

중세 영국 국왕 중 가장 막강했던 에드워드 3세(Edward III, 1312년~1377년)는 영국을 유럽의 주요 군사 국가로 만들었으며, 프랑스에 맞서 백년전쟁을 일으켰고, 영국 의회와 법률 체계의 개혁을 이끌었다. 그러나 에드워드 3세는 또한 의도치 않게 내전의 씨앗을 심기도 했다. 그가 죽은 지 수십 년 후, 그의 여러 후계자 간의 분쟁으로 장미전쟁이라고 불리는 왕가 간의 혈전이 촉발되었다.

에드워드 2세의 맏아들이었던 에드워드 3세는 윈저성에서 태어났다. 에드워드 2세의 통치는 형편없었고, 그로 인해 그는 아들이 고작 열다섯 살일 때 폐위되어 죽었다. 어린 에드워드의 모친과 그녀의 연인 로저 모티머가 10대인 왕을 대신해 섭정에 들어갔지만, 에드워드 3세는 열여덟 살에 모티머를 타도하고 처형했으며 자신의 어머니를 권력 구도에서 몰아냈다. 국왕으로서 에드워드 3세는 스코틀랜드에 대한 잉글랜드의 통치권을 확고히 다졌고, 프랑스를 영국으로 편입시키려 했다. 수감된 모계 쪽 혈통으로 프랑스 국왕의 손자이기도 했던 그는 1337년 가계도를 근거로 프랑스의 왕좌를 요구했다. 프랑스와의 분쟁은 1453년까지 백년전쟁(1337년~1453년)이라고 불리며 간헐적으로 이어졌다.

대내적으로는 에드워드 3세의 통치하에서 의회를 하원과 상원으로 나뉘는 양원제가 수립되었다. 에드워드 3세가 전쟁 자금을 마련하려면 의회가 세금을 부과하는 방법밖에 없었는데, 이로 인해 영국 입법부의 중요성이 커졌다. 에드워드는 또한 영국 관습법의 여러 사항을 성문화함으로써 영국과 미국 법률체계의 기반을 마련했다. 18세기까지 영국에서 최장 통치 기록을 보유한 그는 50년간의 통치 기간이 끝나갈 무렵 점점 노쇠해졌다. 그가 죽으면서 왕위는 그의 손자인 리처드 2세에게 넘어갔다.

- 에드워드 3세를 비롯해 당시의 여러 궁중 사람들은 영어가 아닌 프랑스어를 구사했고, 그 시기에 제정된 여러 법률도 '법률용 프랑스어'로 쓰였다. 법률용 프랑스어는 그 후로도 수 세기 동안 영국에서 계속 사용되었는데, 그 가운데 몇몇 법률 용어는 지금까지도 사용된다. 예컨대 모기지(mortgage)와 예비 심문선서를 뜻하는 부아 디어(voir dire)와 같은 용어가 법률용 프랑스어에서 파생됐다.
- 에드워드 3세는 사생아가 없었던 것으로 추정되는데, 영국 국왕으로서는 매우 드문 일이었다.

128 TUE 철학자 에라스무스

1439년경 독일에서 최초의 인쇄기가 발명되었다. 그로부터 60년 후 에라스무스(Erasmus, 1469년경~1536년)라는 이름의 네덜란드 사제가 베스트셀러를 출간했다. 신학자이자 철학자로, 다방면에 박식했던 에라스무스는 16세기에 가장 널리 읽힌 사상가이자 새로운 발명으로 인해 폭넓은 독자층을 얻은 최초의 작가였다. 그는 교회 정치부터 전쟁에 이르기까지 다양한 주제에 대해 라틴어로 글을 썼다. 한때는 유럽에서 팔리는 책의 10%가 이 다작 작가에 의해 쓰였다는 소문도 있었다.

항구 도시인 로테르담에서 태어난 에라스무스는 가톨릭 사제의 사생아였다. 가난에서 벗어나기 위해 신학교에 입학한 그는 스물네 살에 사제 서품을 받았다. 학문을 진정으로 사랑했던 그는 1490년대의 대부분을 프랑스, 영국, 이탈리아의 지적 중심지를 여행하며 그리스어를 배우고 신학을 공부하며 보냈다. 1500년대 초에는 그리스어 구약성경을 라틴어로 새롭게 번역하는 일을 시작했는데, 이것이 그의 첫 주요 문학 과제였다. 그의 비학문적 저서 중 가장 유명한《우신예찬》은 1511년에 출간되었다. 유명한《격언집》도 여러 판 출간했다. 격언을 편집한《격언집》에는 "모든 수단을 동원하라(Leave no stone unturned)"와 "신은 스스로 돕는 자를 돕는다(God helps those who help themselves)" 같은 유명한 구절과 속담이 들어 있다.

가톨릭교 지배층의 부패에 괴로워하던 그는 교회의 개혁을 종용했다. 그러나 마르틴 루터와 달리 가톨릭교를 버리지는 않았고 대신 전통주의자와 개신교 개혁자 사이에서 중용을 이끌어내려고 했다. 에라스무스는 유럽 정신사의 중추적인 입지를 인정받아 인문주의자의 왕자로 불려왔다. 대륙 전역에 퍼진 그의 책은 고등교육에 대한 가톨릭교회의 독점이 깨진, 새로운 시대의 시작을 상징했다.

- 일반적으로 에라스무스라는 학명으로 알려진 이 작가의 네덜란드 이름은 헤릿 헤리츠존(Gerrit Gerritszoon)이다.
- 에라스무스의 옥스퍼드대학교 친구 중 하나인 토머스 모어는 후에 에라스무스의 또 다른 친구인 헨리 8세에 의해 처형되었다. 토머스 모어는 교황을 부정하는 선언을 거부함으로써 왕의 분노를 샀다. 가톨릭교회의 순교자로 여겨지는 토머스 모어는 1935년에 시성됐다.
- 어느 편도 들지 않았던 에라스무스는 1520년대에 발생한 종교적 분립에서 어느 한쪽의 신임도 얻지 못했다. 가톨릭교회는 1559년에 그의 저서를 모두 금지했으며, 마르틴 루터는 그의 글을 '독'이라고 불렀다.

129 WED 혁신가 토머스 브래드워딘

그의 지식은 시인에게는 찬사를, 왕에게는 보상을, 동료 학자에게는 칭송을 받았다. 당대에 가장 많이 배운 사람이라 추정되는 토머스 브래드워딘(Thomas Bradwardine, 1290년경~1349년)은 결국 신학, 수학, 물리학, 외교 등 다방면에서 보인 그의 전문성이 반영된 '닥터 프로푼두스'라는 칭호를 받았다.

브래드워딘은 1321년 옥스퍼드대학교를 졸업한 후 대학 부설 머튼대학의 선임 연구원이 되었다. 그는 운동과 가속도의 법칙을 연구하며 갈릴레오보다 3세기 앞선 발견을 했던 지식인 단체인 옥스퍼드 칼큘레이터스(Oxford Calculators)의 일원이었다. 브래드워딘은 머튼대학이 발간한 주요 저서 가운데 1328년에 발간한《비율의 논고》를 썼다. 그 시절 물리학과 운동 분야에서 인정받는 권위자는 아리스토텔레스였다. 브래드워딘은 물체가 운동하는 법칙에 관한 아리스토텔레스의 글에 몇 가지 결함이 있다는 것을 정확하게 지적했는데, 이는 유럽에서 고대 과학에 의문을 제기하는 사람이 증가하고 있음을 나타낸다. 브래드워딘의 이론도 틀렸음이 증명되었지만 그가 보여준 탐구정신과 회의론은 남았다.

1337년에 브래드워딘은 런던의 세인트 폴 대성당의 총장 자리에 올랐고 후에 국왕 에드워드 3세의 고문 사제가 되었다. 국왕의 종교적 자문관이었던 브래드워딘은 프랑스와의 백년전쟁 중 1차 시기인 1340년대에 영국 군대와 함께 여행했으며 프랑스 국왕인 필리프 6세와의 협상에서 외교관 역할을 하기도 했다. 1349년에 영국으로 돌아온 브래드워딘은 영국에서 성직자가 가질 수 있는 가장 높은 직위인 캔터베리 대주교로 승진했으나 그로부터 3개월도 채 지나지 않아 흑사병으로 사망했다.

- 브래드워딘의 전임 캔터베리 대주교인 유포드의 성 요한도 흑사병으로 사망했다. 역사가들은 1348년부터 1349년까지 발생했던 흑사병 유행으로 당시 영국 인구의 절반가량이 사망했을 것으로 추정한다.
- 브래드워딘은 제프리 초서의《캔터베리 이야기》중 하나인 〈수녀 사제 이야기〉에서 찬사를 받았다. 초서는 그의 학구적 지식을 성 아우구스티누스와 보이티우스의 지식에 견주었다.

130 THU 악당 토마스 데 토르케마다

최초의 스페인 종교재판관이었던 토마스 데 토르케마다(Tomás de Torquemada, 1420년~1498년)는 15세기에 수천 명을 죽음으로 몬 종교재판을 이끌었다. 이단자, 간통하는 사람, 마법사는 물론이고 '숨은' 유대인과 이슬람교도를 제거하는 것이 목적이었던 종교재판은 스페인에서의 종교 일치를 꾀했지만 오히려 그릇된 종교적 열성의 상징이 되었다. 그의 재임 기간에 화형당한 사람이 2000명에 달한 것으로 추정된다. 그 밖에 고문당하거나 투옥된 사람도 많았다. 스페인에서 종교재판에 대한 평판이 점점 나빠지자, 교황 알렉산데르 6세는 결국 공격적인 종교재판관에게 제동을 걸어야 했다. 그러나 스페인의 종교재판 자체는 19세기까지 행해졌다.

토르케마다는 도미니카 수도회 수사이자, 1479년에 스페인을 통일한 공동 군주 국왕 페르디난드 5세와 이사벨 1세의 측근이었다. 이사벨 1세의 전담 고해 수사였던 그는 여왕에 대한 접근 권한을 가혹한 종교 정책을 옹호하는 데 이용했다. 대규모의 유대인과 이슬람교도가 거주했던 15세기 스페인은 유럽에서 종교적으로 가장 다양한 국가로 꼽히는데, 토르케마다와 여러 가톨릭 신자는 이를 국민 통합의 위협으로 여겼다. 그는 특히 겉으로는 가톨릭인 척하면서도 비밀리에 본래의 신앙을 믿는 거짓 개종자들에게 집착했다.

1483년에 군주들은 토르케마다를 대재판관으로 임명했고, 그는 신속히 스페인 전역에 재판소를 설치하고 종교재판 대상 범죄 목록을 확대하여 동성애에서 고리대금에 이르는 다양한 종교적·도덕적 범죄행위를 포함시켰다. 처벌은 종교적 권위자들이 용의자를 정부의 손에 넘겨 처형하게 하는 정교한 의식인 아우토다페(auto-da-fé)에서 이루어졌다. 1494년에 이르러 토르케마다의 조사에 대한 평판이 악화되는 바람에 그는 무장 경비의 비호를 받으며 돌아다녀야 했다. 같은 해 교황은 그의 권위에 제한을 가했다. 그러나 토르케마다는 4년 후 사망할 때까지 명목상의 종교재판관으로 남아 있었다.

- 스페인 종교재판은 1834년에 공식적으로 폐지되었다. 기록에 남겨진 마지막 아우토다페는 1850년 멕시코에서 진행됐다.
- 멜 브룩스의 1981년도 코미디 〈세계의 역사: 1부〉에서 멜 브룩스가 토르케마다 역을 맡았다. 또한 〈크리스토퍼 콜럼버스〉(1992년)에서는 말런 브랜도가 그를 연기했다.
- 종교재판에 회부된 많은 피고인이 궐석재판을 받았다. 유죄로 판결되면 그들의 인형을 만들어 불태웠다.

131 FRI 예술가 미겔 데 세르반테스

미겔 데 세르반테스(Miguel de Cervantes, 1547년~1616년)는, 스페인어 작품 가운데 가장 사랑받는 소설인《돈키호테》로 인해 최초의 근대 작가로 불려왔다. 1605년과 1615년에 두 권의 형태로 등장한 이 책은 풍자적인 유머, 빈번한 도덕적 모호성 그리고 심리적인 통찰을 담은 혁신적인 작품이었다. 세르반테스는 단순히 연쇄적인 사건을 들려주는 것이 아니라 등장인물의 내면 감정을 파헤친 최초의 서양 작가 가운데 하나였다.

세르반테스는 마드리드 바로 외곽의 알칼라 데 에나레스에서 태어나 1570년에 스페인군에 입대했다. 그는 1571년 오스만 제국과 스페인·베네치아 연합 함대 사이에서 벌어진 레판토 해전에서 부상을 입어 평생 왼손을 쓸 수 없게 됐다. 유럽 역사의 전환점이었던 이 전투에 참가한 데 대해 세르반테스는 자부심을 느꼈다. 1575년 오랜 시간 끝에 전쟁에서 입은 부상에서 회복한 세르반테스는 그가 탄 배가 해적의 공격을 받으면서 포로로 잡혀갔다. 그는 그의 가족이 몸값으로 지불할 돈을 마련할 때까지 알제리에서 5년 동안 노예 생활을 했다.

작가 생활을 시작한 세르반테스는 1585년 첫 작품인《라 갈라테아》를 출간했다. 이후에는 세금 관리로 일했는데 1597년에 회계 장부 조작 혐의로 3년간 투옥되었다. 그는 감옥에서《돈키호테》를 집필하기 시작했다. 이 책은 기사도에 관한 소설을 너무 많이 읽고 난 후 영웅적인 기사가 되겠다고 결심한 라만차의 돈키호테라는 노인의 모험을 따라간다. 돈키호테는 정신없는 시종 산초 판사(Sancho Panza)의 도움을 받아, 구해줄 아가씨와 죽여야 할 괴물 그리고 바로 잡아야 할 그릇된 일을 찾아 나선다. 분명 망상에 사로잡혀 있지만 돈키호테는 궁극적으로 동정심이 많고 심지어 비극적인 인물로 그려진다. 이 책은 어마어마한 인기를 얻었지만 널리 표절되는 바람에 수십 권의 승인되지 않은 '속편'을 낳았다. 세르반테스는 1615년에 모방 작가들을 호되게 비난하면서 진짜 속편을 출간했고, 그다음 해에 69세의 나이로 사망했다.

- 라만차는 마드리드 남부에 인접한 스페인 지역이다.
- 세르반테스상은 스페인 최고의 문학상으로 알려져 있다. 역대 수상자로는 아르헨티나 출신 단편소설 작가 호르헤 루이스 보르헤스와 페루 출신 소설가인 마리오 바르가스 요사가 있다.
- 2002년 실시된 세계 소설가에 대한 여론조사에서 역사상 가장 위대한 작품으로《돈키호테》가 마르셀 프루스트의《잃어버린 시간을 찾아서》를 누르고 1위를 차지했다.

132 | SAT 개혁가 | 올리버 크롬웰

지난 1000년 동안, 영국에 군주가 없던 때는 단 한 번밖에 없었다. 1649년부터 1660년까지 영국 내전의 결과로 공화당 정부가 잠시 국왕을 대체했던 것이다. 이 시기의 대부분 영국의 '호국경'은 무명에서 왕정과의 싸움을 이끄는 지도자로 떠오른, 열정적인 청교도 올리버 크롬웰(Oliver Cromwell, 1599년~1658년)이 맡았다.

크롬웰은 영국의 케임브리지 근처에서 비교적 낮은 지위의 지주 집안에 태어났다. 그는 열성적인 청교도인이 되면서 1630년대에 종교적 깨달음을 경험했던 것으로 보인다. 당시 영국은 유럽에서 가장 평온한 나라 중 하나였으나 의회와 찰스 1세 국왕 사이의 갈등이 전쟁에 불을 지피면서 1642년, 종교적·정치적 분쟁으로 갑작스레 평화가 깨졌다. 이 전쟁으로 의회파(혹은 원두당)와 왕의 지지자들(혹은 왕당파)이 맞붙었다. 원두당에는 왕의 종교 정책이 가톨릭에만 지나치게 우호적이라고 판단한 많은 청교도인이 포함되었다. 왕은 통치할 '신성한 권리'를 자신이 가지고 있기 때문에 입법부의 법령은 무시해도 된다고 주장했는데, 이 또한 전쟁 발발에 기여했다.

크롬웰은 원두당 측의 기사 부대 지휘관으로 전쟁에 참전했다. 군사적 경험이 부족함에도 그는 1644년에 마스턴 무어 전투를 승리로 이끄는 데 큰 역할을 했다. 군사 기량으로 인해 올드 아이언사이즈(Old Ironsides)라는 별명이 붙은 그는 그다음 해에 의회의 신형군(New Model Army)의 부사령관으로 임명되었다. 1649년 원두당이 승리하고 국왕을 처형한 후, 크롬웰이 정부를 책임지게 되었다. 그는 영국의 패권을 재정립하기 위해 아일랜드를 무자비하게 침공했고 극장을 폐쇄하는 법을 통과시키고 청교도적인 선행 사상을 강요하는 공격적인 외교 정책과 대내 정책을 추구했다.

이처럼 크롬웰은 혁명과 영연방을 이끈 원동력이 되었으나 그가 59세의 나이로 사망하면서 그의 지지자 계급 간에 분열이 발생했다. 그의 아들인 리처드 크롬웰은 군부에 의해 축출되기 전까지 고작 몇 달 동안만 호국경을 지속할 수 있었다. 군부는 결국 처형된 군주의 아들을 다시 영국으로 불러들였고, 그렇게 영연방도 종식되었다.

- 크롬웰은 사망 후 영국 국왕이 묻히는 웨스트민스터 사원에 매장되었다. 그러나 그 영광은 오래가지 못했다. 1661년 군주 정치가 재건되면서 그의 유해도 이름 없는 묘지로 이장되었다고 한다.

133 SUN 선지자 카테리나 다 시에나

카테리나 베닌카사(Catherine Benincasa, Caterina da Siena, 1347년~1380년)는 불안정하던 시기에 이탈리아의 성벽 도시 시에나에서 태어났다. 시에나는 정치적으로 분열되어 있었고, 그녀가 태어난 이듬해에는 흑사병이 토스카나 지방을 휩쓰는 바람에 수천 명의 시민이 사망했다. 이런 배경에도 불구하고, 스물다섯 명의 자녀 중 하나였던 이 어린 소녀는 결혼하기를 바라는 아버지의 바람을 거역하고 열여섯 살의 나이에 도미니카 수도회의 제3회원이 되었다. 수녀와 비슷한 종교적 신분인 제3회원으로서 카테리나는 3년 동안 창문 밖의 거리에도 거의 나가지 않은 채 은둔 생활을 했다. 그러다 열아홉 살에 예수 그리스도와의 '신비한 결혼'이라고 불리는 것을 경험했다.

카테리나가 서서히 은둔 생활에서 나오기 시작했을 때도 도시의 상태는 악화일로를 걷고 있었다. 1368년에 그의 아버지가 병이 들자 그녀는 서둘러 아버지의 곁으로 돌아가 병간호를 시작했다. 그 후 아버지가 사망했고 같은 해에 시에나의 통치자들도 혁명에 의해 폐위되었다. 시에나와 이탈리아 전역에 문제가 발생한 와중에 카테리나는 종교적 주제와 이탈리아의 정치에 관한 의견을 담은 편지를 쓰기 시작했는데, 후에 이런 편지가 수백 통에 달하게 되었다. 교황, 국왕, 수사 그리고 가족들에게 보낸 이 편지에는 독실한 가톨릭 신자의 모습뿐 아니라 정치적으로도 예리한 재능이 담겨 있었다. 그녀는 프랑스 아비뇽에서 로마로 교황청을 옮기도록 교황 그레고리오 11세를 설득하는 일에 전념했다. 교황청은 정치적 분쟁으로 1309년에 추기경들이 아비뇽으로 이전해놓은 상태였다. 카테리나가 1376년 직접 아비뇽을 찾아가면서까지 벌였던 로비 활동이 1377년에 교황이 로마로 돌아오도록 설득하는 데 큰 역할을 했다. 그러나 교황 그레고리오 11세의 로마 귀환은 프랑스를 분노하게 만들었고, 15세기 초까지 이어지는 가톨릭교 내의 깊은 분열의 시기인 서방 분리 대란(Western Schism)을 촉발했다. 1378년에는 교황에 반대하는 '대립 교황'이 변절한 추기경들 사이에서 선출되었다. 분열에 괴로워하던 카테리나는 로마로 건너가 화해를 위해 노력하다가 33세의 나이로 사망했다.

- 교황 그레고리오 11세에게 보낸 편지에서 카테리나는 교황을 이탈리아어로 아빠라는 뜻의 밥보(babbo)로 호칭했다.
- 1461년에 시성된 카테리나는 간호사, 소방관, 병자, 약자 그리고 미국 펜실베이니아주 앨런타운의 수호성인으로 여겨진다. 그녀는 또한 1999년에 유럽의 수호성인으로 추대됐다.
- 그녀의 편지들이 이탈리아 문학에서 획기적인 사건이긴 하지만 카테리나는 사망하기 3년 전까지 부분적인 문맹, 즉 '글을 못 읽는 사람'이었다. 따라서 편지 대부분은 그녀가 불러주는 것을 필경사가 대신 쓴 것이다.

134 MON 리더 항해왕 엔히크

주로 항해왕 엔히크(Henry the Navigator, 1394년~1460년)라고 불리는 엔히크 왕자는 15세기에 최초로 대서양 탐험 여행을 조직했던 포르투갈 귀족이었다. 그의 여행은 포르투갈의 강한 해군력과 조선 기술 개발에 박차를 가했으며, 머지않아 인도와 신세계로 향하는 항로를 발견하도록 길을 터주었다. 그러나 엔히크의 유산에는 포르투갈 제국에서 4세기 동안 계속될 아프리카 노예무역의 최초 건설자 역할도 포함된다.

엔히크는 주앙 1세 국왕과 필리파 왕비의 셋째 아들로 태어났다. 그는 스물한 살의 나이로 포르투갈이 모로코 북부 해안에 위치한 세우타라는 도시를 정복하는 데 참전했고 이로써 세우타는 포르투갈 제국 최초의 식민지가 되었다. 세우타 정복과 방어로 포르투갈은 거의 파산할 지경에 이르렀지만, 이를 통해 엔히크 왕자는 아프리카의 영역 확장이 가지고 있는 큰 가능성을 확신했다. 그는 작은 범선을 타고 아프리카 해안과 대서양 동부를 탐험하기 시작했고 그의 선원들이 대서양에서 아조레스제도, 케이프베르데, 마데이라제도를 발견하면서 이 모든 곳이 포르투갈의 소유가 되었다. 엔히크 왕자의 원정으로 노예와 금이 리스본으로 흘러 들어오면서 포르투갈은 경제 강국이 되었다.

엔히크 왕자는 1460년에 66세의 나이로 사망했지만 그가 일궈놓은 세력은 머지않아 세계의 얼굴을 바꾸어놓았다. 1498년 포르투갈 탐험가인 바스쿠 다 가마가 희망봉을 성공적으로 돌아 인도에 도착했고 포르투갈 무역의 식민지를 구축하면서 유럽과 아시아 역사의 새 장이 열렸다.

- 엔히크 왕자의 삼촌은 영국의 헨리 4세 국왕이다.
- 마데이라제도는 발견된 지 600년이 지난 지금도 여전히 포르투갈령으로 남아 있으며 유일하게 남은 포르투갈의 해외 소유지 중 하나이다. 마데이라에서 다양한 종류의 주정강화 와인이 발명되었다.
- 엔히크 왕자의 문장(紋章)에 새겨진 좌우명은 '잘하고자 하는 욕구'라는 뜻의 '탈란트 드 비엥 페르(Talant de bien faire)'였다.

135 TUE 철학자 프랜시스 베이컨

지식이 힘이다.

- 프랜시스 베이컨

과학과 논리학 역사의 핵심 인물인 프랜시스 베이컨(Francis Bacon, 1561년~1626년)은 60세의 나이에 불명예로 정계에서 은퇴한 후부터는 철학에 모든 관심을 쏟아부었다. 죽기 전 완성한 얼마 안 되는 저서를 통해 그는 과학적 방법과 영국 실증주의 철학의 기초를 세웠다.

베이컨은 런던에서 정치적으로 막강한 집안에 태어났으며 케임브리지에서 교육을 받은 후 20세의 나이에 의회 의원으로 선출되었다. 그는 1617년 국새상서(Keeper of Great Seal, 옥새를 맡아 간수하는 사람 - 옮긴이)로 승진했고 1년 후에는 영국에서 가장 중요한 사법부의 대법관으로 임명되었다. 그러나 1621년에 베이컨이 소송 당사자들로부터 뇌물을 받았다고 인정하면서 그의 명성도 추락했다. 그는 벌금을 내고 대법관 자리에서 물러나 유명한 범죄자가 수감되기로 악명 높은 런던 타워에 수감되었다. 공직 진출이 금지된 베이컨은 감옥에서 풀려난 후 글쓰기와 과학 실험을 하면서 여생을 보냈다.

베이컨은 이성을 근거로 해야 한다고 믿었던 철학과, 계시를 근거로 하는 신학을 글을 통해 구별 지으려 노력했다. 그는 또한 논리학, 천문학, 수학에 관한 글을 썼고, 연역적 추론에 반대하고 귀납적 추론을 옹호한 것으로도 유명하다. 연역적 추론은 특정한 사실을 유추하기 위해 삼단논법을 사용한다. 예컨대 조지 워싱턴이 남자고, 남자들에게 다 팔이 있다면, 조지 워싱턴에게도 팔이 있다는 식이다. 반면 귀납적 추론은 일반적인 원리를 유추해내기 위해 사실을 관찰한다. 예를 들어, 관찰한 모든 사례에서 얼음은 차갑다. 따라서 세상 모든 얼음덩이를 테스트하지 않아도 모든 얼음은 차갑다고 말할 수 있을 것이다. 비판을 받기는 했지만 이 논리 형태는 근대 실증주의 과학의 지도 원리가 되었다. 베이컨은 열과 추위의 성질을 발견하고자 했는데, 안타깝게도 이 연구로 인해 그는 죽음에 이르렀다. 닭의 시체를 눈으로 가득 채우는 실험을 진행한 후 기관지염에 걸렸던 것이다. 그의 나이 65세 때 일이다.

- 증거가 부족함에도 베이컨은 오랫동안 셰익스피어 희곡의 실제 저자로 의심을 받아왔다. 두 사람은 같은 시기에 런던에 살았는데, 이 가설의 지지자들은 희곡에서 베이컨이 저작했다는 여러 단서를 찾았다고 주장한다.
- 비록 뇌물로 무기징역을 선고받았지만 제임스 1세 국왕에 의해 석방되기까지 베이컨이 실제로 런던 타워에 수감된 기간은 나흘에 불과했다.

136 WED 혁신가 요하네스 구텐베르크

이동식 인쇄기의 발명가인 기능공 요하네스 구텐베르크(Johannes Gutenberg, 1398년경~1468년)는 책의 대량 생산을 가능하게 만들었다. 나무 틀에 납과 구리로 만들어진 문자열로 구성된 그의 인쇄기는 유럽에 지대한 영향을 미쳤다. 이 새로운 인쇄기에서 생산된 책이 100년도 채 되기 전에 대륙 전역에서 지적·종교적 혁명을 유발한 것이다.

구텐베르크는 서독 마인츠의 상류 가정에서 태어났다. 그는 에르푸르트대학교에 다녔으며 금세공인으로 훈련받았을 가능성도 있다. 거울 사업을 포함해서 몇 번의 사업에 실패하고, 일부 동업자와 연관된 오랜 소송이 끝난 후 1450년에 최초의 인쇄기를 발표했다. 구텐베르크의 인쇄기가 발명되기 전에는 거의 손으로 필사해서 책을 만들었기 때문에 가격이 대단히 비쌌다. 또한 대부분 가톨릭 수사가 필사를 맡았기 때문에 전통적인 책 제작 방식에서 사실상 유럽 사람들이 어떤 자료를 읽을 수 있는지에 대한 전적인 통제권을 가톨릭교회가 가지고 있음을 유추할 수 있다. 현대적인 수준과 비교하면 상당히 느리긴 했지만 (그의 유명한 성경책은 인쇄하는 데 5년 정도 걸렸을 것으로 추정된다) 전통적인 수기 방식보다는 훨씬 빨랐다. 구텐베르크의 인쇄기는 문자를 납으로 만들어 활자 페이지에 배열했다. 인쇄 후에는 다른 페이지를 인쇄하기 위해 활자판은 해체되고 문자는 재사용되었다.

요령 있는 사업가가 아니었던 구텐베르크는 결국 인쇄기 가동 비용으로 상당한 빚을 지게 되었다. 그는 잠시 마인츠에서 추방되었지만 1465년에 도시의 대주교로부터 장려금을 받았다. 그로부터 3년 후, 그는 자신의 발명품이 가진 급진적인 결과가 명확해지기 시작하던 때에 자신이 태어난 도시에서 사망했다. 그가 죽은 후 50년도 지나기 전에 그의 발명품은 유럽대륙 전역에 보급되었다. 그리고 독립 인쇄소들이 종교개혁 촉진에 결정적인 역할을 하게 되었다.

- 〈타임〉 지는 1992년에 알베르트 아인슈타인, 마르틴 루터, 토머스 제퍼슨, 기타 권위자들과 더불어 구텐베르크를 10대 '천년의 인물'로 선정했다.
- 세상에서 가장 인기 있는 수집 목록에 구텐베르크 성경의 원본이 있다. 이 성경책은 180권 정도밖에 생산되지 않았다. 1987년 원본이 마지막으로 경매되었을 때는 최고 입찰가가 540만 달러였다.
- 요하네스 구텐베르크 마인츠대학교는 구텐베르크가 사망하고 9년 뒤에 설립되었다. 학생 수가 3만 5000명에 달하는 이 대학교는 현재 독일에서 규모 면에서 손에 꼽힌다.

137 THU 악당 메리 1세 여왕

통치 기간에 종교 박해를 촉발했다는 이유로 블러디 메리(Bloody Mary)라는 별명이 붙은 메리 1세 여왕(Queen Mary I, 1516년~1558년)은 잉글랜드 최초의 여왕이었다.

그녀는 헨리 8세와 첫 번째 부인 캐서린 아라곤 왕녀 사이의 유일한 자녀였으나 왕은 남자 계승자를 원했다. 결국 헨리 8세는 1533년 종교적 이유로 캐서린 왕녀와 이혼하면서 로마 가톨릭과도 결별했다. 그 이혼은 메리 1세를 후계구도에서 제거했고 그는 세 번째 부인을 통해 후에 에드워드 6세가 되는 남자 후계자를 낳는 데 성공했다. 에드워드 6세는 아홉 살의 나이로 즉위한 후 아버지의 종교 정책을 이어갔다. 그러나 6년 후 그가 사망하면서 메리 1세에게 기회가 찾아왔다. 에드워드 6세의 공식적인 후계자이자 열여섯 살의 개신교 신자였던 제인 그레이 공녀는 통치 기간이 9일밖에 되지 않았고 대중의 지지도 받지 못했다. 메리 1세는 서른일곱 살의 나이에 왕권을 장악한 후 제인 그레이 공녀를 교수형에 처했다.

왕위에 오른 후 메리 1세는 1554년에 스페인 왕자이자 가톨릭 신자인 필리페 2세와 결혼하면서 잉글랜드의 여러 사람을 소외시켰다. 이 결혼은 토마스 와이엇 경이 이끄는 반란을 촉발했다. 같은 해 메리 1세는 이단 법을 복원하고 개신교 신자들에 대한 박해의 물결을 일으켰다. 16세기 잉글랜드의 종교 갈등의 맥락에서 보면 메리 1세의 박해가 특별히 피비린내 난 것은 아니었다. 사실 메리 1세가 신교도를 금지하려 하면서 죽인 사람의 수보다 그의 아버지가 신교를 도입하면서 죽인 사람들의 수가 훨씬 더 많았다. 그러나 박해의 섬뜩한 본질과 그것이 결국 패한 측에 의해 저질러졌다는 사실이 메리 1세의 어두운 역사적 명성에 기여했다. 메리 1세는 가톨릭 후계자를 낳지 못한 채 42세의 나이로 런던에서 사망했고, 왕국은 결국 개신교 신자였던 엘리자베스 1세에게 넘겨졌다.

- 메리 1세의 통치 기간 중반에 그녀의 남편은 스페인의 필리페 2세 국왕이 되었다. 1588년 그는 그의 이복 처제인 엘리자베스 여왕 1세로부터 잉글랜드의 통치권을 빼앗기 위해 스페인 함대를 파견했으나 패했다.
- 메리 1세의 통치 기간 중 잉글랜드는 한때 프랑스에서 넓은 영토를 차지했다는 마지막 흔적인 프랑스 해안의 항구 도시 칼레의 통치권을 잃었다.
- 블러디 메리 칵테일에는 보드카, 토마토 주스 그리고 향신료가 들어간다. 블러디 메리는 DC코믹스에서 출간한 만화에서 피메일 퓨리스라는 여성 전사와 연합한 악당의 이름이기도 하다.

138 FRI 예술가 윌리엄 셰익스피어

윌리엄 셰익스피어(William Shakespeare, 1564년~1616년)는 영어권에서 최고의 작가로 여겨진다. 그의 38편의 희곡은 모두 일류이며 그의 소네트(소곡)는 여러 세대 시인들에게 영향을 주었다. 그리고 그의 종교, 개인적 신념, 교육, 문학적 영향, 성적 성향, 이 모든 것이 역사가들 사이에서 중요한 논쟁거리가 되어왔다. 몇몇 비평가는 한 개인이 영국 문학의 향방을 그렇게 극적으로 변화시켰다는 데 의심을 품으면서 심지어 셰익스피어의 존재 여부에 의문을 제기하기도 했다.

그는 영국의 스트랫퍼드어폰에이번에서 태어나 열여덟 살에 앤 해서웨이와 결혼했으며 그로부터 6개월 후 첫 아이가 태어났다. 1580년대 후반 어느 때인가 셰익스피어는 앤을 스트랫퍼드에 남겨둔 채 런던으로 건너가 극장에서 일하기 시작했다. 1590년대에 쓰인 그의 희곡은 대부분 역사극이나 희극으로, 《말괄량이 길들이기》(1590년경), 《사랑의 헛수고》(1594년경) 등이 있다. 1590년대 말에 이르러서는 비극으로 장르가 바뀌는데, 《율리우스 카이사르》(1599년경), 《햄릿》(1600년경) 등의 작품이 이때 탄생했다. 극장 경력의 마지막 단계에 들어서는 《심벌린》(1610년경)같이 의외로 행복하게 끝나거나 아쉬운 결말을 가진 '희비극'을 집필했다. 시인으로서 셰익스피어는 그렇게 다작하지는 않았지만 작품 활동 기간 내내 끊임없이 시를 출간했긴 했다. 그의 장문 시 〈비너스와 아도니스〉와 〈루크리스의 능욕〉은 1590년대 초반에 쓰였으며, 그의 소네트 모음집은 1609년에 출간되었다.

대부분의 작품 활동 기간에 셰익스피어는 런던의 극단인 '로드 챔벌린스 멘'과 함께 일했다. 이 극단의 글로브 극장을 공동으로 소유하고 있던 그는 비교적 부유한 사람이 되었다. 그는 1613년경 은퇴하고 스트랫퍼드로 돌아왔고 그곳에서 52세의 나이로 사망했다. 그는 유서를 통해 아내에게 "내 집에서 두 번째로 좋은 침대"를 물려주었는데, 이는 수 세기 동안 역사가들을 애태운 또 다른 수수께끼였다.

- 윌리엄과 앤에게는 세 명의 자녀가 있었다. 결혼 후 6개월 만에 태어난 수산나와 쌍둥이인 햄넷과 주디스이다.
- 셰익스피어는 자신의 비석에도 극적인 느낌을 더했는데, 여기에는 "나의 뼈를 옮기는 사람에게 저주가 있을 것이니"라는 구절로 끝나는 시가 새겨져 있다.

139 SAT 개혁가 메타코메트

1675년, 기독교로 개종한 미국 원주민이 매사추세츠주 플리머스 근처의 어느 차가운 연못에서 죽은 채로 발견되었다. 며칠 후 대부분 백인으로 구성된 배심원단은 왐파노아그족 세 명에게 살인죄를 선언하고 사형 선고를 내렸다. 이 세 명에 대한 처형은 초기 아메리카 역사상 가장 충격적인 충돌 중 하나인 필립 왕 전쟁으로 이어지는 피비린내 나는 연쇄 사건을 유발했다. 뉴잉글랜드 정착민 가운데 절반가량이 14개월 동안 계속된 이 전쟁에서 사망했고, 원주민의 사망률은 그보다 높았다.

전쟁이 벌어지는 동안 왐파노아그족은 메타코메트(Metacomet, 1639년경~1676년)라는 추장이 이끌었는데 보통 그의 영국식 이름인 필립 왕으로 불렸다. 전쟁이 끝날 때까지 메타코메트는 뉴잉글랜드가 가장 두려워하고 싫어하던 대상 중 하나였다. 수 세기 후에 그는 원주민 운동가들에 의해 유럽의 식민지화에 저항한 원주민들의 영웅으로 재평가되었다.

실제로 메타코메트는 로드아일랜드의 언덕과 습지의 은신처에서 북아메리카에 있는 영국의 식민지 유지에 심각한 군사적 위협을 가했다. 그가 패하고 난 후 뉴잉글랜드에 남은 원주민 수는 급격하게 줄어들었고 더 이상 영국에 위협이 되지 않았다.

메타코메트의 아버지 매서소이트가 플리머스 락에 도착한 영국인들을 지원했던 1620년부터 정착민들과 왐파노그아족 사이의 관계는 꾸준히 악화됐다. 1630년 이후 영국 식민지 주민들의 수가 급격히 증가하여 토지에 대한 수요가 생겨났고, 그로 인해 왐파노아그족에 압박을 가하기 시작했다. 1662년 추장이 된 후 메타코메트는 영국에 대한 아버지의 우호정책을 뒤집기 시작했고, 왐파노아그족 세 명이 플리머스에서 교수형에 처해지면서 명분이 생기자 전쟁 준비에 돌입했다. 메타코메트와 그의 지지자들은 로드아일랜드, 코네티컷, 매사추세츠에 있는 영국 정착지들을 공격하면서 농장을 불태우고 인질들을 잡아갔다. 초반에는 승리했지만, 1676년에 영국이 전세를 역전시키면서 로드아일랜드에 있는 메타코메트를 궁지로 몰았다. 그는 1676년 8월에 살해되었고, 그의 머리는 창끝에 매달려 다른 반란을 모색하는 사람들에 대한 경고로 플리머스 외곽에 전시되었다.

- 전쟁 후 메타코메트의 아들은 다른 많은 왐파노아그 사람들과 함께 노예로 팔려 버뮤다로 보내졌다. 그들의 후손 가운데 일부는 지금도 버뮤다의 세인트데이비드섬에 살고 있다.
- 1998년, 미국 원주민 단체의 압력으로 플리머스는 3세기 전에 필립 왕의 유골이 전시되었던 시의 입구에 명패를 세우기로 합의했다.

140 SUN 선지자 마르틴 루터

급진적인 가르침으로 유럽을 송두리째 흔들고, 기독교인으로 사는 것의 의미를 재정의해준 신교도의 창건자 마르틴 루터(Martin Luther, 1483년~1546년)는 아이슬레벤이라는 독일 도시에서 태어났고 대단히 보수적인 농민 집안에서 자랐다. 그의 아버지 한스는 아들이 변호사로 자라주기만을 바랐던 구리 상인이었다. 그러나 루터는 다른 생각을 품고 있었다. 1501년 입학한 에르푸르트대학교에서 그는 학구적인 태도로 급우들에게 철학자라는 별명으로 불렸다. 그러나 법학 대학을 자퇴한 후 그는 22세의 나이로 수도원에 들어갔고 2년 뒤 정식으로 가톨릭 사제 서품을 받았다.

1510년 루터는 로마로 여행을 떠났는데, 그 여행이 그의 종교적 관점에 지대한 영향을 미쳤다. 도시의 화려한 성당 속에서 루터는 교황과 가톨릭 고위층의 화려하고 심지어 퇴폐적이기까지 한 생활방식에 경악했다. 부자들이 자신의 죄에 대해 영원한 사면을 살 수 있게 하고, 로마 궁전 건설에 박차를 가하게 해준 '면죄부'를 판매하는 것 또한 교회에 부패가 얼마나 만연한지를 보여주는 듯했다.

8년 후 1518년 10월 31일, 마르틴 루터는 비텐베르크 대성당의 문에 그의 이의를 개략적으로 적어놓은 유명한 문서를 못 박아 놓았다. 95개 논제라고 알려진 마르틴 루터의 성명서는 면죄부를 폐지하고, 교회 위계를 다스리며, 기독교를 재창조하기 위한 종교 개혁의 시작점이었다. 루터의 생전에 그리고 그가 죽은 후에도 몇십 년 동안 그 성명서로 인해 유럽 전역에서 신학적 분쟁, 정치적 충돌, 심지어 전쟁이 격렬하게 일어났다. 루터는 1521년 보름스 국회에서 규탄받은 후 잠시 숨어 있다가 계속해서 교회의 가르침에 의문을 제기하는 논문을 써나갔다. 1522년 루터는 번역을 금지하는 가톨릭 전통을 깨고 신약성경의 독일어 버전을 출간했다. 구약성경 번역본은 1534년에 출간되었다. 이 두 권의 책은 기독교 문헌을 이해하기 쉽게 만들면서 신교도의 확산과 독일어에 거대한 영향을 끼쳤다.

루터 자신은 1545년에 집필한 자서전에서 묘사한 것처럼 성실하고, 도덕적 관념이 엄격했으며, 극심한 종교적 죄책감에 시달렸다. 또한 그는 반유대주의자로, 유대인에 관한 그의 글은 4세기 후 나치에 의해 칭송받기도 했다. 1537년에 병에 걸린 후 그는 유대인과 교황 등을 점점 더 혹독하게 비난하는 글을 썼다. 그는 1546년 아이슬레벤에서 사망했고, 95개 논제를 걸어놓았던 그 대성당 안에 묻혔다.

• 사제 독신주의라는 전통적인 가톨릭 믿음을 거부한 마르틴 루터는 1525년에 카타리나 폰 보라와 결혼했다. 그들은 여섯 명의 자녀를 낳았다.

141 MON 리더 이사벨 1세

스페인 역사상 중추적인 지도자였던 이사벨 1세(Isabel I, 1451년~1504년)는 스페인의 가장 큰 지방 중 두 곳을 하나의 왕권 아래 통일했고 이슬람교로부터 이베리아반도를 되찾는 국토회복전쟁을 완수했다. 또한 1492년에 신세계를 발견한 콜럼버스의 원정을 후원하면서 광활한 새 대륙에 대한 스페인의 식민지 건설에 길을 터주었다. 조국에서 이사벨 1세와 그녀의 남편 페르디난트 2세 국왕은 근대 스페인의 초석을 다진 독실한 통치자로 인정받았다. 그러나 이사벨 1세는 종교재판을 열어 스페인에서 유대인을 추방했으며 식민지 제국에서 아메리칸 원주민을 향한 폭력을 촉발하기도 했다.

이사벨 1세는 스페인 남부와 중부의 대부분을 아우르는 카스티야 지방의 주앙 2세 국왕의 맏딸이었다. 그녀는 1469년 스페인 동북부에 있는 아라곤 왕의 계승자인 페르디난트 2세와 결혼했다. 이 결혼으로 사실상 두 왕국은 합쳐졌는데, 이 연합이 스페인의 정치적 독립체의 기반이 되었다. 페르디난트 2세와 이사벨 1세가 성공적으로 즉위할 무렵에는 이베리아반도의 작은 부분인 그라나다 왕국만이 이슬람교도의 통치를 받고 있었다. 두 사람은 1492년 그라나다가 함락되기까지 10년 동안 도시를 포위했다. 그라나다의 패배로 700여 년 동안 이어지던 이슬람의 스페인 주둔도 종지부를 찍었다. 그라나다 정복으로 두 국왕은 완전한 가톨릭 국가를 세우기로 결심했다. 도시가 함락되고 몇 달 후 그들은 모든 유대인에게 가톨릭으로 개종하거나 출국하라는 칙령을 내렸다. 10년 후에는 이슬람교도를 겨냥해 유사한 칙령을 내렸다. 그들이 재위하는 동안 유대교와 이슬람교도 이단자 그리고 '허위 개종자'를 처벌하는 종교재판이 제정되어 순식간에 잔인하다는 평판을 얻었다.

그러나 가장 강력하고도 장기적으로 세계에 영향을 미친 사건은 아마도 콜럼버스의 원정을 후원하기로 한 이사벨 1세의 결정이었을 것이다. 1492년 그녀는 콜럼버스에게 세 척의 배를 이용해 서쪽으로 항해할 것을 허락했다. 그의 성공적인 원정은 스페인 식민지화의 거대한 물결을 촉발했다. 스페인이 새 영역에서 금을 찾고 기독교를 전파하려고 하면서 수백만 명의 아메리카 원주민이 죽거나 노예가 되었다.

이사벨 1세는 1504년 53세의 나이로 사망했다.

- 이사벨 1세의 막내딸인 캐서린은 헨리 8세 국왕의 여섯 부인 중 첫 번째 부인이었다. 헨리 8세는 결혼 무효 승인을 교황에게 거절당하면서 1530년대에 가톨릭과 절연했다.
- 페르디난트 2세와 결혼하기 전에 이사벨 1세는 프랑스와 영국 왕위 계승자들로부터 받은 결혼 제의를 거절했다.

142 TUE 철학자 르네 데카르트

물리학자, 수학자, 철학자였던 르네 데카르트(René Descartes, 1596년~1650년)는 근대 철학의 창시자이자 서양 지성사에서 중요한 과도기적 인물이다. 데카르트는 그보다 앞선 철학자 중 어느 누구보다도 고대 그리스 사상을 강하게 거부한 인물로, 근대 철학사상의 초석을 다졌다.

프랑스 라에에서 태어난 데카르트는 선두적인 재판관의 아들이었다. 데카르트의 어머니는 그가 한 살 때 사망하여 그는 주로 할머니와 증조할아버지의 손에 길러졌다. 데카르트는 푸아티에의 대학교에서 법학 학위를 받고 졸업했으며 스물두 살의 나이에 입대하여 네덜란드에 있는 브레다라는 도시에 주둔했다. (그는 1년 후 스페인과의 전쟁을 피하기 위해 제대했다.) 독일, 네덜란드, 이탈리아를 여행한 후 데카르트는 파리에 정착했다. 다작 작가였던 그는 광학, 기상학, 수학에 관한 과학 저서를 몇 권 저술했다. 1636년 네덜란드의 라이덴으로 이주한 그는 유명한 저서 중 하나인《제1 철학에 관한 성찰》을 출간했다.

데카르트의 표현을 빌리면, 그의 철학은 2000년 동안 서양 철학의 기반이 되었던 "아리스토텔레스의 원리를 깨기 위한 것"이었다. 아리스토텔레스는 자연에 있는 모든 것에 목적이 있으며, 그로 인해 형태가 결정된다는 목적인(telos)을 믿었다. 그에 반해 데카르트는 과학자라면 경험적으로 관찰 가능한 것만 연구해야 한다고 믿었다. 이러한 사상 학파는 '합리주의'라는 이름을 얻었다.

유명해진 데카르트는 17세기 유럽의 여러 선두적인 전문가들과 서신을 주고받았다. 그의 지지자 중 한 사람인 스웨덴의 크리스티나 여왕은 그를 스톡홀름으로 초대해 학교를 설립하게 했다. 그는 그곳에서 병들어 54세의 나이로 사망했다.

- 데카르트의 유명한 명언 가운데에는 1644년도 저서에 실렸던 "나는 생각한다, 고로 나는 존재한다"라는 뜻의 "코기토 에르고 숨(Cogito ergo sum)"이라는 문구가 있다. 이 유명한 문구는 어떤 것이, 심지어 자기 자신도, 진정으로 존재하는 것인지 아니면 존재하는 것처럼 보이는 것인지 알 수 있는가라는 철학적 질문에 대한 답이었다.
- 데카르트 뇌의 유해는 파리 박물관에 소장되어 있다.
- 이 철학자의 고향인 라에는 1967년에 도시명을 데카르트로 바꾸었다.

143 WED 혁신가 코페르니쿠스

천문학자 니콜라우스 코페르니쿠스(Nicolaus Copernicus, 1473년~1543년)는 지구가 태양 주위를 도는 것이지, 그 반대가 아니라는 고대 이론을 부활시킨 최초의 근대 사상가이다. 그의 글은 우주 연구에 대변혁을 일으켰고, 요하네스 케플러와 아이작 뉴턴에게 영감을 주었다.

코페르니쿠스는 오늘날의 폴란드 토룬에서 태어났다. 그의 아버지는 막내아들이 파도바와 볼로냐에 있는 대학교에 입학할 수 있게 손을 썼고, 1503년에 교회법 박사 학위를 취득한 후 그는 외삼촌인 바르미아 주교 밑에서 성당 참사회원으로 일했다. 그 일은 벌이가 괜찮았고, 코페르니쿠스는 취미 삼아 천문학을 연구할 수 있었다. 그는 1510년에서 1514년 사이의 어느 때에 태양중심설 이론의 개요를 소개한 〈짧은 해설서〉라는 에세이를 집필했다. 지구가 태양 주위를 돈다는 사실을 최초로 제안한 사람은 코페르니쿠스가 아니었다. 그러나 기독교 신학은 하느님이 지구를 우주의 중심에 놓았다는 입장을 고수했고, 아리스토텔레스 이후로 존경받는 서양 사상가들도 그에 동의했다. 코페르니쿠스는 그 후로 30년 동안 태양중심설을 언급하지 않고 교회 일에만 집중했다. 그는 주교의 의사로 승진했고, 동전 주조에 대한 기술 안내서를 작성했으며, 독일기사 수도회로부터의 공격에 대비해 지역의 방어체계를 조직하는 데 도움을 주었다.

드디어 사망하기 직전, 코페르니쿠스는 원고를 집필하느라 인생의 대부분을 바쳤던 《천구의 회전에 관하여》라는 여섯 권짜리 논문을 세상에 내놓았다. 논란거리가 될 것을 너무나 두려워했던 그의 출판사는 저자의 허락도 받지 않은 채, 이 책이 문자 그대로 받아들여지도록 쓰인 것은 아니라는 서문을 추가했다. 신교도와 가톨릭교도 모두 코페르니쿠스의 발견에 이의를 제기했다. 그럼에도 이 책은 유럽 전역으로 널리 퍼져나갔고, 근대 천문학에 박차를 가하도록 도와주면서 '코페르니쿠스 혁명'이라고 알려진 패러다임의 전환을 이루었다.

그러나 코페르니쿠스는 책이 인쇄되기 직전, 뇌졸중에 걸려 혼수상태에 빠졌다. 임종 때 발간된 책을 한 권 받은 그는 혼수상태에서 깨어나 자신의 평생 업적이 마침내 출간된 것을 본 후 행복하게 죽었다고 한다. 그의 나이 70세였다.

- 《천구의 회전에 관하여》는 교황 바오로 3세에게 헌정되었지만 그럼에도 가톨릭교회는 1616년에 이 책을 이단적이라고 선언했다. 이 책은 1822년까지 금지 도서 목록에 남아 있었다.

144 THU 악당 마르탱 게르

마르탱 게르(Martin Guerre, 1524년~?)는 프랑스 농민으로, 지금까지도 유명한 신분 도용 사건의 희생양이었다. 1548년에 전쟁에 참전한 게르는 수년 만에 집에 돌아왔지만 다른 사람이 자신의 이름과 집, 가족을 차지하고 있는 것을 발견했다. 사기꾼이었던 아르노 뒤 틸은 너무나 언변이 좋은 나머지 게르의 아내마저 속였다. 그 후로 게르의 귀환에 대한 이야기와, 뒤이어 뒤 틸이 사기와 간통죄로 유죄 판결을 받은 이야기는 소설, 영화, 학술도서, 심지어 뮤지컬에도 영감을 주었다. 또한 전쟁 후의 혼란스러운 분위기를 틈타 새로운 신분으로 위장하는 남자들의 사례가 늘어나리라는 조짐을 보여주었다.

실제 마르탱 게르는 프랑스 남부에서 태어났다. 그는 어린 시절 아르티갓이라는 마을로 이주했고, 그곳에서 아내 버트랑과 결혼했다. 1548년 게르가 떠나기 전까지 그들에게는 아들 한 명이 있었다. 그 후 8년 동안 버트랑은 홀로 아이를 키웠다. 그러던 어느 날 뒤 틸이 문 앞에 나타났다. 사기꾼은 버트랑의 잃어버린 남편처럼 생겼고, 남편처럼 말했으며, 게르의 인생에 대한 상세한 사항을 많이 알고 있었다. 의심이 되긴 했지만 버트랑을 비롯한 대부분의 마을 사람이 결국 뒤 틸을 게르로 인정했다. 그러나 마르탱의 삼촌은 이 사기꾼을 게르라고 믿지 않았고, 1559년 자신의 조카를 사칭한다는 혐의로 그를 고소했다. 뒤 틸은 1560년 사기 혐의와 간통 혐의에 대해 유죄가 인정되어 사형 선고를 받았다. 그 즉시 그는 항소했고, 그로 인해 예기치 못한 극적인 법정 충돌이 발생했다. 항소를 진행하는 동안 실제 마르탱 게르가 나무 의족을 하고 법정에 나타났다. 게르는 놀란 재판관에게 그가 스페인 군대에 입대했으며 프랑스와의 전쟁에서 다리를 잃었고 한 수도원에서 치료를 받으며 시간을 보냈다고 설명했다. 게르의 가족은 모두 외다리 참전용사가 실제 게르임을 확인했고, 뒤 틸은 그해 9월 교수형에 처해졌다. 처음에는 아내에게 화가 났지만 게르는 결국 그녀가 타당하게 사기를 당했다고 인정했다. 뒤 틸의 사기 행각과 게르의 귀환에 관한 이야기는 프랑스 전역으로 퍼져나갔고 1982년도 영화 〈마틴 기어의 귀환〉의 소재가 되었다.

- 이 유명한 사건에 대한 1982년도 영화는 1996년에 뮤지컬로도 제작되었다. 미국 내전을 배경으로 삼은 이 영화의 미국 버전 영화 〈써머스비〉는 1993년에 개봉했다.
- 뒤 틸의 재판을 목격한 미셸 드 몽테뉴는 이 사건에 관한 이야기를 자신의 에세이에 적었다. 그는 이 재판이 확신에 도달할 가능성이 없다는 것을 나타낸 사례라 생각했고, 사형을 언도한 재판관을 비판했다.

145 FRI 예술가 디에고 벨라스케스

디에고 벨라스케스(Diego Velázquez, 1599년~1660년)는 그림에 색과 빛을 사용하는 새로운 방법을 개척하고, 농부, 교황, 스페인 왕실 구성원들의 인상적인 초상화를 그렸다. 그는 17세기에 시작되어 18세기까지 이어진 바로크 시대 유럽 예술에서 매우 영향력 있는 인물 중 한 사람으로 꼽힌다. 벨라스케스의 유명한 작품으로는 〈세비야의 물장수〉(1619년경), 〈교황 이노센트 10세의 초상〉(1650년) 그리고 1656년에 완성한 스페인 공주와 시녀들을 그린 거대 초상화 〈시녀들〉이 있다.

세비야에서 태어난 벨라스케스는 열한 살 때 예술학교에 입학했으며, 채 스무 살도 되기 전에 〈세비야의 물장수〉 같은 유명한 초기 작품들을 완성했다. 이 작품들이 스페인 관료들의 관심을 받으면서 이 젊은 예술가는 1622년에 필리페 4세 국왕의 궁전에 입성했다. 스페인이 유럽과 아메리카 대륙에서 제국의 힘을 떨치던 시절 스페인을 통치하던 필리페 4세는 그를 평생 후원했다. 벨라스케스는 왕과 그의 정치적 동반자, 그의 가족들의 초상화를 수백 장 그렸고, 최고의 작품인 〈시녀들〉을 완성했다. 현재 마드리드의 프라도 미술관에 걸려 있는 〈시녀들〉은 비평가들이 뽑은 벨라스케스 최고의 대작이다. 이 그림은 어두운 방에 아버지인 국왕과 함께 있는 공주의 모습을 열린 문에서 바라본 시각으로 그려졌다. 그늘진 한구석에는 붓을 들고 있는 벨라스케스 자신의 모습도 그려져 있지만 그가 공주를 그리고 있는 것인지 아니면 다른 대상을 그리는 것인지는 명확하지 않다. 이 그림에서 정교하게 사용된 빛과 그림자가 바로크 시대 예술의 특징이다.

그는 이탈리아로 두 번 여행을 가서 플랑드르 화가인 페테르 파울 루벤스와 친분을 쌓았으며, 61세에 사망하기 직전 기사 작위를 받았다.

- 〈시녀들〉의 중심인물인 마르가리타 공주는 필리페 4세의 막내딸이다. 그녀는 열다섯 살에 신성로마제국의 황제인 레오폴트 1세와 결혼했고 몇 번의 유산 끝에 스물한 살에 사망했다.
- 벨라스케스는 자신의 후원자인 필리페 4세의 초상화를 40점 이상 그렸다.
- 바로크라는 용어는 '불규칙', '뒤틀린', '기괴한'을 의미하는 스페인어와 포르투갈어에서 유래했다. 그 시대의 예술은 일반적으로 디테일이 풍부했지만 그 전 세대가 보여준 극사실주의적 요소는 부족했다. 바로크 양식은 가톨릭교회가 유럽 곳곳에서 세력을 회복하거나 강화하면서 그런 움직임의 예술가들을 지원했던 17세기의 반종교개혁과 관련되곤 한다.

146 SAT 개혁가 너새니엘 베이컨

너새니엘 베이컨(Nathaniel Bacon, 1647년경~1676년)은 식민지 버지니아주의 농부이자 반란군 지도자였다. 1676년 그는 식민 정부에 대항해 짧지만 대대적인 반란을 일으켰다. 베이컨 반란이라고 알려진 이 반란은 윌리엄 버클리 버지니아 주지사에 대한 불만에서 비롯되었다. 대부분 소규모 담배 농장 농부거나 개척자였던 베이컨과 그의 지지자들은 세금에 불만이 있었고, 버클리 주지사가 원주민들의 공격에서 자신들을 보호해 줄 의지가 없다고 느꼈다. 절정에 달했을 때는 수천 명의 지지자가 반란에 참가해서 식민지의 큰 영역을 차지하기도 했다. 그러나 이 운동은 1676년 말 베이컨이 이질로 사망한 후 와해되었다.

명망 있는 영국 가문의 일원이었던 베이컨은 영국의 서퍽에서 태어났으며 케임브리지대학교를 졸업했다. 그는 런던으로 이주한 후 1674년에 다시 버지니아로 이주했다. 베이컨 가족은 오늘날의 리치먼드 인근에 농장을 개척했다. 베이컨은 초반에만 해도 버클리의 지지자이자 주지사 의회의 일원이었다. 그러나 점차 버클리를 비판하는 사람들을 동정하게 되었다. 원주민들의 공격에 취약하다고 느꼈던 많은 정착민이 그들을 죽이거나 식민지에서 내쫓길 원했다. 그러나 버클리 주지사는 인디언들을 공격적으로 몰면 교역에 방해가 되고 더 큰 전쟁이 촉발될까 봐 망설였다. 정착민들의 불안감을 감지한 베이컨은 주지사에게 인디언들에 대한 공격을 허락해달라고 요청했다. 버클리 주지사가 거절했는데도 베이컨은 전쟁을 일으켰고 몇몇 원주민 부족을 대학살했다. 분노한 버클리 주지사는 1676년 초에 베이컨을 반역자라고 선언했다. 베이컨은 상관하지 않았다. 그는 "억압된 사람들의 대의를 호소하기 위해서라면… 반역자가 되어도 좋다. 전능하신 주님께서 판단하시어 죄인들을 죽게 하실 것이다"라고 말했다.

몇 달 후 베이컨의 죽음으로 분쟁은 빠르게 종식되었다. 그러나 그의 반란은 수십 년 동안 영국령 북아메리카에서 반항을 불러일으켰고 왕권에 대한 불복종의 본보기가 되었다. 1세기 후 버지니아주 출신의 애국 지도자인 패트릭 헨리가 혁명에 참가하기를 독려하면서 이 버지니아인의 말을 연상하게 하는 유명한 발언을 했다. "이것이 반역이라면, 최대한 활용합시다."

- 버지니아주 웨스트모얼랜드에서 반란군이 점령한 집들 가운데에는 조지 워싱턴의 증조할아버지였던 존 워싱턴 대령의 집도 있었다.
- 국왕인 찰스 2세는 버지니아 식민지를 제대로 관리하지 못하는 버클리에게 짜증이 나서 그를 런던으로 소환했다. 버클리는 그다음 해에 그곳에서 사망했다.

147 SUN 선지자 헨리 8세

여섯 번 결혼하고 두 명의 부인을 처형한 것으로 유명한 영국 군주 헨리 8세(King Henry VIII, 1491년~1547년)를 특별히 독실한 사람이라고 부를 수는 없을 것이다. 그러나 이 왕은 우연에 가까운 일로 가톨릭교를 대체하는 성공회를 만들어 영국의 국교로 삼는 데 성공했다. 헨리 7세 국왕의 셋째 아이였던 어린 헨리는 국왕이 될 것이라고는 생각지도 못했다. 그런데 왕위 계승자였던 그의 형 아서가 1502년에 갑자기 사망하면서 형의 지위와 형의 아내였던 캐서린 아라곤 왕녀를 모두 물려받았다. 그리고 헨리 7세가 사망했을 때 이 부부는 잉글랜드의 왕과 왕비가 되었다. 신교도 개혁 초반에 그는 충실한 가톨릭 신자로 남아 있었고, 유럽대륙에서 터져 나온 종교개혁에 대한 논란보다는 잉글랜드의 해군을 구축하는 데 더 관심이 많았다. 심지어 헨리 8세가 마르틴 루터에 맞서 가톨릭을 옹호했을 때는 교황 레오 10세가 영국 국왕에게 신앙의 옹호자라는 칭호를 내리기도 했다.

그러나 문제가 많았던 캐서린과의 결혼 생활은 결국 그가 교회와 극적으로 결별하게 만들었다. 캐서린은 여섯 아이를 낳았지만 그중 메리 1세 여왕만 유아기가 지난 후까지 살아남았다. 남자 계승자가 없었던 헨리 8세는 자신이 죽은 후 잉글랜드가 무너져버릴 것을 두려워했다. 아들을 낳기로 결심한 헨리는 앤 불린과 결혼할 수 있도록 교황에게 결혼 무효를 요청했다. 교황이 거절하자 헨리 8세는 로마를 거스르고 스스로를 잉글랜드의 종교적 수장으로 선언한 후 1533년 앤 불린과 결혼했다. (아들을 낳지 못한 그녀는 3년 후 교수형에 처해졌다.)

1535년 수차례에 걸쳐 교황의 지지자들을 처형하면서 교황의 권위를 거부하는 정책을 펼친 헨리 8세의 결정은 잉글랜드의 정치와 종교에 커다란 결과를 낳았다. 가톨릭과 신교도가 권력 다툼을 벌이면서 잉글랜드는 종교적 혼란에 휩싸였다. 어쨌든 헨리 8세는 1537년에 세 번째 부인인 제인 시모어를 통해 후에 에드워드 6세 국왕이 되는 아들을 낳으면서 바라던 바를 이루었다.

- 잉글랜드 교황의 권위 폐지로 인해 처음으로 영어로 된 성경책이 나왔다. (가톨릭교에서는 번역을 금지했다.)
- 캐서린, 앤 불린, 제인 시모어 이후에도 헨리 8세에게는 앤 클리브스, 캐서린 하워드, 캐서린 파라는 세 명의 부인이 있었다.

148 MON 리더 엘리자베스 1세

엘리자베스 1세(Queen Elizabeth I, 1533년~1603년)는 스페인 함대를 무찌르고, 영국 최초의 신세계 원정을 후원했으며, 엘리자베스 시대로 알려진 영국 문학과 드라마의 르네상스를 이끌었다. 그녀는 또한 신교도를 영국의 국교로 확립하여 16세기 영국의 종교전쟁을 종식시키기도 했다.

헨리 8세의 딸인 엘리자베스는 한 번도 군주가 될 것이라고 기대하지 않았다. 그녀의 어머니이자 헨리 8세의 두 번째 부인인 앤 불린은 남자 계승자를 낳는 데 실패한 후 간통죄와 근친상간으로 교수형을 당했고, 어머니가 처형된 후 엘리자베스는 사생아로 선언되었다. 헨리 8세가 죽은 후 그녀의 어린 이복 남동생인 에드워드 6세가 왕으로 즉위했다. 에드워드가 죽었을 때는 또 다른 이복 자매인 메리 1세가 왕위에 올랐다. 가톨릭 신자인 메리는 아버지와 이복동생이 실시한 종교개혁을 뒤집어 가톨릭교를 국교로 회복시키려 했다. 메리의 통치 기간에 선구적인 신교도 지도자들이 처형당했고 엘리자베스는 신교도를 지지했다는 이유로 투옥되었다. 그럼에도 메리는 엘리자베스를 자신의 계승자로 지목했고 젊은 공주는 1558년 스물다섯 살의 나이로 여왕이 되었다.

엘리자베스 여왕은 의회를 통해 개신교를 국교로 다시 세우는 법안을 통과시켰다. 외교적으로 엘리자베스 여왕이 이룬 가장 의미 있는 업적은 1588년에 영국을 침략하려고 했던 거대한 스페인 해군 함대를 물리친 것이었다.

엘리자베스 시대의 희곡작가와 시인으로는 셰익스피어, 크리스토퍼 말로 그리고 엘리자베스의 통치를 기념한 시 〈페어리 퀸〉이라는 대표작으로 유명한 에드먼드 스펜서가 있다.

엘리자베스는 평생 독신이었고, 70세의 나이로 사망한 후에는 사촌인 스코틀랜드의 제임스 6세 국왕이 왕위를 이어받아 잉글랜드의 제임스 1세로 즉위했다.

- 엘리자베스 1세는 통치 기간 내내 여러 구혼자를 거절했다. 그중에는 메리 1세의 남편이었던 스페인의 필리페 2세와 프랑스 왕위 계승자였던 앙주 공작도 있었다.
- 유명한 원양 정기선 퀸 엘리자베스 2세호는 엘리자베스 1세의 이름을 딴 것이지, 현 영국 여왕인 엘리자베스 2세의 이름을 딴 것이 아니다. 이런 혼란이 빚어진 이유는 이 원양 정기선의 이름이 엘리자베스 1세호 다음으로 지어져서, 숫자 2가 붙었기 때문이다.

149 TUE 철학자 토마스 홉스

영국 철학자 토마스 홉스(Thomas Hobbes, 1588년~1679년)는 기하학에서 역사에 이르기까지 수십 가지 분야에 손을 댔던 인물이다. 그러나 오늘날 그는 '사회적 계약' 개념을 소개하고 후에 서양 정치 철학의 발전에 큰 영향을 미치는 1651년도 철학 논문《리바이어던》의 저자로 가장 잘 알려져 있다. 충격적이었던 영국 내전 직후에 토마스 홉스가 집필한 이 저서는 개인이 무정부 상태를 피하기 위해 강한 정부에 기꺼이 굴복한다고 주장했다. 홉스는 이런 사회적 계약을 유지하는 강력한 통치자 없이는 인류가 본래의 '자연 상태'의 혼란 속으로 퇴보한다고 썼다. 그는 또한 자연 상태에서의 인생은 "외롭고, 가난하며, 끔찍하고, 야만적이고, 짧을 것"이라고 경고했다.

강력한 정부에 대한 토마스 홉스의 지지와 인간 본성에 대한 어두운 시각은 그가 목격한 17세기 영국의 갈등에서 큰 영향을 받았기 때문이다. 불명예 퇴진한 전직 장관의 아들인 토마스 홉스는 1608년에 옥스퍼드대학교를 졸업한 후, 일생의 대부분을 후에 찰스 2세 국왕이 되는 사람을 비롯해 젊은 귀족들의 가정교사로 지냈다. 열렬한 왕정주의자였던 그는 영국 내전이 발발하면서 일시적으로 왕정이 전복되었을 때 파리로 피신했다. 파리에서 출간된《리바이어던》은 프랑스인을 격분시켰고, 토마스 홉스는 다시 영국으로 돌아올 수밖에 없었다. (그는 정치에 관여하지 않겠다고 약속함으로써 왕정주의자적 시각에 대한 처벌을 모면했다.) 그는 영국에서 여생을 보냈고 1660년 왕정이 회복된 후에 영향력을 되찾았다. 그러나 1666년 런던 대화재 사건 이후 그의 저서를 둘러싼 논란에 다시 불이 붙었다. 많은 시민은 화재가 하느님의 노여움 때문이라고 탓했고, 그것을 영국의 무신론자 작가들이 초래했다고 믿었다.

토마스 홉스는 국가가 신성한 것이 아니라 인간적인 것이라고 믿었다는 이유로 이단자로 박해받아야 할 작가 명단에 포함되었다. 그는 처벌을 면하는 데 성공했고 91세의 나이로 사망할 때까지 계속해서 책을 출간했는데, 그중에는 그리스 고전을 번역한 책도 몇 권 있었다. 그의 저서들은 특히 존 로크, 장 자크 루소와 같은 후대 정치철학가에게 영향을 주었다.

- 《리바이어던》은 성경에 등장하는 신화 속 바다 괴물에서 그 제목을 따왔다. 토마스 홉스는 이 괴물을 국가를 비유하는 말로 사용했는데, 그는 국가가 여러 명의 개인으로 구성된 거대 조직이라고 믿었다.
- 기하학에 대한 토마스 홉스의 도전은 철학만큼 성공적이지 못했다. 그는 1660년에 고대 수학 문제인 두 배의 면적을 가진 정육면체 문제를 해결했다고 발표했지만 머지않아 해답이 틀렸다는 것이 입증되었다.
- 그는 마지막으로 "위대한 자는 어둠 속에서 도약한다"라는 말을 남겼다고 한다.

150 WED 혁신가 튀코 브라헤

미신을 믿었던 충동적인 귀족으로, 본국 덴마크의 부자 중 한 사람이었던 튀코 브라헤(Tycho Brahe, 1546년~1601년)는 의외로 과학자였다. 그때까지 시도된 것보다 가장 정확하게 별과 행성을 측정한 브라헤는 근대 천문학의 창시자 중 한 명으로 꼽힌다.

브라헤는 오늘날 스웨덴의 일부인 덴마크 지방 스코네에서 태어났고, 열두 살에 코펜하겐대학교에 입학해서 법학과 천문학을 공부했다. 브라헤의 인생에서 가장 유명한 사건 중 하나가 1566년 독일에서 발생했다. 술에 취해 동급생과 결투를 벌이다가 코의 일부를 잃은 것이다. 그 후로 평생 이 천문학자는 상처를 가리기 위해 금과 은으로 만든 인공 코를 끼고 다녀야 했다. 1570년에 덴마크로 돌아온 브라헤는 소작농 평민 출신의 커스텐 요겐스다터와 결혼함으로써 가족을 격노하게 만들었다. 그는 모교에서 천문학 강의를 시작했으며, 그의 주요 후원자인 프레데리크 2세 국왕에게 받은 벤섬에 유럽 최초의 천문대를 세웠다.

브라헤는 그 후로 몇십 년 동안 별과 행성들을 자세히 관측하여 천문학에 의미 있는 기여를 했다. 자신이 관찰한 바를 근거로 브라헤는 행성들이 원이 아니라 타원 모양의 궤도를 따라 태양 주위를 회전한다는 정확한 이론을 제시했다. 그러나 국왕이 죽고 난 후 그는 새 국왕 크리스티안 4세와 왕의 어머니와 간통한 혐의를 두고 다투었다. 왕은 브라헤를 그의 섬에서 쫓아냈고 덴마크를 완전히 떠나게 했다. 브라헤는 여러 조수를 데리고 프라하로 가는 데 성공했다.

브라헤는 프라하에서 새로운 천문대를 세우고자 했지만 자신의 계획이 결실을 맺기 전에 54세의 나이로 갑자기 사망했다. 그러나 머지않아 그의 조수 중 하나인 요하네스 케플러가 브라헤의 자료를 이용해 그의 행성 운동 법칙을 만들어냈다.

- 브라헤의 삼촌인 요르겐 브라헤는 강에 빠진 프레데리크 2세 국왕을 구한 후 1565년에 폐렴에 걸려 사망했다.
- 벤섬에 있는 브라헤의 저택에는 학자와 기능공, 말코손바닥사슴, 그리고 예프라는 이름의 난쟁이가 살았다. 이 난쟁이가 미래를 보는 능력이 있다고 믿었던 브라헤는 제멋대로 구는 자신의 소작농들을 통제할 최고의 방법이 무엇인지에 대해 자문을 구했다.
- 소문에 의하면 브라헤는 대단히 미신적이었고 특히 토끼와 나이 든 여자를 무서워했다고 한다. 1990년도 전기에 따르면, 그는 길에서 이 둘 중 하나만 봐도 곧바로 집으로 돌아갔다고 한다.

151 THU 악당 이반 4세

황제 이반 4세(Czar Ivan IV, 1530년~1584년)는 수십만 명의 러시아인을 죽였고, 이웃 나라들과 세 차례의 전쟁을 시작했으며, 심지어 친아들도 홀로 내리쳐 죽였다. 폭군 이반이라는 별명이 붙은 그는 잔인한 러시아 통치자 중 하나로 역사에 기록되어 있다. 그러나 그는 러시아의 국력을 중앙집권화했고, 전통적인 귀족의 세력을 약화했으며, 영토를 넓혔다. 독재자 이오시프 스탈린을 비롯한 몇몇 사람은 그를 러시아의 국가적 영웅으로 여기기도 했다.

황태자 바실리 3세의 아들인 이반은 세 살에 왕위를 물려받았다. 그의 가족인 류리크 왕조는 9세기부터 러시아를 통치했었다. 1547년에 처음으로 결혼한 이반 4세는 결국 일곱 명의 부인과 여덟 명의 아이들을 두었는데, 그중에는 그가 살해한 이반 이바노비치와 그의 뒤를 이은 표도르 1세도 있었다.

집권 초기에 이반 4세의 주요 우선순위는 대내적으로는 귀족들과 싸우는 것이었고 대외적으로는 타타르족과 싸우는 것이었다. 이반 4세는 1556년에 타타르족를 물리치고 큰 승리를 거두었으나, 1558년에서 1583년 사이에 벌어진 폴란드와 스웨덴과의 전쟁에서는 그렇게 성공적이지 못했다. 이 황제는 또한 유명한 작가이자 전쟁 선전가이기도 했는데, 그의 유인물은 러시아 문학의 획기적인 작품으로 꼽힌다.

1560년 이반의 첫 부인이 사망한 후 황제는 점점 정신적으로 불안정해졌다. 자신이 적들에게 둘러싸여 있다고 믿은 그는 귀족 수천 명을 죽이고 그들의 토지를 몰수했다. 1570년에는 노브고로드 대학살을 일으켜 6만 명에 육박하는 사람들을 죽음으로 몰았다. 황태자를 살해한 사건은 1581년 11월에 발생했다. 그날 이반 4세는 임신한 며느리가 얇게 비치는 옷을 입고 있자 노출이 심하다며 폭행했다. 아내의 비명을 들은 황태자는 그녀를 보호하기 위해 서둘러 달려갔고, 격노한 이반은 직접 황태자를 내리쳤다. 황태자는 의식을 잃었고 4일 후 사망했다. 3년 후 이반 4세도 체스를 두다가 사망했다. 그의 나의 53세 때였다.

- 이반 4세는 카이사르(Caesar)에서 파생된 황제(czar, 차르)라는 칭호를 사용한 최초의 통치자였다.
- 이반 4세는 붉은 광장의 유명한 성 바실리 대성당의 건축을 명했다. 전해지는 바에 따르면, 그는 그 유명한 양파형 돔 건축물을 능가하는 건축 디자인을 다시 만들지 못하게 하려고 건축가의 눈을 멀게 했다고 한다.

152 FRI 예술가 존 밀턴

존 밀턴(John Milton, 1608년~1674년)은 영국 내전 중 맡았던 역할로 처형될 상황에 놓였다가 간신히 사형을 모면했다. 세계 문학을 위해서는 밀턴을 살린 게 천만다행이었다. 그가 영어로 쓰인 가장 영향력 있는 작품으로 꼽히는《실낙원》을 집필했기 때문이다. 실제로 영국 문학의 역사를 조사한 한 비평가는 2009년에 〈뉴욕 리뷰 오브 북스〉에서《실낙원》이 "영어로 쓰인 가장 멋진 서사시"라고 선언했다. 이 평가는 영감을 얻기 위해《실낙원》을 참고한 수 세대 작가들의 지지를 받았다. 열두 권으로 나뉜 이 서사시는 아담과 이브, 그들을 죄짓도록 유혹한 사탄의 노력 그리고 그로 인한 에덴동산에서의 추방에 관한 성경 이야기를 다시 들려준다. 셰익스피어처럼 밀턴도 이 시를 음보는 따르면서도 각운은 맞추지 않는 무운시로 만들었다.

공증인이자 대금업자로 성공한 아버지 아래 런던에서 태어난 밀턴은 케임브리지대학교에서 교육을 받았으며 바다에서 실종된 대학교 친구에 대한 추억을 그린, 그의 유명한 초기 시인 〈리시다스〉(1638년)를 썼다. 밀턴의 생명을 앗아갈 뻔했던 정치 활동은 1640년대에 시작되었다. 그는 이혼을 찬성하는 유인물을 출간해 논란을 불러일으켰으며, 1644년에는 언론의 자유를 옹호하는《아레오파지티카》를 출간했다. 그는 영국 내전에서 의회파 편을 들었고, 1649년에는 국왕 찰스 1세의 처형을 옹호하는 유인물을 제작했다. 밀턴은 후에 올리버 크롬웰의 공화당 정부에서 일했다.

1660년 군정이 회복된 후 찰스 1세와 연관된 많은 인물이 교수형에 처해졌다. 밀턴도 체포되어 수감되었으나 한 의회 구성원이 그를 위해 개입하면서 석방되었다. 정계에서 추방되고 거의 시력을 잃은 밀턴은《실낙원》(1667년)과 속편《복락원》(1671년) 그리고 또 다른 서사시인《투사 삼손》(1671년)을 집필하면서 여생을 보냈다. 그는 66세의 나이로 런던에서 사망했다.

- 〈리시다스〉는 수 세대의 시인이 가장 좋아하고 영감을 얻은 시다. 전해지는 바에 따르면, 미국 최고의 시인 앨런 긴즈버그는 193행으로 된 이 시를 전부 외웠다고 한다.
- 《실낙원》은 거의 1만 1000행에 달한다.
- 1638년 이탈리아를 여행할 때 밀턴은 가택연금 중이었던 이탈리아 천문학자 갈릴레오 갈릴레이를 만났다. 이 만남은《실낙원》과 언론의 자유를 찬성하는《아레오파지티카》모두에 영향을 미쳤다.

153 SAT 개혁가 새뮤얼 애덤스

1743년, 스무 살의 한 학생이 졸업 연설을 하기 위해 하버드대학교의 단상에 올랐다. 영국의 매사추세츠 주지사가 있는 자리에서 그는 순전히 라틴어만을 사용해서 연설을 했는데, 그의 선견지명은 후에 입증되었다. 그는 시민들에게는 복지를 보호해주지 못하는 정부에 저항할 권리가 있다고 선언했다.

이 학생은 보스턴 양조업자의 아들인 새뮤얼 애덤스(Samuel Adams, 1722년~1803년)였다. 20년 후 애덤스는 영국의 통치를 반대하는 사람들의 지도자로 다시 등장해서 보스턴에 널리 퍼진 불만을 저항운동으로 조직했다. 이 운동은 결국 미국 독립혁명에 불을 붙였다. 그러나 '파란을 일으키는 사람'으로서의 소명을 찾기 전까지 애덤스는 대개 실패자로 여겨졌다. 돈 관리를 하지 못했던 애덤스는 아버지의 양조 회사를 물려받았으나 파산하고 말았다. 이후 신문사를 시작했지만 재정적으로 실패했다. 보스턴의 세무 관리로 뽑히기도 했지만 세금을 징수하기에 그는 너무 상냥했다.

1765년에 종이와 여타 상품에 세금을 부과하는 인지조례가 통과되면서 보스턴에서 대대적인 반발이 일어났으며 애덤스가 졸업 연설에서 표현했던 저항정신이 되살아났다. 신문과 시민대회에서 그는 영국의 세금을 신랄하게 비난하면서 구매 거부의 형태로 저항하자고 선동했다. 이후 그는 지하 저항 단체인 '자유의 아들'을 조직했고, 1773년에 차에 부과되는 세금에 저항하는 보스턴 차 사건(Boston Tea Party)을 일으켰다. 1775년, 영국이 애덤스와 그의 동료 운동가 존 핸콕을 체포하려고 하자 긴장 상태가 폭발하여 반란으로 이어졌다. 그다음 해에 애덤스와 핸콕, 두 사람이 독립선언문에 서명했다.

전쟁 후에 애덤스의 정치적 행보는 이전만큼 두드러지지 않았다. 그는 한 번의 임기 동안 매사추세츠 주지사로 일했고, 사촌 동생인 존 애덤스가 국가의 두 번째 대통령으로 선출되는 것을 보았다. 새뮤얼 애덤스는 81세의 나이로 보스턴에서 사망했다.

- 새뮤얼 애덤스라는 맥주 브랜드는 1985년에 생겼다. 라벨에 애덤스의 두드러진 사진이 담겨 있음에도 이 회사는 독립전쟁을 벌인 이 인물과는 아무런 관련이 없다.
- 1775년에 열린 대륙회의에서 애덤스의 사촌들은 대륙군의 총사령관으로 조지 워싱턴을 추천했고, 군사 경험이 부족함에도 총사령관직을 원했던 핸콕은 제외시켰다.

154 SUN 선지자 로욜라의 이냐시오

로욜라의 이냐시오(Ignatius Loyola, 1491년~1556년)라는 이름의 스페인 병사는 1534년에 예수회를 창설해서 유럽 전역에서 강력한 종교적·정치적 영향력을 가진 조직으로 키웠다. 그의 지도 아래 예수회는 반종교개혁이 진행되는 동안 가톨릭교가 부활하는 데 큰 역할을 했다.

스페인 북부에서 태어난 로욜라는 든든한 연줄을 가진 성공한 집안의 열세 자녀 중 막내였다. 그는 1517년 프랑스와의 전쟁 중에 군대에 입대했고, 1521년에 프랑스 대포알이 다리 사이로 지나가는 바람에 한쪽 다리를 잃는 심각한 부상을 입었다. 로욜라는 길고 고통스러운 회복 기간을 기도와 종교 서적을 읽으면서 보냈다. 나중에 그는 다양한 성지를 방문하면서 스페인 전역을 돌아다녔고, 동굴 속에서 몇 개월 동안 기도하기도 하고, 예루살렘으로 성지순례를 떠나기도 했다. 한때는 자살을 생각하기도 했다. 결국 프랑스까지 간 그는 1528년에 파리대학교 신학생으로 입학했다.

로욜라가 프랑스에 도착했을 때는 신교도 사상이 북유럽 전체로 급속하게 퍼져나가고 있을 때였다. 마르틴 루터가 1517년 독일의 한 성당 입구에 95개 논제를 걸었고, 파리의 신학자인 장 칼뱅이 1536년에 그만의 신교도 개혁에 착수하려 하고 있었다. 그러나 로욜라는 충실한 바티칸의 지지자로 남아 있었다. 그는 여섯 명의 전우와 함께 교황을 보필하는 특정한 목적을 가진 예수회를 창설했다. 교황 바오로 3세는 1539년에 이 수도회를 승인했고 로욜라가 이 단체의 첫 지도자로 임명되었다. 단체는 신교도의 물결에 역행하려는 가톨릭 신자들을 끌어들이면서 급속도로 성장했다. 프랑스, 독일, 폴란드와 다른 유럽 국가에서 로욜라의 사람들은 흔들리는 가톨릭 신자들을 교회와 다시 연결시키려 노력했고, 신교도의 확산을 막는 데 대체로 성공했다. 그가 로마에서 사망했을 때에는 로욜라의 추종자들이 이미 수십 개의 대학을 세우고 아시아, 유럽, 남아메리카로 선교사를 파견해놓은 상태였다. 그는 1609년에 시복되었고 1622년에 시성되었다.

- 로욜라의 가장 대범한 추종자 중 한 사람인 프란시스 그자비에는 1542년에 인도의 고아로 선교 여행을 떠났고, 모잠비크, 인도네시아, 일본, 중국을 여행하기도 했다. 그는 후에 고대 시대 이후 가장 성공적인 기독교 선교사로 시성되었다.
- 전쟁 부상의 긴 회복 기간에 저술된 로욜라의 저서 《영신수련》은 지금도 가톨릭 신자들 사이에서 믿음을 강화하기 위한 31일간의 피정법에 이용되고 있다.
- 여러 신교도 국가들 사이에서 예수회는 교황의 개인적인 스파이로 인식되었고 큰 두려움의 대상이었다. 1605년 화약 음모 사건 이후 영국에서는 의회 폭파 계획을 원조한 혐의로 많은 예수회 수도자들이 처형되었다.

155 MON 리더 아크바르

아크바르(Akbar the Great, 1542년~1605년)는 정치적·군사적·문화적 권력이 절정에 달했을 때 인도의 무굴제국을 이끌었던 인물이다. 그는 통치 기간과 제국의 규모 그리고 오래도록 이어진 정부체제를 구축했다는 점에서 로마의 아우구스투스 황제에 비견되어왔다. 또한 종교적 관용을 신봉했던 아크바르는 인도에서 이슬람교, 힌두교, 기독교 사이의 관계 개선을 유산으로 남겼다. 심지어 부인도 각기 다른 종교를 가진 사람들로 골랐는데, 이는 제국 내에서 그가 관용과 다양성을 얼마나 중시했는지를 보여주는 가장 실질적인 지표였을 것이다.

아크바르는 현대의 파키스탄에 해당하는 곳의 한 요새에서 태어났다. 그의 할아버지는 19세기 중반까지 인도 아대륙의 일부를 통치하는 이슬람 왕국인 무굴제국의 창건자 바부르였다. 아크바르가 겨우 열네 살 때 그의 아버지가 사망하면서 1556년에 그가 황제로 즉위했다.

무굴제국의 통치를 강화하고 확장하며, 제국 내에서의 종교적 긴장감을 해소하는 것이 아크바르 통치 기간의 주된 목적이었다. 그는 오늘날의 아프가니스탄, 파키스탄, 인도, 방글라데시 일부를 정복했다. 점령지 사이의 평화를 유지하기 위해 그는 힌두교 사원을 보호하고 비이슬람교도에게 부과된 특별세를 폐지한 것으로 추정된다. 그는 또한 기독교 선교사들의 궁정 출입을 허락하기도 했다. 그리고 아크바르는 예술을 대대적으로 지원했다. 그의 후원 아래 인도 예술가들은 수천 장의 그림을 그렸고, 문학집을 출간했으며, 무굴의 수도인 아그라에 주요 건축물을 건설했다.

아크바르의 말년에 누가 그의 후계자가 될 것인지에 대한 논란이 불거졌다. 세 아들 중 두 명은 유아기에 사망했고, 마지막 남은 자한기르 왕자는 1599년에 아버지를 타도하려 했기 때문이다. 믿을 만한 계승자가 없는 상태에서 아크바르는 반역을 꾀했던 그의 아들을 계승자로 지목할 수밖에 없었다. 자한기르는 아버지의 뒤를 이어 1605년에 황제로 즉위했다.

- 아크바르의 손자인 샤 자한 황제는 인도 북부의 타지마할 궁전을 건축한 인물이다. 그는 자신이 가장 아끼는 아내를 위해 이 기념비적인 건축물을 건설했다.
- 아크바르는 수도를 아그라에서 라호르로 옮겼다가 다시 아그라로 옮기는 등 몇 번이나 바꾸었다. 아크바르의 무덤이 있는 도시는 이제 관광 명소가 되었다.
- 무굴제국은 인도가 영국의 손에 넘어갔던 18세기까지 오늘날 인도 대부분에 해당하는 지역을 계속해서 통치했다.

156 TUE 철학자 블레즈 파스칼

하느님이 존재하는지는 확실하게 알 수 없다. 따라서 하느님이 존재할 경우 하느님을 믿지 않아 영원히 지옥에 떨어지는 것보다 하느님을 믿는 편이 안전하다. 이 논리는 프랑스 과학자이자 수학자인 블레즈 파스칼(Blaise Pascal, 1623년~1662년)의 이름을 따서 붙여진 '파스칼의 도박'이라는 유명한 철학적 주장을 한마디로 표현한 것이다. 파스칼의 사후에 철학 논문의 일부로 출간된 〈파스칼의 도박〉은 종교적 믿음을 지지하는 가장 실용적인 주장이자, 비평가 입장에서는 가장 솔직하지 못한 주장이다. 실제로 파스칼은 바뤼흐 스피노자 같은 계몽주의 시대 동시대인들이 유대교·기독교적 신의 개념을 점점 저버리고 있음에도 전통적인 기독교 믿음을 강하게 옹호한 마지막 주류 서양 철학자 가운데 한 사람으로 역사에 기록되어 있다.

파스칼은 프랑스의 몽페랑에서 태어났으며 수학자인 아버지로부터 집에서 교육을 받았다. 병약한 아이였던 그는 평생 건강 문제로 괴로워했고 스물네 살 이후에는 덩어리 음식을 먹지 못했다. 그러나 짧은 생애에도 불구하고 파스칼은 과학에 공헌한 바가 크다. 그는 열아홉 살에 숫자를 더하고 빼는 '파스칼린'이라는 파스칼의 계산기를 발명했다. 그는 또한 유체역학을 개척했고 유명한 1648년도 실험에서는 진공의 존재를 입증하는 데 도움을 주었다. 수학의 확률론을 발명하기도 했다.

그는 1654년에 어떤 꿈을 꿨는데 그것을 종교적 깨달음으로 해석하면서 갑자기 과학과 수학을 저버렸다. 자신의 과학적 추구가 시간 낭비라고 믿게 된 그는 여러 친구와 연락을 끊었다. 파스칼은 여생의 대부분을 가톨릭 신앙을 옹호하는 글을 쓰는 데 보냈다. 그의 글은 사후에 《명상록》으로 출간되었다. 파스칼은 서른아홉 살의 나이로 파리에서 사망했다.

- 본래 세무 관리였던 아버지를 돕기 위해 발명한 파스칼의 계산기는 정교한 기계장치 체계를 이용해 숫자를 더하고 뺐다. 이 기기는 제작에 시간과 비용이 많이 들어서 그가 살아 있는 동안 50개밖에 제작되지 않았다.
- 1970년에 만들어진 컴퓨터 프로그래밍 언어 파스칼은 이 수학자의 이름을 따서 붙여졌다. 물리학에서 파스칼은 압력의 한 단위인데, 이 또한 그를 기리기 위해 붙여진 이름이다.
- 파스칼이 열여섯 살에 그린 원추 곡선은 유명한 프랑스 철학자이자 수학자인 르네 데카르트에게 보내졌다.

157 WED 혁신가 요하네스 케플러

천문학자 요하네스 케플러(Johannes Kepler, 1571년~1630년) 생전에 그의 조국 독일은 지속적인 종교적 폭력과 사회적·정치적 혼란으로 분열되어 있었다. 케플러는 궁정 쿠데타, 농민 봉기, 심지어 자신의 가족을 겨냥한 마녀사냥까지 견뎌냈다. 이런 힘든 배경에도 그는 행성들이 천체에서 움직이는 방법을 현대 과학적으로 이해해냈다.

케플러는 슈바벤이라는 독일 남서부 지방의 평범한 가정에서 태어났다. 그의 아버지는 그의 어머니를 버린 '부도덕하고, 거칠며, 싸움을 일삼는 병사'였다. 그래서 케플러는 어린 시절 조부모의 손에서 자랐다. 원래 그는 개신교 목사가 되려고 열세 살에 신학교에 입학했고 1591년에 신학 학위를 받았다. 그리고 1594년 그라츠에 정착해 수학 교수가 되었고, 그로부터 3년 후에 결혼했다. 그러나 1600년에 그가 가톨릭으로 개종하길 거절하면서 대학교를 떠나야만 했다. 같은 해에 프라하로 피신한 그는 덴마크 천문학자인 튀코 브라헤를 소개받았다. 케플러와 마찬가지로 얼마 전 프라하로 피신한 브라헤가 이 젊은 수학자를 조수로 고용하면서 케플러는 브라헤가 죽고 난 후 황제의 수학자가 되었다. 브라헤의 자세한 관찰에 일부분 의존하면서 케플러는 별의 움직임을 지배하는 세 가지 물리적인 법칙의 개요를 작성했다. 그는 1609년 《신천문학》이라는 논문에서 첫 두 가지 법칙을 발표했고, 세 번째 법칙은 1619년에 출간되었다. 브라헤와 달리 코페르니쿠스의 학설을 확고히 믿었던 케플러는 태양중심설을 옹호하는 최초의 글을 출간했다.

1618년부터 1648년까지 유럽 중부에서 발발한 종교 갈등이었던 30년 전쟁의 혼란으로 케플러는 연구를 할 수 없게 되었다. 그 후 2년 동안 그는 독일의 여러 도시를 여행하며 폭력을 피하려고 애썼다. 케플러가 사망한 후 그가 묻힌 교회 경내가 군대의 침입으로 약탈당하고 훼손되면서 케플러의 파란만장한 삶에 슬픈 후기를 남기게 되었다.

- 나사는 2009년 3월 케플러의 이름을 딴 인공위성을 발사했다. 이는 생물이 살 수 있는 다른 행성을 찾아내기 위해, 먼 태양계에 있는 지구 크기의 행성들을 찾아 은하계를 탐색할 수 있도록 고안되었다.
- 케플러는 마녀 혐의를 받은 어머니 카타리나를 변호하기 위해 1615년에서 1620년 사이에 뷔르템베르크를 여러 번 방문해야 했다. 카타리나는 '마녀의 통제력'으로 열두 살 소녀를 마비시킨 혐의를 받고 수감되어 고문을 당했지만, 케플러가 뷔르템베르크 공작의 배후를 조정한 후 풀려나 운 좋게 처형을 면할 수 있었다. 케플러의 증조할머니를 포함해 수십만 명의 유럽 여성이 17세기 초에 유럽 중부를 휩쓴 마녀사냥으로 화형당했다.
- 천문학 외에도 케플러는 예수 그리스도의 탄생을 기원전 4년으로 기정사실화한 최초의 인물이다. 이는 오늘날 보편적으로 받아들여지는 사실이다.

158 THU 악당 가이 포크스

1605년 실패한 영국 의회 폭파 음모 사건의 주동자 가이 포크스(Guy Fawkes, 1570년~1606년)는 영국 역사상 매우 악명 높은 인물이다. 그의 음모가 성공했다면 국왕, 장관을 비롯해 영국 정부에 속한 대다수가 죽었을 것이다. 런던 지하에서 그가 체포되었던 11월 5일은 가이 포크스 데이라고 불리며 지금도 매년 영국에서 기념된다. 가톨릭 신자인 포크스는 다른 반체제 인사들과 함께 점점 엄격해지는 반가톨릭 법안에 저항하기 위해 공격을 계획했다. 그러나 이 음모가 발각되어 영국 가톨릭 신자들은 더 큰 곤경에 빠지게 되었다. 초기에는 가이 포크스 데이마다 모형으로 만든 교황을 불태우는 행사를 하는 등 반가톨릭을 노골적으로 기념하는 축제가 열렸다.

뉴욕에서 태어난 포크스는 열여섯 살에 가톨릭교로 개종한 후 프랑스와 네덜란드 사이에서 발발한 종교 전쟁에 참전하기 위해 1593년에 유럽대륙으로 건너갔다. 네덜란드에 있는 동안 그는 도피한 영국 가톨릭 신자들과 결탁하여 화약 음모 사건을 주도했다. 엘리자베스 1세 여왕의 통치 기간 내내 가톨릭 신자들은 괴롭힘을 당했고 성공회 예배에 참석하도록 강요받았다.

엘리자베스 1세의 후계자인 제임스 1세 국왕의 통치하에서 상황이 개선되기를 바랐던 많은 가톨릭 신자들은 그가 엘리자베스 여왕의 종교 정책을 이어나가자 격노했다. 폭파를 계획한 로버트 케이츠비는 1604년에 포크스를 뽑아 음모를 주도하게 했다. 음모자들은 의회가 모이는 건물의 옆집을 빌려 비밀리에 화약통을 지하로 옮기기 시작했다. 정부 고위층이 모두 참석하는 의회의 개회식이 진행되는 동안 폭파를 감행할 계획이었다. 그러나 이는 음모 가담자 가운데 한 명이 같은 가톨릭 신자였던 몬티글 경에게 개회식에 참석하지 말라고 경고하면서 발각되었다. 그가 정부에 제보하면서 당국은 그다음 주에 포크스를 체포했다. 다른 음모 가담자들과 함께 그는 하루 동안의 재판을 거친 후 처형되었다.

- 포크스가 체포된 후 화약통을 시험해본 결과, 썩은 것으로 판명되었다. 그가 도화선에 불을 붙였다고 해도 아마 폭파하지 않았을 것이다.
- 화약 음모 사건의 여파로 의회는 영국 가톨릭 신자들이 변호사나 장교가 되거나 투표하는 것을 막는 여러 차별 법안을 통과시켰다. 가톨릭 신자들의 투표권은 1829년까지 복원되지 않았다.

159 FRI 예술가 렘브란트

대개 성을 빼고 이름으로만 불리는 렘브란트 하르먼손 반 레인(Rambrandt Harmenszoon van Rijin, 1606년~1669년)은 네딜란드의 도시 라이덴에서 태어나 폭넓은 라틴 교육을 받았다. 그는 10대 때 그림을 그리기 시작했고, 콘스탄티너 하위헌스라는 네덜란드 시인이자 외교관을 만나 1629년부터 후원을 받기 시작했다. 성공 가도를 달리던 렘브란트는 암스테르담으로 거점을 옮겨 작업실을 열었고, 1634년에 사스키아 판 아윌렌뷔르흐와 결혼했다.

주로 구약성경의 종교적 테마를 가지고 있는 렘브란트의 초기 작품은 강렬한 빛의 사용과 이국적인 디테일 그리고 생생한 행동감으로 유명했다. 유명한 초기 캔버스 작품 중 하나인 〈실명을 당한 삼손〉(1636년)은 블레셋족 병사들이 뜨거운 부지깽이로 이 성경 속 인물의 눈을 찌르려는 순간에 어두운 텐트 속으로 빛줄기가 들어오는 모습을 보여준다.

1640년에 이르러 암스테르담에서 가장 유명한 예술가가 된 렘브란트는 상인, 군인 그리고 네덜란드 왕족들 사이에서 인기를 누렸다. 그러나 그는 1642년 아내 사스키아의 죽음을 시작으로 1640년대에 연이은 개인적·재정적 좌절을 맛보았다. 네덜란드 경제가 붕괴되면서 그의 많은 고객이 파산했는데, 유행에서 뒤처지고 경제 관념이 없었던 렘브란트는 커다란 빚더미에 앉아 거의 파산할 지경에 이르렀다. 1656년 네덜란드 법원은 그의 그림을 몰수해 경매에 붙임으로써 채권자들의 빚을 갚게 했다. 1650년 이후 렘브란트의 그림은 좀 더 차분해졌고, 대상의 감정적 깊이를 포착하는 데 더욱 집중했다. 그의 감동적인 1665년도 작품 〈돌아온 탕자〉는 그의 초기 작품에서 볼 수 있던 밝은 빛과 정확한 디테일을 배제하는 대신, 아버지와 오랜 기간 집을 나가 있었던 아들이 재회하는 감동적이고도 침울한 순간을 포착했다.

렘브란트는 금전적인 문제에서 완전히 벗어나지 못했고, 암스테르담에서 63세의 나이로 사망했다.

- 큰 빚을 진 렘브란트는 아내가 묻힌 묘지 자리를 팔기 위해 1662년에 아내의 시신을 파냈다.
- 1975년에 두 명의 도둑이 보스턴의 한 미술관에서 렘브란트의 〈금장식이 달린 망토를 입은 소녀의 초상화〉를 훔쳤다. 당시 이는 미국 역사상 가장 큰 미술품 도난 사건이었다. 이 그림은 1년 후에 반환되었다.

160 SAT 개혁가 머시 오티스 워런

전쟁터에서 싸운 것도, 독립선언문에 서명을 한 것도 아니다. 그럼에도 매사추세츠주 주부였던 머시 오티스 워런(Mercy Otis Warren, 1728년~1814년)은 애국적 대의를 지지하기 위해 식민지 신문에 익명으로 실었던 그녀의 에세이, 시, 연극으로 인해 '미국 독립의 양심'이자 창시자로 불린다. 독립에 대한 워런의 큰 열정을 높이 산 미국의 두 번째 대통령이자 친구인 존 애덤스는 그녀에게 독립혁명의 역사를 집필할 것을 제안했다. 1805년에 완성된 세 권의 책《미국 독립혁명의 시작, 과정 그리고 종결의 역사》는 최초로 출간된 전쟁 연대기 가운데 하나이다.

워런은 여성에게 주어진 교육의 기회가 대단히 제한적이었던 시절에 케이프코드에서 태어났다. 그녀는 집에서 글을 배웠고 1754년에 매사추세츠주 플리머스 변호사이자 먼 친척인 제임스 워런과 결혼했다. 그들은 1757년과 1766년 사이에 다섯 자녀를 낳았다. 1760년대 다른 여러 매사추세츠 주민처럼 워런 부부도 식민지에 연이어 부과된 세금으로 인해 열렬한 영국 비판자가 되었다. 1770년대에는 '자유의 아들'과 '통신연락위원회'라는 두 지하애국단체가 워런 부부의 플리머스 자택 거실에서 모임을 가졌다. 영국에 대한 풍자를 은근하게 표현한 그녀의 희곡들이 뉴욕과 필라델피아에 유포되었고, 존 애덤스 대통령에 따르면 이는 대의에 대한 지지를 불러일으키는 데 도움을 주었다.

전쟁이 끝난 후 머시 오티스 워런은 본명을 사용해 시집을 출간했고 존 애덤스 대통령이 집필을 권한 역사서를 쓰기 시작했다. 그러나 책이 막상 출간되자 존 애덤스 대통령은 오랜 친구였던 자신이 호의적으로 그려지지 않은 사실을 알고는 그녀와의 모든 연락을 끊어버렸다. 1812년 존 애덤스와 화해한 워런은 그로부터 2년 후 86세의 나이로 플리머스에서 사망했다.

- 워런은 다섯 편의 희곡을 저술했다. 청교도적 법률로 인해 매사추세츠주의 모든 극장이 금지된 상황이었던 당시를 고려하면 이는 특히 인상적인 업적이라 할 수 있다. 희곡은 상연이 아니라 그저 읽히기 위한 목적으로 집필되었다.
- 머시 오티스 워런과 그녀의 남편은 모두 메이플라워호 승객의 후손이다.

161 SUN 선지자 교황 바오로 3세

1545년에 이르렀을 때 로마 가톨릭교회는 종교개혁으로 촉발된 세력으로 인해 휘청거리고 있었다. 덴마크, 스웨덴, 영국, 대부분의 독일 등 유럽 북부의 국가가 차례로 가톨릭교에 등을 돌렸던 것이다. 내리막길을 걷고 있는 교회를 멈추는 임무를 맡은 사람은 교황 바오로 3세(Pope Paul III, 1468년~1549년)였다. 1534년에 교황으로 선출된 이 이탈리아 추기경은 반종교개혁이라고 알려진 장기간에 걸친 가톨릭 쇄신 운동을 시작했다. 1545년 트렌토 공의회를 시작으로 가톨릭교는 핵심 신념은 옹호하면서 내부적으로는 쇄신을 꾀하는 움직임을 보이기 시작했다.

바오로 3세는 알레산드로 파르네세(Alessandro Farnese)라는 이름으로, 주교와 군사 지도자뿐 아니라 교황 보니파스 8세 등 적어도 한 명 이상의 교황이 탄생한 부유한 로마 가문에서 태어났다. 파르네세는 피렌체에 있는 로렌초 데 메디치 궁전에서 교육받았다. 1493년에는 스물다섯 살에 불과한 나이로 추기경이 되었다. 젊은 시절, 미래의 교황 바오로 3세는 종교개혁가들이 비난한 여러 남용 행위를 저질렀다. 교회 재산에서 파생된 어마어마한 수익을 보장받는 성직자의 지위에 있던 그는 그 돈을 예술과 궁전에 허비했다. 그러나 교황으로 선출된 후, 바오로 3세는 교회를 변화시키지 않고는 불행한 결말을 맞을 수밖에 없다는 사실을 다른 많은 가톨릭 지도자들보다 더욱 명확하게 인식했다. 여러 추기경의 반대를 무릅쓰고 그는 교회 내의 부패를 청산하기 위해 트렌토 공의회를 소집했다. 공의회는 수년 동안 간헐적으로 모였지만 교황 바오로 3세가 사망한 후에도 결론을 내리지 못했다. 그러나 가장 평판이 안 좋은 남용 행위는 금지했다.

반면 교회의 쇄신 외에 교황 바오로 3세는 반대 의견을 불식시키고 교회의 교리에 대한 그의 권력을 확고히 다지는 일도 했다. 그가 만든 것 중 가장 악명 높은 것은 종교재판소라고 알려진 검사 성성(檢邪聖省)으로, 1542년에 이단자를 확인하여 처벌하고 가톨릭 교리를 옹호하는 역할을 맡았다.

- 순결 선언을 했음에도 바오로 3세에게는 피에르 루이지 파르네세라는 사생아가 있었다. 피에르 루이지 파르네세는 1545년에 파르마의 공작이 되었고 1547년에 암살당했다. 피에르에게는 라누치오라는 아들이 있었는데, 바오로 3세는 자신의 손자인 라누치오가 고작 열다섯 살 때 추기경으로 임명했다.
- 교황 바오로 3세는 사망 후, 〈최후의 심판〉을 그리기 위해 그가 고용한 화가이자 건축가인 미켈란젤로가 디자인한 로마의 묘지에 묻혔다.

162 MON 리더 와훙세나카우

와훙세나카우(Wahunsenacawh, 1550년경~1618년)는 1607년 제임스타운에서 영국 정착민들을 최초로 만난 아메리카 원주민 추장이다. 그는 식민지 주민들의 지도자였던 존 스미스의 목숨을 구한 것으로 알려진 전설적인 공주 포카혼타스의 아버지이기도 하다.

포화탄(Powhatan)이라고도 알려진 와훙세나카우는 버지니아주 해안에 사는 막강한 앨곤퀸족 연합의 지도자였다. 그는 1550년경에 태어났으며 1607년 5월 14일 영국인이 상륙한 곳 인근에 있는 웨로워코모코라는 아메리카 원주민 마을에 수도를 세웠다. 그해 말 한 앨곤퀸족 사냥패가 존 스미스를 잡아 와훙세나카우 앞으로 끌고 갔다. 존 스미스가 전한 바에 따르면 그는 처형을 당할 위험에 처했는데 그를 불쌍히 여긴 포카혼타스가 아버지에게 그를 살려달라고 요청해서 목숨을 구할 수 있었다고 한다. 이후 와훙세나카우는 식민지 주민들이 제임스타운에서의 첫해를 힘겹게 보내고 있을 때 먹을 것을 파는 데 동의했고, 심지어 정착민들과의 협력적인 관계 구축을 바라기도 했다. 그러나 1610년부터 1614년까지 양측은 전쟁을 벌였고 그로 인해 아메리카 원주민 마을 몇 곳이 파괴되었으며, 포카혼타스가 잡혀갔다. 추장은 평화 협상 중에 자기 딸이 영국의 농장주인 존 롤프와 결혼하는 것을 어쩔 수 없이 허락했다.

이 협상은 일시적인 평화 관계로 이어졌다. 포카혼타스와 존 롤프는 1616년에 영국으로 여행을 갔으며 그곳에서 그녀는 왕족으로 인정받아 제임스 1세 국왕을 만나기도 했다. 그러나 와훙세나카우가 사망한 후, 그의 동생인 오페창카누프가 부족 연합을 통치하기 시작하면서 1622년에 영국과의 전쟁을 재개했다.

- 1977년 고고학자들은 웨로워코모코의 유적지를 발견했다. 그곳은 제임스타운에서 불과 20km 떨어진 요크강에 있었다.
- 2005년도 영화 〈뉴 월드〉에서는 오거스트 쉘렌버그가 추장 역을 맡았다. 디즈니 애니메이션 영화 〈포카혼타스〉에서는 미국 원주민 운동가인 러셀 민스가 와훙세나카우의 목소리 역을 맡았다.
- 와훙세나카우와 그의 부족이 사용한 앨곤퀸어는 8세기 말부터 서서히 사라지기 시작했지만 영어에 여러 단어를 남겼다. 라쿤(raccoon), 테라핀(terrapin), 모카신(moccasin), 토마호크(tomahawk)가 모두 버지니아 앨곤퀸어에서 유래했다.

163 TUE 철학자 바뤼흐 스피노자

1656년 7월 27일, 네덜란드 암스테르담의 작은 유대인 공동체가 한 이단자를 추방한다는 칙령을 발표했다. 바뤼흐 스피노자(Baruch Spinoza, 1632년~1677년)라는 이름의 이 스물네 살 피고인은 명시되지 않은 '가공할 행동'을 한 혐의로 유죄 판결을 받았으며 이윽고 자신이 태어난 도시를 떠나야만 했다. 대다수의 네덜란드 기독교인에게서 원한을 사기도 한 저서의 저자인 스피노자는 무신론자라는 비난을 받았으며 동시대인에게 가장 많이 증오를 산 사람이기도 하다. 그러나 그의 철학과 윤리는 하느님의 사랑이 가장 고귀한 인간의 선이라는 그의 믿음에 뿌리를 두었다.

포르투갈의 종교재판을 피해 암스테르담으로 이주한 세파르디 유대인 가문에서 태어난 스피노자는 도시의 탈무드 토라 학교에서 일반적인 유대교 교육을 받았다. 그가 공동체에서 쫓겨나게 된 정확한 이유는 알 수 없지만, 랍비들은 스피노자를 추방했을 뿐만 아니라 다른 유대인들이 이 젊은 이단자와 어떤 이유로든 연락하지 못하도록 금하는 내용을 칙령에 포함시킬 정도로 격노했다. 도시를 떠난 스피노자는 헤이그에 정착해 렌즈 제작사로 일하면서 가장 영향력 있는 그의 저서 《에티카》의 집필에 매진했다. 이 책은 그가 독성 유릿가루를 흡입해 폐 감염으로 44세의 나이에 사망한 후 출간되었다.

종교와 철학에 관한 그의 관점을 집대성한 《에티카》는 유대인 공동체가 스피노자를 비난한 이유에 대한 충분한 설명을 제시한다. 이 책에서 그는 인류의 문제에 신성하게 개입하여 다스리는 세상의 창조자, 하느님에 대한 전통적 유대교·기독교 개념을 거부했다. 대신 스피노자는 하느님을 자연과 논리의 비인격적인 힘으로 재정의했다. 그는 우주가 하느님의 섭리가 아닌 논리에 의해 지배된다고 썼다. 그는 논리가 모든 것을 결정하기 때문에 사람들에게는 자유의지가 없다고 믿었다. 행복해지는 유일한 방법은 하느님의 이해를 구하고 자신에게 운명을 바꿀 능력이 없다는 것을 인정하는 것이었다. 비록 그의 생전에, 그리고 그 후로도 1세기 동안 외면당했지만 스피노자의 믿음은 계몽주의 시대의 근간을 형성하였다.

- 그를 추방하기 전에 유대인 공동체는 스피노자에게 이단적 관점을 드러내지 않는 대가로 연간 1000플로린스(당시 어마어마한 금액이었다)를 주겠다고 제시했다. 스피노자는 내쫓기기 전에 암살당할 뻔하기도 했다.
- 그를 추방하면서 랍비들은 네덜란드 유대인들이 스피노자와 일을 하거나, 그의 책을 읽거나, 심지어 물리적으로 가까이 다가가는 것도 불법으로 규정했다.
- 스피노자는 바뤼흐의 라틴어식 이름인 베네딕트(Benedict)라고도 알려져 있다. 두 단어 모두 '축복받은'이라는 의미다. 그는 포르투갈식 이름으로 벤토(Bento)라고 불리기도 했다.

164 WED 혁신가 윌리엄 하비

윌리엄 하비(William Harvey, 1578년~1657년)는 서양 세계에서 신체의 순환계에 대해 완전한 설명을 제시한 최초의 의사이다. 그의 발견과 이를 입증하기 위한 동물 실험은 의사라는 직업과 생물학자들의 연구 방식을 영원히 바꾸어놓았다.

하비는 켄트주 포크스턴에서 아홉 남매 중 맏이로 태어났다. 운반 업체를 소유하고 있던 그의 아버지는 포크스턴의 시장이기도 해서 그의 가족은 그를 케임브리지대학교에 보낼 정도로 부유했다. 그는 1593년에 케임브리지대학교에 입학해 스무 살에 졸업한 후 이탈리아 있는 파도바대학교에서 의학을 공부했다. 영국으로 돌아온 하비는 1604년에 엘리자베스 브라운과 결혼했다. 그녀의 아버지인 렌슬롯은 엘리자베스 1세 여왕과 제임스 1세 국왕의 개인 주치의였는데, 이 연줄이 윌리엄 하비에게 이롭게 작용했다. 그는 결국 궁정 의사로 임명되어 제임스 1세와 찰스 1세 국왕의 내과 의사로 일했다.

국왕의 지지로 하비는 1620년대에 연이은 실험에 착수하면서 신체를 조금 더 잘 이해하기 위해 사슴과 다른 동물들을 해부하기 시작했다. 당시 의학 이론은 여전히 갈레노스의 저서를 근거로 삼는 것이 지배적이었다. 그러나 수 세기 전 폐순환계를 발견한 아랍 의사 이븐 알 나피스와 마찬가지로 하비도 결국 갈레노스의 이론이 타당해 보이지 않는다고 결론지었다. 그 결과 1628년 하비는 《동물의 심장과 혈액의 운동에 관한 해부학적 연구》를 출간했다. 비록 영국 내전에서 왕당파가 패하면서 궁정 의사로서의 직업은 잃었지만, 그는 임신이라는 '숨겨진 일'로 눈을 돌려 의학 실험을 계속해나갔다. 그의 《동물의 발생에 대한 에세이》(1651년)는 정자와 난자가 만나서 동물이 생겨난다는 가설을 세운 최초의 책이다. 현미경으로 이 이론이 증명된 것은 그로부터 수백 년 후였다.

1651년 왕당파가 몰락한 후, 하비는 음독자살을 시도했지만 살아났다. 그로부터 6년 후 그는 79세에 뇌졸중으로 사망했다.

- 윌리엄 하비의 고향인 포크스톤은 후에 영국과 프랑스를 잇는 해저터널의 서쪽 출구가 있는 곳으로 유명해졌다.
- 국왕의 개인 내과의였던 윌리엄 하비는 영국 내전 중 최초의 주요 전투였던, 1642년도 에지힐 전투에서 부상당한 병사들을 치료했다.
- 하비 가족의 문장에는 "더 많이 노력할수록 더 많은 보상을 받는다"라는 모토가 새겨져 있었다.

165 THU 악당 월터 롤리

월터 롤리 경(Walter Raleigh, 1554년경~1618년)은 영국의 시인이자 탐험가, 군인으로, 반역죄로 불명예 퇴진한 후 처형당한 인물이다. 그는 허락 없이 스페인을 공격한 혐의로 제임스 1세 국왕의 명에 따라 교수형에 처해졌다. 그러나 롤리의 가장 비도덕적인 유산은 그가 아메리카에서 들여와 영국에 보급한 이국적인 새 습관, 즉 흡연이었을 것이다.

롤리는 영국 서부의 열렬한 개신교 집안에서 태어났다. 그는 아일랜드와 프랑스에서 벌어진 종교 전쟁에서 싸우면서 가톨릭교와 스페인에 대한 강한 증오심을 갖게 되었다. 여왕 엘리자베스 1세는 그의 공로를 인정해 거대한 사유지와 무역 독점권, 주석 광산을 수여했고, 1585년에는 기사 작위까지 내렸다. 1584년부터 롤리는 신세계에 영국의 식민지를 건설하기 위한 주요 활동에 돌입했다. 그가 후원한 원정이 1587년, 오늘날의 노스캐롤라이나주의 로어노크에 식민지를 건설했지만 몇 년 만에 사라져버렸다. 롤리는 또한 버지니아주에 예정된 식민지에 여왕의 이름을 붙이기도 했다. 롤리가 담배를 발견하고 영국의 주요 담배 수입자가 될 수 있었던 것은 그의 식민지 사업체들 덕분이었다. 롤리는 16세기 말 절정에 달했던 스페인의 권력에 대적할 방법으로 영국의 아메리카 대륙 식민지화를 꿈꿨다. 가톨릭 국가인 스페인과 신교도 국가인 영국은 엘리자베스 1세 여왕의 통치 기간 내내 간헐적으로 싸웠는데 이 전쟁은 1588년 스페인 함대의 패배로 끝이 났다.

여왕이 사망할 무렵 롤리는 여왕의 시녀 중 한 사람인 엘리자베스 스록모턴과의 추문에 휩싸인 결혼과 사치로 이미 인기를 잃고 있었다. 스페인에 조금 더 유화적인 정책을 선호했던 엘리자베스의 후계자 제임스 국왕은 1603년에 롤리를 반역죄로 체포했다. 그는 사형선고를 받았지만 제임스 국왕이 감형해주는 바람에 런던 타워에 수감되었고 그곳에서 《세계의 역사》를 저술했다. 1616년에 풀려난 롤리는 또 다른 원정대를 이끌었는데 원정길에서 스페인 전초기지를 허락도 없이 공격했다. 그가 런던으로 돌아왔을 때 스페인 대사는 국왕에게 그의 사형선고를 되돌려달라고 요청했다. 스페인을 달래기 위한 표시로 롤리는 1618년 10월 29일 처형되었다.

- 제임스 1세 국왕은 롤리만이 아니라 흡연도 싫어했다. 담배업계가 흡연과 폐암과의 관계를 인정하기 380년 전이었던 1604년에 왕은 흡연을 "눈에 혐오스럽고, 코에 불쾌하며, 뇌에 해를 끼치고, 폐에 위험할 뿐 아니라, 그 검고 악취가 나는 연기는 바닥이 없는 구멍에서 나오는 끔찍하고 새까만 연기와 가장 많이 닮았다"라고 일컬었다.
- 노스캐롤라이나주의 주도인 롤리는 이 탐험가의 이름을 따서 붙여졌다.

166 FRI 예술가 크리스토퍼 렌

수학과 천문학을 전공한 크리스토퍼 렌(Christopher Wren, 1632년~1723년)은 1666년 발생한 대화재 사건 이후 런던을 재건한 건축가로서 명성을 얻었다. 크리스토퍼 렌은 세인트 폴 대성당을 비롯해 수십 개의 교회와 건물을 설계했으며 화재로 소실된 도시 건축의 부활을 거의 혼자서 담당했다. 이에 걸맞게 런던에 있는 크리스토퍼 렌의 무덤에는 이와 같은 문구가 새겨져 있다. "독자여, 기념비적인 건축물을 찾고 있다면, 주변을 둘러보라."

크리스토퍼 렌은 옥스퍼드대학교를 다녔고 1661년에는 천문학과 교수로 임명되었다. 그는 대학교 극장을 설계하는 등 건축에도 손을 댔지만, 그렇다고 교수직을 그만두지는 않았다. 그가 건축가로서만 활동하기 시작한 것은 대화재 사건이 발생하고 몇 년 후부터였다. 1666년 9월 2일부터 9월 5일까지 계속된 런던 대화재 사건은 도시 역사상 가장 큰 화재 사건이었다. 한 빵집에서 시작된 불길은 순식간에 건물이 밀집된 중세 도시의 중심지로 번져나갔다. 화재가 진압되었을 때는 도시의 3분의 2에 해당하는 건물 수십만 채가 소실된 후였다. 크리스토퍼 렌은 그 며칠 후 런던에 도착했고, 즉시 도시 재건을 위한 설계도를 그리기 시작했다. 그는 도시의 재건을 관장하는 왕립위원회에 임명되었고, 그 후 50년 동안 영국에서 가장 영향력 있는 건축가로 자리했다.

유럽 바로크 양식을 공부한 크리스토퍼 렌은 독특한 디자인을 설계했고, 그래서 여러 사람에게서 전통적인 영국 디자인과는 동떨어져 있다는 비판을 받았다. 의회는 그의 세인트 폴 대성당 청사진을 여러 차례 수정했고, 언젠가 한번은 그에게 성당 건축을 더욱 빨리 끝내라고 재촉하며 대금 지불을 보류하기도 했다. 그래도 이 대성당은 런던의 주요 랜드마크가 되었고, 워싱턴의 국회의사당 건물과 파리의 판테온에 영감을 주었다. 크리스토퍼 렌은 79세가 되어서야 비로소 대성당에 대한 모든 대금을 받을 수 있었다. 그는 그로부터 11년 후에 사망했다.

- 크리스토퍼 렌은 1662년에 현존하는 과학자와 학자 단체인 로열소사이어티를 공동 창설했다.
- 1675년에는 그리니치에 있는 왕립 천문대 설계를 위한 주문을 따냈다. 국제협약에 따라 이 천문대가 경도 0도의 본초자오선으로 지정되었다.
- 재건 활동에 대한 그의 공로를 인정받아 크리스토퍼 렌은 1673년 찰스 2세 국왕으로부터 기사 작위를 받았다.

167 SAT 개혁가 투팍 아마루 2세

스페인에 대항해 반란을 일으킨 페루 원주민의 지도자 투팍 아마루 2세(Túpac Amaru II, 1740년경~1781년)는 식민지 정부와의 짧고 무자비한 전쟁에 수천 명의 인디언을 집결시킨 사람이다. 1780년에 몇 차례의 전투에서 승리한 투팍 아마루 2세는 그다음 해에 스페인 당국에 체포되어 죽임을 당했다. 그러나 그의 저항은 남아메리카의 독립운동을 일으키는 데 도움을 주었다고 인정받고 있다. 또한 그는 사망 이래로 미국 원주민 사이에서 자존심의 원천이 되었고, 페루에서는 저항의 상징이 되었다.

투팍 아마루 2세에게는 원래 호세 가브리엘 콘도르칸키(Jose Gabriel Condorcanqui)라는 본명이 있었다. 그러나 그는 증조할아버지인 투팍 아마루를 기려 증조할아버지의 이름을 가명으로 사용했다. 그의 증조할아버지 투팍 아마루는 잉카의 마지막 독립 국왕으로, 스페인에 대항해 반란을 이끌다가 1572년에 사형을 당했다. 고대 잉카의 수도인 쿠스코에서 자란 투팍 아마루 2세는 비교적 특혜를 누리며 살았다. 잉카족과 연관된 계보로 인해 스페인 식민지 정부는 그에게 후작의 지위를 부여했고, 흔치 않은 경제적 자유를 누리게 해주었다. 그러나 그는 페루 인구의 대다수를 구성하면서도 거의 노예 같은 삶을 살고 있던 페루 원주민들과 스스로를 동일시했다.

1780년, 그는 보잘것없는 무기를 소지한 8만 명의 인디언으로 반란군을 조직했고, 수백 명의 스페인 식민지 관리를 처형하며 오늘날의 페루, 볼리비아, 아르헨티나에 해당하는 고원 지대를 신속하게 장악해나갔다. 6개월 후, 스페인 측에 붙은 투팍 아마루의 두 사령관에게 도움을 받아 반란을 진압하기 위한 스페인 군대가 도착했고 스페인 식민지 정부는 반란군 지도자를 체포할 수 있었다. 그는 쿠스코 광장으로 끌려갔고 2세기 전 그의 조상들이 참수된 곳에서 사지가 찢겨 죽었다. 그러나 스페인으로부터 독립하고자 했던 희망은 살아남았고, 40년 후 페루는 자유를 얻게 되었다.

- 미국 래퍼 투팍 아마루 샤커의 어머니는 이 페루 혁명가의 이름을 따 아들의 이름을 지었다.
- 1960년대~1980년대에 우루과이에서 활동하던 반란 단체 투파마로스는 투팍 아마루 이름에서 따왔다.
- 투팍이라는 단어는 잉카제국의 언어인 케추아어로 '귀족'이라는 의미에 가깝다. 오늘날 대부분의 페루와 볼리비아의 안데스 고원에 사는 약 1000만 명이 케추아어를 사용한다.

168 SUN 선지자 장 칼뱅

가톨릭 국가였던 프랑스에서 태어난 신학자 장 칼뱅(John Calvin, 1509년~1564년)은 1520년대부터 1530년대에 가톨릭교로부터 극적인 독립을 이룬, 종교개혁의 주요 사상가로 명성을 얻었다. 그는 결국 프랑스를 떠나 스위스의 제네바로 도망쳤고, 그곳 신교도 공동체의 지도자이자 막강한 정치적 인물로 거듭났다. 그의 가르침에 영감을 받은 신교도 사상인 칼뱅주의는 유럽과 미국 역사상 가장 영향력 있는 사상이 되었다.

칼뱅은 파리에서 북쪽으로 100km가량 떨어진 곳에 있는 누아용이라는 도시에서 태어났다. 독실한 가톨릭 신자이자 누아용 대성당의 관리자였던 그의 아버지는 그가 열네 살이었을 때 파리로 보내 수사학, 논리학, 문법을 배우도록 했다. 1528년이 되자 마르틴 루터에 의해 독일에서 촉발된 종교개혁이 은밀히 프랑스에까지 퍼지기 시작했고, 칼뱅의 몇몇 대학교 친구들도 개혁 운동에 동조하기 시작했다. 친구들로 인해 의심을 받은 칼뱅은 1533년에 어쩔 수 없이 파리를 떠나게 되었다. 그러나 칼뱅은 1536년까지도 가톨릭교를 완전히 거부하지 않았다.

도피 생활을 하던 중에 칼뱅은 자신의 개혁적인 종교적 믿음을 요약한 《기독교 강요》를 집필하기 시작했다. 대부분 마르틴 루터에 동조하면서도 칼뱅은 몇 가지 중요한 점에 대해서는 의견을 달리했다. 예컨대, 칼뱅주의는 하느님이 천당에 갈 사람을 미리 정해놓았다는 운명예정설의 교리를 수용하는 반면, 루터교는 믿음이 있는 사람이라면 구원받을 수 있다고 믿었다.

칼뱅은 1541년에 대규모 신교도 공동체가 교전 중인 제네바로 초대받았다. 도시 안에서 막강한 권력을 갖게 된 그는 교회사법위원회라는 엄격한 교회 법정을 세워 춤이나 가정폭력 같은 당시 도덕적 범죄 행위에 대한 처벌권을 부여했다. 그의 감독하에서 제네바는 반체제 인사들을 고문하고 마녀로 지목된 수십 명을 처형했으며, 이단자 미카엘 세르베투스를 화형에 처했다. 말년에 수십 년간 통풍으로 고생하던 칼뱅은 54세에 제네바에서 사망했다. 그의 가르침은 장로교, 독일 복음주의 개혁교, 영국 청교도 등 많은 종교 단체에 수용되었다.

- 존 캘빈은 라틴어 이름인 욘니스 칼비누스(Ionnis Calvinus)의 영어식 이름이다. 프랑스에서 그의 이름은 장 꼬뱅(Jean Cauvin)이었다.
- 칼뱅의 첫 번째 저서는 스페인 철학자 세네카의 《관용론》에 대한 설명서로 1532년 파리에서 출간되었다.
- 캘빈은 빌 워터슨의 《캘빈과 홉스》라는 만화에 등장하는 여섯 살짜리 꼬마의 이름이기도 하다. 캘빈의 호랑이 인형인 홉스는 영국 철학자 토마스 홉스의 이름을 따서 지어졌다.

169 MON 리더 찰스 2세

즐거운 군주(Merry Monarch)라는 별명을 가진 찰스 2세(Charles Ⅱ, 1630년~1685년)는 그의 요란한 생활방식과 재치 그리고 영국 역사에서의 중추적인 역할로 알려졌다. 그는 왕정이 복원된 후 1661년에 국왕으로 즉위했으며 폭력과 소동이 난무하던 영국 내전 이후 나라를 다시 안정적으로 되돌리는 데 도움을 주었다.

찰스 2세는 찰스 1세 국왕과 앙리에타 마리아 왕비의 맏아들로 런던에서 태어났다. 10대 시절 그는 영국 내전에서 올리버 크롬웰에 대항하여 왕당파 측에서 싸웠으며, 왕당파가 패하고 그의 아버지가 처형되면서 프랑스로 추방되었다. 1650년, 그는 정권을 되찾겠다는 희망을 품고 스코틀랜드로 항해했다. 그다음 해 크롬웰과의 전투에서 패한 후 잡히지 않기 위해 오크나무 안에 숨은 이야기는 유명하다. 그는 다시 프랑스로 돌아갔고, 그 후로 10년 동안은 대부분 프랑스에서 살았다.

크롬웰이 죽고 난 후 영국은 2년 동안 격동에 휘말렸고, 결국 정치적 혼란에 지친 의회가 다시 찰스 2세를 불러들여 왕위에 앉혔다. 그의 30세 생일이기도 했던 1960년 5월 29일, 득의양양한 그의 런던 입성은 비교적 평화롭고 안정된 개혁의 시작을 알렸다. 대내적으로 찰스 2세는 아버지의 적들을 대부분 용서했다. 또한 종교적 문제에 대해서도 온건한 입장을 취하며 가톨릭교에 대한 가혹한 조치에 반대했다. 크롬웰의 통치 기간 중 통과된 엄격한 청교도 법률이 찰스 2세 집권하에 느슨해져서 극장이 다시 문을 열었고, 메이폴 댄스(Maypole dance, 봄에 씨앗을 뿌린 뒤 풍작을 비는 행사 – 옮긴이)와 같은 오랜 관습도 다시 등장했다.

찰스 2세는 포르투갈 왕녀와 결혼했으면서도 다양한 여성들 사이에서 10여 명의 사생아를 낳았으나 적통 계승자는 없었다. 그가 죽은 후 그의 동생인 제임스 2세가 왕위에 올랐지만, 가톨릭 신자였던 제임스를 많은 신교도들은 받아들이지 않았다. 그는 명예혁명에 의해 폐위되기 전까지 불과 3년 동안만 영국을 통치했다. 그 후로 의회는 영국 왕위에서 가톨릭 신자를 제외하는 법안을 통과시켰는데, 이 법안은 지금까지도 유효하다.

• 왕족의 관습상 포르투갈은 카타리나 드 브라간사 왕녀와 결혼하는 대가로 찰스 2세에게 지참금을 주어야 했다. 그는 봄베이를 받았는데, 이 도시는 대영제국의 주요 인도 전초기지 가운데 하나가 됐다.

READ ☐

170 TUE 철학자 앤 콘웨이

17세기 영국에서 고등교육을 받을 수 있었던 몇 안 되는 여성 중 한 명인 앤 콘웨이(Anne Conway, 1631년~1679년)는 존경받는 철학자이자 지성인이었다. 그녀의 업적으로는 사후에 출간된 저서《고대와 현대 철학 원리》(1690년)와 규정을 어기고 남몰래 그녀를 가르쳤던 케임브리지대학교 교수에게 보낸 수백 통의 편지가 있다.

앤 콘웨이는 부유한 런던 가정에서 앤 핀치(Anne Finch)라는 이름으로 태어나 켄싱턴 궁전에서 자랐다. 그녀의 이복오빠이자 케임브리지대학교 학생이었던 존 핀치가 그녀를 철학 교수인 헨리 모어에게 소개해주었다. 앤의 지적 능력에 감탄한 모어 교수는 그녀에게 철학을 가르쳐주기로 약속했지만 당시 케임브리지대학교에는 여자가 입학할 수 없었기 때문에 수업은 편지로 이루어졌다.

17세기 영국 여성이 지식 사회에 들어가는 것은 대단히 드문 일이었다. 그러나 앤에게는 몇 가지 유리한 점이 있었는데, 가족의 연줄과 재산뿐 아니라 그녀의 남편인 콘웨이 에드워드 자작의 지위도 한몫했다. (열아홉 살에 귀족과의 결혼으로 앤은 공식적으로 레이디 앤 콘웨이(Lady Anne Conway)가 되었다.)

이 부부에게는 아들이 한 명 있었지만 아기 때 천연두로 사망했다. 그 후로 평생 앤 콘웨이는 고질적인 두통을 앓았고, 이는 점점 더 심해졌다. 그녀는 말년에 유대교 신비주의의 한 형태인 카발라(Kabbalah)와 퀘이커파의 교리에 관심을 가졌다. 그녀는 47세의 나이로 사망하기 직전, 1679년에 퀘이커교로 개종했다. 사후에 출간된 앤 콘웨이의 철학서에는 토마스 홉스, 르네 데카르트를 비롯해 많은 주요 철학자들에 대한 비판이 담겨 있었다. 이는 후대 작가들에게도 영향을 주었는데 그중에는 독일 철학자인 고트프리트 빌헬름 라이프니츠도 있다.

- 앤 콘웨이의 아버지 헤니지 핀치 경은 하원의 대변인이었다. 그는 앤이 태어나기 한 달 전에 사망했다.
- 1656년, 앤 콘웨이는 실험적인 두통 치료법을 치료받기 위해 프랑스로 여행했다. 천두술(穿頭術, trapanation)이라고 불린 이 치료법은 통증 완화를 위해 두개골에 구멍을 내는 방법이다. 그러나 그녀에게 이 치료법은 효과가 없었다.
- 앤 콘웨이는 순환계 발견으로 유명한 의사 윌리엄 하비의 치료를 받기도 했다.

171 WED 혁신가 피에르 드 페르마

피에르 드 페르마(Pierre de Fermat, 1601년~1665년)는 저명한 프랑스 변호사이자 정치가, 수학자로 현대 미적분학의 발전에 크게 기여했다. 그중에서도 특히 '페르마의 마지막 정리(Last Theorem)'라는, 간단해 보이면서도 수학의 대가들을 겸손하게 만들었던 수학 문제로 가장 잘 기억될 것이다.

페르마는 프랑스 남부의 작은 마을인 보몽드로마뉴에서 태어났다. 보르도대학교와 오를레앙대학교에서 수학과 법학을 공부했고, 1631년에 법학 학위를 취득한 그는 인생의 대부분을 지방 정부에서 일했으며 수학을 취미로 삼았다. 부유하고 박식한 페르마는 블레즈 파스칼과 협력하여 최초의 확률 이론을 개발하는 등, 다른 주요 프랑스 사상가들과 교류했다. 그러나 일부 수학 연구는 격변의 시대라는 정황 속에서 포기해야 했을지도 모른다. 페르마는 프랑스의 내전인 프롱드의 난을 겪었을 뿐 아니라 1653년에 프랑스를 휩쓴 흑사병을 이겨내고 살아남은 사람이었기 때문이다.

페르마의 마지막 정리는 1637년경에 쓰였지만 페르마가 사망한 뒤에야 발견된 수수께끼 같은 메모에서 유래했다. 페르마는 그리스 수학자 디오판토스의 책 가장자리에 다음과 같은 문제를 휘갈겨놓았다. "나는 이 문제에 대해 진정으로 놀라운 해법을 가지고 있지만 이 가장자리에 담기에는 공간이 너무 비좁다." 페르마가 해결했다고 주장한 그 문제는 그 후로 350년 동안 수학자들을 괴롭혔다. 페르마의 마지막 정리는 $x^n + y^n = z^n$의 공식에서 x, y, z가 0이 아닌 정수이고 n이 3 이상의 자연수라면 참이 아니라고 정의했다. 페르마의 마지막 정리가 맞는 것처럼 보이지만, 모든 상황에 대해 수학적으로 증명될 수 없었다. 이 문제로 8년 동안 다락방에서 씨름하던 앤드루 와일스 프린스턴대학교 교수가 1994년에 마침내 페르마의 말이 실제로 옳았음을 증명했다.

- 페르마가 마지막 정리를 실제로 증명했는지에 대해서는 학자들 사이에 의견이 분분하다. 많은 수학자가 당시 페르마가 가진 수단으로는 이 문제를 증명할 수 없었을 것이라고 주장하며 책의 가장자리에 손으로 쓰인 그 메모를 무가치한 것으로 치부했다.
- 페르마의 마지막 정리는 특히 공상과학 소설 등 대중문화에서 주축을 이루었다. 예컨대 〈심슨네 가족들〉은 몇 가지 상황에서 이 정리를 패러디했는데, 핼러윈 에피소드에서는 이 이론이 틀렸다는 것을 입증하는 듯한 공식이 나오기도 했다.
- 페르마의 본명은 원래 피에르 페르마지만, 정부에 들어간 후 더욱 귀족적으로 들리는 피에르 드 페르마로 이름을 바꾸었다.

172 THU 악당 세라 굿

매사추세츠주에 정착한 청교도들에게 주술만큼 큰 범죄도 없었고, 세라 굿(Sarah Good, 1655년~1692년)만큼 대단한 마녀도 없었다. 세일럼 마녀재판에 기소되었던 세라 굿은 어린 소녀들에게 주술을 건 혐의가 인정되어 1692년에 처형되었다. 법정에서 세라 굿의 남편과 다섯 살짜리 딸은 그녀에게 불리한 증언을 하도록 강요당했다. 물론 세라 굿은 마녀가 아니었다. 그해 여름, 세일럼을 휩쓸고 간 집단 히스테리로 처형된 열아홉 명의 여성과 남성도 마찬가지다. 그녀는 자신을 변호해줄 친구가 거의 없었던 가난하고 평판이 안 좋은 여성이었을 뿐이다. 그녀는 종교적 열정, 편협 그리고 군중재판의 위험을 나타내는 강력한 상징으로 여겨져왔다.

세라 굿은 빚 때문에 투옥된 식민지 주민 윌리엄 굿의 아내였다. 이 부부에게는 도로시라는 딸이 하나 있었다. 다른 여러 희생자처럼 세라도 사회적 지위가 낮았고, 무례하고 단정하지 못하며 자선단체에 의존하는 사람이라는 평판을 받았다. 재판은 세 명의 어린 소녀가 자신들에게 주술을 걸었다며 이웃을 고발하기 시작했던 1692년 2월에 시작됐다. 세라 굿과 다른 두 명의 여성이 가장 먼저 고발되었다. 그해 3월 그녀의 재판이 열리자 더 많은 마을 사람들이 입을 모아 그녀가 유죄라고 주장했다. 세라 굿이 빗자루를 타고 날아다니는 모습을 보았다는 사람도 있었고 그녀가 고양이나 새에게 마법을 사용했다는 혐의를 제기한 사람도 있었다. 고작 다섯 살밖에 되지 않았던 그녀의 딸도 수감되었고 결국 강요에 의해 어머니에게 불리한 증언을 할 수밖에 없었다. 세라 굿은 교수대로 끌려가면서까지 자신은 무죄라며 저항했다고 한다. 처형 당시 그녀는 서른일곱 살이었다.

식민지의 고위급 시민 지도자와 종교 지도자의 지지를 받았던 마녀재판은 그해 말에 폐지되었다. 20년 후 희생자들이 혐의를 벗으면서 정부는 그 가족들에게 보상금을 청구하라는 권고가 내려졌다. 세라 굿의 남편이 떨리는 글씨로 법정으로 보낸 편지가 세라 굿의 재판과 처형에 통렬한 마침표를 찍어주었다. "불쌍한 우리 가정을 파괴함으로써 내가 어떤 피해를 입었는지는 존경하는 재판장님의 판단에 맡기겠습니다."

- 세일럼의 모든 희생자에 대해 2001년에 매사추세츠주에서 공식적으로 무죄가 선고되었다.
- 세라 굿과 다른 죄수들에게 유죄 판결을 내린 판사 가운데에는 소설가 너새니얼 호손의 고조부인 존 호손도 있었다.

173 FRI 예술가 요한 제바스티안 바흐

저명한 오르간 연주자 겸 작곡가인 요한 제바스티안 바흐(Johann Sebastian Bach, 1685년~1750년)는 독일 바로크 시대의 중심적인 인물이다. 그는 수백 곡의 오르간 곡과 오케스트라 곡을 작곡했는데, 각기 다른 두 멜로디라인이 함께 연주되는 대위법 음악 기술의 대가로 인정받고 있다. 당대에는 그의 복잡한 편곡이 그다지 인기를 얻지 못했지만 볼프강 아마데우스 모차르트, 루트비히 판 베토벤을 비롯한 여러 클래식 작곡가에게는 큰 영감의 원천이 되었다.

독일 아이제나흐의 음악가 가정에서 태어난 바흐는 어린 시절부터 오르간, 바이올린, 하프시코드 교습을 받았다. 바흐는 아홉 살 때 부모님을 여의면서 주로 형인 요한 크리스토프 바흐에 의해 길러졌다. 마찬가지로 오르간 연주자였던 형은 어린 동생에게 자신의 전문지식과 전문가들을 소개해주었다. 바흐는 바이마르의 궁정 오르간 연주자로 자리 잡았고 그 시기에 만들어진 그의 유명한 푸가 중 다수를 〈마음씨 좋은 클라비에〉라는 모음집으로 엮었다. 그는 또한 이 시기에 결혼식에서 자주 연주되는 〈예수, 인간 소망의 기쁨〉을 작곡했다. 독일 귀족을 위해 1721년에 작곡한 〈브란덴부르크 협주곡〉은 그의 가장 뛰어난 작품으로 꼽힌다.

바흐는 1723년에 라이프치히의 음악 감독으로 임명되어 도시의 루터교 교회에 작품을 제공하는 일을 관장했다. 이것이 그가 마지막으로 맡은 공직이었다. 그는 악화되는 시력을 교정하기 위해 받은 수술이 잘못되면서 65세에 라이프치히에서 사망했다.

- 바흐에게는 스무 명의 자녀와 마리아 바르바라 바흐, 안나 막달레나 빌케라는 두 명의 아내가 있었다. 유아기를 지나서까지 살아남은 아이는 그중 열 명에 불과했다.
- 바흐의 초상화 가운데 단 하나만이 그의 생전에 그려진 것으로 추정되지만, 그 진위 여부는 오랫동안 논란의 대상이었다. 1894년 그의 흉상을 제작하기 위해 그의 유골이 발굴되었다. 2008년에는 포렌식 인류학자가 같은 유골을 사용해 컴퓨터로 바흐의 모델을 생성했는데, 짧고 흰 머리카락에 비교적 육중한 체구를 하고 있었다.
- 바흐 작품 대부분은 오르간이나 하프시코드 연주용으로 작곡되었다. 본래 피아노포르테라고 불리던 피아노는 18세기 초에 발명되었다. 바흐는 1730년대에 처음으로 피아노를 소개받았는데, 그 소리를 탐탁해하지 않았고 따라서 피아노 연주법도 배우지 않았다.

174 SAT 개혁가 토머스 페인

1774년 말 런던에서 미국 대표 벤저민 프랭클린은 토머스 페인(Thomas Paine, 1737년~1809년)이라는 이름의 투지 넘치는 젊은 영국인을 소개받았다. 그의 지적 능력에 감명받은 프랭클린은 이 젊은이에게 다음과 같은 조언을 해줬다. "미국으로 오라."

그해 말 프랭클린의 조언대로 토머스 페인은 필라델피아로 향하는 배에 몸을 실었다. 그 후 18개월 만에 토머스 페인은 아메리카 대륙에서 매우 유명한 작가가 되었는데, 맹렬한 반영국적 정치 소책자를 써 미국의 독립운동에 대한 지지를 동원하는 데 큰 역할을 했다. 토머스 페인에게는 영국을 떠나는 편이 어쩌면 다행스러운 일이었을지 모른다. 그가 프랭클린을 만났을 때는 이미 여러 사업에 실패하고 채무를 갚지 못해 감옥에 수감되는 상황을 간신히 모면한 상태였다. 그는 두 번 결혼했는데, 첫 번째 부인은 아이를 낳다가 죽었고 두 번째 부인과는 별거 중이었다. 그는 학교 교사, 세무 관리 그리고 하인으로도 일했었다. 토머스 페인은 영국 왕정을 극도로 싫어했는데, 반면 공화주의에 대한 믿음은 점점 커져갔다. 1774년 독립혁명이 막 시작되려는 찰나에 미국으로 건너간 그에게는 그런 믿음을 행동으로 보여줄 기회가 주어졌다.

1776년 초 토머스 페인은《상식》이라는 50장 분량의 소책자를 발간하여 직접적이고도 명쾌한 산문을 통해 영국 국왕을 공격하고 미국의 독립을 주장했다. 독립전쟁 후 그는 다시 영국으로 돌아가 인권에 대한 보다 광범위한 정치 논문인《인권》을 집필하기 시작했다. 그는 1792년에 영국에서 추방당한 후 프랑스로 건너갔고, 프랑스 혁명의 열정적인 후원자가 되었다. 그러나 1793년에 체포되었고 간신히 단두대를 모면했다. 프랑스 감옥에 수감된 동안 조만간 죽음을 맞이할 거라고 생각한 토머스 페인은 가장 큰 논란을 불러일으키는 그의 저서《이성의 시대》를 집필하여 기성 종교를 공격했다. 이 책은 새뮤얼 애덤스 같은 여러 협력자를 분노하게 만들었고, 1802년 미국으로 돌아간 그를 반기는 사람은 아무도 없었다. 그는 뉴욕에서 72세의 나이로 사망했다.

- 토머스 페인은 1792년에 명예 프랑스 시민권을 얻었으며 프랑스 국회의 일원이 되었다. 그는 루이 16세에게 사형선고를 언도하는 데 반대하는 표결을 했고, 이로 인해 이듬해 결국 그 자신이 체포되기에 이르렀다.
- 그의 종교적 관점이 애덤스를 불쾌하게 만들긴 했지만, 둘은 평생의 친구였다. 새뮤얼 애덤스는 1821년에 "페인을 능가하는 작가는 아무도 없다"라고 말했다.
- 원래 토머스 페인의 본명은 'Thomas Pain'이다. 미국으로 이주하고 난 후에 페인의 끝에 e를 덧붙였다.

175 SUN ⊕ 선지자 아빌라의 테레사

지금은 가톨릭교 역사상 매우 영향력 있는 여성으로 꼽히지만, 아빌라의 성녀 테레사(Teresa of Ávila, 1515년~1582년)는 평생 적대감과 의심을 샀던 인물이다. 그녀는 종교재판에 끌려가서 자신이 했던 강렬하고 신비한 경험을 조롱받았고, 교회 당국자로부터 "불안정하고 안절부절못하는 반항적인 여성"이라는 맹렬한 비난을 받기도 했다.

성녀가 될 도나 테레사 데 세페다 이 아우마다(Dona Teresa de Cepeda y Ahumada)는 스페인의 아빌라 지방에서 힘겹게 살아가는 귀족 가문의 딸로 태어났다. 그녀의 할아버지는 유대교에서 개종한 사람이었는데 남몰래 유대교를 실천한다는 혐의로 종교재판에서 유죄 판결을 받았었다. 엄격한 가톨릭 교육을 받았던 테레사는 너무나 독실했던 나머지 일곱 살 나이에 무어족과 싸워 순교하기 위해 집에서 도망치려고 한 적도 있다. 반항기 많은 청소년이었던 테레사는 스무 살 때 아빌라에 있는 가르멜 수녀원에 들어갔다. 당시에는 많은 수녀원이 상류층의 반항적인 미혼 여식들을 가두는 역할을 했고, 종교 수행에 전적으로 헌신하지 않았다. 그러나 3년 후 그녀는 심각한 병에 걸리면서 종교에 깊은 관심을 갖게 되었다. 수녀원의 삶을 보다 진지한 종교적 서약으로 개혁하기로 결심한 그녀는 1562년 아빌라에 최초의 '맨발의 카르멜회'를 창설했다. 테레사와 그녀를 따르는 몇 안 되는 추종자는 낡은 옷을 입고 짚으로 된 침대에서 잤으며 채찍으로 자신을 때리면서 스스로를 벌했다.

그와 비슷한 시기에 테레사는 그녀를 유명하게 만든 신비한 황홀경과 경련을 경험하기 시작했는데, 그녀는 그것이 자신을 하느님과의 만남으로 데려다준다고 믿었다. 테레사는 자신에 대한 비판을 극복하고 스페인 전역에 열일곱 개의 수녀원을 설립했다. 하느님에 대한 깊은 영적인 경험을 추구하는 기독교 신비주의에 대한 그녀의 저서는 후대 신학자들에게 큰 영향을 주었다.

- 아빌라의 테레사 성녀는 가톨릭 신학자가 받을 수 있는 최고의 영예인 교회 박사의 칭호를 받은 세 여성 중 한 명이다. 다른 두 여성은 시에나의 성녀 카타리나와 리지외의 성녀 테레사이다.
- 교황 그레고리오 15세에 의해 시성된 아빌라의 성녀 테레사는 두통으로 고통받는 이들과 레이스 기술자, 스페인의 수호성인이다.
- 테레사 성녀가 죽은 후 그녀의 시신은 여러 부분으로 나뉘어 그녀를 추종하는 사람들에게 분배되었다. 이는 가톨릭교 성인들에게는 비교적 흔한 일로, 이 유해 조각은 소중한 성유물이 된다. 20세기의 스페인 통치자 프란시스코 프랑코는 그녀의 왼쪽 손가락을 얻어 침대 옆에 간직했다고 한다.

176 MON 리더 루이 14세

17세기 프랑스에서는 모든 것이 루이 14세 국왕(Louis XIV, 1638년~1715년)을 중심으로 돌아간다고 해서 그에게 태양왕이라는 별명이 붙기도 했다. 절대왕정의 원형이었던 루이 14세는 72년 동안 프랑스의 왕위를 독차지했는데, 이는 유럽에서 전무후무한 일이었다. 그는 프랑스의 권력을 거의 혼자 힘으로 강화했다. 정권에 대한 국왕의 역할에 그가 어떤 태도를 보였는지는 이 유명한 한 문장에서 엿볼 수 있다. "레타 세무아(L'etat, c'est moi) – 짐이 곧 국가니라."

루이 13세 국왕의 맏아들이었던 루이 14세는 고작 다섯 살에 왕위를 물려받았다. 통치 기간의 첫 8년은 그의 어머니 앤 왕비가 섭정했고 그는 스물세 살 때 나라에 대한 완전한 통치권을 갖게 되었다. 국왕으로서 루이 14세는 프랑스 귀족과 정부 관료의 세력을 모두 약화했다. 그의 부모는 정치 업무 일반을 측근인 카르디날 쥘 마자랭 추기경에게 맡겼지만, 마자랭이 죽자 루이 14세는 정권에 대한 완전한 통치권을 직접 떠맡았다. 그는 성장하는 프랑스의 국제적 세력과 국왕 아래 점점 중앙집권화되는 정권을 기념하기 위해 파리 외곽에 베르사유 궁전을 건축했다. 루이 14세는 1678년에 네덜란드와 그 연합군을 물리치고 1684년에는 신성로마제국으로부터 알자스를 빼앗는 등 몇 차례의 유럽 전쟁에 참전해서 승리했다. 이런 전쟁의 승리로 프랑스는 유럽에서 가장 군사력이 강한 나라로 부상했다. 비록 스페인 왕위 계승 전쟁(1701년~1714년)에서 차질을 빚는 바람에 스페인과 통일해서 유럽대륙의 초강대국으로 성장하는 일은 발생하지 않았지만 말이다.

태양왕의 통치 기간은 프랑스가 예술적·문화적으로 꽃을 피웠던 시기이기도 하다. 베르사유 궁전 건축 외에도 루이 14세는 루브르 박물관을 개선했고, 퇴역 병사들을 위해 오텔 데 앵발리드(Hôtel des Invalides)라는 대규모 군사 복합 시설을 파리에 건축했다. 77세의 나이로 사망한 루이 14세는 아들과 손자보다도 오래 살았다. 그가 죽고 난 후 왕위는 증손자인 루이 15세에게 계승되었다.

- 루이 14세는 1685년에 프랑스에서 신교도 신자들이 자유롭게 예배를 올릴 수 있게 허락한 낭트칙령을 철회했다. 프랑스 유대인과 신교도들은 1789년 프랑스 혁명이 일어날 때까지 완전한 시민권을 부여받지 못했다.
- 1682년에 프랑스의 식민지로 건설된 미국의 루이지애나주는 이 왕의 이름을 따서 지어졌다.

177 TUE 철학자 존 로크

1689년도 글에서 영국의 철학자 존 로크(John Locke, 1632년~1704년)는 이상적인 형태의 정부란 국민의 기본권을 존중하는 정부라고 설명했다. 그는 정부가 시민의 '생명, 자유 그리고 재산'을 빼앗으면 안 된다고 썼다. 약 1세기 후인 1776년 토머스 제퍼슨은 미국 독립선언문을 작성하면서 존 로크의 말을 거의 그대로 차용했다. 그는 열세 곳의 식민지 시민들이 "생명, 자유 그리고 행복을 추구할" 빼앗길 수 없는 권리를 가졌다고 썼다. 존 로크에 대해 토머스 제퍼슨이 보인 경의는 18세기 유럽과 미국 정치사상의 중심에 이 영국 철학자가 있음을 드러낸다. 존 로크는 미국의 독립과 프랑스 혁명 지도자들에게 직접적인 영감을 주었으며, 특히 그의 반군주제적 《통치론》은 서양 민주주의의 개념적인 틀을 세우는 데 도움을 주었다.

존 로크는 영국의 브리스톨 인근에서 태어났다. 그의 어린 시절은 영국의 내전이 발발하던 시기와 일치하는데, 그의 아버지는 승리한 청교도 측을 위해 싸웠다. 내전이 끝난 후 존 로크는 옥스퍼드대학교에 입학해서 철학과 의학을 공부했다. 그는 본래 의사가 되고자 했으나 그의 환자 중 한 명이었던 섀프츠베리 백작이 1670년대에 그를 정계로 이끌었다. 존 로크와 섀프츠베리 백작은 찰스 2세 국왕의 암살 시도에 연루되어 네덜란드로 추방되었다. 망명 중에 존 로크는 절대군주의 개념을 공격하는 두 개의 논문을 썼다. 그는 토마스 홉스가 만든 '사회적 계약' 이론을 발전시켜, 국가가 국민의 권리를 존중하지 않으면 국민과 국가 사이의 계약도 무효화된다고 주장했다.

제임스 2세 국왕을 폐위시키고 군주가 아닌 의회를 세워 영국 정치의 결정권을 맡긴 혁명이 발생한 후 1688년에 존 로크는 영국으로 돌아갔다. 혁명가들에게 영웅이었던 그는 1704년에 사망했다.

- 존 로크는 결혼은 하지 않았지만 철학자 다마리 커드워스와 연애를 했다. 그녀는 존 로크가 망명하던 중에 다른 남자와 결혼했다.
- 1669년 존 로크는 영국 식민지인 캐롤라이나 최초의 헌법을 작성하는 데 도움을 주었다. 이 헌법은 당시 혁신적이었던 대표 입법기관에 대한 권한을 설립하기도 했지만 노예제도를 지지하기도 했다. 이 헌법은 몇십 년 만에 폐지되었다.
- 존 로크의 가장 유명하고 가장 영향력 있는 또 다른 작품은 《관용에 관한 서한》(1689년)이다. 이 책에서 그는 종교적 자유를 허락하는 것이 시민의 불안 요인을 없애주기 때문에 사회에 최고의 이익을 가져다준다고 주장했다. 그러나 그가 생각하는 종교적 관용은 다른 개신교 종파에만 한정되었다. 존 로크는 가톨릭 신자들과 무신론자들은 시민사회에서 배제되어야 한다고 믿었다.

178 WED 혁신가 아타나시우스 키르허

아타나시우스 키르허(Athanasius Kircher, 1601년경~1680년)는 평생 놀라울 정도로 폭넓은 주제에 관해 40여 권의 책을 저술했다. 그야말로 모든 것을 아는 것을 인생의 목표로 삼은, 두려움을 모르는 열광적인 학자에게 걸맞은 기록이라고 할 수 있다. 전형적인 르네상스 시대 사람이었던 키르허는 열두 가지 언어를 구사했으며, 역사상 최초의 이집트 학자였고, 최초의 공상과학 소설을 썼을 뿐 아니라 한때 연기가 치솟는 베수비오산의 분화구 아래로 직접 내려가면서까지 화산을 연구했다. 학습에 대한 그의 애정은 아마도 1669년도에 저술한 그의 저서《아는 것의 위대한 미학》이라는 제목에 가장 잘 반영되어 있을 듯하다.

키르허는 독일 중부의 가이자라는 가톨릭 도시에서 태어났다. 그의 생전에 독일은 종교적 갈등으로 분열되었고, 그 역시도 1622년에 신교도 군대를 피해 고향을 버리고 도망쳐야만 했다. 그는 1628년에 예수회 사제가 되어 프랑스, 오스트리아, 이탈리아를 전전하다가 로마에 정착했다. 키르허가 1631년에 발표한 최초의 저서는 자성(磁性, 자기를 띠는 물체의 성질)에 대한 논문이었다. 그는 또한 해시계, 중력 그리고 수학에 대한 논문도 집필했다. 1656년에는 흑사병이 미생물에 의해 발생한다는 학설을 최초로 제시하기도 했다. 고대 이집트의 상형문자를 해석하고자 했던 키르허의《외디푸스 에귑티아쿠스》는 그의 유명한 저서 중 하나이다. 결국 실패로 끝났지만 그는 고대 이집트에 대한 대대적인 관심을 불러일으켰고, 고대 문자를 해석하는 데 성공한 프랑스 학자 장 프랑수아 샹폴리옹에게 소중한 자료를 남겼다. 키르허는 일생에 걸쳐 방대한 도서, 공예품, 발명품을 수집했는데 이는 로마에 있는 키르허리아눔 박물관에 전시됐었다. 이는 19세기에 무너지기 전까지 로마에서 가장 큰 박물관이었다.

생전에 '100가지 예술의 대가'로 알려진 키르허는 지식 그 자체에 대한 열정으로 대부분 독학으로 지식을 쌓은, 유럽에서 매우 유명한 학자 가운데 하나였다. 그러나 그가 죽고 난 이후 과학적 연구에 대한 그의 아마추어적 접근 방식이 그보다 대단한 직업화와 전문화에 자리를 내주면서 그의 명성은 점차 시들해졌다.

- 키르허는 영구기관, 말하는 인형, 음악 작곡 기기를 발명했지만 어떤 것도 작동하지 않았다. 그의 발명은 이탈리아 소설가 움베르토 에코의《그저께의 섬》(1994년)에서 풍자되었다.
- 《생리학》(1680년)을 통해 키르허는 제비가 나는 속도에 대한 정확한 측정치를 발표했다. 스톱워치가 발명되지 않았던 시절임을 고려하면 대단한 위업이라고 할 수 있다.

179 THU 악당 에드워드 티치

'검은 수염(Blackbeard)'으로 잘 알려진 영국의 해적 에드워드 티치(Edward Teach, 1680년경~1718년)는 18세기 초 해적 활동 '황금기'의 중심인물이다. 길고 구불구불한 머리에 새빨간 코트를 입고 두 개의 검을 옆에 찬 검은 수염은 해상을 오가는 이들 사이에서 자기 이야기가 퍼지도록 의도적으로 무시무시한 이미지를 만들어냈다. 그러나 그가 실제로 해적 행위를 한 기간은 비교적 짧았다.

그는 영국에서 태어났고, 스페인 계승 전쟁 중에 사략선(私掠船)에서 일했다. 사략선은 개인 소유의 전함으로 선원들은 국왕의 허가를 받아 적의 선박을 공격하고 약탈한 물건을 간직할 수 있었다. 영국은 스페인의 상업을 방해하기 위해 카리브해 지역에서 사략선을 고용했는데, 그 과정에서 해적들을 양성하게 되었다. 1713년 영국이 스페인 계승 전쟁에서 발을 뺐을 때도 검은 수염을 비롯한 여러 사략선 선원은 계속해서 카리브해에서 선박들을 공격했다. 그는 영국으로부터 사면을 제안받았으나 거절했고, 그렇게 범법자가 되었다. 그 후로 4년 동안 그는 약 50척의 배를 포획해 약탈한 것으로 추정된다. 그의 개인 함대는 네 척의 배와 해적 300여 명으로 늘어났다. 그는 주로 노스캐롤라이나의 아우터뱅크스에 있는 오크라코크섬에 숨어서 훔친 물건들을 미국 식민지 주민에게 팔곤 했다.

1717년 11월 검은 수염은 마티니크섬을 떠나 항해를 시작한 프랑스 노예선 '라 콩코드'를 공격해서 차지했다. 그는 노예선에 '앤 여왕의 복수'라는 이름을 붙여 자신의 기함으로 만들었다. 그다음 해 봄, 앤 여왕의 복수와 검은 수염의 통솔 아래 있는 다른 몇 척의 배가 사우스캐롤라이나의 찰스턴 항구를 봉쇄했다. 몇 척의 배를 약탈한 후 검은 수염은 노스캐롤라이나의 은신처로 도망쳤으나 11월 영국 해군 소함대에 의해 죽임을 당했고 그의 머리는 창끝에 매달려 버지니아주에 전시되었다. 그 후로 그는 수십 개의 해적 영화와 책에 등장했으며 공해의 낭만과 무법의 상징이 되어왔다.

- 검은 수염은 검은 바탕에 흰 해골이 그려진 그만의 깃발을 가지고 있었다. 두개골과 두 개의 대퇴골을 교차시킨 해적 깃발은 비슷한 시기 다른 영국 해적이었던 에드워드 잉글랜드가 사용했던 것이다.
- 앤 여왕의 복수 난파선은 1996년 수심 6m의 노스캐롤라이나 보퍼트만에서 발견되었다. 잔해와 다른 공예품 속에서 발견된 구리 종을 통해 진위가 확인되었다.

180 FRI 예술가 볼테르

사람은 그렇게 되고자 하는 순간 자유로워진다.

- 볼테르

언론 자유와 시민 자유의 대변자였던 볼테르(Voltaire, 1694년~1778년)는 대중적인 다작 작가이자 철학자이다. 프랑스 혁명과 미국 독립혁명 지도자들 사이에서 사회개혁과 교회와 국가의 분리를 찬성하는 그의 에세이, 희곡, 소설, 소책자가 읽히면서 그는 양국 정치사에 큰 영향을 미쳤다.

파리에서 태어났으며 본명이 프랑수아 마리 아루에(François-Marie Arouet)였던 그는 1718년부터 볼테르라는 필명을 사용하기 시작했다. 그의 첫 번째 희곡 〈오이디푸스〉는 파리 무대에서 성공을 거두었고, 그는 20대 초반에 프랑스 귀족을 비난하는 첫 번째 풍자시를 썼다. 그 예리한 풍자는 젊은 작가인 그를 순식간에 곤경에 빠뜨렸다. 그는 1717년에 처음으로 수감되었고 1726년에는 영국에 유배되기도 했다. 볼테르가 영국에서 보냈던 시간은 그의 정치적 신념에 큰 영향을 끼쳤다. 그는 영국의 입헌군주제가 프랑스의 절대왕정보다 개인의 권리를 더 존중한다고 결론 내렸다.

볼테르는 1729년에 프랑스로 돌아올 수 있는 허가를 받았지만, 영국의 정치 체제를 칭찬한 저서를 발표한 후 파리에서 추방되었다. 프랑스 시골에 은신한 그는 프랑스 귀족이었던 샤틀레 후작부인과 관계를 맺기 시작했고, 에세이를 연이어 발표하면서 프랑스 가톨릭교에 대한 비판의 강도를 점점 높여갔다. 그는 1751년에 다시 추방되었고 이번에는 독일의 포츠담에 정착했다. 1754년에는 제네바로 이주했다가 다시 제네바 호수의 프랑스 쪽 도시인 페르네로 이주했다. 그는 가장 영향력 있는 작품으로 꼽히는 소설 《캉디드》를 1759년에 집필했다. 《캉디드》는 독일 남작의 젊고 순진한 조카가 유럽 전역을 돌아다니면서 겪은 모험과 유럽 사회에 환멸을 느끼게 된 이야기를 들려준다.

볼테르는 마침내 1778년, 84세의 나이로 사망하기 3개월 전에 파리로 돌아갈 수 있게 되었다. 전해지는 바에 따르면 그는 임종 때 그리스도를 받아들이라는 요청을 받았지만 화가 나서 이렇게 대답했다고 한다. "하느님을 위해서, 제발 나를 평안히 죽게 내버려두시오." 이것이 그가 마지막으로 남긴 말이었다.

- 《캉디드》는 몇 가지 실제 사건을 바탕으로 쓰였는데, 그중에는 1755년에 10만 명에 육박하는 사망자를 낸 리스본 대지진도 있었다. 이 지진은 근대 유럽 역사상 가장 큰 자연재난이었다.
- 미국 작곡가 레너드 번스타인은 1956년에 《캉디드》를 뮤지컬로 제작했다.

181 SAT 개혁가 타데우시 코시치우슈코

인간의 자유와 행복이라는 단 한 가지 목적에 충실한…

- 타데우시 코시치우슈코에 관한 토머스 제퍼슨의 글

두 대륙의 국가적 영웅인 타데우시 코시치우슈코(Tadeusz Kosciuszko, 1746년~1817년)는 미국 독립혁명군 장교로 복무했고, 나중에는 그의 고국 폴란드에서 러시아 통치에 반대하는 반란을 지휘했다. 대단한 이상주의자였던 코시치우슈코는 양국의 혁명 운동을 북돋운, 계몽주의 시대의 민주주의와 독립의 가치를 보여준 대표적인 인물이다.

코시치우슈코는 오늘날의 벨라루스에 속하는 작은 마을에서 태어났다. 그는 사관학교를 다녔고, 뛰어난 성적을 거두어 장학금을 받아 파리로 가서 그림을 배우고 군사 전술에 대한 강의를 들었다. 미국 독립혁명이 발발하자 프랑스 주재 미국 대사였던 벤저민 프랭클린은 1776년에 코시치우슈코를 영입했다. 전술과 군사공학 훈련을 받은 코시치우슈코는, 훈련받지 않은 식민지 의용군 중에서 사람을 뽑아 현대식 군대를 조직하는 임무를 맡았던 조지 워싱턴에게 소중한 자산이었다. 코시치우슈코는 펜실베이니아와 뉴욕에 요새를 설계하고 구축하는 데 도움을 줬으며 웨스트포인트의 방어를 이끌었다. 의회는 1783년에 그를 준장으로 승진시켰다.

그는 그다음 해에 폴란드로 돌아갔고 5년 동안 가난하게 살다가 1789년에 폴란드군 입대 허락을 받았다. 군사적으로 약한 폴란드는 두 강대국 사이에 낀 불안정한 입장이었다. 1792년에 러시아가 폴란드를 침공해 프로이센과 영토를 나누면서 작은 지역만 외세의 통치를 면할 수 있게 되었다. 2년 후 폴란드의 독립을 되찾고자 희망한 코시치우슈코는 러시아에 맞서 반란을 일으켰다. 그러나 그의 반란은 오래가지 못했다. 이 반란군 지도자는 1794년에 체포되어 2년간 수감되었다가 1796년에 차르에 의해 사면되었다. 미국과 프랑스로 망명한 코시치우슈코는 러시아에 대항하는 새로운 반란을 조직하려 했으나 실패했고, 71세에 스위스에서 사망했다.

- 미국과 폴란드의 여러 도로명이 코시치우슈코의 이름을 따서 붙여졌다. 또한 폴란드 탐험가가 발견한 오스트레일리아에서 가장 높은 코시치우슈코산과도 이름이 같다.
- 코시치우슈코가 필라델피아에서 살았던 집은 국립 기념 묘지가 되었다.
- 그는 가능한 많은 미국 노예를 해방시키는 데 자신의 재산을 사용하라는 유서를 남겼다. 그러나 이 유서는 법적 다툼으로 1852년까지 보류되었다. 대법원은 그의 자산이 유럽에 사는 친척들에게 돌아가야 한다고 판결했다.

182 SUN 선지자 앤 허친슨

앤 허친슨(Anne Hutchinson, 1591년~1643년)은 종교적 자유를 찾아 매사추세츠주로 몰려들던 영국 비국교도들의 물결에 합류해서 1634년에 보스턴으로 이주했다. 그러나 4년 후 보스턴에서 영원히 추방되었고 다시 돌아가지 못했다. 그러나 그 4년 동안 허친슨은 미국 종교사에서 식민지 최초의 여성 종교 지도자라는 고유한 자리매김을 할 수 있었다. 그녀가 시작한 기도 모임은 순식간에 보스턴에서 가장 크고 영향력 있는 모임으로 성장했는데, 규모가 너무나 커지는 바람에 자신들의 권력이 위태로워질 것을 두려워한 식민지 남성 장로들이 그녀에게 추방을 명했다.

허친슨은 영국 알포드에서 태어났으며 본명은 앤 마버리(Anne Marbury)로 1612년에 상인 윌리엄 허친슨과 결혼했다. 가족과 함께 매사추세츠로 이주한 앤 허친슨은 곧 신생 식민지에 절대적으로 필요한 간호사와 산파 역할을 하며 입지를 다졌다. 그녀의 성경 공부 모임은 원래 여성들이 모여 설교 내용을 논하던 사적인 모임이었다. 그러나 그녀를 따르는 사람이 수십 명으로 늘고 남성들까지 합류하면서 식민지의 주지사였던 헨리 베인 경까지 추종자가 될 정도로 강력한 종파로 부상했다. 모임에서 앤 허친슨은 식민지의 여러 시민 지도자와 종교 지도자를 비판하면서 그들에게 대항하는 종교관을 제시했다. 그녀는 특히 하느님이 천국에 갈 사람을 미리 정해놓았다는 엄격한 칼뱅주의 개념인 '은혜 언약'을 선전했다. 그녀는 구원이 사람 눈에 보이지 않는 하느님의 은혜에 달렸다고 믿었고, 선한 행동을 통해 구원에 이를 수 있다고 하는 이른바 '행위 언약'을 설교하는 청교도 목사들을 비판했다.

'반 율법 논쟁'이라고 알려진 이 분쟁은 1637년 목사들을 비방한 죄로 앤 허친슨이 체포되어 재판에 회부되면서 종결되었다. 여러 지지자에게 버림을 받은 그녀는 유죄 판결을 받고 7개월 동안 수감되었다가 1638년에 로드 아일랜드로 추방당했다. 그녀는 1642년에 롱 아일랜드로 이주했고 그다음 해에 아메리카 원주민들에 의해 죽임을 당했다.

- 매사추세츠 주지사인 마이클 듀카키스는 그녀가 추방당한 지 349년 만인 1987년에 공식적으로 그녀를 사면했다.
- 뉴욕의 허친슨 리버 파크웨이가 이 청교도 반대자의 이름을 따서 붙여졌다.

183 MON 리더 강희제

중국 역사에서 가장 위대한 군주로 꼽히는 강희제(康熙帝, 1654년~1722년)는 61년 동안 집권하며 중국의 광범위한 성장과 번영의 시기를 주도했다. 그는 대만과 티베트의 반란군을 진압하고 제국의 영토를 넓혔으며, 중국에 서구의 영향을 도입한 사람으로 인정받고 있다.

강희제는 일곱 살 때 왕위를 물려받았다. 그는 1644년에 만주 북부 지방에서 시작되어 명나라로부터 정권을 잡은 지배계급 부족인 청나라의 두 번째 왕이었다. 청나라가 중국 천황제의 전통적 권위의 원천인 '천명'을 주장하면서 베이징의 자금성에 자리를 잡았지만 많은 반란군이 남아 있었다. 강희제의 재위 초반은 중국 남부와 대만에서 발생한 저항에 맞선 군사작전 시기로 규정된다. 그는 또한 1673년과 1681년 사이에 세 명의 반역 장군과 내전을 치르기도 했다. 강희제는 1690년까지 대부분의 반대파를 진압하는 데 성공했다. 그는 학자들을 불러들여 공무에 다시 참여하게 하였고, 중국어 문학을 후원하면서 이전 명나라 지지자들과 화해하려고 노력했다. (청나라 황제들은 만다린 중국어가 아니라 만주어를 사용했다.)

강희제가 통치하는 동안 서양 세계와 교류가 늘어나면서 갈등이 빚어지기도 했다. 강희제는 1688년과 1689년에 러시아에 맞서 짧은 전쟁을 치렀고, 1706년에는 중국 내 가톨릭 신자에 대한 바티칸의 통제를 주장했던 교황 특사를 추방하기도 했다. 그러나 강희제는 예수교 수학자와 천문학자를 자금성으로 불러들이는 등 다른 면에서는 외국의 영향을 환영했다.

그는 재위 말년 무렵 티베트에서 발발한 오랜 내전에 시달렸다. 이 내전은 그가 68세의 나이로 베이징에서 사망하기 직전에 끝났다. 그의 스물네 명의 아들들 사이에서 후계자 다툼이 발생했고, 결국 그 가운데 네 번째 아들이 왕위에 오르면서 옹정제가 되었다.

- 청나라는 중국을 통치한 마지막 나라였다. 청나라의 마지막 황제는 1912년에 폐위되었다.
- 강희제는 군사 방어시설이었던 만리장성을 더 이상 사용하지 않았다. 대신 거의 1800km에 달하는 고대 중국의 또 다른 랜드마크인 대운하의 보수를 명했다. 현존하는 가장 오래되고 가장 긴 인공수로인 이 대운하는 기원전 600년 경부터 지속적으로 운영되고 있다.
- 중국의 황제명 체계에 따라 강황제에게는 세 가지 이름이 있다. 태어날 때 주어진 아이신 기오로 쑤안예, 황제가 되면서 받았던 강희제 그리고 죽고 난 후 예식에 사용되는 묘호는 성쭈이다.

184 TUE 철학자 고트프리트 라이프니츠

철학자는 음울한 사람으로 인식되곤 한다. 그러나 독일의 합리적 신학자이자 수학자, 철학자인 고트프리트 빌헬름 라이프니츠(Gottfried Wilhelm Leibniz, 1646년~1716년)는 "이 세상이 가능한 모든 세상 중에 최고"라는 희망적인 선언으로 가장 잘 알려져 있다. 라이프니츠의 긍정적인 주장을 뒷받침하는 논리는 단순했다. 하느님이 세상을 창조할 때 여러 개의 선택사항이 있었을 텐데, 하느님은 전능하시기 때문에 최고의 것만 골랐을 것이라고 주장했다. 하느님이 창조한 세상이 완벽하지 않다는 것은 그도 인정했지만, 그래도 하느님의 선택지 가운데 당연히 최고의 것을 골랐을 것이라는 주장이다.

계몽주의 시대의 다작 작가 중 한 사람인 라이프니츠는 독일 라이프치히에서 태어났으며, 어린 시절 라틴어와 그리스어를 독학으로 깨쳤다. 1667년 한 독일 대학교의 교수직을 거절한 그는 궁정 역사가, 외교관 그리고 막강한 하노버 공작들의 과학 자문관으로서 경력을 쌓기 시작했다. 동료들로부터 '만능 천재'라고 불렸던 그는 영국 물리학자 아이작 뉴턴과는 별도로 현대식 미적분학을 발명하기도 했다. 그는 외교관 신분으로 파리, 런던, 이탈리아, 네덜란드 등 유럽 곳곳을 여행했다. 그의 주목표는 루이 14세의 주도하에 공격적으로 확장해나가던 프랑스 세력을 막는 것이었다. 하노버를 비롯한 독일의 작은 주들은 루이 14세를 위협적으로 여겼다.

1680년대부터 철학에 관한 글을 발표하기 시작한 라이프니츠는 바뤼흐 스피노자의 영향을 받았다. 그는 이 네덜란드 철학자가 폐암으로 사망하기 직전에 헤이그에서 그와 '3일간의 만남'을 가졌다. 라이프니츠는 기독교인이었고, 스피노자는 하느님이라는 전통적인 유대교·기독교 개념을 거부했지만, 스피노자는 라이프니츠의 저서 《신정론》(1710년)과 《단자론》(1714년)에 영감을 주었다. 라이프니츠는 독신으로 살았고, 말년에는 하노버에서 좋은 평판을 받지 못했다. 그러나 오늘날 그는 수학의 역사에서 중요한 인물이자 이마누엘 칸트와 같은 독일 철학자들에게 큰 영향을 준 사람으로 인정받고 있다.

- 라이프니츠의 긍정적인 철학은 그가 사망한 후 수 세기 동안 프랑스 저자 볼테르의 유명한 풍자극 《캉디드》를 비롯해 여러 사람에게 조롱을 받았다. 라이프니츠를 모델 삼아 만든, 이 책의 등장인물 팡글로스 박사(Dr. Pangloss)는 심지어 지진과 같은 끔찍한 사건을 포함한 모든 것이 최선의 결과를 위해서 발생했다고 믿는다. 이로 인해 팡글로시안(panglossian)이라는 단어는 순진한 낙관주의 세계관을 비판하는 말로 쓰이기도 한다.
- 라이프니츠는 말년에 뉴턴과 누가 먼저 미적분학을 발명했는가를 두고 폭언이 오가는 논쟁을 벌였다. 현대 역사가들은 라이프니츠가 먼저 출간하긴 했어도 발명은 뉴턴이 먼저 했을 것이라고 믿는다. 적분 기호를 비롯하여 현대 미적분학에서 흔히 사용되는 부호는 라이프니츠가 먼저 고안했다.

185 WED 혁신가 크리스티안 하위헌스

자란 배경을 고려하면 크리스티안 하위헌스(Christiaan Huygens, 1629년~1695년)가 유럽에서 가장 위대한 과학자 중 한 사람이 된 것이 그리 놀랍지 않다. 네덜란드 외교관이었던 그의 아버지는 프랑스 수학자인 르네 데카르트의 친구였고 데카르트는 헤이그에 있는 그의 집을 자주 찾아와 어린 하위헌스 자녀들에게 개인 교습을 해주었다. 가족의 또 다른 친구인 수학자 마랭 메르센은 이 조숙한 학자에게 편지를 보내 수수께끼를 내곤 했다.

하위헌스가 스물여섯 살이 되었을 때는 이미 레이던대학교를 졸업하고 그의 가장 유명한 천문학적 발견을 이룬 상태였다. 그는 직접 만든 렌즈를 장착한, 유럽에서 가장 기술적으로 발달한 망원경을 사용해서 토성에 위성인 타이탄(Titan)이 있다는 사실을 발견했다. 그는 또한 최초로 토성에 고리가 달렸다는 사실을 정확하게 추론해냈다.

블레즈 파스칼에게 고무된 하위헌스는 도박 지침서 형태로 위장하여 확률 이론에 대한 최초의 저서를 집필했다. 1657년에 출간된 이 책은 후에 《수학적으로 입증된 운의 게임에서 발생하는 모든 가능성의 가치: 카드, 주사위, 내기, 복권 등》이라는 제목으로 영어로 출간되었다.

1666년, 하위헌스는 파리로 이주했고 프랑스 과학 아카데미의 회원으로 뽑혔다. 그러나 1685년에 프랑스 국왕이 낭트칙령을 폐지하면서 가톨릭이 지배적인 국가에서 종교적인 관용의 시기가 막을 내렸고, 신교도였던 그도 프랑스에서 살 수 없게 되었다. 하위헌스는 영국을 방문했고 그곳에서 영국 수학자인 아이작 뉴턴과 충돌했다. 하위헌스는 뉴턴의 만유인력 법칙이 "나에게는 이상하게 보인다"라고 썼다. 이 두 과학자는 빛의 본질에 대해서도 이견을 보였는데, 이에 대해서는 하위헌스의 주장이 맞는 것으로 입증되었다. 하위헌스는 빛이 파동이라고 믿었고, 뉴턴은 빛이 소체라고 불리는 미립자로 구성되었다고 생각했다.

만성병에 시달리던 하위헌스는 66세의 나이로 네덜란드에서 사망했다.

- 하위헌스는 토성의 위성을 발견한 후 라틴어로 암호화된 아나그램(anagram, 철자 순서를 바꾼 말–옮긴이)으로 그 사실을 다른 천문학자들에게 알렸다. 아나그램을 풀기 위해 메시지를 받은 사람은 다음과 같은 오비디우스의 인용문을 재배치하여 하위헌스의 메시지를 이해해야 했다. "위성이 60일 네 시간 동안 토성의 주변을 회전한다."
- 토성의 위성을 발견했을 때 하위헌스는 그것을 그저 루나 사투르니(Luna Saturni), 즉 '새턴의 위성'을 나타내는 라틴어식 표현으로 불렀다. 타이탄은 영국 천문학자인 존 허셜이 그리스 신화에 등장하는 티탄(Titans)의 이름을 따서 붙인 것이다.

186 THU 악당 딕 터핀

그는 허세 가득한 불한당이었을 수도 있고, 아니면 그저 평범한 범죄자에 불과했을지도 모른다. 영국의 노상강도 딕 터핀(Dick Turpin, 1705년~1739년)의 일생은 그의 죽음 이후로 심하게 미화되었다. 발라드(이야기를 담은 시나 노래-옮긴이), 영화, 텔레비전 쇼에 등장하는 남자는 이 역사적 실존인물을 아주 조금만 닮았을 뿐이다. 터핀은 영국의 도로에서 저지른 대담한 살인과 절도 행각으로 18세기에 악명을 떨쳤고, 체포되고 처형되기 전까지 영국에서 수배 대상 1순위였다. 그가 범죄를 저질렀던 시기는 영국 최초의 유료 고속도로가 건설되고 노상강도가 성행했던 시기와 일치한다.

소 도둑질을 시작했을 때부터 터핀은 영국 사회의 비주류였다. 그는 1735년경에, 말하자면 단독 활동을 시작하기 전까지 런던 인근의 강도와 밀렵꾼 갱단에 속해 있었다. 그는 역마차와 상인들의 수송품을 강탈했는데, 런던 외곽의 에핑 포레스트에서 한 남성을 살해한 후에 그의 머리에 걸린 현상금이 인상되었다. 전해지는 바에 따르면 그가 런던에서 블랙 베스라는 이름의 말을 훔치자 말 주인이 보안관을 불렀다. 잠시 총격전이 벌어진 후 터핀은 추격자들을 따돌리고 요크까지 말을 타고 달렸다. 이는 터핀의 전설 가운데 가장 잘 알려져 있지만 역사적으로 가장 뒷받침되지 않은 이야기로, 후에 이 노상강도를 둘러싼 이야기가 퍼지면서 생겨났을 것이다.

영국 북부로 옮겨간 터핀은 존 팔머라는 가명으로 다시 말을 절도하기 시작했다. 그가 집주인의 싸움닭을 쏴 죽인 일로 체포되었을 때에야 당국은 비로소 팔머가 악명 높은 터핀이라는 사실을 알아차렸다. 18세기 초의 영국 법은 터핀이 기소된 모든 범죄 행각에 대해 사형선고를 내리게 되어 있었다. 그는 말 절도 혐의가 인정되어 1739년 4월 19일에 교수형에 처해졌다.

- 이 전설적인 영국 노상강도에 대한 영화가 많이 제작되었다. 리처드 오설리번이 출연한 영국 텔레비전 시리즈 〈딕 터핀〉은 1970년대 말부터 1980년대 초까지 4년 동안 방영되었다.
- 터핀은 가지고 있는 돈을 탈탈 털어 다섯 명의 문상객을 고용해 자신이 교수형에 처해질 때 참석하게 했다. 그들은 각각 10실링씩 받았다.
- 터핀의 일생을 둘러싼 전설 대부분은 빅토리아 시대의 로맨스 작가 윌리엄 해리슨 에인스워스의 저서 《룩우드》(1834년)를 통해 창작되거나 윤색되었다.

187 FRI 예술가 마르키 드 사드

서양 문학사에서 논란이 많은 작가인 마르키 드 사드(Marquis de Sade, 1740년~1814년)는 프랑스 귀족이자 포르노물 제작자로, 성적 폭력에 대한 그의 솔직한 묘사는 2세기 동안 독자들에게 충격을 주었다. 가장 유명한 그의 저서 《소돔의 120일》로 인해 타인에게 신체적인 고통을 가함으로써 쾌락을 느낀다는 의미의 사디즘(sadism)이라는 단어가 생겨났다. 그는 74세까지 살아남았고, 희곡과 책을 통해 어떤 도덕의식에도 사로잡히지 않는 성적 즐거움이 가장 좋은 것이라는 관점을 끈질기게 내세웠다.

고대 귀족 가문의 자제였던 드 사드는 파리에서 태어나 라 코스테라는 마을에 있는 가족의 성에서 자랐다. 그는 프랑스 군대에서 장교로 복무했으며 1767년에는 성과 아버지의 후작 지위를 물려받았다. 1760년대부터 드 사드는 라 코스테를 자신만의 성적인 놀이터이자 지하감옥으로 만들었다. 그는 남자 매춘부들과 여자 매춘부들을 고용해 성 안에서 난잡한 파티를 열었는데, 그중에는 드 사드가 자신들을 마음대로 가뒀다고 주장하는 이들도 있었다. 드 사드는 몇 명의 매춘부에게 독을 먹여 재판을 받았고, 동성애 행위를 한 대가로 사형선고를 받았지만 이탈리아로 도망쳤다. 결국 체포되어 수감되었으나 사형선고에 항소하는 데 성공했다.

드 사드는 그 후 12년간 감옥에서 지내면서 논란 많은 그의 소설 《소돔의 120일》을 집필했다. 이 책은 네 명의 부유한 난봉꾼이 한 무리의 피해자들을 납치하고 학대하고 결국 살해까지 하는 내용을 담고 있다. 강간, 수간, 시체 성애증을 비롯한 여러 주제가 담긴 이 책은 20세기까지 출간되지 않았으며 지금까지도 엄청난 논란의 대상이 되고 있다. 드 사드가 지지했던 프랑스 혁명이 끝난 후 그는 감옥에서 풀려났고 몇 권의 포르노 책을 익명으로 출간했다. 그는 1801년에 나폴레옹 보나파르트에 의해 다시 수감되었고 남은 생을 정신병원에서 보냈다.

- 드 사드는 프랑스 혁명의 시작인 바스티유 습격 사건이 일어나기 열흘 전인 1789년 7월 4일까지 파리의 바스티유 감옥에 수감되어 있었다.
- 《소돔의 120일》은 이탈리아 감독 피에르 파올로 파솔리니에 의해 1975년에 영화로 제작되었다. 그의 영화 〈살로 소돔의 120일〉은 영화 역사상 가장 많이 상영 금지된 작품으로 미국에서는 상영되지 않았다.
- 바스티유 감옥에 투옥된 드 사드에 관한 페테르 바이스의 연극 〈마라와 사드〉가 1964년에 브로드웨이에서 처음으로 상연되었고 그 이듬해에 토니상을 수상했다. 이 연극은 2년 후 영화로 만들어져 패트릭 마지가 드 사드로 분했다. 이 연극은 2007년에 재상연되었다.

188 SAT 개혁가 막시밀리앙 로베스피에르

막시밀리앙 로베스피에르(Maximilien Robespierre, 1758년~1794년)는 프랑스 혁명 지도자로, 공화주의의 숭고한 목표라는 명목으로 수천 명의 반대파를 단두대로 보내면서 대대적인 정치적 학살을 일삼았다. 파리에서 이 폭발적인 공포정치는 로베스피에르의 체포와 처형으로 1794년 여름에 막을 내렸다. 그는 한때, "공포정치는 즉각적이고 신랄하며 융통성 없는 정의일 뿐"이라고 선언하기도 했다.

로베스피에르는 프랑스 북부의 아라스라는 도시에서 태어났다. 그는 청소년기에 읽었던 장 자크 루소의 개인주의적인 철학에 특히 감명받았다. 로베스피에르는 불과 20대 때 지방의회 의원으로 선출되었다. 1788년 프랑스의 재정 상황이 악화되면서 국왕 루이 16세는 1614년 이후 처음으로 프랑스 하원을 소집하게 되었다. 당시 30세였던 로베스피에르는 아라스 지방의 대표로 그 의회에 참석했다. 그러나 회의는 국왕에 대한 불만 사항을 해결하지 못했고, 결국 1789년 7월 14일 바스티유 감옥 습격 사건을 시작으로 프랑스 혁명이 일어났다. 이후 설립된 정부에서 로베스피에르는 의회 내의 극좌파 자코뱅파의 주요 구성원으로 떠올랐다. 그는 보편적인 투표권과 종교적 관용, 군대의 개혁에 찬성하는 주장을 펼쳤다.

1792년 로베스피에르는 국왕의 처형에 찬성했다. 그리고 그 이듬해에 혁명으로 촉발된 시민의 불안과 폭동을 잠재우기 위해 설립된 공안위원회에 선출되었다. 준칙상으로 열두 명의 위원 중 한 명일 뿐이었지만, 로베스피에르는 비공식적인 위원장이 되었고, 자신의 입지를 사용해 공포정치를 지휘했다. 공포정치 기간에 전 왕비 마리 앙투아네트를 비롯해 수십만 명이 곡물을 비축하거나 정부를 비판했다는 사소한 이유로 죽임을 당했다. 로베스피에르는 프랑스 혁명의 성과를 보호하려면 혹독한 조치가 필요하다고 믿었다. 그러나 이듬해 여름에 이르자, 심지어 그의 전 동맹자들까지도 공포정치가 지나치다고 느끼게 되었다. 그는 1794년 7월 26일 쿠데타에 의해 축출되었다. 그의 나이 서른여섯 살 때였다.

- 로베스피에르는 사심 없는 마음과 진실성 그리고 프랑스 혁명에 대한 완전한 헌신에 대한 명성으로 '부패되지 않는 자(L'Incorruptible)'라는 별명으로 불렸다.
- 혁명 후 혁명가들은 왕정이 실각한 1792년을 새로운 시대의 첫해로 삼는 새로운 달력을 만들었다.
- 로베스피에르는 1788년 프랑스 의회의 3부회 대표로 정계에 입문했다. 왕정 아래 프랑스는 세 개의 부로 나뉘었다. 성직자를 대표하는 제1부와 귀족을 대표하는 제2부 그리고 다른 모든 사람을 대표하는 제3부가 있었다.

189 SUN 선지자 로저 윌리엄스

성직자 로저 윌리엄스(Roger Williams, 1603년~1683년)는 1636년에 로드아일랜드를 개척하고 식민지의 법안 작성을 도왔으며, 몇몇 전쟁에서 의용군을 지휘하고, 총독을 두 차례 역임했다. 그의 가장 위대한 유산은 종교적 관용을 옹호한 것으로, 이는 150년 후 미국의 헌법에도 포함되었다.

로저 윌리엄스는 런던에서 태어났으며, 1627년에 케임브리지대학교의 펨브로크 칼리지를 졸업했다. 그는 1629년에 성공회 사제 서품을 받았지만, 머지않아 성공회의 관례를 거부하고 대대적인 박해를 받았던 불법 청교도 단체에 가입했다. 그는 1631년에 다른 청교도 설교자들을 따라 보스턴으로 도망쳤다. 보스턴에 도착하자마자 로저 윌리엄스는 다시 곤경에 빠졌는데, 이번에는 아메리카 원주민들의 땅을 훔치고, 교회 일에 간섭하고, 민사재판에 종교법을 시행하려 했다는 이유로 식민지 정부를 비판했기 때문이다. 그의 '위험한 의견'에 격노한 식민지 입법부는 1635년 10월에 그를 추방했다. 남쪽으로 이주한 그는 이듬해 나라간세트 인디언 부족으로부터 땅을 구입해 프로비던스주를 만들었다. 로저 윌리엄스는 매사추세츠주와 달리 새로운 식민지에서는 종교와 정치가 완전히 분리되고 종교적 순응을 추구하지 않도록 했다. 그는 1643년에 런던으로 건너가 의회가 로드아일랜드를 공식적으로 인가하도록 설득했고, 그 이듬해에는 자신의 신념을 설명하는《피비린내 나는 박해의 가르침》이라는 책을 집필했다.

당시 대부분의 유럽인은 종교적 순응이 사회 질서 보호에 반드시 필요하다고 믿었기 때문에 다양성을 인정하는 식민지가 어떻게 살아남을 수 있을지 의문을 제기했다. 그러나 로저 윌리엄스의 지도 아래 로드아일랜드는 침례교, 퀘이커교, 유대교를 비롯한 유럽 소수 종교 집단의 천국이 되었다. 그가 쓴 대로 "양심의 고통을 느끼는 사람들"은 누구든 이 식민 정착지에서 환영받았다. 뉴잉글랜드 식민지의 가장 유명한 반대파 중 하나인 앤 허친슨도 보스턴에서 추방된 후 이곳으로 이주했다.

로저 윌리엄스는 1657년에 총독에서 퇴임했지만 같은 해 식민지 주민들과 나라간세트 원주민들 사이에 벌어진 충격적인 필립 왕 전쟁에서 식민지 주민들을 돕기 위해 돌아왔다. 로저 윌리엄스가 목격한 한 차례의 급습으로 프로비던스가 잿더미가 되면서 그의 필생의 업적이 파괴되었다. 그는 79세에 사망해서 프로비던스에 묻혔다.

- 로저 윌리엄스는 추방된 후에도 매사추세츠주를 떠나길 거부했고, 하마터면 체포되어 다시 영국으로 추방될 뻔하던 찰나에 로드아일랜드로 도망쳤다. 그의 신학적 적수인 존 윈스럽이 곧 체포될 것이라고 로저 윌리엄스에게 귀띔해 주었다고 한다.

190 MON 리더 예카테리나 2세

예카테리나 2세(Catherine the Great, 1729년~1796년)는 30년이 넘도록 러시아를 통치한 여황제이며 유럽 정치에서 막강했던 인물이다. 그녀는 대륙의 주요 세력으로 국가의 입지를 다지는 데 기여했고, 문학과 예술을 후원했다. 그리고 수십 명의 연인과 염문을 뿌리면서 그녀의 비평가들을 분개하게 만들었다.

독일에서 태어난 공주 예카테리나는 후에 표트르 3세가 되는 러시아의 황태자와 1745년에 결혼했다. 표트르 3세는 1762년에 황제로 즉위했으나 곧 나약하고 인기 없는 지도자임이 드러났다. 그는 대관식 6개월 만에 쿠데타로 축출되어 죽임을 당했고 남편의 사망 후 예카테리나가 새로운 군주로 즉위했다.

예카테리나의 통치 기간에 급격한 영토 확장과 군사 정복이 발생했다. 그녀는 크림반도를 합병했고, 제국의 국경을 동유럽까지 넓혔으며, 심지어 알래스카에 최초의 러시아 영구 정착지를 건설하기도 했다. (알래스카는 1867년에 미국에 팔렸다.) 대내적으로 그녀는 러시아를 예술의 중심으로 만들고자 했다. 그녀는 개인 소장용으로 영국과 독일의 그림을 수입했는데, 이 그림들은 상트페테르부르크에 있는 에르미타주 박물관의 핵심이 되었다. 그녀는 프랑스 풍자가 볼테르를 비롯한 주요 계몽 사상가들과 친분을 맺었다. 이때 러시아에 쏟아지는 영향력을 러시아 작가들과 예술가들이 흡수하여 러시아 계몽주의 시대로 불린다.

유럽의 많은 (혹은 대부분의) 남성 군주처럼 예카테리나에게도 연인이 끊이지 않았다. 그녀의 경우는 훨씬 더 악명이 높았는데, 그녀가 젊은 남성들과 연이어 맺은 관계를 숨기려고 하지 않았기 때문이기도 했다. 그녀에게는 적어도 한 명의 사생아가 있었다. 그러나 예카테리나에 관한 소문들은 그녀의 정적들이 만들어낸 것으로 추정된다. 예카테리나는 67세에 뇌졸중으로 상트페테르부르크에서 사망했다.

- 예카테리나의 재위 기간에 미국의 독립혁명이 발발했다. 러시아가 공개적으로 식민지 편에 서진 않았지만 예카테리나는 러시아 해군을 보내 대서양에서 선박을 통제하려는 영국의 시도를 막음으로써 간접적으로 혁명을 도왔다.
- 그녀의 본명은 소피아 아우구스타 프레데리카(Sophia Augusta Frederika)였다. 예카테리나는 표트르와 결혼하면서 갖게 된 이름이다.
- 1788년부터 1790년까지 예카테리나는 자신의 사촌 중 한 명인 스웨덴의 구스타브 3세 국왕에 맞서 전쟁을 치렀다.

191 TUE 철학자 장 자크 루소

1750년 7월 10일, 프랑스의 디종 아카데미가 국제 에세이 대회의 우승자를 발표했다. 우승자는 스위스 출신의 무명 음악가로 〈학문예술론〉이라는 제목의 글을 출품한 사람으로 결정되었다. 그의 이름은 장 자크 루소(Jean Jacques Rousseau, 1712년~1778년)였다. 루소는 서른여덟 살 때 이 대회에 참가했는데, 이 에세이로 인해 유럽 전역에서 유명세를 타게 되었다.

루소는 제네바의 작은 신교도 거주지에서 태어났다. 그의 어머니는 그가 태어나고 며칠 만에 죽었고, 시계 제작자인 그의 아버지는 어린 그를 버렸다. 루소는 1728년에 프랑스로 건너가서 가톨릭으로 개종했으며, 오페라를 작곡하고 미래의 아내가 되는 테레즈 라바쇠르를 만났다.

에세이 수상작에서 루소는 "과학과 예술의 부활이 도덕을 정화하는 경향을 보여왔는가?"라는 질문에 답했다. 루소는 그렇지 않다고 주장했다. 그는 오히려 발전이 인류의 타고난 선을 타락하게 만들었다고 썼다. 루소의 철학은 프랑스의 종교와 정치제도 대한 암묵적인 비판을 가했다. 인간의 선에 대한 그의 믿음은 인간이 원죄를 가지고 태어난다는 가톨릭 교리를 부정했다. 그리고 정치적 평등에 대한 그의 믿음은 프랑스의 절대군주제에 이의를 제기했다. 그는 1755년에 두 번째 논문인《불평등 기원론》을 발표했고 1761년에는 소설《줄리》(혹은《신 엘로이즈》)를 출간했다. 가장 유명한 그의 저서《사회적 계약》은 1762년에 출간되었다. 개인의 권리를 끌어올리고 자연을 극찬한 루소의 글은 낭만주의 운동과 프랑스 혁명을 구현하는 데 도움을 주었다. 그러나 루소의 사생활은 점점 격정적으로 변했다. 그는 다수의 불륜을 저질렀으며, 노출증 환자이자 마조히스트라는 소문이 돌았다.

루소는 파리 외곽의 에름농빌에서 66세에 사망했다. 프랑스 혁명 이후, 혁명가들에게 미친 그의 영향을 인정받아 유해는 프랑스에서 가장 큰 영예로 여겨지는 판테온으로 이전되었다.

• 기성 종교를 비판한《사회적 계약》을 출간한 이후, 화난 군중이 스위스에 있는 루소의 집에 돌을 던졌다. 그 일이 발생하고 얼마 지나지 않아 그는 스위스를 떠났다.

192 WED 혁신가 아이작 뉴턴

아이작 뉴턴(Isaac Newton, 1642년~1727년)은 수학, 물리학, 천문학의 선구자였다. 그는 작동하는 망원경을 최초로 발명했고, 중력 이론을 약술했으며, 근대 기하학의 창시자 중 한 사람으로 인정받고 있다.

뉴턴은 영국 내전이 발발했던 1642년에 영국의 시골 농장에서 태어났다. 내전과 그 여파 때문에 여러 차례 이사를 다녔으며 대부분 조부모로부터 교육을 받았다. 그는 동급생들에 비해 늦은 나이인 열여덟 살에 케임브리지대학교에 입학해서 광학과 수학을 공부했다. 흑사병 발병으로 대학교가 갑자기 문을 닫게 되자 뉴턴은 어쩔 수 없이 가족들이 사는 집으로 돌아갔다. 그러나 이후 시골에서 지낸 2년은 그의 생애에서 가장 생산적인 시기였다. 그는 광학과 기하학에서 여러 가지 돌파구를 만들어냈으며 새로운 아이디어를 가득 품은 채 학교로 돌아왔다. 대학교를 졸업한 지 얼마 안 된 1669년에 뉴턴은 케임브리지대학교에서 가장 명망 있는 수학 교수직에 임명되었다. 그 후로 30년간 그 자리에 머물렀고, 1687년에는 보편적 중력 이론을 약술한 획기적인 저서《자연 철학의 수학적 원리》를 출간했다.

뉴턴의 이론에 따르면 덩어리로 된 모든 물체는 다른 물체에 중력을 가한다. 별과 행성 같은 거대한 덩어리는 궤도 안에 있는 보다 작은 물체를 끌어당길 정도로 충분한 중력을 가지고 있다. 뉴턴은 달이 지구 주위를 공전하고 지구가 태양 주변을 공전하는 이유를 중력이 설명해준다는 이론을 제시했다. 성공을 이뤘음에도 뉴턴은 케임브리지에 싫증이 났고 1693년에는 신경쇠약에도 걸렸다. 그는 결국 1701년에 런던으로 건너갔는데, 그의 명성은 그곳에서 그에게 상당한 영향력을 가져다주었다. 그는 1703년에 왕립 학회의 회장으로 선출되었고 1705년에는 앤 여왕으로부터 기사 작위를 받았다. 그는 런던에서 84세의 나이로 사망했다.

- 케임브리지대학교에서 뉴턴은 루커스 석좌 교수라는 자리에 올랐다. 그로부터 300년이 지난 2009년 현재, 뉴턴 외에 그 자리에 오른 사람은 저명한 수학자 찰스 배비지와 스티븐 호킹을 포함해 열여덟 명에 불과하다.
- 뉴턴은 1689년에 케임브리지대학교를 대표해 의회에 선출되었고 1696년에는 영국 조폐국의 국장으로 임명되었다. 조폐국의 책임자로서 그는 몇 명의 위조지폐범을 잡는 데 성공했고 여러 명의 위조지폐범을 교수대로 보냈다. 당시 지폐 위조는 중죄였다.
- 뉴턴은 런던의 웨스트민스터 사원에 묻혔다. 이는 영국에서 매우 저명한 사람들에게만 허락된 영예다.

193 THU 악당 베네딕트 아널드

베네딕트 아널드(Benedict Arnold, 1741년~1801년)는 독립전쟁 중에 미국을 배반하고 영국 편에 섰던 미국 장군이다. 그는 탐욕과 원한 때문에 배신을 했는데, 그로 인해 하마터면 대단히 중요한 미국의 웨스트포인트 요새를 잃을 뻔했다. 그의 행동으로 아널드라는 이름은 사실상 반역과 동의어가 되었다.

그러나 그는 1775년 뉴욕의 타이콘데로가 요새에서 성공적인 공격을 이끈 사령관 중 하나였으며 또한 1777년 독립전쟁의 주요 전환점이 되었던 새러토가 전투에서 싸우다 심한 부상을 입기도 했다. 나중에 보인 행동이 아니었다면 아널드는 국가의 영웅으로 기억되었을 것이다.

베네딕트 아널드는 코네티컷에서 태어났으며 프랑스와 아메리칸 원주민 간의 전쟁 중에 식민지의 민병대에 참가했다. 많은 식민지 주민처럼 그 역시도 1760년대에 영국이 부과한 세금에 분노했으며, 1775년 독립혁명이 발발한 후에는 다시 군대에 합류했다. 전쟁 초반 타이콘데로가에서 이룬 승리에도 불구하고 대륙 의회는 몇 차례나 아널드를 승진에서 누락시켰다. 그는 또한 자금을 유용한 혐의를 받아 일부 비용을 군대에 지불해야만 했는데, 그로 인해 개인 부채가 상당히 늘어났으며 의회에 대한 분노도 늘어났다. 결정적으로 아널드는 1779년에 영국 왕실 편을 들던 본국 지지자의 딸과 결혼했는데 그녀의 도움으로 그해 말 영국과의 비밀 협상을 시작했다.

1780년 아널드가 웨스트포인트 요새의 책임자가 되면서 영국과의 논의를 강화했다. 그는 결국 2만 파운드에 항복하는 조건으로 합의했다. 그 일이 계획대로 진행되었다면 미국 동부 연안의 식민지와 뉴잉글랜드가 갈라지면서 대륙군에 큰 타격을 안겨주었을 것이다. 그러나 그 계획은 1780년 9월에 발각되었고, 아널드는 가까스로 도망쳤다. 그의 변절 이후 아널드는 영국군에서 준장으로 임명되었고 옛 동료들에 맞서 몇 차례의 전쟁을 치렀다. 그는 전쟁 이후 런던으로 이주했으며 그곳에서 60세에 사망했다.

- 아널드의 증조할아버지인 베네딕트 아널드 1세는 1663년부터 1678년까지 세 번의 임기 동안 로드아일랜드의 총독을 역임했다.
- 새러토가 전쟁터에는 아널드의 다리를 나타내는 '부트 기념비'가 세워졌는데, 부상당한 그의 다리만 상징할 뿐 그에 대한 어떤 언급도 없다.
- 아널드는 두 번 결혼해서 여덟 명의 아이가 있었는데, 그중 두 명은 영국군 장교가 되었다.

194 FRI 예술가 볼프강 아마데우스 모차르트

아마도 몇 대에 걸쳐 음악적 돌풍의 모델이 되어온 볼프강 아마데우스 모차르트(Wolfgang Amadeus Mozart, 1756년~1791년)는 방탕한 생활을 했고, 젊은 나이에 죽었으며, 아름다운 전집을 남겼다. 짧은 생애 동안 이 오스트리아의 작곡가는 600여 개의 협주곡, 심포니, 오페라, 소나타를 작곡하여 서양 음악의 발전에 지워지지 않는 흔적을 남겼다.

신동이었던 모차르트는 잘츠부르크에서 태어나 아버지 레오폴트로부터 바이올린을 배웠다. 어린 모차르트는 여섯 살이 될 때까지 유럽을 순회하며 왕족들 앞에서 연주했다. 그는 열네 살 나이에 첫 장편 오페라를 작곡했으며, 열일곱 살에 잘츠부르크의 통치자를 위한 궁정 작곡가의 자리를 부여받았다. 부단히 활동하고 야심만만했던 모차르트는 몇 년 후 그 자리를 사임하고 더욱 넓은 관객층을 찾기 위해 1781년에 비엔나로 건너갔다. 비엔나는 풍부하고 새로운 예술의 기회를 제공했다. 〈피가로의 결혼〉(1786년), 〈돈 지오반니〉(1787년), 〈마술 피리〉(1791년) 등 비엔나 무대를 위해 작곡한 모차르트의 오페라는 열렬한 호응을 받았다. 음악에 관심이 많은 요제프 2세 황제는 모차르트를 후원했고, 나중에는 루트비히 판 베토벤이라는 이름의 젊은 독일 작곡가를 후원했다. 모차르트는 비엔나에서 아내 콘스탄체 베버도 만났다. 그들은 1782년에 결혼하여 여섯 명의 자녀를 두었다.

모차르트의 음악에는 성당 미사를 위한 미사곡도 있었으며 방귀를 위한 캐논도 있었다. 그는 요한 제바스티안 바흐의 복잡한 대위법 푸가와 이탈리아 오페라에 매료되었다. 사실상 그의 음악은 18세기의 모든 장르와 스타일을 아우른다. 알 수 없는 질병에 걸린 후 모차르트는 1791년 12월에 35세의 나이로 사망했다. 우연히도 장례를 위한 진혼곡이었던 그의 마지막 작품은 그가 사망할 당시 미완성인 채로 남겨졌다.

- 밀로스 포만이 감독하고 톰 헐스가 주연을 맡았던 1984년도 전기 영화 〈아마데우스〉는 작품상, 남우주연상 등 여덟 개 부문에서 아카데미상을 수상했다. 그러나 일부 역사가들은 이 영화가 모차르트의 전기를 왜곡했고 또 다른 비엔나 작곡가인 안토니오 살리에리와의 경쟁을 과장했다고 비판했다.
- 모차르트의 아버지는 바이올린 교습기술 면에서 혁신가였다. 그를 기념하기 위해 그의 이름을 딴 바이올린 대회가 매년 독일 아우크스부르크에서 개최된다.

195 SAT 개혁가 울프 톤

아일랜드의 혁명가 울프 톤(Theobald Wolfe Tone, 1763년~1798년)은 1798년에 발생한 아일랜드 혁명의 지도자다. 비록 실패로 끝나긴 했지만 울프 톤의 반란은 한 세기에 걸친 전투적인 폭력과 반정부 시위에 영향을 주었고 결국 1921년에 대영제국으로부터 아일랜드의 독립을 이끌어낼 수 있었다. 아일랜드 독립에 대한 울프 톤의 헌신은 후에 나타난 아일랜드 모반자들과 달리 그가 신교도였다는 점에서 특히 주목할 만하다. 그는 민주주의에 대한 지조 있는 신념으로 아일랜드의 독립을 지지했고, 종교적인 경계에 따라 나뉘지 않는 자유로운 아일랜드를 희망했다. 그러나 반란이 실패로 끝나고 그가 사망한 이후, 아일랜드 독립에 대한 투쟁은 친영국 지지자와 독립을 지지하는 가톨릭 신자로 나뉘면서 점점 종파화되었다. 사실 울프 톤의 목표는 한 번도 실현된 적이 없다. 오늘날까지도 대부분 신교도 자치주로 구성된 북아일랜드는 영국의 일부로 남아 있다.

아버지가 마차 제작자로 일하던 더블린에서 태어난 울프 톤은 트리니티 칼리지에서 법학을 공부했으며 런던에서 잠시 변호사를 하기도 했다. 그는 1790년대에 가톨릭교를 위한 완전한 법적 권리, 즉 구교도 해방을 지지하는 사람으로 정계에 입문했다. 울프 톤의 급진주의는 프랑스 혁명과 미국의 독립혁명에 영향을 받았으며, 특히 토머스 페인의 저술에서 영감을 받았다.

1791년, 울프 톤은 머지않아 수십만 명의 지지자가 생기는 지하단체, 아일랜드인 연맹의 공동 조직자가 되었다. 이 단체는 1794년에 영국의 표적이 되었고 울프 톤은 그 이듬해에 추방되었다. 추방된 다른 사람들과 함께 그는 프랑스로 도망쳤고, 그곳에서 이 단체는 몇 년 동안 반란을 모의했다. 봉기는 1798년 5월 24일에 시작되었다. 반란군은 프랑스로부터 지지를 받았지만 곧 영국군에 의해 진압당했다. 울프 톤은 영국군에 생포되었고 군법회의에 회부되어 사형선고를 받았다. 그는 사형을 기다리던 도중 자살로 생을 마감했다.

- 울프 톤은 1795년에 미국으로 망명을 떠나 필라델피아에서 살았다. 그는 미국을 싫어했는데, 특히 '필라델피아의 어마어마한 생활비'를 싫어했다.
- 아일랜드 정계에 입문하기 전에 울프 톤은 오늘날의 하와이섬에 있는 영국 군사기지를 구축하는 계획안을 작성했다. 그는 이 제안서를 직접 윌리엄 피트 수상에게 전달했지만 묵살되었다.

196 SUN 선지자 조지 폭스

1650년 영국 더비의 한 판사가 조지 폭스(George Fox, 1624년~1691년)라는 이름의 젊은 반체제 설교자를 감옥으로 보냈다. 그는 선고를 내리면서 조롱하는 설교를 늘어놓았다. 조지 폭스는 추종자들에게 "주님의 말씀에 전율하라"고 촉구했었는데, 판사는 이 설교자와 그의 추종자들을 조롱하듯이 '퀘이커(quaker, 몸을 떠는 사람이라는 뜻 – 옮긴이)'라고 불렀다. 그 후로 퀘이커파라고 알려지는 종파를 설립한 조지 폭스는 젊은 시절 대부분을 감옥을 들락거리며 보냈다.

그는 레스터셔의 시골 마을에서 방직공의 아들로 태어났으며 정식 교육을 받지 못했다. 1647년 설교를 시작하기 전까지 조지 폭스는 구두 수선공과 양치기로 일했다. 그 해 마을을 떠난 후에 그는 영국의 이곳저곳을 걸어 다니며 장터와 개인 가정에서 설교했다. 그는 정식으로 임명된 성직자들이 불필요하며, 설교자의 인도 없이도 누구든지 예수 그리스도의 '내면의 빛'을 경험할 수 있다고 믿었다. 그는 또한 교회를 거부하면서, 동굴 안이든 산비탈이든 종교 예배는 어디서나 진행될 수 있다고 가르쳤다.

조지 폭스와 그의 추종자들은 혹독한 박해를 받았다. 일부는 죽임을 당하기도 했다. 그들은 사회적으로 높은 계급의 사람들 앞에서 모자를 벗거나, 정부에 충성 맹세를 하거나 십일조를 내는 일을 거부했다. 조지 폭스는 또한 평화주의를 수용하면서 추종자들에게 군대에 입대하지 말라고 지시했다. 퀘이커 교도들에 대한 박해는 1660년에 왕권이 회복된 찰스 2세 국왕의 통치하에서도 지속되었고 종교적 반체제 인사들의 수감은 1680년대까지 계속되었다. 1671년부터 조지 폭스는 아일랜드, 독일, 네덜란드, 영국령 자메이카, 미국의 메릴랜드와 로드아일랜드를 다니며 새로운 신도들을 찾아다녔다. 퀘이커 교도는 식민지 미국에서 의미 있는 자리매김을 했는데, 오늘날 어느 나라보다 미국에 퀘이커 교도가 많다. 퀘이커 교도를 박해하는 법은 1689년에 마침내 영국에서 폐지되었다. 그로부터 2년 후 조지 폭스는 런던에서 사망했다.

- 설교자이자 반체제 인사로 지내는 동안 조지 폭스는 일곱 개의 각기 다른 도시에서 신성모독, 민간 소요 사태 촉발과 그 외 혐의로 여덟 번 수감되었다. 그는 총 6년 동안 수감 생활을 했으며 1653년에는 신성모독죄로 사형을 당할 뻔하기도 했다.
- 조지 폭스의 유명한 신도 가운데에는 부유한 영국 상인의 아들인 윌리엄 펜도 있었는데, 그는 스물두 살 때 아버지의 반대를 무릅쓰고 퀘이커교로 개종했다. 윌리엄 펜과 조지 폭스는 친한 친구가 되었으며 후에 윌리엄 펜은 박해받은 친구들을 위한 안식처로 펜실베이니아주를 개척했다.
- 1947년에 평화에 대한 헌신으로 퀘이커교에 노벨 평화상이 수여되었다.

197 MON 리더 조지 워싱턴

조지 워싱턴(George Washington, 1732년~1799년)은 다른 어떤 헌법 제정자보다 미국 시민제도와 정치 문화를 많이 형성했다. 그는 미국 육군의 전신을 창건했고, 독립혁명을 승리로 이끌었다. 1787년에는 헌법을 제정하는 협의회 회장을 맡았으며 미국의 초대 대통령으로서 대통령직이 갖는 권한과 한계를 정의하는 데 도움을 주었다.

조지 워싱턴은 버지니아주의 부유한 가정에서 태어났다. 그는 측량사로 일했으며, 1752년에 버지니아주 민병대에 입대해서 프렌치·인디언전쟁(1754년~1763년)에서 영국 측에서 싸웠다. 전쟁에서 돌아온 그는 부유한 과부인 마사 커스티스와 결혼하여 포토맥강에 있는 사유지인 마운트버넌으로 이주했다. 이제 식민지에서 매우 부유한 사람 축에 들게 된 그는 1758년에 버지니아주의 입법부에 선출되었다. 전쟁이 발발했을 때 대륙군을 이끌 적임자 후보는 조지 워싱턴밖에 없었다. 그는 1775년 6월 15일 의회에 의해 장교로 임관되었는데, 이날이 바로 미국 육군의 전신인 대륙군이 창건된 날이다. 전쟁이 끝나고 몇 년 후 토머스 제퍼슨은 조지 워싱턴의 리더십을 존경을 담아 이렇게 묘사했다.

> 그는 두려움을 모르고 가장 차분하고 무심하게 개인적인 위험에 맞섰다. 아마 그의 성격의 가장 두드러진 특징은 신중함일 것이다. 모든 상황, 모든 고려 사항을 충분히 따져볼 때까지 그는 절대 행동하지 않았다. 의심이 들면 행동을 삼가면서도 일단 한번 결심하면 어떤 장애물이 놓여 있더라도 목적을 달성할 때까지 달렸다.

전쟁이 끝난 후 조지 워싱턴은 장교직에서 물러났고 마지못해 초대 대통령직을 수락했다. 그는 군주적인 칭호를 거부하고 평범한 복장을 했으며, 두 번의 임기 동안만 대통령을 역임하면서 누구든 평생 대통령으로 남아서는 안 된다는 선례를 남겼다. 그는 대통령직에서 퇴임한 후 마운트버넌으로 돌아와 1799년에 사망했다.

- 조지 워싱턴의 생애를 둘러싼 더욱 환상적인 여러 이야기는 19세기 전기작가인 파슨 윔스에 의해 만들어졌다. 조지 워싱턴이 반대편으로 은화를 던졌다고 파슨 윔스가 주장했던 래퍼핸녹강은 이 이야기를 의심하게 할 만큼 넓다.
- 아이러니하게도 조지 워싱턴은 워싱턴에서 취임하지 못한 유일한 대통령이다. 워싱턴은 그의 대통령 임기 동안 대부분 건설 중이었다. 1789년에 있었던 그의 첫 번째 취임식은 뉴욕에서 열렸고, 1793년에 있었던 두 번째 취임식은 필라델피아에서 진행됐다.

198 TUE 철학자 이마누엘 칸트

독일의 철학자 이마누엘 칸트(Immanuel Kant, 1724년~1804년)는 대단히 규칙적인 습관을 가진 사람이었다. 그는 매일 오후 쾨니히스베르크의 집 주변을 산책했는데 정확히 같은 시간에 고딕 대성당 앞을 지나갔다. 전해지는 바에 따르면 칸트의 시간관념이 너무나 정확한 나머지 그가 성당 입구를 거니는 시각에 따라 성당 시계를 맞추었다고 한다. 그런데 칸트 본인은 정작 성당 시계를 기준으로 산책을 시작했었다. 성당과 이 철학자는 상대의 시간에 맞춰 시계를 설정했고, 따라서 양측 모두 정확한 시간을 알지 못했다. 시계에 관한 이 일화는 결혼한 적도 없고, 태어난 도시 밖으로 나간 적도 거의 없었던 칸트의 엄격한 성격과 그가 탐구하고자 했던 철학적 문제를 모두 드러낸다. 우리가 실제로 아는 것은 무엇일까? 그리고 우리가 정말 안다고 어떻게 확신할 수 있을까?

칸트는 엄격한 프로이센 가정의 아홉 남매 중 넷째로 태어났다. 그는 열여섯 살에 쾨니히스베르크대학교에 입학했으며 1755년에 동 대학교에서 가르치기 시작했다. 그는 45세에 정교수직에 올랐으며 1781년에는 유명한 그의 저서 중 하나인《순수 이성 비판》을 출간했다. 사람들이 감각에 의존하는지 아니면 사고력을 사용해서 타당한 지식을 얻는지에 대한 질문은 18세기에 가장 많은 논쟁을 초래한 철학적 질문이었다. 스코틀랜드의 철학자 데이비드 흄 같은 경험주의자들은 사람은 지식을 타고나지 않으며 모든 학습이 경험과 감각을 통해 이루어진다고 주장했다. 이와 반대로 이성주의자들은 인간의 능력과 추론을 사용해 지식에 도달할 수 있다고 주장했다. 칸트는《순수 이성 비판》에서 기본적으로 양측에 모두 동의했다. 그는 이렇게 썼다. "지식은 경험에서 비롯될 수 있다. 그러나 인간의 지식에 일종의 시작점을 형성하는 선험적인 개념도 있다."

윤리학에서는 칸트가 '정언 명령(categorical imperative)'이라는 개념을 만들어낸 것으로 가장 잘 알려져 있다. 정언 명령이란 본질적으로 황금률의 형태를 띤다. "보편적인 법칙으로 만들 수 있고, 동시에 만들 의지가 있는 금언에 따라 행동하라." 다시 말해 모든 사람이 어떤 행동을 했을 때 올바른 경우에만 그 행동이 올바른 것이 된다는 뜻이다. 그의 명성은 그가 80세의 나이로 사망한 이후 더욱 높아졌다. 칸트는 고대 그리스 사상가들 이후로 가장 영향력 있는 서양 사상가로 꼽히고 있다.

- 칸트의 이름 철자는 원래 'Emanuel'이었는데, 히브리어를 배우고 난 후에 철자를 바꿔버렸다.
- 칸트의 고향은 1945년에 소련에 점령된 후 공산당 지도자인 미하일 칼리닌의 이름을 따서 칼리닌그라드라는 새로운 이름으로 불렸다. 이곳은 지금도 러시아에 속해 있다.

199 WED 혁신가 벤저민 프랭클린

과학에 크게 기여한 초기 미국인 중 한 사람인 벤저민 프랭클린(Benjamin Franklin, 1706년~1790년)은 미국 독립혁명에 대한 지지와 넘치는 재치 그리고 전기와 관련된 실험으로 잘 알려져 있다. 그는 이중초점 렌즈, 피뢰침, 프랭클린 난로를 비롯해 많은 기기를 발명하기도 했다. 그의 발명은 그를 국제적인 유명인사로 만들어 주었고, 그리하여 자신이 설립에 도움을 준 국가의 화신이 될 수 있었다.

보스턴에서 태어난 프랭클린은 10대 시절 신문사를 하던 형의 견습생으로 들어갔다. 그러나 형의 학대에 지친 그는 필라델피아로 도망쳐 따로 신문사를 설립했고, 결과적으로 엄청난 돈을 벌었다. 프랭클린의 금전적인 성공은 그에게 과학과 정치에 발을 담글 수 있는 기회를 제공했다. 1748년 인쇄 사업에서 은퇴한 그는 전기로 자체적인 실험을 하기 시작했고, 1750년에 번개가 전기의 한 형태라는 이론을 제기하는 논문을 발표했다. 이 논문에서 프랭클린은 연을 사용한 유명한 실험을 설명했다. 그는 연이 번개를 맞고 떨어지면, 전하가 연줄을 타고 땅으로 전달된다고 주장하면서 번개가 일종의 전기라는 것을 입증했다. 그 실험을 프랭클린이 실제로 실행했는지에 대한 증거는 없다. 사실 그런 실험은 엄청나게 위험했을 것이다.

프랭클린은 펜실베이니아 입법부를 대표하기 위해 1757년에 영국 런던으로 향했다. 그는 그 후로 거의 20년을 대부분 영국에서 머무르면서 점점 통제하기 힘들어지는 식민지의 대사 역할을 했다. 그는 전쟁 발발 직후인 1775년에 미국으로 돌아왔고 1776년, 독립선언문에 서명했다. 의회는 곧 프랭클린을 파리로 파견했는데, 그의 과학적 명성은 그가 프랑스 정부를 구슬려서 식민지를 지원하도록 도왔다. 프랭클린은 말년에 자서전을 완성했으며 노예제도를 비판하는 기사를 썼다. 그는 필라델피아에서 84세의 나이로 사망했다.

- 그는 유서를 통해 필라델피아와 보스턴에 각각 1000파운드를 남겼는데, 200년 동안 이자를 모은 후에 원금을 사용할 수 있게 하는 조건이 붙어 있었다. 200년째가 되던 1990년대에 이르렀을 때 그 신탁금은 각각 수백만 달러로 불어나 있었다.
- "뇌우 속에서 연을 날리지 마라." 프랭클린의 논문에서 경고한 것을 차치하고 그의 실험을 모방한 몇몇 사람은 모두 감전사고를 당했다.
- 프랭클린의 최초의 피뢰침은 필라델피아 랜드마크 두 곳에 설치되었다. 하나는 현재 인디펜던스홀이라고 알려진 펜실베이니아 주정부 청사에 설치되었고 다른 하나는 크라이스트 처치 꼭대기의 첨탑에 설치되었다.

200 THU 악당 플레처 크리스천

바운티호 반란 사건은 두 세기가 넘는 시간 동안 책과 영화의 소재가 되었다. 1789년 플레처 크리스천(Fletcher Christian, 1764년~1793년)이 이끄는 승조원 일당은 선장을 칼로 위협해서 영국 전함을 차지했고, 선장을 작은 구명보트에 태워 보낸 후 그들이 낙원이라고 믿었던 투부아이와 타히티의 섬으로 전함을 몰고 갔다.

본래 바운티호의 임무는 타히티로 항해해서 빵나무를 가득 싣고 자메이카로 가져가는 것이었다. 10개월간의 항해 끝에 바운티호는 1788년 말에 화창한 타히티에 도착했다. 그로부터 5개월간 선원들은 빵나무 표본을 모았고 그들 중 다수는 원주민 여성들과 교제를 하기도 했다. 1789년 4월 다시 자메이카로 향하는 항해를 반기는 이는 거의 없었다.

사실 폭동은 자메이카로 출발한 지 한 달도 지나지 않았을 때 발생했다. 총 열여덟 명의 선원이 동참하여 블라이 선장과 충실한 선원을 구명보트에 태운 후, 크리스천은 배의 지휘권을 장악해서 투부아이와 타히티로 향했다. 쫓겨난 선장 윌리엄 블라이와 몇 안 되는 충실한 선원은 구명보트에 탄 채 시계와 육분의(각도와 거리를 정확하게 재는 데 쓰이는 광학 기계 – 옮긴이) 그리고 별만을 이용해서 거의 6400km에 달하는 거리를 항해해 티모르에 도착했다. 그의 항해는 놀라운 선박 조종술의 기록으로 남아 있다.

폭도 다수를 타히티에 내려놓은 다음 크리스천은 태평양을 헤매면서 체포되지 않을 만한 안전한 피난처를 모색했다. 그 배에는 영국인 반란자들뿐 아니라 그들과 결혼한 몇몇 타히티 신부들 그리고 타히티 남성도 몇 명 타고 있었다. 피지와 몇 군데의 섬을 들른 후 그들은 마침내 무인도인 핏케언섬에 도착했고 그곳에다 정착지를 세운 후 바운티호를 침몰시켰다.

블라이 선장은 티모르를 떠나 영국으로 돌아가서 전함을 빼앗긴 사실을 보고했고, 폭도들을 잡기 위한 파병대가 태평양으로 향했다. 타히티에 남아 있던 사람들은 체포되어 영국으로 압송되었고, 그중 세 명은 교수형에 처해졌다. 핏케언섬에 있던 폭도들은 발각되지 않았지만, 그들 대부분은 질병이나 사고, 또는 섬 주민들과의 싸움으로 사망했다. 크리스천도 1793년에 죽임을 당한 것으로 추정된다.

• 바운티호 반란 사건은 수십 년간 할리우드에서 가장 선호되는 이야깃거리였다. 크리스천 역을 맡은 사람으로는 1984년의 멜 깁슨, 1962년의 말런 브랜도, 1935년의 클라크 게이블 그리고 1933년의 에롤 플린이 있다.

201 FRI 예술가 프란시스코 고야

서양 미술사상 가장 충격적인 전쟁과 만행의 이미지를 그린 프란시스코 고야(Francisco de Goya, 1746년~1828년)는 〈전쟁의 참화〉, 〈1808년 5월 3일〉 등을 통해 나폴레옹 전쟁의 참상을 담은 스페인 화가이다. 생전에는 전시하기에 지나치게 생생하다고 여겨지기도 했던 그의 그림들은 전투를 웅장하고 투지 넘치는 모습으로 그리던 전통적인 유럽 미술에서 벗어난 혁신적인 도약이었다. 전쟁에서 영광이라는 옷을 벗겨버린 고야는 새로운 수준의 인본주의를 주입했고, 여러 대에 걸쳐 반전(反戰) 화가들에게 영감을 주었다.

푸엔데토도스라는 마을에서 태어난 고야는 1766년에 마드리드에 입성했다. 그의 초기 작품은 당시 지배적인 로코코 양식에 깊은 영향을 받았고 그의 후기 작품이 드러낼 어두운 방향에 대한 조짐은 거의 없었다. 고야는 1799년에 국왕 카를로스 4세의 궁정 화가로 임명되면서 스페인 예술계에서 최고 지위에 올랐다. 1808년 프랑스의 스페인 점령과 고야가 직접 목격하기도 했던 잇따른 유혈사태가 그의 충격적인 반전 그림과 동판화의 소재가 되었다. 프랑스의 나폴레옹 부대는 1808년 5월 3일 마드리드에서 수백 명의 시민을 즉결 처형했다. 정체불명의 프랑스 부대에 총살되기 직전 흰 셔츠를 입은 무력한 스페인 시민들의 모습을 담은 고야의 그림은 잔혹한 전쟁의 상징이 되었다. 시체, 우는 아이, 공포에 질린 시민들을 기괴하게 새긴 〈전쟁의 참화〉 에칭 시리즈는 보는 사람을 지나치게 불안하게 만든다는 이유로 1863년까지 인쇄되지 못했다.

미술사에서 고야는 고전적 영향력에 젖어 있었지만, 이에 반기를 들고 최초의 '근대' 작가가 된 과도기적 인물로 여겨진다. 미술사학자 앤소니 잰슨의 말을 빌리면, 고야는 "조금의 거리낌도 없이 천재라고 불릴 만한 당대의 유일한 화가"였다.

- 밀로스 포먼 감독은 2006년에 이 스페인 화가에 관한 영화 〈고야의 유령〉을 제작했다. 스텔란 스카스가드가 고야로 분했으며 랜디 퀘이드가 카를로스 4세 국왕으로 분했다. 제목에 걸맞게도 이 영화는 스페인의 최고 영화상인 고야상의 세 부문에 노미네이트되었다.
- 파블로 피카소는 고야를 우상화했다. 미군에 의해 죽임을 당하는 한국 시민들을 그린, 피카소의 1951년도 그림 〈한국의 학살〉은 고야의 〈1808년 5월 3일〉에서 직접적인 영향을 받았다.
- 고야는 성인 시절 거의 내내 청각장애를 앓았다. 몇몇 미술사학자는 청각을 잃은 데 대한 고야의 낙담이 후기 작품이 점점 어두워지는 데 영향을 주었을 것이라고 주장한다.

202 SAT 개혁가 투생 루베르튀르

현대 최초의 성공적인 노예 봉기는 반란을 이끌어 카리브해섬에서 프랑스를 내쫓았던 아이티 노예, 투생 루베르튀르(Toussaint L'Ouverture, 1743년경~1803년)에 의해 조직되었다. 자유로운 흑인 공화국으로 독립을 차지한 후 아이티는 북아메리카와 남아메리카 전역에서 흑인 노예들에게 희망의 불빛이 되었다. 실제로 프랑스 감옥에서 사망한 지 2세기가 지난 후에도 루베르튀르는 여전히 흑인 해방과 반제국주의 저항의 영웅으로 칭송받고 있다. 2004년에는 남아프리카 공화국 대통령이 아이티 반란을 가리켜 반인종격리 정책에 영향을 준 '역사상 가장 위대한 혁명 중 하나'라고 말하기도 했다.

그러나 '블랙 나폴레옹'이라고 알려진 그는 19세기 유럽과 미국의 대다수 백인 사이에서 위협적인 인물에 지나지 않았다. 그는 사망 후 프랑스에서 수십 년 동안 비난의 대상이 되었으며 미국은 1862년까지도 아이티의 독립을 공식적으로 인정하지 않았다. 당시 생도밍그라고 불리던 아이티는 사탕수수의 주요 생산지로, 프랑스에는 상당한 부의 원천이었지만 혹독한 열대기후 속에서 노예 인력에만 전적으로 의존했다. 1789년 자유와 평등, 동지애의 신념을 내세운 프랑스 혁명은 많은 아이티 흑인에게 노예제도가 폐지될 것이라는 희망을 안겨주었다. 그러나 아이티섬의 노예 주인들이 노예제도 폐지를 거부하자 1791년에 반란이 일어났다.

루베르튀르의 목표는 노예제도의 폐지였지, 독립 그 자체는 아니었다. 사실 죽을 때까지도 그는 스스로를 프랑스인이라고 불렀다. 그러나 그가 새로운 헌법을 선언하고 스스로를 종신 총독 지위에 임명했던 1801년 이후 루베르튀르는 확실히 완전한 독립을 이루는 방향으로 움직였다. 그는 1802년에 프랑스군에 체포되어 프랑스 본토의 감옥에 수감되었고, 몇 개월 동안의 가혹한 심문 끝에 사망했다. 이듬해 생도밍그는 마지막 프랑스 부대를 쫓아냈고 독립을 선언했으며 아이티라는 새 이름을 얻었다. 아이티는 신세계에서 미국 다음으로 독립한 두 번째 나라였다.

- 아이티의 수도 포르토프랭스의 주 공항은 2003년 루베르튀르의 사망 200주년을 맞아 그의 이름을 따서 붙여졌다.
- 아이티를 잃은 나폴레옹은 아메리카 제국을 건설하겠다는 꿈을 버리고 프랑스가 가지고 있던 나머지 아메리카 식민지를 미국에 매각했다. 그 지역을 일컬어 루이지애나 구입지라고 한다.
- 1936년에 미국 감독 오손 웰즈는 〈맥베스〉의 흑인 버전 영화를 감독했는데, 영화에 등장하는 맥더프는 루베르튀르를 모델로 삼은 인물이었다.

203 SUN 선지자 사바타이 제비

사바타이 제비(Sabbatai Zevi, 1626년~1676년)는 카리스마 넘치는 터키 출신 랍비로 자신이 오랫동안 기다려온 유대인 메시아라고 주장하면서 유럽과 중동 전역에서 수십만 명의 추종자를 모은 인물이다.

제비는 터키의 에게 해안에 번성하던 무역 도시 스미르나에서 태어났다. 그는 전통적인 유대교 교육을 받았고《탈무드》인재로 인정받았으며, 열여덟 살에 랍비가 되었다. 제비는 초반부터 기이하고 터무니없는 행동으로 스미르나 종교 당국과 멀어졌다. 그는 황홀감의 시기와 깊은 우울증의 시기를 오갔는데, 우울할 때는 일부러 유대교 규정과 식이 규정을 위반했다. 그는 또한 공중부양을 경험했다고 주장했는데 스물두 살 때는 급기야 자신이 메시아라고 선언하기에 이르렀다. 1651년 스미르나의 랍비들은 결국 그를 도시에서 추방했다. 그는 지중해 연안을 여행했고 그리스, 터키, 팔레스타인, 이집트를 여행하다가 1662년에 예루살렘에 정착했다. 그는 1665년에 다시 한번 스스로를 메시아라고 선포했다.

그러나 이번에는 그의 주장이 1648년부터 폴란드와 러시아에서 시작된 새로운 박해의 물결 속에서 고통받던 전 세계 유대인에게 받아들여지기 시작했다. 몇 개월 만에 사바타이 운동이 중동 전역과 암스테르담, 함부르크, 런던을 비롯해 유대인 중심 생활권에서 편지를 통해 번져나갔다. 제비는 그 이듬해인 1666년에 세상에 종말이 올 것이며 이스라엘이 복원될 것이라고 주장했다.

그의 세력이 급속도로 성장하는 것을 우려한 터키의 술탄 메흐메드 4세는 1666년 2월에 제비를 체포하라고 명했다. 그는 아비도스 성에 갇혔고 이슬람교로 개종하거나 그 즉시 처형을 당하거나 둘 중 하나를 선택하라는 명령이 떨어졌다. 그의 여러 제자에게는 안타깝게도, 제비는 이슬람교를 받아들였고 10년 후 사망할 때까지 이슬람교도로 남았다. 그러나 소수의 추종자는 계속해서 그가 메시아이며, 그의 개종은 의미 없는 '표면적인' 행동일 뿐이라고 주장했다. 비록 제비는 유대교 세계 전역에서 비난받았지만, 그의 영향력은 그가 죽은 후에도 몇십 년 동안 계속되었다.

- 돈메(Dönme)라고 불리는 커다란 사바타이주의 공동체가 지금도 터키에 존재한다. 이 단체의 구성원은 겉으로는 이슬람교를 수용하는 척하지만 은밀히 유대교를 따른다.

204 MON 리더 토머스 제퍼슨

매우 영향력 있는 미국 헌법 제정자들 가운데 한 사람인 토머스 제퍼슨(Thomas Jefferson, 1743년~1826년)은 독립선언문을 작성한 인물로, 미국의 3대 대통령이다. 그의 지도하에 미국은 프랑스로부터 루이지애나 영토를 획득하고 그 즉시 신생 미국의 영토를 두 배로 확장했다.

제퍼슨은 버지니아주의 섀드웰이라는 시골에서 부유한 지주 가정의 아들로 태어났고 1762년에 버지니아주 학교인 윌리엄메리 칼리지를 졸업했다. 존 로크, 볼테르 같은 계몽주의 철학자들에 큰 영향을 받은 제퍼슨은 20대에 정계에 진출했다. 그는 1769년에 버지니아 입법부인 하원에 선출되었다. 의회에서 그는 영국의 과세제도를 비판하면서 열세 개 식민지는 스스로를 통치할 권리가 있다고 주장했다. 1770년대에는 그의 유명한 언덕 꼭대기 사저인 몬티첼로를 설계하고 건축했다.

제퍼슨은 1775년 제2차 대륙의회에 대표로 선출되었고, 그 이듬해 여름에는 독립선언문 작성 위원으로 선출되었다. 로크의 사상을 바탕으로 한 독립선언문은 애국자들이 왕에 맞서 반발하는 이유를 설명하면서 자신들의 신념을 설득력 있게 전달했다. "모든 사람은 공평하게 태어나며 창조자에 의해 빼앗길 수 없는 기본권을 부여받는데, 그중에는 생명, 자유 그리고 행복의 추구권이 있다."

독립혁명 이후 제퍼슨은 프랑스 주재 공사로 일했고 최초의 국무장관이 되었다. 1796년에는 부통령으로 선출되었고, 1800년에는 최초로 정식 경쟁을 통한 대통령 선거에서 재임 중인 존 애덤스와 세 번째 후보인 애런 버를 물리쳤다. 제퍼슨의 대통령 임기는 루이지애나 영토의 인수와 지중해 해적과의 전쟁 그리고 나폴레옹 전쟁 중에 영국의 공격으로부터 미국 선박을 방어하려던 비효과적인 시도로 압축할 수 있다. 1807년의 출항금지법으로 영국 물품 수입을 제한하여 영국을 벌하려 했지만 뉴잉글랜드의 미국 농부와 상인에게 오히려 손해를 끼쳤고, 그로 인해 임기 말 제퍼슨의 평판에 금이 갔다. 대통령직에서 퇴임한 후 제퍼슨은 남은 생을 몬티첼로에서 보냈다. 그는 1819년에 버지니아대학교를 설립했고, 1826년 7월 4일 그가 미국에 가장 유명한 기여를 했던 날인 독립기념일 50주년에 사망했다.

- 제퍼슨은 1815년에 개인 소장 도서 중 6487권을 연방정부에 판매하여 1812년 전쟁 중에 파괴되었던 미국 의회도서관의 재설립을 도왔다.
- 버지니아대학교는 미국 최초의 비종교 대학이다.
- 제퍼슨은 미국의 2달러 지폐 앞면에 실린 인물이다.

205 TUE 철학자 데이비드 흄

1738년, 한 젊은 스코틀랜드 작가가《인간 본성에 관한 논고》라는 세 권짜리 자유분방한 저서의 첫 권을 출간했다. 스물여덟 살의 철학자 데이비드 흄(David Hume, 1711년~1776년)은 자신의 책이 종교 당국과 다른 철학자들로부터 맹렬한 비난을 받으리라고 예상했다. 그러나 나중에 흄은 오히려 5년에 걸려 마무리한 자신의 책이 "언론의 사산아로 전락하는 것을" 보아야만 했다고 원통해했다. 몇몇 종교인이 언짢아했던 것 외에는 아무도 그 책을 알아차리지조차 못했던 것이다. 실제로 흄은 생전에 철학자로서는 실패했으며, 그의 수입 대부분은 100만 단어로 이루어진 역사서 여섯 권에서 나왔다. 이 책은 그의 말년에 베스트셀러가 되었다. 그렇지만 현재 흄의 본고장인 에든버러에 기반을 둔 스코틀랜드 계몽주의의 주요 인물로 여겨지고 있다.

흄은 어느 정도 부유한 가정에서 태어났다. 그의 아버지는 그가 두 살 때 사망했기 때문에 그는 대부분 어머니 캐서린의 손에 길러졌다. 조숙했던 그는 열한 살 때 에든버러대학교에 입학했다. 그는 법이나 사업 분야에서 일할 생각도 있었지만, 스물세 살에 프랑스로 이주해서 3년 동안《인간 본성에 관한 논고》의 초안을 집필하기 시작했다. 논문이 실패로 끝난 후 흄은 스코틀랜드에서 두 차례 교수직에 지원했지만 두 번 다 탈락했다. 그는 잠시 이탈리아에서 영국 외교관으로 일한 뒤 에든버러 도서관 사서직을 맡았다. 이 도서관은 그에게《잉글랜드의 역사》를 집필할 수 있는 시간과 자원을 제공해주었다.

경제학자 애덤 스미스를 비롯해 주요 스코틀랜드 계몽주의자들과 친구였던 흄은 자기 비하적인 유머 감각으로 유명했다. 한번은 그가 작문의 고통이 너무 클 때마다 자신은 이런 간단한 해결책을 사용한다고 쓴 적이 있다. "밥을 먹고, 주사위 놀이를 하고, 친구들과 대화하면서 즐기면 된다." 독신이었던 흄은 65세의 나이에 소장암으로 사망했다.

- 이 철학자가 한때 살았던 에든버러의 한 거리에는 그를 기리기 위해 세인트 데이비즈 스트릿(St. David's Street)이라는 이름이 붙여졌다. 평생 무신론자라는 공격을 받은 흄을 비꼬는 듯한 이 명칭은 흄의 친구 중 하나가 농담 삼아 그 길의 어느 집 담벼락에 써놓은 데서 유래했다.
- 흄의 본명은 데이비드 홈(David Home)이었으나 1734년에 성의 철자를 바꿨다.
- 1744년에 처음으로 지원한 철학 교수직에 실패한 이후, 흄은 젊은 귀족이었던 애넌데일의 후작의 가정교사로 일했다. 그러나 흄에게는 안타깝게도 그 후작은 실성한 사람이었다. 그래도 흄은 또 다른 일자리를 구하기 전까지 1년가량 그를 가르치려고 노력했다.

206 WED 혁신가 칼 폰 린네

스웨덴 식물학자 칼 린네(Carl Linnaeus, 1707년~1778년)는 동식물을 라틴어식 이름으로 분류하여 생명 연구에 대해 현대적으로 정돈된 체계를 마련해주었다. 린네는 식물 권위자였고, 수백 종의 식물에 직접 이름을 붙였으며, 다음 좌우명을 즐겨 말했다. "하느님이 창조하시고, 린네가 체계화했다(Deus creavit, Linnaeus disposuit)."

린네는 스웨덴 남부에서 태어났다. 아이가 커서 사제가 되길 희망했던 그의 부모는 어린 시절부터 그에게 라틴어를 가르쳤다. 그러나 그는 웁살라대학교에 입학해서 의학과 식물학을 공부했고 1735년에는 의학 학위를 취득했다. 한때 스웨덴 왕족의 주치의로 일하는 등 평생 의료에 종사하긴 했지만 그가 가장 좋아했던 것은 식물학이었다. 그는 1731년에 라플란드로 최초의 원정길에 올랐으며 1734년에는 스웨덴 중부로 떠났다. 그는 1741년에 웁살라대학교의 교수로 임명되어 학생들에게 자신의 모험담을 신나게 들려주었다. 린네의 《자연의 체계》 초판은 1735년에 출간되었다.

어린 시절 배운 라틴어를 활용해서 린네는 모든 동식물에 두 부분으로 나뉜 라틴어 이름을 짓자고 제안했다. 린네의 생물 분류법에서 첫 부분은 생물의 속을 나타내고 두 번째 부분은 종을 나타낸다. 예컨대 린네식 체계에서 인간은 호모 사피엔스로 분류되어, 호모라는 속과 사피엔스라는 종의 일원임을 나타낸다. 린네는 또한 각각의 종에 목과 문 같은, 보다 넓은 범주를 더하기도 했다. 예를 들어 인간은 호모 속에 속하는 유일한 종이지만, 원숭이, 여우원숭이, 유인원을 비롯해 마주 보는 엄지손가락, 발달된 시각 그리고 큰 뇌라는 영장류 특성을 가진 다른 생물들과 함께 영장류 목에 속한다.

린네는 그의 분류 체계로 상당한 명성을 얻었고 1761년에는 그의 업적을 인정받아 스웨덴 귀족이 되었다. 그러나 그의 이론에 논란이 없었던 것은 아니다. 그를 가장 많이 비판하던 사람으로 프랑스 생물학자인 조르주루이 르클레르 드 뷔퐁이 있었는데, 그는 린네의 분류 체계가 지나치게 융통성이 없고, 종 안의 다양성과 변화를 반영하지 못했다고 느꼈다. 린네는 웁살라에서 71세의 나이로 사망했다.

- 린네는 이따금 자신의 명명법을 사용해 적들을 공격하기도 했다. 예컨대 그는 잡초에 한 독일 비평가의 이름을 따 시게스베키아(Siegesbeckia, 털진득찰)라는 이름을 붙였다.
- 린네는 지구상에 약 1만 5000개의 종이 있다고 추정했다. 300년 후 분류학자들은 200만 종을 확인했으며 그 수는 지금도 늘고 있다.

207 THU  악당 애런 버

애런 버(Aaron Burr, 1756년~1836년)는 최고의 정적인 알렉산더 해밀턴을 결투 끝에 권총으로 살해한 것으로 악명 높은 미국의 부통령이다. 하지만 그 결투가 있기 전까지 그는 성공적인 정치인이자 독립혁명 참전용사였고, 1800년에는 근소한 차이로 대통령 선거에서 낙마한 인물이기도 했다.

애런 버는 독립혁명이 시작되었을 때 법학을 공부하고 있었다. 그는 군대에 입대해 참모 장교로 일했다. 전쟁이 끝난 후에는 정계에 진출했으며 1791년에 미 상원의원으로 선출되었다. 그는 같은 뉴욕 출신의 해밀턴과 몇 차례 다툰 적이 있다. 1790년대에 정당정치가 생겨나는 동안 해밀턴은 연방제를 지지했고 애런 버는 민주당·공화당 편에 합류했다. 1800년 애런 버는 토머스 제퍼슨의 부통령 후보로 출마하여 민주당·공화당 표가 뉴욕주에서 승리하는 데 도움을 주었다. 당시에는 선거인단 구성원에게 가장 많은 표를 얻은 사람이 대통령이 되고 두 번째로 많은 표를 얻은 사람이 부통령이 되었다. 제퍼슨과 애런 버는 엄밀히 말해서 공동 1위로 끝났지만, 결국 하원의 36표로 인해 제퍼슨이 승자로 선포되었다.

1804년 아직 부통령이던 시절, 애런 버는 뉴욕주 주지사 후보에 올랐지만 해밀턴이 그에게 맞서 선거운동을 조직하는 바람에 선출되지 못했다. 화가 난 애런 버는 그해 여름 해밀턴에게 결투 신청을 했다. 1804년 7월 11일 아침, 애런 버와 해밀턴은 뉴저지로 배를 타고 건너가 허드슨강이 보이는 절벽에서 한 쌍의 권총을 가지고 총격전을 벌였다. 애런 버가 해밀턴의 간을 맞혔고, 해밀턴은 그다음 날 사망했다. 결투 후 애런 버는 살인죄로 기소되었고 기소가 기각될 때까지 숨어 지냈다. 그리고는 워싱턴으로 돌아와 부통령으로서 임기를 끝마쳤다. 이 살인 사건으로 애런 버의 정치 생활은 사실상 끝이 났다. 물론 1807년에 미국 서부를 떼어내어 새로운 나라를 세우려던 정교한 계획이 발각되고 반역죄로 기소되면서 다시 수면 위로 떠오른 적도 있다. 이 재판은 무죄로 끝났고, 애런 버는 유럽으로 도망쳤다. 그는 1812년에 뉴욕으로 돌아와 변호사로 일하다가 1836년에 80세의 나이로 사망했다.

- 애런 버는 청교도 목사이자 프린스턴대학교 교장이었던 조나단 에드워즈의 손자였다. 프린스턴대학교의 한 건물이 애런 버의 이름을 따서 붙여졌다.
- 반역죄는 미국 헌법에서 유일하게 구체적으로 정의된 범죄이다. 정적을 처벌할 목적으로 반역죄 혐의를 이용해 법을 남용하는 사례가 영국에 있다는 것을 인식한 미국 헌법 제정가들은 유죄 판결을 내리려면 동일한 '공공연한 반역 행동'에 대해 증인 두 명이 증언을 해야 한다고 규정했다. 미국 역사상 반역죄에 회부된 일은 많지 않으며, 애런 버의 경우처럼 대부분은 무죄 판결로 끝났다.

208 FRI 예술가 제인 오스틴

《이성과 감성》(1811년), 《오만과 편견》(1813년) 그리고 《엠마》(1815년)의 저자인 제인 오스틴(Jane Austen, 1775년~1817년)은 상류사회 가정의 드라마틱한 이야기로 수 대에 걸친 독자를 열광시킨 영국의 소설가다. 그녀의 여섯 편의 소설은 흡인력 있는 묘사와 귀족계층의 사교예절에 대한 풍부한 이야기를 담고 있다. 본래 익명으로 출간되었던 그녀의 저서는 점점 더 많은 인기를 누리며 성장해왔다. 그녀는 생전에는 무명이었지만 지금은 19세기의 위대한 영국 소설가 가운데 한 사람으로 꼽힌다.

제인 오스틴은 스티븐튼이라는 영국 마을에서 여덟 자녀 중 일곱째로 태어났다. 제인의 아버지 조지 오스틴은 지역 성공회 교회의 목사였다. 오스틴은 기숙 학교에서 잠시 지냈던 기간을 제외하면 평생을 아버지의 집에서 살았다.

19세기 초반에는 소설이 특히 여성에게는 점잖은 문학 형태가 아니라고 여겨졌고, 따라서 제인 오스틴의 첫 작품인 《이성과 감성》도 익명의 '어느 숙녀(a Lady)'가 쓴 것으로 출판되었다. (그녀의 나머지 작품은 '《이성과 감성》의 작가가 쓴 책'이라고 알려졌다.) 이 소설은 두 자매가 적당한 남편감을 찾는 여정을 그린다. 이 소설에는 제인 오스틴의 모든 저서에서 반복적으로 등장하는 주제, 즉 여성이 직면하는 결혼에 대한 사회적 압박과 영국 상류층 사이에서 행해지는 결혼 관습의 복잡성이라는 주제가 설정되어 있다. 이 소설의 여자 주인공들은 남편감을 고를 때, 제인 오스틴의 이야기 속에서 번번이 충돌하는 재산, 사회계층, 사랑과 같은 요소를 저울질해야 한다.

《엠마》를 출간한 후 1816년에 제인 오스틴은 알 수 없는 병에 걸렸다. 그녀는 아픈 와중에도 계속 집필을 했고, 사후에 출간되는 두 편의 소설을 완성한 후 이듬해 42세의 나이로 세상을 떠났다.

- 제인 오스틴의 요절 원인은 그녀의 팬 사이에서 수십 년간 논란이 되어왔다. 많은 사람이 1855년에 처음으로 설명된 내분비 장애인 애디슨병을 가장 유력한 원인으로 꼽는다.
- 제인 오스틴의 두 남자 형제, 프란시스와 찰스는 영국 왕립 해군의 일원으로 나폴레옹 전쟁에 참전했다. 이 두 사람은 결국 해군 장성이 되었다.
- 제인 오스틴의 소설은 섭정시대의 로맨스라고 알려진 애정 소설 장르에 영감을 주었다. 그러한 이름이 붙은 이유는 정신이상자였던 국왕 조지 3세를 대신해 섭정하는 사람이 나라를 통치하던 1810년에서 1820년 사이에 영국에서 생겨났기 때문이다.

209 SAT 개혁가 윌리엄 윌버포스

열두 살배기 윌리엄 윌버포스(William Wilberforce, 1759년~1833년)의 어머니는 소스라치게 놀랐다. 2년 전 친척 집에 보낸 아들이 복음주의 기독교인으로 변했기 때문이다. 그의 고모와 고모부에 의해 주입된 종교적 열정에 놀란 어머니는 아들을 집으로 불러들였으나 이미 늦은 일이었다. 깊은 종교적 신념으로 윌버포스는 영국에서 매우 유명한 개혁가이자, 영국제국에서의 노예제도 폐지에 원동력이 되는 사람으로 성장했다. 그는 거의 50여 년간을 의회 의원으로 일했으며, 노예제도를 금지하는 법안이 통과된 후 사흘 만에 세상을 떠났다.

윌버포스는 영국의 항구도시 헐에서 태어났으며 그의 아버지는 성공한 목재 상인이었다. 아버지가 죽고 난 후 그는 고모, 고모부와 2년 동안 함께 살았는데, 그들이 그에게 복음주의 기독교를 경험하게 해주었다. 할아버지의 유산 덕분에 돈벌이를 하지 않아도 되었던 그는 케임브리지대학교를 졸업하고 난 후 정계 진출을 결심했다.

18세기 영국은 단연코 세상에서 노예 거래를 가장 많이 하는 나라였고, 노예제도를 통해 벌어들인 엄청난 수입은 리버풀과 같은 항구 마을을 번화한 주요 도시로 탈바꿈시켰다. 윌버포스가 노예제도 폐지 운동을 벌이던 초반, 사람들은 꿈쩍도 하지 않았다. 상인들은 노예제도를 폐지하면 경제가 어지럽혀지고 식민지에서 영국으로 들어오는 수익이 줄어들 것이라고 주장했다. 그러나 1780년 의회에 진출한 후에도 윌버포스는 노예제도를 폐지하는 여러 개의 법안을 상정했다. 1793년, 그는 근소한 표 차이로 성공을 거뒀지만, 그해 후반에 영국이 프랑스와의 전쟁을 선포하자 입법자들은 더 이상 관심을 보이지 않았다. 그는 1807년에 이르러서야 비로소 처음으로 큰 승리를 맛보게 되었다. 점점 증가하는 반노예제도 운동으로 압박을 느낀 의회가 노예무역을 금지했던 것이다. 그러나 대영제국 내의 노예제도는 1833년도까지 폐지되지 않았다. 윌버포스는 1825년에 의원직을 퇴임했지만 임종에 이르러서야 노예제 폐지를 결정한 투표 결과를 들을 수 있었다. 그는 73세의 나이로 런던에서 사망했다.

- 윌버포스의 전기는 마이클 앱티드가 감독하고 이안 그루퍼드가 주연한 2007년도 영화 〈어메이징 그레이스〉로 만들어졌다.
- 윌버포스가 의회에서 펼친 대의는 노예제 폐지만이 아니었다. 그는 동물의 권리를 열렬히 지지하는 사람으로 동물학대방지 왕립협회를 공동 창설하기도 했다.

210 SUN 선지자 코튼 매더

목사이자 신학자, 도덕적 잔소리꾼이었던 코튼 매더(Cotton Mather, 1663년~1728년)는 보스턴에서 가장 영향력 있는 식민지 시대 설교자이자 뉴잉글랜드 청교도 정신의 화신이었다. 보스턴의 올드노스 교회 연단에서 그리고 수십 권의 저서를 통해 매더는 천연두 예방접종 찬성에서부터 주술 반대에 이르기까지 다양한 정치적·종교적 논란에 대한 여론을 조성했다.

매더는 선도적인 청교도 신자이자 하버드대학교 총장이었던 인크리스 매더의 아들로, 그의 외조부와 조부는 모두 매사추세츠주 식민지를 건설한 창건자였다. 매더는 열다섯 살에 불과하던 1678년에 하버드대학교를 졸업했으며, 설교를 거의 할 수 없었던 언어장애를 극복하고 1685년에 목사 안수를 받았다. 그는 최초의 주요 도서인《기억할 만한 섭리, 주술과 홀림에 관하여》를 1689년에 집필했다. 이른바 아일랜드 마녀라는 사람의 일생을 연대순으로 기록한 이 책은 1692년에 인근 세일럼에서 벌어졌던 종교재판을 촉발한 원인으로 종종 지목되기도 한다. 매더는 증거를 평가하는 방법에 대해 판사들과 서신을 주고받으며 종교재판에 간접적으로 관여했고, 이른바 마녀라고 지목당한 열아홉 명의 재판과 처형을 만족스러운 듯 연대순으로 기록한《보이지 않는 세계의 경이》를 저술했다.

가장 유명한 매더의 저서는《미국에서의 그리스도의 위업》(1702년)인데, 이 책은 매사추세츠주의 식민지를 현대의 약속된 땅으로 묘사한 청교도인의 역사를 옹호하고 찬양한 것이었다. 1713년에는 런던의 왕립 학술원 회원으로 선출되기도 했다. 1721년과 1722년에 천연두 예방접종 시행 계획을 둘러싸고 보스턴이 논란에 휘말렸을 때 매더의 지지가 보스턴 사람들이 예방접종을 받도록 설득하는 데 결정적인 역할을 했다.

그러나 보스턴에서 매더의 영향력은 점점 늘어나는 비청교도 주민들 사이에서는 억울함의 근원으로 작용했다. 그중에는 열여섯 살의 벤저민 프랭클린도 있었는데 그의 초기 신문에는 매더의 따분한 보수주의를 풍자하는 글들이 실렸다. 매더는 65세에 사망할 때까지 올드노스 교회의 목사로 남아 있었다.

• 세일럼 마녀재판에 관여한 대부분의 다른 목사와 달리, 매더는 자신이 했던 일에 대해 단 한 번도 사과하지 않았고, 남은 생애 동안 계속해서 주술을 비난했다.

211 MON 리더 나폴레옹 보나파르트

나폴레옹 보나파르트(Napoléon Bonaparte, 1769년~1821년)는 19세기 초 거대한 제국을 건설하고 유럽 전역에 파괴와 사회적 격변의 자취를 남긴 프랑스 장군이다. 그는 1799년 프랑스 정권을 장악하고, 5년 뒤에 스스로 황제 자리에 즉위했으며, 1815년 축출되어 유배될 때까지 대륙을 공포에 떨게 했다.

나폴레옹 전쟁은 통틀어 20년 동안 계속됐으며 유럽의 거의 모든 군사력이 동원되었다. 나폴레옹 전쟁의 주요 전환점은 나폴레옹이 러시아 정벌에 실패한 1812년에 발생했다. 그의 패배로 프랑스 군대의 취약점이 드러나면서 대담해진 유럽 연합군이 결국 1813년 드레스덴 전투와 2년 후 워털루 전투에서 그를 물리친 것이다. 그럼에도 나폴레옹은 유럽의 법적·정치적·사회적 분야에 오래도록 지워지지 않는 흔적을 남겼다. 그는 프랑스 혁명 사상을 유럽 전역에 전파했으며 여러 낡은 군주제를 폐지하거나 약화했다. 프랑스 법률체계는 서유럽 전역의 법률 기준으로 남아 있으며 나폴레옹 전쟁을 끝낸 평화조약으로 인해 유럽의 지도가 달라졌다.

나폴레옹은 코르시카섬에서 태어났으며 파리에 있는 프랑스 사관학교를 다녔다. 1789년 프랑스 혁명 당시 포병연대에서 근무했던 그는 공화주의자들을 지지했다. 그는 1795년에 왕정주의자들의 반란 시도를 진압하면서 유명세를 타기 시작했으며, 이후에는 이탈리아, 오스트리아, 이집트의 프랑스 점령을 이끌었다. 1799년에 쿠데타로 정권을 장악했으며, 프랑스 혁명의 원칙을 지지한다고 주장하고 직접 구현했음에도 1804년 프랑스 군주제를 복원하고 스스로 황제의 자리에 올랐다. 그는 독일, 스페인, 포르투갈, 벨기에, 네덜란드, 이탈리아, 러시아, 오스트리아와 전쟁을 벌였다. 당시 이 국가들은 대서양의 통치권을 두고 영국 왕립 해군과 전쟁을 벌이고 있었다.

나폴레옹은 1814년에 처음으로 축출되어 엘바섬에 유배되었다. 그러나 1815년에 파리로 돌아가 백일천하라고 불리는 짧은 기간 동안 다시 통치하다가 워털루에서 패배했다. 이후 세인트헬레나섬으로 영원히 유배되어 그곳에서 52세의 나이로 사망했다.

- 교황령을 차지하려던 시도 끝에 나폴레옹은 교황 비오 7세에 의해 파문당했다. 그의 명령을 따른 프랑스 장교들은 교황을 납치했고, 그로 인해 교황은 5년 동안 유배지에 갇혀 있었다.
- 나폴레옹이 태어난 코르시카섬은 1768년에야 프랑스에 속하게 되었다. 나폴레옹의 모국어는 이탈리아어로, 그가 프랑스어를 할 때면 코르시카 억양이 두드러졌다고 한다.
- 영국 정부는 20세기 초까지도 세인트헬레나섬을 국가의 적을 수감하는 데 이용했다.

212 TUE 철학자 에드먼드 버크

프랑스 혁명의 여파로 이웃나라인 영국의 지식인들은 첨예하게 대립했다. 1789년 프랑스 혁명을 지지하는 사람들 가운데에는 토머스 페인, 메리 울스턴크래프트처럼 이 반란을 정치적 평등의 대의 면에서 큰 발전을 이룬 것으로 간주한 급진적인 사상가들이 있었다. 그러나 아일랜드 태생의 정치가이자 기자, 정치 철학자였던 에드먼드 버크(Edmund Burke, 1729년~1797년)는 대 공포(Great Terror)의 대대적인 살해 행각과 국왕 루이 16세를 단두대로 보내는 것으로 막을 내린 혁명의 폭력성에 치를 떨었다. 1790년부터 버크는 혁명을 맹렬히 비난하는 웅변적인 글을 연쇄적으로 출간하면서 프랑스 혁명에 대한 가장 영향력 있는 비판가로 떠올랐다. 의회 의원이었던 버크의 기사와 연설은 영국에서 정치적인 충돌을 유발했고, 영국은 결국 1793년 프랑스를 상대로 전쟁을 선포했다. 그러나 보다 넓은 사상사 측면에서 볼 때 버크의 반혁명적 철학은 현대 보수주의 정치의 근간 중 하나로 두드러진다.

버크는 더블린에서 태어나 트리니티 칼리지에서 교육을 받았다. 그의 가족이 가톨릭에서 성공회로 개종한 지 얼마 되지 않았기 때문에 버크는 18세기 영국에 남아 있던 반가톨릭 법의 제재를 피할 수 있었다. 그는 1765년에 처음으로 의회에 선출되었다. 미국 독립혁명이 일어나는 동안 그는 반란군 편을 들면서 영국이 열세 곳의 식민지를 간직하는 것은 의미 없는 일이라고 주장했다. 왕권 제한을 선호했던 휘그당 당원이었던 버크는 영국의 제국 정책에도 비판적이었다.

사실 프랑스 혁명에 대한 버크의 반대는 그의 많은 추종자를 놀라게 했다. 버크는 프랑스 군주제를 옹호하지도 않았지만, 반란군이 수용한 급진적이고 폭력적인 사회적 변화의 신조에도 반대했다. 그는 "인생에 대한 고대의 의견과 규칙이 없어지면 그 손해는 가늠할 수 없을 정도로 커진다. 그 순간부터 우리에게는 따를 수 있는 나침반이 사라진다. 뿐만 아니라 어느 항구를 향해 배를 몰고 가야 하는지도 뚜렷하게 알 수 없어진다"라고 썼다. 1794년 외아들 리처드가 사망하자 버크는 비탄에 빠졌고 정치에 흥미를 잃었다. 같은 해 의회에서 사임했고 3년 후 68세에 세상을 떠났다.

- 18세기 영국의 두 주요 정당 이름은 휘그당과 토리당으로 두 당명 모두 게일어에서 유래했다. 휘가모어는 스코틀랜드어로 '반역자'였고, 토레이드에는 '강도'를 뜻하는 아일랜드 고어다. '토리'라는 별명은 지금도 영국 보수당을 지칭하는 말로 쓰인다.
- 버크는 영국령 인도에서 행해지던 인도인들에 대한 학대에 반대했다. 그는 인도 최초의 영국 총독인 워렌 헤이스팅스를 부패 혐의로 기소하기 위해 7년간 노력했지만 결국 실패로 끝났다.

213 WED 혁신가 앙투안 라부아지에

화학자 겸 물리학자인 앙투안 라부아지에(Antoine-Laurent Lavoisier, 1743년~1794년)는 18세기 프랑스의 뛰어난 과학자이다. 그는 수소와 산소의 성분을 발견하고 '질량보존의 법칙'을 만들었으며 미터법을 도입했다. 그러나 라부아지에는 평판이 좋지 않던 루이 16세 국왕의 정권을 위해 일하는 치명적인 실수를 저지르기도 했다. 프랑스 혁명이 군주제를 실각시킨 후, 이 과학자는 체포되었고 반역죄가 인정되어 참수되었다. 동료인 조제프 루이 라그랑주는 그가 처형된 후 다음과 같은 유명한 말을 하며 애통해했다고 한다. "그 머리를 베어버리는 것은 한순간이었지만, 그와 같은 두뇌를 만들려면 100년도 더 걸릴 것이다."

라부아지에는 파리의 부유한 가정에서 태어났으며 소르본대학교에서 공부했다. 그는 법학 학위를 받았지만 아버지의 바람을 거역하고 1760년대부터 법학 대신 화학을 공부하기 시작했다. 후에 그는 국왕을 대신해 관세와 추가 부담금을 취급하는 사설 세금 징수 조합의 일원이 되었으며 프랑스의 최고 세금 징수관의 열세 살배기 딸과 결혼했다. 화학자는 프랑스 정부에 있어 소중한 인재였고, 라부아지에는 1775년에 왕립 화약 및 초석 행정국의 국장으로 임명되었다.

프랑스가 식민지 편에 서서 미국 독립혁명에 개입한 후, 그는 벤저민 프랭클린과 함께 미국 반란군에 초석을 수송하도록 준비하는 일을 맡았다. 라부아지에는 1779년에 산소를, 1783년에는 수소를 확인하고 이 두 성분에 이름을 붙였다. 1789년에는 최초의 화학 교과서로 여겨지는《화학에 관한 기초적인 논문》을 출간했다. 이 책에는 화학적 반응을 거쳐도 총 질량이 항상 동일하게 유지된다는 개념인 질량보존의 법칙도 소개되어 있다.

라부아지에는 1789년 프랑스 혁명과 1793년 국왕의 처형 이후 많은 영향력을 잃었다. 그의 과학적 명성은 이듬해인 1794년 5월 8일, 다른 프랑스 화학자들의 반대에도 불구하고 단 하루 만에 재판을 거쳐 유죄 판결을 받고 단두대의 이슬로 사라질 때까지만 그를 보호해줄 수 있었을 따름이다. 그의 나이 51세였다.

- 라부아지에는 1768년 달팽이와 참수에 대한 프랑스의 열광을 조합한 일련의 실험을 했는데, 그 결과 특정한 종의 달팽이는 머리가 잘려도 다시 자란다는 사실이 증명되었다.
- 라부아지에는 산소와 수소의 이름을 그리스어에서 따왔다. 산소는 '산을 형성하는 것', 수소는 '물을 형성하는 것'이라는 의미에서 차용했다. 옥시(Oxys)는 '산(acid)'을 의미하고 하이드로(hydro)는 '물'을 의미한다.
- 그가 처형되고 채 2년도 지나지 않아 프랑스 정부는 라부아지에의 유죄 판결을 뒤집고 그의 아내에게 사죄했다.

214 THU 악당 정일수

중국에서 가장 큰 두려움의 대상이었던 해적 정일수(鄭一嫂, 1785년경~1844년)는 1807년에서 1810년까지 7만 명에 달하는 대규모 해적을 통솔했다. 그녀의 휘하에서 해적은 중국 연안 마을을 약탈했고 갈취 행위를 일삼았으며 심지어 육지에서 멀리 떨어진 바다에 그들만의 수상 사회를 건설하기도 했다. 그러나 그녀의 권력이 정점에 달한 직후 갑작스럽게 해적 행위를 그만두고 중국의 사면을 받아 본토로 돌아갔다.

본명이 석양(石陽)인 이 미래의 해적 여왕은 먼저 남중국해에 있는 '화선', 즉 수상 사창가로 갔다. 그녀는 1801년 해적 선장인 정일(鄭一)로부터 자신에게도 똑같은 권력을 나눠주겠다는 약속을 받은 후 그와 결혼했다. 그녀의 남편은 이웃 나라 베트남이 중국 선박을 공격하기 위해 고용한 남중국해의 수많은 해적 중 하나였다. 1802년 베트남이 중국과 평화협정을 체결하면서 해적들에 대한 지원을 끊자, 정일은 해적 무리를 일곱 개의 함대로 구성된 해적 연합으로 조직했다. 정일은 1807년에 사망했고 정일수가 그를 이어 거대한 함대를 통솔했다.

정일수의 함대에 속한 400여 척 범선 안에서의 생활은 혹독했으며, 규칙 위반에 대한 그녀의 처벌은 대단히 가혹했다. 그들은 명령을 즉시 따라야 했고, 그러지 않으면 참형에 처해졌다. 또한 보물 분배에 대한 엄격한 규칙을 정해놓고 전리품 일부를 공동 금고에 내놓지 않은 해적에 대해 사형을 집행했다. 배 위에서의 강간이나 간통 또한 금지하여 사형을 집행할 수 있게 하였다. 중국 정부는 1808년에 정일수를 체포하려 했지만 원정대 지도자는 죽임을 당했고, 정부 함대의 절반은 가라앉거나 억류되었다. 해적들을 쫓기 위해 중국 정부는 1809년에 하는 수 없이 영국에 에이치엠에스 머큐리(HMS Mercury) 전함을 빌려달라고 요청했다. 후에 여섯 대의 포르투갈 군함도 제국 함대에 동참했다. 정일수는 유럽 선박을 피하는 데는 성공했지만 이듬해 해적 행위를 그만두고 정부의 사면을 받아들였다. 그녀의 해적단 수십만 명 가운데 211명이 추방되었고 126명만이 처형당했다. 정일수는 육지로 돌아가 전 남편의 부관 중 한 명과 결혼했고 도박 시설을 운영하며 여생을 보냈다고 한다.

- 정일수에게는 세 명의 아들이 있었다. 두 명은 첫 번째 남편과의 사이에서 낳았고 나머지 한 명은 두 번째 남편과의 사이에서 낳았다.
- 가장 잘 알려진 그녀의 이름 정일수는 첫 남편의 이름을 딴 것으로 '정일의 아내 또는 과부'라는 뜻이다.
- 정일수는 아르헨티나 작가 호르헤 루이스 보르헤스의 단편소설 〈과부 정, 여자 해적〉(1933년)에 등장한다.

215 FRI 예술가 퍼시 비시 셸리

퍼시 비시 셸리(Percy Byshee Shelley, 1792년~1822년)는 잘 알려진 영국 낭만주의 시인 중 한 사람으로 〈오지만디아스〉, 〈종달새에 부쳐〉 그리고 서사시 〈사슬에서 풀린 프로메테우스〉 같은 고전 시를 저술했다. 정치적 급진주의자이자 무신론자인 셸리는 생전에는 무명에 가까웠지만 사후에 재발견되면서 영국 문학에서 가장 많이 선집에 포함된 작가에 속하게 되었다.

이 시인의 아버지는 영국 서식스 출신의 지주이자 군소 귀족이었고, 의회 의원이었다. 셸리는 이튼 칼리지와 옥스퍼드대학교를 다녔다. 그러나 옥스퍼드대학교에 입학한 지 채 1년도 지나지 않아 종교에 대한 불신으로 퇴학을 당했다. 그가 《무신론의 필요성》이라는 선동적인 소책자를 출간한 데다 그것을 저버리기를 거부하면서 교수들의 분노를 샀기 때문이다. (그는 "모든 숙고하는 마음은 신의 존재에 어떤 근거도 없음을 인식해야 한다"라고 주장했다.)

셸리는 시를 썼고, 낭만주의 동료 시인인 존 키츠, 조지 고든 바이런과 함께 유럽을 여행했고, 무신론, 채식주의, 사회주의를 지지하는 글을 쓰며 여생을 보냈다. 낭만주의자들은 공통적으로 급진주의 정치뿐 아니라 자연 세계와 자연 속에서 인간이 경험하는 놀라움과 두려움의 원시적인 느낌에 관심을 두었다. 셸리가 1820년에 쓴 〈종달새에 부쳐〉에는 낭만주의의 반복적인 여러 주제가 들어 있다. 그가 이탈리아를 걷다가 발견한 한 새에서 영감을 받아 쓴 이 시는 새소리에 담긴 단순하면서도 숭고한 '예술'을 칭송한다.

> 행복하기를, 쾌활한 영혼이여! / 새인 당신은 / 하늘이나 그 근처에서 오지 않았고 / 당신의 온 마음을 쏟아내는구려 / 의도하지 않은 많은 예술의 형태로.

셸리는 1811년 여관 주인의 딸과 결혼했지만 3년 후 소설가인 메리 울스턴크래프트와 살기 위해 아내를 저버렸다. (그의 첫 번째 부인은 괴로워하다 1816년에 자살했다. 셸리는 그 즉시 울스턴크래프트와 재혼했다.) 그 자신도 30세 생일을 며칠 앞둔 날에 조난사고를 당해 익사했다.

- 셸리의 두 번째 부인 메리는 페미니스트 철학자 메리 울스턴크래프트의 둘째 딸이자 《프랑켄슈타인》(1818년)의 저자이다.
- 셸리가 무신론자라고 강경하게 밝혔음에도, 그의 심장은 로마의 신교도 묘지에 묻혔다. 묘비에는 '코르 코르디움(Cor Cordium)'이라는 라틴어가 새겨져 있는데, 이는 '마음 중에 마음'이라는 뜻이다.

216 SAT 개혁가 시몬 볼리바르

남아메리카의 혁명가 시몬 볼리바르(Simón Bolívar, 1783년~1830년)를 창건자라고 주장하는 나라는 여섯 국가나 된다. 이 숫자는 볼리바르가 전사로서 이룬 놀라운 성공을 반영하기도 하지만, 그가 정치가로서는 큰 실패를 맛보았음을 나타내기도 한다. 사실상 이 장군이 남아메리카 대륙에서 스페인 세력을 제거한 것은 맞지만, 강력하고 통일된 남아메리카를 구축하고자 했던 궁극적인 목적은 달성하지 못한 채 생을 마감했다.

볼리바르는 광업으로 큰돈을 번 베네수엘라 카라카스의 어느 부유한 집안에서 태어났다. 그는 19세기 초에도 여전히 남아메리카와 카리브해의 막대한 제국 재산에 애착을 보이던 스페인에서 교육받았다. 그러나 유럽에서 벌어진 나폴레옹 전쟁은 스페인 정부의 세력을 약화했고 식민지에서의 지배권을 방어할 수 없게 만들었다. 1807년에 베네수엘라로 돌아온 볼리바르는 점점 거세지는 저항의 움직임에 동참했고 1813년에는 베네수엘라 해방 작전을 이끌었다. 성공을 인정받은 그에게는 엘 리베르타도르(El Libertador, 해방자)라는 별명이 붙었다.

조지 워싱턴과 미국 독립혁명에 깊은 인상을 받은 볼리바르는 미국을 모델로 삼아 남아메리카 공화국을 건설하려는 희망을 품었다. 연이은 군사적 승리로 그는 오늘날의 컬럼비아(1819년), 파나마(1819년), 에콰도르(1822년), 페루(1824년) 그리고 볼리비아(1825년)를 해방시켰다. 볼리바르는 1821년 남아메리카 전역을 아우르는 연방을 세우길 바라는 마음에 대컬럼비아 공화국 건설에 착수했다. 그러나 대컬럼비아는 볼리비아의 실패작으로 판명되었다. 이 연방은 1828년에 크게 나뉘었고, 헌법에 대해 합의도 보지 못했다. 그러자 민주주의에 대한 이상적인 바람과 믿음을 가지고 있었음에도 볼리바르는 기능하는 국가를 건설하고자 스스로 독재자의 자리에 올랐다. 이 계획은 역효과를 낳았고 한때 남아메리카에서 가장 사랑받던 볼리바르는 널리 매도되었다. 그는 1828년에 암살 시도를 면하고 1830년에 압력을 받아 사임했다. 폐결핵으로 고생하던 그는 유럽이나 카리브해로 망명할 계획을 세웠으나 남아메리카를 떠나기도 전에 컬럼비아의 한 작은 농장에서 사망했다. 그의 나이 47세 때였다.

- 자신의 이름을 딴 나라를 가진 사람으로는 스페인의 국왕 필리페 2세(필리핀), 탐험가 크리스토퍼 콜럼버스(컬럼비아) 그리고 아메리고 베스푸치가 있다. 아메리고 베스푸치는 이탈리아의 지도 제작자로, 그의 라틴어식 이름이 1507년에 새롭게 발견된 대륙의 이름이 되었고, 그 후 유나이티드 스테이츠 오브 아메리카(the United States of America)라는 정식 국가명에 포함되었다.
- 노벨 문학상 수상자인 컬럼비아 소설가 가브리엘 가르시아 마르케스는 볼리바르의 말년 몇 개월을 소설화한 이야기 《미로 속의 장군》을 1989년에 출간했다.

217 SUN ⌖ 선지자 조나단 에드워즈

듣는 이들의 눈물을 흘리게 만드는 맹렬하고 감동적인 설교로 유명한 조합 교회주의 목사 조나단 에드워즈(Jonathan Edwards, 1703년~1758년)는 1730년대에 열세 곳의 미국 식민지를 휩쓸었던 신앙부흥운동의 주요인물이다.

그는 코네티컷 설교자인 티모시 에드워즈의 아들이자, 보스턴을 제외하면 매사추세츠주에서 가장 큰 교회가 있던 노샘프턴의 목사였던 솔로몬 스토다드의 손자이다. 조나단 에드워즈는 열세 살에 예일대학교에 입학해서 1720년에 졸업생 대표로 졸업했다. 그는 1727년 할아버지의 부목사로 임명되었다. 당시 뉴잉글랜드의 많은 목사는 타락하는 도덕 관념과 교회 정회원이 아닌 식민지 주민들의 수가 늘어나는 모습에 우려하고 있었다. 스토다드를 비롯한 여러 조합 교회주의 목사는 교회의 신자 수를 늘리기 위해, 중도언약이라고 알려진 논란이 많은 정책을 수용하면서 입회 기준을 낮추었다.

1729년 스토다드가 사망한 후 조나단 에드워즈는 노샘프턴의 목사가 되어 더욱 극적인 설교를 하기 시작했다. 1733년에 노샘프턴에서 종교적 부흥을 촉발한 조나단 에드워즈는 다른 뉴잉글랜드 교회들을 방문하기 시작했다. 그는 1741년에 코네티컷 엔필드에 있는 한 교회에서 '노한 하나님의 손에 놓인 죄인들'이라는 제목의 설교를 했다. 이는 그의 가장 유명한 설교이기도 한데, 그가 지옥에서 죄인들을 기다리는 끔찍한 고통을 묘사하자 설교를 듣는 신자들이 울부짖고 실신하기도 했다. 그러나 조나단 에드워즈와 다른 신앙 부흥운동 설교자들의 생생한 설교 형식은 보다 전통적인 조합 교회주의 신자들이 소원해지도록 만들었다. 그는 중도언약을 반대함으로써 자기 교회 일부 신자들까지 마음을 돌리게 했다.

그는 결국 1750년에 교회에서 쫓겨났다. 노샘프턴을 떠난 후 그는 1751년부터 1757년까지 매사추세츠주 서부에서 원주민들을 대상으로 선교사로 일했다. 1758년에 프린스턴대학교 총장직을 수락했지만 이듬해 천연두 예방접종이 잘못되는 바람에 55세의 나이로 사망했다.

- 예일대학교 기숙형 대학인 조나단에드워즈 칼리지는 이 목사를 기념하기 위해 그의 이름을 따서 지어졌다.
- 조나단 에드워즈는 예일대학교 설립자의 딸인 사라 피에르퐁과 1727년에 결혼했다. 이 부부 사이에는 열 명의 자녀가 있었다.

218 MON 리더 샤카 줄루

샤카 줄루(Shaka Zulu, 1787년경~1828년)는 19세기 유럽에 극심한 저항을 시작했던 아프리카 부족 연합 줄루족의 역사에서 매우 의미 있는 왕이다. 샤카는 12년의 통치 기간 중에 잔인한 전쟁을 연이어 벌이면서 오늘날의 남아프리카에 해당하는 지역 대부분을 차지하는 제국을 건설했으며 몇십 년 후 영국의 침략에 맞서 싸울 정도로 강한 군대를 구축했다. 샤카가 일으킨 전쟁에서 수십만 명이 죽었지만, 그래도 그는 민중의 영웅으로 남아 있으며 그의 이름은 오늘날 남아프리카에서 가장 큰 민족 중 하나인 줄루족의 구호로 사용되고 있다.

샤카는 줄루족 추장의 아들이었지만 그의 어머니가 아버지와 헤어지면서 여섯 살 때 어머니와 함께 추방되었다. 1816년 아버지가 사망한 후 샤카는 유배지에서 돌아와 왕권을 주장하며 반대자 사이에 숙청의 물결을 일으켰다. 그는 또한 이웃 부족들을 자신의 제국으로 흡수해 지배하기 시작했다 (줄루는 '높이' 또는 '천국의'라는 뜻이다.) 그 과정에서 새로운 유형의 무기를 배치하고, 전사들을 전투 부대로 조직했으며, 전사의 정신을 주입하며 줄루군을 막강한 군대로 만들었다.

1828년 샤카의 이복형제가 그를 암살하고 샤카가 건설한 제국을 차지했다. 줄루 왕국은 샤카의 조카인 케츠와요가 유혈이 낭자한 앵글로·줄루 전쟁에서 영국에 패한 1879년까지 명맥을 이어갔다. 그러나 샤카에 대한 기억은 남아프리카에서 계속해서 중요한 역할을 해왔다. 인종격리 정책 시대에 줄루는 인카타 자유당을 조직했고, 샤카의 이미지는 반인종격리 정책 투쟁이 벌어지는 동안 원주민의 힘을 나타내는 강력한 상징으로 사용되곤 했다.

- 2008년에 그래미상을 수상한 남아프리카 밴드 '레이디스미스 블랙 맘바조'는 줄루 왕에 대한 헌정 음반인 《일렘베: 샤카 줄루를 기리며》를 발표했다.
- 텔레비전 미니시리즈용으로 제작된 〈샤카 줄루〉는 1986년에 방영되었다. 이 미니시리즈에서는 남아프리카 배우인 헨리 셀레가 주인공을 맡았다.
- 미국 시민인권 지도자이자 흑표범단 단장이었던 제임스 포먼은 자신의 아들 이름을 줄루 국왕의 이름을 따서 샤카로 지었다.

219 TUE 철학자 메리 울스턴크래프트

선구적인 페미니스트 철학자 메리 울스턴크래프트(Mary Wollstonecraft, 1759년~1797년)는 획기적인 논문《여성의 권리 옹호》(1792년)로 가장 잘 알려져 있다. 성 평등을 옹호하는 이 책은 역사가들에 의해 19세기 유럽과 미국에 등장한 페미니스트 운동의 개시를 알리는 책으로 인용되어왔다. 또한 그녀는 정치적 급진주의자들과의 연관성 그리고 때이른 죽음으로 유명하다.

메리 울스턴크래프트는 영국의 이스트엔드에서 7남매의 둘째로 태어났다. 정식 교육은 거의 받지 못했지만 셰익스피어, 밀턴, 성경 등 여러 분야의 책을 읽었다. 그녀는 1784년에 교사가 되었는데 그 경험이 그녀의 첫 책인《딸들의 교육에 관하여》(1787년)의 집필에 도움을 주었다. 이듬해에는《메리, 하나의 픽션》(1788년)이라는 소설을 집필했고, 여성 독자를 위한 선집을 필명으로 출간했다.

울스턴크래프트의 첫 명시적 정치 서적《인간 권리 옹호론》(1790년)은 영국에서 프랑스 혁명에 대한 격렬한 논쟁이 벌어지던 와중에 출간되었다. 많은 영국인이 파리에서 행해지는 폭력에 충격을 받았지만 울스턴크래프트는 프랑스 군주제 타도를 지지하는 급진주의자들의 편을 들었다.《인간 권리 옹호론》출간 후 집필한 속편《여성의 권리 옹호》에서 울스턴크래프트는 결혼제도를 비판하고 여성들을 속여 기회를 가로채는 교육제도를 공격했다. 그녀는 여성들이 남성과 똑같은 능력을 타고났음에도 그것을 사용할 기회를 부정당해왔다고 주장했다.

울스턴크래프트는 1792년에 파리로 여행을 떠났고 대 공포가 최고조에 달하던 시기에 그곳에서 3년 동안 살면서 길버트 임레이라는 미국인과 외도하기 시작했다. 프랑스 혁명 중에 영국 시민은 박해의 위험에 놓여 있었기 때문에 그녀는 임레이의 아내로 가장해서 수감을 모면했다. 이들은 아이를 낳은 후 1796년에 헤어졌다. 같은 해에 그녀는 영국의 급진주의자인 윌리엄 고드윈을 만났고, 이듬해 그와 결혼했다. 그녀는 남편과의 사이에서 아이를 낳자마자 합병증으로 서른여덟 살의 나이에 사망했다.

- 울스턴크래프트의 둘째 딸 메리는 시인인 퍼시 비시 셸리와 1816년에 결혼했으며 1818년에 소설《프랑켄슈타인》을 집필했다. 울스턴크래프트의 큰딸인 패니 임레이는 스물두 살에 자살했다.

220 WED 혁신가 카를 프리드리히 가우스

카를 프리드리히 가우스(Johann Carl Friedrich Gauss, 1777년~1855년)는 세 살 때 이미 아버지의 돈을 계산했다. 일곱 살이 되어서는 복잡한 문제를 수 초 만에 풀어서 초등학교 수학 선생님들을 놀라게 했다. 10대에는 고대 그리스 시대부터 풀리지 않고 남아 있던 기하학 정리들과 씨름했다. 분명 재주가 있었음에도 가우스는 수학자로서 인정받기까지 고전을 면치 못했다. 가난한 농부였던 그의 아버지는 그가 자신의 발자취를 따라 석공이 되기를 원했기 때문이다. 젊은 가우스는 장학금을 받고서야 대학을 다닐 수 있었다.

그러나 그의 가장 유명한 저서《산술 연구》(1801년)의 출간은 가우스가 현대 수학의 가장 강력한 지성 중 한 명이라는 입지를 확고히 다져주었다. 이 책은 10년 동안 가우스가 발견했던 사항을 모아놓은 것으로, 자와 컴퍼스만으로 동일한 17면을 가진 정십칠각형을 그릴 수 있다는 증명도 포함되어 있다. 이는 2000년 전 그리스인들이 처음 제기한 이후로 수학자들을 괴롭혀왔던 문제다. 같은 해에 가우스는 한 천문학자가 발견한 목성과 화성 사이의 거대한 소행성인 케레스의 경로를 정확하게 예측하여 명성을 얻었다. 그는 그 궤도를 암산으로 계산했다고 한다.

지식 세계 밖에서 가우스는 19세기 초에 개인적 비극을 연이어 겪었는데, 1809년에 첫 번째 부인이 사망하면서 비극은 절정에 달했다. 첫 번째 부인의 절친한 친구였던 그의 두 번째 부인 또한 젊은 나이에 사망했다. 아이러니하게도 젊은 시절 수학자가 되겠다고 아버지에게 반항한 가우스 역시 자신의 바람을 저버리고 미국으로 떠나버린 두 아들과 소원해졌다.

가우스는 1807년 괴팅겐대학교 교수직에 임명되었고 그곳에서 여생을 보냈다. 그는 78세의 나이로 사망했다.

- 가우스의 어린 시절에 관한 유명한 일화에 따르면 초등학교 수학 선생님이 시간이 많이 걸리는 문제라고 생각해서 그에게 1에서 100까지 정수를 모두 더하라고 시켰다. 그런데 놀랍게도 일곱 살의 가우스는 그 즉시 문제를 해결하고 정확한 답인 5050을 제시했다고 한다. 가우스는 1과 100, 2와 99, 3과 98 등 한 짝의 수를 더하면 모두 101이 된다는 사실을 알아냈다. 그는 101을 50으로 곱해서 총합을 계산했던 것이다.
- 자력의 단위인 가우스는 그의 이름을 따서 지어졌다. 디가우스(degauss)는 자력을 없앤다는 의미이다.
- 가우스는 1833년에 괴팅겐의 관측소와 대학교를 연결하는 1524m 길이의 초기 전신선을 발명했다. 볼티모어와 워싱턴을 연결한 새뮤얼 모스의 전신보다 10년이나 앞선 일이었다.

221 THU 악당 헨리 위르츠

헨리 위르츠(Henry Wirz, 1822년~1865년)는 미국 남북전쟁 후에 전쟁범죄로 처형된 유일한 사람이다. 그 후로 이 남군 장교가 부당한 희생양이었는지 아니면 실제로 수십만 북군 포로의 죽음에 책임이 있는지에 대해 논쟁이 벌어졌다. 위르츠는 조지아주 앤더슨빌에 있는 남부의 가장 큰 전쟁 포로수용소의 감독관이었다. 수용소가 운영되었던 14개월 동안 4만 9485명의 포로 가운데 1만 3000명이 굶주림, 괴저, 괴혈병 그리고 기타 질병으로 사망했다. 스위스 출신의 위르츠는 살해 음모와 포로들을 보호하지 못한 죄로 유죄 판결을 받았다.

위르츠는 취리히에서 태어났고 유럽의 의과대학교를 다녔다. 그는 1840년대에 미국으로 이주해서 루이지애나에 정착한 후 병원을 개업해 성공을 이뤘다. 1861년에 남부군에 합류했고 대령으로 승진했다. 위르츠는 수용소가 문을 연 지 한 달 후인 1864년 3월 앤더슨빌의 책임자로 임명되었다. 1863년 이전에는 남군과 북군 모두 전쟁 포로를 그렇게 오래 억류하지 않았다. 대신 정기적으로 포로를 맞교환함으로써 양측 모두 생포한 적군 병사를 돌봐야 하는 의무를 벗는 체계를 구축하고 있었다. 그런데 이 교환 체계는 1863년에 남군이 북군 흑인 포로와 남군 백인 포로의 맞교환을 꺼리는 등 다양한 이유로 무너졌다.

앤더슨빌에 공급되는 음식과 의약품은 턱없이 부족했다. 재판에서 위르츠는 더 많은 음식을 요청했지만 묵살되었다고 주장했다. (1864년에 이르러서는 포로수용소뿐만 아니라 남측 전역에서 음식이 부족했다.) 전쟁 이후 위르츠는 체포되어 워싱턴에 수감되었다가 1865년 7월에 재판을 받았다. 많은 전 북군 포로가 그에게 불리한 증언을 했는데 그중에는 실제로 수용소에 갇힌 적 없는 사람도 있었다. 앤드루 존슨 대통령은 관대한 처분을 내려달라는 요청을 무시했고 위르츠는 결국 1865년 11월에 교수형에 처해졌다. 아메리카 남부 연방 대통령 제퍼슨 데이비스와 육군 장관 제임스 세돈 등 앤더슨 수용소의 문을 열고 수용력을 초과해서 포로를 채웠던 남군 지도자들은 처벌받지 않았다.

- 앤더슨빌 수용소가 있던 자리에 세워진 국립 전쟁 포로 박물관은 1998년에 문을 열었다.
- 위르츠는 체포 후 워싱턴에 있는 감옥에 수감되었는데, 현재 그 자리에는 미국 대법원 건물이 세워져 있다.
- 위르츠 재판의 재판관은 북군 장군 류 월리스가 맡았는데 그는 후에 《벤허》(1880년)의 저자로 명성을 날렸다.

222 FRI 예술가 프레데리크 쇼팽

폴란드의 애국자이자 작곡가인 프레데리크 쇼팽(Fryderyk Chopin, 1810년~1849년)은 성인이 된 후 대부분 파리에서 살았지만 폴란드의 독립을 지지해 고국에서 영웅으로 꼽힌다. 그는 또한 19세기에 매우 많이 사랑받고 가장 자주 모방되는 작곡가 가운데 한 사람으로, 그의 피아노 작품들은 고전적인 레퍼토리에 빠지지 않고 등장한다.

쇼팽은 바르샤바 인근의 젤라조바 볼라라는 마을에서 태어났다. 그의 어머니는 지역 귀족 가문의 가정부였고 아버지는 1780년대에 폴란드로 이민 온 프랑스인이었다. 쇼팽이 태어난 직후 그의 가족은 바르샤바로 이주했고 쇼팽은 그곳에서 어린 시절 대부분을 보냈다. 영재 음악가였던 여섯 살 때부터 피아노 교습을 받기 시작했는데 배운 지 채 1년도 되기 전에 최초의 두 작품을 완성했다. 그의 피아노 선생은 그가 열두 살 때 이 젊은 영재에게 더 이상 가르칠 것이 없다면서 가르치기를 그만두었다.

바르샤바대학교에서 음악 이론을 공부하고 난 후 1829년에 쇼팽은 폴란드를 떠나 비엔나로 향했다. 비엔나에 도착하고 며칠 후 러시아의 통치에 반대하는 폴란드 봉기 소식이 들려왔다. 그는 반란군에 합류하기 위해 폴란드로 돌아갈까 고심하다가 비엔나에 남기로 결심했다. 그러나 결국 반란이 실패로 끝나면서 쇼팽은 다시 폴란드 땅을 밟을 수 없게 되었다. 1831년 파리로 이주한 그는 거대한 폴란드 난민 공동체에 합류했고, 그의 유명한 피아노 작품 중 다수를 작곡했다. 그는 1837년에 이혼한 프랑스 소설가 조르주 상드와 유명하고 열정적인 연애를 시작했지만, 결국 상드가 아들의 간청을 이기지 못하는 바람에 1847년 관계를 끝냈다고 한다.

1년 이상 알 수 없는 병마에 시달리던 쇼팽은 서른아홉 살에 파리에서 사망했다. 그의 바람에 따라 시신은 프랑스에 묻혔지만, 그의 심장은 폴란드로 옮겨져 바르샤바의 한 교회에 묻혔다.

- 쇼팽은 자신의 작품에 이름을 붙이지 않고 번호로만 불렀는데, 그 가운데 많은 작품이 세월을 거치며 별명을 얻었다. 예를 들어 B 플랫 단조 피아노 소나타 2번에는 〈장송 행진곡〉, A 플랫 장조 작품 번호 53 폴로네이즈에는 〈영웅〉이라는 별명이 붙었다.
- 그는 파리에 있는 페르라세즈 묘지에 묻혔다.
- 휴 그랜트가 1991년 영화 〈쇼팽의 연인〉에서 쇼팽을 연기한 바 있다.

223 SAT 개혁가 냇 터너

버지니아주의 노예였던 냇 터너(Nat Turner, 1800년~1831년)는 남북전쟁 발발 전에 미국에서 가장 성공적인 노예 반란을 이끌었던 인물이다. 비록 짧게 끝나긴 했지만 그의 반란은 수십 명의 죽음으로 이어졌고 남부 전역에 공포를 퍼뜨렸다. 터너의 봉기가 미친 역사적 영향을 두고 노예 해방론자이자 작가인 윌리엄 개리슨은 '지진의 첫 발자국'이라고 불렀다.

터너는 노스캐롤라이나주와의 경계에 놓인 버지니아주 사우샘프턴카운티에서 태어났고 평생을 그곳에서 살았다. 남부에서는 노예를 교육시키는 것이 환영받지 못할 일이었으나, 읽는 법을 배우고 성경을 통달한 터너는 그 지역 동료 노예들을 대상으로 침례교 전도사가 되었다. 1820년대 말 터너는 종교적 환영을 보기 시작했고, 자신이 반란을 일으키기 위해 하느님의 선택을 받은 사람이라고 믿게 되었다. 1831년 2월의 일식과 그해 후반에 발생한 이상 대기 현상을 징조로 해석한 터너는 1831년 8월 21일 밤 반란을 일으켰다. 터너와 그의 추종자들은 다음 날 수십 명의 백인을 찌르고 구타하면서 광란의 행각을 벌였다. 그들은 버지니아주의 예루살렘 마을을 장악하려고 시도했으나 8월 22일 패하면서 반란도 끝이 났다.

백인들을 죽인다는 소식이 퍼지면서 많은 남부 백인이 극심한 공포심을 갖게 되었고, 수백 명의 죄 없는 흑인들을 보복 살인했다. 터너의 봉기는 노예제도라는 정치적 이슈에 대한 양극화를 초래하기도 했다. 두려움에 사로잡힌 여러 남부인의 눈에는 노예 해방론자들이 단순히 노예제도를 끝내는 것만이 아니라 노예 소유주까지 죽이기를 원하는 것으로 보였다. 이에 따라 남부에 일던 작은 노예 해방 움직임은 사실상 사라져버렸다. 터너는 예루살렘 인근의 숲속으로 도망쳤지만 두 달 후 체포되었다. 그는 1831년 11월 11일 교수형에 처해졌다.

- 몇몇 학자는 글을 읽을 수 있었던 터너가 다음 번 일식이 일어나는 날을 알아내어 다른 노예들에게 하느님이 반란을 명했다는 것을 증명하는 데 이용했다고 주장했다.
- 《냇 터너의 고백》은 윌리엄 스타이런이 이 반란을 토대로 쓴 역사 소설로 1968년에 퓰리처상을 수상했다.
- 영화 〈냇 터너: 골칫거리 재산〉은 2003년도에 방영되었다. 이 영화의 제작자 찰스 버넷은 일곱 명의 배우를 캐스팅해서 각각 다른 이야기에 등장하는 터너의 모습을 연기하게 함으로써 터너에 관해 상충되는 이야기가 존재함을 알렸다.

224 SUN 선지자 존 웨슬리

1709년, 영국 엡워스라는 마을에 있는 한 성공회 전도사의 집이 불길에 휩싸였다. 그런데 이 전도사의 여섯 살배기 아들인 존 웨슬리(John Wesley, 1703년~1791년)는 화염을 뚫고 기적적으로 살아남았다. 수년 후 감리교회를 설립한 그는 자신을 하느님을 섬기기 위해 화염에서 구조된 '불길에서 뽑힌 사람'이라고 생각한다는 글을 썼다.

웨슬리는 영국 동부의 대단히 독실한 가정에서 태어났다. 그의 아버지인 새뮤얼 웨슬리는 40년간 교구 목사로 일했으며 그의 어머니 수산나 웨슬리는 십계명과 기타 종교 주제에 관한 몇 가지 해설서를 집필했다. 1720년 존 웨슬리는 옥스퍼드대학교에 입학했고, 그의 형 찰스와 함께 캠퍼스 내에서 종교적으로 딱딱한 사람(methodists)이라고 조롱받던, 유별나게 독실한 기독교 학생들의 '신성한 클럽'에 가입했다. 그는 1728년에 목사 안수를 받았고, 옥스퍼드를 졸업한 후 아메리카 원주민을 기독교로 개종시키려는 마음에 1735년에 조지아주 서배너로 이주했다. 그러나 원주민은 그의 설교에 관심을 보이지 않았다. 그가 자신에게 퇴짜를 놓고 다른 남성과 결혼한 조지아 여성과 사랑에 빠진 후에는 그의 개인적인 삶도 혼란에 빠져버렸는데, 그는 결국 그 여성의 남편에게 명예훼손으로 고소당하여 1738년에 어쩔 수 없이 영국으로 돌아오게 되었다.

실의에 빠져 있던 그는 그해 5월 24일 런던의 한 모라비아 교회에서 설교를 들은 후 믿음이 되살아났고, 말을 타고 영국 전역의 오두막, 농장, 심지어 묘지에서까지 설교를 하기 시작했다. 그는 1739년에 자신의 추종자들을 바탕으로 영국의 감리교 단체를 조직했다. 영국 국교와 웨슬리의 단체는 어조가 특히 달랐다. 그는 구원의 가능성과 교회의 관리 방식에 대해 감정적이고 긍정적인 복음주의 부흥운동 설교자였다. 그는 전도사 안수를 성공회 주교들의 결정에 맡기지 않고 직접 했으며, 그로 인해 결국 감리교가 성공회와 나뉘게 되었다.

그가 87세의 나이로 사망했을 때 웨슬리의 신도는 점점 늘어서 수천 명이 되었다. 오늘날 미국에는 수백만 명의 감리교인이 있는 것으로 추정된다.

- 찰스 웨슬리는 찬송가를 매우 다작했다. 그는 6000곡이라는 믿기 힘든 수의 찬송가를 쓴 사람으로 인정받고 있으며, 감리교인이 '노래하는 사람들'이라는 명성을 얻는 데 도움을 주었다.
- 웨슬리는 연애만 했을 뿐 결혼은 하지 않다가 런던 상인의 과부인 메리 버자일과 1751년에 결혼했다. 그러나 장기 출타가 잦은 웨슬리로 인해 결혼 생활은 끝이 났다.
- 웨슬리가 마지막으로 남긴 말이 유명한데, "가장 좋은 점은, 하느님이 우리와 함께 계시다는 것이다"였다.

225 MON 리더 앤드루 잭슨

1829년 대통령으로 취임한 앤드루 잭슨(Andrew Jackson, 1767년~1845년)은 백악관에서 기념 파티를 열었고, 이날 일어난 스캔들은 대통령 관저에 수천 달러의 피해를 입혔다. 결국 잭슨은 군중을 피하기 위해 비밀 통로로 백악관을 빠져나갔는데, 이 소란스러운 취임 파티는 그가 앞으로 일으킬 거대한 정치적 지각변동을 상징했다. 그는 동부 출신이 아니었고, 대학교를 졸업한 적이 없으며, 부유한 가정에서 태어나지 않은 최초의 대통령이었다.

사우스캐롤라이나주의 마을 왁스호에서 태어난 잭슨은 미국 독립혁명의 그늘 아래 성장했다. 그의 가족은 독립전쟁 중에 죽임을 당했고, 잭슨 자신도 포로수용소에서 지내면서 영국인에 대한 극심한 증오심을 키우게 되었다. 전쟁이 끝난 후 잭슨은 테네시주로 이주해서 변호사 사무실을 개업했다(18세기에는 법학 학위가 필요하지 않았다). 그는 또한 원주민과의 전쟁에서 싸우다가, 1812년에 복귀해서 영국과의 전쟁에 참전했다. 그는 1815년 뉴올리언스 전투에서 미국을 승리로 이끌었는데, 이런 전쟁에서의 공적으로 전국적인 관심을 받게 되었다. 그는 1824년 존 퀸시 애덤스를 상대로 대통령 후보로 출마했으며 국민투표 결과 승리했지만, 선거인단 투표에서 과반수를 얻지 못했다. 잭슨은 그 후로 4년 동안 선거 개혁을 주장하는 활동을 펼쳤고 1828년에 애덤스를 누르고 대통령으로 당선되었다.

대통령으로서 잭슨은 자신을 선출해준 서부와 남부 농장주들의 요구에 집중했다. 그는 남부에서 백인이 요구하던 인디언의 '제거'를 추진했고, 그와 그의 추종자들이 동부 금융 엘리트의 도구에 불과하다고 여기던 미합중국 제2은행의 인가도 철회했다. 잭슨의 임기는 노예제도에 관한 지역적 분열이 심화된 시기와 일치했다. 대단한 인기를 누렸음에도 잭슨은 두 번의 임기를 끝으로 퇴임한 후 내슈빌 인근에 있는 자신의 농장 허미티지로 돌아갔다. 그는 78세로 사망할 때까지 후임자들에게 자문을 제공하고, 민주당 창설을 도우면서 국가 정치의 강력한 배후 인물로 남았다.

- 잭슨은 1804년에 640에이커(약 78만 평)에 달하는 농장을 얻었다. 그는 처음에 이 농장을 루럴 리트리트라고 부르다가 허미티지로 이름을 바꾸었다. 이곳은 1960년에 미국 역사 기념물로 인정되었다.

226 TUE 철학자 헤겔

1806년 프랑스가 독일의 도시 예나를 공격하기 전날 밤, 한 철학 선생이 그 도시의 대학교에서 서둘러 원고를 마무리하고 있었다. 다음 날 프랑스의 승리로 도시는 파괴되었고 프로이센 군대는 말살되었다. 그러나 게오르크 빌헬름 프리드리히 헤겔(Georg Wilhelm Friedrich Hegel, 1770년~1831년)이 그날 밤 마무리한 책은 역사를 바꾸었다. 19세기 초 가장 유명한 독일 사상가라 할 수 있는 헤겔의 철학은 카를 마르크스와 다른 대륙 사상가들에게 큰 영향을 주었다.

주민 대부분이 가톨릭 신자였던 독일 남부의 도시 슈투트가르트의 신교도 거주지에서 태어난 헤겔은 처음에는 신교도 목사가 되겠다는 꿈을 가지고 자랐으나 후에 철학으로 전공을 바꾸었다. 1801년에는 예나에서 무급 교사직을 수락했고 물려받은 유산으로 그곳에서 살면서《정신형상학》(1807년)을 집필하여 전쟁 중에 완성했다.

젊은 시절 헤겔은 프랑스 혁명가들을 지지했고, 심지어 바스티유 습격 사건을 기념하기 위해 '자유 나무'를 심기까지 했다. 그는 밤베르크에서 친나폴레옹 성향의 신문을 편집했으며, 나폴레옹 황제가 프랑스식 사회 변화를 유럽대륙 전역에 보급하기를 바랐다. 그러나 나폴레옹 전쟁에서 어려움을 견디고 난 후 혁명가들에게 대한 그의 열정도 식어버렸다. 수십 년 동안 금전적 어려움에 시달리던 헤겔은 1816년까지도 안정적인 교직을 확보하지 못했다. 그러다가 1818년에 베를린대학교에서 교수직을 부여받았고, 1820년에《권리 철학》을 출간했다. 헤겔은 후기 작품에서 독일의 국가적 통일을 기념하고 프로이센에서 발생한 혁명적 반란을 비난했으며, 젊은 시절에는 반대했던 프로이센 독재정권을 지지했다.

헤겔이 콜레라가 유행하는 동안 61세의 나이로 사망한 후에도 그의 철학은 수십 년 동안 논쟁거리가 되었다. 역사 공부에 대한 그의 접근법은 마르크스에게 큰 영향을 주었고, 마르크스는 헤겔 철학의 요소를 정치 이론에 접목했다.

• 헤겔이 세례를 받을 때는 이름이 세 가지나 되었지만 헤겔은 그중 어느 것도 사용하지 않았다. 그의 아내인 마리 헬레나 수잔나 폰 투체르는 그를 그저 선생님이라고 불렀고 친구와 동료는 그를 나이 든 친구(old man)라고 불렀다.

227 WED 혁신가 찰스 배비지

1832년 영국의 한 워크숍에서 한 무리의 기계 제작자가 기이한 발명 작업에 착수했다. 무게가 15톤에 이를 것으로 추정되는 이 기기는 초기 기관차보다 다섯 배나 더 컸던 것으로 보인다. 영국 정부의 재정적 후원을 받아 만들어진 이 증기를 이용한 기계의 청사진은 2만 5000개의 부품을 필요로 했는데, 믿기 어려울 정도로 복잡했고 아무 소용없어 보이는 기어와 막대의 집합체였다. 수학자 찰스 배비지(Charles Babbage, 1791년~1871년)가 고안해 공장에서 모양을 갖춰가던 이 기기는 세계 최초의 기계식 계산기였다. 컴퓨터가 발명되기 한 세기 전에 배비지는 정확한 속도와 정확성으로 복잡한 수학 기능을 수행할 수 있으리라 믿었던 기계를 디자인했다. 배비지는 그의 '디퍼런스 엔진 1호'가 과학과 산업, 엔지니어링에 대변혁을 일으킬 것으로 기대했다.

배비지는 런던에서 태어났고 1814년에 케임브리지대학교를 졸업했다. 다작 작가인 그는 1828년에 한때 뉴턴이 역임한, 모교의 명망 있는 루커스 석좌 교수직에 올랐다. 빅토리아 시대 영국의 다른 많은 수학자처럼 배비지도 건축가, 엔지니어, 항해사가 의존하던 수표(數表)로 골치를 썩고 있었다. 당시 손으로 쓰던 수표는 실수로 가득했기 때문이다. 배비지는 1820년대에 디퍼런스 엔진을 위한 청사진을 그리기 시작했다. 그는 2.6톤밖에 나가지 않는, 좀 더 작은 모델인 디퍼런스 엔진 2호와, 사망 당시까지 어설프게 손보고 있던 애널리틱 엔진도 디자인했다.

그러나 배비지의 제도판을 떠난 것은 디퍼런스 엔진 1호밖에 없었다. 그는 1830년대 초에 이 기기를 만드는 데 오늘날의 100만 달러에 해당하는 금액을 들였다. 그러나 기기의 1/7만이 완성되었을 뿐이다. 1833년, 계약자와 지불 문제로 분쟁을 벌인 후 배비지의 프로젝트는 돌연 중단되었다. 남은 생애 동안 배비지는 기계 디자인 작업에 몰두했고 별난 영국 과학자의 정수라는 평판을 받게 되었다. 마침내 2002년에 한 박물관에서 배비지의 청사진을 바탕으로 디퍼런스 엔진 2호를 완성해냈다. 박물관이 그 기기를 테스트했을 때 비로소 배비지의 정당성이 입증되었다. 기기가 제대로 작동했던 것이다.

- 배비지는 1832년에 자유주의 개혁가로서 후보로 의회에 출마했다. 그러나 낙선한 후 다시는 출마하지 않았다.
- 그는 1814년에 조지아나 휘트모어와 결혼하여 여덟 명의 아이를 낳았는데, 그중 다섯 명은 유아기에 사망했다.
- 수학적 연구 외에도, 1847년에 배비지는 안과 의사가 망막을 검사하는 데 사용하는 검안경을 발명하기도 했다.

228 THU 악당 존 윌크스 부스

1865년 4월 14일 성금요일, 워싱턴에서는 승리감에 젖은 하루가 시작되었다. 사실상 남북전쟁이 끝난 것이었다. 닷새 전에 남부군 장군 로버트 리가 투항했다. 그날 저녁 에이브러햄 링컨과 영부인 메리 토드 링컨은 포드 극장에서 〈우리의 미국인 사촌〉이라는 연극을 관람하는 것으로 승리를 기념하고자 했다. 그들이 몇 분 늦게 깃발이 드리워진 박스석에 도착하자 청중은 환호성을 울렸고, 오케스트라는 공연을 멈추고 대통령 찬가를 연주하기 시작했다. 극장에서 몇 블록 떨어진 주택에서 기숙하던 존 윌크스 부스(John Wilkes Booth, 1838년~1865년)는 그 하루가 시작될 때 이미 전국적으로 유명한 인물이었는데, 미국에서 가장 잘생긴 사람으로 꼽히기도 하던 저명한 셰익스피어 배우였기 때문이다.

그러나 부스는 남부의 임박한 패배에 격노한 친남부파이기도 했다. 1864년에 그는 링컨을 납치할 계획을 세웠었다. 그러나 그날 아침 부스는 새로운 계획을 품었다. 바로 링컨을 살해하고, 몇 명의 공모자들이 다른 고위급 정부 관료들을 죽이는 것이었다.

그 음모를 완수할 수 있는 사람은 부스밖에 없었다. 그는 링컨의 박스석에 몰래 잠입한 후 뒷머리에 총을 쏜 다음 무대로 뛰어내렸다. 그 암살에 관한 대부분의 이야기에 따르면 그는 "폭군에게는 언제나 이와 같이 하라"라는 뜻의 라틴어 "시크 셈페르 티라니스(Sic semper tyrannis)"를 외친 후 말을 타고 메릴랜드로 도망쳤다고 한다.

링컨의 암살은 전국을 얼어붙게 만들었고 공모자에 대한 대대적인 수색을 촉발했으며, 패한 남군에 더욱 가혹한 처분이 내려지면서 아마도 부스의 의도와는 정반대의 결과가 발생했을 것으로 추정된다. 공모자 중 네 명이 체포되어 군법회의에 회부되어 1865년 7월에 교수형에 처해졌다. 부스는 12일 동안 도망 다니다가 버지니아주 시골 동네의 한 헛간에서 북군에게 발각되었다. 그리고 발각 직후 벌어진 총격전 속에서 사망했다. 당시 그의 나이는 스물여섯 살이었다.

- 포드 극장은 대대적인 보수 후 2009년에 버락 오바마 대통령에 의해서 다시 열렸다. (그는 대통령 박스석이 아닌 앞열에 앉았다.)
- 부스의 음모 대상에는 국무장관이었던 윌리엄 수어드와 부통령이었던 앤드루 존슨도 포함됐다. 수어드는 루이스 파웰의 칼에 여러 번 찔렸지만 살아남았다. 조지 애체롯이 존슨을 죽이기로 되어 있었으나 마지막에 겁을 먹었다. 파웰과 애체롯은 모두 체포되어 군법회의에서 유죄 판결을 받고 1865년 7월 7일에 교수형에 처해졌다.

229 FRI 예술가 찰스 디킨스

소설가 찰스 디킨스(Charles Dickens, 1812년~1870년)는 영국 빅토리아 시대의 선도적인 작가였다. 산업혁명 시대의 런던 빈민가와 공장 지대를 배경으로 하는 그의 장편 소설은 '작은 팀'에서부터 '올리버 트위스트'에 이르기까지 영국 문학에서 가장 사랑받는 등장인물과 '스쿠루지'에서 '페이긴'에 이르는 기억에 남을 만한 악당을 소개해주었다. 디킨스는 소설 대부분을 한 챕터가 완성되는 대로 독자에게 1실링씩 받고 판매하는 연재소설 형태로 출간했다. 당시 기사에 따르면 그의 소설에 매료된 팬들이 뉴욕의 부두에 모여《오래된 골동품 상점》(1841년)의 다음 회를 실은 배를 기다렸다고 한다.

영국의 포츠머스에서 태어난 디킨스는 행복한 어린 시절을 보내다가 아버지가 빚으로 체포되는 바람에 열두 살 나이에 가족을 부양할 수밖에 없었다. 그는 후에 '디킨시안(Dickensian, 디킨스 소설에 나오는)'으로 묘사되는 열악한 조건에서 구두약 만드는 일을 하러 다녔다. 그는 쥐가 득실대는 곳에서 몇 명의 다른 아이들과 함께 열흘 동안 일했다. 유산으로 가족이 빈곤에서 벗어난 후 디킨스는 학교로 돌아갔고, 후에 법률사무소 직원이자 저널리스트로 일했다. 그의 첫 번째 작품《피크위크 페이퍼스》는 1836년부터 연재되었다. 이 책이 인기를 얻은 후《올리버 트위스트》(1837년),《니콜라스 니클비》(1838년),《오래된 골동품 상점》,《바나비 러지》(1841년)를 연재했다. 크리스마스 윤리에 대한 유명 소설《크리스마스 캐롤》은 1843년에 단행본으로 출간했다.

일반 대중을 겨냥한 디킨스의 소설은 출간 후 복합적인 비평을 받았다. 그는 손에 땀을 쥐게 하는 상황과 화법의 대가였는데, 아동 노동자와 기자로서의 경험을 통해 소설 속 노동자 계급의 고군분투에 대해 비범한 수준의 통찰력을 갖게 되었다. 런던 빈민가와 감옥에 대한 디킨스의 허구적인 글은 실제 세상에서 개혁에 박차를 가할 정도로 강력했다. 그럼에도 일부 비평가는 그의 소설에 담긴 감상주의와 대체로 깊이가 없는 등장인물을 비난했다. 그는 말년에 역사소설《두 도시 이야기》(1859년)를 시험 삼아 집필했고, 1865년에 발생한 유명한 기차 사고에서 살아남은 후 5년 뒤 뇌졸중으로 사망했다. 당시 그의 나이는 58세였다.

- 초반에 디킨스는 보즈(Boz)라는 필명으로 활동했다. 본명은 《올리버 트위스트》 때부터 사용했다.
- 저작권 사용료를 지불하지 않고 자신의 책을 판매한 미국 출판업자들에게 화가 난 디킨스는 1842년에 미국으로 건너가 저작권법 통과를 주장했으나 묵살되었다. 후에 그는 미국에 대한 전반적인 경멸을 표현한 《미국 여행 노트》를 집필했다. 영국 저자들은 1891년까지 미국에서 저작권을 보호받지 못했다.
- 디킨스가 작품을 집필했던 마호가니 책상은 2008년에 84만 8000달러에 경매되었다.

230 SAT 개혁가 홍수전

자신을 예수 그리스도의 형제라고 믿었던 홍수전(洪秀全, 1814년~1864년)은 1851년에 중국 황제를 타도하고 새로운 기독교 군주 자리에 앉으려고 시도하면서 인류 역사상 가장 피비린내 나는 전쟁 가운데 하나를 일으킨 인물이다. 태평천국운동으로 알려진 이 전쟁은 14년간 지속되었고 대략 2000만 명의 병사와 시민을 죽음으로 내몰았다. 홍수전은 거대한 지역을 차지하고 태평천국을 세울 수 있었지만, 유럽 국가들이 군대를 보내 중국 황제를 지지하면서 전세가 역전되었다.

홍수전은 과거시험에 여러 차례 낙방했던 중국 남부의 야심만만한 서당 훈장이었다. 그는 1837년에 또다시 낙제한 후 신경쇠약에 걸렸고, 그때부터 환영을 경험하기 시작했다. 그의 주장에 따르면 어느 날 꿈속에서 하느님이 나타나 세상에서 악령 숭배를 없애라고 지시했다고 한다. 이 환영으로 그는 서양 선교사들이 중국에 도입한 기독교에 관심을 두게 되었다. 홍수전이 환영을 경험할 무렵 중국은 처참한 시기에 돌입하고 있었다. 중국은 19세기 초에 홍수와 가뭄, 기근, 외세의 침략 등 연이은 고난에 시달렸다. 많은 중국인이 재난의 탓을 청나라 황제에게 돌리면서 홍수전과 같은 종교적·정치적 반체제 인사가 활동하기 좋은 조건이 만들어졌다. 홍수전은 미국 선교사에게 종교교육을 받은 후 1840년대부터 추종자들을 모으기 시작했는데, 대부분은 중국 남서부 출신이었다. 그는 청나라 황제가 우상 숭배에 반대하는 기독교 교리를 위반했다고 주장했다. 반란은 1851년에 시작되었고 홍수전의 군대는 1853년에 난징을 점령했다. 그는 난징을 수도로 삼고 아편, 도박, 노예제도를 비롯해 어린 여성의 발을 묶는 고대 중국의 전족 관습을 금했다. (그는 일부다처제를 금지하는 칙령도 내렸는데 정작 본인은 여러 명의 첩을 두었다.)

그러나 1860년 이후 프랑스와 영국으로부터 지원을 받으면서 청나라 황제의 세력이 강해졌다. 홍수전은 1864년에 자살했고, 그의 아들이 반란을 이어가려고 했으나 그해 말 토벌군에 죽임을 당했다.

- 홍수전이 추종자들에게 제공한 성경에는 몇몇 주요한 부분이 바뀌어 있었다. 그에게 불쾌해 보이는 부분을 고친 것이었다. 예컨대 그는 《창세기》에서 유다가 죽은 아들의 아내와 성관계를 갖는 부분을 제거했다. 또한 다윗 왕의 칭호를 후작으로 바꿔놓기도 했다.
- 홍수전에게 성경을 알려준 테네시 출신의 미국 선교사 잇사갈 로버츠는 홍수전 정권에서 외무장관으로 일했다.
- 태평천국운동이 끝난 후 전족 관습이 중국 전역에서 다시 시행되었다. 전족은 1911년까지 금지되지 않았고, 금지된 후에도 수년간 은밀히 행해졌다. 일부 중국 여성은 전족으로 인해 발이 기형이 되기도 했다.

231 SUN 선지자 앤 리

앤 리(Ann Lee, 1736년~1784년)는 뉴욕주 북부에서 창시된 유토피아적 종교 단체인 셰이커교의 카리스마 넘치는 지도자였다. 셰이커(Shaker)라는 이름은 예배 중에 열광적으로 노래하고, 몸을 떨고, 소리치는 신자들의 모습에서 유래했다.

영국 맨체스터의 산업 중심지에서 가난한 대장장이의 딸로 태어난 앤 리는 어린 시절 공장에서 일을 해야 했기 때문에 읽거나 쓰는 법을 배우지 못했다. 그녀는 결혼을 하지 않으려 했으나 그녀의 아버지는 1762년에 그녀를 대장장이 에이브러햄 스탠더린과 강제로 결혼시켰다. 불행한 결혼 생활을 하던 앤 리는 퀘이커교에서 떨어져 나온 제인 와들리와 제임스 와들리가 이끄는 작은 종파에 들어갔다. 와들리 부부는 대립을 일삼는 태도로 유명했으며 성공회 교회에 쳐들어가 예배를 방해하곤 했다. 앤 리는 그런 무모한 행위에 몇 번 가담했으며 1770년부터 감옥을 들락거리기 시작했다.

종교적 자유를 찾던 앤 리와 여덟 명의 다른 셰이커교도는 뉴욕으로 건너갔고 1774년에 셰이커교의 미국 진영을 설립했다. 1780년 5월 19일 '어둠의 날(Dark Day)'에 벌어진 이상한 사건이 셰이커교 역사에서 중요한 역할을 했다. 그날 아침 뉴잉글랜드에서는 태양이 뜨지 않는 것처럼 보였다. 아마도 큰 화재로 인한 두꺼운 연기 층 때문이었을 테지만 나쁜 징조로 해석되었고, 뉴잉글랜드와 뉴욕 전역에서 종교적 열정의 물결을 촉발했다. 1781년에 뉴잉글랜드에서 더욱 많은 개종자를 찾기 위해 뉴욕을 떠난 앤 리는 매사추세츠주 하버드에 정착지를 세웠는데, 이후 미국에 스물한 개의 셰이커 공동체로 확장되었다. 이 공동체들은 열심히 일하고 재산을 공유하며 성적 평등을 따르는 원칙을 지키며 살았다. 앤 리는 하느님이 아버지이자 어머니라고 믿었는데, 그녀의 많은 추종자는 그녀를 그리스도의 여성형이라고 믿었다.

앤 리는 1784년에 48세의 나이로 사망했지만 '어머니' 앤 리가 창시한 교회는 그녀가 죽은 뒤에 급속하게 성장했다. 19세기 중반 정점에 달했을 때 셰이커교는 "손은 일로, 마음은 하느님께로"라는 앤 리의 유명한 좌우명을 따르며 사는 신도가 5000명에 달한다고 주장했다.

- 남편과 함께 사는 동안 앤 리는 네 명의 자녀를 낳았는데 모두 유아기에 사망했다. 그녀는 네 명을 사산하기도 했다.
- 미국 작곡가 에런 코플런드는 1945년 퓰리처상을 수상한 그의 발레 음악 〈애팔래치아의 봄〉에 〈단순해지는 것은 축복〉이라는 셰이커교 찬송가의 멜로디를 포함시켰다. 이 곡은 원래 셰이커 장로인 조셉 브래킷이 만든 곡이다.

232 MON 리더 빅토리아 여왕

빅토리아 여왕(Queen Victoria, 1819년~1901년)은 63년이라는 기록적인 기간 동안 영국을 통치했다. 군사적으로 강대국이었던 당시는 빅토리아 시대라는 별명으로 불리는데, 영국에서 과학적·기술적 발전이 이뤄지고 정치적 변화와 문화적 변신이 일던 시기이기도 하다. 빅토리아 여왕의 통치 기간 동안 영국의 왕정은 실제로는 정치권력을 행사하지 않는, 기본적으로 상징적인 정권으로 진화했다. 그러나 그녀는 사실상 영국 국력의 상징이자 세상에서 가장 알려진 인물이었다.

빅토리아는 국왕 조지 3세의 손녀로, 적자가 없었던 삼촌 윌리엄 4세 국왕이 사망한 후 왕위를 물려받았다. 그녀가 여왕 자리에 올랐을 때 나이는 열여덟이었다. 3년 후 빅토리아 여왕은 독일 왕자인 작센 코부르크 고타의 앨버트와 결혼했고 그해에 아홉 자녀 중 첫째를 낳았다. 1861년 장티푸스로 앨버트가 사망하자 여왕은 큰 충격을 받았다. 그녀는 남은 생애를 애도하며 보냈고, 재혼하지 않았으며, 대부분의 공무를 중단한 후에는 윈저의 과부라는 별명을 얻었다.

빅토리아 여왕의 통치 기간에는 대대적인 산업 성장과 중산층의 급증으로 인해 경제가 번창했다. 노동운동 또한 힘을 얻어 더욱 많은 정치적 권력을 요구했다. 국제적으로 빅토리아 여왕은 19세기 말 권력의 절정에 달한 대영제국과 불가분하게 연결된 인물로 인식되었다. 1876년에는 인도의 여제로 임명되었다. 1897년 즉위 60주년 대관식 기념일인 다이아몬드 주빌리는 대영제국의 거대한 기념행사가 되었다. (러디어드 키플링의 시 〈퇴장 성가〉는 이 기념일을 위해 쓰였다.) 빅토리아 여왕은 81세의 나이로 사망했으며, 그녀의 아들 에드워드 7세가 왕위를 이어받았다.

- 빅토리아 여왕은 세례명인 알렉산드리나로 인해 드리나라는 별명을 가지고 있었다.
- 빅토리아 여왕에게는 아홉 명의 자녀가 있었는데 그중 몇 명은 다른 유럽 국가의 왕족과 결혼했다.

233 TUE 철학자 아르투어 쇼펜하우어

1865년 어느 독일 대학교의 스물한 살 학생이 라이프치히의 서점 안에서 한가하게 책들을 뒤적이다가 거의 50년 전에 출간된 먼지투성이의 책을 한 권 발견했다. 이는《의지와 표상으로서의 세계》라는 책으로 세상을 혼란스럽고 격변하는 모습으로 그렸는데, 이 젊은이는 그런 세계관에 깊은 인상을 받았다. 서점에서 책을 발견한 학생은 프리드리히 니체(1844년~1900년)였고 그 낡은 책의 저자는 아르투어 쇼펜하우어(Arthur Schopenhauer, 1788년~1860년)라는 독일 철학자였다. 음울하고 비관적인 그의 철학이 니체를 비롯한 독일과 유럽 전역의 많은 철학자에게 큰 영향을 주었다.

별난 철학자였던 쇼펜하우어는 생전에 대단한 성공을 이루지 못했다. 단치히라는 번성한 항구 도시에서 태어난 그는 상인이었던 아버지 하인리히의 발자취를 따르도록 길러졌다. 심지어 아르투어라는 이름도 그의 부모가 사업에 도움이 될 것이라고 생각해서 고른 것이었다. 그러나 그의 아버지는 자살로 생을 마감했는데, 아버지의 때 이른 죽음으로 인해 이 젊은이는 환멸을 느끼게 되었다. 그는 19세에 사업 훈련을 그만두고 대학교 교육을 받기로 결심했다. 1813년에 그는 예나대학교에서 박사 학위를 받았다. 니체가 발견한《의지와 표상으로서의 세계》는 5년 후인 1818년에 출간되었다. 쇼펜하우어는 베를린대학교의 교수직을 부여받았지만, 인기가 없어서 불과 몇 년 후에 교수직을 사임했다.

쇼펜하우어는 1831년에 당시 유행하고 있던 콜레라를 피해 베를린을 떠났고 다시 돌아가지 않았다. 그는 프랑크푸르트에 정착해서 아트마와 부츠라는 이름의 프렌치 푸들 두 마리와 함께 남은 생을 보냈다. 그는 1836년에《자연 의지에 관하여》를 출간했는데, 그의 철학의 폭을 넓혀준 힌두교와 공자와 같은 동양 사상이 반영되었다. 쇼펜하우어는 말년에 접어들어서야 학자들의 관심을 받았다. 72세의 나이로 사망한 이후부터 이 염세주의 철학자는 19세기 독일 사상의 주요 인물 중 하나로 칭송받았다.

- 쇼펜하우어가 태어날 당시 그의 고향인 단치히는 지난 3세기 동안 주인이 여러 번 바뀌었다. 독일, 프로이센, 폴란드가 다양한 시점에 이 도시를 통치했다. 그러나 제2차 세계대전 이후 다시 폴란드로 귀속되어 지금은 그단스크로 알려져 있다.
- 베를린대학교에서 짧은 기간 교수로 활동하는 동안 쇼펜하우어는 학과 동료인 헤겔과 경쟁했다. 1820년에 쇼펜하우어는 헤겔과 같은 시간에 수업 일정을 정해놓고 학생들에게 선택하게 했다. 대부분의 학생은 헤겔을 선택했고, 그로부터 얼마 지나지 않아 쇼펜하우어는 교수직을 사임했다.

234 WED 혁신가 찰스 다윈

1831년 12월 27일, 열 개의 포를 장착한 영국 군함 비글호가 데번포트에서 항해를 시작했다. 이 범선에는 수십 명의 선원과 감춰둔 과학 기기 그리고 뱃멀미를 심하게 하는 동식물 연구가가 한 명 타고 있었다. 그는 찰스 다윈(Charles Darwin, 1809년~1882년)으로, 이 여행 기간 동안 기록한 일기에서 "고통이 지나치다. 사람이 생각할 수 있는 것보다 훨씬 더 심하다"라며 불평했다. 비글호가 항해를 시작하던 날, 멀미에 시달리던 이 스물두 살의 승객이 과학사에서 가장 유명하고 영향력 있는 사상가가 되리라고는 그 누구도 예상하지 못했다. 그러나 다윈이 비글호를 타고 떠난 5년간의 여행을 통해 이룬 과학적 발견은 생물학 연구를 영원히 바꾸어놓았고, 19세기에 발생한 종교와 과학의 큰 충돌에 불을 붙였다.

여섯 남매 중 다섯째인 다윈은 케임브리지대학교에서 신학을 전공했지만 성직자가 되기를 원하는 아버지의 바람을 충족시킬 생각은 별로 없었다. 다윈이 《비글호 항해기》에 연대순으로 기록해놓은 이 탐험대는 전 세계를 일주했다. 이 여행에서 돌아온 다윈은 사촌인 엠마 웨지우드와 결혼했고 상류 신사 과학자로서 안락한 삶을 꾸렸다. 그는 다른 연구가들과 널리 연락을 주고받았고 그 후로 20년 동안 《종의 기원》(1859년)의 초안을 작성하는 데 대부분의 시간을 들였다.

이 책에서 다윈은 종이 시간에 지남에 따라 그가 '자연 선택'이라고 불렀던 과정을 통해 새로운 조건에 맞게 변하고 진화한다는 이론을 제시했다. 다윈은 하느님이 세상의 동물을 창조했다는 전통적인 기독교 믿음을 부정하는 《종의 기원》이 파문을 일으킬 것이라는 사실을 잘 알고 있었다. 그래서 책의 출판을 수년 동안 미루기도 했는데, 이는 독실한 성공회 신자였던 아내 엠마에게 상처를 주지 않기 위해서이기도 했다. 1871년에 그는 자연 선택 이론을 인류의 진화에 명쾌하게 적용한 《인간의 유래》를 발표함으로써 더욱 많은 논란을 불러일으켰다. 다윈은 인간이 유인원의 후손이라고 주장하지는 않았지만, 유인원과 인류의 조상이 같다는 점을 사실로 받아들이긴 했다. 다윈은 73세의 나이로 사망했고, 당시 가장 위대한 과학자로 여겨진 그의 장례는 국장으로 치러졌다.

- 다윈은 1년에 평균 1500통의 편지를 썼는데, 하루에 평균 네 통을 쓴 셈이다. 어느 생물학자에 따르면 1877년 한 해 동안 다윈이 지불한 우편요금과 필기구 비용이 그의 집사 연봉보다도 훨씬 많았다고 한다.
- 비글호를 타고 여행을 다녀온 후 다윈은 알 수 없는 병에 걸려 평생 시달렸다. 현대 학자들은 그가 샤가스병에 걸린 것으로 여기는데, 이는 남아메리카 곤충인 빈대과나 흡혈충에 물려서 생긴다.

235 THU 악당 보스 트위드

윌리엄 매기어 '보스' 트위드(William M. Tweed, 1823년~1878년)는 19세기 중반 뉴욕을 사실상 통치했던 악명 높은 부패 정치인이다. 뉴욕 민주당 기구의 수장이었던 트위드는 일자리와 특혜, 수백만 달러에 달하는 도시 계약을 측근들에게 나누어준 것으로 유명하다. 그는 또한 만화가 토머스 내스트의 소재로 유명해졌는데, 내스트는 트위드를 풍자한 정치 만화를 연재함으로써 결국 그가 몰락하는 데 기여했다. 트위드는 "그 빌어먹을 그림 좀 멈추게 해. 신문이 나에 대해 뭐라고 쓰든 상관없어. 내 유권자들은 글을 읽을 줄 모르니까. 그렇지만 빌어먹을, 그림은 볼 수 있잖아!"라고 말했다고 한다.

뉴욕 토박이인 트위드는 1852년에 민주당 하원의원으로 선출되었다. 그는 1854년에 재선에 실패했지만, 그의 정치 경력에는 거의 흠집이 나지 않았다. 후에 그는 뉴욕 감리 위원회와 주 상원에 자리를 꿰찼고, 공공 사업부 부장 자리에도 올랐다. 그러나 가장 영향력 있었던 자리는 민주당과 연합한 시민조직인 태머니홀의 '대임원' 자리였다. 태머니홀은 트위드의 정치권력 기반이 되어준 새로운 의결권 연합인 아일랜드 이민자들 사이에서 특히 인기가 높았다. 태머니홀은 투표를 준비하고 지지자들에게 사회복지 사업을 제공하기도 했는데, 이는 19세기 미국 전역에 등장한 도시 정치기구가 비교적 흔하게 보이던 행태이다.

180cm의 키에 136kg이나 나가는 거구로 유명한 트위드는 만화가들이 풍자하기에 완벽한 대상이었고, 독일 태생의 일러스트레이터인 내스트가 그를 가장 많이 활용했다. 1869년부터 〈하퍼스 위클리〉에 연재되기 시작한 만화에서 내스트는 트위드를 납세자들의 돈을 잔뜩 먹어서 배가 터질 듯한 모습을 한 사기꾼으로 그렸다. 이 만화와 더불어 《뉴욕타임스》에 트위드의 부패가 폭로되면서 그는 1871년에 뉴욕으로부터 수백만 달러를 훔친 혐의로 기소되었다. 그는 유죄 판결을 받았고 몇 년 동안 수감되었다가 보석 조건을 어기고 스페인으로 도망쳤다. 그는 1876년에 미국으로 인도되어 감옥에서 사망했다. 그러나 태머니홀은 19세기 중반까지도 계속해서 시정에 영향력을 행사했다.

- 매사추세츠주 셰필드에 있는 채석장을 소유했던 트위드 일당은 그곳의 돌을 가져다가 맨해튼 중심가의 랜드마크인 트위드 코트하우스를 건설했다.
- 태머니홀은 아메리카 원주민 추장인 타마넨드의 이름을 따서 지어졌다.

236 FRI 예술가 리하르트 바그너

1933년 어느 가을 밤, 나치 지도자인 아돌프 히틀러를 위해 리하르트 바그너(Richard Wagner, 1813년~1883년)의 오페라가 연주되었다. 공연장에 도착한 독재자는 사실상 텅 빈 것이나 다름없는 극장 안을 보고 놀랐다. 화가 난 그는 자신이 가장 좋아하는 오페라 〈마이스터징어〉가 연주되는 동안 빈자리를 채우기 위해 인근 술집과 사창가에 급히 경찰을 보냈다.

히틀러가 가장 사랑한 작곡가로 알려지면서 이 19세기 지휘자이자 작곡가는 논란의 대상이 되었다. 비평가들에게는 바그너의 독일 민족주의와 반유대주의가 나치로 향하는 이상적인 관문으로 여겨졌다. 그러나 바그너의 음악이 그가 죽은 지 50년 후에 발생한 파시즘의 사운드트랙으로 이용된 것을 그의 탓으로 돌릴 수 없다는 주장도 제기되었다. 그러나 양측 모두 바그너가 당대의 걸출한 문화적 인물이며 음악을 넘어 그림, 시, 철학에까지 영향을 미친 인물이라고 생각했다. 독일이 정치적 독립체로 처음 존재하기 시작했던 시대에 바그너는 신비한 신과 영웅 그리고 악당으로 완성된 새로운 나라의 정체성을 만들어내고자 했다.

바그너는 라이프치히에서 태어났으며 드레스덴에서 대부분의 교육을 받았다. 바그너의 첫사랑은 극장이었다. 그는 오페라를 작곡하고 작사한 몇 안 되는 작곡가들 중 한 명이었다. 그는 1833년에 첫 번째 오페라 《요정》을 만들었고 1836년에 배우인 크리스티네 플라너와 결혼했다. 1849년에는 작센 주정부에 대항하는 반란에서 작은 역할을 맡았다가 강제로 추방당하기도 했다. 그는 1850년대를 프랑스, 이탈리아, 스위스에서 보냈다. 망명 중에 그는 〈유대인을 공격하는 음악 속의 유대주의〉(1850년)를 만들었고, 노르웨이 신화 속 이야기를 바탕으로 만든 열다섯 시간의 대작인, 네 편의 오페라 〈반지〉 작업을 시작했다.

민족주의와 유대주의에 관한 바그너의 시각은 19세기 독일에서 이례적인 것이 아니었고, 그의 옹호자들은 그로 인해 그의 음악적 성공이 폄하되는 것은 부당하다고 믿기도 한다. 바그너는 70세에 베네치아에서 사망했으며 그의 오페라 작품, 특히 〈반지〉는 오늘날 최고로 꼽힌다.

• 바이로이트에 있는 바그너의 오페라 극장, 페스티벌하우스는 지금도 운영 중이며 매년 〈반지〉 공연을 개최한다.

237 SAT 개혁가 주세페 가리발디

수백만 명의 이탈리아인에게 카리스마 넘치는 영웅으로 추대되는 주세페 가리발디(Giuseppe Garibaldi, 1807년~1882년)는 이탈리아의 통일과 독립을 위한 투쟁을 이끌었다. 군사적 감각, 열렬한 애국주의, 빨간 옷 신봉자로 유명한 가리발디는 이탈리아뿐만 아니라 19세기 유럽 전역에서 민족주의 부활의 상징으로 부상했다.

이 이탈리아 지도자는 아이러니하게도 프랑스에서 태어났다. 그는 이탈리아어를 사용하는 시민이 많았던 프랑스의 해안 도시 니스에서 어린 시절을 보냈고, 10대에 상선 선원이 되었다. 바다에 있는 동안 이탈리아 혁명가들과 접촉한 후, 가리발디는 1830년대에 통일을 지향하는 지하단체인 '젊은 이탈리아'에 가입했다. 당시 이탈리아는 수십 개의 작고 약한 주로 나뉘어 있었고, 그중 다수는 세습 군주제였다. 게다가 이탈리아 중부에는 교황이 직접 다스리는 교황령도 있었다. 19세기 유럽의 다른 해방운동에 영향을 받은 친통일 세력은 이탈리아 전역에 민주화를 도입하고 교황령을 폐지하고자 했다.

가리발디가 참여한 반란이 실패로 끝난 후, 그는 1834년에 사형 선고를 받았다. 그는 남아메리카로 도망쳐 우루과이 내전에 참전해 싸웠는데, 빨간 셔츠 유니폼을 그곳에서 입기 시작했다. 그는 1848년에 잠깐 이탈리아로 돌아왔으나 다시 추방되어 북부 아프리카, 영국을 거쳐 스태튼 아일랜드로 이주한 후 그곳에 2년 동안 머물렀다. 그는 1859년과 1860년에 사르디니아 국왕인 비토리오 에마뉴엘 2세, 프랑스 황제인 나폴레옹 3세와 공동 전선을 펼친 후에야 비로소 큰 승리를 거둘 수 있었다. 그들은 1861년에 이탈리아 왕국을 건설할 수 있었다. 그러나 나폴레옹의 지원에 대한 대가로 고향인 니스가 프랑스로 다시 귀속되는 것을 보아야 했던 것은 민주주의를 지지하는 가리발디에게 고통스런 타협안이었다. 전쟁 이후 가리발디는 유럽을 돌아다니면서 다른 민족주의 운동가들에게 칭송을 받았다. 그는 이탈리아 의회에서 일하다가 퇴직 후 사르디니아 해안의 한 섬으로 이주했고, 그곳에서 75세의 나이로 사망했다.

- 이탈리아어를 사용하는 도시 국가 중에 산마리노라는 곳은 새롭게 통일된 이탈리아에 합류하지 않고 독립국가로 남겠다는 선택을 했다. 61km²밖에 되지 않는 산마리노는 세계에서 가장 작은 주권 국가 중 하나이다.
- 이탈리아에 있는 수천 개의 거리와 광장이 가리발디의 이름을 따서 붙여졌다.

238 SUN 선지자 조셉 스미스

모르몬교 최초의 지도자인 조셉 스미스 주니어(Joseph Smith Jr., 1805년~1844년)는 생전에 비난과 박해를 받았지만 지금은 전 세계적으로 수백만 명의 모르몬교 신자들에 의해 모르몬교를 창시한 예언자로 숭배되고 있다.

스미스는 버몬트주 중부의 작은 농경 마을에서 태어났고 그의 가족은 1816년에 뉴욕주 팔미라로 이주했다. 예민한 아이였던 조셉 스미스는 1820년과 1823년에 숲속을 거닐다가 모로니(Moroni)라는 천사를 보는 종교적 환시를 경험했다. 천사는 조셉 스미스에게 세상에 진정한 기독교가 사라졌다고 하면서 그것을 되살리는 것이 그가 할 일이라고 말했다. 천사는 뉴욕주 맨체스터 인근의 산비탈을 파면 금판에 새겨진 경전을 찾을 수 있다고 했는데, 스미스의 말에 의하면 거대한 돌 상자 안에서 금판을 찾았다고 한다. 그 경전들은 그때까지 알려지지 않았던 '개량 이집트어'로 쓰여 있었는데, 스미스는 이 경전의 번역을 완성했다고 주장했고, 그 책은 모르몬교 경전으로 1830년에 출간되었다. 모르몬교 경전 속 이야기에 따르면 구약성경의 고대 히브리인들은 이미 수천 년 전에 배를 타고 태평양을 건너 북아메리카로 이주했다고 한다. 그들의 사회와 언어는 파괴되었지만, 그들의 후손은 아메리카 원주민으로 살아남았다.

스미스는 1830년 4월 6일에 공식적으로 교회를 조직했다. 그러나 모르몬교 신자들은 그 즉시 세간의 의심을 샀으며, 스미스의 금판은 널리 조롱거리가 되었고, 그 자신도 1832년에 한 무리의 사람들에게 호된 모욕을 받았다. 모르몬교 신자들은 결국 박해를 피하기 위해 오하이오주와 미주리주로 도망쳤다가 일리노이주의 커머스라는 도시로 이주했는데, 스미스는 그 도시의 이름을 노부라고 바꿨다. 노부에 정착했을 때 즈음에 스미스의 추종자는 거의 2만 명에 달했다. 그는 그 도시에서 거의 독재자에 가까운 권력을 쥐고 의용군을 조직했으며 자신에게 반대하는 《노부익스포지터》라는 신문사를 폐쇄했다. 신문사 폐쇄는 항의 시위로 이어졌고, 노부를 보호하기 위해 의용군을 부른 스미스는 일리노이주 당국에 의해 체포되어 반역죄 혐의를 받게 되었다. 스미스는 재판을 기다리던 중 1844년 6월 27일에 성난 군중에 의해 죽임을 당했다.

- 스미스의 모르몬교 경전 초판은 5000부만 인쇄되었다. 2007년에 그중 하나가 10만 5600달러에 경매되었다.
- 스미스가 사망한 후, 그의 추종자 중 다수가 유타주로 떠났다. 그 지역은 1849년에 미국에 합병되길 바랐으나 모르몬교의 일부다처제에 반대한 의회 지도자들로 인해 합병이 무산되었다. 모르몬교 지도자들은 1890년에 다중 결혼을 금지했고, 유타주도 1896년에 미국의 45번째 주로 인정되었다.

239 MON 리더 에이브러햄 링컨

남북전쟁에서 승리하고, 아메리카 합중국을 보존했으며, 노예들을 해방시킨 에이브러햄 링컨(Abraham Lincoln, 1809년~1865년)은 미국 역사상 가장 존경받는 인물로 꼽힌다.

링컨은 켄터키주의 오두막집에서 태어났으며, 젊은 시절에 리버 보트에서 일하거나 술을 파는 등 다양한 직업을 전전했으나 실패를 맛보았다. 변호사 개업을 하기로 작정한 그는 1837년에 일리노이주 변호사 협회에 입회했다. 정계에 진출하려던 그의 첫 번째 시도는 실패로 끝났다. 그는 휘그당원으로 의회에 선출되었지만 멕시코 전쟁에 반대하는 인기 없는 표결을 하는 바람에 단 한 번의 임기만 채울 수 있었다. 일리노이주로 돌아온 그는 다시 변호사 일을 시작했고 새로 생긴 공화당에 입회했다. '자유로운 땅, 자유로운 노동, 자유로운 사람'이라는 모토 아래 공화당은 국가 정치에서 주요한 단일 이슈로 부각되던 서부로의 확장과 노예제도의 제한을 옹호했다. 링컨은 1858년에 공화당 상원의원 후보로 출마했으나 스티븐 더글라스와의 경선에서 패했다.

그는 1860년에 공화당의 대통령 후보로 선출되었고 네 명의 후보가 벌인 치열한 경쟁 끝에 대통령으로 선출되었다. 링컨이 노예제도를 폐지할 것이라고 확신했던 남부 국회의원들은 한 명 한 명씩 아메리카 합중국으로부터의 분리독립에 찬성표를 던지며 그의 선출에 대응했다. 이 분리독립 위기는 1861년 4월에 전쟁으로 악화되었다. 이 전쟁은 지도자로서의 능력만이 아니라 생존을 위한 전쟁에서 싸우고 승리하는 민주주의의 능력을 시험하기도 했다. 1832년에 일리노이주 의용군으로 활동했던 것 외에는 군대 경험이 없었음에도, 링컨은 장군들에게 남부 연합을 공격하라고 재촉하는 노련한 총사령관의 모습을 보였다. 그는 1864년에 실시된 최초의 전시 대통령 선거에서 승리했다. 1865년에 취임할 때쯤에는 북부 연방의 승리가 거의 확실시되었다. 그 취임식 연설에서 남부에 대한 지체 없는 용서를 촉구했지만 그는 그다음 달, 로버트 리가 투항하고 닷새 후이자 남부 연합이 최종적으로 붕괴되기 몇 주 전에 암살당했다.

- 링컨은 열세 개의 최초 식민지에서 태어나지 않은 최초의 미국 대통령이었다.
- 1867년에 네브래스카의 주도가 링컨의 이름을 따서 지어졌다. 역대 대통령의 이름을 따서 주도의 이름을 지은 곳은 세 군데이다. 미주리주의 제퍼슨시티, 미시시피주의 잭슨 그리고 위스콘신주의 매디슨이다.
- 링컨의 민주당 정적들은 독사의 일종에서 유래한 조롱 섞인 별명, 코퍼헤드라고 불렸다.

240 TUE 철학자 마가렛 풀러

1850년 6월 19일, 폭풍우가 몰아치던 밤, 화물선 엘리자베스호가 뉴욕주 롱아일랜드 인근의 모래톱에 좌초되었다. 승객 중 단 몇 사람만이 살아서 해안가에 도달할 수 있었는데 죽은 사람 중에는 미국의 철학자이자 사회 개혁가, 모험가로 이탈리아에서 집으로 돌아오는 중이었던 마가렛 풀러(Margaret Fuller, 1810년~1850년)도 있었다. 당시 마흔 살이었던 풀러는 19세기 초 보스턴을 중심으로 결성된 철학 운동 단체인 초월주의자 클럽의 일원이었다. 그녀는 또한 미국 사상사의 초기 페미니스트 작품 중 하나인《19세기 여성》(1845년)을 저술한 작가로도 유명했다.

풀러는 매사추세츠주 케임브리지에서 태어났으며 아버지인 티모시 풀러 의원에게서 혹독한 교육을 받았다. 그녀는 스물여섯 살에 철학자 랠프 월도 에머슨을 만났는데, 에머슨은 자신과 브론슨 알코트, 엘리자베스 피바디같은 작가들의 글을 출간하던, 영향력 있는 초월주의 잡지 〈다이얼〉에 기고할 것을 권했다. 풀러는 1839년에 이 저널의 편집자가 되었고 이 저널의 1843년 호에 〈대단한 소송: 남자 대 남자들, 여자 대 여자들〉이라는 에세이를 실었다. 그녀는 2년 후 이 기사에 글을 덧붙여 여성의 평등을 주장하는《19세기 여성》을 집필했다. 풀러의 작품에 깊은 인상을 받은 〈뉴욕 트리뷴〉의 편집자 호레이스 그릴리는 그녀에게 이탈리아의 혁명운동에 관한 보고서를 청탁했다. 이탈리아에 머무는 동안 그녀는 이탈리아 귀족이자 혁명 지도자인 지오반니 안젤로 오솔리 후작과 사랑에 빠졌다. 이들은 1848년에 아들 안젤로를 낳았다.

혁명이 실패로 돌아간 후 로마에서 추방된 그녀의 가족은 미국으로 되돌아오기로 결심했다. 오솔리와 어린 아들이 풀러와 함께 엘리자베스호에 승선했는데, 그들 모두 이 조난 사고로 목숨을 잃었다.

• 풀러의 종손(從孫)인 벅민스터 풀러는 지오데식 돔을 발명했다.

241 WED 혁신가 플로렌스 나이팅게일

현대 의학의 아이콘인 플로렌스 나이팅게일(Florence Nightingale, 1820년~1910년)은 환자와 부상당한 영국 군인들의 관리 환경을 개선함으로써 수천 명의 생명을 구했고, 그 과정에서 간호사라는 직업을 재탄생시킨 인물이다.

영국 귀족 가문에서 태어난 나이팅게일은 열일곱 살에 가족의 사유지 정원을 거닐던 중 하느님이 자신에게 하는 말을 듣고 간호사가 되기로 결심했다. 그러나 당시에는 간호사라는 직업에 대한 평판이 좋지 않았기 때문에 나이팅게일의 가족은 반대했다. 대신 그들은 그녀를 이탈리아, 그리스, 독일, 이집트로 순회 여행을 보냈는데, 나이팅게일이 독일에서 간호학과에 등록하면서 오히려 역효과를 낳았다. 1853년에 영국으로 돌아와서야 겨우 간호사가 될 수 있는 허락을 받았다.

나이팅게일은 크림 전쟁을 통해 유명해졌는데, 이 전쟁은 1854년 영국, 프랑스, 터키와 러시아 사이에서 벌어진 무력 충돌이었다. 나이팅게일 가족의 친구였던 영국의 국방장관에게 청탁을 해서 그녀는 터키에 있는 군 병원에 합류할 수 있었다. 그러나 병원에서 맞닥뜨린 현실은 지옥과도 같았다. 하수구는 넘쳤고, 쥐와 벌레가 병실에서 떼 지어 몰려다녔으며, 전장에서 입은 부상으로 죽는 병사보다 병에 걸려 죽는 병사가 훨씬 많았다. 부상자들에게 신선한 음식과 물을 공급하고 병원을 깨끗하게 유지함으로써 나이팅게일은 극적인 향상을 이룰 수 있었다. 그녀가 처음 병원에 도착했을 때 거의 60%에 달하던 사망률이 그녀가 병원을 떠날 때쯤에는 2% 정도로 줄어들었다. 그녀는 영국 병사들 사이에서 숭배의 대상이 되었고, 그들은 한밤중에 환자들을 돌보던 그녀의 습관을 포착해서 '램프를 든 아가씨'라는 별명을 붙여주었다.

전쟁 이후 나이팅게일은 영국 병원들의 환경을 개선할 것을 주장했으며, 자신의 간호법을 널리 알리기 위해 간호학교를 설립했다. 그녀는 런던에서 90세에 사망했다.

- 결혼 후 오랜 기간의 유럽 여행에 올랐던 나이팅게일의 부모는 그녀가 태어난 이탈리아 도시의 이름을 따서 그녀에게 플로렌스(피렌체)라는 이름을 지어주었다. 그녀의 언니도 이탈리아에서 태어났는데 나폴리의 그리스식 이름을 따서 파르테노페라는 이름을 지어주었다.
- 이 유명한 간호사의 이름을 딴 플로렌스 나이팅게일 효과는 간호사나 의사가 환자와 사랑에 빠지는 심리현상을 가리킨다. 나이팅게일이 자신의 이름을 딴 이 특성을 경험했다는 근거는 어디에도 없다.
- 1907년 나이팅게일은 영국 역사상 최초로 공로훈장을 받았다. 국왕 에드워드 7세가 그녀의 전시활동을 인정해 이 훈장을 수여했다.

242 THU 악당 제시 제임스

제시 제임스(Jesse James, 1847년~1882년)는 1860년대와 1870년대에 연쇄적으로 파렴치한 은행 강도와 열차 강도 행각을 벌여서 미국의 전설이 된 살인강도범이다. 전 남부 연합군으로 구성된 그의 갱단은 제시 제임스가 부하 중 한 사람의 총에 맞아 죽기 전까지 미주리주, 캔자스주, 아이오와주, 미네소타주까지 공포에 떨게 만들었다. 제임스는 생전에 그리고 사후에도 몇 년 동안 미국의 로빈 후드로 영웅시되었다. 그러나 그가 훔친 돈을 자신이 아닌 다른 사람을 위해 썼다는 증거는 전혀 없다.

제임스는 미주리주에 속한 리틀 딕시에서 태어났다. 노예 소유주이자 대마 농장주였던 그의 아버지는 그가 두 살 때 죽었기 때문에 제시는 대부분 어머니인 제럴다의 손에서 자랐다. 북부의 노예 금지 지역에 인접해 있던 미주리주는 분리독립에 대해 의견이 분분했는데, 제임스의 가족은 열정적으로 남부 연합을 지지했다. 남북전쟁이 벌어지는 동안 제시 제임스와 그의 형인 프랭크는 북부 연맹에 동조하는 미주리주 주민들을 타깃으로 삼았던 남부 연합 암살단으로 활동했다. 남부 연합은 1865년에 무너졌지만 제시에게 전쟁은 아직 끝나지 않았다. 제임스 형제는 계속해서 은행과 열차 강도 행각을 저질렀으며 연방정부 관리들을 암살했다. 그들은 주로 공화당의 정치적 인물이 운영하는 은행과 철도를 겨냥했는데, 그로 인해 남부 신문사들이 제임스 형제를 영웅시하게 되었다.

이 갱단의 종말은 1876년 미네소타주의 노스필드에서 벌인 은행 강도 행각을 망치면서 찾아왔다. 이때 프랭크와 제시를 제외한 모든 강도가 잡히거나 살해되었다. 갱단이 분열되자 제임스 형제는 도망쳐 숨었다. 제시는 J. D. 하워드라고 이름을 바꾸어 농부로 살아가려고 했으나 이내 다시 범죄를 저지르기 시작했고, 그의 머리에는 1만 달러의 현상금이 걸렸다. 갱단의 일원이었던 로버트 포드가 현상금을 노리고, 제임스를 뒤에서 총으로 쏘았다. 사망 당시 그의 나이는 35세였다.

- 제임스의 갱은 남북전쟁 후 수년 동안 대혼란을 일으켰던 불만 많은 남부 연합군 참전 용사들로 구성된, 생각이 비슷한 무장단체 중 하나일 뿐이었다. 실제로 제임스와 그의 동료 갱 단원은 1873년에 벌인 최초의 열차 강도 사건에서 큐 클럭스 클랜(Ku Klux Klan, KKK)의 옷을 입었다고 전해진다.
- 제임스를 죽이고 현상금을 챙긴 로버트 포드는 미주리주를 떠났다. 그는 결국 콜로라도주에 정착했는데, 그곳에서 1892년에 자신도 살해당했다.

243 FRI 예술가 에드워드 마이브리지

사진의 역사에서 위대한 기술적·예술적 혁신가였던 에드워드 마이브리지(Eadweard J. Muybridge, 1830년~1904년)는 미국으로 건너온 영국 이민자로, 움직이는 말과 사람을 연속적으로 촬영한 획기적인 작품으로 유명하다. 그 작품과 마이브리지가 촬영을 위해 발명한 신기술은 카메라의 역량을 입증해주었으며 영화 기술의 중대한 전신으로 여겨진다. 그러나 그는 예술적 성공 외에는 기이한 모습과 잦은 개명 그리고 1874년에 받았던 살해 혐의에 대한 무죄 선고로 생전에 악명을 떨치기도 했다.

마이브리지는 영국의 킹스턴어폰템스에서 태어났다. 그는 이름을 총 다섯 번 바꿨는데, 1850년대 초에 미국으로 이주한 후 최종적으로 에드워드 마이브리지라는 이름에 정착했다. 그는 1855년에 샌프란시스코로 이주해서 주로 풍경사진 작가로 일했다.

1872년, 마이브리지는 철도 부호이자 캘리포니아 전 주지사였던 릴런드 스탠퍼드를 만났다. 말 소유주인 스탠퍼드는 이 사진작가에게 예로부터 전해져 내려오는 의문을 해결하는 조건으로 2000달러를 제시했다. 그것은 바로, 말이 전속력으로 달릴 때 네 다리가 동시에 공중에 떠 있는가 하는 문제였다. 질문에 답하기 위해 마이브리지는 움직이는 말을 '정지'시킬 수 있는 완전히 새로운 기술을 개발해야 했다. 이 프로젝트에는 총 6년의 시간이 걸렸고, 1874년에 열린 그의 살인 재판으로 중단되기도 했다. (스탠퍼드가 변호사 비용을 지불했다.) 열세 시간의 논의 끝에 캘리포니아 내퍼의 배심원들은 아내의 연인을 살해한 건에 대해 '정당한 살인'이라는 이유로 마이브리지에게 무죄를 선고했다.

유명한 말의 연속 사진은 1878년 6월 15일 아침, 팰로앨토의 한 경기장에서 열두 대의 카메라로 찍었다. 한 무리의 관중이 바라보는 상황에서 마이브리지는 20분 후에 사진을 현상했다. 그 사진들은 예상했던 대로 달리는 말의 네 다리가 동시에 잠깐 동안 공중에 떠 있다는 사실을 증명해주었다. 마이브리지는 말, 들소, 사람, 기타 여러 동물의 움직임을 연속사진으로 찍어나갔다. 그는 영사기의 선조 격인 원시적인 활동사진 기기, 주프락시스코프(zoopraxiscope)를 발명했다. 은퇴한 후 그는 마지막 10년을 영국의 고향에서 보내다가 74세의 나이로 사망했다.

- 마이브리지는 동물과 인간의 움직임을 담은 10만 장 이상의 정지 사진을 찍었다.
- 필립 글래스가 1982년에 작곡한 오페라 〈사진작가〉는 마이브리지의 살인 재판을 토대로 만들어졌다.

244 SAT 개혁가 사이고 다카모리

마지막 사무라이라는 별명을 가졌던 사이고 다카모리(西鄕 隆盛, 1827년~1877년)는 19세기 일본에서 근대화 세력에 대항해 불운한 전투를 이끌었던 사람이다. 헛되어 보이는 그의 반란과 사무라이 명예와 정신이라는 개념은 그를 문학 속에서는 낭만적인 인물로, 일본 문화에서는 인기 있는 영웅으로 만들어주었다.

사이고는 일본 규슈 남부의 가고시마라는 동떨어진 도시에서 태어났으며 전통적인 사무라이 학교에서 유교 문학, 산수 그리고 무도 교육을 받았다. 봉건주의 일본의 엘리트 군부였던 사무라이는 '전사의 길'이라는 의미의 '무사도(武士道)'라는 불문법을 따랐는데, 사이고 역시 학교에서 이를 습득했다. 이 규칙은 충성심과 검소함을 요구했고, 필요시 자살로 명예로운 죽음을 택하도록 되어 있었다.

사무라이들이 그랬던 것처럼 사이고는 교육 이수 후 공직에 들어가서 낮은 계급의 군 서기로 일하기 시작했다. 그러다가 알 수 없는 이유로 1854년에 그의 다이묘, 즉 영주인 시마즈 나리아키라에 의해 크게 진급을 한 이후, 지금의 도쿄에 해당하는 수도 에도로 오게 되었다. 에도에 도착한 사이고는 서양의 경제적·정치적 우위에 어떻게 대응할지를 두고 마비 상태에 빠진 정부와 마주했다. 1년 전 미국 해군 선박이 일본 연안에 도착해서 외교 조약에 서명하도록 쇼군을 강압한 일이 있었는데, 이 사건으로 일본의 군사적 무능력과 기술적 후진성이 드러났던 것이다. 현대화를 지향하는 세력은 서양을 따라가기 위해서는 봉건주의 막부를 폐지하고, 황제 휘하의 막강한 중앙집권체계를 구축하며 세습적인 사무라이를 전문적인 서양식 군대로 대체해야 한다고 믿었다. 압박을 받은 쇼군은 1867년에 사임했고, 그로 인해 그전까지 상징적인 인물로 여겨지던 황제가 메이지 유신을 하기에 이르렀다.

막부의 종말은 보신전쟁이라고 불리는 갈등을 촉발했는데, 사이고는 황제와 현대화를 지향하는 사람들 편에 섰다. 그러나 그는 승리를 이룬 후 외교 정책의 차이와 사무라이의 혜택을 폐지하는 명령으로 인해 환멸을 느끼게 되었다. 그는 1877년에 변화에 격분한 전 사무라이 세력에 의지해 세이난 전쟁을 일으켰다. 사이고의 병력은 성공할 가망이 거의 없었다. 그가 1877년 시로야마 전투에서 마지막 저항을 했을 때는 400명에 불과한 병력으로 3만 명의 제국 병사들과 대적해야 했다. 전해지는 바에 따르면 그는 잡히기 전에 무사도 규칙대로 자살했다고 한다.

245 SUN 선지자 윌리엄 밀러

수천 명의 미국인에게 1844년 10월 22일은 큰 의미가 있었다. 윌리엄 밀러(William Miller, 1782년~1849년)라는 이름의 버몬트주 전도사에 따르면, 그날 예수 그리스도가 의기양양하게 재림하면서 세상이 끝날 것이기 때문이었다. '1812년 전쟁' 참전용사인 밀러는 전쟁에서 돌아온 후 점점 세상의 종말에 집착했다. 그는 구약성경 중《다니엘서》에서 읽은 구절을 토대로 그리스도가 1840년대에 재림할 것이라고 확신했다. 1830년대에 밀러는 자신의 예언을 설명하는 강의를 시작했고 뉴잉글랜드와 뉴욕주의 몇몇 신문이 그의 예언을 게재했다. 1840년부터 밀러는 설교와 그가 출간한 잡지를 통해 수천 명의 추종자를 모으기 시작했는데, 10만 명에 가까운 사람이 모였다고 한다.

밀러는 종교적 교육을 정식으로 받은 적이 없었고, 자신의 예측을 정당화하기 위해 댄 이유 또한 어리둥절할 만큼 복잡했다. 그래도 그는 뉴잉글랜드와 뉴욕주의 시골에서 자신의 주장을 받아들이는 청중을 찾았다. 밀러주의(Millerism)는 남북전쟁 직전 미국에서 격렬한 종교 부흥운동이 일던 시기인 제2차 대 각성 운동에서 가장 두드러진 종교 집단 중 하나였다. 처음에 밀러는, 구세주가 1843년 3월부터 1년 안에 하늘에서 내려올 것이라며 추종자들에게 대략적인 시기만 알려주었다. 그러나 아무런 일도 없이 1844년 3월이 지나가자 추정 시기가 1844년 4월 18일로 다시 조정되었다. 4월 19일에도 여전히 세상이 돌아가자 밀러의 추종자들은 세상의 종말을 10월 22일로 마지막으로 한 번 더 재조정했다. 밀러는 그리스도의 재림 날짜만이 아니라 그 본질에 관해서도 예언했다. 밀러는 휴거로 인해《요한계시록》에 설명된 연이은 사건이 시작될 것이라고 믿었다. 즉, 지구가 불로 '깨끗해지고' 옳은 사람들이 하늘로 올라가고, 그리스도가 1000년 동안 다스린다는 것이다. 10월 22일이 점점 가까워지면서 밀러의 추종자들 사이에서는 흥분감과 현기증이 감돌았다. 그러나 세상이 끝나지 않자 위기가 뒤따랐다. 밀러는 수학적 오류를 탓했지만 추종자 다수는 대(大)실망(Great Disappointment) 시점 후 그를 떠났다. 그는 5년 후 뉴욕에서 사망했다.

- 대실망 후에도 여전히 남은 밀러의 추종자들은 새로운 종파로 재편되었는데, 이것이 제7일 안식일 예수재림교회다. 여호와의증인도 그 뿌리를 밀러교로 본다.
- 밀러 예언의 중심에 있는 성경 구절은《다니엘서》8장 14절로, "그가 내게 이르되 이천삼백 주야까지니 그때에 성소가 정결하게 되리라 하였느니라"이다. 밀러는 '주야'를 1년으로 해석했고, 기원전 457년에 일어난 예루살렘의 재건을 시작일로 쳐서 계산했다.
- 밀러는 1814년의 플래츠버그 전투에 육군 대위로 참전했는데, 이는 미국인들이 캐나다에서 영국의 침공을 격퇴한 '1812년 전쟁'의 전환점이 되었다.

246 MON 리더 오토 폰 비스마르크

철혈재상이라고 불렸던 오토 폰 비스마르크(Otto von Bismarck, 1815년~1898년)는 19세기 중반에 독일의 통일을 이룬 정치가다. 그의 리더십 아래 작고 약한 공국들로 조각나 있던 독일은 강력한 군사력을 가진 국가로 변모했다.

비스마르크는 독일 공국에서 큰 편에 속하는 프로이센에서 태어났다. 그는 괴팅겐대학교와 베를린대학교에서 교육을 받았으며 1847년에 프로이센 귀족 여성과 결혼했다. 같은 해에 프로이센 의회에 선출되어 국왕 프리드리히 빌헬름 4세와 그의 계승자 빌헬름 1세의 강경 우파 지지자라는 평가를 받았다. 후에 비스마르크는 프랑스와 러시아 대사를 역임했으며 1862년에는 프로이센 총리로 임명되었다. 비스마르크는 국왕의 권력을 방어하고 프로이센 군사력을 강화하며 독일의 통일을 도모하고자 했다. 독일인은 통일을 널리 지지하긴 했지만, 독일 공국 중에서 자주권을 포기하고 싶어 하는 곳은 별로 없었다. 비스마르크는 프로이센의 군사력을 이용해 비교적 약한 공국들을 압박해서 새롭게 만들어진 연방국가에 합류하게 만드는 방식으로 이 문제를 해결했다.

통일을 향한 마지막 추진력은 1870년에 발발한 프로이센·프랑스 전쟁을 통해 얻었다. 이 전쟁으로 인해 남은 독일 공국들이 프로이센 측으로 결집했던 것이다. 1871년에 프랑스를 물리친 후 빌헬름 1세는 자신을 독일의 카이저, 즉 황제로 선포했고, 재빨리 비스마르크를 연방국가 최초의 재상으로 임명했다. 재상이 된 비스마르크는 이데올로기보다 힘의 균형을 앞세우는 외교 정책인 현실정치(Realpolitik)를 펼쳤고, 1889년에 세계 최초의 사회보장 사업을 확립하는 등 대내적인 안건을 추진하기도 했다.

빌헬름 1세가 사망한 후 비스마르크는 보다 공격적인 외교 정책을 선호했던 카이저의 손자 빌헬름 2세의 정권에서 정치력을 상실했다. 몇 년 후 비스마르크는 83세의 나이로 사망했다.

- 제2차 세계 대전에서 유명세를 떨친 독일 해군 전함 비스마르크는 이 재상의 이름을 따서 붙여졌다. 이 전함은 이틀 간의 전투 끝에 1941년 영국군에 의해서 침몰되었다.
- 1873년에 노스다코타주의 주도가 비스마르크의 이름을 따서 붙여졌다.
- 비스마르크 휘하에서 독일은 현재 독립국가인 카메룬, 나미비아, 탄자니아 등 아프리카에서의 첫 번째 식민지를 획득했다.

247 TUE 철학자 쇠렌 키르케고르

《두려움과 떨림》(1843년), 《불안의 개념》(1844년), 《죽음에 이르는 병》(1849년) 등 덴마크 작가 쇠렌 키르케고르(Søren Kierkegaard, 1813년~1855년)의 유명한 저서를 읽으면 그의 철학을 이해할 수 있다. 짧고 대부분 불행했던 삶 속에서 키르케고르는 고뇌와 절망 그리고 그의 조국 덴마크에서 목격한 기독교의 부패에 관한 다수의 책을 저술했다. 그는 종종 실존주의의 아버지라고도 불리는데, 이 별명은 그가 20세기 유럽 철학자에게 미친 영향 덕분이다.

키르케고르는 덴마크의 수도 코펜하겐에서 태어났으며 인생의 대부분을 그곳에서 살았다. 그의 아버지는 신심이 깊은 나머지 그만큼 죄책감에 시달리던 사람으로, 자신이 저지른 죄에 대한 벌로 아들이 일찍 죽을 운명에 처했다고 믿었다. 키르케고르는 코펜하겐대학교에서 철학과 신학을 공부했으며 1841년에 박사 학위를 받았다. 그는 1837년에 열네 살의 레기네 올센을 만났는데 그녀는 그가 평생 열망하는 대상이 되었다. 이 두 사람은 짧은 기간 약혼한 상태로 지내기도 했으나 1841년 명확하지 않은 이유로 키르케고르가 파혼을 선언했다. 그러나 키르케고르는 그녀가 다른 남자와 결혼한 후에도 평생 그녀가 떠난 것을 슬퍼했다.

그의 유명한 저서 《이것이냐 저것이냐》는 1843년에 출간되었다. 이 작품에는 헤겔에 대한 상세한 비판이 실려 있는데, 헤겔의 변증법이 자유의지의 중요성을 부인하고 있다고 주장했다. 키르케고르는 남은 생애 동안 아버지로부터 물려받은 유산으로 살면서 계속해서 글을 썼다. 그는 덴마크의 국교인 루터교를 점점 날카롭게 비판하는 연재물을 출간했다. 사제들이 하느님과의 관계를 이해하도록 신자를 돕기보다 교회의 신조를 반복하는 데 더 관심이 많다고 생각한 키르케고르는 특히 성직자들을 겨냥한 비판을 이어나갔다. 그는 코펜하겐에서 42세의 나이로 사망했다.

- 키르케고르는 다양한 가명으로 글을 썼는데 일부러 우스운 이름을 사용하기도 했다. 그의 필명으로는 콘스탄틴 콘스탄티우스, 베길리우스 하우프니엔시스, 힐라리우스 보그바인더, 요하네스 클리마쿠스가 있다.
- 프랑스 감독 데니엘 듀브로는 1996년에 키르케고르의 1843년도 에세이 〈유혹하는 자의 일기〉를 영화로 제작했다.
- 키르케고르는 총 다섯 번만 덴마크를 벗어났다. 그중 네 번은 독일을 방문했고 한 번은 스웨덴을 방문했다.

248 WED 혁신가 그레고어 멘델

요한 그레고어 멘델(Gregor Mendel, 1822년~1884년)은 오스트리아의 수사이자 생물학자로 수도원 정원에서 수천 개의 완두를 가지고 힘겨운 실험 끝에 현대 유전학을 창시한 인물이다. 실험을 통해 멘델은 크기나 색깔 같은 특정한 특성이 한 세대에서 다음 세대로 이어지는 방법을 밝혀냈는데, 이는 지구상의 생명체에 관한 과학자들의 이해 방식을 바꾸어놓은 통찰이었다.

멘델은 오늘날의 체코 공화국에서 농부의 아들로 태어났으며 가난에서 벗어나기 위해 스물한 살에 브르노에 있는 아우구스티노 수도회에 입회했다. 수도원은 이 젊은 수사의 과학적 관심을 지지했고 그가 비엔나대학교에서 공부할 수 있게 허락해주었다. 그는 1868년에 수도원장으로 승진했다.

완두에 대한 실험은 본래 '식물이나 동물의 종 안에서 다양성을 결정하는 것이 무엇인가'라는 단순한 질문에 답하기 위해 시작되었다. 어떤 식물을 크게 혹은 작게 만드는 요소가 무엇이며 꽃이 하얀색이거나 보라색으로 나타나는 이유는 무엇인가? 당시 대부분의 생물학자는 그런 특성이 융합의 결과라고 믿었다. 혼성 이론에 따르면 흰 꽃을 가진 식물과 보라색 꽃을 가진 식물이 밝은 분홍색 꽃을 가진 식물을 만들어낸다. 마찬가지로 키가 큰 식물과 작은 식물이 만나 중간 크기의 식물을 만들어낸다는 것이다. 실험을 하는 동안 멘델은 혼성 이론이 맞을 수 없다는 사실을 깨달았다. 그가 관찰한 완두는 흰색 아니면 보라색 꽃만 생겼지 두 색이 혼합된 꽃은 피우지 않았기 때문이다. 또한 한 가지 특성이 수 세대 동안 사라졌다가 다시 나타나기도 했다. 멘델은 크기와 색 같은 특성이 부모에게서 물려받은, 후에 유전자라는 이름을 갖게 되는 유전적 표시에 의해 통제된다는 가설을 제기했다.

그러나 멘델이 1866년에 한 오스트리아 저널을 통해 논문을 발표했을 때 그의 연구 대부분은 무시되었다. 그는 수도원장이 된 후에는 과학 실험을 계속할 시간적 여유가 없었고, 남은 생애 동안 수도원 세금과 관련된 논쟁에 휘말려 지냈다. 멘델은 62세에 신장 질환으로 사망했다. 15년 후 그의 논문이 마침내 재발견되었고, 그는 사후에야 유전학의 아버지로 인정받게 되었다.

- 멘델은 실험에서 총 일곱 가지 특성을 살펴보았는데, 실험이 완료되기까지 2만 8000개의 완두와 8년의 세월이 필요했다.
- 특성이 한 세대에서 다음 세대로 전해지는 것을 보여주긴 했지만, 그는 실제로 그 과정이 어떻게 발생하는지 전혀 알지 못했다. 이 수수께끼는 1953년에 프랜시스 크릭과 제임스 왓슨이 DNA를 발견하면서 풀렸다.

249 THU 악당 와일드 빌 히콕

원칙적으로 와일드 빌 히콕(Wild Bill Hickok, 1837년~1876년)은 좋은 사람이었다. 그는 남북전쟁에서 북부 연맹군으로 싸웠고 성인기 대부분은 보안관 배지를 달고 살았다. 그는 미국 서부 전역의 여러 마을에서 보안관으로 선출되었고 질서를 유지하지 못한 적이 거의 없다. 그러나 히콕은 미국 서부에서 악명 높은 총잡이 중 하나로 그가 행한 무법 살인이 수십 건에 달했던 것으로 추정된다. 그는 도박꾼, 결투사, 자유분방한 청부 살인자로 유명했다. 총을 빨리 뽑는 '퀵 드로(quick draw)' 결투에서부터 그의 목숨을 앗아간 포커 게임에 이르기까지, 서부 개척지의 여러 전설이 히콕에게서 유래했다.

제임스 버틀러 히콕(James Butler Hickok)은 일리노이주에서 태어났다. 그는 스물다섯 살에 이미 네브래스카의 총격전에서 여러 명을 죽인 후 살인 혐의로 재판을 받고 무죄 판결을 받은 경험이 있었다. (배심원이 그의 정당방위 주장을 받아들였다.) 그리고 남북전쟁이 벌어지자 정찰병과 이따금 스파이로 활동하며 북부 연맹을 위해 싸웠다. 전쟁 이후 히콕은 최초로 기록된 퀵 드로 결투에서 싸워 이겼다. 퀵 드로는 무수한 서부영화에서 끝없이 등장하는 결투 유형이다. 그는 땅거미가 질 무렵 마을 광장에서 결투를 벌여 이겼고, 살인죄로 체포되었지만 이번에도 혐의를 벗었다. 히콕은 인터뷰에서 100명을 죽였다고 주장하며 의도적으로 전국적인 유명세를 도모했다. 1870년대에는 캔자스주의 여러 마을에서 보안관 또는 경찰서장으로 일했다. 그는 1876년에 블랙 힐스에 이는 골드러시에 합류해 부자의 꿈을 안고 사우스다코타주로 이주했다.

1876년 8월 2일 그는 데드우드의 살롱 넘버 10을 찾아가 포커 게임에 합류했다. 그는 에이스 두 장과 8 두 장으로 된 투페어로 좋은 패를 들었으나 운이 나빴다. 카드를 바라보는 그를 잭 맥콜이 뒤에서 총으로 쏴 죽였던 것이다. 살인 동기에 대해서는 의견이 분분하다. 그는 재판에서 자신의 형제를 죽인 복수로 히콕을 쐈다고 주장했다. 그가 그날 아침 자신을 놀리는 히콕에게 화가 났다거나, 그가 술에 취했었다는 이야기도 있다. 이유가 무엇이든 맥콜은 유죄 판결을 받고 이듬해 교수형에 처해졌다.

- 2008년에 민주당 대통령 후보였던 버락 오바마는 캔자스주에서 태어난 어머니 앤 던햄 쪽으로 히콕과 먼 친척 관계라고 주장했다.
- HBO TV시리즈 〈데드우드〉에서는 키스 캐러딘이 히콕을 토대로 만들어진 가공인물로 분했다.
- 포커에서는 에이스 두 장과 8 두 장이 포함된 패를 데드맨스 핸드(dead man's hand)라고 부르는데, 도박꾼 사이에서 이는 불운으로 여겨진다.

250 FRI 예술가 마크 트웨인

1863년 2월 3일, 네바다주의 개척 도시 버지니아시티의 한 신문이 익살스러운 기사를 실었다. 그 기사는 새뮤엘 클레멘스가 쓴 것으로, 그는 2년 전에 자신이 태어난 미주리주를 떠나 네바다주로 온 사람이었다. 그러나 클레멘스는 실명 대신 마크 트웨인(Mark Twain, 1835년~1910년)이라는 이름을 사용했다. 그는 소설, 에세이를 써서 19세기 문학사에서 매우 유명한 미국 작가이다. 일부 비평가는 가장 유명한 그의 저서《허클베리 핀의 모험》(1885년)을 '가장 위대한 미국 소설'로 꼽기도 한다.

마크 트웨인은 어린 시절 대부분을 미시시피강 위쪽 도시 한니발에서 보냈다. 이 도시에서 끊임없이 오고 가는 도둑, 사기 도박꾼, 강 보트 사기꾼 그리고 모험을 찾아 헤매는 사람들은 마크 트웨인이 다채로운 여러 가공인물을 만들어내는 데 영감을 제공했다. 그는 몇 가지 직업을 거친 후 1859년에 강 보트의 도선사가 되었다. 남북전쟁이 일어나면서 강 위의 상업 활동도 끝나자 그는 남부 연합군에 합류할지, 아니면 서부로 갈지 선택해야 했다. 남부 연합군에서 몇 주를 보낸 후 마음을 바꾼 그는 부대를 떠나 네바다주로 향했다. 서부에서 몇 년간 지내는 동안 그는 문학적 명성을 얻게 되었다. 그는 1870년에 결혼한 후 1871년에 동부 코네티컷주의 하트퍼드로 이주했고, 그곳에서 남은 생애를 보냈다.

미주리주에서 보낸 어린 시절을 바탕으로 쓴《톰 소여의 모험》은 1876년에 출간되었고, 그 뒤를 이어 1885년에는《헉 핀》을 출간했다. 소설의 화자이자 교육을 받지 못한 어린 소년의 이름을 딴 이 소설은 도망친 노예 짐과 함께 뗏목을 타고 미시시피강을 따라 모험을 하는 헉의 이야기가 담겨 있다. 마크 트웨인의 저명한 작품으로는《왕자와 거지》(1881년),《아서왕 궁전의 코네티컷 양키》(1889년),《바보 윌슨》(1894년) 등이 있다. 그는 75세의 나이로 코네티컷에서 사망했다.

- 마크 트웨인은 미국의 태평양 확장과 필리핀 합병에 반대하는 반제동맹의 부회장이었다.
- 마크 트웨인에 의하면 그의 필명은 미시시피강의 강 보트 선원들이 사용하던 용어에서 영감을 받았다고 한다. 보트가 안전하게 항해하려면 물의 깊이가 최소한 3.6m가 되어야 하는데 마크 트웨인이란 물이 충분히 깊다는 것을 의미했다.
- 마크 트웨인은 1907년에 옥스퍼드대학교에서 명예박사 학위를 받았다.

251 SAT 개혁가 제로니모

제로니모(Geronimo, 1829년~1909년)는 미국의 남서부 확장에 마지막으로 저항했던 아파치 인디언의 전쟁 지도자였다. 1886년에 미군에 잡혀서 수감되기 전까지 제로니모는 서부 전역에서 완강하게, 때로는 무자비하게 아파치 전통의 땅을 방어한 전설적인 인물로 꼽힌다. 제로니모의 체포로 오늘날의 애리조나와 뉴멕시코 지역에서 벌어진 대규모의 조직적 원주민 저항은 종지부를 찍었다. 그는 남은 생애 대부분을 포로수용소에서 보냈고 수감 중에 사망했다.

제로니모는 오늘날의 애리조나 남부에서 태어났다. 그가 어렸을 때는 아파치가 그 지역을 다스렸지만 멕시코와 미국으로부터 점점 더 많은 위협을 받고 있었다. 제로니모는 열일곱 살에 결혼했고 1850년대 초 멕시코와의 전쟁에 참전했다. 그의 어린 아내는 멕시코 군사들에게 죽임을 당했는데, 그로 인해 침입자들에 대한 그의 적대감이 불타오르게 되었다. 말을 탄 채 급습을 가하고, 자신을 잡기 위해 파병된 거대한 원정군을 피하는 능력으로 유명한 그는 그 후로 30년간 거의 끊임없이 싸웠다. 아파치 추장인 코치스가 죽은 후 제로니모는 부족에서 가장 걸출한 전사가 되었고 점차 봉건체제의 권력에 맞선 마지막 저항자로 변모해갔다.

미군은 1875년과 1885년에 제로니모를 찾는 데 거의 성공할 뻔 했으나 그는 두 번 모두 도망에 성공했다. 그러나 그의 세력은 줄어들고 있었다. 마침내 그가 체포되었을 때는 400명의 남성과 여성, 아이들만 남았을 뿐이었다. 감옥에서 제로니모는 급속하게 사라지는 서부의 살아 있는 상징이 되었다. 그는 1904년에 만국 박람회에 등장했으며, 심지어 1905년에는 시어도어 루스벨트 대통령의 취임식 퍼레이드에서 행진하기도 했다. 그러나 79세의 노인이 되었음에도 그를 두려워하던 봉건 정부는 고향으로 보내달라는 그의 요청을 계속해서 거부했다. 그는 1909년 오클라호마주 포트실에서 사망했다.

- 제로니모라는 이름은 멕시코 사람들이 만든 것으로 널리 알려졌다. 제로니모의 아파치 이름은 고야트레이(Goyathlay)로, 원주민어로 '하품하는 사람'을 뜻한다.
- 제2차 세계 대전 동안 미국의 공수부대가 비행기에서 낙하산을 타고 낙하하기 직전에 종종 "제로니모!"라고 외쳤다. 이 전통은 한 낙하산 부대원이 낙하하기 전날에 제로니모에 관한 영화를 본 후 그다음 날 아침 비행기에서 뛰어내릴 때 긴장을 덜기 위해 그의 이름을 부른 데서 유래한 것으로 추정된다.

252 SUN 선지자 케이트 폭스

케이트 폭스(Kate Fox, 1839년경~1892년)는 자신들이 죽은 사람과 소통할 수 있는 주술적인 힘을 가졌다고 수천 명의 미국인과 유럽인을 믿게 만든 세 명의 폭스 자매 중에 가장 악명 높은 인물이다. 그녀는 속아 넘어간 추종자들을 대상으로 수백 건의 교령회(산 사람이 죽은 혼령과 교류를 시도하는 것 – 옮긴이)를 실시하고 그 과정에서 수천 달러를 벌었지만 자매 중 한 사람이 '심령론'이 사기라고 밝히면서 가난하게 살다가 죽었다.

케이트, 레아, 마가릿으로 구성된 폭스 자매는 캐나다의 한 농장에서 태어나 1847년에 뉴욕주 북부로 이주했다. 그들은 1848년에 처음으로 침실에서 톡톡 두드리는 이상한 소리를 들었다고 말했다. 기이한 '로체스터의 톡톡 두드리는 소리(Rochester Rappings)'에 관한 소문은 급속도로 퍼져 나갔고, 1850년에 이르렀을 때 이 어린 폭스 자매는 이미 반향을 일으키고 있었다. 소설가 제임스 페니모어 쿠퍼, 역사가 조지 밴크로프트, 기자 윌리엄 컬런 브라이언트를 비롯한 많은 미국의 유명인이 이 자매가 대중 앞에서 선보인 시범에 참여했다. 부유한 뉴욕 사람들은 죽은 친척이나 사망한 역사적 인물과 소통하기 위해 이 자매에게 돈을 주고 사적인 교령회를 가졌다. 노예제도 폐지론, 여성의 권리, 급진적 정치 명분을 수용하는 많은 미국인에게 심령론은 매력적으로 다가갔다. 급진적인 퀘이커교도이자 노예제도 폐지론자인 에이미 포스트는 자매를 집으로 불러 다른 개혁가들에게 소개하기도 했다.

그러나 1860년대에 이르자 열기가 시들해졌고, 케이트와 마가릿은 알코올중독자가 되어 있었다. 요양원에서 몇 년을 보낸 후 케이트는 1871년에 영국으로 건너가 결혼 후 두 아들을 낳았으며, 1885년에 미국으로 돌아왔다. 그녀는 1888년에 주취로 체포되어 양육권을 잃었다. 그 후 같은 해에 신문사와의 인터뷰를 통해 마가릿이 심령론을 공개적으로 철회하고, 이 모든 것이 자신들이 만들어낸 장난임을 시인했다. 사기 행각이 드러난 후 케이트는 모든 돈을 잃었고 5년 후 세상에서 잊힌 상태로 사망했다.

- 1888년 폭로에서 마가릿은 그들이 엄지발가락을 관절에서 잡아 뺐다가 다시 껴 넣는 방식으로 신비한 톡톡 소리를 만들어냈다고 설명했다. 그들은 또한 덜컹거리는 소리를 내기 위해 줄에 사과를 매달아 사용하기도 했다.
- 폭스 자매의 지지자 중에는 〈뉴욕 트리뷴〉의 편집자이자 노예제도 폐지론자인 호레이스 그릴리도 있었는데, 그는 교령회에 참석한 후 1850년에 케이트의 교육비를 지불하기 시작했다.
- 폭스 자매가 살던 뉴욕주 북부 지역에는 새로운 종교단체가 다수 자리했었다. 밀러교와 모르몬교가 모두 이 지역에서 유래했고, 오나이다 공산촌을 비롯한 몇몇 유토피아 공동체도 뉴욕주 북부에서 생겨났다.

253 MON 리더 시팅 불

시팅 불(Sitting Bull, 1831년경~1890년)은 1876년에 리틀 빅혼 전투에서 미군의 제7대 기마부대를 물리친 것으로 유명한 수족 전사이자, 성자, 추장이다. 그들이 조지 암스트롱 커스터 중령이 이끄는 부대를 물리친 것은 미국인에게 큰 충격이었고, 아메리카 원주민 사이에서는 시팅 불이 영웅으로 추대되는 결과를 가져왔다.

오늘날 사우스다코타주의 그랜드강 인근에서 태어난 시팅 불은 미네소타주에서 몬태나주에 이르는 대평원 전역에 뻗어 살던 수족의 훙파파 라코타 분파의 일원이었다. 미국은 남북전쟁 이후 서부로 급속도로 확장되었다. 철도와 전신선이 고대 수족의 사냥터에 깔렸고 부족의 음식이 되어준 들소 떼에 대한 사냥도 심해져 멸종될 상황에 이르렀다. 수족의 신성한 영역이었던 사우스다코타주의 블랙 힐스에서 발견된 금은 새로운 정착민의 유입으로 이어졌다. 블랙 힐스는 수족과 미국 정부가 맺은 조약으로 특별히 보호를 받았던 곳이지만 1876년에 미국이 일방적으로 조약을 취소해버렸다.

시팅 불이 꿈에서 미리 보았다고 하는 리틀 빅혼 전투는 1876년 6월 25일에 커스터 중령의 기마부대가 수족 전사들의 진영을 공격하면서 시작되었다. 커스터 중령은 수족 병력의 규모를 과소평가했고, 그의 파견대 전체가 시팅 불과 오그랄라 라코타 수(Oglala Lakota Sioux)의 전쟁 참모였던 크레이지 호스(Crazy Horse)가 이끄는 전사들에 의해 말살되었다. 대학살 소식이 워싱턴에 도달하자 수천 명의 병력이 추가로 파견되었다. 그로부터 5년 동안 군대는 수족 추장들을 추적했다. 시팅 불은 1877년에 캐나다로 도망쳤지만 1881년에 강제로 소환되어 투항할 수밖에 없었다. 그는 "내가 우리 부족 가운데 마지막으로 총을 넘겨준 사람으로 기억되길 바란다"라고 말했다.

1890년 인디언 보호 구역에 갇힌 수족은 백인을 몰아내고 그들의 전통 방식대로 살아가게 해줄 것이라고 믿었던 고스트 댄스(Ghost Dance)라는 종교의식을 연이어 실시했다. 그 의식이 아메리카 원주민들의 저항심을 소생시킬까 봐 두려워했던 연방 당국은 경찰을 보내 시팅 불이 의식에 참여하지 못하도록 체포하라고 명령했다. 그는 체포 과정에서 벌어진 총격전에서 죽고 말았다.

- 시팅 불은 사우스다코타주의 도시 모브리지에 묻혔다. 그 자리에 1200만 달러 규모의 기념비를 세우려던 계획은 2007년에 그의 후손 일부가 묘지를 관광지로 바꾸는 데 반대하면서 보류되었다.

254 TUE 철학자 카를 마르크스

독일에서 태어난 기자 겸 정치 해설가였던 카를 마르크스(Karl Marx, 1818년~1883년)는 전 세계 공산주의의 지적 창시자였고 20세기 들어 그의 원칙을 따르는 '마르크스주의' 사회를 구축하겠다고 주장하는 수십 개의 정권이 생겨났다. 그런 공산주의 체제에 인류 역사상 가장 잔혹한 몇 가지가 포함되었다는 사실은 불가피하게 마르크스의 평판을 어지럽혔다. 그러나 마르크스는 스스로를 경제, 정부 그리고 사회의 상호작용을 분석하고 기록하고자 했던 역사가로만 여겼다.

마르크스는 독일 라인 지방의 트리어에서 태어났다. 그는 철학을 공부했으며, 1841년에 고대 그리스 철학자들에 관한 논문으로 박사 학위를 받았다. 그러나 학교에 일자리를 얻을 수 없었던 마르크스는 1840년에 기자로 일하기 시작하면서 여러 유럽 국가들 안에서 발생하던 급진적인 운동을 보도했다. 1848년, 혁명의 물결이 이탈리아, 프랑스 그리고 독일의 일부 지역을 휩쓸었다. 그는 대륙 전역에 부는 불만을 토로하기 위해 같은 해에 《공산당 선언》이라는 짧은 소책자를 공동 집필했다. "한 유령이 유럽을 배회하고 있다, 공산주의라는 유령이"라는 유명한 경고를 담은 이 선언은 아마도 마르크스의 저서 중 가장 유명한 작품일 것이다.

그러나 이 책은 여러 면에서 그의 스타일과 다르다. 마르크스가 평생을 들여 집필한 저서 《자본론》은 계급과 경제에 관한 장황하고 복잡한 논문이다. 마르크스는 역사가 생산능력의 발전에 의해 통제된다고 상정한 '역사의 이론'을 제시했다. 그는 봉건주의를 대체한 19세기의 산업 자본주의가 인간 발달의 한 단계에 불과하며 결국 공산주의로 넘어가게 될 것이라고 믿었다. 마르크스의 설명에 따르면 공산주의 아래에서는 노동자들이 스스로 부의 창출을 통제하고 공평한 분배가 이루어지도록 보장한다.

급진파와의 연관성으로 인해 마르크스는 독일, 벨기에, 프랑스 등 몇 나라에서 추방당했다. 그는 결국 1849년에 런던까지 가게 되었고, 그곳에서 남은 생애를 보내다가 65세의 나이로 사망했다.

- 마르크스는 한 번도 미국을 방문한 적이 없었지만, 남북전쟁 당시 북부 연맹을 열렬히 지지했으며, 〈뉴욕 트리뷴〉의 유럽 통신원을 잠시 맡기도 했다.
- 마르크스는 프리드리히 엥겔스와 자주 협력했다. 엥겔스는 마르크스와 함께 《공산당 선언》을 공동 집필했으며 이후에는 《자본론》의 마지막 두 권을 편집하기도 했다.
- 사회계층을 설명하기 위해 마르크스는 전 세계의 정치 언어가 된 두 가지 용어를 만들었다. 그는 '프롤레타리아'는 착취당하는 노동자 계급이라고 믿었고, 중산층이 그가 '부르주아'라고 불렀던 계층을 형성한다고 믿었다.

255 WED 혁신가 루이 파스퇴르

1885년 7월 4일, 조셉 마이스터라는 아홉 살배기 프랑스 소년이 집 근처에서 놀다가 광견병에 걸린 개에게 물렸다. 그의 예후는 좋지 않았다. 절망에 빠진 마이스터의 어머니는 프랑스에서 가장 유명한 과학자 루이 파스퇴르(Louis Pasteur, 1822년~1895년)를 찾아갔다. 파스퇴르는 3년 전에 광견병 치료제를 개발해서 개와 토끼를 대상으로 실험을 마친 상태였다. 그러나 파스퇴르는 치료제가 사람에게 사용될 만큼 준비된 상태는 아니라고 여겼다.

세균 연구로 미생물학의 창시자로 여겨지는 파스퇴르는 프랑스 동부에서 태어나 1847년에 화학과 박사 학위를 취득했다. 그는 연구실에서 치명적인 질병을 다루었지만 개인적인 위험은 걱정하지 않는, 두려움 없는 연구가로 알려졌다. 그의 주요 발견 중 하나인 저온 살균은 프랑스 우유에서 치명적인 곰팡이균과 박테리아를 제거하고 수천 명의 목숨을 살렸다. 이와 유사한 과정은 프랑스 맥주와 실크 산업을 구하는 데도 도움을 줬다. 세균을 연구하면서 그는 의사들에게 수술 전에 손을 씻고 수술 기구를 살균하도록 권장했는데, 이 단순한 과정이 치사율을 급격하게 감소시켰다.

파스퇴르의 광견병 실험은 1882년에 시작되었다. 백신은 치명적이지 않은 소량의 병균을 환자에게 침투시켜 몸이 면역력을 갖게 만드는 방식으로 작용한다. 파스퇴르는 광견병에 걸린 동물로부터 병균을 얻은 후 연구소에서 약화시키면 백신을 만들 수 있으리라는 가설을 세웠다. 마이스터의 어머니가 그에게 도움을 청했을 때는 열한 마리의 개에 대한 백신 실험에서 성공한 후였다. 백신이 효과가 없거나 아니면 소년의 죽음을 앞당길까 봐 두려워하던 파스퇴르는 망설임 끝에 백신 투여에 동의했고 결과는 성공이었다. 파스퇴르는 이후 10년 동안 많은 광견병 피해자를 치료했고 이는 파스퇴르에게는 가장 큰 업적이었다.

- 1995년, 프린스턴대학교의 역사가였던 제럴드 게이슨은 파스퇴르의 연구 노트를 분석한 내용을 출간했는데, 그에 따르면 파스퇴르가 동료들에게서 아이디어를 훔쳤고, 연구 결과 일부를 조작했다고 한다. 특히 게이슨은 파스퇴르가 마이스터에게 투여한 백신을 개를 상대로 실험했다는 주장이 거짓이라고 비난했다. 실제로 파스퇴르가 개를 상대로 테스트한 백신은 투여한 것과 조금 달랐다. 파스퇴르가 아홉 살 소년에게 투여한 것은 한 번도 테스트되지 않은 것이었다.
- 파스퇴르 연구소는 지금까지도 전염병 연구의 중심 센터로 존재한다. 1983년에 처음으로 에이즈의 원인인 HIV 바이러스를 구분해낸 곳도 그곳이었다.

256 THU 악당 네드 켈리

오스트레일리아에서 거의 전설에 가까운 인물인 네드 켈리(Ned Kelly, 1855년~1880년)는 국가의 영웅으로 여겨지는 범법자이자 노상 강도이다. 그는 직접 만든 갑옷을 입고 식민지 당국에 맞선 최후의 저항으로 유명하다. 세 명의 경찰관을 살해한 혐의로 체포되어 유죄 판결을 받은 그는 스물네 살에 멜버른에서 교수형에 처해졌다. 가톨릭 신자였던 켈리는 자신의 행동이 오스트레일리아에서 가톨릭 신자들이 당한 학대로 인한 것이었다고 주장했다. 일부 사람들에게 그는 억압에 대항한 투쟁의 상징이자, 영국의 식민지 관행에 대한 광범위한 반대를 반영하는 '사회적 강도'였다.

19세기 초에 식민지 오스트레일리아는 영국 범죄자들을 처벌하기 위한 용도로 쓰였다. 켈리의 아버지인 존 켈리는 아일랜드 재소자로 1840년대에 태즈메이니아로 추방되었다가 풀려난 후 엘렌이라는 오스트레일리아 여성과 결혼했다. 네드는 그들의 첫아들이었다. 존 켈리는 후에 다시 체포되었고 네드가 열한 살 때 사망했다. 그로부터 얼마 지나지 않아 네드 켈리 역시 범죄를 저지르기 시작했다. 그는 1870년대 초에 폭행, 강도, 소도둑 등 다양한 혐의로 체포되었고, 10대에 두 번이나 수감되었다. 감옥에서 풀려난 후 켈리는 그보다 훨씬 더 심각한 범죄인 경찰관 폭행 혐의를 받았다. 그는 1878년에 남동생과 함께 숨어버렸다. 그를 잡기 위해 경찰관들이 도착했을 때 켈리 형제는 그중 세 명을 살해했고 그로 인해 지명수배자가 되었다. 그들은 은행 강도를 저지르기 시작했고, 네드 켈리는 대중에게 자신의 동기를 설명하는 편지를 썼다. 편지에서 그는 가톨릭 신자들을 괴롭히는 경찰을 공격했고 개신교도들에게 유리한 듯한 토지정책을 비판했다.

네드 켈리는 아마도 그가 가장 많은 범죄를 저지르던 글렌로완의 한 여관에서 결국 궁지에 몰렸다. 경찰에 둘러싸인 채 그는 직접 만든 갑옷을 입고 여관에서 나타나 총알 세례를 뚫고 살아남았다. 결국 다리에 총을 맞았는데, 경찰은 그제야 이 유명한 강도를 잡을 수 있었다.

- 네드 켈리는 여러 편의 영화에서 그려졌다. 1970년에는 믹 재거가, 2003년에는 히스 레저가 이 범죄자를 연기했다.
- 오스트레일리아 작가 피터 케리가 켈리의 생애를 토대로 쓴 소설, 《켈리 갱의 진짜 이야기》는 2001년에 맨부커상을 수상했다.

257 FRI 예술가 빈센트 반 고흐

아이러니하게도 빈센트 반 고흐(Vincent van Gogh, 1853년~1890년)는 오늘날 그를 유명하게 해준 환각적이고 거친 그림에 대한 영감을 얻기 위해 네덜란드를 떠나야만 했다. 화가로 일하기 시작했던 초반에 고국에서 고전하던 반 고흐는 1886년에 프랑스로 이주했다.

반 고흐는 네덜란드 남부의 작은 마을에서 태어났다. 신앙심이 깊었던 그는 성직자가 되기 위해 공부했지만 신학교 입학시험을 통과하지 못했다. 그러나 좌절하지 않고 벨기에의 한 석탄 광산에서 개신교 선교사로 잠시 일했는데, 그때 만났던 가난한 노동자들이 초기 작품에 영감을 주었다. 마침내 1880년에 종교 관련 일을 포기한 반 고흐는 브뤼셀로 건너갔고, 그곳에서 가족들의 독려로 그림 수업을 받게 되었다. 그의 삼촌과 남동생 테오(Theo)는 모두 미술상이었는데, 평생 반 고흐를 지원해주었다. 반 고흐는 초기 주요 작품 중 하나인 〈감자 먹는 사람들〉을 1885년에 완성했다. 대부분 독학으로 그림을 공부했던 반 고흐의 작품은 전통적인 여러 그림 기법을 깨뜨렸다. 원근법이 뒤틀린 것도 있었고, 색감도 실제와 거의 닮지 않았다. 그는 언젠가 이렇게 설명한 바 있다. "눈앞에 놓인 것을 그대로 그려내려고 노력하기보다 나는 나 자신을 강력하게 표현하기 위해 내 마음대로 색깔을 사용했다."

반 고흐가 폭발적인 창의력을 발휘하던 1885년부터 1890년까지가 그가 가장 생산적이었던 시기다. 특히 1886년 파리로 이주한 후에는 압생트(독한 술의 일종-옮긴이)와 점점 불안정해지는 그의 정신 상태로 인해 미친 속도로 연이어 대표작을 그려냈다. 그가 파리 이주 후 그린 그림은 200여 점이나 된다. 정신적 문제가 악화되면서 반 고흐는 1888년 말에 자기 한쪽 귀의 아래쪽을 잘랐고, 스스로 정신병원에 찾아갔다. 그는 정신병원에 갇힌 상태에서 유명한 작품 〈별 헤는 밤〉을 그렸다. 1890년에 이르자 그의 작품이 파리에서 주목받기 시작했다. 반 고흐는 종종 생생하고 자연스럽지 않은 색을 작품에 이용한, 대부분 프랑스 화가들로 구성된 후기 인상파로 분류되곤 한다. 그러나 그해 여름, 우울증이 재발하면서 반 고흐는 파리 북부의 한 벌판에서 서른일곱 살 나이로 자살하고 말았다.

- 미국 감독 마틴 스코세이지는 1990년도 일본 영화 〈유메〉에서 반 고흐 역을 맡았다.
- 반 고흐는 생전에 단 하나의 작품밖에 판매하지 못했지만 지금 그의 작품들은 현존하는 미술작품 중에 가장 고가에 속한다. 1990년에 반 고흐가 그린 자신의 정신과 의사 폴 가셰의 초상화가 한 일본 사업가에게 8250만 달러에 판매되었다.

258 SAT 개혁가 아이다 벨 웰스

선도적인 기자이자 사회 개혁가인 아이다 벨 웰스(Ida B. Wells, 1862년~1931년)는 미국 재건시대 후 남부에서 흑인들이 견뎌야 했던 잔혹한 폭력을 세상에 알린 사람이다. 그녀의 가장 유명한 저서《남부의 참상》(1892년)은 흑인에게 가해지는 폭력을 생생하게 묘사함으로써 전국을 충격에 빠뜨렸다. 그러나 남부에서의 가혹행위는 그 후로도 몇십 년 동안 계속되었다.

미시시피에서 노예로 태어난 웰스는 남북전쟁이 종식되면서 가족과 함께 자유의 몸이 되었다. 그녀가 10대였을 때 부모가 당시 유행하던 황열로 사망하면서 웰스는 강제로 학교를 떠나게 되었다. 그녀는 고학으로 대학을 나왔고 1880년에 멤피스로 이주했다. 1883년에 그녀는 백인 전용 기차칸에서 쫓겨난 일로 철도회사를 인종 차별로 고소했지만 소득을 보지 못했다. 그로부터 10년 후에는 그녀의 친구 세 명이 멤피스의 백인 무리에게 살해당하는 일이 발생했다. 웰스가 '백인 지상주의에서 얻은 최초의 교훈'이라고 지칭한 멤피스에서의 살인 사건 후 웰스는 백인에게 죽임을 당한 흑인들의 구체적 사례를 묘사하며 인종 차별을 맹렬히 비난하는 글을 쓰기 시작했다. 많은 흑인이 백인 여성들과 관계를 맺었다는 혐의로 죽임을 당했지만, 웰스는 강간 혐의는 흑인을 죽이는 구실에 불과할 때가 많다고 폭로했다. 예컨대 멤피스에 살던 그녀의 친구들은 백인 소유의 상점과 경쟁하는 식료품점을 성공적으로 운영하고 있었다.

그로부터 30년 동안 웰스는 폭력 사례 목록을 만들어 미국인이 인종 차별 문제에 정면으로 맞서게 만들었다. 그녀는 보도로 인해 개인적인 위험에 노출되기도 했는데, 한번은 폭행을 간신히 모면하기도 했다. 그녀는 또한 전미유색인종협회(NAACP)를 설립했으며 해외를 돌아다니면서 미국 내에서 흑인들이 처한 곤경을 널리 알렸다. 웰스는 자서전《정의를 위한 운동》을 1928년에 집필하고 3년 후 69세의 나이로 사망했다.

- 웰스는 시카고 신문 편집자인 퍼디난드 바넷과 1895년에 결혼했는데, 미혼 때 성을 그대로 유지하면서 전통을 깨뜨렸다.
- NAACP는 1940년대까지 계속해서 폭행 사례를 기록했다. 총 피해자 수에 대해서는 의견이 분분하지만, 대략 3000명의 흑인이 남북전쟁과 제1차 세계 대전 사이에 피해를 당해 사망한 것으로 추정된다.
- 웰스는 1990년에 미국 우표에 실렸다.

259 SUN 선지자 존 험프리 노예스

뉴욕주 오나이다에 유토피아적인 종교 공동체를 설립한 논란 많은 인물, 존 험프리 노예스(John Humphrey Noyes, 1811년~1886년)는 성과 결혼에 대한 급진적인 가르침으로 악명이 높았다. 그러나 그의 공동체는 종교적 낙관주의라는 새로운 의식을 수용하여 19세기 미국 기독교 부활의 원동력이 되어주기도 했다.

아버지가 주의회 의원으로 활동하던 버몬트주 브래틀버러에서 태어난 노예스는 다트머스 칼리지에 다녔다. 졸업 후 그는 잠시 뉴햄프셔에서 변호사로 일하기도 했지만, 찰스 그랜디슨 피니의 고무적인 설교를 듣고 난 후 신학교에 입학하기로 결심했다. 노예스는 예일신학교에서 성경에 몰두하다가《요한복음》의 한 구절에 끌렸다. 그 성경 구절을 토대로 그는 그리스도의 재림이 이미 70년에 발생했으며 따라서 성경에서 가리키는, 그리스도 재림 후 인간의 완성이 이루어지는 시기인 새천년은 이미 시작되었다고 결론지었다. 노예스의 주장은 정통 기독교 신앙에 위배되었고, 그는 1834년에 예일신학교에서 퇴학당했다. 그러나 뉴욕주와 뉴잉글랜드에서 그의 '완전주의(perfectionism)'를 믿는 사람들이 생겨났다. 그는 1840년에 버몬트주 퍼트니에서 추종자들의 첫 번째 '신성 공동체'를 결성하고 1848년에는 공동체를 오나이다로 옮겼다.

인간이 완전하고 죄로부터 자유롭다고 믿었던 노예스는 전통적인 성적 규범을 저버리고, "성관계가 법에 의해 제약을 받을 이유가 없다"라고 선언했다. 노예스는 1847년에 자신의 아내인 헤리엇을 공동체 일원과 맞바꿈으로써 선례를 보였고, 그로 인해 간통죄로 체포되었다. 오나이다는 '단체 결혼'으로 가장 잘 알려지긴 했지만, 가방, 실 그리고 유명한 오나이다 식기류를 제작하는 성공적인 자립 경제 기업으로도 유명하다. 그들은 일과 보상을 나누면서 19세기 미국에서 성공한 몇 안 되는 유토피아적 공동체를 만들었다. 노예스는 강간죄로 1879년에 캐나다로 도피했으며 온타리오에서 75세의 나이로 사망했다. 오나이다 공동체는 1881년에 공식적으로 해체되었지만 오나이다 식기 회사로 다시 살아나 지금까지도 남아 있다.

- 미국 19대 대통령인 러더퍼드 헤이스는 노예스의 사촌이다.
- 노예스가 도입한 규정에 따르면 피임에 대한 책임은 오나이다 공동체의 남성들에게만 있다. 그들은 임신을 피하기 위해 '금욕', 즉 자제력을 연습해야 했다.
- 대부분의 오나이다 공동체 일원은 엄격한 채식주의 식단을 고수했으며, 음주와 흡연이 금지되었다.

260 MON 리더 윌리엄 글래드스턴

윌리엄 글래드스턴(William Gladstone, 1809년~1898년)은 영국에서 가장 오랫동안 수상을 역임한 인물이다. 그는 또한 보수당 지도자이자 두 번의 임기 동안 수상을 역임한 벤자민 디즈레일리의 오랜 숙적으로도 잘 알려져 있다. 이 두 사람은 정치적으로도 개인적으로도 숙적이었다. 디즈레일리는 글래드스턴을 '대 악당'이라고 지칭했으며 그가 미쳤다고 의심했다. 글래드스턴은 자신의 라이벌을 '참을 수 없을 정도로 멋 부리는 사람'으로 여겼다.

리버풀에서 태어난 글래드스턴은 영국 정치가들을 배출하는 이튼대학교와 옥스퍼드대학교를 나왔다. 그는 1832년에 토리 당원으로 의회에 처음 선출되었으며 1852년에는 보수당 내각에서 재무장관으로 일했다. 글래드스턴은 1835년 영국의 한 정찬 파티에서 처음으로 디즈레일리를 만났다. 당시 이 야심 찬 젊은 정치가들은 정치적 동반자 입장이었지만 만나는 순간부터 충돌하기 시작했다. 글래드스턴은 유머 감각이 거의 없는 성실하고 신심 깊은 기독교 신자였고, 디즈레일리는 종교적 신념이 거의 없는 전투적이고 빈정대는 사람이었다. 글래드스턴은 1859년에 자유당으로 이적했고 1867년에는 당수로 선출되었다. 이듬해 자유당이 국민투표에서 승리하면서 디즈레일리가 차지했던 수상직을 글래드스턴이 이어받게 되었다. 첫 번째 임기 동안 글래드스턴은 아일랜드에서 가톨릭 신자들에게 가해지던 제재를 덜고, 초등학교 시스템을 구축했으며 소득세를 줄이는 몇 가지 법안을 통과시켰다. 그러나 1874년에는 디즈레일리가 압도적인 표 차로 글래드스턴을 이겼다. 패한 글래드스턴은 디즈레일리 정권의 신랄한 비평가가 되었고 불가리아에서 벌어지는 터키의 탄압을 모른 척한다면서 디즈레일리를 비난했다. 그는 1880년에 다시 수상직에 올랐으며, 1886년과 1892년에도 연임했다.

정치 생활이 끝날 무렵 GOM(Grand Old Man, '원로'라는 뜻 – 옮긴이)이라는 별명이 붙은 글래드스턴은 영국 자유주의의 대표가 되었다. 89세의 나이로 웨일스에서 사망한 그의 장례식은 국장으로 치러졌다.

- 다른 여러 영국 정치인과 마찬가지로 글래드스턴도 미국 남북전쟁이 일어나는 동안 남부에 동조했다. 그는 1862년에 남부 연합을 지지하는 연설을 했는데, 후에 그 입장을 후회한다고 밝혔다.
- 글래드스턴의 정책에 자주 경악했던 빅토리아 여왕은 한때 그를 '반쯤 미친 선동가'라고 부르기도 했다.

261 TUE 철학자 존 스튜어트 밀

존 스튜어트 밀(John Stuart Mill, 1806년~1873년)은 어린 시절부터 유명한 철학자가 되기 위한 교육을 받았다. 그의 아버지인 스코틀랜드의 급진파 제임스 밀은 아들이 세 살 때부터 그리스어를 가르쳤고, 고작 여덟 살이었을 때 라틴어를 가르쳤다. 열 살이 되었을 때 존 스튜어트 밀은 플라톤의 저서를 그리스어로 읽을 수 있었다. 열두 살 때는 아버지의 성화에 중세 스콜라 철학을 공부하기 시작했다. 공부만 강요받은 이 신예 철학자는 다른 아이들과 놀 수도 없었다. 이런 식의 양육은 존 스튜어트 밀을 완전히 지치게 했고, 스무 살 때는 오랜 기간 신경 쇠약으로 고생하기도 했다. 그러나 아버지의 바람처럼, 존 스튜어트 밀은 19세기의 주요 철학자 중 한 명이자 공리주의라고 불리는 영국 철학 전통의 주요 옹호자가 되었다.

한바탕 우울증을 앓고 난 후 존 스튜어트 밀은 1820년대의 남은 해를 여행을 하며 보냈다. 1830년에는 해리엇 테일러를 만났다. 그녀는 유부녀였지만 둘은 연애를 시작했으며, 20년 동안 밀접한 관계를 유지하다가 해리엇의 첫 남편이 사망하고 난 후 1851년에 결혼했다.

존 스튜어트 밀의 첫 주요 철학 작품인《논리학 체계》는 1843년에 출간되었다. 뒤를 이어《정치 경제의 원칙》이 1848년에 출간되었다. 이 저서들은 그를 영국의 주요 자유주의자이자 공리주의자로 세워주었다. 공리주의자들은 행동의 윤리는 사회 전체의 행복에 대한 기여로만 판단할 수 있다고 믿었다. 이는 '최대 다수의 최대 행복'이라는 모토와 연관된다. 존 스튜어트 밀은 선거 개혁과 아일랜드에서의 영국 정책 완화, 여성의 경제적·정치적 권한을 지지했는데, 이 모든 입장으로 인해 19세기 영국 정치의 비주류에 속하게 되었다.

1858년까지 존 스튜어트 밀은 영국 동인도회사에서 일했고, 그 후에 정계에 진출했다. 1865년에는 하원의원으로 선출되어 투표권을 여성으로까지 확장하는 최초의 법안을 지지했다. (이 법안은 통과되지 못했다.) 그는 유명한 1869년도 저서《여성의 종속》에서 남녀평등에 대한 자신의 견해를 개략적으로 설명했다. 이 책은 그가 의회 재선출에 실패한 뒤 출간되었다. 그는 67세에 프랑스에서 사망했다.

- 그는 철학자 버트런드 러셀의 대부였다.
- 존 스튜어트 밀은 1865년부터 1868년까지 스코틀랜드의 세인트앤드루스대학교에서 총장으로 일했다.
- 존 스튜어트 밀이 동등한 참정권을 처음으로 제안한 지 60여 년이 지난 1928년까지 영국 여성에게는 완전한 선거권이 주어지지 않았다.

262 WED 혁신가 알렉산더 그레이엄 벨

전화기를 발명한 알렉산더 그레이엄 벨(Alexander Graham Bell, 1847년~1922년)은 세상이 소통하는 방식을 변화시켰으며 AT&T의 전신을 설립한 사람이다. 그러나 벨은 그의 유명한 발명품에 애증을 가지고 있었고 생을 마감할 무렵에는 전화기가 성가시다고 하면서 자신의 연구실에 두는 것도 거절했다고 고백했다.

벨은 스코틀랜드의 에든버러에서 태어났으며 어렸을 때부터 소리와 청력에 관심이 있었다. 그의 어머니인 엘리자 그레이스 사이먼스는 어린 시절 청력을 잃었고 아버지인 알렉산더 멜빌 벨은 청각장애와 언어장애를 가진 사람들을 가르치는 선생이었다. 벨의 가족은 벨의 형들이 폐결핵으로 숨지고 난 후 1870년에 캐나다로 이주했다. 머지않아 벨은 보스턴으로 이주했으며 그곳에서 청각장애인들을 위한 학교에 교사로 취직했다. (후에 그가 가르친 학생 중에 헬렌 켈러도 있었다.)

보스턴에 있는 동안 벨은 18세 조수인 토머스 왓슨의 도움을 받아 전화기에 대한 실험에 착수했다. 벨은 1876년에 드디어 전화기를 완성했고, 사람들 앞에서 선보였다. 작동 가능한 최초의 상업 체계는 그로부터 2년 안에 설치되었다. 벨과 그의 후원자들은 전화 시스템을 운영하기 위해 벨 텔레폰 컴퍼니를 설립했는데, 이 회사는 1885년에 AT&T가 되었다. AT&T는 1982년에 연방 반독점 규제법에 의해 해체되기 전까지 미국에서 가장 수익성 좋은 사업체 중 하나로 급성장했다. 벨은 남은 생애 대부분을 노바스코샤의 자택에서 지내며 항공학에 집중했다. 그는 또한 제임스 가필드 대통령을 죽인 총알의 위치를 찾기 위한 필사의 노력 끝에 원시적인 금속 탐지기를 발명했다. 벨은 생전에 총 열여덟 개의 특허를 신청했다. 그는 노바스코샤에서 75세의 나이로 사망했다.

- 벨은 스물아홉 살 생일에 전화기에 대한 특허(번호 174465)를 획득했다.
- 미국 최초로 시내 전역에 설치된 전화 시스템은 1878년에 코네티컷주 뉴헤이븐에 개설되었다. 391명의 가입자 명단이 담긴 최초의 전화번호부 원본은 2008년도 크리스티 경매장에서 17만 500달러에 판매되었다.
- 소리의 강도를 나타내는 단위인 벨(bel)은 이 전화기 발명가를 기리기 위해 그의 이름을 따서 붙여졌다. 실제로는 벨보다 1/10벨에 해당하는 데시벨(decibel)이 더 많이 사용된다.

263 THU 악당 잭 더 리퍼

잭 더 리퍼(Jack the Ripper)라는 별명이 붙은 연쇄 살인범은 1888년 런던의 빈민가에서 다섯 명의 매춘부를 살해했다. 잭은 잡히지 않았고, 그 후로 누가 그렇게 섬뜩한 살인을 저질렀는지에 관한 수십 개의 가설이 제기되면서 그의 진짜 신원은 논쟁거리가 되어왔다. 살인은 당시 1200명의 매춘부가 거주하던 런던의 화이트채플이라는 지역에서 발생했다. 사건을 적나라하게 묘사한 런던 신문에 의하면 잭 더 리퍼라는 별명의 살인자는 일반적으로 중년의 여성을 금, 토, 일요일 밤에 공격했고 훼손된 피해자의 시신은 좁은 골목길에 버렸다. 이 사건에 대한 보도는 수개월 동안 런던을 뒤흔들었다. 살인 사건이 발생할 때마다 등장하는 선정적인 이야기는 대중의 관심을 런던의 빈민가로 이끌었고, 이는 경찰의 무능함을 드러내기도 했다.

1888년 말, 런던의 한 신문사에 살인자가 썼다고 주장하는 몇 통의 편지가 전해졌다. 편지에는 더 많은 살인을 저지를 것이라는 협박이 담겨 있었다. 그리고 그 아래에는 그 즉시 알아차릴 수 있는 '잭 더 리퍼'라는 서명이 담겨 있었다. 이 편지는 진짜로 여겨졌으나 지금은 장난일 가능성이 더 많은 것으로 추정된다. 피해자 중 한 사람의 시신 근처에서 반유대주의 낙서가 발견되었는데, 경찰은 그것이 사건과 무관하거나 살인자가 유대인이라고 믿게 만들기 위한 속임수에 불과하다고 결론 내렸다.

경찰은 결국 용의자를 네 명으로 추렸지만 이 범죄 혐의로 기소된 사람은 없었다. 그 후로 잭 더 리퍼를 연구하는 아마추어 리퍼학자(Ripperologist)들이 유명한 인상파 화가에서부터 여왕의 손자에 이르기까지 수십 명의 용의자를 제보했다. 해결은 되지 않았지만, 이 사건은 여러모로 지대한 영향을 끼쳤다. 런던의 경찰서장인 찰스 워런은 살인자를 잡지 못한 책임을 지고 물러났고, 그 후로 20년 동안 경찰 병력이 급속도로 증가했으며 지문 같은 정교한 범죄 해결 기술이 개발되었다. 또한 잭 더 리퍼 사건은 신문이 어떻게 연쇄 살인범의 섬뜩한 별명을 대중화하는지를 보여주는 초기 사례가 되었다.

- 잭 더 리퍼는 2006년도 BBC 여론 조사에서 토머스 베켓을 제치고 '역사상 가장 나쁜 영국인'으로 뽑혔다.
- 1988년에는 FBI가 이 살인자의 심리학적 프로파일을 작성했다. 그들은 살인자가 백인 남성 이성애자이며, 20대 후반에서 30대 중반 사이의 외톨이로, 여러 명의 성관계 대상을 가진 지배적인 성향의 어머니 밑에서 자란 사람이라고 결론지었다. FBI 프로파일러는 그가 자살했을 가능성이 적으며 체포될 것이 두려워 살인 행각을 멈춘 것일 뿐이라고 추정했다.

264 FRI 예술가 에밀 졸라

나는 고발한다.

– 1898년 1월 13일자 《로로르》 표지

신문 역사상 가장 전설적인 헤드라인 중 하나를 쓴 저자 에밀 졸라(Émile Zola, 1840년~1902년)는 저명한 프랑스 소설가이자 기자, 사회 비평가였다. 그는 프랑스를 뒤흔들었을 뿐 아니라 그를 프랑스군과 정치 엘리트 집단에 맞서게 했던 스캔들인 드레퓌스 사건과 관련하여 잘 알려져 있을 것이다. 에밀 졸라는 파리에서 태어나 해운 회사 사무직이자 예술품 검토자, 기자로 일하다가 1867년에 첫 작품인 《테레즈 라캥》을 출간했다. 그는 사회적 상황을 관찰해서 소설에 넣는, 19세기 프랑스의 문학 운동인 자연주의의 지지자였다.

드레퓌스 사건은 프랑스군의 유대인 장교 알프레드 드레퓌스가 독일에 군사기밀을 유출한 혐의로 기소되어, 희박한 근거에도 유죄 판결을 받아 장교직이 박탈되고 수감된 1894년에 시작되었다. 드레퓌스가 반유대주의자와 정치가에 의해 부당하게 유죄 판결을 받았다고 의심한 에밀 졸라는 드레퓌스를 구속시킨 증거에 의문을 제기하는 연재 기사를 게재했다. '나는 고발한다(J'Accuse)'라는 선동적인 헤드라인 아래 등장한 졸라의 기사는 특히 프랑스 군대를 오심 혐의로 고발했다. 프랑스 대통령에게 보내는 서신 형식으로 쓰인 이 기사는 엄청난 논란을 일으켰다. 그로부터 몇 주 후 졸라는 명예훼손으로 유죄 판결을 받았고 수감을 피하기 위해 영국으로 도망쳤다. 드레퓌스 사건은 프랑스 역사의 주요 전환점으로, 장교가 무죄라고 생각했던 진보주의 드레퓌스파와 보수적인 반드레퓌스파 사이에 지속적인 정치적 분열을 일으켰다. 드레퓌스는 또 다른 장교인 페르디난드 에스터헤이지가 기밀을 유출했을 가능성이 크다는 증거가 나오면서 결국 1899년에 사면되었고 장교직도 회복했다. 졸라는 1899년에 프랑스로 돌아왔는데 3년 후 굴뚝이 막혀 일산화탄소 중독으로 사망했다. 그의 죽음은 사고로 판명되었지만 그의 정적들이 굴뚝을 막았을 것이라고 의심하는 사람도 많았다.

- 졸라는 프랑스 권위자들이 묻힌 판테온에서 빅토르 위고 옆에 묻혔다. 드레퓌스가 그의 장례식에 참석했는데 장례식 도중 벌어진 암살 시도로 부상을 당했다.
- 드레퓌스는 사면 후 프랑스군에 복귀했고 제1차 세계 대전 중에 최전방에서 싸웠으며 1918년에 레지옹도뇌르 훈장을 받았다.
- 졸라는 프로방스에서 같은 학교를 다녔던 화가 폴 세잔과 어린 시절 절친했다. 졸라의 1886년도 소설 《작품》에 등장하는 신경증에 걸린 불안정한 화가가 세잔을 모델로 삼은 것인데, 이 일을 계기로 두 사람의 우정도 끝나고 말았다.

265 SAT 개혁가 호세 마르티

영국의 낭만주의 시인 퍼시 비시 셸리는 열정을 불러일으키고, 희망을 주입하며, 사회의 도덕적 방향을 인도하는 시인의 능력을 두고 시인은 '세상에서 인정받지 못하는 입법자'라고 일컬은 바 있다. 쿠바 태생의 시인이자 기자, 정치 운동가였던 호세 마르티(José Martí, 1853년~1895년)는 셸리의 이 격언을 증명한 사람이다. 독립국가 쿠바의 창시자로 여겨지는 마르티는 군사적 업적이 아니라 시와 에세이로 자국민을 혁명으로 이끌었다. 실제로 쿠바에서 마르티의 영향력은 너무나 커서 지금까지도 피델 카스트로와 그의 정적들 모두 아바나 태생의 이 시인에게 영감을 받았다고 주장한다. 카스트로의 공산당 단체와 플로리다를 거점으로 하는 미국 정부의 반카스트로 라디오 방송국 명칭은 모두 마르티의 이름을 따서 지어졌다.

19세기에 이르자 한때 광활했던 스페인의 아메리카 식민지 중에서 남은 것이라고는 쿠바섬밖에 없었다. 스페인 식민지 통치자들은 잔인함과 무능력으로 유명했다. 1868년과 1895년에 발생한 두 차례의 반란은 쿠바에 혹독하고 강력한 탄압을 초래했다. 고등학생이었던 마르티는 1868년의 반란을 지지했다. 그 결과 그는 10대임에도 반역죄가 인정되어 스페인으로 보내졌다. 그러다 보면 쿠바 정치에 대한 관심도 수그러들 거라고들 생각했다. 그러나 마르티의 추방은 오히려 자유로운 쿠바를 향한 열망을 키웠다. 그는 뉴욕에서 보낸 15년을 포함한 망명 생활 대부분을 쿠바의 독립을 지지하는 수십 편의 시와 정치적 소책자를 쓰는 데 보냈다. 그는 세계를 돌아다니며 쿠바의 독립에 대한 국제적인 지지를 얻었고 스페인의 잔혹 행위에 관심을 불러일으켰다. 다른 쿠바 반체제 인사들과 협력을 구축한 후 마르티는 1894년에 멕시코로 건너가 또 다른 반란을 계획했다. 그는 1895년에 쿠바에 도착하여 봉기를 선언했지만, 첫 전투에서 스페인 병사에게 죽임을 당했다. 사망 당시 그는 마흔두 살이었다.

3년 후, 미국이 반란군의 편에 서서 전쟁에 참여하자 스페인은 쿠바를 넘겨주었다. 짧은 미국 점령 기간 이후 쿠바는 1902년에 공식적으로 독립국가가 되었다.

- 뉴욕에 사는 동안 마르티는 정치적인 글을 집필하는 것 외에도 황금기라는 뜻의 〈라 에다드 데 오로〉라는 스페인어로 된 아동 잡지를 창간했다.
- 1895년 쿠바로 돌아올 때까지 군사 경험이 전혀 없었던 마르티는 전투 참가 몇 주 만에 죽임을 당했다. 그가 흰 말을 타고 다른 쿠바군들과 떨어져 있었기 때문에 특히 더 쉬운 공격 대상이 되었던 것인지도 모른다.
- 1965년 뉴욕의 센트럴파크에 말을 탄 마르티의 구리 동상이 세워졌다. 이 동상은 두 명의 다른 라틴 아메리카 영웅 동상들 옆에 세워졌는데, 하나는 남아메리카 여섯 국가를 독립시킨 시몬 볼리바르의 동상이고, 다른 하나는 아르헨티나의 국가 영웅인 호세 데 산 마르틴의 동상이다.

266 SUN 선지자 바하올라

진정한 종교란 무엇일까? 바하올라(Bahá'u'lláh, 1817년~1892년)라는 이름의 페르시아 신비주의자는 1863년에 특이한 대답을 내놓았는데, 그 대답이 바하이 신앙의 창시를 촉발했다. 그는 "모두 다"라고 대답했다. 바하올라가 팔레스타인에서 창시하고 오늘날 전 세계적으로 약 500만 명의 신자가 존재한다는 바하이교의 중심 교리는 '모든 종교 전통의 통일'이다. 바하올라는 종교와 민족의 경계를 비난하고 예수, 무함마드, 부처를 비롯한 여러 종교적 인물들 모두 '하느님의 타당한 현현'이라고 수용했다.

바하올라는 페르시아의 수도인 테헤란에서 태어났고 본명은 미르자 호세인 알리 누리(Mirza Hoseyn Ali Nuri)이다. 그는 이슬람 시아파 교도로 자랐지만 지도자가 1850년에 페르시아 당국에 의해 반역죄로 처형된 지하 종파 바브교(Babi)에 가입했을 때 이름을 바꾸었다. 창시자가 죽고 난 후 바하올라가 바브교의 지도자 자리를 맡았고 바하이교로 발전시켰다. 그 후에 발생한 대대적인 박해로 인해 바하올라는 페르시아를 떠나 바그다드, 쿠르디스탄, 콘스탄티노플을 돌아다녔다. 그는 터키에서 스스로를 바브교 창시자가 예언한 '제대로 인도된 지도자'이자 하느님의 표명이라고 선언했다. 바하올라는 다시 한번 사람들 눈앞에서 사라졌는데, 이번에는 오토만 정권에 의해 이스라엘 아크레의 식민지감옥에 수감되었다.

아크레에서 그는 계속해서 종교적 믿음을 개괄적으로 적은 책과 기도문, 신자들에게 보내는 서신을 작성했다. 그는 자신이 하느님의 전달자, 즉 여러 종교 전통에 의해 예측된 메시아로, 종교를 통일하고 세속적인 분열을 극복할 인물이라고 주장했다. 뿐만 아니라 추종자들에게 의식적인 금식, 일상적인 기도, 마약과 술의 완전한 자제를 포함한 규율의 틀을 제시했다. 바하이교에는 성직자도 예식도 없었으며 바하이 사원에서 예배할 때는 다른 종교의 경전을 읽는다. 비록 법률상으로는 남은 생애 동안 아크레에 갇힌 신분이었지만, 바하올라는 그 지역을 여행하고, 방문객들을 맞이하고, 추종자들과 연락할 수 있다는 허락을 받았다. 그가 죽은 후 그의 아들의 노력으로 바하이교는 중동과 아프리카, 미국 전역으로 퍼져나갔다.

- 바하이교는 바하올라가 수감되었던 아크레에서 몇 km 떨어진, 이스라엘 하이파에 본부를 두고 있다.
- 바하올라가 인정한 다른 예언자로는 아브라함, 모세, 조로아스터 등이 있다.
- 바하올라 사망 이후 그의 아들인 압둘 바하와 그의 손자 쇼기 에판디 라바니가 바하이교의 지도자 지위를 계승했다.

267 MON 리더 시어도어 루스벨트

시어도어 루스벨트(Thedore Roosevelt Jr., 1858년~1919년)는 사냥꾼이자 군인, 작가 그리고 미국에서 대통령을 두 번 역임한 사람이다. 대통령 임기 동안 루스벨트는 세계에 미국의 영향력을 공격적으로 넓혔으며, 대내적으로는 더욱 엄격한 기업 규제와 환경 보호를 도모했다.

루스벨트는 뉴욕에서 태어났으며 하버드대학교를 졸업하고 잠시 컬럼비아대학교 로스쿨을 다니다가 자퇴하고 1881년에 뉴욕 입법부에 출마했다. 그의 부인과 어머니는 1884년 같은 날에 사망했는데, 루스벨트는 평생 그에 관해 이야기하기를 거부했다. 그는 1897년에 해군 부장관으로 임명되었지만 이듬해 사임하고 미국·스페인 전쟁에 참전했다. 그는 러프라이더연대라는 별명의 새로운 기갑 부대에 자원해서 합류할 사람들을 모집했고 1898년에는 산후안 힐 전투에서 싸운 공으로 명예훈장을 받았다. 전시 위업으로 국가적인 명성을 얻은 루스벨트는 1898년 11월에 뉴욕 주지사로 선출되었다. 그로부터 2년도 채 안 되어, 윌리엄 맥킨리가 그를 부통령 후보로 선택했다. 맥킨리 대통령이 암살된 후 1901년 9월 14일에 루스벨트가 대통령이 되었다.

루스벨트는 해군의 규모를 확장했으며, 파나마의 통제권을 장악해 파나마 운하를 건설했고, 미국·스페인 전쟁을 종식하는 조약에서 스페인으로부터 필리핀을 넘겨받았다. 그리고 필리핀의 민족주의 반란군과 전쟁을 일으켰다. 대대적으로는 공화당의 진보 진영에 동조하면서 기업의 독점과 철도 규제를 추구했다. 그리고 미국 식품의약청(FDA)을 설립해 깨끗하지 않은 의약품으로부터 소비자를 보호했다. 열렬한 환경보호 활동가이기도 했던 루스벨트는 미국의 자연을 보호하기 위해 산림청을 창설하기도 했다.

루스벨트는 1909년에 공무에서 손을 뗐으나 1912년 제3당 진보 후보로 다시 출마했다. 선거 활동 도중 암살 시도로 부상을 입었지만 그는 병원으로 실려 가기 전에 90분짜리 연설을 끝낼 수 있었다. 루스벨트는 선거에 패했지만 61세의 나이로 사망할 때까지 정치 활동을 이어갔다.

- 맥킨리가 버펄로에서 총상을 입은 후 루스벨트는 그곳으로 건너가 그가 죽을 때까지 그의 곁을 지켰다. 루스벨트는 버펄로의 저명인사이자 자신의 친구 집에서 대통령 취임 선서를 했는데, 지금 그 자리는 유적지가 되었다.
- 테디 베어라는 루스벨트의 별명은 미시시피에서 사냥 여행을 하는 동안 그가 새끼 곰에게 총을 쏘는 것을 거부한 데서 유래했다고 한다.

268 TUE 철학자 프리드리히 니체

'전통적인 윤리는 끝났다. 강한 사람이 약한 이를 학대할 수 있다. 유럽에 기독교가 도입된 것은 저주이다. 독일인들은 맥주를 너무 많이 마신다.' 프리드리히 니체(Friedrich Nietzsche, 1844년~1900년)는 독자를 충격에 빠뜨릴 정도로 자극적인 사색의 전문가이지만, 예술가와 무신론자에게 수 세대에 걸쳐 영감을 주었다. 독일에서 태어난 니체는 서양 문명화의 저변에 깔린 행동 수칙을 공격하는 데 헌신했는데, 그 핵심에는 무엇보다 기독교 윤리가 자리하고 있었다.

니체는 라이프치히 인근의 시골에서 태어났으며 프로이센 국왕인 프리드리히 빌헬름 4세의 이름을 따서 지어졌다. 1867년에 니체는 프로이센 군대에 입대했으며 훈련 도중 심각한 가슴 부상을 입었다. 의가사 제대를 했지만 부상은 완전하게 회복되지 못했으며 신체적·정신적으로 건강하지 못해 평생 고생했다. 대학교로 돌아온 니체는 1869년에 처음으로 교수직에 앉았으며 그로부터 3년 후에 책을 출간하기 시작했다. 그는 도덕, 예술, 음악, 특히 친구인 리하르트 바그너의 음악 등 다양한 주제에 관한 글을 썼다. 니체의 글은 예술과 직접적인 관련이 있었던 것이 아니라 그 철학적 영향과 관련이 있다. 예컨대《비극의 탄생》을 보면, 니체는 그리스 비극의 고대 문학 형태 속에 완전함과 인생의 의미를 나타내는 모든 범주의 감정적 경험이 담겨 있음을 발견하고 그 안에서 희망을 찾는다. 니체의 철학 서적은 출간 당시부터 논란의 대상이 되었다. 그가 제시한 개념 중 가장 악명 높고 진가를 인정받지 못한 것이 '권력 의지(will to power)'인데, 니체는 모든 사람이 권력을 추구하는 성향을 가지고 있고 권력을 갖고자 하는 의지가 '생존 의지'보다 더욱 강력하다고 주장했다. 이 개념의 한 형태가 그로부터 50년 후 나치에 수용되었다.

만성적인 두통과 시력 문제로 인해 니체는 1879년에 교직 생활을 그만두었다. 1889년 1월 3일에는 완전히 신경 쇠약에 걸렸다. 정신건강 문제로 정상적인 생활을 할 수 없었던 그는 독일에 있는 어머니 집으로 들어갔고 여동생의 보살핌을 받던 도중 56세의 나이로 폐렴에 걸려 사망했다.

269 WED 혁신가 니콜라 테슬라

젊은 시절 니콜라 테슬라(Nikola Tesla, 1856년~1943년)는 선구적인 발명과 전기에 관한 연구로 미국 전역에서 명성을 누렸다.

크로아티아에서 태어나 전기 공학 훈련을 받은 테슬라는 부모가 사망하고 난 후 1884년에 미국으로 이주했다. 테슬라는 미국의 발명가 토머스 에디슨 밑에서 일하기 위해 뉴저지주로 갔지만 에디슨이 테슬라에게 약속한 보수를 지불하지 않자 각자의 길을 가게 되었다. 에디슨 회사를 그만둔 뒤로 테슬라는 1886년에 뉴저지주에 자신의 독립적인 연구소인 '테슬라 전기 조명 및 제조 회사'를 열었다. 이 회사는 에디슨의 직류 시스템(DC)의 경쟁 상대인, 교류 전송 시스템(AC)을 고안하는 데 기여했다. 1890년대에 테슬라와 에디슨은 이른바 '전류 전쟁'을 벌였다. 테슬라의 AC에는 DC에는 없는 몇 가지 장점이 있었는데, 특히 전류를 먼 거리로 전송하는 능력이 컸다. 그러나 에디슨은 AC가 너무 위험하다고 주장했다.

이 전쟁의 전환점은 테슬라와 그의 사업 파트너인 조지 웨스팅하우스가 시카고에서 열리는 세계 박람회의 전기 공급 계약을 성사시킨 1893년에 발생했다. 세계 박람회에서 그들은 수백만 명의 방문객 앞에서 AC를 입증해 보일 수 있는 기회를 얻었다. 1890년대 말 이미 AC의 승리가 명확해졌고, 20세기에 접어들어서는 몇 곳의 도시만이 DC를 사용했다.

그동안 테슬라는 이미 새로운 도전에 착수했다. 그는 1897년에 라디오에 대한 특허를 신청했고 1899년에는 대기전기를 연구하기 위해 콜로라도주의 산에 거대한 연구소를 구축했다. J. P. 모건이라는 거물의 후원으로 그는 무선으로 전류를 전달하는 철탑을 최초로 건설했다.

테슬라는 평생 독신으로 살았고 다른 사람과의 접촉에 혐오감을 느꼈다. 그는 생애 마지막 10년을 전함을 가라앉히고 한 번에 수백만 명을 죽일 수 있을 정도로 강력한 살인 광선을 발명했다고 주장하면서 호텔 방에서 비둘기 먹이를 주며 지냈다. 부유하고 유명하게 죽은 라이벌 에디슨과 달리 87세의 나이로 사망할 때 테슬라는 사실상 무일푼이었으며 사람들의 기억 속에서도 잊힌 상태였다. 그가 사망한 후 살인 광선 설계도를 찾기 위해 그의 방을 수색했지만 어떤 설계도도 발견되지 않았다.

- 40여 년 동안 테슬라는 이탈리아 발명가인 굴리엘모 마르코니와 라디오를 발명한 공이 누구에게 있느냐를 두고 특허 분쟁을 벌였다. 대법원은 테슬라가 죽은 지 몇 달 후인 1943년에 마침내 테슬라의 손을 들어주었다.

270 THU 악당 리지 보든

리지 보든이 도끼를 들고 / 어머니를 향해 마흔 번을 내리쳤네. / 자신이 한 짓을 보고 난 후 / 아버지에게는 마흔한 번을 내리쳤네.

\- 구전 동요

1892년 8월 4일에 19세기에 세상을 가장 놀라게 한 범죄가 발생했다. 어느 도끼 살해범이 앤드루 보든과 애비 보든을 자택에서 살해한 것이었다. 그 즉시 그들의 딸 리지 보든(Lizzie Borden, 1860년~1927년)이 의심을 받았고, 머지 않아 체포되어 살인 혐의를 받았다. 그 잔혹성에 뉴잉글랜드는 얼어붙었다. 보든은 당시뿐 아니라 지금도 그 살인 사건을 저지른 범인으로 여겨진다. 그러나 그녀는 증거 불충분으로 무죄를 선고받았는데, 이 판결은 많은 미국인을 충격에 빠뜨리며 논란을 불러일으켰다.

리지는 부유한 가정에 태어나 매사추세츠주 폴리버에 있는 커다란 집에 가정부를 두고 살았다. 애비는 앤드루의 두 번째 부인이었다. 리지의 친모인 새라 보든은 1863년에 사망했다. 살인 사건 당일 오전에 볼일을 보고 온 앤드루 보든은 집으로 돌아와 소파에서 낮잠을 자고 있었다. 리지는 그날 오후에 아버지의 시신을 발견했다고 주장했다. 그는 자는 도중에 살해를 당한 것이 분명했다. 그리고 곧이어 위층에서 애비의 시신이 발견되었다. 두 시신 모두 도끼로 여러 번 내리친 흔적이 있었다. (물론 동요처럼 마흔 번을 내린 친 것은 아니었다.) 리지와 살인을 연결하는 강한 정황 증거가 나왔다. 보든가의 지하를 수색하던 경찰이 손도끼를 발견한 것이다. 한 약사는 살인 발생 며칠 전에 리지가 독극물을 사려 했다고 증언했다. 그리고 리지는 살인 사건 발생 며칠 후 스토브에서 옷을 태웠다는 사실을 인정했다. 그러나 재판에서는 유죄를 시사하는 가장 강력한 증거가 증거로 채택되지 않았고, 검사도 지하에서 발견된 손도끼가 살해 도구라고 배심원들을 설득하는 데 실패했다. 리지 보든은 불과 48분 만에 무죄로 풀려났다. 무죄로 풀려난 후에는 부모로부터 적은 재산을 물려받았고, 67세의 나이로 사망할 때까지 폴리버에서 살았다.

- 보든은 1897년 로드아일랜드주 프로비던스에서 자기로 된 액자 두 개를 훔친 혐의로 기소되었다. 그녀는 보석상과 합의를 보는 데 성공했고, 결국 기소되지 않았다.
- 보든 사건에 관한 오페라 〈리지 보든〉은 1965년 뉴욕에서 첫 공연을 열었다.
- 보든의 아버지는 집에 실내 배관 설치를 거부할 정도로 인색한 사람으로 악명 높았다.

271 FRI 예술가 오스카 와일드

작가이자 극작가, 시인인 오스카 와일드(Oscar Wilde, 1854년~1900년)는 영국 레딩에서 2년 동안 수감 생활을 하면서 살인으로 유죄 판결을 받은 동료 재소자가 교수형에 처해지는 것을 목격했다. 친했던 재소자의 죽음으로 몹시 괴로워하던 오스카 와일드는 석방 후 그 경험을 바탕으로 〈레딩 감옥의 노래〉(1898년)라는 시를 썼다.

그렇게 아쉬운 눈빛을 하는
남자를 본 적이 없다.
죄수들이 하늘이라고 부르던
그 작은 파란 천막을 바라보던.

〈레딩 감옥의 노래〉는 1900년에 46세로 사망하기 전에 쓴 오스카 와일드의 마지막 완성작이었다. 이전 작품에 비해 더욱 어두운 이 시는, 1895년에 동성애 행위로 체포되어 유죄 판결을 받은 것을 시작으로 자진해서 프랑스로 망명길에 올랐던 생애 마지막 3년 등 와일드의 슬프고 비극적인 말년을 나타낸다. 또 다른 구절에는 이렇게 적혀 있다. "우리 각자 안에서 무언가가 죽어 있었다. 죽은 것은 바로 희망이다."

와일드는 시를 쓰고 '탐미주의' 운동에 동참했던 옥스퍼드대학교 재학 시절에 작품 활동을 시작했다. 탐미주의는 예술이 메시지를 전달하거나 도덕적 교훈을 전달하기 위함이 아니라 고유한 목적으로 존재해야 한다고 믿는 사상이다. 와일드는 유일한 소설 《도리언 그레이의 초상》을 1891년에 집필했다. 또한 《진지함의 중요성》(1895년)을 비롯한 여러 희곡 작품도 저술했다. 1890년대에는 유명한 귀족인 퀸즈베리 후작의 아들 앨프레드 더글러스 경과 관계를 맺기 시작했다. 분노한 후작은 와일드를 19세기 영국에서 범죄 행위였던 '동성애'로 고발했다. 곧이어 와일드는 체포되었고 2년간의 중노동 형에 처해졌다. 그는 3년 후에 파리의 한 호텔에서 뇌막염으로 사망했다.

- 퀸즈베리 후작은 1880년대에 권투 규정을 표준화한 영국의 한 운동 클럽을 후원한 것으로도 유명하다. 지금까지도 적용되는 이 규정은 '퀸즈베리 후작의 규칙'으로 널리 알려져 있다.
- 와일드의 소설 《도리언 그레이의 초상》은 1945년에 할리우드 영화로 제작되었다. 콜린 퍼스가 주연한 이 영화의 리메이크 작은 2009년에 영국에서 개봉되었다.
- 와일드가 유죄 판결을 받았던, 잉글랜드와 웨일스에서의 남성 동성애 행위에 대한 금지는 1967년에 폐지되었다.

272 SAT 개혁가 에밀리아노 사파타

길고 검은 콧수염에 챙이 넓은 멕시코 모자를 쓰고, 꿰뚫어 보는 듯한 눈빛을 한 반란 지도자 에밀리아노 사파타(Emiliano Zapata, 1879년~1919년)는 멕시코 역사상 매우 유명한 인물이다. 1910년부터 암살당할 때까지 대규모 농민 봉기를 이끌었던 사파타는 국가 농경지의 공정한 분배를 위해 싸웠으며 그로 인해 특히 가난한 멕시코인 사이에서 오랫동안 영웅으로 추대되었다.

사파타는 1876년에 쿠데타로 정권을 잡은 포르피리오 디아스의 독재 체제에서 성장했다. 사파타의 가족 같은 가난한 농부들은 디아스 독재 체제 아래서 처참한 시기를 보냈다. 정부가 대규모 농장주들의 시골 지역 통합을 허락하는 바람에 소규모 농부들이 피해를 본 것이다. 1909년에 사파타는 그가 사는 모렐로스주의 아네네쿠일코에서 후견인 중 한 사람으로 선출되었다. 1910년에 멕시코 혁명이 발발하자 사파타는 반군을 지지했고, 1911년에 반군이 디아스를 실각시키면서 독재자는 프랑스로 도망칠 수밖에 없었다.

그러나 디아스 정권이 끝났다고 해서 사파타의 농지 개혁 요구가 해결되거나 혁명이 끝난 것은 아니었다. 사파타는 가난한 농부가 조금 더 쉽게 농장을 소유할 수 있도록 1911년도 토지 개혁 선언문인 '아얄라 강령'에 세부적인 제안 사항을 포함시켰다. 그 후로 8년 동안 반란 파벌들이 정권을 잡기 위해 겨루면서 멕시코를 통치하는 대통령도 여러 번 바뀌었다. 사파타는 1919년에 적군에게 속아 암살될 때까지 멕시코 남부에서 지지를 얻었다. 1920년 이후로 전쟁은 점차 줄어들었고, 사파타의 개혁안도 일부분 제정되었지만, 미완성인 사파타의 투쟁을 계속한다는 반란군은 지금까지도 존재하고 있다.

- 사파타의 일생을 다룬 1952년도 영화 〈비바 사파타!〉에서 말런 브랜도가 사파타로 분했으며 앤서니 퀸이 그의 형제로 분했다. 앤서니 퀸이 아카데미 남우조연상을 수상하는 등 이 영화는 총 다섯 부문에 후보로 올랐다. 시나리오는 노벨상 수상 작가인 존 스타인벡이 공동 작업했다.
- 1994년에 스스로를 사파타주의자(Zapatistas)라고 부르는 반란군이 멕시코 토지 개혁과 치아파스주의 무역 정책에 반대하는 반란을 일으켰다.
- 사파타의 암살 날짜인 4월 10일마다 멕시코에서는 반란에 영감을 받았다고 주장하는 여러 단체의 시위가 발생하곤 한다.

273 SUN 선지자 메리 베이커 에디

'크리스천 사이언스 교회(Church of Christ, Scientist)'의 창시자인 메리 베이커 에디(Mary Baker Eddy, 1821년~1910년)는 뉴햄프셔주 한 농장의 금욕적인 조합교회 신자 가정에서 태어났다. 그녀는 스물두 살에 결혼한 후 임신했지만, 그의 남편은 1844년 아들인 조지가 태어나기도 전에 사망했다. 혼자서는 아들을 기르기 어려웠던 그녀는 지역의 의사와 재혼했지만 머지않아 이혼했으며, 결국에는 아들의 양육권까지 빼앗겼다. 재정적·감정적 문제와 평생을 따라다닌 건강상의 문제는 베이커 에디를 깊은 우울증으로 몰아넣었다. 종교적 환경에도 불구하고 그녀는 어릴 때부터 믿었던 엄격한 종교에서 거의 위안을 찾지 못했다. 1850년대와 1860년대에 베이커 에디는 동종요법(질병 증상과 유사한 증상을 유발시켜 치료하는 방법), 수치료법(水治療法, 뜨거운 목욕과 차가운 목욕으로 질병을 치료하는 방법), 큄비주의(Quimbyism, 최면으로 질병을 고칠 수 있다고 믿었던 메인주의 시계 제작자, 피니어스 파커스트 큄비의 치료술)를 비롯한 의학적·종교적 유행을 연이어 실험했다. 그러나 그녀의 고민은 얼음 위에서 넘어져 꼼짝도 할 수 없었던 1866년까지 계속되었다. 그녀는 그 후로 3일 내내 성경을 읽었는데, 어느 순간 갑자기 나아진 것을 느꼈다. 그녀는 그것이 하느님의 치유 능력에 대한 증거라고 결론지었다.

1870년에 베이커 에디는《과학과 건강 그리고 성서를 여는 열쇠》를 집필하기 시작했는데, 1875년에 출간된 이 책은 베스트셀러가 되었다. 그녀는 추종자인 아사 길버트 에디와 1877년에 결혼했고, 1879년에 보스턴에서 크리스천 사이언스 교회를 설립했다. 이 교회는 의학이 아니라 성경이 질병을 치유하는 힘을 가지고 있다고 강조했다. 자신의 가르침을 퍼뜨리기 위해서 베이커 에디는 일반인이 성경과 교회 서적을 공부할 수 있도록 크리스천 사이언스 교회들이 독서실을 열도록 했다. 이 독서실과《크리스천 사이언스 모니터》신문이 이 교회의 가장 잘 알려진 모습일 것이다.

그녀는 1889년에 지도자 직분에서 물러나 뉴햄프셔로 이주했으며, 89세의 나이로 사망한 후 매사추세츠주 케임브리지에 묻혔다.

- 베이커 에디의 오빠 앨버트는 프랭클린 피어스의 뉴햄프셔 법률 파트너였으며 피어스는 후에 미국의 14대 대통령이 되었다.
- 크리스천 사이언스 교회가 창시된 이래 많은 이가 의료에 반대하는 이 종교를 비방했다. 이 종교가 현대 의학과 죄에 대한 전통적인 기독교의 개념을 거부한다는 사실에 주목한 아일랜드 작가 조지 버나드 쇼는 이 교회가 "기독교도 아니고 과학적이지도 않다"라며 비꼬았다.

274 MON 리더 케말 아타튀르크

무스타파 케말 아타튀르크(Mustfa Kemal Atatürk, 1881년~1938년)는 터키 공화국의 창건자이자 최초의 대통령이다. 그는 제1차 세계 대전 패전 이후 터키의 독립을 보존하고 국가를 현대적으로 변화시켜야만 했다.

아타튀르크는 오스만제국의 테살로니키에서 태어났다. 오스만제국은 동유럽과 중동 지역 대부분을 통치하고 있었지만 경제력과 군사력은 악화되고 있었다. (오스만족은 '유럽의 병자'로 불렸다.) 1905년에 오스만 사관학교를 졸업한 후 아타튀르크는 군대에 입대하여 시리아, 리비아, 발칸 제국에 주둔했다. 오스만제국은 1914년에 독일과 오스트리아 편에 서서 제1차 세계 대전에 참여했다. 아타튀르크가 지휘한 사단은 1915년에 갈리폴리에서의 큰 전투에서 영국군을 물리쳤다. 그러나 1918년에 연합국이 승리하면서 오스만제국에 종말이 닥쳤다. 오스만제국의 중동 영토가 프랑스와 영국의 영토로 나뉘었고, 마지막 칼리프는 폐위되었다. 연합국은 오스만제국의 중심부인 터키도 나눌 계획을 세웠지만 짧은 독립전쟁 끝에 아타튀르크가 터키의 독립을 유지할 수 있었다.

터키 공화국이 1923년에 창건되면서 초대 대통령인 그는 헌법 제정에 착수했으며 학교와 박물관을 설립하고 터키가 서양 세계에 조금 더 가까이 다가갈 수 있도록 사회 개혁을 실시했다. 그는 아랍 문자를 서양 스타일의 터키 알파벳으로 바꾸었고 유럽 스타일의 양복과 모자를 수용하는 대신 전통 터키 의상을 금지했으며, 터키인들이 성씨를 사용하게 하는 등 여러 가지 서양 문화를 수용하도록 했다. 현대화는 아타튀르크 통치의 특징이자 케말리즘(Kemalism)이라고 알려지는 터키 공화국 건국이념의 핵심이기도 했다. 아타튀르크가 사망하고 한참 뒤에 집권한 터키의 군사 지도자들은 자신들의 쿠데타가 창건자의 유산을 보호하는 데 필요한 절차였다고 정당화했다. 아타튀르크는 57세의 나이에 간 질환으로 사망할 때까지 공직에 있었다.

- 터키에서 아타튀르크를 모욕하는 것은 불법이다. 2008년도에 한 교수가 역사서에서 아타튀르크를 개혁가로 기록한 것은 과장이라는 발언을 했다가 15개월 동안 수감되기도 했다.
- 터키를 현대화하기 위한 개혁의 일부로 아타튀르크는 남자들의 페즈(fez)라는 전통 모자 착용을 금지했으며 서양 스타일의 파나마모자를 착용함으로써 본보기를 보였다.
- 그는 터키가 이름에 성씨를 붙이는 서양의 관습을 도입했던 1935년에 성을 부여받았다. 아타튀르크는 '터키의 아버지'라는 뜻이다.

275 TUE 철학자 윌리엄 제임스

윌리엄 제임스(William James, 1842년~1910년)는 교육자이자 심리학자였으며 실용주의 철학파의 창시자이다. 두 권의 저서 《심리학의 원리》(1890년)와 《종교 체험의 다양성》(1902년)은 인간 심리에 대한 현대적인 이해를 나타낸 주요 도서로 인정받고 있다.

제임스는 뉴욕의 부유한 가정에서 태어났으며 그의 남동생은 유명한 소설가인 헨리 제임스이다. 윌리엄은 어린 시절을 맨해튼에서 보냈으며 제네바와 파리의 기숙 학교에서 고등교육을 받았다. 그는 1869년에 의학 학위를 받고 하버드대학교를 졸업했다. 그러나 제임스는 어린 시절 대부분을 불안정한 정신 상태와 자살 충동을 느낄 정도로 잦은 우울증에 시달렸다. 그의 불안감은 1870년에 프랑스 철학자인 샤를 루느비에의 희망적인 에세이를 읽은 후 나아지기 시작했다. 제임스는 1872년에 하버드대학교에서 생리학을 가르치기 시작했고 1878년에 결혼했다.

《심리학의 원리》를 완성하기까지 12년이라는 세월이 걸렸지만, 이 책은 출간되자마자 극찬을 들었다. 부분적으로 교과서이자 철학 논문인 이 책은 심리학과 학생들의 표준 참고문헌이 되었고, 제임스가 과거의 생각과 경험을 섞는 마음의 방식이라고 믿었던 '의식의 흐름(stream of consciousness)'이라는 사상을 소개했다. 《종교 체험의 다양성》은 여러 종교 신자가 보고한 다양한 발현, 기적, 신비한 환시를 목록화한 것이다. 즉, '개인이 신성하게 여기는 대상이 무엇이든 스스로가 그 대상과 관계하고 이해하는 한, 고독 속에서 개인적으로 체험하는 느낌, 행동, 경험'을 목록화했다. 이 책은 종교의 경험을 걷기, 숨쉬기 같은 생물학적 기능으로 다루었다. 제임스는 종교가 진실이라고 지지하는 것은 피하면서도, 가치 있는 것이라고 결론지었다.

1907년에 제임스는 자신의 철학적 신념을 요약한 《실용주의》를 출간했다. 책의 내용에 따르면 실용주의자들은 독단적이고 절대적인 철학적 입장을 거부하고, 진실은 인간의 경험에 의해 형성된다고 믿었다. 즉, 무엇인가 효과가 있다면 그것이 진실인 것이다. 제임스는 말년에 몇 년 동안 여행을 다녔지만, 건강은 심하게 나빠졌다. 그는 뉴햄프셔 자택에서 68세의 나이로 사망했다.

• 그의 전기작가들에 따르면 제임스는 보스턴 외곽에 있는 정신병자들을 위한 매클레인 요양원에 잠시 입원한 적이 있다고 한다. 지금까지도 존재하는 이 병원은 제임스가 실제로 환자였는지 인정하지도, 부인하지도 않고 있다.

276 WED 혁신가 마리 퀴리

노벨상을 수상한 최초의 여성인 프랑스 화학자 마리 퀴리(Marie Curie, 1867년~1934년)는 방사능의 수수께끼를 해결하는 데 도움을 주었으며, 두 가지 새로운 원소를 발견했고, 남성 중심의 화학과 물리학 분야에 여성이 들어갈 수 있도록 길을 터주었다. 마리 퀴리는 각기 다른 과학 분야에서 노벨상을 수상한 유일한 인물로, 이는 과학사에서 그녀의 독보적인 위치를 증명한다.

마리 퀴리는 폴란드 바르샤바에서 태어났고 본명은 마리아 스클로도프스카(Maria Sklodowska)이며, 1891년에 프랑스로 이주해 소르본대학교에서 물리학을 공부했다. 그녀는 1894년에 물리학자인 피에르 퀴리(Pierre Curie, 1859년~1906년)를 만났고, 이듬해 결혼했다. 여성이라는 이유로 고국인 폴란드에서 교육자가 될 수 없었던 마리는 피에르와 결혼한 후 프랑스 시민권을 취득했다. 퀴리 부부는 그로부터 10년 동안 대부분을 연구소에서 보내거나 자전거를 타고 함께 프랑스 시골을 여행하면서 보냈다. 방사능에 관한 연구로 그들은 1903년에 노벨 물리학상을 받았다. 방사능이라는 용어도 그들이 만들었다. 같은 해에 마리 퀴리는 프랑스 역사상 박사 학위를 취득한 최초의 여성이 되었다. 1906년에 피에르가 교통사고로 사망하면서 비극이 닥쳤지만, 연구에 매진한 마리 퀴리는 방사선 연구에 많은 진전을 이루어 1911년에 노벨 화학상을 수상했다.

제1차 세계 대전 동안 마리 퀴리는 당시 1g에 불과했지만 그녀에게는 소중한 라듐을 안전하게 보관하기 위해 어쩔 수 없이 라듐을 파리에서 밀반출했다. 한편 전쟁은 엑스레이 기계를 통해 방사선을 실용적으로 응용해볼 수 있는 기회를 제공하기도 했다. 구급차에 장착된 이 기기는 일선 의사가 부상당한 병사들의 몸에서 총알과 파편의 위치를 확인할 수 있게 해주어 수백 명의 목숨을 살렸다. 1920년대에 명성이 커지면서 그녀는 유럽과 미국을 돌아다니며 칭송을 받았다. (워런 하딩 대통령은 미국의 여성들을 대신해 그녀에게 1g의 라듐을 선물했다.) 그러나 평생 방사능에 노출된 상태로 살았던 마리 퀴리는 결국 그로 인해 큰 피해를 입었다. 그녀는 골수 질환의 일종인 무형성 빈혈에 걸려 1934년에 사망했다.

- 제1차 세계 대전 동안 마리 퀴리는 전쟁에 총력을 다하는 프랑스를 지원하기 위해 자신이 받은 두 개의 노벨상 메달을 프랑스 정부에 제공했다. 비록 프랑스 정부가 금과 은을 절실히 원하기는 했지만, 그녀의 제안은 거절했다.
- 퀴리는 새로운 두 가지 원소인 폴로늄과 라듐을 발견했다. 폴로늄은 그녀가 고국인 폴란드의 이름을 따서 붙였다.

277 THU 악당 마타 하리

본명이 마르가레타 젤레(Margaretha Zelle)인 마타 하리(Mata Hari, 1876년~1917년)는 이국적인 댄서이자 창녀이며, 제1차 세계 대전 당시 독일의 첩자로 처형된 인물이다. 그녀의 일생과 간첩 행위에 대한 재판은 매력적인 소재로 끊임없이 활용되어왔다. 마타 하리의 자유로운 성생활로 인해 군사적 차질에 대한 희생양이 필요했던 프랑스에게 불공평하게 표적이 되었다는 의견도 많다.

네덜란드 시민이었던 젤레는 열여섯 살에 학교 교장과 잠자리를 한 혐의로 퇴학당했다. 열여덟 살에 네덜란드군 장교와 결혼한 후에 그를 따라 오늘날의 인도네시아인 네덜란드령 동인도 제도로 이주했다. 남편은 그녀에게 매독을 감염시켰고 폭력적이었다. 몇 년 후 이혼하고 유럽으로 돌아온 젤레는 1903년에 파리로 건너가 나이트클럽에서 춤을 추기 시작했고, 인도네시아어로 '여명의 눈동자'라는 뜻의 마타 하리를 이름으로 사용했다. 인도네시아 원주민 춤에서 유래했다는 그녀의 이국적인 옷차림과 관능적인 스트립쇼는 돌풍을 일으켰다. 마타 하리는 프랑스 엘리트들을 연인으로 삼기 시작했는데, 그 대상은 저명한 사업가에서부터 군 장교에 이르기까지 다양했다. 제1차 세계 대전이 시작될 무렵, 마타 하리는 이미 서유럽 전역에서 공연을 하며 유명세를 타던 중이었다. 중립적인 네덜란드 시민이었던 그녀는 유럽의 전쟁 국가를 자유롭게 여행하며 프랑스, 독일, 영국, 네덜란드, 스페인을 방문했다.

그녀가 체포되고 거의 한 세기가 지난 후에도 관련 사건에 대한 자세한 사항이 명확하게 밝혀지지 않은 상태다. 마타 하리는 독일 측과 프랑스 측에 모두 연인이 있었는데, 그녀가 양측에 간첩 활동을 하겠다고 자발적으로 나선 것으로 추정된다. 그녀가 실제로 어떤 중요한 정보를 얻었는지는 분명하지 않다. 그러나 1917년에 프랑스는 그녀를 스파이로 지목하는 독일군 통신망을 가로챘고, 그들은 그해 2월에 그녀를 체포했다. 그녀는 순식간에 유죄 판결을 받고 처형되었다. 10월 15일 아침 그녀는 총살형 집행대를 향해 키스를 날리고 눈가리개를 거부하면서 마지막 쇼를 펼쳤다. 사망 당시 그녀의 나이는 마흔한 살이었다.

• 배우 그레타 가르보가 1931년도 영화에서 마타 하리로 분했다.

278 FRI 예술가 오귀스트 로댕

오귀스트 로댕(Auguste Rodin, 1840년~1917년)의 가장 유명한 두 작품, 〈생각하는 사람〉과 〈입맞춤〉은 서양 미술에서 누구나 금세 알아볼 수 있는 조각상으로 인정받으며, 수많은 찬사와 모조품, 패러디를 이끌어냈다. 로댕은 고전 조각의 엄격한 사실주의를 버리고 조금 더 거칠고 평범하지 않은 조각상을 만들면서 혁신적인 작품 세계를 이루어냈다. 그의 여러 작품은 모델의 신체 중 가장 인상적인 부분만 남기고 일부러 미완성인 상태로 남겨졌다. 예컨대 작가 오노레 드 발자크의 조각상은 작가의 얼굴과 머리만 남기고 신체의 나머지 부분은 풍성한 가운 속에 감춰져 있다.

로댕은 파리에서 태어났으며 예술 학교를 다녔지만 프랑스의 주요 조각 아카데미는 들어가지 못했다. 그는 도장 장인으로 일했으며 1870년과 1871년, 프로이센·프랑스 전쟁이 지속되던 기간에는 프랑스군에서 복무했다. 그는 이탈리아를 여행하며 미켈란젤로, 도나텔로와 같은 르네상스 예술가들의 조각품에 깊은 감명을 받았다. 1880년에 로댕은 파리에 지어질 한 박물관의 문을 디자인하는 큰 의뢰를 처음으로 받았다. 박물관 문 자체는 만들어지지 않았지만, 이 프로젝트에 참여함으로써 로댕은 원래 문의 일부로 포함시키려다 독립 작품으로 발표하게 되는 〈생각하는 사람〉과 〈입맞춤〉을 만들게 되었다. 또 다른 유명한 작품 〈칼레의 시민〉은 1889년에 모습을 드러내어 로댕의 명성을 더욱 높여주었다.

로댕은 고전주의와 초상화법에서 벗어나 추상주의로 향하는 움직임을 이끈 조소의 과도기적 인물이었다. 그는 말년에 세상에서 가장 유명한 조각가로 정평이 나 있었다. 그는 파리 인근의 뫼동에서 77세의 나이로 세상을 떠났다.

- 〈생각하는 사람〉을 만들기 시작했을 때 로댕은 이탈리아 작가 단테의 조각상을 만들 생각이었지만, 이후 구체적인 사람을 모델로 삼지 않기로 마음을 바꿨다. 〈입맞춤〉은 원래 단테의 〈지옥(Inferno)〉에 등장하는 파올로와 프란체스카를 조각할 생각이었지만, 이 작품 역시 특정 인물을 조각하지 않기로 결정했다.
- 프랑스 작가인 에밀 졸라는 프랑스 작가 연합에서 발자크 기념비를 제작할 사람으로 로댕을 선택했다. 로댕이 '내 모든 인생을 합쳐 놓은 것'이라고 말한 그의 디자인은 지나치게 특이한 나머지 작가들이 거절했고, 이 작품은 로댕이 죽고 난 후에야 구리 조각으로 만들어졌다.
- 2005년에 〈아트뉴스〉가 발표한 '가장 많이 모조품이 제작되는 예술가' 목록에는 로댕도 포함되었다. 1위는 장 바티스트 카미유 코로였는데, 이 프랑스 풍경 화가는 돈을 벌기 위해 모조 그림을 만드는 무명 화가들을 불쌍히 여겨서 실제로 위조를 독려했다고 한다.

279 SAT 개혁가 패트릭 피어스

학교 교사이자 변호사, 열정적인 아일랜드 애국주의자였던 패트릭 피어스(Patrick Pearse, 1879년~1916년)는 1916년 영국의 통치에 반대하는 부활절 봉기(Easter Rising)를 이끈 가장 주목할 만한 지도자였다. 이는 1921년 아일랜드의 독립으로 이어지는 연이은 사건에 시동을 걸어주었다. 연설 중에 아일랜드 영웅 이야기를 환기하며 사람들의 마음을 움직였던 연설가 피어스는 아일랜드의 독립을 보지 못한 채 사망했다. 그는 영국군에 체포되어 군사재판에 회부되었고, 1916년 5월 3일에 총살당했다. 그 후로 그가 처형된 곳은 아일랜드의 기념비적 장소가 되었다.

더블린에서 태어난 피어스는 어린 시절부터 아일랜드의 독립을 갈망했다. 울프 톤 같은 역사적인 인물에 영향을 받은 그는 열여섯 살의 나이에 아일랜드 애국주의 단체에 가입했으며, 스물세 살 때는 신문의 편집을 맡았다. 그는 대부분의 학교에서 영어로 대체해버린 아일랜드의 고대어, 게일어의 주요 지지자였다. 1908년에 피어스와 그의 남동생 윌리는 아일랜드 어학당인 세인트 엔다 스쿨을 설립했다. 피어스는 1913년에 아일랜드 공화국군(IRA)의 전신이자 더욱 전투적인 애국주의 단체, 아일랜드 의용군을 공동 창설했다. 그는 이 지하 조직에서 점점 높은 자리로 올라갔고, 1916년 반란의 지도자 중 한 사람으로 꼽히게 되었다.

봉기는 부활절 다음 날에 시작되었다. 반란군들은 더블린에 있는 중앙 우체국을 점령하고 건물의 계단에 서서 영국으로부터 아일랜드 독립을 선언했다. 피어스는 아일랜드 국민이 모여서 반란을 지지해주기를 바랐으나, 6일 동안의 맹렬한 싸움 끝에 결국 투항할 수밖에 없었다. 윌리 피어스를 포함한 열다섯 명의 반란 지도자가 영국에 의해 처형당했다. 이들의 죽음은 엄청난 논란을 불러일으켰고, 독립을 지지하는 급진파 신 페인 정당(Sinn Féin)이 1918년 선거에서 승리하는 데 기여했다. 이듬해 IRA는 아일랜드 독립전쟁에 돌입했고, 결국 영국은 1921년에 아일랜드의 독립을 인정했다.

- 부활절 봉기 지도자 중에는 겨우 처형을 모면한 후 1959년부터 1973년까지 아일랜드의 대통령을 역임한 에이먼 데 벌레라도 있었다.
- 중앙 우체국 건물은 지금도 더블린의 우체국 본부로 남아 있다. 이 건물은 보수되었지만 봉기를 기념하는 의미에서 정면 총알 자국 일부는 그대로 남겨졌다.
- 아일랜드는 공화국으로 선포되었던 1949년까지 공식적으로 영국 연방의 일부로 남아 있었다.

280 SUN ⌖ 선지자 로버트 잉거솔

19세기 미국에서는 신의 존재에 대해 공개적으로 의문을 제기하면 당혹감이나 비웃음만 살 가능성이 컸다. 이런 환경에서 로버트 G. 잉거솔(Robert G. Ingersoll, 1833년~1899년)은 종교적 불신이 용인되도록 하기 위해 돈키호테 같은 운동을 펼쳤다.

매사추세츠주에 정착한 최초의 청교도 신자들의 후손인 잉거솔은 엄격한 칼뱅주의 가정에서 자랐다. 1852년에 집을 떠난 그는 잠깐 학교 교사로 일하다가 형인 에본과 함께 일리노이주 피오리아에서 법률회사를 열었다. 노예제도를 강하게 반대하던 잉거솔은 남북전쟁 중에 북부 연맹군에 자원했고 1862년에 샤일로 전투에서 싸웠으며, 이후에 남부 연합군에 잡혀 잠시 전쟁 포로가 되기도 했다. 그는 석방된 이후 정치에 열의를 보였고, 1864년도에 에본이 일리노이주 하원의원이 되도록 성공적인 선거 운동을 펼쳤다.

로버트 잉거솔 자신도 일리노이 주지사로 출마하고자 했지만, 일리노이주 공화당원들이 그의 비정통적인 종교관을 지적하면서 그의 정치 활동도 좌절되었다. 당시 불가지론자를 후보로 내세운다는 것은 정치적인 자살 행위로 여겨졌기 때문에 잉거솔은 평생 공화당을 지지했지만 공화당을 대표해 출마하거나 공화당 대통령의 내각에 진출할 수가 없었다. 잉거솔은 그에 좌절하지 않고 1860년대에 전통적인 종교적 신념에 반대하고 '자유로운 사상'을 주장하는 순회 강연에 돌입했다. 자유로운 사상이란 믿음이 감정이나 미신이 아니라 이성에서 비롯되어야 한다는 자신의 주장을 반영하기 위해 그가 만든 용어이다. 설득력 있는 연설가인 잉거솔은 1884년에 자유로운 사상을 도모하고, 군대 목사를 폐지하며, 교회와 정치를 분리하는 데 전념하는 미국 세속 조합이라는 단체를 창설했다.

그는 자신의 신념을 설명하는 수십 권의 책을 집필했으며 66세의 나이로 사망할 때까지 활동적인 강사이자 공화당원으로 남았다. 잉거솔은 알링턴 국립묘지에 묻혔다.

- 잉거솔은 불가지론자였을 뿐만 아니라 유명한 변호사이기도 했다.
- 그는 1867년부터 1869년까지 짧은 기간 동안 일리노이주의 검찰총장으로 일했다.
- 잉거솔의 묘비에는 그가 가장 소중하게 생각한 불가지론과 노예제도 폐지에 대한 글이 새겨져 있다. "사람들의 몸에 감긴 사슬을 끊는 것만큼 장대한 일은 없다. 영혼의 환영을 깨는 것만큼 고결한 일은 없다."

281 MON 리더 수전 앤서니

1920년 의회가 여성에게 투표권을 허용하는 헌법 개정을 승인했을 때, 지지자들은 이 획기적인 법안을 앤서니 개정이라고 불렀다. 법안과 이름이 같은 수전 B. 앤서니(Susan B. Anthony, 1820년~1906년)는 여성의 참정권 운동을 이끈 지도자로 평생의 목표가 현실이 되기 불과 몇 년 전에 사망하였다.

앤서니는 매사추세츠주 애덤스의 엄격한 퀘이커교도 집안에서 태어나서 장난감을 가지고 놀거나 놀이를 하지 못하게 금지당한 채 자랐다. 앤서니의 진보적인 정치 신념은 어린 시절 부모님에 의해서 주입되었다. 그녀는 10대 때 노예제도 폐지 운동에 자원해서 동참했고, 금주 캠페인을 펼쳤으며(당시에는 술 취한 폭력 남편으로부터 여성을 보호하기 위한 개혁으로 여겨졌다), 노동조합 보호를 지지했다. 그러나 앤서니를 가장 열정적으로 사로잡은 것은 여성 참정권 운동이었다. 1851년에 그녀는 최초의 참정권 지도자인 엘리자베스 케이디 스탠턴을 만났고, 스탠턴은 그녀를 참정권 운동에 끌어들였다. 타고난 연사인 앤서니는 곧 미국에서 가장 세간의 이목을 이끄는 참정권 활동가가 되었다.

독립전쟁 중에 앤서니와 스탠턴은 북부 연맹을 열정적으로 지지했지만, 전후에 의회가 여성은 배제한 채 흑인에게만 투표권을 확대하자 크게 실망했다. 이 15차 개정은 참정권 운동을 두 갈래로 나누어놓았다. 일각에서는 평등으로 향하는 하나의 단계라며 개정을 지지했지만, 앤서니를 비롯한 비평가들은 모든 사람에게 완전한 참정권을 줘야 한다는 주장을 고수했다. 앤서니는 1872년에 대통령 선거에 불법으로 투표함으로써 이 대의에 대한 언론의 주목을 받았다. 그녀는 연방 경찰에 체포되어 1873년 초에 유죄 판결을 받았다. 1892년, 앤서니는 스탠턴이 20년 전에 창설한 전국 여성 참정권 협회의 회장이 되었고, 1900년에 회장직에서 은퇴했다. 1906년 사망하기 몇 개월 전에 그녀는 볼티모어에서 열린 참정권 대회에서 유명한 작별 연설을 했다. "나는 이곳에 잠깐 머물 뿐입니다. 그리고 내 자리는 누군가로 인해 채워질 것입니다. 투쟁은 멈춰져서는 안 됩니다. 투쟁이 멈추지 않는 걸 여러분이 반드시 보아야 합니다. 실패는 불가능합니다." 그로부터 14년 후 그녀의 이름을 딴 법안이 법률로 제정되었다.

- 1900년에 앤서니는 고향에 있는 로체스터대학교를 설득해 여학생을 받아들이게 했다. 미국 사립 대학이 남녀 공학으로 전환하기 수십 년 전의 일이었다.

282 TUE 철학자 존 듀이

저서, 강의, 교실 실험을 통해 미국의 철학자 존 듀이(John Dewey, 1859년~1952년)는 미국 교육의 모습을 바꾸었으며, 교직을 근본적으로 재정의했다. 사망 무렵 듀이는 미국에서 가장 영향력 있는 교육자이자 전쟁, 평화, 시민권 문제에 관한 대표적인 사회 참여적 지식인으로 꼽히고 있었다. 교육에 대한 듀이의 철학은 1893년도 에세이에 요약되어 있다. "교육을 나중을 위한 준비로만 생각하지 말고, 현재 삶 속에서 완전한 의미를 가진 것으로 만들어라."

버몬트주 북부에서 태어난 듀이는 공립 학교를 거쳐 버몬트대학교에 들어갔다. 그는 볼티모어에 있는 존스홉킨스대학교에서 철학을 공부했는데 실용주의 철학자 윌리엄 제임스에게 지대한 영향을 받았다. 듀이는 1894년에 설립된 지 4년 된 시카고대학교의 철학과 학장으로 채용되었다. 그가 1896년에 대학 부속 실험 학교를 설립한 곳이 바로 시카고였다. 듀이는 이 학교를 교육에 관한 그의 진보 이론을 실험하는 시험대로 삼았으며, 기관의 직원을 시카고대학교의 교육학과 학생들로 채웠다. 듀이는 아이들에게 단순히 암기 훈련을 시키는 것이 아니라 '규제된 생활'에 입각해 아이들을 가르치는 개혁을 추구했다. 예컨대, 미국 독립혁명에 대한 사실을 암기하게 하는 대신, 학생들이 그 시기의 역사를 배울 수 있도록 그룹 프로젝트를 실시하여 '경험에 입각한 학습'을 독려하는 식이었다. 듀이에게 있어 교육 개혁은 철학과 정치에 관한 자신의 견해와 복잡하게 연관되어 있다. 그는 제대로 교육된 시민만이 민주주의 체제에서 스스로를 통제할 수 있는 능력을 가진다고 믿었다.

듀이는 여성의 참정권과 미국의 제1차 세계 대전 참여 지지를 시작으로 정치적으로도 활발히 활동했다. 그는 전쟁이 끝난 후 뉴딜이 대공황을 해결하는 데 역부족이라고 비판하고, 진주만 공습 때까지 미국의 제2차 세계 대전 참여를 반대하면서 진보진영에 합류했다. 그러나 다른 많은 진보주의 지식인과 달리, 그는 반민주적인 특징을 이유로 공산주의를 불신했다. 듀이는 1904년에 시카고를 떠났고 남은 생애를 컬럼비아대학교에서 보냈다. 그는 93세의 나이로 뉴욕에서 폐렴으로 사망했다.

- 듀이는 미국 시민 자유 연맹의 초창기 회원이었다.
- 그의 90세 생일날 듀이는 실용주의자의 마음을 따뜻하게 해주는 선물을 받았다. 바로 돈이었다. 뉴욕에서 열린 생일 축하 행사에서 그의 친구와 지지자는 뭐든 그가 가치 있다고 생각하는 것에 기부할 수 있도록 그에게 9만 달러를 주었다.
- 듀이는 두 번 결혼했다. 그의 첫 부인인 해리어트 앨리스 치프먼은 그가 미시건대학교 교수이고 그녀가 학생이었을 때 만났다. 그녀가 죽은 후에 그는 로베르타 그랜트와 결혼했다.

283 WED 혁신가 막스 플랑크

막스 플랑크(Max Planck, 1858년~1947년)는 전자, 양성자, 중성자 등 원자보다 작은 미립자를 연구하는 데 전념하는 물리학 분야인 양자론의 창시자이다. 그의 발견으로 그는 독일에서 가장 저명한 과학자 중 한 사람이자 알베르트 아인슈타인, 에르빈 슈뢰딩거와 같은 뛰어난 물리학자 세대의 멘토가 되었다. 그는 1918년 60세의 나이로 노벨상을 수상했다. 그의 업적에도 불구하고, 플랑크는 '유대 과학'을 가르친다는 이유로 독일을 점령한 나치로부터 괴롭힘과 굴욕을 당했다. 1938년에 강제로 교수직에서 물러나고, 아들 중 하나가 나치에 의해 처형당하는 것을 견뎌야 했던 그는 전쟁이 끝난 직후 세상을 떠났다.

플랑크는 덴마크의 지배를 받으면서 독일어를 사용하는 홀스타인 지방에서 태어났다. 1864년에 독일이 그 지방을 점령했고, 플랑크 가족은 1860년대 후반에 뮌헨으로 이주했다. 그는 더 이상 발견할 게 없다는 한 교수의 경고를 무시하고 1874년부터 뮌헨대학교에서 물리학을 공부했다. 플랑크가 1900년에 최초로 설명한 양자물리학은 과학에 개념적인 혁명을 가져왔는데, 플랑크 자신도 수년이 지날 때까지 그 의미를 완전하게 깨닫지 못했다. 플랑크와 그가 영감을 준 연구가들은 원자 안의 작은 미립자가 아이작 뉴턴이 규정한 전통적인 역학 법칙을 따르지 않는다는 혁신적인 가설을 제시했다. 그들은 예컨대 중력의 법칙이 원자를 원자핵으로 붕괴시키지 않는다는 것을 깨달았다.

제1차 세계 대전 동안 플랑크는 동료인 아인슈타인과 절교하고 독일의 전쟁을 향한 노력을 지지했다. 그럼에도 유대인 물리학자들과의 친분으로 인해 그는 제3제국 시절 나치의 신문을 받고 이른바 유대인 혈통을 숨긴 혐의로 조사를 받는 등 의심을 받았다. 그의 작은 아들인 에르빈 플랑크는 1944년도 히틀러 암살 모의에 가담했고 전쟁이 끝나기 직전에 게슈타포에 의해 교수형에 처해졌다. 슬픔에 잠긴 막스 플랑크는 1947년에 89세의 나이로 사망했다.

- 플랑크는 논문을 작성한 후 20세의 나이에 박사 학위를 받았다.
- 독일 최고의 물리학 연구기관인 카이저 빌헬름 연구소는 1948년에 막스 플랑크 연구소로 이름을 변경했다.
- 플랑크의 다른 자녀들도 모두 비극적인 상황에서 죽음을 맞았다. 플랑크의 큰아들인 칼은 제1차 세계 대전에서 사망했으며, 그의 두 딸은 모두 분만 중에 사망했다.

284 THU 악당 찰스 폰지

이탈리아 이민자로 보스턴에 도착했을 때 찰스 폰지(Charles Ponzi, 1882년~1949년)는 등에 걸친 셔츠 한 장과 주머니 속 2달러 50센트 밖에 없었다. 1500만 달러라는 거금을 모은 폰지는 아메리칸 드림의 상징이 될 수도 있었으나 그 대신 그의 이름은 오늘날 흔히 '폰지 사기'로 알려진, 4만 명의 보스턴 사람들에게 피해를 입힌 정교한 금융 사기를 가리키는 말이 되었다.

1919년에서 1920년 사이, 불과 몇 개월 만에 폰지는 같은 이탈리아 이민자 다수를 비롯해 노동자, 과부, 사제의 노후 대비 자금을 모았다. 체포되기 전까지 그는 기적과 같은 두 자릿수 수익률로 전국적인 명성을 날리고 있었다. 폰지는 스페인에서 날아온 국제 반송 쿠폰이 포함된 한 우편물을 받은 후에 이 사기 생각을 떠올렸다. 그 쿠폰은 발송인(이 경우에는 스페인 사업체)이 원래의 우편 요금과 동일한 금액을 반송 우편 요금으로 선지불할 수 있게 해주는 것이었다. 그런데 환율 변동으로 인해 스페인의 우표 요금이 미국의 우표 요금보다 저렴했다. 따라서 그 스페인 사업체는 결국 반송 우편에 대해 약간의 할인을 받게 되는 셈이었다. 폰지는 그런 쿠폰을 많이 살 수 있다면 건당 할인되는 금액을 모아 거대한 수익을 낼 수 있다고 생각했다. 그는 환상적인 수익률을 보장하면서 투자가들에게 자신의 사업에 동참하라고 제안했다. 1920년 2월에 그는 5290달러를 모았다. 그해 6월에는 투자금이 44만 달러로 불어났다. 7월까지 그가 모은 금액은 650만 달러에 이르렀다. 그의 사기 행각은 아이러니하게도 불법이 아니었으나 그는 실제로 쿠폰을 구입한 적이 없다. 유럽에서 다량의 우표를 수입하는 것은 비용이 많이 들었고 비현실적이었기 때문이다. 대신 그는 새로운 투자금을 수익금을 돌려 막는 데 사용했는데, 이것이 바로 폰지 사기이다. 그리고 대부분의 투자금은 자신을 위해 사용했다.

《보스턴포스트》 신문이 사기 행각을 폭로한 후 폰지는 몇 년 동안 수감되었다가 결국 이탈리아로 추방되었다. 그는 브라질에서 이탈리아 항공사 직원으로 일하다가 시력을 잃고 67세에 어느 자선 병원에서 사망했다. 사망 당시 그의 수중에는 75달러가 있었는데, 그래도 처음 가지고 있던 금액보다 72달러 50센트를 더 가졌으니 선방한 셈이다. 장례식을 치를 정도는 되었으니 말이다.

285 FRI 예술가 마르셀 프루스트

마르셀 프루스트(Marcel Proust, 1871년~1922년)는 그가 쓴 가장 유명한 구절에서 마들렌 한 입을 먹고 난 후 마구 떠오르는 추억을 묘사했다. 자그마한 마들렌의 맛은《잃어버린 시간을 찾아서》의 서술자를 고모와 함께 자주 케이크를 먹던 행복한 시절로 되돌려 보낸다. 밀려드는 추억으로 이 서술자는 익숙한 냄새, 마들렌 한 입처럼 가장 작은 감각을 느끼는 능력이 가장 강력한 기억을 불러온다는 사실에 대해 생각하게 된다. "냄새와 맛은, 영혼처럼 오랫동안 살아남아 다른 모든 것의 폐허 위에서 회상하고 기다리고 희망하면서, 거의 만질 수 없는 미세한 물방울 위에서 추억의 거대한 건축물을 흔들림 없이 떠받치고 있다." 이것은 프루스트 걸작의 주요 주제 가운데 하나인 '거대한 기억의 구조'와 인간의 의식 속에서 그런 기억의 역할을 소개해주는 유명한 구절이다. 이 구절은 또한 총 일곱 권, 3000쪽에 이르는 서술의 시작을 알려주는 것으로도 유명한데, 도전적이며 대단히 영향력 있는 프루스트의 작품을 집어 든 많은 독자가 보통은 이 부분까지만 읽고 책을 덮는다.

21세기 문학에서 매우 중요한 작가인 프루스트는 파리의 오퇴유에서 태어났으며 어린 시절 대부분을 일리에라는 시골 마을에서 자랐다.《잃어버린 시간을 찾아서》의 배경이 되었던 허구의 마을 콩브레는 그가 어린 시절을 보낸 동네 두 곳을 버무려놓은 것이다. 그는 어렸을 때 잦은 병치레에 시달렸지만 그럼에도 프랑스군에서 1년 동안 복무했다. 프루스트는 성인이 되어서도 자주 아팠고, 말년을 사실상 환자로 살았다. 범위와 주제 면에서 방대한《잃어버린 시간을 찾아서》는 프로이센 · 프랑스 전쟁과 제1차 세계 대전 사이 몇십 년 동안 프랑스에서 사회적 · 기술적 변화가 일던 시기를 아우른다. 이 소설에는 수백 명의 인물이 나오며 프루스트의 또 다른 자아인, 이름이 주어지지 않은 서술자를 중심으로 사건이 전개된다. 이 책은 동성애를 솔직하게 다룬 최초의 소설 중 하나이고 (프루스트는 게이임을 공개적으로 알렸다) 또한 미학, 음악, 철학의 주제를 다루기도 했다. 이 책을 끝내는 일은 프루스트의 남은 건강마저 앗아갔고, 그는 51세의 나이에 폐렴으로 사망했다. 이 책의 마지막 부분이 그의 사후에 출간되면서 1927년에야 시리즈 전체가 완성되었다.

- 영국 에세이 작가 존 러스킨의 팬이었던 프루스트는 그의 저서 두 권을 프랑스어로 번역했다.
- 《잃어버린 시간을 찾아서》는 《지나간 일의 기억》이라는 제목으로도 알려져 있는데, 이는 원제인 《À la recherche du temps perdu》의 또 다른 해석이다. 이 책의 단어 수는 125만 개 이상이다.

286 SAT 개혁가 쑨원

3000년간 이어진 중국의 제국 통치는 혁명 지도자 쑨원(孫文, 1866년~1925년)이 마지막 황제를 폐위시키고 그 자리에 공화국 정부를 세우면서 끝이 났다. 현대 중국의 창건자로 여겨지는 쑨원은 광대한 국가를 통일하고 지방의 군사력을 약화시키려 정부를 세웠지만 그의 사망 직후 내전이 발발하면서 무너져버렸다. 1925년 쑨원이 사망한 후, 중국에서 내전을 벌인 공산당과 국민당은 모두 그에게 영향을 받았다고 주장했다. 지금까지도 그는, 다른 것에 관해서는 거의 의견이 다른 대만과 중국 두 나라 모두에서 영웅으로 추대되고 있다.

쑨원은 중국 남부 홍콩 인근에 있는 항구 도시에서 태어난 것으로 추정된다. 그는 어린 시절 대부분을 하와이에서 보냈는데, 당시 하와이는 대규모 중국인 공동체가 사는 독립국가였다. 그는 성공회 학교에 다녔는데, 그가 기독교로 개종하고자 한다는 사실을 가족이 알아차리면서 1883년에 강제로 중국으로 보내졌다. 홍콩에 돌아온 그는 영국 정부가 후원하는 의과 대학에 진학했으며, 크리켓을 배우는 등 영국 정부의 식민지 통치에 깊은 인상을 받았다. 후에 그는 홍콩에서 지내는 동안 중국 제국주의 체제의 상대적인 후진성과 부패에 부끄러움을 느꼈다고 주장했다.

중국 정부는 심각하게 쇠퇴하고 있었는데 1894년과 1895년에 일본과의 전쟁에서 수치스럽게 패하면서 이 사실이 더욱 부각되었다. 전쟁의 결과로 중국은 대만에 대한 통제권을 상실했으며 엄청난 금액을 보상금으로 지불해야 했다. 쑨원은 같은 해에 쿠데타에 참여했으나 실패하는 바람에 그 후 10년 동안 망명 생활을 하며 유럽과 미국, 일본을 돌아다녔다. 그는 망명 중에 그의 이데올로기의 근간이 되어준 민족, 민권, 민생의 삼민주의를 제창했다. 마침내 다섯 살배기 황제 푸이가 1911년에 폐위되자, 쑨원은 신생 공화국의 정권을 장악하기 위해 중국으로 돌아갔다. 그는 남은 생애 대부분을 강력한 중앙정권을 구축하고 중국의 여러 지방을 다스리는 군 지도자들과 싸우면서 보냈다. 그는 공산당의 지지를 얻어냈으나 그가 사망한 후 이 동맹은 깨져버렸고, 중국은 내전으로 빠져들었다.

- 쑨원은 농부의 딸인 루무전과 1884년에 중매결혼을 했으나 1915년에 그녀를 버렸다. 그는 쑹칭링과 재혼했는데, 그녀는 후에 중화인민공화국의 고위급 간부가 되었다. 이 두 번째 부인의 자매 중에는 국수주의 지도자인 장제스와 결혼한 사람도 있는데, 이는 쑨원의 가족이 분쟁의 양측에서 모두 영향력 있는 자리를 차지하고 있었다는 뜻이다.
- 공산당 지도자는 쑨원을 기리기 위해 그가 태어난 광동성의 샹산을 그의 이름을 따 중산으로 바꾸었다.

287 SUN 선지자 찰스 파함

오순절주의(Pentecostalism)는 초자연적인 치유, 기적 그리고 가장 유명한 방언 의식에 뿌리를 둔 기독교 종파이다. 이 종파는 캔자스주 토피카에 사는 찰스 폭스 파함(Charles Fox Parham, 1873년~1929년)이라는 전도사가 1901년에 창시했다. 파함은 본래 감리교파의 분파로 등장한 19세기 교파인 성결운동에서 훈련을 받았다. 그는 1900년 토피카에 베델 성경대학을 열었는데 40명의 학생이 등록했다. 파함과 일부 학생은 그 이듬해에 처음으로 방언을 경험했다. 일반 사람에게는 방언이 횡설수설하는 것처럼 보이지만 오순절주의에서는 신성한 재능이었다. 파함은 초창기 기독교 신자 중에 방언을 한 사례를 설명한《사도행전》에서 이에 대한 성서적 근거를 찾았다.

그럼에도 1903년 '신성한 치유', 즉 기도를 통한 치유에 대한 믿음까지 메시지에 포함시켜 확장하기 전까지는 신자가 별로 없었다. 새로운 전환기의 큰 물결은 1906년, 파함의 학생 중 한 사람인 윌리엄 조셉 시모어가 로스앤젤레스에서 아주사 거리 부흥운동으로 알려진 성공적인 모임을 여러 차례 개최하면서 발생했다. 오순절주의는 후에 가난한 농부와 방앗간 노동자에게 특히 매력적으로 여겨지면서 애팔래치아산맥과 오자크 산악 지방까지 퍼져나갔다.

대단히 엄격한 오순절주의는 흡연, 음주, 춤을 비롯해 다른 '경박한' 행동을 금한다. 오순절주의를 폄하하는 사람들은 방언을 할 때마다 온몸을 비트는 행동을 보이는 시모어의 추종자들을 두고 '신성한 롤러(holy roller)', 즉 구르는 사람들이라고 조롱하듯 부른다. (파함 자신도 후에 "홱 움직이고, 떨고, 바닥에 나뒹굴고, 지껄이고, 소리치는 등 난동을 부린다"라면서 자신의 추종자 중 일부를 맹렬히 비난했다.) 그러나 신자들의 수가 늘어날수록 이 종교에서 파함이 맡은 역할은 점점 줄어들었는데, 그 이유 중에는 그가 공식적인 통치 구조를 모두 거부한 탓도 있다. 교회는 몇 개의 경쟁 파벌로 나뉘었으나 파함이 사망하고 난 후 오순절주의 선교사들이 남미와 아프리카로 퍼져나갔고 그곳에서 이 종파는 20세기 말과 21세기 초에 폭발적인 성장을 경험했다.

- 오순절주의는 최초의 기독교인들에게 성령이 내려왔다고 하는, 부활절로부터 50일째인 기독교 명절 오순절에서 이름을 따왔다.
- 시모어를 비롯한 최초의 오순절주의 신자는 흑인이었다. 처음에는 파함도 다양한 인종으로 구성된 추종자들을 환영하면서 여러 인종에게 전도했지만 후에는 흑인을 거부하고 KKK단을 지지했다.

288 MON 리더 우드로 윌슨

대통령으로 선출된 대학 교수 우드로 윌슨(Woodrow Wilson, 1856년~1924년)은 세상사에 보다 적극적인 역할을 포용함으로써 미국의 외교 정책을 변화시킨 인물이다. 윌슨의 두 번째 임기 중에 미국은 제1차 세계 대전에 동참해서 최초로 전투 부대를 유럽으로 파견했는데, 이는 미국이 강대국으로 발전하게 된 주요 사건이었다.

장로교 목사의 아들인 윌슨은 버지니아주 스톤튼에서 태어났으며 프린스턴대학교에서 공부했다. 그는 1886년에 볼티모어에 있는 존스홉킨스대학교에서 역사학 박사 학위를 받고 1890년에 프린스턴대학교로 돌아왔다. 학생들에게 큰 인기를 얻었던 그는 1902년에 프린스턴대학교 총장으로 임명되었다. 1910년에는 정계에 발을 들였고, 민주당원으로 뉴저지 주지사에 선출되었다. 윌슨은 1912년에 민주당 대통령 후보가 되었으며 세 명의 후보가 경쟁하는 대통령 선거에서, 재임 중이던 윌리엄 하워드 태프트와 시어도어 루스벨트를 물리치고 당선되었다. 1916년에는 재선에 성공했다.

윌슨은 1914년 유럽에서 제1차 세계 대전이 발발한 후 초반에는 미국의 오랜 중립 정책을 고수했다. 사실 그는 1916년 재선 당시 "그가 우리를 전쟁 없이 살게 해준다"라는 슬로건으로 선거 운동을 펼쳤다. 그러나 재선된 지 6개월도 되지 않아 독일의 U보트가 미국 선박을 공격하면서 대중이 독일에 등을 돌리자 윌슨은 1917년 4월 2일 의회에 선전포고를 요청했다. 윌슨은 유명한 14개조 평화 원칙 연설에서 유럽제국을 해체하고 미래의 국제적 분쟁을 중재할 국제연맹의 창설 등 미국의 전쟁 목표를 설명했다. 미국이 제1차 세계 대전에 참여함으로써 동맹국이 대세를 역전시키는 데 도움이 되었고, 1918년 11월에 정전협정이 체결되었다. 이듬해 윌슨은 평화 조약에 대한 공식 협상을 위해 파리로 항해하면서 유럽을 방문한 최초의 현직 대통령이 되었다. 이 조약에는 국제연맹 설립 등 14개조 평화 원칙의 일부가 포함되었다. 그러나 미국으로 돌아온 윌슨은 상원의 고립주의자들이 조약을 승인하도록 설득하지 못했다. 매사추세츠주 상원의원인 헨리 캐벗 로지가 이끄는 반대파는 국제연맹이 미국의 자주권을 빼앗을까 봐 두려워했다.

신체적으로 지친 윌슨은 1919년에 뇌졸중에 시달렸고 남은 임기 동안 통치가 불가능해졌다. 베르사유 조약은 비준되지 않았고 미국은 국제연맹에 가입하지 않았다. 윌슨은 1924년 워싱턴에서 사망했다.

• 윌슨은 박사 학위를 가진 유일한 미국 대통령이었고, 대통령에 선출된 유일한 정교수였다.

289 TUE 철학자 버트런드 러셀

흰 머리와 영국 귀족의 우아한 태도를 가진 버트런드 러셀(Bertrand Russell, 1872년~1970년)은 20세기에 유명 철학자 중 한 명이다. 대단한 다작 작가인 러셀은 정치 선동가로도 잘 알려져 있으며 반전 활동으로 두 번이나 수감된 바 있다.

영향력 있는 영국 가문에서 태어난 러셀은 1931년에 백작 지위를 물려받았다. 부모님이 모두 요절해서 그는 주로 할머니인 레이디 러셀의 손에서 자랐다. 그는 열여덟 살에 케임브리지대학교에 입학했다. 1903년에 《수학의 원리》를 출간하며 수학자로 처음 두각을 나타냈다. 수학의 논리적인 토대를 설명할 목적으로 쓴 다음 저서《수학 원리》는 집필하기가 매우 힘들었고, 그를 육체적으로 지치게 만들었다. 그러나 이 책은 학자로서의 경력을 확고하게 세워주었다. 제1차 세계 대전부터 러셀의 관심은 급격하게 철학과 정치로 향했다. 그는 제1차 세계 대전의 열렬한 반대자가 되었고 반전주의 관점의 책을 출간한 대가로 6개월 동안 수감되기도 했다. 전쟁이 끝난 후 소비에트 연방을 방문한 그는 공산주의에 질려버렸다. 후에 그는 이렇게 썼다. "비민주적이기 때문에 공산주의를 싫어하고 착취를 선호하기 때문에 자본주의를 싫어한다."

그는 1940년에 뉴욕시립대학교의 교수직으로 임명되었지만 종교 지도자들이 반대하는 바람에 임명이 철회되었다. 네 번 결혼하고 여러 차례 외도를 했던 러셀의 사생활을 문제 삼은 것이었다. 이 경험은 러셀에게 굴욕감을 주었고, 그가 미국에 대한 안 좋은 시각을 갖게 만들었다.

1950년대에 원로 교수가 된 러셀은 반핵 운동에 참여했다. 그는 영국의 핵무기에 반대하는 시위를 하다 체포되었고 제1차 세계 대전 당시 수감되었던 그 감옥에 7일 동안 구금되었다. 철학적·수학적 업적 외에도 러셀은《서양 철학사》(1945년)와 1960년대에 세 권으로 구성된 자서전을 집필하는 등 대중을 대상으로 하는 논픽션 작가로도 유명했다. 그는 98세에 웨일스에서 사망했다.

- 러셀은 서신, 책, 에세이 등을 꾸준히 집필했는데, 어느 전기작가의 추정에 의하면 성인이 된 후 하루에 2000단어씩 쓴 셈이라고 한다.
- 그의 할아버지인 존 러셀은 영국의 수상을 두 번 역임했다.
- 버트런드 러셀은 자서전에서 알리스 스미스와의 첫 번째 결혼이 끝난 이유를 이렇게 설명했다. "어느 날 오후 자전거를 타러 나갔는데, 시골길을 따라 달리던 중 갑자기 더 이상 알리스를 사랑하지 않는다는 사실을 깨달았다."

290 WED 혁신가 조지 워싱턴 카버

조지 워싱턴 카버(George Washington Carver, 1864년경~1943년)가 정말 땅콩 잼을 발명했을까? 미국 학생들은 수 세대에 걸쳐 노예였다가 최초의 걸출한 아프리카계 미국인 과학자가 된 카버가 앨라배마의 그의 연구소에서 샌드위치의 주재료인 땅콩 잼을 발명했다고 배워왔다. 그렇지만 여러 측면을 가졌던 카버의 인생처럼 땅콩 잼이 발명되기까지 그가 했던 역할은 알려진 것보다 좀 더 미묘하다. 넛밀(Nutmeal), 즉 땅콩 잼에 대한 특허권은 존 H. 켈로그가 1895년에 취득했다.

그러나 땅콩 잼과 수십 개의 다른 식료품 보급에 카버가 중대한 역할을 한 것은 사실이다. 수천 명의 소규모 농장주와 소작인에게 땅콩 잼의 장점을 널리 홍보했기 때문이다. 카버는 전통적인 주 농작물인 목화에만 의존하지 말고 땅콩과 고구마로 농작물을 다양화하라고 가난한 농부들을 설득함으로써 미국 남부에서 농업의 부흥을 일으켰다. 그는 흑인과 백인 모두에게 성공한 아프리카계 미국인의 상징으로 여겨지지만 그 이유는 서로 달랐다. 흑인에게는 그가 노예였던 사람도 성공할 수 있음을 증명해준 인물이었지만, 많은 백인은 그의 공격적이지 않은 태도를 '바람직한' 흑인 모델로 여겼다.

카버는 미주리주에서 태어나 1894년에 아이오와주립대학교를 졸업했다. 그는 그 학교 최초의 아프리카계 미국인 졸업생이었고, 19세기 미국에서 대학 학위를 가진 몇 안 되는 흑인 중 한 명이었다. 2년 후 그는 부커 T. 워싱턴에 의해 앨라배마주에 있는 워싱턴의 터스키기대학교 강사로 고용되었다. 워싱턴은 '타협파' 정치의 신봉자로, 아프리카계 미국인의 경제적 지위를 향상시키기 위해 노력하면서도 짐 크로 분리정책(Jim Crow segregation, 공공장소에서 흑인을 백인과 차별하는 규정-옮긴이)은 받아들였다.

1920년대에 이르러 카버는 미국에서 유명한 아프리카계 미국인이 되어 있었다. 〈타임〉 지는 다방면에 관심을 가진 그를 흑인 '레오나르도'라고 불렀다. (레오나르도 다 빈치 역시 그림 외에 다방면에 관심을 두었다.) 카버는 약 79세에 터스키기에 있는 자택 계단에서 넘어져 사망했다.

- 카버는 땅콩 수프, 땅콩 비스크, 땅콩 머핀, 땅콩 도넛, 땅콩을 곁들인 간 요리, 땅콩 커피, 땅콩 면도 크림 등 325가지 땅콩 사용법을 발표했다.
- 1943년 카버가 사망한 직후 그의 고향 미주리주 다이아몬드에 조지 워싱턴 카버 국립 기념관이 세워졌다.

291 THU 악당 알 카포네

알 카포네(Al Capone, 1899년~1947년)는 광란의 1920년대에 범람한 마피아 가운데 한 명으로 전설적인 인물로 전해져왔다. 그는 밀수업자, 부패 경찰, 주류 밀매업자가 포함된 거대한 네트워크를 통제했으며 중서부의 많은 지역에 술을 공급했다. 1931년에 몰락하기 전까지 그는 음식, 시가, 술 그리고 여성에 대한 집착으로도 유명했다. 알 카포네는 의도치 않게 금주법의 폐지에 기여하기도 했다. 1919년에 금주법이 제정되었는데, 밀주업자들과 관련된 폭력 사건이 급증하는 바람에 공포심이 확대되면서 1933년에 폐지되었다. 1929년에 그가 경쟁 마피아 집단에 맞서며 발발한 밸런타인데이 대학살은 암흑가 학살의 물결 중에 가장 유명하다.

이탈리아 이민자의 자녀였던 알 카포네는 브루클린에서 태어나 10대에 길거리 갱단에 들어갔다. 그는 마피아가 통제하는 나이트클럽에서 경호원으로 일하던 도중 얼굴 한쪽에 유명한 흉터를 갖게 되었다. 1918년에 결혼한 후 알 카포네는 시카고의 사우스사이드로 이주해서 불법 제국을 세우기 시작했다. 알 카포네는 몇 년 만에 시카고 지하 세계에서 지배적인 세력 중 하나가 되었다. 그에게 대적할 만한 지역 갱단은 1920년대에 알 카포네 암살 음모를 조직했다가 실패한 조지 '벅스' 모란(George 'Bugs' Moran)이 이끄는 노스사이드 갱단밖에 없었다.

밸런타인데이 대학살은 알 카포네가 경쟁 상대를 완전히 제거하기 위한 것이었다. 밸런타인데이에 경찰관으로 위장한 갱단이 모란 갱의 소굴인 차고를 급습했다. 알 카포네의 부하는 차고 안에서 일곱 명을 체포하는 척하면서 모두 벽을 바라보고 일렬로 서게 했다. 그러고는 자동 소총으로 모조리 살육했다. 그러나 대학살은 실패로 끝났다. 그날 모란이 차고에 없었기도 했지만 이 사건으로 인해 갱단에 대한 시카고 시민들의 반발이 촉발되었고, 알 카포네를 감옥에 넣기 위해 연방 정부 요원인 엘리엇 네스가 파견되었기 때문이다. 네스는 결국 세금 포탈 혐의로 알 카포네가 유죄 판결을 받게 만들었다. 그의 갱단이 불법 사업에 대해 소득세를 한 푼도 내지 않았기 때문이다. 알 카포네는 1930년대를 감옥에서 보내다가 1939년에 건강 악화로 풀려났다. 그는 갱단 활동을 재개하지 못했고 1947년에 뇌졸중을 앓은 뒤 사망했다.

- 1932년에 재무부는 체납된 세금을 추징하기 위해 알 카포네의 방탄 캐딜락 자동차를 압류했다. 후에 이 자동차는 무장된 최초의 대통령 리무진으로 사용되었고, 제1차 세계 대전 당시 프랭클린 루스벨트 대통령이 타고 다녔다.
- 알 카포네는 〈타임〉 지 커버에 실린 두 명의 마피아 두목 중 한 사람이다. 다른 사람은 존 고티다.

292 FRI 예술가 파블로 피카소

베레모를 쓰고 담배를 입에 문 채, 찌푸린 미소를 짓는 모습으로 무수히 많은 사진에 등장한 파블로 피카소(Pablo Picasso, 1881년~1973년)는 거의 20세기 내내 아방가르드를 상징했다. 화가이자 조각가였던 피카소는 사실상 현대의 모든 예술 운동에 영향을 주었고, 세계적인 유명인이 되었으며, 92세의 나이로 프랑스에서 죽을 때까지 작품 활동을 이어갔다.

스페인 말라가에서 태어난 피카소는 바르셀로나에 정착해서 예술학교에 다니기 전까지 여러 차례 이사를 다녔다. 그는 1900년에 처음으로 국제 예술계의 수도인 파리를 방문했으며, 곧이어 그곳으로 이주해 평생을 살았다. 피카소의 초기 작품 활동은 크게 두 시기로 나뉘는데, 각각의 시기는 그가 사용한 주된 색의 이름을 따서 블루 시기(Blue Period, 1901년~1904년)와 로즈 시기(Rose Period, 1904년~1906년)로 불린다. 이름이 암시하듯이 블루 시기 작품은 거지와 범죄자를 담은 어두운 초상화가 대부분이었다. 로즈 시기 작품에는 조금 더 생생한 색을 사용했고 보통 코미디언이나 서커스 단원처럼 긍정적인 대상을 그렸다.

파리에서 피카소는 앙리 마티스, 조르주 브라크 같은 화가들이 속한, 잘나가는 보헤미안 예술가 공동체에 가입했다. 그는 1918년에 결혼했으나 이윽고 평생 이어지는 외도를 시작했다. (그는 세 명의 각기 다른 여성과 관계를 갖고 총 네 명의 자녀를 뒀다.) 브라크와 함께 피카소는 입체파의 창시자로 불린다. 피카소는 사창가에 있는 다섯 명의 매춘부를 그린 유명한 그림 〈아비뇽의 처녀들〉을 통해 이 양식을 소개했다. 입체파 작품의 대상은 대개 기타나 와인병 같은 평범한 사물이지만, 각진 상자 모양의 왜곡된 형태로 나뉘어 표현되었다. 제1차 세계 대전이 끝날 때쯤 피카소는 세계적으로 유명한 예술가가 되어 있었다. 그의 명성은 1차 대전과 2차 대전 동안 더욱 커졌고, 1937년에는 위대한 작품인 〈게르니카〉를 그렸다. 이 거대한 작품은 스페인 내전 중 독일에 폭격당한 게르니카라는 바스크 마을의 피해자를 기념하는 뜻에서 그려진 것으로, 20세기 예술의 아이콘에 속한다.

스페인 국민인 피카소는 제2차 세계 대전 동안 나치에 점령당한 파리에 남아 있었다. 그는 전후에도 계속 그림을 그렸으며 여러 개의 조각품과 도자기 작품을 제작하기도 했다. 그는 1973년에 무쟁의 자택에서 사망했다.

- 피카소는 유서에 스페인이 다시 민주주의 국가가 되면 그때 게르니카를 스페인으로 옮기겠다고 명시했다. 독재자 프란시스코 프랑코가 죽고 난 후 1978년에 공화국 헌법이 채택되었고, 그림은 1981년에 스페인으로 보내졌다.

293 SAT 개혁가 에멀린 팽크허스트

영국의 사회 활동가 에멀린 팽크허스트(Emmeline Pankhurst, 1858년~1928년)는 20세기 초 영국에서 여성의 참정권을 지지한 주요 인물이다. 30년간 이어진 그녀의 운동 덕분에 영국 정부는 1928년에 여성의 동등한 투표권을 인정할 수밖에 없었다.

팽크허스트는 영국 맨체스터의 급진적인 정치 성향의 가정에서 태어났다. 후에 그녀가 기억해낸 가장 어렸을 적 기억 중 하나는 미국에서의 노예제도 폐지를 기념한 것이었다. 그녀는 프랑스 혁명을 열정적으로 지지했고 한동안 프랑스에서 공부하기도 했다. 영국으로 돌아온 그녀는, 기혼 여성의 재산권을 보호하는 획기적인 영국법을 상정한 급진파 변호사이자 여성인권 지지자였던 리처드 팽크허스트와 결혼했다. 두 사람은 다섯 명의 자녀를 낳았다. 남편이 사망하면서 팽크허스트는 큰 충격을 받았지만 그로 인해 더욱 정치에 관여하게 되었다.

두 딸과 더불어 그녀는 1903년에 여성사회정치연맹(WSPU)을 설립했다. WSPU는 기존의 영국 참정권 운동과 두 가지 측면에서 달랐다. 첫째, WSPU는 어떤 정당도 지지하지 않았다. 둘째, 이 단체는 남성을 회원으로 받아들이지 않았다. 팽크허스트는 단체의 유일한 목적인 '여성의 동등한 권리'에 집중하는 운동을 펼치는 데 이 두 가지 정책이 필요하다고 느꼈다. 그 후로 10년 동안 이 단체는 세간의 이목을 끄는 시민 불복종 행위를 연이어 감행했다. 1908년에는 두 명의 여성 참정권 운동가가 다우닝가 10번지(영국 수상의 공식 관저 – 옮긴이)에 돌을 던진 혐의로 체포되었다. 또 다른 자원 운동가인 에밀리 데이비슨은 1913년에 조지 5세 국왕이 탄 말굽 아래에 몸을 던져 깔려 죽었다. 논란이 일기는 했지만 이런 운동은 이 단체의 요구사항에 세간의 이목을 집중시키는 데 도움을 줬다.

제1차 세계 대전 기간 중 팽크허스트는 데이비드 로이드 조지 수상과의 암묵적인 합의를 통해 전후에 여성에게 투표권을 주는 대가로 운동을 중단하기로 했다. 1918년 의회는 투표권을 30세 이상의 여성으로까지 확대했다. 그로부터 10년 후 이 나이 제한은 남성과 똑같은 21세로 변경되었다.

• 여성 참정권 운동가를 나타내는 서프러제트(suffragette, 참정권을 뜻하는 서프러지에 여성을 뜻하는 접미사 '–ette'를 붙여 만들어진 말–옮긴이)라는 용어는 1906년에 《데일리메일》이 경멸조로 만들어낸 말이었다. 그러나 이 용어는 여성 인권 지지자들에게 자랑스럽게 받아들여졌으며, 팽크허스트의 딸인 실비아는 참정권 운동의 역사를 기록한 저서의 제목을 《서프러제트 운동》으로 붙였다.

294 SUN 선지자 빌리 선데이

고아였다가 미국에서 가장 유명한 기독교 목사가 된 빌리 선데이(Billy Sunday, 1862년~1935년)는 미국의 수백 개의 도시를 누비며 전도했고 힘찬 목소리, 소탈한 설교, 지치지 않는 열정으로 유명했다. 그는 보수적인 종교관을 가진 전통주의자로 대중매체를 매우 노련하게 이용하여, 후에 빌리 그레이엄과 같은 근본주의 전도사들의 길을 터준 혁신가이기도 하다.

윌리엄 애슐리 선데이(William Ashley Sunday)는 남북전쟁 기간 중에 아이오와주의 에임스에서 태어났다. 북부 연맹군 병사였던 그의 아버지는 그가 태어난 지 몇 주 만에 사망했고, 그의 어머니는 아이를 고아원에 맡겼다. 고아원에서 선데이는 그를 처음으로 유명하게 해준 재능을 찾았다. 바로 야구였다. 발 빠른 주자였던 그는 스카우트 담당자에게 발견되어 시카고 화이트 스타킹스, 피츠버그 앨러게니스, 필라델피아 필리스에서 프로 야구 선수로 뛰었다. 비록 외야에서는 실수가 잦았지만 베이스 패스를 잘 활용하는 선수로 팬들 사이에서 인기가 높았으며, 도루 부문에서 자주 리그의 선두주자로 뽑혔다.

1891년에 야구를 은퇴하고 나서 선데이는 목회 생활을 시작했다. 그는 1896년에 순회를 시작해서 기차를 타고 미국 중서부를 돌아다니며 부흥회에서 설교를 했다. 선데이는 야구 선수로 얻은 명성을 이용해서 언론의 관심을 모았으며 자신이 방문한 도시에서 종종 아마추어 야구 경기 심판으로 나서기도 했다. 설교를 통해 선데이는 음주, 진화, 춤을 규탄했다. 그는 장로교 목회자였지만 그의 예배는 여러 종파에 열려 있었기 때문에 참석자가 증가했다. 아내인 넬 톰슨 선데이의 지휘 아래 선데이의 순회는 수백만 달러의 기부금으로 유지되는 거대하고 복잡한 비즈니스로 변했다. 선데이의 인기는 그가 열렬하게 지지했던 제1차 세계 대전 중에 절정에 달했다. 그의 지지는 1919년에 술을 금지하는 제18차 개정안 통과에 도움을 주기도 했다. 그러나 그의 아들들이 일으킨 스캔들로 인해 그의 명성은 실추되었고, 73세의 나이로 사망할 무렵에 그의 영향력은 훨씬 약해져 있었다.

- 선데이는 1890년에 84개의 도루에 성공하면서 102번 도루에 성공한 필리스 팀의 동료인 윌리엄 '슬라이딩 빌리' 해밀턴과 85개 도루에 성공한 브루클린 브리지룸스의 2루수 후베르트 '허브' 콜린스에 이어 내셔널리그에서 3위를 차지했다. 선데이는 지금도 리그 역사상 싱글 시즌 도루를 가장 많이 한 선수 100위 안에 든다.

295 MON 리더 베니토 무솔리니

유럽 최초의 파시스트 지도자 베니토 무솔리니(Benito Mussolini, 1883년~1945년)는 21년간 이탈리아를 통치한 독재자이다. 억압적인 통치 기간에 일 두체(Il Duce, 무솔리니의 칭호 – 옮긴이)는 언론의 자유를 불법화했고, 반대자들을 무너뜨렸으며, 그의 독일인 동맹자 아돌프 히틀러에게 정치적 영감을 제공했다.

무솔리니는 대장장이이자 교사의 아들로 이탈리아 프레다피오에서 태어났다. 반항적이었던 그는 다른 학생들을 작은 주머니칼로 찌르려고 하는 바람에 여러 학교에서 퇴학당했다. 무솔리니는 징병을 피하기 위해 열아홉 살에 이탈리아를 떠나 스위스에 정착했다. 1904년에 이탈리아로 돌아온 무솔리니는 사회주의 신문사 기자로 일하기 시작했다. 그는 선동적인 반자본주의 기사와 과장해 말하는 스타일로 유명해졌다. 무솔리니는 처음에 이탈리아의 제1차 세계 대전 참전을 반대했지만 갑자기 입장을 바꿔 1916년에는 열정적인 전쟁 지지자가 되었고, 그 결과 사회주의 정당에서 쫓겨났다.

1919년에 생겨난, 무솔리니를 당수로 하는 파시스트당은 많은 이탈리아 전쟁 참전용사들로부터 지지를 얻었다. 이탈리아의 노동 갈등과 정치적 교착 상태를 이용해 검은셔츠단(Blackshirts)이 1922년에 정권을 잡았고 무솔리니를 수상으로 앉히도록 국왕을 압박했다. 대내적으로 무솔리니는 경쟁 정당과 노동조합을 금했고, 주요 산업을 국유화했으며, 도로, 철도, 공장을 건설하는 대규모 공공사업에 착수했다. 그는 이탈리아의 국제적 위신을 높이기 위해 1935년에 에티오피아를 점령하고, 스페인 내전에 군사력을 제공해 국수주의자 편을 지지했으며, 1939년에 액시스 '강철 협정'에서 나치에 합류했다. 무솔리니는 독일의 가혹한 인종 정책에는 거의 관심을 보이지 않았으나 1938년에는 히틀러와 더불어 반유대주의 법안을 승인했다.

이탈리아는 1940년에 공식적으로 제2차 세계 대전에 참여했다. 3년 후 연합국이 이탈리아를 점령했고 무솔리니는 권좌에서 쫓겨났다. 그는 잠시 수감되었다가 나치에 의해 풀려났으며 나치가 통치하는 이탈리아 북부 영역에서 꼭두각시 지도자로 임용되었다. 그는 1945년에 다시 한 번 퇴위당했고, 스위스로 도주하려다 붙잡혔으며 62세에 유격대에 의해 처형되었다.

• 무솔리니는 여러 차례 암살 시도를 모면했는데, 한번은 브롱크스에서 바나나 행상을 하던 미국인 마이클 치루가 어느 무정부주의자와 함께 일 두체를 암살하려는 음모를 꾸미기도 했다. 그는 음모가 발각된 후에 처형되었다.

296 TUE 철학자 루트비히 비트겐슈타인

1889년 4월, 오스트리아에서 두 명의 남자아이가 태어났는데, 둘 다 20세기에 큰 영향을 주었다. 첫 번째 아이는 아돌프 히틀러였고, 그로부터 6일 후에 태어난 두 번째 아이는 철학자 루트비히 비트겐슈타인(Ludwig Wittgenstein, 1889년~1951년)이었다.

부유한 오스트리아 철강 부호의 막내아들로 태어난 비트겐슈타인은 미래의 독일 독재자와 같은 고등학교에 다녔으며, 같은 역사 선생에게 역사를 배웠다. 두 사람 모두 제1차 세계 대전 당시 군대에 복무했으며 그 경험으로 인해 둘 다 책을 집필하게 되었다. 그러나 그들이 쓴 책은 전혀 달랐다. 히틀러의 저서《나의 투쟁》(1925년)은 나치 전체주의의 성난 청사진이었다. 반면 비트겐슈타인의《논리 철학 논고》(1922년)는 이탈리아의 포로수용소에 수감되어 있는 동안 집필한 복잡한 철학 작품이었다. 비트겐슈타인 생전에 출간된 유일한 철학서인《논리 철학 논고》는 20세기 철학의 획기적인 작품이었다. 비트겐슈타인은 이 책이 철학의 모든 문제를 해결해줄 것이라고 주장했고, 출간 후에는 철학을 그만두고 초등학교 교사로 일했다. 그러나 그의 은퇴는 그리 오래 가지 못했다. 1926년에 열한 살짜리 남자아이를 지나치게 때린 데 대해 한 학부형이 문제를 제기하면서 학교에서 해고를 당했다. 비트겐슈타인은 다시 철학에 집중하기 시작했고 영국으로 건너가 1929년에 케임브리지대학교에서 강사직을 맡게 되었다.

1938년에 히틀러의 독일이 오스트리아를 점령한 후 비트겐슈타인은 독일 시민권을 포기하고 영국 국민이 되었다. 그는 또한 예전 동급생의 정권과 개인적으로 협상해서 유대인이라는 배경에도 불구하고 자신의 여동생이 오스트리아를 떠날 수 있게 했다. 비트겐슈타인은 제2차 세계 대전 당시 영국을 위해 자원했다. 그는《철학적 탐구》를 집필하면서 말년을 보냈다. 이 책은 그가 죽고 난 후 1953년에 출간되었다. 두 저서에서 비트겐슈타인은 우리가 세상을 이해하는 방식은 언어가 정하기 때문에, 많은 철학적 문제가 사실은 언어의 문제라고 주장하는 논거를 발전시켰다. 그는 언어가 모호하기 때문에 불필요한 혼란을 초래한다고 주장했다. 그는 케임브리지에서 62세에 전립선암으로 사망했다.

- 히틀러 통치하의 독일이 1938년에 오스트리아를 점령한 후 비트겐슈타인과 그의 형제는 여동생이 오스트리아를 떠날 수 있게 하기 위해 나치에게 1.7톤의 금을 주었다.
- 《뉴욕타임스》에 따르면 1998년도에 '전문 철학자'를 뽑는 여론 조사에서 비트겐슈타인이 아리스토텔레스, 플라톤, 이마누엘 칸트, 프리드리히 니체에 이어 5위에 올랐다고 한다.

297 WED 혁신가 알베르트 아인슈타인

당대 가장 유명한 사상가였던 아인슈타인(Albert Einstein, 1879년~1955년)은 노벨상을 수상했으며 물리학과 수학 연구에 대변혁을 일으켰고, 천재적인 과학자로 세계적인 아이콘이 되었다. 그러나 아인슈타인은 다시 한번 살 수 있는 기회가 주어진다면 배관공이 될 것이라고 고백했다. 사실 아인슈타인은 자신의 업적에 대해 깊이 갈등했다. 자신의 발견으로 대단한 칭송을 얻기도 했지만 원자폭탄의 발명에 물꼬를 터주었기 때문이다. 1945년 발생한 나가사키와 히로시마 원폭 사건은 아인슈타인의 양심에 깊은 부담으로 작용했다. 그가 쓴 마지막 편지에는 원자폭탄 금지를 지지하는 내용이 담겼다.

아인슈타인은 독일의 울름에서 태어났으나 1894년에 독일을 떠났고 군대에 가지 않기 위해 1896년에 독일 시민권을 포기했다. 그는 1900년에 스위스에서 대학교를 졸업한 후 베른의 스위스 특허사무소에서 일했다. 1905년 특허사무소에서 정직원으로 일하는 동안 그는 독일 학술지 〈물리학 연감〉에 네 편의 논문을 보냈다. 이 논문은 저마다 물리학의 기초를 뒤흔들었다. 그는 이 네 논문에서 상세히 밝힌 발견으로 1921년에 노벨상을 수상했다. 1914년부터 1932년까지 아인슈타인은 독일에서 가장 명망 있는 연구 기관인 카이저 빌헬름 물리 연구소에서 교수로 재직했다. 그는 히틀러가 정권을 장악하고 난 후 독일을 떠나 미국 뉴저지주의 프린스턴 고등연구소까지 가게 되었고, 그곳에서 여생을 보냈다. 그는 1939년에 프랭클린 루스벨트 대통령에게 자신의 발견으로 인해 나치가 상상할 수 없는 파괴력을 가진 원자폭탄을 만들게 될지도 모른다고 경고하는 유명한 편지를 보냈다. 그러나 아인슈타인은 자신의 편지가 오히려 미국인이 원자폭탄을 만들도록 영감을 불어넣었다고 확신하면서 여생을 보냈다. 전쟁이 끝난 후 아인슈타인은 다시 원자폭탄에 반대하는 목소리를 높였으나 소용이 없었다. 그는 인종차별적인 미국의 외교 정책과 극단적이고 초보수적 반공주의인 매카시즘(McCarthyism)에 반대함으로써 제2의 조국을 흔들어놓기도 했다. 그는 76세의 나이로 프린스턴에서 사망했다.

- 제2차 세계 대전 당시 아인슈타인은 그의 유명한 1905년도 논문 중 하나를 손으로 필사해서 연합군을 위한 기금을 모금했다. 이 편지는 600만 달러에 경매되었다.
- 매우 드문 화학 원자의 명칭인 아인슈타이늄(einsteinium)은 1952년에 아인슈타인의 이름을 따서 붙여졌다.
- 수십 년 동안 여러 배우가 아인슈타인으로 분했는데, 〈아이큐〉(1994년)의 월터 매소, 〈엑설런트 어드벤처 2〉(1991년)에 등장한 존 에린, 〈댓츠 애디쿼트〉(1989년)의 로버트 다우니 주니어, 〈영 아인슈타인〉(1988년)의 야후 시리어스 등이 있다.

298 THU 악당 브루노 하웁트만

1932년에 발생한 찰스 린드버그의 아들 유괴 살인 사건만큼 미국인을 경악하게 만든 사건도 없다. 이 세기의 사건을 해결하기 위해 가정부, 유모, 마피아 등 수십 명의 용의자가 조사를 받았다. 그러나 미국에서 가장 유명한 비행사의 아기를 죽인 살인범은 브루노 하웁트만(Bruno Hauptmann, 1899년~1936년)이라는 독일 이민자로 드러났다. 전기의자로 끌려가는 순간에도 무죄를 주장했던 하웁트만은 1923년에 미국으로 이주한 제1차 세계대전 참전용사였다. 그는 브롱스에 정착해서 한 웨이트리스와 결혼했고, 유괴 당시에는 목수로 일하고 있었다.

1932년 3월 1일 밤, 린드버그의 유모가 찰스 A. 린드버그 주니어가 아기 침대에서 사라진 사실을 발견했다. 창문 턱에는 5만 달러의 몸값을 요구하는 친필 메모가 남겨져 있었고, 인근에서 수제 사다리가 발견되었다. 1927년에 대서양을 성공적으로 횡단한 후 국가적인 영웅이 되었던 린드버그는 며칠 후 몸값을 7만 달러로 올리겠다는 두 번째 메모를 받았다. 그때는 이미 아기와 유괴범에 대한 전국적인 수색이 이루어지고 있었다. 중개자를 통해 린드버그는 결국 4월 2일에 5만 달러의 몸값을 지불했다. 그러나 아기는 이미 죽은 후였다. 5월 12일에 부패한 아기 시신이 린드버그의 집에서 불과 8km도 안 되는 지점에서 발견된 것이다. 시신이 발견되면서 유괴 사건은 살인 사건으로 전환됐다.

하웁트만은 그로부터 2년도 더 지난 어느 날, 뉴욕 렉싱턴 애비뉴에 있는 주유소에서 사용한 지폐가 몸값을 지불하는 데 사용된 것과 일치한 것으로 드러나면서 체포되었다. 하웁트만의 집을 수색한 경찰은 차고에서 몸값으로 지불된 금액 중 1만 3000달러가 남겨져 있는 것을 발견했다. 그리고 필적 전문가들이 몸값을 요구하는 범인의 메모의 필적과 하웁트만의 필체를 비교한 결과 일치하는 것으로 드러났다. 재판은 1935년에 시작되어 5주 동안 계속되었다. 배심원은 그의 살인 혐의를 유죄로 인정했고, 그는 이듬해에 사형에 처해졌다. 그의 아내 애나는 남은 생애 동안 부정 재판이 이루어졌다며 그의 무죄를 입증하기 위해 노력했다.

- 이 사건의 조사를 담당했던 뉴저지주 경찰서장은 H. 노먼 슈워츠코프로, 그의 아들인 H. 노먼 슈워츠코프 주니어 장군은 걸프 전에서 미군 병력을 이끌었다.
- 앤 린드버그와 찰스 린드버그 사이에는 다섯 명의 다른 아이들이 있었다. 앤은 94세까지 살았다.
- 이 유괴 사건을 다룬 1976년도 영화 〈린드버그 유괴 사건〉에서는 앤소니 홉킨스가 하웁트만으로 분했다.

299 FRI 예술가 제임스 조이스

아일랜드 작가 제임스 조이스(James Joyce, 1882년~1941년)는 생전에 출간한 단 세 권의 소설만으로 서양 문학에 혁신을 일으켰다.

더블린에서 태어난 조이스는 예수회 학교에서 교육을 받았다. 청소년기에 가톨릭교를 거부하긴 했지만 아일랜드 사회 속에서의 가톨릭교와 그 역할은 조이스의 작품에 반복적인 주제로 등장했다. 그의 첫 작품《젊은 예술가의 초상》(1916년)은 그의 또 다른 자아인 스티븐 디덜러스가 억압적인 가톨릭 문화 속에서 성인이 되어가는 이야기를 들려주는데, 이는 조이스 자신이 겪은 어려움과 매우 유사하다.

1904년 6월 16일, 작가가 되기 위해 분투하던 조이스는 노라 바너클이라는 호텔 종업원과 처음으로 데이트를 했다. 그녀는 그의 평생의 동반자가 되는데, 조이스는 두 번째 소설《율리시스》의 배경을 그들이 첫 데이트를 했던 날로 삼음으로써 그날의 기억을 영원히 간직했다. 조이스와 바너클은 이듬해 유럽으로 도망쳐 지금의 이탈리아에 속하는 트리에스테라는 항구 도시로 이주했다. 두 사람은 두 아이를 낳았지만 1931년까지 결혼하지 않았다. 조이스는 단편 소설집《더블린 사람들》을 출간하고자 노력하는 한편, 영어를 가르치고 돈을 빌리면서 가족의 생계를 꾸려나갔다.《더블린 사람들》은 1914년에 마침내 출간되었다.

제1차 세계 대전이 발발한 후 조이스와 바너클은 중립적인 취리히로 옮겨갔고 후에 대작《율리시스》를 집필하기 시작했다. 스위스에 사는 동안 조이스의 건강은 점점 악화되었고, 녹내장과 백내장으로 여러 차례 수술을 받았다. 조이스는 1922년에《율리시스》를 완성했고 이 책은 출간되자마자 현대 서양 문학에서 매우 중요한 작품으로 손꼽히게 되었다. 주인공 레오폴드 블룸이 더블린에서 하루 동안 겪는 일을 그린 1000쪽에 달하는 이 자유분방한 소설은 '의식의 흐름' 기법을 이용해 구두점이나 전통적인 이야기 구조를 무시한 채 등장인물의 내면의 독백을 거르지 않고 포착하고자 했다. 조이스는《율리시스》를 출간한 후《피네간의 경야》(1939년)라는 소설을 출간했는데, 이 책은 율리시스보다 한층 더 난해하고 어려워서 학계에서가 아니면 별로 읽히지 않는다.

조이스는 제2차 세계 대전이 발발하자 다시 스위스로 돌아갔다. 그는 59세의 나이로 취리히에서 사망했다.

300 SAT 개혁가 블라디미르 레닌

1917년 러시아 혁명의 지도자이자 소비에트 연방의 설립자인 블라디미르 일리치 레닌(Vladimir Ilyich Lenin, 1870년~1924년)은 세계 최초의 공산주의 국가를 설립하고, 적들을 잔인하게 숙청했으며, 정치 이론에 관한 글로 여러 혁명 세대에 영감을 불어넣은 인물이다.

레닌은 유복한 집안에서 태어났고 본명은 블라디미르 일리치 울리야노프(Vladimir Ilyich Ulyanov)이다. 비교적 유복했음에도 그의 집안은 러시아 왕조에 반대한 내력이 있었다. 레닌의 형인 알렉산드르는 알렉산드르 3세 황제 암살을 모의하다가 실패하는 바람에 교수형을 당했는데, 이 사건이 레닌의 인생에 전환점이 되었다. 그는 1902년부터 레닌이라는 이름을 사용하기 시작했고 변호사가 되기 위한 교육을 받았으나 정치 활동으로 인해 대학교를 졸업하고부터 1917년까지 사실상 인생 대부분을 망명 생활로 보냈다. 그는 독일, 스위스, 영국, 핀란드 사이를 오가며 공산주의 신문에 글을 게재하고 자신의 정치 이론을 다듬었다. 1917년에 황제가 폐위되자 스위스에 있던 레닌은 서둘러 러시아로 돌아가 공산주의자들의 지도자 역할을 맡았다. 그는 황제를 대체한 임시 정부에 반대하는 쿠데타, 즉 '10월 혁명'을 조직했고, 그로 인해 소비에트는 확고한 권력을 장악하게 되었다. 그 후로 몇 년 동안 레닌은 사유재산 폐지, 산업 국유화, 노동자의 집단화, 수천 명의 정적 처형 등 급진적인 경제적·사회적 변화를 주도했다. 1921년에 500만 명의 러시아인이 굶어 죽으면서 그의 경제 정책은 처참한 결과를 낳았다.

1922년에 뇌졸중을 앓은 레닌은 평생 안 좋은 건강 상태로 고생했다. 뇌졸중과 아마도 매독으로 인해 신체 일부가 마비되는 증상을 겪으면서 그는 점차 이오시프 스탈린에게 권력을 내주게 되었다. 1924년 1월 21일 레닌이 54세의 나이로 사망한 후 권력 다툼에서 이긴 스탈린이 소련의 정권을 장악했다.

- 전기작가 로버트 서비스에 의하면 말년에 극심한 통증에 시달리던 레닌이 자살을 하기 위해 두 번이나 독극물을 요구했지만, 두 번 모두 생각을 바꾸었다고 한다.
- 레닌의 시신이 묻히길 원하는 러시아 종교 지도자들과 반공산주의 정치 단체들의 시위에도 불구하고 방부 처리된 레닌의 시신은 지금도 모스크바 붉은광장의 한 묘에 전시되어 있다.
- 러시아의 상트페테르부르크는 1924년 레닌이 사망한 후 레닌그라드로 이름을 변경했다. 1991년 소비에트 연맹이 붕괴되는 와중에 도시 시민들의 표결로 이 도시는 다시 옛날 이름을 되찾게 되었다.

301 SUN 선지자 간디

마하트마 간디(Mohandas K. Gandhi, 1869년~1948년)는 인도가 수백 년 동안 이어지던 영국의 통치에서 벗어나는 데 중심적인 역할을 했다. 그는 보이콧, 단식 투쟁, 평화 행진으로 비폭력 시위를 주장함으로써 영웅으로 등극했고, 마틴 루서 킹 주니어를 비롯한 한 세대의 개혁가들에게 영감을 주었다.

간디는 인도 서부에서 태어나 열여덟 살에 법학을 공부하기 위해 런던으로 떠났다. 학위를 받은 후에는 대규모 인도인 공동체가 머무는 영국령 남아프리카 공화국의 한 법률회사에 일자리를 얻었다. 더반에 사는 동안 처음으로 인도인에 대한 인종차별을 목격한 그는 영국인에게 안 좋은 시각을 갖게 되었고 정치에 참여할 결심을 하게 되었다. 그는 남아프리카 공화국의 인도인 공동체의 지도자가 되어 인도인의 투표권과 시민의 자유를 빼앗는 여러 제안에 맞서 싸웠다.

1914년에 인도로 돌아와서는 친독립 성향의 인도 국민회의파에 합류했고 1920년에 지도자로 임명되었다. 몇 년 만에 그는 인도 독립운동의 얼굴로 널리 인정받게 되었다. 채식주의자에 술이나 커피도 마시지 않고 서른여섯 살 이후로 금욕 생활을 이어가던 간디의 수수한 생활방식은 인도인의 인권을 사심 없이 옹호하는 사람이라는 그의 이미지에 한몫했다. 제2차 세계 대전 중에 나치 독일에 의해 영국의 힘이 약해지면서 인도인은 인도 철수 운동에 돌입하며 독립에 대한 압박을 재개했다. 이 운동으로 인도 인권 운동가들이 대거 체포되기도 했다. 1945년에 영국은 친독립 성향인 클레멘트 애틀리를 수상으로 선출했고 1947년에 마침내 영국의 인도 통치 종결을 승인하였다. 그러나 영국은 떠나기 전에 인도를 힌두교가 지배적인 인도와 이슬람이 지배적인 파키스탄으로 나눠놓았고, 이 두 이웃 나라는 그 즉시 전쟁에 돌입했다. 독립 첫해에 간디는 파키스탄에 대한 회유적인 입장을 옹호하면서 일부 힌두교인의 분노를 샀고, 1948년에 힌두교 극단주의자에 의해 암살되었다.

- 간디는 남아프리카 공화국에서 인도로 돌아온 후에 '위대한 영혼을 가진'이라는 뜻의 마하트마라는 경칭을 부여받았다. 그는 때때로 애칭인 바푸(Bapu)라고 불리기도 한다.
- 남아프리카 공화국에 사는 동안 간디는 인도인도 백인과 함께 일할 수 있다는 것을 증명해 보이기 위해 영국군에서 복무했다. 그는 1906년 줄루족과의 전쟁이 벌어지는 동안 의무대에 속해 있었다.

302 MON 리더 윈스턴 처칠

2002년에 BBC 방송국에서 역사상 가장 위대한 영국인을 뽑는 전국적인 설문 조사를 실시했다. 그 결과 2위 자리를 놓고 치열한 각축이 벌어졌다. 누가 1위를 차지할지는 아무도 의심하지 않았다. 예상했던 대로 가장 힘든 시기에 영국을 이끌고 나치 독일을 물리친 윈스턴 처칠(Winston Churchill, 1874년~1965년)이 1위를 차지했다.

영국 귀족과 미국 상속녀 사이에 태어난 처칠은 영국 옥스퍼드 근처의 블레넘 궁전에서 태어났으며 샌드허스트의 영국 사관학교를 졸업했다. 그는 남아프리카 공화국에서 보어 전쟁에 참전해 싸웠으며 영국 신문사의 종군 기자로 다른 몇 건의 전쟁을 다루기도 했다. 처칠은 1900년에 보수당원으로 의회에 선출되면서 갑작스럽게 정계에 진출했다. 그는 1904년에 자유당에 입당했다가 1924년에 다시 보수당으로 되돌아왔다. (그는 정당을 자주 바꾼 자신의 행위에 대해 이렇게 말했다. "누구나 변절할 수 있지만 다시 한번 변절하려면 특정한 재주가 필요하다.") 정계에 진출한 초반에 처칠은 두 가지 큰 어려움을 겪었다. 제1차 세계 대전 기간 중 1915년에 영국이 갈리폴리에서 패한 일과 1925년에 영국을 금본위제로 되돌리겠다는 결정으로 비난을 샀던 것이다. 그 결과 그가 '황야'의 세월이라고 불렀던 1930년대에 대다수에게 대단히 안 좋은 평을 받았다.

평의원 시절 처칠은 나치 독일의 위협을 가장 강력하게 경고했다. 1939년에 전쟁이 발발하자 처칠은 전시 내각에 동참했고 해군 참모로 임명되었다. 그는 1940년 5월에 거국중립내각의 수상으로 승진했다. 수상으로서 의회에서 하는 최초의 연설에서 처칠은 저항과 투지를 다졌는데, 이 연설에서 그는 "나는 피와 노역, 눈물과 땀밖에 제공할 것이 없습니다"라고 했다. 그러나 영웅적 지위에도 불구하고 처칠은 1945년에 노동당 지도자인 클레멘트 애틀리에게 패해 수상직에서 물러나게 되었다. 처칠은 보수당 지도자로 남아 있었으며, 1951년부터 1955년까지 두 번째로 수상이 되었고, 엘리자베스 2세로부터 기사 작위를 받았다. 그는 91세의 나이에 런던에서 사망했다.

- 처칠은 1953년에 전쟁 기록에 대한 글로 노벨 문학상을 받았다. 이 글은 1948년에서 1954년 사이에 출간되었다.
- BBC 방송국의 설문조사에서 2위를 차지한 사람은 19세기 엔지니어인 이점바드 킹덤 브루넬이다.
- 처칠은 1946년 미주리주 풀턴에서의 연설에서 공산주의 동유럽과 민주주의 서유럽을 가르는 냉전을 설명하면서 '철의 장막(Iron Curtain)'이라는 표현을 만들어냈다.

303 TUE 철학자 마르틴 하이데거

사망한 지 40년도 더 지난 지금 독일 철학자 마르틴 하이데거(Martin Heidegger, 1889년~1976년)에 대해서는 여전히 논쟁이 일고 있다. 지지자와 비평가 모두 실존주의, 종교, 언어에 관한 하이데거의 저서가 세계 철학에 지울 수 없는 흔적을 남겼다는 데에는 동의한다. 그러나 나치의 완장을 차고 학생들에게 나치식 인사를 하며 1936년 말까지도 강의를 끝마칠 때마다 "히틀러 만세(Heil Hitler)"를 외치는 등 친나치 성향으로 하이데거의 명성에는 오점이 남았다.

하이데거는 독일의 남서부에서 태어났으며 가톨릭 집안에서 자랐다. 그는 본래 신학에 학구적 관심이 있어서 잠시 사제가 되기 위한 교육을 받기도 했다. 그러나 1919년에 철학으로 관심을 돌렸으며 1923년에는 한 독일 대학교에서 강사직을 따냈다. 하이데거의 가장 유명한 책은 대부분 1920년대와 1930년대에 출간되었다. 그의 첫 번째 책인 《존재와 시간》(1927년)은 유럽 철학에서 획기적인 작품이었다. 하이데거는 1930년대 이전에는 정치에 관심을 보이지 않았으나 1933년에 히틀러가 정권을 잡자 나치의 움직임을 환영하면서 나치당에 합류했다. 그는 대학교에서 총장으로 선출되었고, 학생들을 부추기는 악명 높은 연설을 했다. "이론과 '생각'이 여러분의 존재를 지배하지 않게 합시다. 퓌러(Führer, 나치 독일의 총통-옮긴이)만이 독일의 현실이자 독일의 법입니다. 지금도 그리고 앞으로도." 1930년대 말에는 히틀러에 대해 개인적인 환멸을 느끼기도 했지만 제2차 세계 대전이 끝날 때까지도 당적을 버리지 않았다.

전쟁이 끝난 후 하이데거는 학생들을 가르치지 못하게 금지되었다. 그러나 결국에는 사회에 복귀할 수 있었는데, 전 연인이었던 유대인 철학자 한나 아렌트 덕분이었다. 그녀는 하이데거가 너무 순진해서 나치즘의 사악한 본질을 이해하지 못했다고 생각했다. 하이데거 자신도 그의 사후에 출간된 한 독일 잡지사와의 인터뷰를 제외하고는 친나치 시기에 대해서 이야기하기를 꺼렸다. 하이데거는 전후에도 계속해서 글을 쓰고 강의를 했으며 프랑스 철학에서 가장 영향력 있는 인물로 칭송받았다. 그러나 그는 난해한 산문으로도 유명했는데, 한 미국 논평가는 하이데거의 글을 "난센스와 따분함의 불쾌한 조합"이라고 혹평했다.

- 하이데거의 많은 학생이 제2차 세계 대전 동안 미국의 난민이 되었다. 그중 가장 유명한 두 사람은 이념적 라이벌이었다. 바로 미국 신보수주의의 영웅 중 한 사람인 레오 스트라우스와 1960대와 1970년대에 여러 좌익 급진주의자들에게 영향을 준 허버트 마르쿠제이다.

304 WED 혁신가 에르빈 슈뢰딩거

에르빈 슈뢰딩거(Erwin Schrödinger, 1887년~1961년)는 뛰어난 물리학자이자 노벨상 수상자였으며, 알베르트 아인슈타인의 친한 친구였다. 이론물리학 외에 이 오스트리아 과학자는 '슈뢰딩거의 고양이'라는 비유로도 유명한데, 이는 한 불행한 고양이의 삶과 죽음을 통해 양자 물리학의 주요 문제를 설명하고자 그가 발명한 사고 실험에서 비롯되었다. 슈뢰딩거의 고양이는 너무 유명해져서 과학소설, TV 프로그램, 심지어 만화에서까지 언급되었다.

슈뢰딩거는 오스트리아의 비엔나에서 태어났다. 그는 1910년에 박사 학위를 받았으며 1927년에는 베를린에서 명망 있는 교수직에 임명되었다. 그는 1933년에 노벨 물리학상을 수상했지만 나치에 대한 반대로 같은 해 독일을 떠날 수밖에 없었다. 대부분의 전쟁 기간을 아일랜드에서 보낸 후 그는 1956년에 오스트리아로 돌아와 74세의 나이로 세상을 떠났다.

슈뢰딩거가 1935년에 아인슈타인과 함께 개발한 슈뢰딩거의 고양이라는 사고 실험은 아원자 입자를 연구하던 중 우연히 발견한 문제를 다루었다. 많은 물리학자가 아원자 입자의 위치나 방향을 정확히 파악할 수 있지만, 두 가지 모두를 파악하기란 불가능하다고 결론지었다. 그러나 그들은 입자가 관찰될 때까지 여러 가능한 위치를 차지하고 있거나 아니면 한 번에 여러 위치에 중첩한다는 이론을 제기했다. 슈뢰딩거의 고양이 이야기는 이 이론의 문제점을 제기한다. 이 실험은 상자에 갇힌 고양이로부터 시작된다. 고양이 옆에는 독약이 담긴 유리병이 놓여 있는데, 깨지면 그 즉시 고양이는 죽는다. 유리병에는 아원자 입자가 담긴 기기가 달려 있는데, 아원자 입자의 예측 불가능한 행동에 따라 어느 한순간에 유리병이 깨질 수도 있고 깨지지 않을 수도 있다. 상자 밖에 있는 관찰자는 독극물이 병에서 나왔는지, 고양이가 살았는지 죽었는지 알 도리가 없다. 이 비유의 가장 곤란한 부분은 상자가 닫혀 있는 동안에 존재하는 불확실성이다. (고양이에게 불확실한 게 아니라 관찰자에게 불확실하다는 것이다.) 유리병이 깨졌을까, 깨지지 않았을까? 고양이가 죽었을까, 아니면 살아 있을까? 입자를 찾아낼 때까지 과학자들은 위치를 파악할 수 없듯이 상자가 열릴 때까지 고양이는 살거나 죽는 두 가지 위치에 중첩된다. 그런데 이런 결론은 잘못된 것으로 보인다. 상식적으로 고양이는 살아 있거나 죽지, 살면서 죽을 수는 없기 때문이다.

이 이야기는 물리학자들에게 지속적인 문제를 야기한다. 아원자 수준의 중첩이 고양이 같은 물체에서 식별할 수 있는 차이점으로 해석될 수 있는지, 있다면 어떻게 가능한지 하는 문제점을 말이다. 답은 없다. 이는 한마디로 아주 복잡한 문제다.

305 THU 악당 마 바커

케이트 '마' 바커(Kate 'Ma' Barker, 1873년~1935년)는 미국 중서부에서 악명 높은 은행 강도 가족의 두목이었다. 대공황 동안 바커와 그녀의 아들들은 오클라호마주에서 시카고까지 폭력의 흔적을 남긴 후 수십 건의 은행 강도와 살인 혐의로 기소되었다. 공공의 적으로 선언된 그녀는 플로리다주에서 궁지에 몰려 FBI의 총을 맞고 사망할 때까지 전국적으로 떠들썩한 수색 대상이었다.

미주리주에서 태어난 케이트 클락(Kate Clark)은 1890년대에 조지 바커라는 남자와 결혼했다. 그들은 허먼, 로이드, 아서 그리고 프레드라는 네 명의 아들을 두었는데, 그들은 자라서 모두 범죄자가 되었다. 1910년대와 1920년대 전반에 걸쳐 바커의 아들들은 은행 강도, 자동차 절도, 기타 범죄로 감옥을 들락거렸다. 아들 중 한 명인 허먼은 1927년에 자살했다. 1931년에 프레드 바커가 수감 중에 만난 절도범 앨빈 '크리피' 카피스(Alvin 'Creepy' Karpis)와 팀을 이뤄 바커 카피스 갱을 조직한 후 그들의 가업은 한층 더 폭력적으로 변했다. 이 갱은 그 후로 4년 동안 계속해서 범죄 행각을 이어나갔다. 갱에서 마 바커가 맡은 역할에 대해서는 오랫동안 의견이 분분했다. 신문 기사 속에서 그녀는 주로 갱의 지도자로 그려졌다. 범죄에 대한 대중의 불안감이 깊어가는 시기에 바커는 존 딜린저, 윌리 서튼과 같은 다른 범죄자와 함께 대공황 동안 법과 질서의 와해를 상징하는 인물로 간주되었다.

이 갱은 몇 명의 경찰관을 살해하고 미네소타주의 백만장자를 납치하여 몸값을 요구한 사건에도 연루되었다. 마와 프레드 바커는 결국 플로리다의 한 임대주택에 머물다 발각되어 총격전 끝에 사망했다. 사망 당시 62세였던 바커는 기관단총을 소지하고 있었던 것으로 알려졌다. 그러나 그 후로 비평가들은 FBI가 중범죄자를 쓰러뜨린 공을 차지하기 위해 갱 안에서 그녀가 맡았던 역할의 중요성을 과장했을 것이라고 시사했다.

- 바커의 다른 아들인 아서는 앨커트래즈섬에 있는 연방 교도소에서 탈옥을 시도하다 죽임을 당했다. 바커의 공범인 앨빈 카피스는 악명 높은 교도소 더 락에서 26년간 복역했는데, 재소자 중 가장 오래 복역했다. 그는 1969년에 출소했다.
- 〈마 바커의 킬러 가족〉이라는 B급 영화가 1960년에 개봉했다. 이 영화에는 같은 해 개봉한 영화 〈사이코〉에서의 단역으로 더 잘 알려진 러렌 터틀이 출연했다. 〈기관총 엄마〉(1970년)에서는 아카데미상을 수상한 여배우 셸리 윈터스가 바커로 분했다.

306 FRI 예술가 버지니아 울프

버지니아 울프(Virginia Wolf, 1882년~1941년)는 시간과 의식을 탐험하는 새로운 방식을 도입한 소설 작법을 개척하는 데 기여했으며, 이후 수 세대 작가들에게 큰 영향을 주었다. 울프의 소설로는《댈러웨이 부인》(1925년),《등대로》(1927년),《올랜도》(1928년) 등이 있다. 그녀는 유명한 장편 에세이《자기만의 방》(1929년)도 출간했는데, 이 에세이는 다음과 같은 유명한 조언을 담고 있다. "여성이 소설을 쓰려면 반드시 돈과 자기만의 방이 있어야 한다."

본명이 애덜린 버지니아 스티븐(Adeline Virginia Stephen)인 울프는 유명한 런던 가문에서 태어났다. 그녀의 아버지인 레슬리 스티븐 경은 작가이자, 스위스 알프스의 여러 봉우리를 등반한 등반가였다. 그녀는 부모님의 화려한 문학적 인맥 안에서 자랐다. 1904년에 아버지가 돌아가신 후 울프는 런던의 블룸즈버리 인근으로 이주해서 '블룸즈버리 그룹'이라는 지성인 모임의 대표가 되었다. 작가, 시인, 사회과학자로 구성된 이 모임은 진보적인 정치와 문학에 대한 현대적 접근을 지향했다. 그녀는 같은 블룸즈버리 그룹 회원인 레너드 울프와 1912년에 결혼했다. 5년 후 이 커플은 호가스 출판사를 설립했고, 대부분의 버지니아 울프 소설을 출간했다. 소설에서 울프는 시간의 불연속적인 본질과 등장인물이 과거와 현재를 동시에 경험하는 방식을 표현하려 했다. 그녀는 등장인물이 경험하는 감정과 관찰의 뒤얽힘을 전달하기 위해 의식의 흐름 방식으로 이야기를 서술했다.

울프는 여러 차례 우울증을 겪었고, 제2차 세계 대전 중에 나치의 폭격으로 자신의 집이 파괴되자 큰 충격을 받았다. 그녀는 59세에 물에 뛰어들어 스스로 목숨을 끊었다.

- 울프 부부는 호가스 출판사에 의해 출간된 작품을 인쇄하기 위해 지하에 있는 수동 인쇄기를 사용했다. 그들은 1932년까지도 계속해서 수동으로 인쇄를 했다.
- 호가스 출판사는 1920년대와 1930년대에 지크문트 프로이트 작품들의 영문 완역본을 최초로 출간했다. 울프는 1939년이 되어서야 이 유명한 심리분석가를 직접 만났는데, 그녀는 그를 '맛이 가고 쪼그라든 늙은이'라고 표현했다.
- 극작가 에드워드 올비는 토니상 수상작《누가 버지니아 울프를 두려워하랴》(1962년)라는 작품 제목에 울프의 이름을 사용해 그녀의 이름이 사람들의 기억 속에 남게 했다.

307 SAT 개혁가 레온 트로츠키

1940년 8월 20일, 멕시코시티의 한 조용한 교외에서 암살범이 공산당 지도자 레온 트로츠키(Leon Trotsky, 1879년~1940년)의 집에 들어갔고 이상한 낌새를 눈치채지 못한 경호원 앞을 무사히 지나쳐 얼음도끼를 꺼내 들고 트로츠키의 머리를 내리쳤다. 26시간 후 목숨을 살리려는 여러 차례에 걸친 필사적인 수술에도 트로츠키는 사망하고 말았다. 소비에트 지도자 이오시프 스탈린의 명령으로 행해진 이 암살 사건으로 1929년부터 망명 생활을 하던, 독재자가 가장 두려워하는 정적 중 한 사람이 제거되었다.

트로츠키는 우크라이나의 작은 마을에서 태어나 농장에서 자랐다. 그는 학생 때 마르크스주의를 접했고, 1898년에 혁명 서클에 가담한 혐의로 2년 동안 수감되었다. 그는 1902년에 런던으로 가서 러시아 황제를 타도하려는 음모를 꾸미고 있던 다른 공산주의자 지도자들과 합류했다. 트로츠키는 1905년 혁명에 참여하기 위해 러시아로 돌아왔지만 봉기 실패로 체포되어 추방당했다. 그는 유럽과 미국을 돌아다니면서 러시아 반대파의 내부 분열을 잠재우고 공산주의에 대한 지지를 구축하려고 노력했다. 1917년 러시아 혁명이 일었을 때 트로츠키는 뉴욕에 살고 있었고 5월에 러시아로 돌아가 레닌의 부사령관이 되었다. 그는 제1차 세계 대전에서 러시아가 이탈하도록 협상하는 데 중요한 역할을 했으며, 반공산주의 파벌에 대항해 내전을 승리로 이끌었고, 1922년에 공식적으로 소비에트 사회주의 공화국 연방을 출범시켰다. 레닌이 사망한 후 소비에트 지도자 자리를 두고 권력 투쟁이 시작되었다. 이론상으로 레닌의 후계자는 트로츠키였지만, 스탈린에 의해 순식간에 열외로 전락하면서 결국 러시아를 떠나게 되었다.

그의 상징인 염소수염으로 알려진 트로츠키는 망명지에서부터 스탈린에 반대하는 러시아의 얼굴이 되었다. 그는 대대적인 정치적 폭력 없이도 공산주의가 시행될 수 있다고 주장하며 끝까지 공산주의를 저버리지 않았다. 1930년대 숙청이 진행되는 동안 트로츠키는 궐석 재판에서 사형을 언도받았고, 이로 인해 서양에서 그의 위상이 높아졌다. 트로츠키는 사망 당시 61세였다.

- 〈트로츠키의 암살자들〉(1972년)에서 리처드 버턴이 트로츠키로 분했으며, 〈프리다〉(2002년)에서는 제프리 러시가 맡았다.
- 정치 풍자 소설 중 하나인 조지 오웰의 《동물 농장》(1945년)에는 러시아 혁명과 그 여파를 우화적으로 들려주는 내용이 담겨 있다. 이 책에서는 트로츠키를 모델로 삼은 스노볼과 스탈린을 모델로 삼은 나폴레옹이라는 두 마리의 돼지가 등장한다. 농장 동물 한 무리가 농장주를 타도하지만 곧 농장을 지배하는 방식을 두고 두 돼지가 다투기 시작한다. 스노볼은 결국 농장에서 쫓겨나고 나폴레옹이 독재 정부를 세웠지만 농장주만큼 나쁜 돼지로 밝혀진다.

308 SUN 선지자 일라이저 무함마드

본명이 일라이저 풀(Elijah Poole)이었던 그는 조지아주 샌더스빌의 한 목화 농장에서 노예의 열세 자녀 중 한 명으로 태어났다. 그는 인종적 자긍심과 자급자족이라는 메시지로 20세기에 수십만 명의 아프리카계 미국인 추종자를 끌어모은 '네이션 오브 이슬람(Nation of Islam)'의 종교 지도자인 일라이저 무함마드(Elijah Muhammad, 1897년~1975년)로 유명해졌다.

침례교 가정에서 자란 풀은 아홉 살 때 퇴학당한 후 제재소와 목화밭, 철도 노동자로 일했다. 그는 미국의 최남동부에서 산업화된 북부로 이주하는 흑인의 물결에 합류했고 디트로이트에 있는 제너럴모터스 공장에서 일하기 시작했다. 대공황기에 일자리를 잃은 풀은 1930년에 자신이 알라라고 주장하며 디트로이트에 네이션 오브 이슬람이라는 이름의 사원을 세우기 시작한 왈리 파라드라는 실크 세일즈맨을 만났다. 파라드는 마침내 풀을 개종시켰는데, 그때부터 풀은 '노예 이름'을 버리고 이슬람 이름을 사용하기 시작했다. 그는 1934년에 파라드가 알 수 없는 이유로 잠적한 후 파라드의 조직을 차지하고 본부를 시카고로 옮겼다.

일라이저 무함마드가 만든 네이션 오브 이슬람의 신학은 주류 이슬람교와 닮은 점이 많지 않았다. 대부분의 이슬람교 신자들처럼 네이션 오브 이슬람 신자들도 마약과 술, 돼지고기를 금한다. 그러나 대부분의 이슬람교 신자와 달리 무함마드의 추종자들은 백인들이 야쿱이라는 이름의 미친 과학자가 만들어낸 '타고난 악마'이며 '심리 조작'으로 권력을 갖게 되었다고 믿었다. 일라이저 무함마드는 제2차 세계 대전 당시 징병 대상으로 등록하지 않은 죄로 수감되었는데, 교도소에서 새로운 추종자를 여럿 개종시켰다. 네이션 오브 이슬람 단체는 1950년대에 지속적으로 성장하였고 맬컴 엑스라는 이름의 젊은 개종자가 무함마드의 최고 부서장이 되었다. (추후에 맬컴 엑스는 네이션 오브 이슬람을 저버리고 주류 이슬람교로 개종한 후 이듬해 암살되었다. 총격전과 연관이 있다고 의심을 받긴 했지만 무함마드는 암살에 가담하지 않았다.)

무함마드가 사망할 당시 그의 조직은 미국 전역에 수십 개의 사원에서 수천 명의 신자가 증가하고 있다고 주장했다.

• 무함마드의 가장 유명한 개종자 중에는 권투 선수인 무함마드 알리가 있었다. 본명이 캐시어스 클레이였던 그는 네이션 오브 이슬람으로 개종했다고 발표했다.

309 MON 리더 이오시프 스탈린

이오시프 스탈린(Joseph Stalin, 1879년~1953년)은 1922년부터 1953년까지 소비에트 연방의 지도자였으며 역사상 살인을 많이 저지른 독재자로 꼽힌다. 공산주의 유토피아를 구축한다는 명목 아래 2000만 명에 달하는 사람이 살해되었다. 그럼에도 많은 러시아인은 스탈린을 소비에트 산업을 현대화하고, 소련을 군사적 강대국으로 만들었으며, 제2차 세계 대전에서 아돌프 히틀러를 물리치고 소련을 승리로 이끈 사람으로 기억한다. 2003년도 설문조사에서 3분의 1 이상의 러시아인이 스탈린은 해를 끼쳤다기보다 이로움을 주었다고 주장했다.

본명이 이오시프 비사리오노비치 주가슈빌리(Iosif Vissarionovich Dzhugashvili)인 스탈린은 조지아에서 구두 수선공이자 전 농노의 아들로 태어났다. 그는 수년 후 혁명 정치에 가담하면서 그 유명한 필명을 사용하기 시작했다. 1917년 러시아 혁명이 발발한 후 스탈린은 공식적인 공산주의 신문인《프라우다》의 편집자로 임명되었다. 레닌이 죽자 스탈린은 권력 투쟁에서 승리하면서 소비에트 연방의 지도자직을 승계했고 그의 주요 정적인 레온 트로츠키를 추방했다. 소련을 산업 강대국으로 탈바꿈시키는 데 열중한 스탈린은 서양을 따라잡기 위해 5개년 계획에 착수했다. 공동 농장을 마련하기 위해 사유 농장을 압류하면서 수백만 명이 기근으로 사망하는 등 그의 계획은 엄청난 해악을 가지고 왔지만 경제 실적은 크게 늘어났다. 정치적으로 스탈린은 연이은 여론 조작용 재판을 통해 자신의 정적들을 처형하면서 권력을 확고히 다졌다. 당시 100만 명에 육박하는 사람이 총살당했다. 그는 또한 시민들에게 자신을 소비에트 애국주의의 산증인으로 여기도록 독려하면서 '개인숭배'를 양성하기도 했다.

1939년에 스탈린은 히틀러와의 불가침 조약에 서명했으나, 2년 후 히틀러는 조약을 깨고 러시아 점령에 착수했다. 이 전쟁으로 말미암아 소비에트 군대에는 거대한 사상자가 발생했다. 사상자 수가 다른 동맹국보다 훨씬 더 많았다. 전쟁이 끝난 후 스탈린은 독일 적군파에 의해 독립을 이룬 동유럽 지역에 공산주의 정부를 세우도록 압박을 넣었다. 그는 또한 냉전 초반에 소비에트 정책을 공식화했다. 그는 1953년에 74세의 나이로 사망했다.

- 스탈린 숙청 피해자들을 위한 추도 행사가 2007년에 모스크바에서 열렸다.
- 더욱 모순적인 것은, 노벨 평화상에 준하는 공산주의 세계의 소비에트 평화상의 이름이 스탈린이었다는 것이다. 수상자로는 미국 배우 폴 로브슨, 칠레 시인 파블로 네루다 그리고 독일 극작가 베르톨트 브레히트가 있다. 이 상은 스탈린이 사망한 후 다른 이름으로 변경되었다.

310 TUE 철학자 장 폴 사르트르

실존주의의 아버지 장 폴 사르트르(Jean-Paul Sartre, 1905년~1980년)는 1964년에 노벨 문학상 수상자로 선정되었지만, 진정한 작가는 그런 명예에 무관심해야 한다면서 수상을 거부했다. 파리에서 태어난 사르트르는 그곳에서 철학 박사 학위를 받고 평생의 동반자인 시몬 드 보부아르를 만났다. 그는 독일에서 2년간 공부한 후 프랑스로 돌아와 중대한 실존주의 소설인《구토》를 집필했다.

제2차 세계 대전 당시 사르트르는 프랑스군에 입대해서 독일군에 생포된 후 나치 포로수용소에서 9개월간 잡혀 있었다. 그는 세 살 때 한쪽 눈의 시력을 잃었는데, 이런 병력으로 인해 풀려나게 되었다. 나머지 전쟁 기간에 사르트르는 지하 잡지에 기고하고 나치 점령에 반대하는 지성인 단체를 조직했다. 당시 공산주의를 수용했던 그는 1943년에《존재와 무》를 출간했다. 특히 프리드리히 니체 같은 선대 유럽 철학자에게 영향을 받은 실존주의 운동은 플라톤에서부터 시작된 거의 모든 서양 철학을 부인하는 데 이르렀다. 실존주의라는 이름은 '실존이 본질에 우선한다'는 유명한 모토에서 유래했다. 대략 설명하자면, 실존주의자들은 인간이 자기 인생과 존재를 만드는 것이지, 그것을 정의하는 형이상학이나 종교적인 형태는 없다고 믿는다. 제2차 세계 대전 이후 사르트르와 알베르 카뮈는 유명한 프랑스 실존주의자로 등극했다. 사르트르는 논란의 여지가 있는 정치적 입장에 공개적으로 관여하고, 세간의 이목을 끄는 보부아르와의 관계로 인해 프랑스 문화의 기둥이자, 카페에 상주하는 레프트뱅크 지성인의 원형이 되었다.

사르트르는 그를 흠모하는 젊은 여성들과의 무수한 염문을 남겼는데, 때로는 한 번에 네다섯 명의 정부를 둔 적도 있다. 그러고 난 후 그는 보부아르에게 자신의 여성 편력을 솔직하게 고백하는 편지를 보내곤 했다. (그녀에게는 일부일처제가 아니라면, '투명하게' 공개하기로 약속했던 것이다.) 그럼에도 이 두 철학자는 그가 폐 질환으로 75세의 나이로 사망할 때까지 뗄 수 없는 관계로 남았다.

- 1948년에 가톨릭교는 사르트르의 저서들을 일제히 금지했다.
- 그의 유명한 명언 중 하나는《출구는 없다》라는 희곡에 나오는 "타인은 지옥이다"라는 말이다.
- 노벨상을 받기 전에 사르트르는 스웨덴에 있는 노벨상 위원회에 편지를 보내서 자신을 수상자 명단에서 제외해달라고 요청했다. 그러나 이 편지는 개봉된 적이 없다.

311 WED 혁신가 하워드 카터

1922년 11월 26일 오후, 티타임이 시작되기 직전에 한 무리의 영국 고고학자들이 이집트 모래 더미 아래 깊숙이 박혀 있던 돌벽을 깨뜨렸다. 3000년 이상 방해받지 않고 잠들어 있던 무덤에서 뜨거운 바람이 깨진 틈을 뚫고 나왔다. 누군가 고고학 팀장인 하워드 카터(Howard Carter, 1874년~1939년)에게 뭐가 보이느냐고 물었다. 그는 어둠을 향해 초를 들고 이렇게 대답했다. "네, 아주 멋진 것이 보여요." 투탕카멘의 무덤은 역사적으로 고고학의 놀라운 발견 중 하나였다. 무덤 안에서 발견된 엄청난 양의 금과 예술품은 카터를 국제적인 유명인으로 만들어주었다. 이 발견은 고대 역사에 대한 흥미에 불을 붙였으며, 한 세대의 고고학자들이 오랫동안 발견되지 않은 보물을 찾도록 고무하기도 했다. 그리고 일부 카터 원정대원의 사망으로 미라의 저주에 관한 악명 높은 전설이 생겨났다.

카터는 노포크의 스와프햄에서 화가의 아들로 자랐다. 그는 열일곱 살에 조수로 이집트 원정대에 처음 합류했고 20대에 이집트로 완전히 이주했다(명목상으로는 독립국가였지만 이집트는 제2차 세계 대전이 끝날 때까지 사실상 영국의 보호국으로 남아 있었다). 카터는 1905년까지 이집트 정부를 위해 일하다가 프리랜서 고고학자가 되기 위해 하던 일을 그만뒀다. 그때까지 카터는 여러 파라오의 무덤을 발견했지만, 이미 도굴꾼에 의해 모두 약탈당한 상태였고 완전하게 보존된 묘실은 발견되지 않았었다. 카터는 완전하게 보존된 무덤을 발굴하고 말겠다는 의지를 가진 후원자 조지 허버트를 만났다. 카터는 1915년부터 1922년까지 고대 이집트 왕국의 수도인 테베 인근에 왕족들의 무덤이 모여 있는 왕가의 계곡을 팠다. 1922년에 그는 거의 포기한 상태에 이르렀으나 마침내 그해 11월에 어느 무덤의 한쪽 구석에 알 수 없는 계단이 놓여 있는 것을 발견했다. 일꾼들이 수천 톤의 모래를 걷어내자 또 다른 무덤으로 이어지는 계단이 모습을 드러냈다.

이 발견의 여파로 투탕카멘이 자신의 휴식을 방해하는 사람들에게 저주를 내렸다는 전설이 생겼다. 발굴의 가장 큰 수혜자인 허버트는 무덤이 열리고 몇 달 후에 사망했고 또 다른 방문객인 한 미국 철도 부호도 그로부터 몇 개월 만에 사망했다. 그러나 카터는 저주에 영향을 받지 않은 것이 분명하다. 그는 자신의 발견으로 얻은 명성을 누리면서 남은 1920년대를 보냈다. 그는 1939년에 65세의 나이로 사망했다.

- 투탕카멘의 무덤이 발견되고 1년 후에 카터는 미국으로 건너와 예일대학교에서 명예 학위를 받았다.
- 투탕카멘의 유명한 매장용 복면은 10여 킬로그램에 달하는 순금으로 만들어졌다.

312 THU 악당 러키 루치아노

무수한 마피아 영화에 영감을 준 러키 루치아노(Lucky Luciano, 1897년~1962년)는 시칠리아에서 태어난 폭력배로 1920년대와 1930년대에 뉴욕에서 가장 막강한 마피아였다. 루치아노는 비밀리에 제2차 세계 대전에서 중요한 역할을 하기도 했다. 그는 감방에서 갱단의 연줄을 이용해 맨해튼 부둣가의 노동 계층이 평화를 유지하게 했고, 1943년에는 연합군이 자신의 고향 시칠리아를 침략하려는 계획을 돕기도 했다. 이에 대한 대가로 루치아노는 1946년에 교도소에서 석방되었다. 단, 다시는 미국으로 돌아오지 않는다는 조건이 달려 있었다.

살바토레 루차나(Salvatore Luciana)는 아버지가 유황 광부로 일하던 시칠리아에서 태어났다. (이 갱단 두목은 후에 자신의 성과 이름을 모두 바꿨다.) 그의 가족은 뉴욕으로 이주했고, 루치아노는 그곳에서 공립학교를 다녔으며, 메이어 랜스키와 벅시 시걸을 만났는데, 이 두 사람은 중요한 갱 단원이 되었다. 루치아노, 랜스키, 시걸은 돈을 벌 수 있다면 종족 분열도 서슴지 않았다. 1920년대 말부터 이 세 사람은 윗세대 시칠리아 갱들을 하나씩 죽여나갔다. 1932년에 이르자 루치아노는 고리대금업, 마약 밀거래, 노동조합으로 구성된 거대한 사업체를 지휘하게 되었다. 사실 대부분의 사람들이 떠올리는 마피아는 루치아노가 만든 조직 형태다. 그는 조직범죄 세계를 감비아노, 루체스, 콜롬보, 제노베스, 보난노라는 다섯 파로 나누고, 암흑가의 분쟁을 해결해주는 '위원회'를 설립했다. 그는 심지어 자기 사람이라면 점잖아 보여야 한다며 갱들에게 페도라를 쓰고 보수적인 양복을 입도록 규정했다. 공황이 절정에 달했을 때 루치아노는 수백만 달러의 수익을 올렸고, 맨해튼에 있는 왈도프 아스토리아 호텔(Waldorf-Astoria Hotel)에서 살았으며 배우들과 사귀었다. 그러나 지하 세계에 대한 그의 통치는 오래가지 못했다. 미국 검사인 토머스 E. 듀이가 아홉 건의 갈취 혐의와 '조직 매춘' 혐의로 1936년에 루치아노를 기소하는 데 성공했기 때문이다. 출소 후 이탈리아로 추방된 루치아노는 계속해서 헤로인 밀수와 다른 갱단 활동에 가담했다. 고국이라고 생각했던 나라에서 쫓겨난 루치아노는 65세의 나이에 이탈리아에서 사망했다.

- 루치아노의 범죄 조직은 제노베스파였다.
- 1998년에 〈타임〉 지는 20세기의 중요 인물 100선에 루치아노를 포함시켰다.

313 FRI 예술가 발터 그로피우스

영향력 있는 바우하우스 건축 학교의 설립자 발터 그로피우스(Walter Gropius, 1883년~1969년)는 20세기에 비평가들로부터 큰 찬사를 받은 건축물들을 건설했다. 그는 뉴욕의 팬암빌딩, 그리스 아테네의 미국 대사관 그리고 그로피우스가 제2의 고향으로 삼았던 매사추세츠주의 몇몇 건물을 디자인했다. 그는 고향인 독일을 나치가 장악한 후 1937년에 미국으로 피신했다. 그로피우스가 독일에서 그리고 후에 하버드대학교에서 한 세대의 건축가들에게 가르쳐준 바우하우스 스타일은 날렵한 디자인과 장식의 부재 그리고 실용성과 기능성의 강조라는 특징을 가지고 있다. 르코르뷔지에와 더불어 그로피우스는 간소한 디자인과 "형태는 반드시 기능을 따라야 한다"라는 건축 신조를 따른 현대식 건축가 중에 가장 영향력 있는 사람으로 꼽힌다.

건축가의 아들이었던 그로피우스는 뮌헨과 베를린의 기술 학교를 다녔으며 1910년부터 독립 건축사로 일했다. 그가 맡은 최초의 큰 프로젝트 중 하나인 신발 공장은 1911년에 지어졌다. 그는 작곡가 구스타프 말러의 아내였던 알마와 1915년에 결혼했으며 제1차 세계 대전 당시 독일군에서 복무했다. 독일이 패하고 나서 집으로 돌아온 그로피우스는 급진파 디자이너와 건축가들과 함께 1919년에 베를린 학교의 첫 학장의 이름을 딴 바우하우스를 설립했다. 바우하우스 학교는 전통 유럽 디자인에 전형적으로 포함되는 화려한 장식 스타일을 거부했는데, 이는 독일을 파멸로 이끈 군국주의에 대한 상징적인 거부이기도 했다. 1934년에 그로피우스는 아돌프 히틀러를 피해 망명을 떠났고, 최종적으로 매사추세츠주 보스턴 교외의 링컨에 정착해서 자신이 살 집을 직접 디자인했다. 전통적인 뉴잉글랜드 건축 방식에 최첨단 산업 양식의 자재를 사용한 그의 집은 미국 최초의 현대식 건축물이 되었다. 그는 또한 맨해튼 중간지대에 있는 그랜드센트럴 터미널 위로 솟은, 1963년에 완공된 논란 많은 고층 건물인 팬암빌딩(오늘날의 메트라이프 건물)을 디자인하기도 했다.

그로피우스는 86세의 나이로 보스턴에서 사망했지만 유리와 철제로 된 그의 미니멀 디자인 건축 양식은 전 세계 스카이라인에 막강한 영향력을 끼치고 있다.

- 1928년에 그로피우스가 바우하우스 학장직을 사임하자, 루트비히 미스 반데어로에가 학장직을 물려받았다. 반데어로에의 프로젝트로는 뉴욕의 시그램 빌딩과 워싱턴의 공립 도서관 본관이 있다.
- 바우하우스 학교는 건축과 예술을 모두 가르친다. 표현주의 그림의 중심인물 중 한 명인 러시아 추상화가 바실리 칸딘스키는 바우하우스에서 그로피우스와 함께 학생들을 가르쳤다.

314 SAT 개혁가 클라우스 폰 슈타우펜베르크

나치에 대항한 영웅, 클라우스 폰 슈타우펜베르크(Claus von Stauffenberg, 1907년~1944년) 대령은 1944년에 아돌프 히틀러를 암살하려는 복잡한 음모를 거의 성공시킬 뻔했다. 그는 이 독일 독재자를 죽일 수도 있었던 폭발물을 성공적으로 설치했는데, 만약 암살에 성공했다면 제2차 세계 대전을 끝내고 홀로코스트 기간을 줄이며 소련의 동유럽 침략을 막았을 수도 있었을 것이다.

잘생기고 카리스마 넘치는 슈타우펜베르크는 독일 남부의 귀족이자 독실한 가톨릭교 군인 가문의 자손이었다. 그는 히틀러와 정기적으로 연락을 주고받는 참모총장 자리까지 올랐다. 그는 독일 애국주의자였지만 제2차 세계 대전이 발발한 직후부터 나치와 히틀러에 환멸을 느꼈다. 그는 특히 유대인의 박해와 소비에트 포로들의 학대로 인해 히틀러를 멈춰야 한다는 생각을 하게 되었다. 1942년에 한 친구가 히틀러의 마음을 바꿀 수 있는 방법을 묻자 슈타우펜베르크는 "죽여"라고 대답했다고 한다. 히틀러 암살 음모에는 수백 명의 군인이 가담했고 그 가운데에는 고위급 장교도 있었다. 슈타우펜베르크는 자진해서 폭발물이 담긴 서류 가방을 동프로이센에 있는 히틀러의 벙커 안에 가져다놓겠다고 했다. 그는 폭발물이 터지기 직전에 방을 나설 계획을 세웠고, 그 후에는 다른 음모자들과 함께 정권을 장악한 후 연합군과 평화 협상을 하려 했다. 그러나 폭발물 작동법을 제대로 이해하지 못했던 슈타우펜베르크는 폭발물 두 개 중 하나만을 서류 가방에 넣었다. 그래도 그가 방을 나간 후 또 다른 장교가 지도를 자세히 보기 위해 서류 가방을 옮기지만 않았다면 암살이 성공했을지도 모른다. 폭발물은 벙커 안에 있는 네 사람을 죽였지만 히틀러는 아니었다. 슈타우펜베르크는 체포되었고 그날 밤 총살당했다. 동료 음모자 중 다수도 게슈타포에 의해 오랫동안 고문을 당하다 그와 비슷한 운명을 맞았다.

독일에서 희생된 대다수 군인과 시민 사상자는 전쟁이 끝나기 전 마지막 10개월 동안 발생했는데, 7월 20일의 암살 음모가 성공했다면 그런 운명을 피할 수 있었을 것이다. 음모의 실패는 가담자들의 뇌리에서 떠나지 않았다. 수십 년이 지난 후 한 공모자는 신문과의 인터뷰에서 이렇게 말했다. "슈타우펜베르크는 적임자가 아니었습니다. 그런데 다른 사람은 아무도 용기를 내지 못했죠."

- 슈타우펜베르크와 공모자를 위한 추모 행사가 1980년에 서독 정부에 의해 벤들러블록(Bendlerblock)에서 열렸다.
- 암살 공모자 중 마지막까지 살아남은 필리프 폰 뵈젤라거는 90세의 나이로 독일에서 사망했다.

315 SUN 선지자 도로시 데이

굶주리고 잊힌 사람들을 위해 싸운 좌익 활동가 도로시 데이(Dorothy Day, 1897년~1980년)는 대공황 시기와 대공황 이후 사회적 변화와 평화주의를 강력하게 호소했던 《가톨릭워커》 신문의 공동 창업자이다. 그녀의 정치 성향이 너무나 극단적이어서 생전에 FBI의 감시를 받기도 했지만 많은 가톨릭 신자는 그녀를 영웅으로 여기며, 2000년에는 공식적으로 성인 후보에도 올랐다.

브루클린에서 태어난 데이는 어린 시절 자주 이사를 다녔다. 1906년에는 샌프란시스코에 살면서 지진을 겪기도 했다. 그녀의 부모에게는 신앙심이 없었고, 데이도 처음에는 그랬다. 젊은 대학생 시절 그녀는 사회주의에 매혹되어 1916년에 학교를 자퇴하고 급진주의 신문사인 《콜》의 기자로 일했다. 1920년대에는 뉴욕의 급진주의 정치 서클에 이끌렸다. 그녀는 보헤미안 생활방식을 따르며 여러 명의 연인과 동거하고 불법으로 낙태를 하기도 했는데, 후에 그녀는 그런 자신의 삶을 후회한다고 밝혔다. 1927년에 다시 임신한 데이는 종교적 깨달음을 경험하고 가톨릭교로 개종했다. 그리고 남은 평생 그녀는 독실한 신자이자 신학적으로 보수적인 가톨릭교도로 낙태에 반대하는 교회의 입장을 열렬히 지지하며 살았다. 그녀는 정치적인 이상에도 헌신했는데 1933년 5월에 피터 모린과 함께 신앙과 정치적 신념을 결합한 《가톨릭워커》를 시작했다. 두 사람은 사회에 관심 있는 가톨릭 신자들의 운동을 촉발하고자 했다. 그들은 신문뿐만 아니라 노숙자 쉼터, 호스피스 쉼터, 진료소를 설립하기도 했다.

그녀는 강한 좌익 성향과 반전 신념으로 인해 가톨릭 신자들 사이에서도 논란이 많았다. 그녀는 제2차 세계 대전 당시 징집을 반대했으며 베트남전을 단호히 반대하는 주장을 펼쳤다. 《뉴욕타임스》에 실린 그녀의 사망 기사에 따르면, 애비 호프만이 데이를 두고 '최초의 히피'라고 지칭했다고 한다. 83세의 나이로 사망하고 난 후, 데이는 뉴욕 대주교였던 존 오코너 추기경에 의해 성인 후보에 올랐다.

- 《가톨릭워커》는 지금도 매달 출간된다. 그리고 지금도 1센트에 판매되고 있다.
- 데이는 사는 동안 대부분 전쟁과 사회적 불평등에 대한 항의로, 세금을 내거나 투표를 하거나 국기에 대한 경례를 하지 않았다.

316 MON 리더 프랭클린 루스벨트

유례없는 네 번의 임기 동안 미국 대통령으로 선출된 프랭클린 D. 루스벨트(Franklin D. Roosevelt, 1882년~1945년)는 대공황과 제2차 세계 대전 그리고 대대적인 사회적 · 경제적 변화의 시기에 미국을 이끌었다.

시어도어 루스벨트 대통령의 먼 친척인 프랭클린 루스벨트는 뉴욕주의 부촌인 하이드파크에서 태어났다. 그는 하버드대학교를 다녔고 월스트리트에서 일했으며 또 다른 루스벨트 가문의 일원인 엘리너 루스벨트와 1905년에 결혼했다. 시어도어 루스벨트 대통령은 공화당원이었지만 프랭클린 루스벨트는 민주당원으로 정계에 진출했고 1920년에 민주당의 부통령 후보로 출마했다. 비록 첫 번째 전국 경선에서 실패를 맛봤지만, 그는 미국에서 가장 큰 주의 주지사직이 대통령직으로 향하는 도약판으로 여겨졌던 1928년에 뉴욕 주지사로 선출되었다. 주식 시장 붕괴로 미국 경제가 격변하는 경제 불황의 나락으로 떨어진 후 1932년에 치러진 대선에서, 루스벨트는 위기를 초래한 탓으로 널리 비난받던 공화당의 허버트 후버 대통령을 손쉽게 물리쳤다.

대통령이 된 루스벨트는 국가의 위기를 해결하기 위해 집합적으로 '뉴딜(New Deal)'이라고 불리는 경제 정책을 제시했다. 그는 일자리 창출을 위해 수십억 달러를 도로, 다리, 댐 건설 등 공공사업에 투자하고 노동자와 노인층을 위한 사회복지 정책을 만들었다. 이 정책은 경제 관리에 대한 연방 정부의 역할을 대대적으로 넓혀주었다. 제2차 세계 대전 동안 루스벨트 대통령은 미국 경제를 전시 편제로 바꾸었으며 윈스턴 처칠 영국 수상과 더불어 전후 세계에 대한 초석을 놓았다. 루스벨트는 기록적인 네 번째 임기에 대통령으로 당선된 직후 1945년 4월에 뇌내출혈로 사망했다. 그의 나이 63세였다.

- 대통령 임기의 마지막 5년 동안 루스벨트는 조상의 이름을 딴 팔라라는 이름의 스코티시 테리어를 키웠다. 1997년 워싱턴에서 열린 루스벨트 대통령 기념관에는 이 개의 동상도 놓여 있다.
- 루스벨트는 세 명의 각기 다른 부통령과 일했다. 루스벨트와 결별한 후 1940년에 대통령 후보로 출마해 경쟁을 벌인 존 낸스 가너, 1944년에 외교 정책에 대한 이견으로 루스벨트가 부통령 후보에서 물러나게 한 헨리 A. 월리스 그리고 루스벨트 사망 후 대통령직을 잇게 된 해리 트루먼이 그와 함께 부통령으로 일했다.
- 루스벨트는 프랜세스 퍼킨스를 노동부 장관으로 임명하면서 미국 최초로 여성 국무위원을 선임했다.

317 TUE 철학자 시몬 드 보부아르

작가이자 논객이었던 시몬 드 보부아르(Simone de Beauvoir, 1908년~1986년)는 20세기 가장 유명한 페미니스트 철학자이자 획기적인 저서《제2의 성》(1949년)을 저술한 저자이다. 그녀는 또한 평생의 동반자인 장 폴 사르트르와 함께 진정한 국제적 유명인사가 된 현대 철학자 중 한 사람이기도 하다. 프랑스에서 가장 명망 있는 소르본대학교 철학 프로그램의 가장 어린 졸업생이었던 보부아르는 이 학교에서 사르트르를 만났다.

보부아르의 최초의 소설은 1943년에 출간되었다. 그리고 몇 편의 철학 에세이가 뒤이어 출간되었다. 그녀는 가장 유명한 작품《제2의 성》을 1949년에 발표했는데, 이 책은 1953년에 영어로 번역되어 미국에서 출간된 후 인기를 끌었다.《제2의 성》은 부분적으로 역사서이고 부분적으로는 철학적 논쟁이 담긴 책이다. 이 책에서 보부아르는 남성과 사회에 의해 억압된 여성의 역사를 들려준다. 그녀는 여성의 자질이라는 정의에 억압된 여성들이 기회를 빼앗기고 인위적으로 가능성에 제한을 받는다고 주장했다. 그녀는 "여성은 타고나는 것이 아니라 만들어지는 것이다"라고 썼다. "문명화 전체가 여성이라고 표현되는, 남성과 내시 중간에 해당하는 이런 생물체를 생산한다." 글로리아 스타이넘, 베티 프리단 같은 여성 인권 지도자들은 이 책을 두고 페미니즘의 기본 교과서라고 칭송했다. 보부아르가 사망한 후 스타이넘은 "지금의 국제적인 여성 운동에 영감을 준 사람이 있다면 그것은 시몬 드 보부아르이다"라고 말했다.

보부아르는 일평생 다작 작가이자 정치 활동가로 살았으며, 1958년에서 1972년 사이에 네 권으로 구성된 자서전을 집필했고 좌파 대의를 위한 지지를 아끼지 않았다. 한편, 사르트르와의 관계는 프랑스 사회에서 가장 유명한 연애로 남았다. 두 사람은 평생 독신으로 살았고 다른 이들과 무수한 염문을 뿌렸다. 그들은 다른 이들과의 연애를 자세하게 묘사한 수백 통의 편지를 주고받았다. 그러나 두 사람 모두 서로의 뮤즈이자 가장 친한 친구로 남았고, 그녀는 78세의 나이로 사망한 후 그의 옆에 묻혔다.

- 소르본대학교에서 보부아르의 동급생들은 그녀의 부지런한 작품 활동을 인정하며 '비버'라는 뜻의 '르 카스토(Le Castor)'라는 별명을 붙여주었다.
- 보부아르는 1954년에 학제를 풍자한《레 망다랭》으로 프랑스 문학상인 공쿠르상을 수상했다.
- 1971년에 보부아르는 프랑스에서 낙태를 합법화하기 위한 운동에 동참하여 다른 유명한 프랑스 여성들과 함께 자신들도 불법 낙태를 한 경험이 있다는 문서에 서명했다. 낙태는 1974년에 프랑스 범죄 목록에서 삭제되었다.

318 WED 혁신가 에드윈 허블

오만한 자존심으로 유명한 과학자 에드윈 허블(Edwin Hubble, 1889년~1953년)은 동료들로부터 널리 혐오와 분개의 대상이 되었다. 그러나 그의 발견과 부인할 수 없는 천재성은 우주가 그때까지 상상했던 것보다 훨씬 더 크고, 상상할 수 없는 속도로 성장하고 있음을 증명함으로써 우주 공간에 대한 기본적인 생각을 바꿔놓았다. 그가 우주의 탄생과 관련되어 널리 받아들여지고 있는 빅뱅 이론(Big Bang Theory)의 길을 닦아주었기 때문이다.

허블은 미주리주에서 태어났고, 고등학교 시절 미주리주 챔피언 운동 선수였으며, 1910년에 시카고대학교를 졸업했다. 그는 로즈(Rhodes) 장학생으로 옥스퍼드대학교를 다녔는데, 남은 생애 동안 영국 억양을 사용하는 바람에 동료들에게 짜증을 유발하기도 했다. 제1차 세계 대전 중 잠깐 미국군에서 복무한 후 허블은 로스앤젤레스 인근의 마운트 윌슨 천문대에 고용되었다. 이 천문대는 당시 세상에서 가장 큰 망원경을 갖추고 있었는데, 그로 인해 허블은 성운이라고 알려진 신비한 물체를 근거리에서 볼 수 있었다. 1929년에 대부분의 천문학자와 물리학자는 은하수가 우주에 있는 유일한 은하계이며, 성운이 은하수 안에 있는 가스 구름이라고 믿었다. 그러나 허블은 성운이 사실 지구로부터 수백만 광년 떨어진 은하계 전체임을 입증했다. 그는 은하계의 '적색 편이'를 측정함으로써 그것이 빠른 속도로 지구에서 멀어진다는 것을 발견했는데, 이는 우주 전체가 영원히 증가하는 속도로 확장되고 있다는 것을 의미했다.

은하계를 넘어선 거대한 우주의 발견으로 허블은 유명인이 되었으며 찰리 채플린과 같은 할리우드 스타들로부터 찬사를 받았다. 허블은 〈타임〉 지 커버에 실렸으며, 자신이 틀렸음을 허블이 입증해주었다고 인정한 알베르트 아인슈타인에게 찬사를 받았다. (후에 아인슈타인은 우주가 정지되었다고 초반에 믿었던 것에 대해 '내 인생의 가장 큰 실수'라고 말했다.) 허블은 제2차 세계 대전 중에 다시 참전해 메릴랜드에서 탄도 부대를 이끌면서 바주카포와 다른 무기들을 개선했다. 전쟁 이후 허블은 건강이 나빠졌고, 64세의 나이로 사망했다.

- 허블이 대학생이었던 시절, 시카고의 한 기획사는 그가 헤비급 복싱 챔피언인 잭 존슨과 경기를 치르도록 할 계획이었다. 현명하게도 그는 그 제안을 거절했다.
- 캘리포니아주의 산마리노에 있는 허블의 자택은 1976년에 미국 역사 기념물로 지정되었다.
- 1990년에 나사에서 발사한 허블 우주 망원경은 허블의 이름을 따서 붙여졌는데, 매우 선명한 색상의 우주 사진을 찍어냈다.

319 THU 악당 알베르트 슈페어

알베르트 슈페어(Albert Speer, 1905년~1981년)에 대해서는 지금까지도 많은 논란이 일고 있다. 나치 정부의 최고위직이자 아돌프 히틀러의 가장 친한 친구였던 그는 독일의 전쟁 활동에 중요한 역할을 했다. 전쟁이 끝난 후 슈페어는 강제 노동자들을 이용한 혐의로 20년 형에 처해지면서 사형을 간신히 면했다. 그러나 슈페어는 나치 전범 지도자 중에서는 유일하게 뉘른베르크 재판에서 유죄를 인정하고 후회하는 모습을 보였으며 자신이 저지른 범죄에 대해서 속죄하려고 노력했다. 그는 전후까지도 홀로코스트에 대해서는 알지 못했다고 주장했다. 그의 저서《제3제국의 내면》(1969년)이 출간되었을 때 그는 수익금의 상당 부분을 유대인 자선단체에 기부했다. 여러 독일 사람에게 슈페어는 점점 사악한 체계에 휘말린, 그러나 근본은 괜찮은 '선한 독일인'의 상징이 되어갔다. 반면 비평가들은 후회하는 그의 모습은 자기 잇속을 챙기기 위함일 뿐 진실하지 못하다고 여겼다. 어쨌든 그의 사례는 나치가 저지른 집합적 범죄에 대해 개인적인 책임을 묻는 것의 어려움을 생생하게 보여주었다.

슈페어는 건축 교육을 받았고, 1930년에 나치당 대회에서 히틀러를 만났다. 그는 이듬해 스물여섯 살 때 나치당에 입당했다. 히틀러의 지지로 그는 1930년대에 독일 최고의 건축가가 되었다. 유명한 그의 디자인 중에는 1933년 나치당 대회를 위해 뉘른베르크에 세운 호화로운 연병장도 있다. (이 디자인은 영화 〈스타워즈〉의 마지막 장면에 영감을 주었다.) 제2차 세계 대전이 발발한 후 슈페어는 1942년에 실질적으로 독일 경제를 책임지는 자리인 군비 장군으로 임명되었다. 천재적인 조직 능력을 보였던 그는 연합군에게 심한 폭격을 당한 뒤에도 독일의 공장들이 가동되도록 유지해나갔다.

슈페어가 홀로코스트를 인지하고 있었는지에 대해서는 지금도 의견이 분분하다. 그가 유럽의 유대인들에 대한 종족 학살이 논의되었던 1943년도 회의에 참가했었을 수도 있다. 슈페어는 시종일관 자신이 독일의 기차가 제시간에 출발하도록 만들기는 했지만, 죽임을 당하게 될 수백만 명의 수감자가 그 안에 실려 있는 줄은 몰랐다고 주장했다. 전범으로 20년간 수감 생활을 한 후 슈페어는 나치 시절에 관한 두 권의 책을 출간했다. 그는 심지어 과거에 무기를 만들어 파괴하려고 했던 런던을 방문하기도 했다. 그는 런던의 한 호텔에서 76세의 나이로 사망했다.

- 슈페어 건축물은 거의 전쟁 중이나 전후에 파괴되었다.
- 아버지와 같은 이름을 가진 슈페어의 아들은 프랑크푸르트의 독일 건축가이자 도시 기획자이다. 그는 2008년도 베이징 올림픽의 주도로를 디자인했다.

320 FRI 예술가 디에고 리베라

20세기의 유명한 멕시코 예술가 디에고 리베라(Diego Rivera, 1886년~1957년)는 포괄적인 역사적 주제를 자세히 그린 자유롭고 다채로운 벽화로 유명한 화가이다. 또한 친공산주의 정치와 화가 프리다 칼로와의 떠들썩한 결혼으로도 유명하다.

리베라는 멕시코 중부의 과나후아토에서 태어났으며 멕시코시티와 유럽에서 장학금으로 예술을 공부했다. 그는 1909년에 파리로 이주해 그림을 배웠으며, 그 후로 14년 동안 프랑스와 스페인에서 살았다. 또한 이탈리아를 방문해서 르네상스 시대 프레스코화를 접하면서 벽화에 관심을 갖게 되었다. 1921년에 멕시코로 돌아온 리베라는 1922년에 멕시코시티에서 최초의 벽화를 그렸다. 그리고 같은 해에 멕시코 공산당에 입당했다. 벽화에 대한 리베라의 열정은 대부분 그의 정치적 신념과 연관이 있었다. 리베라는 외부의 거대한 공공 예술이 박물관과 엘리트 기관을 건너뛰고 대중과 직접 연결되기를 바랐다. 그는 또한 1930년대 멕시코 정부의 벽화 지원 프로그램으로 혜택을 보기도 했다. 첫 번째 부인과 이혼한 후 리베라는 1929년에 칼로와 재혼했다. 두 화가 모두 빈번하게 외도를 했으며 10년 후 이혼했지만 1940년에 재결합했다. 두 사람은 좌파 정치에 적극적이었으며 추방된 소비에트 지도자 레온 트로츠키의 멕시코 망명 허가를 얻는 데 도움을 주었다.

리베라의 벽화는 주로 장대한 역사나 사회적 주제를 중심으로 삼았다. 예컨대 그는 1932년과 1933년에 디트로이트에서 미국 산업 현장의 각기 다른 단면을 묘사한 유명한 벽화 시리즈를 그렸는데, 대부분 미시간주 디어본에 있는 포드 공장을 토대로 삼았다. (공산주의를 공언했음에도 리베라는 록펠러 가문을 위해서 일했으며 샌프란시스코 증권 거래소를 그리기도 했다.) 멕시코에서 리베라는 경쟁자인 다비드 알파로 시케이로스와 호세 클레멘테 오로스코를 비롯한 다른 벽화가들에게 큰 영향을 미쳤다. 멕시코 벽화 프로그램은 미국 예술가들을 지원한 뉴딜 단체인 공공산업진흥국(WPA)의 모델 역할도 했는데, WPA가 후원한 많은 대중 예술에서 리베라의 영향력을 느낄 수 있다. 리베라는 멕시코시티에서 71세의 나이로 사망했다.

- 리베라에게는 어린 시절 세상을 뜬 쌍둥이 형제 호세 카를로스가 있었다.
- 20세기 초의 파리는 세계 각지에서 예술가들을 끌어들이는 자석과 같은 곳이었다. 리베라는 몽파르나스의 상류층이 사는 레프트뱅크에서 현대주의 화가 피에트 몬드리안 옆집에 살았다.

321 SAT 개혁가 호찌민

호찌민(Ho Chi Minh, 1890년~1969년)은 베트남의 독립을 확보하기 위해 먼저 프랑스를 물리치고 미국을 물리친 베트남 애국주의 세력의 지도자이다. 그는 오늘날 베트남의 창시자로 숭배되고 있다.

30대에 호찌민이라는 가명을 사용하기 시작한 그는 베트남 중부의 한 마을에서 태어났으며 본명은 응우엔신꿍(Nguyen Sinh Cung)이다. 그의 아버지는 프랑스 식민 정부에 소속된 낮은 직급의 마을 공무원이었다. 베트남에서 학교를 졸업한 후 호찌민은 일자리를 찾기 위해 프랑스로 이주했으며 미국, 영국, 소비에트 연방을 방문하기도 했다. 호찌민은 파리에 살면서 혁명 정치와 공산주의 정치에 이끌렸다. 마르크스주의가 조국을 독립에 이르게 하는 최고의 길을 제시한다고 확신한 그는 1920년에 공산당에 입당했다. 제2차 세계 대전이 발발한 후 호찌민은 프랑스가 독일과의 전쟁에 전력을 다하기 위해 식민지들을 포기하게 되기를 바랐다. 그러나 호찌민은 오히려 프랑스와, 마찬가지로 베트남을 점령했던 일본과의 3개국 전쟁에 얽히게 되었다.

베트남은 전쟁 말에 독립을 선언했고 호찌민을 대통령으로 임명했지만 프랑스는 예전의 식민지를 회복하기 위해 신속하게 움직였다. 1946년에서 1954년까지 잔혹한 전쟁을 벌인 끝에 프랑스는 베트남을 포기할 수밖에 없었지만, 평화 합의 과정에서 베트남은 호찌민이 통치하는 공산주의 북부와 서양에 동조하는 베트남 남부로 나뉘게 되었다. 위태로운 합의가 1959년에 깨지면서 또 다른 전쟁을 촉발했다. 이번에는 미국이 남부 베트남 쪽에 붙어 전쟁에 합류했다. 미국의 정책 입안자들은 이 전쟁을 냉전의 일부로 간주했고 공산주의가 지배하는 북부의 확장을 막고자 했다. 그러나 베트남은 이 전쟁을 외세를 몰아내고 독립을 이루기 위한 애국적인 투쟁으로 여겼다. 1960년대에 이르러 호찌민은 일상적인 통치에서 물러났고 대신 독립 영웅이자 상징적인 지도자로만 여겨졌다. 그는 마지막 미군 부대가 베트남을 떠나기 6년 전인 1969년에 사망했다.

- 20대 초반에 호찌민은 미국으로 건너가 보스턴의 파커 하우스 호텔에서 제빵사로 일했다. 이 호텔은 후에 접시 치우는 잡역부로 맬컴 엑스를 고용하기도 했다.
- 1975년에 공산당이 승리한 후 남부 베트남의 수도 사이공은 호찌민으로 이름을 바꾸었다.
- 1980년대에 베트남은 공산주의 경제체계를 해체하고 민간 투자를 독려했다. 오늘날 베트남은 기름, 섬유 그리고 신발의 주요 수출국이다. 1995년에 베트남과의 관계를 정상화한 미국은 베트남의 주요 수출 시장 중 하나이다.

322 SUN 선지자 디트리히 본회퍼

제2차 세계 대전에서 연합군이 승리하기 직전 마지막 달, 궁지에 몰린 나치는 독일 내에서 정적들을 잔혹하게 살해하는 행각을 벌이기 시작했다. 이 숙청에 희생된 사람 가운데에는 1945년 4월 9일 새벽에 플로센부르크 강제 수용소에서 고문 끝에 교수형을 당한 39세의 루터교 사제도 있었다. 이 젊은 목회자는 디트리히 본회퍼(Dietrich Bonhoeffer, 1906년~1945년)라는 사람으로, 전후에 제3제국에 반항한 몇 안 되는 독일의 종교인 중 한 사람이다.

본회퍼는 오늘날의 폴란드에 속하는 브로츠와프의 저명한 독일 가문에서 태어났다. 너무 어린 나이라 제1차 세계 대전에서 싸우지는 못했지만, 그는 전쟁이 초래한 파멸을 목격했으며 형인 발터의 죽음에 큰 충격을 받았다. 1927년에 박사 학위를 취득한 후 본회퍼는 스페인, 영국, 미국을 여행했다. 그는 개신교 신학에 관한 호평을 받은 저서들을 출간했으며 1931년에 독일로 돌아와 정식으로 사제 서품을 받았다. 나치가 정권을 장악하고 독일 개신교와 천주교 교회에 정부의 통제를 따르라고 강요하던 1933년에 본회퍼는 베를린에 살고 있었다. 아돌프 히틀러의 압박을 받은 독일 개신교는 개신교 제국교회가 되었다. 그해 본회퍼는 기독교가 나치즘과 양립할 수 없다고 주장하며 고백교회(Confessing Church)와 신학 대학의 조직을 도왔다. 그는 또한 나치 정치 선전에 만연했던 반유대주의에 반대했다.

1930년대에 게슈타포가 본회퍼의 신학 대학을 폐쇄했다. 전쟁이 임박하자 그는 잠시 미국으로 피신했지만, 다시 독일로 돌아가 저항에 합류하면서 "나의 신자들과 이 시기의 시련을 함께 나누지 않는 한 전후 독일에서 기독교 생활의 재건에 참여할 권리를 가지지 못할 것이다"라고 주장했다. 본회퍼는 1943년에 유대인들이 독일에서 도망치는 것을 돕다가 체포되었다. 히틀러 암살 시도가 실패했던 1944년 7월 20일, 그는 감옥에 수감되어 있었지만 음모에 연루했음이 드러났다. 그리고 다른 공모자들과 함께 플로센부르크에서 잔혹한 방식으로 처형되었다. 불과 14일 후, 연합군이 '죽음의 수용소'에 수용된 사람들을 해방시켰고, 한 달도 되지 않아 전쟁이 끝났다.

- 본회퍼의 남동생 클라우스와 두 명의 매제 등 총 네 명의 가족 구성원이 히틀러 암살 음모에 연루되어 처형당했다.
- 평화주의 성향의 신학자로서 본회퍼는 히틀러 암살 음모에 가담하기로 한 자신의 결정을 두고 괴로워했다. 그는 1949년도 저서 《윤리》에서 자신의 결정에 영향을 미친 사상을 설명했다. "기독교인은 때에 따라서 딜레마에 직면하게 된다. 악으로부터 괴롭힘을 당할 때는 직접적인 행동으로 그에 반대해야 한다. 그것 말고 다른 선택은 없다. 행동하지 않는 것은 그저 악을 용납하는 것일 뿐이다."

323 MON 리더 에바 페론

에바 페론(Eva Perón, 1919년~1952년)은 1946년부터 1952년까지 아르헨티나의 영부인이자, 가난한 노동자 계층에서 인기를 누린 인물이다. 아름답고 카리스마 넘치는 전 영화배우 에바 페론은 사실상 유례없는 수준의 헌신을 보이며 자국민을 독려했다. 그녀는 1952년에 공식적으로 아르헨티나의 영적 지도자로 임명되었는데, 이런 칭호를 받은 최초이자 유일한 아르헨티나인이었다.

지지자들에게 에비타(Evita)로 불렸던 그녀는 사생아에게 큰 낙인이 찍히던 시절에 혼외 자식으로 태어났다. 그녀가 아주 어렸을 때 그녀의 아버지가 어머니를 버리면서, 페론은 고향인 후닌의 가장 가난한 동네에서 성장했다. 그녀는 15세에 배우가 되고 싶다는 꿈을 품고 부에노스아이레스로 향했다. 그곳에서 모델로 일했고, 몇 편의 영화에 출연했으며 인기 있는 라디오 드라마 시리즈에서 연기하기도 했다. 그리고 1944년에 지진 피해자들을 위한 모금 행사에서 아르헨티나군 장교이자 정치가인 후안 페론을 만났다. 그리고 두 사람은 이듬해 결혼했다. 1946년 후안이 대통령 후보로 출마하자, 페론은 남편을 위해 라디오 방송과 선거 운동에 출연했다. 청중, 특히 가난한 사람과 감정적 교감을 형성하는 그녀의 능력이 남편의 선거 운동에 주요 자산이 되었다. 그러나 비평가들은 페론 부부를 포퓰리즘을 표방하는 위험한 선동주의자로 여겼다.

후안 페론이 손쉽게 선거에서 승리하면서 서른 살도 채 되지 않았던 에바는 유명한 여성 중 한 사람이 되었다. 그녀는 그 후로 6년 동안 남편을 대신해 해외 순방길에 올랐고, 대내적으로는 페론당을 이끌었다. 1952년에 남편이 재선에 출마하자 그의 부통령으로 출마하려고 했으나 군대에 의해 저지되었다. 그녀가 아르헨티나에서 여성의 참정권을 성공적으로 밀어붙이면서 1952년에 여성이 투표할 수 있는 최초의 선거가 이루어졌다. 그러나 선거 후 채 두 달도 되지 않았을 때 에바 페론은 자궁경부암으로 사망했다. 그녀의 남편은 1955년까지 대통령 자리에 있다가 타도되었다.

- 팀 라이스와 앤드루 로이드 웨버가 만든, 페론의 일대기를 그린 뮤지컬 〈에비타〉는 1978년에 큰 히트를 쳤다. 1996년도 영화 버전에서는 가수 마돈나가 주인공을 연기했다.
- 2000년에 《뉴욕타임스》는 페론이 자신이 암에 걸렸다는 진단을 듣지 못했다고 보도했다. 사망 당시 그녀는 자신이 특정할 수 없는 '부인과 병'에 걸렸다고만 믿었다.

324 TUE 철학자 프란츠 파농

1954년 프랑스의 식민지였던 알제리에서 반란이 일어났다. 그 후로 8년 동안 프랑스 정부는 주로 이슬람교도가 살고 있는 이 북아프리카 영역을 고수하기 위해 분투하면서 수십만 명의 알제리인을 고문하거나 추방하거나 살해했다. 알제리 봉기의 중심인물 가운데에는 조용하고 호리호리한 의사이자 제2차 세계 대전 참전용사인 프란츠 파농(Frantz Fanon, 1925년~1961년)이 있었다.

파농은 마르티니크섬에서 태어나 1953년에 알제리로 이주한 후 병원에서 일했다. 그러나 그는 곧 혁명의 주요 철학자로 등극했고, 그의 맹렬한 글은 전 세계에서 반식민지 운동이 일어나는 데 영감을 불어넣었다. 봉기 초반에 파농은 반란군에 대한 연민을 숨기고 양측의 사상자 모두를 치료했다. 그는 또한 프랑스 고문의 희생자들을 인터뷰하면서 집필의 소재 거리를 모으기 시작했다.

1957년에 이르러 파농은 알제리 반군인 인민해방전선(FLN)의 지지자로 알려졌고, 그해 프랑스 정부는 그를 알제리에서 추방했다. 그는 이후 몇 년간 아프리카를 돌아다니며 알제리 반군 지지자들을 찾아다녔고, FLN 신문인《엘무자히드》의 주요 기고자가 되었다. 1961년《대지의 저주받은 사람들》은 출간되자마자 프랑스에서 금서로 지정되었는데, 폭력을 대놓고 지지하는 이 책에 대해서는 지금까지도 큰 논란이 일고 있다. 파농은 식민지 압제자에 대한 폭력은 외국 통치의 무력화로 고통받은 사람들에게 구원이 된다고 했다. 그는 폭력이 "원주민을 열등감 콤플렉스에서 벗어나게 해주고 절망과 무위에서 자유롭게 해준다. 두려움이 없게 만들어줘서 자존심을 되찾게 해준다"라고 적었다. 이 책은 체 게바라와 같은 제3세계 혁명가와 서양의 급진주의자에게 받아들여졌다. 그러나 파농은 알제리 봉기가 성공하는 것을 보지 못한 채 눈을 감았다. 그는 알제리가 독립하기 1년 전 36세에 백혈병으로 사망했다.

- 제2차 세계 대전 중 자원해서 프랑스 자유 인민군에 입대한 파농은 부상을 입은 대가로 무공십자훈장을 받았다. 그러나 그는 프랑스가 나치로부터 파리를 재탈환했을 때 백인으로만 구성된 부대가 수도를 탈환하는 모습이 뉴스에 나오길 바랐던 프랑스 지도자들 때문에 부대를 떠나야만 했다.
- 파농은 백혈병 치료를 받기 위해 미국을 방문했다. 치료는 성공하지 못했고, 그는 메릴랜드주 베세즈다에서 사망했다. 그의 시신은 알제리로 보내졌고 장례는 영웅장으로 치러졌다.
- 이탈리아 감독 질로 폰테코르보가 알제리 정부의 기금을 받아 제작한 영화 〈알제리 전투〉(1966년)에서 알제리 혁명의 첫 단계가 그려졌다. 이 영화는 프랑스에서 상영 금지되었고, 미국에서는 개봉되었지만 고문 장면은 삭제되었다.

325 WED 혁신가 베르너 하이젠베르크

제2차 세계 대전 초반에, 나치 독재자 아돌프 히틀러는 독일에서 가장 위대한 과학자에게 원자폭탄을 만들라고 명령했다. 뒤이은 폭탄 제작 경쟁에서 독일은 연합군보다 여러 면에서 우세했다. 우라늄에 접근하기도 쉬웠고, 과학 설비도 더 발전해 있었으며, 2년 이상 일찍 시작했다는 유리함도 있었다. 무엇보다 나치는 폭탄 프로젝트인 우라늄 클럽(Uranverein)을 이끌 만한 매우 우수한 서른일곱 살의 물리학자를 보유하고 있었다. 위대한 과학 정신을 가진 사람으로 꼽히는 베르너 하이젠베르크(Werner Heisenberg, 1901년~1976년)는 스물여섯 살에 독일에서 가장 젊은 물리학 교수가 되었고 서른한 살에 노벨상을 받았다. 그러나 그러한 이점에도 불구하고 나치는 원자폭탄 제작 성공에 근접하지조차 못했다. 그때부터 역사가들은 흥미로운 가능성을 제기했다. 하이젠베르크가 일부러 실패한 것은 아닐까? 그랬다면 오만하다고 알려진 이 과학자가 나치 지배로부터 세상을 구한 것일까?

하이젠베르크는 바바리아에서 태어났으며, 고등학교를 수석으로 졸업했고, 미적분학을 독학으로 깨우쳤으며 덴마크의 닐스 보어 아래에서 물리학을 배울 수 있는 장학금을 받았다. 심지어 많은 과학자가 나치 독일을 피해 피난을 하던 1930년대에도 그는 유럽과 미국에서 강의를 했다. 하이젠베르크는 유대인 물리학자들이 제시한 이론을 가르쳤다는 이유로 일부 나치군에게 공격을 받기도 했다. 하이젠베르크가 일부러 독일의 폭탄 프로젝트를 지연시켰다는 근거도 있다. 그는 1941년에 코펜하겐에서 오랜 멘토 보어와 만나서 폭탄 프로젝트에 대해 도덕적인 거리낌을 표현했다고 후에 주장하기도 했다. (일부 역사가는 이런 그의 주장을 단호하게 부인했다.) 이듬해 그는 폭탄 프로젝트가 비현실적이라고 나치 당국을 설득했다. 전쟁이 끝난 후 하이젠베르크는 연합군에 체포되었고, 영국의 시골 마을에 있는 한 주택에서 6개월 동안 심문을 받았다. 그는 석방된 후 독일로 돌아와 75세의 나이로 사망했다.

- 하이젠베르크는 알베르트 아인슈타인을 1924년에 처음으로 만났다. 아인슈타인은 이 스물세 살의 물리학자에게 깊은 인상을 받아 1928년에 노벨상 후보로 하이젠베르크를 추천했다.
- 1944년에 미국은 나치 폭탄 프로젝트를 너무 우려한 나머지 하이젠베르크를 납치하거나 죽일 계획까지 세웠다. 이 계획을 수행할 인물로 보스턴 레드 삭스의 전 포수이자, CIA의 전신인 전략사무국의 스파이로 고용된 모에 버그가 뽑혔다. 버그는 하이젠베르크가 강의할 예정이었던 스위스로 보내졌다. 버그는 장전된 권총을 강의실에 밀반입하는 데 성공했지만 하이젠베르크가 원자폭탄 프로젝트에 대해 언급하지 않자 마지막 순간에 죽이지 않기로 결정했다.

326 THU 악당 킴 필비

냉전시대의 악명 높은 스파이인 킴 필비(Kim Philby, 1912년~1988년)는 20년 동안 비밀리에 KGB를 위해 일한 영국 정보 요원이다. 사실이 밝혀졌을 때 필비의 배신은 영국 대중에게 큰 충격을 주었고, 소련에는 주요 선전거리를 제공했다. 이 이야기는 여러 스파이 스릴러물의 소재가 되었는데, 특히 전 영국 스파이였던 존 르 카레의 소설의 토대가 되었다.

헤럴드 A. R. 필비(Harald A. R. Phliby)는 인도에서 영국 식민지 관리의 아들로 태어났다. 그는 케임브리지대학교에 입학했는데, 그곳에서 공산주의에 동조되었다. 필비와 다른 몇몇 케임브리지대학교 학생은 재학 중에 소비에트 정보기관에 고용되어, 후에 케임브리지 간첩단(Cambridge spy ring)이라고 알려지는 긴밀한 유대 관계를 형성했다. 필비와 다른 젊은 케임브리지 간첩들에게는 대담한 장기 과제가 주어졌다. 영국 정보기관에 파고들어 선임 지위까지 오른 후 모스크바에 보고하라는 것이었다. 필비는 스페인 내전 기간에 영국 신문사의 기자로 일하다가 제2차 세계 대전 발발 후 영국 정보기관에 들어갔다. 그 모든 기간에 그는 계속해서 소비에트 관리자들에게 정보를 제공했다.

그러나 필비의 운명은 1950년대 들어 다른 케임브리지 간첩 두 명의 정체가 드러나면서 바뀌기 시작했다. 필비는 그들이 체포되기 전에 미리 알려주어 소비에트 연방으로 도망칠 수 있게 해주었다. 그러나 필비가 두 간첩의 친구라는 사실이 알려졌기 때문에 그는 간첩단의 '제3의 남자'로 의심을 받으면서 집중적인 추궁을 받았다. (실제로는 간첩단에 다섯 명이 있었다. 마지막 간첩은 1970년대 말까지도 대중에 공개되지 않았다.) 필비는 결국 혐의를 벗고 영국 정보기관 일을 비공식으로 재개했다. 1963년 마침내 그가 간첩이라는 사실이 드러나자 필비는 소비에트 연방으로 도망쳤고 그곳에서 여생을 보냈다. 그는 76세의 나이에 모스크바에서 사망했다.

- 그는 어린 시절 영국 작가 러디어드 키플링의 소설 속 주인공 이름을 따서 킴이라는 별명을 갖게 되었다.
- 제2차 세계 대전 중 필비의 요원으로는 그레이엄 그린, 맬컴 머거리지가 있었는데, 두 사람 모두 후에 유명한 영국 작가가 되었다. 필비는 망명 후에도 그린과 계속 연락을 주고받았다.
- 필비는 1990년에 소련 우표 속 인물로 기념되었다.

327 FRI 예술가 테네시 윌리엄스

테네시 윌리엄스(Tennessee Williams, 1911년~1983년)는 주로 연약한 남부 여성과 사회적인 성공에 대한 그들의 사그라져가는 꿈을 다룬 미국 극작가이다. 《유리 동물원》(1944년), 《욕망이라는 이름의 전차》(1947년), 《뜨거운 양철 지붕 위의 고양이》(1955년) 등 그의 여러 희곡은 미국 극장의 주요 작품으로 등장했다. 그는 퓰리처상을 두 번 수상했으며 자신의 몇몇 작품이 비평가들로부터 극찬을 받는 영화로 만들어지는 것을 지켜보았다.

토마스 러니어 윌리엄스 3세(Thomas Lanier Williams III)는 미시시피에서 태어났으며 혼란스러운 어린 시절을 견뎠다. 윌리엄의 부모, 특히 신경증에 걸린 어머니는 그의 여러 희곡에 영감으로 작용했다. 윌리엄은 1929년에 미주리대학교에 입학했는데, 그의 억양 때문에 '테네시'라는 별명을 갖게 되었다. 흔치 않은 별명이 특별하다고 생각한 그는 스물여덟 살에 테네시를 정식 이름으로 개명했고, 같은 해에 뉴올리언스로 이주했으며, 동성애자라고 밝힌 후 전문 작가로 활동하기 시작했다.

그의 최초의 희곡 《천사의 싸움》은 1940년에 쓰였다. 제2차 세계 대전 중 윌리엄스는 서부로 이주해서 할리우드의 MGM 스튜디오에서 일하면서 글솜씨를 연마했으며, 《유리 동물원》을 집필하기 시작했다. 《유리 동물원》은 1945년에 브로드웨이에서 초연되었으며 이는 윌리엄스가 주요 극작가로 데뷔했음을 나타낸다. 연극의 주인공은 윌리엄스의 어머니를 모델로 삼은 아만다 윙필드라는 나이 든 여성이다. 그녀는 감성적인 유리 조각상들로 둘러싸인 숨 막히는 좁은 세인트루이스의 아파트에서 아들과 딸과 함께 산다. 사회적 예의범절에 집착하는 아만다는 가족의 열악한 상황에도 불구하고 수줍음 많은 딸과 결혼해줄 '신사 연인'을 찾기를 희망한다. 《욕망이라는 이름의 전차》는 더욱 큰 성공작이었고 1951년도에 말런 브랜도가 출연한 영화로 제작되었다. 이 작품에는 가장 기억에 남는 윌리엄스 작품의 등장인물인 블랑슈 뒤부아라는 또 다른 가난한 남부 미인이 나오는데, 스탠리와의 갈등이 이 연극의 주축이다.

윌리엄스의 작가 생활은 마약과 술 문제가 심각해지면서 1950년대 이후 서서히 막을 내리기 시작했다. 그는 1983년에 뉴욕의 한 호텔에서 실수로 병뚜껑을 삼킨 후 질식사했다.

• 윌리엄스는 《욕망이라는 이름의 전차》로 1947년에 그리고 《뜨거운 양철지붕 위의 고양이》로 1955년에 퓰리처상을 수상했다.

328 SAT 개혁가 체 게바라

남아메리카 혁명가 에르네스토 '체' 게바라(Ernesto 'Che' Guevara, 1928년~1967년)는 20세기에 좌익 반란군의 아이콘으로 등장했다. 원래 의학 교육을 받은 체 게바라는 쿠바와 콩고 혁명에서 싸웠으며, 볼리비아에서 게릴라 반란군을 이끌다가 죽임을 당했다. 정글에서 사망한 후로 체 게바라를 둘러싼 신화가 생겨났으며, 지금까지 남아 있는 많은 라틴아메리카 좌파에게 존경을 받고 있다. 그러나 그를 비판하는 사람들은 그가 수백 건의 정치적 처형과 인권 남용을 저질렀다고 주장했다.

아르헨티나의 부유한 집안에서 태어난 체 게바라는 의과 대학을 다니던 중 오토바이 여행을 하다가 남아메리카 전역에 만연한 가난을 목격하고 정치적인 깨달음을 얻었다. 공산주의를 해결책으로 받아들인 체 게바라는 쿠바 혁명가 피델 카스트로의 초기 지지자로 1956년에 카스트로의 게릴라 반군에 합류했다. 카스트로가 마침내 미국을 등에 업은 독재자 풀헨시오 바티스타를 몰아냈을 때 체 게바라는 새로운 혁명 정부에서 선임 지위로 올라가면서 국제적인 위상을 얻게 되었다. 그는 또한 1959년에 수백만 명의 정치범을 재판 없이 처형하도록 직접 명령했는데, 이 사건이 그의 죽음의 전조가 되었다.

1960년대에 체 게바라의 촉구로 카스트로 정부는 다른 개발 도상국에 혁명을 수출하고자 했다. 그는 콩고로 건너가 그곳에서 혁명을 조직했지만 실패한 후 다시 쿠바로 돌아왔다. 다음 과제는 볼리비아로, 그곳에서 그는 통치 중인 군사정부를 목표로 삼았다. 그러나 볼리비아 군정은 CIA의 도움으로 체 게베라에게 맞설 준비가 되어 있었고, 1967년에 그의 게릴라군을 추적해나갔다. 그는 정부군에 사로잡혀 총살을 당했는데, 정부군은 그가 전투 중에 총에 맞아 사망한 것처럼 꾸미고자 했다. 혁명가이며 순교자이자 낭만주의자로 일컬어지는 체 게바라는 쿠바와 남아메리카에서 영웅으로 남았다.

- 그는 마지막 순간에 "쏴라, 이 겁쟁이들아. 그래 봤자 사람 하나 죽이는 거야"라는 말을 남겼다고 한다.
- 체 게바라의 회고록을 토대로 만들어진 〈모터사이클 다이어리〉는 2004년에 개봉되었다. 이 영화에서는 멕시코 배우인 가엘 가르시아 베르날이 젊은 체 게바라를 연기했다.
- 체 게바라가 처형된 후 그가 묻힌 곳은 볼리비아 정부에 의해 비밀에 붙여졌다. 그의 무덤은 1990년대에 다시 발견되었고, 그의 유골은 1997년에 쿠바로 보내져 다시 매장되었다.

329 SUN 선지자 하일레 셀라시에

하일레 셀라시에(Haile Selassie, 1892년~1975년)는 에티오피아의 마지막 황제로, 유럽 식민주의에 대한 저항의 상징이자 세계적으로 존경받는 정치인이다. 그러나 자메이카에 있는 그의 추종자 단체에는 그보다 훨씬 더 큰 의미인, 살아 있는 신이었다. 셀라시에의 이야기와 그가 영감을 준 종교단체, 래스터패리언은 종교 역사상 가장 독특한 사례에 포함될지도 모른다. 독실한 에디오피아 정교 신자였던 셀라시에는 자신이 신성한 힘을 가지고 있다는 생각을 거부했다. 그럼에도 레스터패리언 운동은 이 황제가 살아 있는 동안 점점 늘어났고, 그가 죽은 지 수십 년이 지난 지금까지도 굳건하게 남아 있다.

에티오피아의 한 마을에서 태어난 셀라시에는 1916년 쿠데타가 일어난 후 정권을 장악했고, 1930년에 공식적으로 나라의 지도자로 즉위했다. 전해지는 바에 따르면, 에티오피아 고대 군주의 혈통은 성경에 등장하는 3000년 전의 시바 여왕과 솔로몬 왕에서 비롯되었다고 한다. 에티오피아는 유럽 정복의 희생양이 되지 않은 몇 안 되는 아프리카 국가 중 하나였는데, 고대 군주의 혈통을 이어받은 225번째 황제 셀라시에는 통치를 하는 동안 국가의 독립을 유지하고자 애썼다. 이로 인해 셀라시에는 고무적인 자립의 사례를 찾는 북아메리카 흑인 사이에서 영웅으로 추대되었다. 그의 숭배자 중에는 셀라시에를 흑인 해방과 자립의 상징으로 여긴 자메이카 태생의 운동가 마르쿠스 가비도 있었다.

1936년에 국제적으로 주요 뉴스거리가 되었던 전쟁을 통해 에티오피아는 이탈리아의 베니토 무솔리니의 파시즘 정권에 침략을 당했다. 셀라시에는 추방되었지만 고국의 권리를 옹호하는 연설로 그는 유명해졌다. (그는 "오늘은 우리지만, 내일은 당신들일 것이다"라며 국제연맹에 경고했다.) 제2차 세계 대전 중에 그는 런던에서 망명 생활을 하면서 식민지 정권에 반대하는 사람들을 모았고, 에티오피아가 해방된 후 1941년에 고국으로 돌아왔다. 그때 자메이카에 있던 셀라시에의 추종자들은 그를 예수 그리스도가 재림한 흑인 메시아로 숭배하기 시작했다. 셀라시에는 해외 순방을 할 때마다 마주하는 래스터패리언들의 경배에 당혹해했다. 그는 그들의 신앙을 단호하게 거부했고, 래스터패리언들은 에티오피아에서 뿌리를 내리지 못했다.

- 23년이 지나 망명길에서 돌아온 셀라시에는 1964년에 에티오피아에서 노예제도를 폐지했다.

330 MON 리더 해리 트루먼

미주리주 출신의 사실상 무명 정치인인 해리 트루먼(Harry Truman, 1884년~1972년)은 프랭클린 루스벨트 대통령이 사망하면서 1945년 4월 12일에 갑작스럽게 대통령직에 올랐다. 그날 오후 백악관에서 취임선서를 한 그는 곧 가장 어려운 문제들을 해결하기 위해 고심하기 시작했다. "달과 별과 행성이 모두 내 위에 떨어져 내린 것처럼 느껴졌다." 후에 그는 제2차 세계 대전에서 싸우고 있는 고국을 갑작스럽게 책임지게 된 데 대해 이렇게 말했다.

트루먼이 대통령직에 올랐을 때는 독일이 패하기 직전으로 유럽 대부분이 파괴된 상태였다. 그러나 일본만은 여전히 싸웠는데, 일본 지도자들은 태평양에서 장기간에 걸친 피비린내 나는 싸움을 벌이겠다고 확언했다. 대통령 집무실을 차지한 이 남자는 사실상 외교 정책 경험이 전무했다. 그는 의회에서 부패한 방위 산업 업체를 조사한 것으로 알려졌으나 그 후로 40년간 미국의 외교 정책을 이끌게 되었다. 트루먼은 유럽의 경제 재건을 돕는 대대적인 원조 계획인 마셜 플랜(Marshall Plan)에 전념했다. 그는 패배한 적국에 대한 회유의 일환으로 이 계획에 독일도 포함시켰다. 태평양에서는 일본에 대한 원자폭탄 사용을 승인했다. 1945년 8월에 두 개의 원자폭탄이 투하되어 수십만 명의 일본인이 죽었지만 전쟁은 금세 끝낼 수 있었다. 트루먼 대통령의 대내적인 업적으로는 1948년에 아프리카계 미국인을 미군에 통합시키도록 명령한 것을 꼽을 수 있다. 그는 그해에 재임에 성공했다.

트루먼의 두 번째 임기는 한국전쟁으로 특징지을 수 있을 것이다. 공산주의의 확장을 막겠다는 약속을 지키기 위해 그는 공산주의 북한의 침략에 맞서 1950년에 남한에 미군을 파병했다. 처음에는 전쟁이 미국에 유리하게 흘러가는 듯했으나 2년 후에 교착 상태에 빠진 후 평판이 급격하게 나빠졌다. 1953년에 트루먼이 대통령 임기를 마치고 내려왔을 때 그의 지지율은 사상 최저였다. 그는 20년 후 88세의 나이로 세상을 떠났다.

- 트루먼은 8년의 대통령 임기를 적용받지 않은 마지막 대통령이었다. 1951년에 비준된 제24차 헌법 개정안을 통해 대통령 임기가 8년으로 정해졌고, 이 법안은 드와이트 아이젠하워 대통령부터 적용되었다.
- 대통령직에서 내려온 후 트루먼은 사실상 돈이 한 푼도 없었다. 그의 곤경으로 의회는 전직 대통령들에게 연금을 제공하도록 했는데, 현재는 매년 약 20만 달러에 달한다.
- 트루먼은 거의 4년 동안을 부통령 없이 지내다가 1948년 선거 때 부통령 후보로 앨번 바클리를 선정했다.

331 TUE 철학자 한나 아렌트

기자이자 에세이 작가, 정치 철학가였던 한나 아렌트(Hannah Arendt, 1906년~1975년)는 '무엇이 악에 대한 인간의 능력을 설명해주는가?'라는, 20세기에 사람들의 뇌리를 떠나지 않던 문제를 해결한 사람으로 가장 잘 알려져 있다. 넓은 독자층을 가진 나치 전범에 관한 에세이와 저서를 통해 아렌트는 집단 학살의 폭력과 잔혹성이 정신 장애를 가진 이들의 전유물이라는 개념을 단호하게 거부했다. 그녀는 오히려 나치와 공산주의 최고 지도자들이 대개 표면상으로는 정상적인 사람이었다고 언급했다. 그 대신에 아렌트는 다수의 의견을 맹목적으로 따르도록 사람들을 이끈 독일과 소비에트 연방의 사회 세력을 탓했다.

아렌트는 독일 하노버의 유대인 부모 사이에서 태어났다. 하이델베르크대학교에서 철학을 전공했으며 스물두 살에 박사 학위를 받았다. 그녀는 독일에서 계속 철학을 가르치고 연구했는데, 그녀의 친구 중에는 잠시 불륜 관계를 맺었던 마르틴 하이데거도 있었다. 1933년에 아돌프 히틀러가 정권을 장악하자마자 아렌트는 독일을 떠났다. 그녀는 파리로 가서 유대인 고아들을 팔레스타인으로 보내는 데 도움을 주는 구호 단체에서 6년간 일했다. 제2차 세계 대전 초반인 1940년에 나치가 프랑스를 점령하면서 아렌트는 다시 한번 피난길에 올랐다. 그녀는 뉴욕에 정착했고, 남은 생 대부분을 그곳에서 살았다.

아렌트는 첫 번째 주요 작품인《전체주의의 기원》을 1951년에 출간했다. 그 후로《인간의 조건》(1958년),《혁명론》(1962년),《어두운 시대의 사람들》(1968년)을 출간했다. 그러나 그녀의 가장 유명한 저서는 아마《예루살렘의 아이히만》(1963년)일 것이다. 그녀는〈뉴요커〉에 나치 전범 아돌프 아이히만의 재판을 다룬 기사를 게재한 후 이 책을 출간했다. 이 책은 온순하고 한심한 모습으로 재판장에 등장한 아이히만이 어떻게 홀로코스트에서 수백만 명의 살해를 지휘했는지 탐구한다. 악과 폭력에 관한 날카로운 연구로 유명해진 아렌트는 코넬대학교, 시카고대학교를 비롯한 여러 학교에서 교수직을 맡았다. 1959년에는 여성으로서는 최초로 프린스턴대학교에서 정교수로 임명되었다. 그녀는 69세의 나이에 뉴욕의 아파트에서 사망했다.

- 1941년에 미국으로 이주한 후 아렌트는 1951년에 미국 시민으로 귀화했다.
- 1962년에 인류에 대한 범죄로 유죄 판결을 받고 교수형에 처해진 아이히만은 체포 당시 부에노스아이레스의 메르세데스벤츠 공장에서 일하고 있었다. 이스라엘이 유일하게 집행한 사형이었다.

332 WED 혁신가 쿠르트 괴델

1940년대, 1950년대에 뉴저지주 프린스턴 주민들은 독특한 옷차림의 두 사람이 전원의 대학가를 거니는 모습을 보았다고 자주 말했다. 독일어로 깊은 대화를 이어가던 두 남자는 스타일이 전혀 달랐다. 헐렁한 옷차림의 나이가 많은 사람은 불뚝 나온 배 주변에 벨트를 걸치고만 있었던 반면, 젊은 사람은 페도라를 쓰고 빳빳한 흰색 린넨 양복을 입은 훌쭉한 사람이었다. 나이 든 사람은 세상에서 가장 유명한 과학자 알베르트 아인슈타인이었다. 옆 사람은 쿠르트 괴델(Kurt Gödel, 1906년~1978년)이라는 괴짜 수학자로, 수학의 이론적인 토대에 관한 중대한 발견을 했다. 대중에게는 덜 알려져 있지만 이는 가장 친한 친구인 아인슈타인의 발견에 비견될 만한 것이었다.

괴델은 오늘날의 체코 공화국에 속하는 브르노에서 태어났다. 그는 비엔나에서 대학을 다녔으며 그곳에서 예술가, 철학자, 과학자로 구성된, 도시에서 번영하는 카페 문화의 일원이 되었다. 그곳에서 그는 나이트클럽 댄서인 아델 포르케르트를 만났고, 가족의 반대를 무릅쓰고 1938년에 그녀와 결혼했다. 그러나 오스트리아가 나치 독일에 합병되면서 히틀러의 군대에 징집될 위험에 처한 괴델로 인해 두 사람은 1939년에 트랜스 시베리안 철도를 타고 러시아를 지나 배를 타고 태평양을 건너 미국에 도착했다. 괴델은 어떤 형식적인 논리 체계든, 입증되거나 입증될 수 없는 명제가 포함된다는 것을 증명한 '불완전 이론'으로 유명하다. 불완전 이론은 수학법칙에 대한 완전한 논리의 틀을 구축하고자 한 여러 논리학자의 희망을 저버렸다.

1955년에 아인슈타인이 사망하자 괴델은 큰 충격을 받았고, 점점 더 불안정하고 피해망상적으로 변했다. 그는 집에 있는 냉장고와 라디에이터가 독을 내뿜는다고 믿어 자주 이사를 했다. 또한 누군가 자신의 음식에 독을 탈지도 모른다는 두려움에 사로잡혀 버터와 이유식, 변비약만 섭취했다. 1977년 아델은 자신이 병에 걸리자 혼자 힘으로 살아가라면서 괴델을 떠났다. 음식을 섭취할 의지가 없었던 괴델은 1978년 1월 프린스턴의 한 병원에서 아사했다. 사망 당시 괴델의 몸무게는 29kg이었다. 그의 사망 진단서에는 '성격 장애로 인한 굶주림과 영양실조'가 사인으로 적혔다.

- 전기작가 레베카 골드스타인에 따르면 괴델은 어린 시절 호기심이 많아서 그의 가족으로부터 '왜요 씨(Herr Warum)'라는 별명으로 불렸다.
- 아인슈타인의 설득으로 괴델은 1948년 4월에 미국 시민권을 신청했다. 시민권 시험공부를 하던 중, 그는 헌법상에 독재자가 정권을 잡을 수 있게 하는 논리적인 결함이 있다는 사실을 발견했다. 그는 뉴저지주 트렌턴에서 시민권 시험 감독관인 판사에게 결함에 대해 불평했지만, 어쨌든 시민권을 취득할 수는 있었다.

333 THU 악당 바이런 드 라 벡위드

바이런 드 라 벡위드(Byron De La Beckwith, 1920년~2001년)는 재판장에 남부 연합기 핀을 달고 자신감 있는 모습으로 등장했다. 이 KKK단원은 시민 인권 운동가인 메드가 에버스를 살해한 혐의로 이미 미시시피 재판장에서 두 번이나 재판을 받았었다. 그러나 두 번 모두 백인으로만 구성된 배심원은 그에게 유죄 판결을 내리기를 거부했다. 마틴 루서 킹 주니어는 언젠가 이렇게 말한 적이 있다. "도덕적 세계의 궤적은 길지만 결국 정의를 향해 구부러진다." 이런 시각은 범죄에 대한 대가를 받기까지 30년 동안 정의를 피해온 백인 우월주의 비료 판매원 벡위드에게는 들어맞지 않을 뻔했다. 1994년 그날 아침, 여덟 명의 흑인과 네 명의 백인으로 구성된 배심원이 법정에 다시 들어섰을 때, 벡위드는 유죄가 인정되어 무기징역에 처해졌다. 그의 유죄 판결은 시민 인권 시대에 해결되지 않은 사건 중 하나에 종지부를 찍었고 남부와 미국 전역에서 시대가 변화하는 표시로 여겨졌다.

벡위드는 캘리포니아주에서 태어나 어린 시절 미시시피주로 이주했다. 그는 제2차 세계 대전 때 해병대에서 복무했고, 돌아온 후 KKK단에 들어갔다. 흑인과 이민자, 가톨릭 신자에 대한 시민권리에 반대하는 KKK단은 1950년대와 1960년대 딥사우스(Deep South, 미국 남부의 여러 주를 통틀어 이르는 말 – 옮긴이)에서 강력한 세력으로 남아 여러 지역의 정치인과 경찰병력을 지배했다. 에버스는 제2차 세계 대전 육군 참전용사였고 미시시피주 NAACP의 지방 연락원이었다.

그는 1962년에 미시시피대학교에서 인종차별정책을 철폐하는 데 애쓰면서 수많은 살해 위협을 받았다. 에버스는 1963년 6월 12일 NAACP 회의를 마치고 집으로 돌아오던 중 벡위드의 총알에 등을 맞고 쓰러졌다. 살해 도구에 벡위드의 지문이 묻어 있는 등 증거가 충분해 그는 살인 사건 2주 만에 체포되었다. 그러나 두 명의 경찰관이 살인 사건 발생 당시 범행 현장에서 145km 떨어진 곳에서 그를 목격했다고 증언했고, 두 번에 걸친 그의 재판은 모두 불일치 배심으로 끝났다. (수년 후, 그의 지지자들이 배심원단을 조작했을 수도 있다는 사실이 제기되었다.) 검사들이 1994년에 그를 재판에 회부했을 때, 벡위드가 살인을 저질렀다고 자랑스레 말하는 것을 들은 적이 있다는 증언도 확보했다. 그는 여섯 시간의 심사숙고 끝에 유죄 판결을 받았다. 그의 항소는 기각되었고, 그는 81세의 나이로 감옥에서 사망했다.

334 FRI 예술가 엘리자베스 비숍

엘리자베스 비숍(Elizabeth Bishop, 1911년~1979년)은 생전에 90여 편의 시를 발표했고, 작품 하나를 고치고 또 고치느라 수년을 보낸 사람으로 유명하다. 완성한 작품이 비교적 적은데도 비숍은 20세기 미국 시에 큰 영향을 주었고 퓰리처상을 수상했으며, 1949년에 미국 계관시인으로 임명되었다. 시인 존 애쉬버리는 그녀를 두고 '작가의 작가의 작가'라고 장난스레 말했다.

매사추세츠주에서 태어난 비숍은 아버지가 사망하고 어머니가 정신병원에 들어간 후 외로운 어린 시절을 보냈다. 주로 조부모와 고모 손에 길러진 비숍은 1930년에 바사르대학교에 입학했고, 그녀에게 큰 영향을 주는 시인 메리앤 무어를 만났다. 대학 졸업 후 무어는 비숍에게 원래 가고자 했던 의과 대학 대신 여행을 다니면서 시를 쓰라고 설득했다. 그녀는 1946년에 호튼 미플린 출판사가 후원하는 전국 시 콘테스트에서 우승하여 그 이듬해 첫 시집인《남과 북》을 출간했다. 비숍의 시는 간결한 문체와 아이러니한 유머, 비인격적인 주제 그리고 자연에 대한 주의 깊은 묘사 등의 특징을 가지고 있다. 동시대인과 달리 비숍은 자기 자신보다 나무와 물고기, 집에 대해 쓰는 데 관심이 많았다. 〈생선 가게에서〉에서는 부두 근처에 나타난 바다표범을 설명한다.

> 그러다 사라졌다가 갑자기 나타난다/거의 같은 곳에서, 별거 아니라는 듯이/마치 더 나은 판단에 반(反)하는 것처럼.

1951년에 비숍은 장학금을 받고 브라질로 건너간 후 그곳에서 거의 18년을 살았다. 그녀는 브라질 건축가인 로타 지 마세두 소아리스와 사랑에 빠졌고, 포르투갈어를 배웠고, 브라질 시선집을 편집했다. 그녀는 인생의 대부분을 아버지의 유산으로 살았지만 1970년에 미국으로 돌아와 하버드대학교에서 강의를 시작했다. 그녀의 마지막 시집《지리 III》는 1976년에 출간되었다. 3년 뒤 그녀는 보스턴에서 68세의 나이로 사망했다.

- 비숍은 다섯 살 때 마지막으로 어머니인 거트루드를 봤다. 비숍의 산문 〈마을 안에서〉는 그녀의 어머니가 쓰러져 노바스코샤의 다트머스에 있는 한 정신병원에 갇히게 되는 이야기를 들려준다.
- 비숍은 원래 브라질에서 몇 개월만 살려고 했다. 그러나 캐슈너트에 심한 알레르기 반응을 일으켜 출발이 지연되었다. 그녀는 회복되는 동안 소아리스를 만났고, 더 머물기로 결정했다.

335 SAT 개혁가 세자르 차베스

노동조합 창시자이자 시민 인권 운동가인 세자르 차베스(César Chávez, 1927년~1993년)는 1960년대와 1970년대에 세간의 이목을 끄는 단식 투쟁과 보이콧으로 이민자 농장 일꾼들의 고통에 사람들의 관심을 불러 모았다. 그가 창립한 농장 노동자 조합(United Farm Workers, UFW)은 농장주들이 더 높은 임금을 지불하게 했고, 대개 멕시코 이주민이었던 노동자들이 해로운 살충제에 노출되지 못하도록 했다.

차베스는 애리조나주에서 태어나 10대 때부터 농장에서 일하기 시작했다. 그는 제2차 세계 대전 후 미 해군에 입대했고 1948년에 돌아와 공동체 창립에 관여하기 시작했다. 그는 캘리포니아주에서 선거인 등록 운동을 이끌었고, 1962년에 UFW의 전신인 전국 농장 노동자 연합을 공동 설립했다. 그와 동시에 남부 인권 운동이 발생하면서 차베스의 UFW 운동은 경제적이면서 동시에 사회적인 운동이 되었다. 임금 인상과 안전성 개선 외에도 수십 년 동안 농장과 과수원 주인들에게 학대를 받아온 치카노(Chicano, 멕시코계 미국 시민 – 옮긴이) 농장 노동자들의 기본적인 품위를 되찾고자 했다.

차베스의 가장 유명한 운동인 포도 보이콧은 1965년에 시작되었다. 포도 농장주들이 노조를 인정할 때까지 소비자에게 캘리포니아 포도를 먹지 말라고 종용하면서 로버트 F. 케네디와 같은 정치인들로부터 지지를 받으며 세간의 이목을 끌었다. 보이콧이 수익에 지장을 초래하자 첫 번째 포도 농장주 단체가 1970년에 노조와의 계약에 서명했다. 그러나 1980년대 초에 들어 많은 농장주가 노조를 피할 수 있는 방법을 찾아냈고, 차베스의 독재적인 UFW 리더십도 비판을 받게 되었다. 명성에도 불구하고 캘리포니아 농장 노동자 모두를 노조에 가입시키는 데 실패했고, 지금도 대다수의 농장 노동자는 노조에 가입하지 않은 상태로 남아 있다.

그러나 1993년에 67세로 사망한 후 차베스는 멕시코계 미국인 공동체에서 인권 영웅으로 받아들여졌다. 몇몇 주에서는 그의 생일인 3월 31일을 공휴일로 삼고 있다.

- 1995년에 《로스앤젤레스타임스》는 차베스가 체제를 전복시킬 가능성이 있다는 두려움에 FBI 요원이 차베스 관해 1434쪽에 달하는 파일을 작성했다고 폭로했다.
- 차베스의 가장 유명한 슬로건인 "네, 할 수 있습니다(Sí, se puede)."는 버락 오바마에 의해 2008년도 대선에서도 사용되었다.

336 SUN 선지자 L. 론 허버드

사이언톨로지교의 창시자인 L. 론 허버드(L. Ron Hubbard, 1911년~1986년)는 네브래스카주 틸든에서 태어났으며 미 서부의 몇 개 도시에서 자랐다. 1930년대에 조지워싱턴대학교를 자퇴한 후 그는 공상과학 소설가이자 통속 소설가로 활동하기 시작해 어느 정도 성공을 이루었다.

제2차 세계 대전 중에 미 해군에서 복무한 후 허버드는 1950년에 보다 나은 정신건강을 위한 자기계발서를 표방하는《다이어네틱스》를 출간했다. 정신과 의사들에게는 터무니없는 소리로 치부되었지만, 과학적으로 들리는 용어와 조언으로 가득 찬 허버드의 책은 잘 팔려나갔다. 그는 그 성공을 발판 삼아 1954년에 사이언톨로지교를 만들었다. 처음에 이 단체는 환자의 정신건강에 대한 '검사비' 명목으로 시간당 수백 달러를 청구하기도 했다. 허버드는 이런 검사비와 자신의 저서를 판매한 수익금으로 수백만 달러를 벌었다. 그러나 정신과 의사들에게 널리 비난을 받고, 탈세 혐의로 조사를 받게 되자 사이언톨로지를 종교라고 선언했다. (종교는 세금을 면제받는다.) 몇몇 국가에서 행해지는 수많은 조사를 피하기 위해 1967년에 허버드는 아폴로라는 소 수송선을 개조한 요트로 옮겨갔고, 공해(公海)에서 살겠다고 발표했다. 원양에서 몇 년을 보낸 후 그는 1975년에 미국으로 돌아왔다. 3년 후 허버드의 사무실이 급습을 당했고, 그의 세 번째 부인인 메리 수 허버드가 검찰 기관을 도청하는 음모에 가담한 혐의로 수감되었다. 그는 캘리포니아주 산루이스오비스포 인근의 동떨어진 목장에서 호젓하게 말년을 보냈다.

허버드는 양극화된 평판을 받는 인물이다. 그를 비판하는 많은 사람들에게는 쉽게 속아넘어가는 추종자들을 갈취한 사기꾼에 불과했다. 그러나 다수의 할리우드 연예인을 포함하여 수십만 명에 달하는 사이언톨로지교 신자에게는 글을 통해 자신들의 삶을 바꾸어준 영적인 지도자로 여겨지고 있다.

- 사이언톨로지 신학에는 신도 없고 사후도 없다. 대신 허버드는 모든 사람이 저마다 죽지 않는 영결혼 테탄(Thetan)을 가지고 있는데, 이 영혼은 죽고 난 후 환생한다고 했다. 그런데 테탄은 약 7500만 년 전에 지구에 수소 폭탄을 떨어뜨린 제누(Xenu)라는 이름의 사악한 은하간(銀河間) 폭군에 의해 손상되었다. 이 영혼을 고치기 위해《다이어네틱스》가 필요하다고 말했다.
- 대부분의 유럽에서 사이언톨로지교는 사이비로 간주된다. 특히 독일에서는 이 단체가 이슬람 극단주의 단체에 견줄 만큼 국가에 위협적인 존재로 여겨진다.
- 허버드는 다양한 필명을 사용했는데, 그중에는 윈체스터 레밍턴 콜트와 르네 라파예트도 있다.

337 MON 리더 콘라트 아데나워

콘라트 아데나워(Konrad Adenauer, 1876년~1967년)는 제2차 세계 대전 후 서독 최초로 총리에 오른 사람이다. 그는 14년 동안 총리를 역임했고, 홀로코스트의 악몽 후에 독일의 국제적인 명성을 재건하고 독일 경제를 회복하기 위해 노력하면서 일반적으로 좋은 평가를 받았다. 그러나 한편으로는 서둘러 전쟁의 트라우마에서 벗어나기 위해 일부 나치 전범의 처벌을 면해주어 독일인이 히틀러 시절의 범죄를 완전히 인식하지 못하게 했다는 비난을 받기도 했다.

아데나워는 독일의 쾰른에서 태어났고 1917년에 쾰른 시장에 선출되었다. 그는 1933년에 시청 건물에 나치 전범기 게양을 거부했다는 이유로 시장직을 잃게 되었다. 그는 두 번 체포되었으며 몇 년간 숨어 지냈다. 전쟁이 끝난 후 미군은 아데나워를 쾰른 시장으로 복귀시켰다. 드물게 나치즘에 더럽혀지지 않은 독일 정치인이었던 그는 전쟁 후 1946년에 기독교민주동맹(CDU)이라는 이름의 새 정당을 창설했고, 정당의 지도자로 임명되었다. 독일이 동독과 서독으로 나뉜 뒤, 1949년에 실시된 최초의 서독 선거에서 CDU가 승리하면서 73세의 아데나워가 총리가 되었다. 총리 임기 동안 아데나워는 서독을 북대서양조약기구(NATO)에 가입시켰고 홀로코스트에 대해 이스라엘에 보상금을 지불하는 데 합의했으며 군대를 재건했다. 그리고 당시까지도 러시아 포로수용소에 억류되어 있는 마지막 독일 포로들을 석방하도록 소비에트 연방과 협상했다. 그러나 그는 수천 명의 나치 전범을 사회에 복귀시키고, 그중 다수를 정부 고위직에 임명함으로써 많은 논란에 휩싸였다. 1958년까지 사실상 모든 독일 전범이 사면되어 감옥에서 출소했다.

1963년에 퇴임한 아데나워는 4년 후에 사망했다. 그가 사망할 때쯤 젊은 독일인 세대는 그를 보수주의의 상징으로 여기게 되었고, 전쟁에 대한 독일의 책임을 보다 솔직하게 인정하기 위해 분투하게 되었다.

- 해리 트루먼 대통령을 숭배했던 아데나워는 1964년 한 인터뷰에서 자신의 커피 테이블에는 항상 트루먼의 회고록이 놓여 있다고 말했다.
- 〈타임〉 지는 '훈족과 나치의 미움받는 땅을 다시 도덕적으로 훌륭한 곳으로 이끌었다'는 이유로 1953년에 아데나워를 올해의 인물로 선정했다.
- 아데나워는 1944년에 히틀러 암살 음모 용의자로 게슈타포에 체포되었다. 그러나 그를 음모와 연관시킬 아무런 증거도 찾을 수 없었고, 몇 달 후 그는 석방되었다.

338 TUE 철학자 이사야 벌린

1957년에 영국 수상이 이사야 벌린(Isaiah Berlin, 1909년~1997년)을 기사 작위 후보에 올렸을 때 그는 벌린이 가진 가장 위대한 기술을 기록하는 곳에다 농담 삼아 이렇게 적었다. "말하기." 놀라울 정도로 다양한 주제에 관해 글을 쓰고 강의를 한 이 철학자이자 작가, 외교관은 20세기 영국에서 가장 많은 글을 쓴 지성인인지도 모른다. 그러나 벌린의 가장 유명한 업적은 아마 공산주의에 대한 예리한 비판이었을 것이다.

이사야 벌린은 당시 러시아에 속했던 라트비아 지방에서 목재상의 아들로 태어났고, 1917년 공산주의 혁명이 발발한 후 러시아를 떠났다. 1921년에 가족이 영국으로 이주한 후 벌린은 옥스퍼드대학교에서 공부했다. 1932년에 처음으로 옥스퍼드대학교에서 강사직을 얻은 그는 남은 생애 동안 이 대학교와 어떤 식으로든 지속적으로 연관되었다. 제2차 세계 대전 중 벌린은 미국으로 파견되었고 후에는 모스크바에 있는 영국 대사관에 파견되었다. 소비에트 연방에서 지내는 동안 러시아 작가 및 반체제 인사 들과 쌓은 우정은 그가 공산주의를 싫어한다는 것을 확인시켜주었다.

1959년도 에세이 〈자유의 두 가지 개념〉에 표현된 벌린의 정치 철학은 인류 사회를 개조하고자 하는 공산주의와 같은 유토피아적인 정치 운동을 겨냥했다. 에세이에서 그는 '소극적인' 자유와 '적극적인' 자유의 개념을 소개했다. 소극적인 자유는 예컨대 미국의 권리장전이 자신에게 불리한 증언을 하지 않을 자유를 보장하듯 무언가로부터 자유로워지는 것이다. 적극적인 자유는 투표할 자유나 돈을 벌 자유 등 특정한 권리를 보장해주는 것을 포함한다. 벌린에 따르면 적극적인 자유에는 전체주의의 위험성이 수반된다. 적극적인 자유가 실현되려면 정부의 행동이나 강압이 요구되기도 하기 때문이다. 그는 "적극적인 자유를 보장하려는 유토피아적인 정치 프로젝트는 말 그대로 치명적일 수 있다"라고 썼다. 왜냐하면 지지자들은 그들의 이상주의적 목적이 가장 억압적인 수단조차 정당화한다고 믿기 때문이다. 그는 유토피아적 이념 대신에 인간의 다양성을 인정하고, 시민이 지지하지 않을 수도 있는 유토피아적인 계획을 그들에게 강제하려 들지 않는, 온건한 자유주의를 주창했다.

그는 88세의 나이에 옥스퍼드에서 심장마비로 사망했다.

- 벌린은 사회생활 초반에 영국 신문 《가디언》에 지원했다. 편집자는 그의 글솜씨가 만족할 만큼 훌륭하지 않다는 이유로 그를 채용하지 않았다.
- 제2차 세계 대전 중 벌린은 워싱턴에 있는 영국 대사관에서 근무했는데, 그곳에서 매주 미국 뉴스를 요약한 메모를 작성해서 윈스턴 처칠에게 보냈다.

339 WED 혁신가 앨런 튜링

1945년에 수학자 앨런 튜링(Alan Turing, 1912년~1954년)은 영국 정부에 의해 제2차 세계대전에서 연합군을 승리로 이끈 영웅 중 하나라는 영예를 얻었다. 10년 후 그는 같은 정부에 의해 동성애자라는 이유로 체포되고, 기소되어 모욕을 당한 후 자살로 내몰렸다. 영국 맨체스터 자택에서 발생한 튜링의 자살은 그를 초기 게이 인권 운동의 순교자로 만들었다. 이로 인해 세상은 세계 최초의 컴퓨터를 발명하고 구축하는 데 도움을 주고 독일 군대에서 사용된 암호를 푼 뛰어난 인물을 잃고 말았다.

런던에서 태어난 튜링은 최고의 영국 기숙학교를 다녔는데, 그곳에서 자신이 동성애자임을 인식했다. 졸업 후 그는 계속해서 킹스 칼리지와 케임브리지대학교에 입학해 수학을 공부하고 1934년에 졸업했다. 튜링의 최초 주요 논문인《계산 가능 수에 대하여》는 그가 스물네 살에 불과하던 1936년에 출간되었다. 논문에서 튜링은 어떤 과제든 수행할 수 있는 '보편적인 기기'라는 개념을 소개했다. 당시 튜링은 순전히 이론적인 연습에 그칠 생각이었지만, 그것은 곧 전산의 근간이 되었다. 1939년 9월 4일, 영국이 독일과의 전쟁을 선포하고 난 다음 날, 튜링은 최고 극비 군사 시설인 블레츨리 파크에서 임무를 맡았다. 그 후로 5년 동안 블레츨리 파크의 수학자 팀은 나치의 '수수께끼' 암호를 해독했고, 그로 인해 연합군은 독일의 군사 통신을 읽을 수 있게 되어 전장에서 커다란 우위를 차지할 수 있었다. 전쟁이 끝난 후 튜링은 컴퓨터에 관한 연구를 계속했고, 세계 최초로 작동 가능한 컴퓨터 중 하나인 맨체스터 마크 I 구축에 도움을 주었다. 그는 또한 세계 최초의 컴퓨터 체스 프로그램을 고안하기도 했는데, 심지어 그때는 그 프로그램을 운영할 수 있는 컴퓨터가 존재하기도 전이었다.

'역겨운 외설' 혐의로 튜링이 체포된 것은 1952년의 일이었다. 그는 겨우 수감을 면했지만 에스트로겐을 주입하는 등 동성애를 '치료'할 수 있는 의학적 처치를 받아야 했다. 그는 청산가리가 섞인 사과를 먹고 42세의 나이로 사망했다. 그의 죽음은 자살로 판결되었지만, 특히 그의 어머니를 비롯한 일부 회의론자들은 사고사이거나 심지어 자살로 위장한 살인이라고 믿었다. 영국 정부는 2009년에 공식적으로 튜링에 대한 처우를 사과했다.

• 컴퓨터 기술에 기여한 사람들에게 주는 국제상인 A. M. 튜링상은 1966년에 이 수학자의 이름을 따서 붙여졌다.

340 THU 악당 에버렛 하워드 헌트

워터게이트 사건의 중심인물 중 한 명인 에버렛 하워드 헌트(E. Howard Hunt, 1918년~2007년)는 1972년에 민주당 본부에 침입하려는 음모를 꾸민 백악관 정보원이었다. 이 사건은 침입자들이 체포되고, 헌트와의 연관성이 밝혀진 리처드 닉슨 대통령이 1974년에 사임하는 것으로 막을 내렸다. 보수적인 작가이자 헌트의 친구였던 윌리엄 버클리의 말을 빌리면, 그는 "어느 누구보다 닉슨의 사임을 초래한 책임이 있는 사람"이었다.

에버렛 하워드 헌트 주니어는 뉴욕주 북부에서 태어났으며 브라운대학교에서 교육을 받았다. 그는 제2차 세계 대전 중에 해병대에 입대했고, 후에 CIA의 전신인 전략사무국에서 일했다. 그는 전쟁이 끝난 후에도 계속 전략사무국에서 일했으며, CIA의 지지를 등에 업고 1954년에 민주적으로 선출된 과테말라 정부에 반대하는 쿠데타를 결성했다. 1940년대부터 헌트는 다양한 필명으로 스파이 스릴러물을 출간하기도 했다. 그의 초기 작품 중에는 호의적인 논평을 받은 것도 있으며, 그의 단편 소설은 〈코스모폴리탄〉과 〈뉴요커〉에 실리기도 했다. 열렬한 반공산주의자였던 헌트는 1961년에 피그스만 침공 계획에 참여했다. 침략이 실패로 끝난 후 그는 CIA에서 한직으로 물러났고, 존 F. 케네디 대통령이 쿠바의 정권 교체를 더욱 공격적으로 밀어붙이지 않는 데 환멸을 느꼈다. 헌트는 1970년에 CIA에서 사임했다.

이듬해 그는 닉슨의 백악관에 '보안 컨설턴트'로 고용되었고, 닉슨의 정적에 대한 스파이 활동을 하는 대가로 하루에 100달러씩 받았다. 1972년 대선이 임박하자, 헌트는 다섯 명의 남자를 고용해 워터게이트 복합 건물로 침입해 민주당 통신 시스템에 도청장치를 심었다. 침입자들이 잡혔을 때 그들 중 한 사람이 헌트의 이름이 적힌 주소록을 소지하고 있었다. 침입의 배후였던 헌트는 33개월 동안 수감되었다. 출소하고 난 후 그는 계속해서 스파이 스릴러물을 집필했고 워터게이트 사건과 관련된 자신의 행동을 변호했다. 그는 피그스만 침공의 실패만이 유일하게 후회하는 일이라고 말했다. 헌트는 마이애미에서 89세의 나이로 사망했다.

- 헌트는 다양한 필명으로 80여 권의 소설을 출간했는데, 필명으로는 고든 데이비스, 존 벡스터, 데이비드 세인트 존 등이 있다.
- 워터게이트 사건을 저지른 침입자 중에는 반카스트로 정보원이었던 프랭크 스터지스도 있었다. 헌트의 가장 성공적인 저서 《비미니 런》(1949년)의 주인공이 거의 비슷한 이름을 가졌다.

341 FRI 예술가 나기브 마푸즈

1994년 카이로, 칼을 휘두르는 두 명의 이슬람교 극단주의자가 카페로 향하던 82세의 노인을 향해 칼을 휘둘렀다. 후에 경찰은 이 암살 시도의 배후에 이집트 테러 단체인 알 지하드(Al-Jihad)가 있음을 밝혔다. 그들이 암살하려던 사람은 소설가 나기브 마푸즈(Naguib Mahfouz, 1911년~2006년)로, 목을 찔려 중상을 입었지만 목숨은 건졌다. 암살 대상으로 지목될 당시 이미 노쇠하고 나이 든 마푸즈는 아랍 세계에서 가장 유명한 소설가이자 지성인 중 한 사람이었고 1988년에 노벨 문학상을 받은 바 있다. 그는 거침없이 말하는 진보주의자이자 세속주의자였고 언론의 자유를 지지했는데, 이러한 이유로 공격의 대상이 되었다.

마푸즈는 카이로에서 태어났으며 엄격한 이슬람교 부모 밑에서 자랐다. 그는 카이로대학교에서 철학을 공부했지만 독실한 신자의 모습과는 점점 멀어졌다. 그는 첫 소설《운명의 조롱》을 1939년에 출간했다. 이 이야기는 마푸즈가 영감을 얻곤 하던 고대 이집트 시기를 배경으로 한다. 제2차 세계 대전 이후 마푸즈의 저서들은 동시대 이집트 노동자 계층으로 그 배경을 바꾸었다. 그의 카이로 3부작인《궁전 산책》(1956년),《욕망의 궁전》(1957년),《슈거 스트리트》(1957년)는 한 이집트 가정의 이야기를 들려주는데, 이집트의 군주를 타도했던 1952년 혁명으로 절정에 달한다. 그의 1959년도 소설《우리 동네 아이들》은 여러 종교 단체의 공격을 받았고, 이 책의 신성 모독적인 내용이 1994년도 암살 시도의 동기로 작용했다. 마푸즈는 이슬람 극단주의를 비판했으며, 이집트와 이스라엘 사이에 체결된 1978년도 평화 조약을 지지한 몇 안 되는 아랍 지성인 중 하나였다. 따라서 그의 저서들은 아랍권에서는 금서로 지정되었다. 그는 노벨상 수상 직후 1989년에 소설가 살만 루슈디를 옹호하여 더욱 심한 논란을 불러일으켰다. 루슈디는《악마의 시》라는 저서로 이슬람권에서 널리 비판받는 인물로, 이란 지도자는 루슈디를 죽이라는 파트와(Fatwa, 이슬람법에 따른 종교 칙령-옮긴이)를 내렸다.

1994년에 받은 공격으로 마푸즈는 남은 생애 동안 심각한 건강 문제를 안고 살았고 펜을 잡을 수조차 없게 되었다. 그는 카이로에서 95세의 나이로 세상을 떠났다.

• 마푸즈는 생활비를 벌기 위해서 정부 기관 일을 하기도 했다. 1960년대와 1970년대 초에는 이집트 정부 기관에서 영화 검열 일을 했는데, 이로 인해 일부 비평가들로부터 비난을 받았다.

342 SAT 개혁가 휴이 뉴턴

비판하는 사람들의 눈에 흑표범단(Black Panther) 지도자 휴이 뉴턴(Huey Newton, 1942년~1989년)은 거리의 폭력배이자 극단주의자, 살인자에 불과했다. 그러나 그를 숭배하는 사람에게 뉴턴과 흑표범단은 백인의 잔인함에 맞서 흑인 사회를 방어한 사람들이자 아프리카계 미국인의 자립의 아이콘이었다. 많은 이에게 뉴턴은 1960년대에 미국 전역을 휩쓸던 흑인 세력과 인종적인 자부심을 구현한 사람으로 여겨졌다.

루이지애나주에서 태어나, 주지사 휴이 롱의 이름을 따서 휴이라는 이름을 갖게 된 뉴턴은 어린 시절 가족과 함께 캘리포니아주 오클랜드로 이주했다. 그는 어린 시절 내내 잦은 말썽을 일으켰고 열네 살에 처음으로 총기 관련 혐의로 체포되었다. 뉴턴이 직접 밝힌 바에 따르면, 그는 고등학교를 졸업할 때까지 글을 깨치지 못했다고 한다. 글을 배우기로 결심한 그는 플라톤의《국가》를 가지고 공부하기 시작했는데, 후에 그는 다섯 번을 읽고 나서야 이해가 되었다고 말했다. 책은 그의 인생에 전환점이 되었고, 그로써 정치적인 의식을 갖기 시작했다. 베이 지역의 흑인 급진주의 공동체에 이끌린 뉴턴은 바비 실과 함께 1966년에 흑표범단을 조직했다. 뉴턴은 이 단체의 '국방부 장관'으로 임명되었다. 흑표범단은 처음에 경찰의 만행을 물리치기 위해 빈민가에 무장 순찰대를 조직했다는 이유로 체포되었지만, 가난한 사람들을 위한 무료 급식소와 진료소를 열었고 미국 전역의 도시에서 수천 명의 회원을 끌어모았다.

뉴턴은 1967년에 경찰관인 존 프레이를 살해한 혐의로 체포되었지만 판사가 평결을 뒤집은 후 1970년에 풀려났다. 뉴턴이 부재하는 사이 흑표범단의 회원 수는 급감했다. 그는 1974년에 매춘부를 살해한 혐의를 받자 쿠바로 도망쳤다. (그는 1977년에 다시 돌아왔고, 무죄 판결을 받았다.) 흑표범단은 1970년대 후반에 이르러 대부분 해체되었다. 뉴턴은 대학원에 입학해서 흑표범단에 관한 논문으로 박사 학위를 받았다. 그는 말년을 헤로인, 코카인 중독으로 고생하다가 1989년에 한 오클랜드 마약 판매상의 총을 맞아 숨졌다.

- 흑표범단의 공동 창립자 바비 실은 나이가 들면서 온화해졌다. 그는 현재 필라델피아의 템플대학교에서 대민 연락관으로 일하고 있으며, 전에는 벤앤제리 아이스크림을 광고하는 유명인이었다.
- 수년간 마약 중독과 싸우던 뉴턴은 1984년에 재활센터에 입원했다. 코미디언 리처드 프라이어가 치료 비용을 대주면서 일시적으로 중독에서 벗어나는 듯했지만, 나중에 다시 마약 용품을 소지한 혐의로 체포되었다.

343 SUN 선지자 마하리시 마헤시 요기

1968년 앨범《서전트 페퍼스 론리 하츠 클럽 밴드》(1967년)가 국제적인 대성공을 이루면서 비틀스는 최고의 인기 가도를 달리고 있었다. 그런데 그해 봄, 네 명의 비틀스 멤버는 다음 앨범을 녹음하는 대신 인도의 산속 외딴 곳에서 초월 명상법을 배우겠다고 발표해서 세상을 놀라게 했다. 그들이 인도에서 만난 권위자는 마하리시 마헤시 요기(Maharishi Mahesh Yogi, 1917년~2008년)로, 초월 명상법을 보급하고 50년 동안 명상의 장점을 알리며 세상을 순회한 힌두 현자였다. 영적 지도자이자 유명인이었고, 장사꾼이라는 비난을 받기도 했던 마하리시는 잠시 동안은 세상에서 가장 유명한 신비주의자였다. 비틀스와의 인맥으로 비치보이스 보컬인 마이크 러브, 데이비드 린치 감독 등 유명 뮤지션, 예술가, 정치가들이 마하리시를 추종하기 시작했다.

마하리시는 물리학 학위를 취득한 후 힌두 성자의 비서로 일했다. 1953년에 자신의 멘토인 성자가 사망하자 그는 히말라야로 이주해서 명상법을 개발하고 종교적 수행 장소인 아슈람(Ashram)을 세웠다. 그가 1955년부터 알리기 시작한 명상법은 침묵하고 신성한 주문을 반복함으로써 스트레스를 제거하고 건강을 개선하며 내면의 충족감을 느끼도록 도와주는 방법이었다. 네덜란드에서 91세에 사망할 때까지 항상 흰색 가운과 꽃목걸이를 하고 다니던 마하리시는 초월 명상법의 지도자이자 대변자였다.

비틀스는 히말라야 아슈람에서 두 달가량 머물면서 후에 화이트 앨범이라고도 불리는《더 비틀스》앨범에 수록된 많은 곡을 만들었다. 그러나 몇 달 후 보컬인 존 레넌이 마하리시에게 환멸을 느끼게 되면서 이 권위자에 심취해 있던 비틀스의 열기도 몇 달 후 끝을 맺었다.

- 비틀즈의 1968년도 노래 〈섹시 세이디〉는 본래 존 레넌이 이 권위자에게 환멸을 느낀 후 만든 '마하리시'라는 풍자곡이었다.
- 미국의 마하리시 최고 대변자는 하버드대학교를 졸업한 물리학자 존 헤이길린으로, 초월 명상법을 통해 미국과 세계의 문제를 해결하겠다는 공약을 내걸고 세 번이나 대통령에 출마했다.
- 마하리시 베딕 시티는 2001년에 아이오와주의 페어필드 외곽에 세워졌다. 이 권위자의 가르침에 따라 도시의 모든 건물은 동향으로 지어졌고, 산스크리트어를 사용했으며 유기농 음식이 아닌 것은 금지되었다.

344 MON 리더 골다 메이어

서양 세계 최초의 여성 총리인 골다 메이어(Golda Meir, 1898년~1978년)는 1969년부터 1974년까지 이스라엘의 지도자였다. 그녀는 1972년 뮌헨 올림픽에서 발생한 이스라엘 선수들의 대학살 사건과 1973년에 발발한 제4차 중동 전쟁 등 이스라엘이 어려움에 처했던 시기에 총리직을 맡았다. 동맹국에도 적국에도 메이어는 허튼 모습을 보이지 않는 확고한 태도와 비꼬는 식의 유머 감각, 시온주의 정책에 대한 끝없는 열정으로 알려졌다.

메이어는 당시 제정 러시아의 일부였던 우크라이나에서 태어났고 1906년에 가난과 반유대주의에서 벗어나기 위해 미국으로 이주했다. 그녀의 가족은 밀워키에 정착했는데, 그녀는 그곳에서 영어를 배우고, 식료품점을 운영하는 부모님을 도왔다. 그녀는 고등학교 때 시온주의 청년 조직에 가입했고 1921년에 팔레스타인으로 이주했다. 팔레스타인으로 이주한 이후 메이어는 몇 년 동안 집단 농장에서 살다가 한 노동 위원회의 정치 관리가 되었다. 시온주의를 위한 주요 기금 조성자였던 그녀는 유럽과 미국을 돌아다니며 유대인 정착자들을 위한 기금을 모금했다. 제2차 세계 대전과 홀로코스트는 유대인 국가에 대한 지지를 모았고 이스라엘은 1948년에 독립을 선언했다. 메이어는 이스라엘 독립선언문에 서명하고 새로운 국가의 여권을 최초로 발급받은 스물다섯 명 중 한 명이 되었다. 메이어는 1956년부터 1966년까지 외무장관으로 일하다가 노동당 비서관이 되었고, 1969년에 재임 중에 사망한 레비 에슈콜 총리를 대신해 총리직에 올랐다.

메이어의 총리 임기 동안 이웃 아랍 국가들과 갈등이 벌어졌고, '검은 9월단(Black September)' 팔레스타인 테러단이 이스라엘 올림픽 출전 선수들을 공격하는 일이 발생했다. 제4차 중동 전쟁에서는 메이어가 선제공격을 망설이던 틈을 타 아랍의 공격을 받았고, 3주 만에 이집트와 시리아 연합군을 물리쳤지만 피해가 컸다. 이듬해 전쟁에서 그녀의 성과에 의문이 제기되던 중 메이어는 은퇴했다. 그녀는 4년 후 80세의 나이로 세상을 떴다.

- 메이어는 최초의 소비에트 연방 주재 이스라엘 대사로 임명되었다.
- 앤 밴크로프트가 주연한 메이어의 인생을 다룬 연극 〈골다〉는 1977년에 브로드웨이에서 첫 공연을 올렸다.
- 뮌헨 학살 사건에 대한 이스라엘의 응징을 다룬 스티븐 스필버그 감독의 2005년도 영화 〈뮌헨〉에서는 린 코헨이 메이어로 분했다.

345 TUE 철학자 미셸 푸코

미셸 푸코(Michel Foucault, 1926년~1984년)는 자신을 철학자가 아닌 역사가로 소개했다. 그러나 감옥, 정신 이상, 섹슈얼리티에 관한 이 프랑스 작가의 저서와 강의는 철학 혁명에 도움을 주었으며 한 세대의 포스트모더니즘 작가, 역사가, 이론가에게 영감을 주었다.

푸코는 프랑스 중부의 푸아티에에서 태어났고, 파리 고등사범학교에서 철학을 공부했다. 청소년기에는 심한 우울증에 빠져 살았고, 동급생들에게 미움을 샀으며, 한번은 다른 학생을 단검으로 죽이려 했다고도 한다. 대학을 다니던 중 우연히 프리드리히 니체의 작품을 발견한 것이 그에게 큰 영향을 미쳤다. 1961년에 출간된 푸코의 박사 학위 논문《광기와 문명》은 프랑스 학계에 돌풍을 일으키며 인기를 얻었다. 푸코는 내내 이 책의 여러 주제에 사로잡혀 있었는데, 특히 사회 당국과의 관계와 광기, 범행의 개념에 관심이 많았다. 이 책과 그 후 출간된《감시와 처벌》(1975년) 등을 통해 그는 정신질환이 부적응자를 가두고 처벌하는 사회적 목적을 위해 고안된 허구일 뿐이라고 주장했다. 특히 정신질환의 '치료' 시도가 물리적인 감금보다 더욱 억압적이라며 반대했다.

1970년대부터 그는 매년 샌프란시스코에 가서 철학 강의를 하고 대중목욕탕에서 열리는 난잡한 파티에 참석했다. 그런 와중에 HIV에 걸린 것으로 추정되는데, 58세의 나이로 사망한 그는 에이즈에 희생된 유명인 중 한 사람이다. 오늘날 그를 비판하는 사람들은 그의 주장이 터무니없고 따분하며 그의 시대 구분이 시대착오적이라고 일축한다. 그러나 지지자들에게 푸코는 권력과 그것이 어떻게 행사되는지에 관해 새롭고 중요한 사고방식을 알려주었다.

- 푸코는 1950년대 초에 3년 동안 공산당 당원이었지만, 공산당을 탈당한 후에는 확고한 반공산주의자가 되었다.
- 사망할 당시 그는《성의 역사》를 세 권 집필한 상태였다. 네 번째 권은 거의 완성되었으나 그의 유서에 따라 출간되지 못했다.

346 WED 혁신가 라이너스 폴링

어린 시절 라이너스 폴링(Linus Pauling, 1901년~1994년)은 주말마다 오리건주 오스위고에 있는 조부모의 집을 방문했다. 그러던 어느 주말, 근처 숲속에서 황산, 염산 그리고 다른 신비로운 화학물질이 담긴 병이 한가득 버려진 제련소를 발견했다. 열세 살의 폴링은 신이 나서 병들을 손수레에 싣고 집까지 끌고 갔다. 집에 돌아온 그는 그것으로 최초의 실험을 했고, 그로 인해 미국 과학계에서 전설적인 업적을 남기게 되었다. 화학자이자 교사, 반전 활동가인 폴링은 단독으로 두 개의 노벨상을 받은 유일한 인물이다. 첫 번째로 노벨 화학상은 1954년에, 두 번째로 노벨 평화상은 제2차 세계 대전 후에 시작한 반핵 운동을 인정받아 1962년에 수상했다.

폴링은 캘리포니아공과대학교에서 박사 학위를 취득했고, 이후 몇십 년간 이곳에서 학생들을 가르쳤다. 그의 초기 연구는 분자를 결합하는 힘인 화학 결합에 초점이 맞춰져 있었다. 핵산을 연구하기도 한 그는 제임스 왓슨, 프랜시스 크릭보다 한발 늦게 DNA를 발견했다. 1950년 이후 폴링은 반핵 시위에 동참해 점점 더 많은 시간을 정치에 쏟아부었다. 그는 반미주의자라는 혐의로 의회에 소환되어 강제로 공산주의자가 아니라고 맹세해야 했다. 이 영향으로 미국은 1952년에 그의 여권 발급을 거부했다.

나이 든 후에 폴링은 비타민 C가 암 같은 심각한 질병을 고칠 수 있음을 입증하는 데 집착했다. 의학계에서 무시당하긴 했지만《비타민 C와 흔한 감기》(1970년),《더 건강하게 더 오래 사는 법》(1986년)이라는 두 권의 저서를 집필해, 미국인 사이에서 건강식품 권위자라는 명성을 얻게 되었다. 비타민 C의 효과에 대한 폴링의 주장이 입증되지는 않았지만, 그에게는 효과가 있었던 것으로 보인다. 그는 93세라는 고령에 캘리포니아주 빅서에 있는 목장에서 세상을 떠났다.

- 폴링은 필수 과목인 미국 역사를 배우고 싶지 않아서 고등학교를 자퇴했다. 그가 선택한 오리건주 농업대학교(현재의 오리건주립대학교–옮긴이)는 당시 고등학교 졸업장을 요구하지 않았다. 그가 다녔던 고등학교는 그가 두 번째 노벨상을 받은 이후 1962년에 그에게 명예 졸업장을 수여했다.
- 폴링은 아홉 살 때 독서에 너무나 빠져들어 그의 아버지가《포틀랜드오리거니언》신문에 편지를 보내서 아들에게 추천할 만한 도서를 묻기까지 했다. 그는 "제발 성경과 다윈의《종의 기원》은 추천하지 마세요. 이미 다 읽었거든요"라고 썼다.

347 THU 악당 존 고티

뉴욕의 범죄 조직인 감비노파의 우두머리였던 존 고티(John Gotti, 1940년~2002년)는 고리대금, 자동차 절도, 헤로인 밀수 등 거대한 범죄 제국을 다스렸다. 1992년 그가 유죄 판결로 무기징역을 선고받으면서 조직범죄와의 전쟁에서 정부가 큰 승리를 거두었다는 상징이 되었다.

그는 여러 면에서 전형적인 마피아와 달랐다. 언론의 관심을 즐겼으며, 이전의 마피아들이 질색했던 마약 밀수를 용인했다. 그러나 폭력이라는 마피아 전통만은 속속들이 알고 있었다. 고티는 열세 건의 암흑가 살인 사건에 대해 유죄 판결을 받았는데 실제로는 그보다 많은 범죄에 연루되었을 것이다. 그는 또한 1980년에 그의 열두 살배기 아들 프랭크를 사고로 차로 치어 죽게 만든 이웃을 실종시킨 것으로도 추정된다.

고티는 브롱크스에서 태어났으며 후에 브루클린으로 이주해서 지역 길거리 폭력 조직에 들어갔다. 1960년대에 뉴욕 마피아의 다섯 개 조직 중 하나인 감비노파의 일원이 되었고, 보스인 폴 카스텔라노를 맨해튼의 한 스테이크하우스 밖에서 살해한 후 1985년에 조직을 차지했다. 그는 두 건의 연방 기소에서 이기면서 테플론 돈(Teflon Don, 테플론에는 '타격을 입지 않는'이라는 뜻이 있다–옮긴이)이라는 별명을 얻었다. 고티는 그에게 불리한 증언을 하는 대신 살인 사건에 대해 감형을 받기로 한 변절자 새미 '더 불' 그라바노(Sammy 'the Bull' Gravano)에 의해 결국 몰락하고 말았다. 무기징역을 받은 고티는 62세의 나이로 교도소에서 사망했다. 보스 자리는 그의 아들 존 A. 고티가 물려받았으나 그 역시 1999년에 수감되었다.

- 고티에게 불리한 증언을 한 그라바노는 증인 보호 프로그램에 따라 애리조나주로 옮겨졌으나, 다시 범죄 생활에 빠져들었고 피닉스에서 엑스터시 조직을 운영한 죄로 2002년에 수감되었다.
- 1970년대 초에 고티의 변호를 맡은 로이 콘이라는 변호사는 1950년대에 조지프 매카시 상원의원의 수석 변호인을 맡아 전국적으로 유명했던 사람이다.

348 FRI 예술가 존 레넌

베이비부머 세대의 문화 아이콘인 존 레넌(John Lennon, 1940년~1980년)은 비틀스의 기타리스트이자, 폴 매카트니와 더불어 공동 작곡자로서 20세기에 가장 기억에 남고 영향력 있는 팝송 히트곡을 만들었다.

다른 비틀스 멤버처럼 존 레넌도 영국 리버풀에서 태어났다. 폴 매카트니와는 1957년에 콘서트장에서 처음 만났다. 고전 끝에 음반 계약에 성공한 비틀스는 1962년에 최초의 히트송 〈러브 미 두〉를 발표했고, 이 곡은 크게 인기를 얻었다. 1964년 초, 뉴욕에 입성한 네 사람은 미국의 여러 음반 차트에서도 1위를 차지했다. 존과 폴이 함께 만든 곡 중 많이 알려진 것으로는 〈헬프〉(1965년), 〈올 유 니드 이즈 러브〉(1967년) 그리고 〈컴 투게더〉(1969년)가 있다.

비틀스는 1970년에 개인적 · 재정적 분쟁으로 해체했다. 레넌과 그의 부인 오노 요코는 1971년에 뉴욕으로 이주했고, 레넌은 그곳에서 남은 생을 살았다. 그의 반전(反戰) 싱글 음반《기브 피이스 어 챈스》(1969년)와 유토피아적인 찬가《이매진》(1971년)은 비교적 정치색이 적었던 비틀스의 노래와는 차이가 있었는데, 두 곡 모두 평화 시위대의 대표곡이 되었다. 1980년에 앨범《더블 판타지》를 발표한 직후, 존 레넌은 자신의 아파트 앞길에서 마크 채프먼의 총에 맞아 사망했다. 사망 당시 그의 나이는 40세였다.

- 2007년에 영국 워딩에서 열린 비틀스 기념품 경매장에서 존 레넌의 머리카락 한 타래가 4만 8000달러에 판매되었다. 그가 1966년 일본 공연 당시 썼던 선글라스 테는 150만 달러에 팔렸다.
- 채프먼은 무기징역을 선고받고 뉴욕의 애티카 주립교도소에 수감되었다. 뉴욕주 가석방 위원회는 2008년에 다섯 차례에 걸친 그의 가석방 요구를 거부했다.

349 SAT 개혁가 데스먼드 투투

남아프리카 공화국의 인종차별정책, 아파르트헤이트(Apartheid)를 반대한 데스먼드 투투 대주교(Desmond Tutu, 1931년~)는 1970년대와 1980년대에 고국의 인종차별적인 정부에 대항해 비폭력 저항의 물결을 조직했다. 그는 성공회 사제 서품을 받은 1984년에 노벨 평화상을 수상했고, 남아프리카 공화국 진실화해위원회의 회장을 역임하였다. 그 노력의 결과 남아프리카 공화국은 1991년에 인종차별정책을 폐지하고 1994년에 최초로 여러 민족이 참여하는 민주적인 선거를 치렀다.

남아프리카 공화국 트란스발에서 태어난 투투는 고등학교 교사로 일하다가 1958년에 성공회 성직자의 길에 들어섰다. 당시 남아프리카 공화국의 인종 정책상 흑인이 사제가 되기란 쉽지 않았다. 서품을 받은 그는 영국에서 공부하고 일하다가 1967년에 남아프리카 공화국으로 돌아왔다. 넬슨 만델라와 같은 다른 반인종차별주의 지도자와 달리 투투는 수감된 적이 없었고 폭력을 지지하지도 않았다. 대신 그는 전 세계에 남아프리카 공화국에 대한 투자 중단을 촉구했는데, 인종차별정책을 시행하던 정부에 거대한 경제적 압박을 가한다는 전략이었다.

그는 1976년에 레소토 주교로 승진했고 1986년에는 케이프타운의 대주교로 임명되어 남아프리카 공화국의 성공회를 이끄는 최초의 흑인이 되었다. 1996년에 대주교를 사임하였고, 암 진단을 받은 그는 남아프리카 공화국을 떠나 미국에서 치료를 받았다. 2000년에 진실을 말하고자 하는 소외 계층에게 발언권을 주는 데 전념하는 데스먼드 투투 평화 재단을 설립했다.

- 투투는 다민족 국가인 남아프리카 공화국을 가리켜 '무지개 나라'라는 용어를 만들어냈다. 남아프리카 공화국 사람들은 대주교인 그에게 '아치(The Arch)'라는 별명을 지어주었다.
- 투투는 애틀랜타주의 에모리대학교 초빙 교수직과 남아프리카 공화국의 벨빌에 있는 웨스턴케이프대학교의 총장직 등 학교와 관련된 여러 직책을 맡았다.

350 SUN 선지자 달라이 라마

1935년에 라모 톤둡(Lhamo Thondup)이라는 아이가 중국 서부에서 태어났다. 7남매 중 다섯째로 태어난 그는 세 살 때까지 부모가 감자를 키우던 외딴 언덕 꼭대기의 농촌 마을에서 자랐다. 한편 수백 킬로미터 떨어진 남부에서는 불교 승려들이 고대 산악 왕국인 티베트의 새 지도자를 찾기 위해 라사의 한 궁전에 모여 있었다. 38년간 지도자 자리에 있던 툽텐 갸초가 사망하면서 달라이 라마 자리가 공석이었기 때문이다. 전통에 따르면 티베트의 통치자는 1391년에 태어난 불교 현자의 살아 있는 화신이어야 한다. 툽텐은 열세 번째로 환생한 사람이었다. 승려들은 열네 번째 화신이 티베트 어딘가에 있고, 그를 찾기만 하면 된다고 믿었다.

일련의 징조를 따르던 승려들은 결국 감자 농부의 집 앞에 도달했고 그의 어린 아들을 새로운 달라이 라마로 선언했다. 아이는 자신이 살던 마을을 떠나 티베트의 수도로 갔고 나라를 통치하는 데 필요한 교육을 받았다. 그는 1950년에 열다섯 살의 나이로 공식적으로 즉위했다.

그런데 한 달 후에 중국 군대가 티베트를 점령했다. 중국 공산주의 지도자는 티베트가 역사적으로 중국에 속한다고 믿었고, 어린 달라이 라마를 미신적이고 시대착오적 인물이라고 여기며 인정하지 않았다. 처음에는 젊은 달라이 라마도 티베트의 고유한 불교 문화를 유지하는 대신 중국 문화를 수용하려고 노력하기도 했다. 그러나 1959년에 중국인을 몰아내려는 그의 시도가 실패로 끝나는 바람에 인도로 망명할 수밖에 없었다. 그때부터 달라이 라마는 중국 측에 눈엣가시가 되었으며 전 세계를 다니면서 티베트의 자주성을 회복하기 위한 대의에 지지를 촉구해왔다. 그런 노력을 인정받아 1989년에 노벨 평화상을 수상했으며 2007년에는 미국 의회 명예 훈장을 수여받았다.

- 2007년 중국 정부는 달라이 라마가 사망하면 그 후임자는 공산당 당국의 승인을 받아야 한다고 발표했다. 많은 티베트인은 달라이 라마 죽음 이후 충돌 가능성을 예상하며 이 명령을 거부했다.
- 티베트의 신권체제에서 달라이 라마는 총체적인 권력을 누렸지만, 이제 그는 자신의 통치하에서 완전한 독립을 회복하는 것을 선호하지 않으며 더 많은 문화적 자치권을 추구한다고 말한다.

351 MON 리더 아우구스토 피노체트

군사 독재자 아우구스토 피노체트(Augusto Pinochet, 1915년~2006년)는 1970년대와 1980년대에 칠레를 무자비하게 통치한 사람으로 전 세계적으로 정치적 억압의 상징이 되었다. 피노체트의 통치 기간에 수천 명의 정적이 '사라졌고', 무수히 많은 사람이 고문을 당하거나 수감되거나 추방되었다. 그러나 통치 기간 내내 그는 미국을 비롯한 서양 국가의 암묵적인 지지를 받았다. 공산주의를 열렬히 반대했던 피노체트는 1973년에 민주적으로 선출된 칠레 정권을 전복시킨 후 워싱턴으로부터 환영을 받았다. 심지어 칠레에서도 피노체트에 대한 평가는 엇갈린다. 그의 인권 유린은 널리 비난받고 있지만, 그의 지지자들은 그의 독재하에 일어난 경제 성장이 칠레를 남아메리카에서 가장 번영한 국가 중 하나로 만들어주었다고 말한다. 2006년에 그가 사망했을 때는 대중이 애정을 드러내기도 했다.

피노체트는 1936년에 사관학교를 졸업했고 꾸준히 승진하여 1968년에는 장군 자리에 올랐다. 2년 후 사회주의 정치인인 살바도르 아옌데가 칠레 대통령으로 선출되었고, 아옌데는 재빨리 좌익 경제 개혁 정책을 연이어 시행했다. 쿠데타가 임박했다는 소문에 아옌데는 신뢰하던 피노체트를 1973년 8월에 군대 사령관으로 승진시켰다. 그러나 한 달도 채 지나지 않아 피노체트와 다른 군 지도자들이 아옌데를 실각시켰다. 피노체트의 독재 기간에 '사라진 사람'의 수는 3000명에 달하는 것으로 추정되는데, 그들은 한밤중에 자기 집에서 납치되기도 했다. 피노체트는 일련의 우익 경제 정책을 실시하기도 했다. 그는 노조 활동을 제한했고, 국영재산을 사유화했으며, 소득세를 낮췄다. 그는 1980년대의 칠레의 경제 성장, 즉 '칠레의 기적'이 이런 정책에서 기인했다고 여겼다.

1988년에 그는 자신의 독재 정부를 대중이 지지해주리라 기대하며 총선을 진행했으나 놀랍게도 군사 정부는 총선에서 패했다. 피노체트는 1990년대까지 강력한 정치 세력으로 남았지만, 1998년 영국을 방문했다가 살인 혐의로 체포되었다. 그는 결국 칠레로 돌아왔으나 비판자들은 인권 유린에 대한 혐의로 그를 기소했다. 그는 사망 당시 살인과 납치에 대한 혐의로 가택 연금을 당한 상태였다.

- 2004년에 수사관들은 피노체트가 통치 기간 중 미국과 다른 나라 은행 계좌에 감춰둔 약 2800만 달러를 발견했고, 이로써 청렴한 그의 이미지가 깨졌다. 그의 아내와 네 명의 자녀는 이 자금과 관련해 2007년도에 횡령죄로 체포되었다.
- 피노체트 정권에서 정치범이었던 미첼 바첼레트가 2006년도에 칠레 대통령으로 선출되었다. 피노체트가 사망한 후, 바첼레트는 이 독재자의 장례식 참석을 거부했다.

352 TUE 철학자 자크 데리다

프랑스의 식민지였던 알제리에서 태어난 자크 데리다(Jacques Derrida, 1930년~2004년)는 제2차 세계 대전 후에 파리로 이주했고 프랑스 철학의 전후 르네상스 시기에 교육을 받았다. 그는 유럽의 문학, 역사, 정치학 분야에서 빠르게 추종자를 모은 문헌 분석 방법인 '해체 이론(deconstruction)'을 만든 것으로 잘 알려져 있다. 데리다에게 글은 보이는 그대로를 의미하지 않는다. 그는 텍스트에는 숨겨진 의미, 편견, 모순이 가득하다고 주장했다. 그는 그의 지지자로 가득 찬 강의실에서 책이나 기사를 '해체'하는 것은 숨겨진 의미의 망을 풀어내는 것이라고 가르쳤다.

데리다는 1956년에 파리 고등사범학교를 졸업했고, 미국에서 잠시 공부한 후 1964년에 영향력 있는 에세이 두 권을 출간했다. 1967년에만《글쓰기와 차이》,《연설과 현상》,《그라마톨로지에 대하여》등 세 권의 책을 출간했다. 초기에 데리다는 괴팍한 성격과(그는 사진 찍히기를 거부했고, 그의 강의도 이해하기 어려울 때가 많았다) 멋지고 당당한 모습으로 눈에 띄었다. 많은 전후 프랑스 지성인과 달리 그는 말년이 될 때까지 정치를 피했으며 프랑스 공산당에도 입당하지 않았다. 데리다의 영향력은 특히 미국에서 지대했는데, 페미니스트와 포스트모던 이론가에게 환영을 받았다. 데리다의 지지자들에게 해체는 오래된 글 속에서 새로운 의미를 찾고 전통적인 사상에 내재된 인종차별적이고 성차별적인 가정을 폭로하는 강력한 도구를 제공했다. 그러나 오랫동안 존중받아온 철학적·정치적 문헌을 문학적 은유로 치부한다는 측면에서 논란의 여지가 남아 있다.

말년에는 인터뷰에 많이 응하고 사진 촬영도 허락하는 등 온화해졌다. 대서양 양쪽 학계의 스타였던 그는 존스홉킨스대학교, 뉴욕주립대학교 버펄로캠퍼스, 캘리포니아대학교 어바인캠퍼스에서 강의를 했다. 그는 74세에 파리에서 췌장암으로 숨졌다.

- 1940년 독일이 프랑스를 침공한 이후, 제2차 세계 대전 초반에 나치가 세운 꼭두각시 비시(Vichy) 정권은 프랑스에서 일련의 반유대주의법을 통과시켰다. 그중에는 유대인이 공립학교에 입학하는 것을 제한하는 법도 있었는데, 그 때문에 데리다는 열두 살에 학교에서 쫓겨났다.
- 1970년대부터 전 세계적으로 유명했지만 데리다는 50세였던 1980년까지 철학 박사 학위를 취득하지 못했다.
- 1991년에 데리다의 변호사들은 그가 독일 철학자 마르틴 하이데거와 나치의 유대를 옹호하는 듯한 인터뷰가 담긴 책의 출간을 막았다. 데리다는 번역이 자신의 관점을 잘못 설명했다고 주장했지만, 비평가들은 이를 두고 검열이라고 비난했다.

353 WED 혁신가 조너스 소크

1955년 4월 12일 이전까지는 미국에서 소아마비가 가장 두려운 질병 중 하나였다. 주로 유아를 공격하는 이 바이러스는 감염자의 약 5%를 사망하게 했고 살아남은 아이들의 팔이나 다리에 영구적인 마비를 남겼다. 소아마비가 사상 최악의 위세를 떨치던 1952년에는 미국에서 약 3000명의 아이가 사망했으며 5만 5000명의 아이가 장애를 얻었다. 하지만 그날 뉴욕 태생의 의사 조너스 소크(Jonas Salk, 1914년~1995년)가 소아마비 백신을 발명했다고 발표하면서 전 세계 신문의 1면을 장식했다. 이 백신 덕분에 1969년에 이르자 미국 전역에서 소아마비로 사망한 아이가 단 한 명도 발생하지 않았다. 이는 의학 역사상 공중위생 면에서 매우 위대한 승리였다.

소크는 브롱크스의 가난한 이주민 가정에서 태어났다. 그의 아버지인 대니얼은 의류 노동자였고 소크는 공립학교를 다녔다. 그는 1939년에 의학 학위를 받았으며 제2차 세계 대전 중에는 미국 군대를 위한 독감 백신을 발명하기 위해 애쓰기도 했다. 전쟁 이후 그는 소아마비로 관심을 돌려 피츠버그대학교에서 연구팀을 이끌었다. 열정적이고 까다로운 성격으로 알려진 그는 1954년에 백신을 완성하기까지 수십 명의 다른 과학자와 경쟁했다. 백신은 대중에 발표되기 전까지 1년간의 테스트를 거쳤다. 소크는 발표 즉시 국가적 영웅이라는 찬사를 받았지만 과학계 내에서 그의 입지는 논란이 많았다. 비평가들은 그가 다른 사람의 공을 너무 많이 차지했다고 비난했는데, 특히 백신의 주요 구성요소를 연구한 연구원 존 엔더스가 대표적이다. 소크는 평생토록 미국 과학계에서 완전한 인정을 받지 못했다. 의학계의 외면을 극복하기 위해 그는 생물학 연구를 위한 소크 연구소를 설립했다. 남은 생애 동안 의학 연구에 매진한 그는 80세로 사망할 당시 소크 연구소에서 에이즈 백신을 연구하고 있었다.

- 1970년에 첫 번째 부인과 이혼한 후 소크는 프랑수아즈 질로와 재혼했다. 질로는 화가 파블로 피카소의 옛 정부로 유명했다.
- '올해가 그해인가?'라는, 소크가 실린 1954년도 〈타임〉 지 표지의 헤드라인은 소아마비 백신 개발에 대한 경쟁의 다급함을 보여준다.
- 자신의 연구 결과를 너무나 확신했던 소크는 세 아들과 함께 1952년에 직접 백신을 맞았다. 과학 연구를 통해 그 효과가 입증되기 3년 전의 일이다.

354 THU 악당 유나바머

500여 명의 FBI 요원들이 17년간에 걸쳐 수색했던 유나바머(The Unabomber, 1942년~)는 1978년부터 1995년까지 연쇄적으로 우편 폭발물을 발송했던 사람이다. 이 폭파범의 이름은 시어도어 카진스키(Theodore Kaczynski)로 밝혀졌는데, 몬태나주 숲속의 작은 판잣집에서 혼자 사는 똑똑하지만 문제가 많은 수학자였다.

카진스키는 시카고에서 태어나 열다섯 살에 고등학교를 졸업한 후 1958년에 하버드대학교에 입학했다. 수학 전공으로 학사 학위를 취득하고 미시간대학교에서 박사 학위를 받았는데 그곳에서 신예 수학 천재라는 찬사를 받았다. 그는 캘리포니아대학교 버클리캠퍼스에서 2년 동안 교편을 잡았다가 갑작스레 사임했다. 그러고는 몬태나주 링컨 인근에 작은 오두막을 짓고 1971년에 그곳으로 이사했다. 그 후 20년 동안 카진스키는 수십 개의 폭발물을 과학 교수, 항공사, 컴퓨터 회사 직원에게 발송했다. 그로 인해 컴퓨터 상점 주인, 광고회사 임원, 목재 산업 로비스트 등 세 사람이 사망했고 다른 피해자들도 손가락이 잘리는 등의 영구적인 피해를 입었다. 폭발물은 직접 만든 부품들로 구성되어 FBI가 추적할 수 없었고, 카진스키가 먼 도시까지 버스를 타고 가서 폭발물을 발송했기 때문에 수사관들을 더욱 혼란스럽게 했다.

1995년에 카진스키는 당국에 장문의 기사를 보내면서 주요 신문에 싣지 않으면 살인 행각을 계속하겠다고 협박했다. 이른바 '유나바머 선언문'이라고 불리는, 현대 기술에 반대하는 장광설은 그해 9월에 《뉴욕타임스》와 《워싱턴포스트》에 실렸다. 폭파범의 요구에 굴복했다는 논란이 일기는 했지만 수사 당국은 기사를 실으면 누군가 유나바머의 글쓰기 스타일을 알아차릴지도 모른다고 기대했다. 그리고 실제로 그랬다. 뉴욕의 사회복지사였던 카진스키의 남동생 데이비드가 1996년 FBI에게 연락해온 것이다. 그의 형 카진스키가 오두막에 있던 폭탄 제조 원료와 함께 1996년 4월 3일에 체포되었고 사형을 면하기 위해 1998년 유죄를 인정한 그는 지금도 무기징역형을 살고 있다.

- 현재 카진스키는 9.11 음모 가담자인 자카리아스 무사이, 오클라호마시티 폭발 사건 공범 테리 니콜스 그리고 전 KGB 스파이 로버트 한센과 함께 콜로라도주 플로렌스 소재의 감옥 독방동에 수감되어 있다.
- 카진스키의 피해자 중 한 사람인 예일대학교 전산과 교수 데이비드 겔렌터는 자신의 경험에 대한 저서 《인생을 그리며》(1997년)를 출간했다. 그는 《로스앤젤레스타임스》의 칼럼니스트로 일하기도 했다.

355 FRI 예술가 수전 손태그

20세기 말 미국 지성의 대표적 인물인 수전 손태그(Susan Sontag, 1933년~2004년)는 희곡, 소설, 단편 소설, 문학 비평 등을 썼다. 방대한 작품 속에서 대중문화와 고급문화의 세계를 이으려 했던 그녀는 두 세계 모두에서 유명한 인물이 되었다.

손태그는 맨해튼에서 태어나 시카고대학교를 졸업했다. 열일곱 살에 미시간대학교 사회학 강사인 필립 리프와 결혼했고 자녀 한 명을 두었다. 그녀의 가족은 후에 보스턴으로 이주했고, 손태그는 하버드대학교에서 영어와 철학 석사를 취득했다. 1958년에 이혼하면서 손태그는 뉴욕으로 돌아와 학생들을 가르쳤고 〈파르티잔리뷰〉, 〈코멘터리〉, 〈뉴욕리뷰오브북스〉 같은 작은 지성 잡지에 에세이를 실었다.

그녀를 유명하게 만든 기사 '캠프에 관한 단상'은 1964년에 〈파르티잔리뷰〉에 실렸다. 뉴욕 지성계에 충격을 일으킨 이 기사는 이른바 '캠프'라고 불리는 하위문화를 옹호하는 내용이다. 손태그는 때때로 의도적으로 천박하게 표현되고 주로 동성애자 공동체와 연관되기도 하는 예술인 캠프를 "세상을 우스꽝스럽게 바라보는 시각"이라고 칭송했다. 또한 "캠프의 핵심은 진지함을 퇴치하는 것"이라고 썼다. 대중문화를 고급문화로 정당화하는 것 그리고 그 역(易)은 손태그 비평에 반복적으로 등장하는 주제이다.

손태그는 또한 《죽음의 장비》(1967년), 《화산의 연인》(1992년) 그리고 전미도서상을 수상한 《미국에서》(2000년) 등 세 권의 소설을 집필했다. 1986년에 출간된 단편 소설 《우리가 지금 사는 방법》은 에이즈에 대한 최고의 소설 가운데 하나로 꼽힌다. 정치관에 있어 솔직했던 손태그는 베트남전을 반대했고, 1990년대 보스니아에 대한 서양의 중재를 지지했으며 2001년 9월 11일 뉴욕의 테러 공격 이후 미국의 외교 정책을 비판했다. 손태그의 마지막 에세이는 이라크의 아부 그라이브 교도소에서 행해지는 수감자에 대한 미국인의 학대를 비판한 것이었다. 그녀는 71세의 나이로 뉴욕에서 사망했다.

- 혈액암으로 사망하기 전 손태그는 두 번이나 암을 극복했는데, 1970년대 유방암으로 고생하던 때에 영감을 받아 《은유로서의 질병》(1978년)을 집필했다.
- 손태그는 1993년에 전쟁에 짓밟힌 사라예보에서 연극 〈고도를 기다리며〉를 감독하면서 국제적인 관심을 받았다.

356 SAT 개혁가 미하일 고르바초프

소비에트 연방의 마지막 지도자였던 미하일 고르바초프(Mikhail Gorbachev, 1931년~)는 빈사 상태의 경제, 군국주의 외교 정책 그리고 억압된 시민 사회를 개혁하고자 애썼다. 그러나 고르바초프가 일으킨 변화는 이 공산주의 초강대국을 당황시켰고, 혼란에 빠진 소비에트 연방은 1991년 크리스마스에 공식적으로 해체되었다.

러시아 남서부에서 태어난 고르바초프는 1952년에 공산당 일원이 되었고 1980년에 공산당 중앙위원회에 들어갔다. 1982년, 소비에트 지도자 레오니트 브레즈네프의 사망이 소비에트 정권에 불안정의 시기를 촉발했고, 그 뒤를 이은 두 명의 서기장이 모두 2년도 채 되지 않아 사망했다. 더 젊은 인물을 찾던 당 지도자들은 1985년에 고르바초프를 선택했다.

서기장에 오른 고르바초프는 안팎으로 크나큰 문제에 봉착했다. 소비에트 군대는 아프가니스탄 전쟁 중에 교착 상태에 빠져 있었고, 경제는 난장판이었으며, 동유럽 사회주의권 국가들 사이에서 점점 더 거세지는 독립운동이 소비에트의 패권을 위협하고 있었다. 로널드 레이건 대통령이 이끄는 미국은 소비에트 세력에 대응하기 위해 더욱 공격적인 정책을 추구하고 있었다. 그에 대한 대응으로 고르바초프는 페레스트로이카(perestroika, 개혁)와 글라스노스트(glasnost, 개방)라는 두 가지 개혁 정책을 발표했다. 경제를 자유화하고, 자유기업체제를 합법화하며, 정치적 발언에 대한 제한을 완화함으로써 소비에트 연방을 현대화하려 했다. 그는 또한 아프가니스탄에서 군대를 철수하고, 레이건 대통령과의 군축 협정을 추진했다. 1989년 혁명이 동유럽 국가를 휩쓸었을 때 고르바초프는 그 흐름을 멈추지 않았다.

그러나 소비에트 연방 내에서 페레스트로이카와 글라스노스트는 식량 부족, 분리주의자들의 폭력 그리고 대대적인 불안정을 야기했다. 1991년 쿠데타로 잠시 퇴위되었던 고르바초프는 다시 정권을 장악했을 때 자신의 세력이 크게 줄어든 것을 알아차렸다. 불가피함을 인정한 고르바초프는 1991년 12월 25일에 구소련의 깃발을 내렸다. 그는 계속해서 러시아 정계에서 활동했고 1996년에는 대통령에 출마하기도 했다. 그 후로 정치인, 피자헛 광고를 하는 유명인, 정치 개혁에 전념하는 재단 설립자로 세계를 누비고 다녔다.

- 고르바초프는 이마에 있는 모반으로 유명하다.
- 그는 2003년에 러시아 작곡가 세르게이 프로코피예프가 작곡한 《피터와 늑대》 앨범으로 그래미상 어린이 낭송음반 부문 최우수 음반상을 수상했다.

357 | SUN 선지자 | 마더 테레사

마케도니아에서 태어나고 본명이 아그네스 곤자 보야지우(Agnes Gonxha Bojaxhiu)인 수녀, 마더 테레사(Mother Teresa, 1910년~1997년)는 인도 캘커타에서 병들고 죽어가는 사람들을 위해 평생 헌신하여 20세기의 가장 유명한 종교적 인물이 되었다. 알바니아 혈통의 소수 민족 출신인 그녀의 본명은 알바니아어로 '장미 꽃봉오리'를 뜻한다. 테레사는 열두 살 때 가톨릭 선교사가 되겠다고 결심하고 열여덟 살에 아일랜드계 수녀원에 들어갔고 더블린으로 건너가 영어를 배웠다. 그 후 캘커타에서 17년간 역사와 지리를 가르쳤다.

그녀에게 인생의 전환점은 1946년 9월, 기차로 640km를 여행하던 중에 찾아왔다. 이때 예수가 나타나서 가르치는 것을 그만두고 캘커타의 빈민가에서 병들고 궁핍한 자들을 도와주라고 했다고 이야기했다. 새롭게 찾은 소명을 수행하기 위해 그녀는 1950년에 교황의 허가를 받아 사랑의선교 수녀회를 설립했다. 1957년에 62명뿐이었던 수녀가 1992년에는 4000명에 이를 정도로 이 수녀회는 고속 성장을 했다.

그녀는 1979년에 노벨 평화상을 받기도 했으나 낙태와 피임에 반대하는 보수적인 관점으로 비판을 사기도 했다. 그녀는 종교의 가르침에 따라 1995년에 이혼을 합법화하는 아일랜드 국민 투표에 반대하는 운동을 펼치기도 했다. 말년 즈음에 사랑의선교 수녀회의 수수께끼 같은 재정을 자세하게 다룬 기자, 크리스토퍼 히친스의 1995년도 저서《자비를 팔다》로 인해 마더 테레사의 명성에 한층 더 의문이 더해졌다. 후속 수사 결과 수녀회는 수백만 달러의 기금을 모았음에도 일부 환자에게 피하주사기 바늘을 재사용한 것으로 드러났다.

교황 요한 바오로 2세는 마더 테레사 사망 직후 그녀를 성인 후보에 올렸고, 그녀는 2016년에 시성되었다.

- 노벨 평화상을 받았을 때 마더 테레사는 수상 소감을 낙태를 공격하는 긴 강의로 활용했다. 그녀는 낙태를 "오늘날 평화의 가장 큰 파괴자"라고 불렀다.
- 마더 테레사는 인도가 영국으로부터 독립한 후 1948년에 인도 시민이 되었다.

358 MON 리더 마거릿 대처

철의 여인이라는 별명을 가진 마거릿 대처(Margaret Thatcher, 1925년~2013년)는 영국 최초의 여성 총리이자 20세기 말 보수 정치의 아이콘이었다. 미국 로널드 레이건 대통령의 이념적 우방이었던 그녀는 소비에트 연방에 대한 강경노선을 촉구하고 영국의 국유 산업을 사유화하면서 국가의 기본적인 경제 노선을 두고 노동조합과 긴 싸움을 벌였다.

대처는 아버지가 식료품점을 운영하던 링컨셔주 그랜섬의 중산층 가정에서 태어났다. 그녀는 옥스퍼드대학교에서 화학 학위를 받았으며 잠깐 플라스틱 회사에서 일하기도 했다. 1951년에 사업가이자 제2차 세계 대전 포병대 참전용사였던 데니스 대처와 결혼하여 두 명의 자녀를 두었다. 대처는 1950년에 보수당원으로 의회에 출마했다. 처음 두 선거에서 큰 표 차이로 패배했지만 1959년에 선출된 후에는 보수당의 윗자리까지 급속도로 올라섰다. 1975년에 당수가 되었고 1979년에는 총선을 통해 수상 자리를 차지했다. 총선은 고인플레이션, 고이율, 고실업률이라는 배경 속에서 진행되었는데, 이러한 문제를 노동당의 사회주의 정책 탓으로 돌린 대처는 세금을 낮추고 기업가 활동을 도모하며 노동조합을 해체함으로써 영국의 경제 체제를 전면적으로 변화시키겠다고 약속했다.

총리직을 맡는 동안 대처는 고압적이라는 평판을 받았음에도 1983년에 큰 표차로 재선에 성공했고 1987년에도 안정적인 표 차로 당선되었다. 경제 개혁뿐 아니라 1982년에 남 대서양의 작은 영국령 군도인 포클랜드 제도를 되찾기 위해 벌인 아르헨티나와의 짧은 전쟁에서도 승리했다. 대처는 1990년에 리더십 형태와 유럽 정책에 대한 의견 차이로 보수당원들에 의해 퇴위되었다. 1997년에 노동당이 의회의 통제권을 차지했지만 대처의 개혁 중 많은 부분이 그대로 유지되었다.

- 11년 209일에 달했던 대처의 총리 임기는 1812년부터 1827년까지 총리직을 맡았던 리버풀 이후로 가장 길었다.
- 엘리자베스 2세 여왕은 대처 수상과 개인적으로 냉랭한 관계로 알려졌다. 그러나 대처가 퇴임한 후 여왕은 그녀를 상원의원으로 승격시켜주었다.

359 TUE 철학자 존 롤스

자신이 억만장자가 될지 아니면 거지가 될지 모르는 태아라고 상상해보자. 당신이라면 어떤 사회에서 태어나고 싶겠는가? 자기 운명을 알지 못하는 상태에서 당신이라면 자신이 태어나는 세상을 어떤 규칙과 법칙이 지배했으면 좋겠는가? 철학자 존 롤스(John Rawls, 1921년~2002년)는 1971년도 저서 《정의론》에서 이 가정을 '무지의 베일'이라고 불렀다. 롤스는 사람들은 모든 것이 공정하고 가장 불행한 사람을 돕는 사회를 원할 것이라는 이론을 제기했다. 실제로 롤스는 무지의 베일 개념을 이용해서 소수 민족과 약자의 권리를 보호하는 정책을 옹호했다. 예컨대 무지의 베일 아래서는 자신이 지체 장애인으로 태어날지 아닐지 알 수 없다. 따라서 정부가 우체국에 휠체어 경사로를 설치해서 장애인을 돕는 것이 타당하다.

《정의론》은 출간 즉시 공리주의에 날카롭게 도전하는 획기적인 작품이라는 찬사를 받았다. 제러미 벤담이 창시한 공리주의는 사회가 개인을 희생시키더라도 시민의 전체적인 행복을 극대화해야 한다고 주장했다. 공리주의자라면 휠체어 경사로를 설치하려면 모든 사람이 세금을 더 많이 내야 하는데 소수의 사람만 사용하게 될 것이기 때문에 휠체어 경사로를 설치하는 비용이 이익보다 크다고 주장할 수 있다. 《정의론》 출간 이후 롤스는 미국에서 중요한 정치 철학가로 자리매김했다. 그를 반대하던 가장 주요 인물로는 하버드대학교 교수이자 보수 성향의 자유의지론자였던 로버트 노직을 꼽을 수 있는데, 그는 공정성을 보장하는 데 있어 정부의 역할을 지나치게 강조했다면서 롤스의 연구를 상세하게 비판했다. 그래도 롤스는 특히 좌파 성향의 정치인에게 영웅이었다. 그는 자신의 초기 작품을 비난하는 여러 사람에게 대응하는 《정치적 자유주의》(1993년)를 후속 작품으로 출간했다.

롤스가 81세의 나이로 사망한 직후 빌 클린턴 대통령은 그에게 다음과 같은 찬사를 보냈다. "존 롤스는 가장 부유한 사람이 가장 가난한 사람을 돕는 사회는 도덕적인 사회일 뿐만 아니라 논리적인 사회라고 주장함으로써 정치적·윤리적 철학의 규율을 되살렸다."

- 세부사항을 중시하는 작가인 롤스는 《정의론》의 색인을 혼자서 편집했다고 한다.
- 누구든 가난하거나 장애를 갖거나 소수 집단의 일원으로 태어날 수 있다는 운명의 무작위성이 롤스 철학의 중심 주제이다. 일부 해설가는 롤스의 두 형제가 맞이한 이른 죽음이 이러한 관점에 영향을 미쳤다고 지적한다. 두 형제는 롤스에게서 옮은 전염병으로 숨졌는데, 한 명은 디프테리아로 숨졌고 다른 한 명은 폐렴으로 숨졌다.

360 WED 혁신가 바버라 매클린톡

수십 년에 걸친 옥수수 연구 끝에 미국의 유전학자이자 식물학자인 바버라 매클린톡(Barbara McClintock, 1902년~1992년)은 유전자와 유전에 관한 여러 가지 기본적인 속성을 발견해냈다. 그녀는 이 선구적인 연구로 1983년에 노벨 생리의학상을 수상했다. 그녀가 1919년 뉴욕주 이타카에서 코넬대학교 학생으로 유전학을 공부하기 시작했을 때는 이 분야에 대한 지식이 많이 부족했지만, 그녀가 사망할 당시에 이르러서는 인체의 유전적 구성을 풀어내기 위한 인간 게놈 프로젝트가 이미 시작된 상태였다.

매클린톡은 코네티컷주의 하트퍼드에서 태어났으며, 대학 교육이 여자에게 적절하지 않다고 생각했던 어머니의 반대를 무릅쓰고 1919년에 코넬대학교에 등록했다. 당시 코넬대학교에는 대학생이 들을 수 있는 유전학 강의가 하나뿐이었지만, 그녀의 잠재력을 알아본 한 교수가 그 분야의 고급 세미나에 등록할 수 있도록 도와주었다. 그녀는 1927년에 박사 학위를 받았다. 매클린톡은 1940년대 말에 유전자 전위를 발견함으로써 노벨상을 받았다. 옥수수를 연구하던 그녀는 식물의 속성이 멘델의 학설처럼 항상 완전하게 예측 가능한 형태로 유전되지 않는다는 사실을 깨달았다. 그녀는 후에 DNA로 확인되는 유전 형질의 가닥들이 세포 내에서 이동하며 옥수수에 각기 다른 색깔 패턴과 속성을 만들어낸다는 이론을 제시했다. 처음에는 대부분의 유전학자에게 거부당했던 이 발견은 1960년대 말에서야 받아들여졌다.

남성이 지배하는 유전학계에서 매클린톡은 또 다른 획기적인 기록도 만들어냈다. 그녀는 유전학회 최초의 여성 회장이었으며, 1981년에 여성 최초로 맥아더 장학금을 수상했고, 미국 국립과학원 회원으로 선출된 세 번째 여성이다. 그녀는 롱아일랜드에서 90세에 사망했다.

- 《뉴욕타임스》에 실린 그녀의 사망 기사에 따르면, 매클린톡은 1986년까지 전화기가 없어서 친구와 동료들이 우편으로 연락해야 했다고 한다. 그런 모습에 걸맞게 그녀는 2005년도에 미국 기념 우표에 실렸다.
- 1983년 그녀는 과학 부문에서 단독으로 노벨상을 받은 최초의 미국 여성이자 전 세계 세 번째 여성이었다. 마리 퀴리가 1911년에 노벨 화학상을 받았으며, 도러시 호지킨도 1964년에 노벨 화학상을 받았다.

361 THU 악당 라도반 카라지치

2008년에 세르비아의 시내버스에서 체포될 때까지 라도반 카라지치(Radovan Karadzic, 1945년~)는 유럽에서 수배 중인 인물이었다. 보스니아 세르비아의 전 지도자였던 카라지치는 1990년 중반에 발발한 발칸 전쟁 중에 수천 명에 이르는 보스니아 이슬람교도의 살인을 지휘한 혐의를 받았다. 검찰은 카라지치가 보스니아 전쟁 중에 수천 명의 시민을 죽게 만든 사라예보 총격을 명령했다고 주장했다. 그뿐 아니라 그는 1995년 스레브레니차에서 8000여 명의 비무장 이슬람교도 남성과 남자아이를 살해하라고 지시했다는 혐의도 받았는데, 이는 제2차 세계 대전 이후 유럽에서 발생한 최악의 집단 학살이었다.

유고슬라비아 태생이었던 카라지치는 편집증 전문 심리학자가 되었다. 그는 뉴욕의 컬럼비아대학교에서 한 해를 보냈고, 1970년대와 1980년대에는 유고슬라비아의 정신 병원에서 실습을 했다. 그는 몇 권의 시집을 출간한 소설가이자 시인이기도 했다. 1980년대 말에는 세르비아 국수주의자로 정계에 진출했고, 1990년대 초 유고슬라비아 해체 당시 보스니아 세르비아계 지도자로 선출되었다. 이웃 나라 세르비아의 지원을 받은 보스니아 세르비아인들은 보스니아 크로아티아인과 이슬람교도를 상대로 '인종 청소' 운동에 돌입했고, 결국 스레브레니차의 대학살로 이어졌다.

데이턴 평화 조약 이후 카라지치는 전범으로 기소되자 도망쳐서 세르비아의 수도인 벨그레이드로 이주했고 드라간 데이비드 다빅이라는 이름을 사용했으며 길고 풍성한 수염을 길렀다. 그는 대체의학 의사이자 '인간 양자 에너지' 전문가로 일하기 시작했고 세르비아의 잡지 〈헬시라이프〉의 작가로 활동했다. 그를 찾기 위한 국제적인 수색이 벌어졌지만 12년 동안이나 성공하지 못했다. 카라지치는 심지어 오스트리아에서 축구 경기에 참석하기도 했는데, 아무도 그를 알아보지 못했다. 2008년 7월 21일에 그가 체포되자 그를 영웅시하던 많은 세르비아인의 시위가 이어졌다. 그럼에도 그는 며칠 뒤 국제 재판소가 있는 헤이그로 송환되었다.

- 2003년에 빌 클린턴 전 미국 대통령이 스레브레니차 희생자들을 위한 추도식을 열었다.
- 카라지치는 숨어 사는 동안 몇 권의 시집을 집필했으며, 소설 원고를 몰래 세르비아 출판사로 보내는 데 성공했다. 그 책은 2004년도에 출간되었다.

362 FRI 예술가 권터 그라스

소설가 권터 그라스(Günter Grass, 1927년~2015년)는 60년 동안 비밀을 숨겨왔다. 노벨 문학상 수상자인 이 명망 있는 독일 작가는 전후 독일의 어둡고 가차 없는 이야기와 제2차 세계 대전의 책임을 완전히 인정하지 않는 다른 독일인들을 자주 비판한 것으로 유명해졌다. 따라서 그 자신도 한때 무장친위대 소속이었다는 사실이 밝혀지자 독일 언론에 대대적인 소동이 벌어졌다. 비평가들은 자칭 전후 독일의 도덕적 권위자인 그라스를 위선자라고 비난했다. 그러나 옹호자들은 그가 엘리트 나치 부대에 강제로 입대할 당시 열일곱 살에 불과했으며 그 사실이 폭로되었다고 해서 그가 평생 이룬 문학적 업적이 폄하될 수는 없다고 주장했다.

그라스는 주민의 대부분이 독일어를 구사하던 발트해 연안의 단치히에서 태어났다. (지금은 그다니스크라는 폴란드의 도시이다.) 이 도시는 1939년에 나치 지도자 아돌프 히틀러가 폴란드를 침략한 후 독일에 합병되었다. 10대의 그라스는 이곳에서 1944년 무장친위대에 징집되었다. 회고록에서 그라스는 전시에 자신이 했던 역할을 간략하고 특별하지 않게 묘사했다. 그는 1945년 봄 미국과의 전투에 참가하긴 했지만 무기를 쏘지는 않았다. 그는 결국 미국인에게 붙잡혀 포로수용소로 보내졌다. 전시 때의 단치히가 그의 첫 소설인《양철북》(1959년)의 배경이 되었다. 어둡고 유머러스한 이 책은 단치히에 사는 오스카 마체라트라는 아이가 세 살 때 어른이 되지 않겠다고 결심하는 이야기를 들려준다. 제2차 세계 대전 이전부터 전시, 전후까지를 배경으로 하는 이 책은 예술의 도덕적 힘, 전쟁에 대한 독일의 책임, 전쟁 중에 잃어버린 어린 시절이라는 주제를 탐색한다.

그라스의 다른 소설 작품으로는《고양이와 생쥐》(1961년),《개들의 시절》(1963년),《게걸음으로》(2002년) 등이 있다. 그는 독일의 좌파 정치인으로 활동했으며, 독일인들이 아직 전쟁에 대한 책임을 완전하게 인정하지 않는다는 이유로 1990년 독일의 통일을 반대했다. 이런 그의 정치적인 입장은 2006년에 타인은 자신만만하게 비판하면서 자신의 과거는 숨겼다는 반발을 사는 데 한몫했다.

- 《양철북》은 미국 작가 존 어빙의 소설《오웬 미니를 위한 기도》(1989년)의 주인공에 영감을 주었다. 이 주인공의 이니셜인 O. M.은《양철북》의 주인공인 오스카 마체라트에 대한 존경의 표시였다.
- 미술 학생이었던 그라스는 자기 책의 커버를 직접 그렸다.
- 그라스는 좌파 정치인인 빌리 브란트가 1969년 서독에서 출마했을 때 선거 연설을 써주었다. 브란트는 총리로 선출되었고, 동독과 서독의 화해를 도모한 노력을 인정받아 2년 후에 노벨 평화상을 수상했다.

363 SAT 개혁가 바츨라프 하벨

공산주의가 무너진 후 체코슬로바키아의 최초 대통령이자 극작가, 반체제 인사였던 바츨라프 하벨(Václav Havel, 1936년~2011년)은 이전의 정권을 무너뜨린 1989년의 비폭력 혁명 후 만장일치로 체코슬로바키아를 이끌 지도자에 뽑혔다. 그 후로 13년간 하벨은 세계 정치에서 특이한 지도자가 되었다. 골초에 로큰롤 팬이었던 그는 청바지를 입고 출근했으며 롤링스톤스를 궁으로 초대했고 크렘린궁에 장난 전화를 거는 등 여러 기행을 펼쳤다. 그러나 한편으로 그는 공산주의에 반대하는 입장으로 세계적인 존경을 받았으며, 고국에 자유를 가져오기 위해 개인적으로 감당해야 했던 고난으로 인해 종종 남아프리카 공화국의 반인종차별주의 지도자 넬슨 만델라에 비견되기도 한다.

하벨은 프라하의 부유한 집안에서 태어났다. 그의 가족은 공산당이 1948년에 체코슬로바키아 정권을 장악하면서 재산을 몰수당했고, 공식적으로 부르주아라는 낙인이 찍혔다. 이로 인해 하벨은 교육을 금지당했다. 그러자 그는 연극으로 눈을 돌렸고, 담배 연기로 자욱한 카페와 프라하의 보헤미안 지성인이 가득한 지하 극장에 이끌렸다. 1976년에 체코슬로바키아 정부는 반혁명적이라는 혐의로 '플라스틱 피플 오브 더 유니버스'라는 록밴드 멤버를 체포했다. 이 밴드를 지지하기 위해 하벨을 중심으로 77 헌장(Charter 77)이라고 알려진, 반체제 운동을 상징하는 문서가 작성되었고, 후에 이 영향으로 그는 1989년 무혈 혁명인 '벨벳 혁명'을 이끌게 된다. 하벨은 1979년부터 1983년까지 교도소에 수감되었는데 그가 겪었던 몇 번의 수감 기간 중 가장 긴 기간이었다.

그의 영웅적 위상에도 불구하고 하벨은 1993년에 체코슬로바키아가 체코 공화국과 슬로바키아로 나뉘는 것을 막는 데는 실패했다. 그는 체코를 북대서양조약기구 나토(NATO)와 유럽연합(EU)에 가입시켰고, 2003년에 대통령직에서 퇴임한 후에는 다시 희곡과 에세이를 쓰기 시작했다.

- 퇴임 후 하벨은 18년 만에 처음으로 새로운 희곡인 《리빙》을 썼다. 세력을 잃어 고심하던 국가 지도자에 관한 이 연극은 2008년 6월 프라하에서 처음으로 상연되었다.
- 대통령이 된 후에도 하벨은 연기 감각을 유지했다. 그는 영화 〈아마데우스〉의 의상 디자이너를 고용해 궁에 있는 호위병들의 유니폼을 카키색에서 빨간색, 흰색, 파란색으로 다시 디자인하게 하였다.

364 SUN 선지자 제리 폴웰

동성애자, 포르노 제작자에게 공포의 대상이었던 목사 제리 폴웰(Jerry Falwell, 1933년~2007년)은 1970년대와 1980년대에 보수적이고 종교적인 유권자들을 강력하게 연합하면서 미국의 정치 판도를 바꿔놓았다. 버지니아주 린치버그에서 폴웰은 책과 텔레비전 방송 그리고 그가 1971년에 설립한 기독교대학교를 포함하는 제국을 건설함으로써 강력한 성직자가 되었다. 그 과정에서 비평가들로부터 '편협의 대리인'이라는 비난을, 수백만 명의 복음주의 개신교 신자들에게는 도덕적인 지도자라는 찬사를 받는 등 극과 극의 평가를 받았다.

미주리주에서 신학 대학을 졸업한 후 폴웰은 린치버그로 돌아와서 1956년에 토머스 로드 침례교회를 설립했다. 버려진 음료 공장에서 처음으로 예배를 했던 이 교회는 폴웰이 전국적인 명성을 얻게 되는 발판이 되었다. 신자를 늘리기 위해 '올드 타임 가스펠 아워'라는 제목으로 자신의 설교를 라디오와 텔레비전에서 방송하기 시작한 프로그램이 큰 성공을 이루면서, 교회 신자가 급증했다.

처음에 폴웰은 성직자라면 정치에 관여하지 말아야 한다고 주장하면서 다른 목사들과 달리 인권 운동에 참여하지 않았다. 그러나 1970년대에 낙태를 합법화하는 결정을 내린 대법원의 로 대 웨이드(Roe v. Wade) 판결과 동성애, 포르노 등 비도덕적 행위에 대해 점점 관대해지는 사회에 불안감을 느끼면서 변하기 시작했다. 폴웰은 자신의 신자들에게 성경 말씀을 '따르지 않는' 후보에게는 투표하지 말라고 말했는데, 비평가들에게 이런 공격적인 언사는 종교적 다원주의와 종교와 정치의 분리라는 전통적인 미국적 가치를 흐리는 것이었다. 그는 또한 BBC의 어린이 프로그램인 〈텔레토비〉의 등장인물을 공격해서 비웃음을 사기도 했다. (폴웰은 보라도리가 보라색이고 핸드백을 사용하므로 비밀 동성애자라고 주장했다).

폴웰은 사망하기 6년 전, 미국이 낙태와 동성애자의 권리를 허용해서 9.11 테러를 자초했다고 주장해 또 한 번의 논란에 휩싸였다. 그는 이에 관해 나중에 사과했다.

- 1956년 폴웰이 토머스 로드 침례교회를 시작했을 때 신자는 서른다섯 명뿐이었다. 그가 사망할 때는 2만 2000명으로 성장했다.
- 1983년에 폴웰은 포르노 제작자인 래리 플린트가 〈허슬러〉 잡지에 자신이 어머니와 별채에서 근친상간을 저지르는 모습을 암시하는 풍자적인 광고를 게재했다며 고소했다. 대법원은 1988년에 광고가 언론의 자유의 보호를 받는다면서 플린트의 손을 들어주었다. 이 사건은 1996년도 영화 〈래리 플린트〉로 제작되었다.

365 MON 리더 베나지르 부토

암살되기 전까지 베나지르 부토(Benazir Bhutto, 1953년~2007년)는 파키스탄에서 매우 유명한 정치인이었을 뿐만 아니라 군사 정권의 역사를 가진 나라에서 민주주의를 상징하는 인물이기도 했다. 그녀는 두 번 수상을 역임했는데, 모두 군대에 의해 퇴위되었고, 세 번째로 수상직에 도전하는 도중에 암살당했다. 부토는 사망 직전, 한 기자와의 인터뷰에서 좌절과 개인적인 비극에도 불구하고 정치에 종사하는 이유를 이렇게 설명했다. 그녀는 민주주의를 위한 선거 운동은 "파키스탄의 마음과 영혼을 위한 투쟁입니다. … 그것은 이슬람계와 전 세계를 위한 싸움이기도 합니다"라고 말했다.

부토는 파키스탄 전 총리인 줄피카르 알리 부토의 딸이었다. 그녀는 하버드대학교와 옥스퍼드대학교에서 공부했고, 1977년 아버지가 군사 쿠데타로 퇴위되었을 때 파키스탄으로 돌아왔다. 그는 2년 후 교수형에 처해졌는데, 이 사건으로 부토는 정계에 진출하기로 결심하게 되었다. 그녀는 아버지가 축출된 후 1988년에 치러진 최초의 자유선거에서 수상으로 선출되었다. 겨우 서른다섯 살이던 그녀는 이슬람 국가의 지도자로 선출된 최초의 여성이었다. 그녀는 군대가 그녀를 부패 혐의로 퇴진시키기까지 총리직을 채 2년도 유지하지 못했다. 그러나 1993년에 다시 수상으로 선출되었고 3년 후에 퇴위되었다. 부토의 비판자들은 그녀의 두 번째 재임 기간 중에 탈레반이 파키스탄의 지지를 받아 아프가니스탄을 장악했다고 지적했다. 부토와 그녀의 남편 아시프 알리 자르다리는 부패 혐의로 추방되었고, 그녀는 1999년부터 2007년까지 런던과 두바이에 살았다. 부토는 정적들이 자신에게 부패 혐의를 씌웠다고 주장했다.

2007년에 그녀는 파키스탄으로 돌아와 1999년에 쿠데타로 정권을 장악한 군사 독재자 페르베즈 무샤라프에게 도전하겠다고 발표했다. 그녀가 공항에 도착하자 열광적인 군중이 그녀를 맞이했는데, 동시에 암살 시도도 벌어지면서 부토는 간신히 살아났지만 100여 명이 사망했다. 두 달 후 그녀는 알 카에다와 연관되었다고 주장하는 테러리스트들에 의해 살해당했고, 그녀의 정당 지도자직을 이어받은 그녀의 남편이 2008년에 파키스탄 대통령으로 선출되었다.

- 그녀가 암살된 지 두 달도 지나기 전에, 런던 경찰국은 그녀가 원래 보도된 바와 같이 총상으로 사망한 것이 아니라 머리를 자동차 선루프에 부딪혀 사망했다고 밝혔다.
- 2003년 스위스 법원은 부토와 그녀의 남편이 1000만 달러를 세탁한 혐의로 유죄를 판결했고 벌금형과 6개월의 집행유예를 선고했다. 그녀가 사망했을 당시에는 항소심 계류 중이었다.

INDEX

아래의 인덱스는 페이지가 아닌 001일부터 365일까지의 날짜의 숫자로 표기하였습니다.

ㄱ

ㄴ

ㄷ

ㄹ

ㅇ

1일 1페이지,
세상에서 가장 짧은 교양 수업 365【인물편】

초판 1쇄 발행 2020년 7월 23일 **초판 3쇄 발행** 2021년 1월 29일

지은이 데이비드 S. 키더, 노아 D. 오펜하임
옮긴이 고원
펴낸이 연준혁

출판부문장 이승현
편집 1본부 본부장 배민수
편집 6부서 부서장 정낙정
책임편집 박인애
디자인 김준영

펴낸곳 ㈜위즈덤하우스 **출판등록** 2000년 5월 23일 제13-1071호
주소 경기도 고양시 일산동구 정발산로 43-20 센트럴프라자 6층
전화 031)936-4000 **팩스** 031)903-3893 **홈페이지** www.wisdomhouse.co.kr

ISBN 979-11-90908-06-1 04030
979-11-90908-07-8 04030 (세트)

이 도서의 국립중앙도서관 출판예정도서목록(CIP)은 서지정보유통지원시스템 홈페이지(http://seoji.nl.go.kr)와 국가자료종합목록시스템(http://www.nl.go.kr/kolisnet)에서 이용하실 수 있습니다. (CIP제어번호: CIP2020025054)